AS INVALIDADES CONTRATUAIS NOS CONTRATOS ADMINISTRATIVOS DE SOLICITAÇÃO DE BENS E SERVIÇOS

RAQUEL CARVALHO

Professora Auxiliar da Escola de Direito do Porto
da Faculdade de Direito da Universidade Católica Portuguesa

AS INVALIDADES CONTRATUAIS NOS CONTRATOS ADMINISTRATIVOS DE SOLICITAÇÃO DE BENS E SERVIÇOS

Dissertação de Doutoramento em Ciências Jurídico-Políticas na Faculdade de Direito da Universidade Católica

AS INVALIDADES CONTRATUAIS
NOS CONTRATOS ADMINISTRATIVOS
DE SOLICITAÇÃO DE BENS E SERVIÇOS

AUTORA
RAQUEL CARVALHO

EDITOR
EDIÇÕES ALMEDINA, SA
Av. Fernão Magalhães, n.º 584, 5.º Andar
3000-174 Coimbra
Tel.: 239 851 904
Fax: 239 851 901
www.almedina.net
editora@almedina.net

PRÉ-IMPRESSÃO
G.C. GRÁFICA DE COIMBRA, LDA.
Palheira – Assafarge
3001-453 Coimbra
producao@graficadecoimbra.pt

Setembro, 2010

DEPÓSITO LEGAL
315776/10

Os dados e as opiniões inseridos na presente publicação
são da exclusiva responsabilidade do(s) seu(s) autor(es).

Toda a reprodução desta obra, por fotocópia ou outro qualquer
processo, sem prévia autorização escrita do Editor, é ilícita
e passível de procedimento judicial contra o infractor.

Biblioteca Nacional de Portugal – Catalogação na Publicação

CARVALHO, Raquel

As invalidades contratuais nos contratos
administrativos de solicitação de bens e
serviços. – (Teses de doutoramento)
ISBN 978-972-40-4301-2

CDU   342
      351
      346

Ao Afonso e à Maria,
Por embalarem a minha vida.

Uma vida sem desafios não vale a pena ser vivida.
SÓCRATES
Filósofo

O livro que agora se dá à estampa corresponde no essencial ao texto apresentado em Outubro de 2008 como dissertação de doutoramento em Ciências Jurídico-Políticas, na Faculdade de Direito da Universidade Católica Portuguesa, no Porto, e defendida em provas públicas em Outubro de 2009.

As alterações introduzidas resultaram da reorganização de alguns segmentos do texto. Procedeu-se à revisão e apuramento do discurso, bem como à actualização de referências doutrinais relevantes nacionais surgidas em momento posterior ao da conclusão da redacção da dissertação.

AGRADECIMENTOS

No momento em que me apresento à comunidade jurídica, não quero deixar de publicamente expressar o meu sentido agradecimento à Universidade Católica Portuguesa, na qual me licenciei e em particular à Escola de Direito, do Porto, onde tenho prestado serviço docente, pelo encorajamento e pelas condições institucionais que nunca foram regateadas e que permitiram a elaboração do presente trabalho. Na pessoa do seu Director, senhor Professor Doutor Agostinho Guedes, muito obrigada.

Ao senhor Professor Doutor Vieira de Andrade, meu orientador desde há largos anos, só tenho de dizer o quanto estou grata pelo tempo, pela disponibilidade, pela dedicada atenção, incentivo e pelo respeito inexcedível pela autonomia científica com que sempre me favoreceu.

Ao senhor Professor Doutor Mário de Almeida, com quem tenho tido o privilégio de partilhar funções docentes, nunca poderei agradecer suficientemente a paciência, o incentivo em momentos de desânimo, a permanente e interessada disponibilidade para as inúmeras conversas. A dedicação demonstrada é uma lição que não esquecerei.

A todos os meus colegas da Escola de Direito do Porto que, em solidariedade, aligeiraram as minhas obrigações docentes, bem-hajam. Não posso porém deixar de agradecer em particular ao senhor Professor Doutor Afonso Vaz, à senhora Professora Doutora Rita Lobo Xavier, à Filipa Calvão, à Clara Sottomayor, à Ana Afonso, ao Manuel Fontaine, à Catarina Botelho, por em momentos distintos, mas igualmente pertinentes, terem tirado tempo aos seus afazeres para uma palavra de encorajamento, uma troca de ideias, uma conversa. Aos funcionários da Biblioteca Paraíso, só posso dizer o quanto agradeço a paciência e simpatia que sempre me demonstraram. À Manuela Sousa, obrigada por estar sempre aí.

Os afectos não se agradecem, vivem-se. Por isso, meus queridos, que bom estar de volta para o meu aconchego…

Porto, 30 de Julho de 2010

NOTA PRÉVIA

1. No que respeita à citação da bibliografia, foram seguidos os seguintes critérios:
   a. A primeira citação de obra individual faz-se pelo nome, título, volume ou tomo (quando aplicável), edição, editora, localidade, data e página(s);
   b. As citações subsequentes são feitas com referência ao nome do autor como habitualmente é reconhecido, seguido do início do título e com a indicação de "cit.";
   c. Quando o título se insere numa publicação periódica, a primeira citação segue a ordem referida em a., sendo que logo a seguir ao título se indica abreviadamente o título da publicação periódica;
   d. As citações subsequentes de títulos inseridos em publicações periódicas seguem o critério estabelecido em b.
   e. A primeira citação de títulos inseridos em obra colectiva inclui, à semelhança dos títulos inseridos em publicações periódicas, a indicação da obra colectiva imediatamente a seguir ao título;
   f. Foi considerada obra colectiva todo o título que inclua, com carácter de autonomia, títulos de diversos autores.

2. Todas as abreviaturas usadas no texto constam da tabela de abreviaturas.

3. A lista bibliográfica:
   a. Contém apenas títulos efectivamente citados;
   b. Desdobra-se em lista de obras doutrinais individuais (aí se incluindo os títulos de publicações periódicas), obras colectivas (os títulos que aí se inserem não constam da lista de obras individuais), jurisprudência e pareceres da Procuradoria Geral da República;

c. A organização dos títulos é alfabética por Autor e por apelido conforme a prática nos diversos ordenamentos;
d. A organização dos títulos quando existe mais do que um título por autor é igualmente por ordem alfabética;
e. Na ausência de menção diferente, a jurisprudência citada foi recolhida na direcção geral de sistemas informáticos, na internet, com o seguinte endereço electrónico: www.dgsi.pt

ABREVIATURAS UTILIZADAS

AAFDL	Associação Académica da Faculdade de Direito de Lisboa
AJDA	Actualité Juridique de Droit Administratif
BFDUC	Boletim da Faculdade de Direito da Universidade de Coimbra
CC	Código Civil
CCP	Código dos Contratos Públicos, aprovado pelo Decreto-Lei n.º 18//2008, de 29 de Janeiro;
CJA	Cadernos de Justiça Administrativa
CPA	Código do Procedimento Administrativo
CPTA	Código do Processo dos Tribunais Administrativos
CRP	Constituição da República Portuguesa
DA	Diritto Amministrativo
DJ	Revista "Direito e Justiça"
DJAP	Dicionário Jurídico da Administração Pública
DPA (it)	Diritto Processuale Amministrativo (revista italiana)
ED	Enciclopedia del Diritto
ETAF	Estatuto dos Tribunais Administrativos e Fiscais
FA (CSt)	Il Foro Amministrativo – Consiglio di Stato
FA (T.A.R.)	Il Foro Amministrativo – T.A.R.
JURA	Juristiche Ausbildung
JuS	Juristiche Schulung
JZ	Juristen Zeitung
LCSP	Lei de Contratos de Sector Público (Espanha)
LPAP	Lei do Procedimento da Administração Pública (Espanha)
MOPTC	Ministério das Obras Públicas e Transporte e Comunicações
NJW	Neue Juristiche Wochenschrift
NZVw	Neue Zeitschrift für Verwaltung
RAP	Revista de Administracion Pública
RDAOT	Revista de Direito do Ambiente e Ordenamento do Território
RDC	Rivista de Diritto Civile
RDP (fr)	Revue de Droit Public (revista francesa)
RDP (it)	Rivista di Diritto Publico
REDA	Revista Española de Derecho Administrativo

REDP	Revue Européenne de Droit Public
RFDA	Revue Française de Droit Administratif
RFDUL	Revista da Faculdade de Direito da Universidade de Lisboa
RJDP	Regime Jurídico das Despesas Públicas, aprovado pelo Decreto--Lei n.º 197/99, de 8 de Junho;
RJEOP	Regime Jurídico das Empreitadas de Obras Públicas, aprovado pelo Decreto-Lei n.º 59/99, de 2 de Março;
RLJ	Revista de Legislação e Jurisprudência
ROA	Revista da Ordem dos Advogados
RTDP	Rivista Trimestrale di Diritto Pubblico
RTDPC	Rivista Trimestrale di Diritto Processuale Civile
SI	Studia Iuridica
STA	Supremo Tribunal Administrativo
TCA	Tribunal Central Administrativo
VArch.	Verwaltungs Archiv
VrVDSt	Veröffentlichungen der Vereinung der Deutschen Staatsrechtslehrer
VwVfG	Verwaltungsverfahrensgesetz (Lei do Procedimento Administrativo alemã de 1976)
WiVerw	Wirtschaft und Verwaltung

INTRODUÇÃO

1. A investigação debruçou-se sobre um tema de direito administrativo substantivo: as invalidades contratuais nos contratos administrativos de solicitação de bens e serviços. Desenvolveu-se ao longo de vários anos, tendo sido preocupação fundamental centrar-se na análise e enquadramento das situações que a prática administrativa e jurisprudencial permitiu identificar como mais recorrentes. Daí que os contratos administrativos considerados são aqueles que tendem a ser os mais utilizados, aqueles onde melhor se manifesta a administratividade dos contratos (MARCELO REBELO DE SOUSA/ANDRÉ SALGADO MATOS[1]) e a propósito dos quais mais se coloca, na prática, a questão da respectiva validade. Acresce que é também neste tipo de contratos administrativos que, mercê do específico modo de formação, se coloca maior diversidade de questões de validade, exemplificando de modo particular a tensão entre a "lógica da função" (princípio da legalidade) e a "lógica do consenso" (consenso).

2. O ponto de partida da investigação é por isso a apresentação da questão na jurisprudência. Foi feita uma recolha em duas sedes: a jurisprudência administrativa do Supremo Tribunal Administrativo e a jurisprudência do Tribunal de Contas. De tal recolha, aprofundada no tempo em que se centrou, foi possível verificar o tipo de questões de validade recorrentemente tratadas na jurisprudência. A título quase integral, as questões da validade aí tratadas prendem-se com a validade de actos pré-contratuais, associadas à ilegal introdução e alteração dos factores de avaliação das propostas, da violação dos princípios enformadores do procedimento concursal e da violação de regras do procedimento. No que diz respeito à jurisprudência do Tribunal de Contas, a principal questão

---

[1] *In Contratos Públicos – Direito Administrativo Geral*, Tomo III, Dom Quixote, Lisboa, 2008, p. 38.

de validade prende-se com a inobservância da regra do procedimento de escolha do parceiro contratual. Em ambas as situações foi feita uma apreciação crítica acerca do modo como as instâncias tratam dogmaticamente tais questões.

3. Como já enunciámos, esta investigação tem como objecto uma particular questão de direito administrativo substantivo: as invalidades contratuais. Esta questão jurídica, assim formulada, parece demasiado abrangente, pelo que também foi necessário circunscrever o tipo de invalidade. Mais uma vez, por razões de utilidade e pragmatismo, entendemos que fazia sentido reflectir sobre a invalidade originária, aquela que surge na génese da formação do contrato, não incluindo na investigação outras formas de invalidade não relacionadas com o momento de formação do contrato mas que se podem colocar após o momento constitutivo. Esta delimitação permitiu não só reflectir sobre a invalidade própria, mas também sobre a invalidade derivada, aquela que, sendo originária porque nasce aquando da formação do contrato (por razões que se prendem com o imperativo legal), fica dependente quanto à respectiva efectivação (que não o seu surgimento) da anulação/declaração de nulidade do acto com o qual se relaciona. Embora outras questões que alguma doutrina insere no âmbito da invalidade, como a ineficácia e a irregularidade, estejam afastadas da investigação – até porque entendemos a invalidade como uma questão jurídica estruturalmente distinta quer da ineficácia, quer da irregularidade – a verdade é que, por força da construção das causas de invalidade e respectiva justificação substantiva, a temática da irregularidade surge aflorada em diversos pontos da dissertação. É um domínio tratado em função da sua relevância com o objecto principal do trabalho.

4. O tratamento jurídico das invalidades contratuais deste tipo de contratos parte necessariamente de um imperativo legal ao nível da formação do contrato: a obrigatoriedade de um específico modo de escolha do parceiro contratual e da respectiva proposta. Contudo, não se pense que este dado esgota o procedimento de formação destes contratos. Estamos perante um procedimento complexo que não é, nem idêntico à formação dos actos administrativos, nem idêntico à formação dos contratos de direito privado. Portanto, a metodologia de análise também não pode ser nem a dos actos administrativos, nem a dos contratos de direito privado. Há-de ser a dos contratos administrativos deste tipo.

A melhor maneira de perceber o Direito é procurar a razão de ser das soluções positivadas. Por isso, o estudo da invalidade derivada passou pela compreensão e alcance das razões que estão subjacentes à imposição de um determinado modo de escolha de parceiro contratual. Trata-se de interesses públicos que, se bem que impostos pelo direito comunitário, vieram enriquecer o princípio da legalidade da actividade administrativa nesta matéria, acrescendo àqueles que a ordem jurídica interna aponta a este propósito. São razões especificamente associadas à concorrência, transparência e publicidade que ditam os específicos modos de escolha do parceiro contratual. Ora, a violação destes interesses é que pode fundar, na nossa perspectiva, as hipóteses da invalidade derivada, uma vez que a invalidade do contrato resulta inequivocamente da existência de um específico procedimento imposto por lei, por aquelas razões. E apenas existirá por isso invalidade derivada se os interesses que fundam e justificam o procedimento se mostrarem gravemente postergados[2].

5. Desta concepção restrita de causas de invalidade resulta naturalmente a concepção ampla de causas de invalidade própria do contrato. Aquelas que se relacionam com os requisitos tradicionais do contrato: sujeitos, conteúdo, objecto, forma. Contudo, temporalmente, há requisitos do contrato que, no todo ou em parte, são definidos naquele segmento de procedimento ditado por aqueles específicos interesses públicos. Na nossa perspectiva, esta coincidência temporal não implica, por ausência de razão substantiva, que as eventuais invalidades se qualifiquem como derivadas. Se não existisse o dito procedimento, sempre os referidos elementos teriam de ser definidos e sempre se qualificariam como vícios próprios as situações de ilegalidade associadas. Por isso, a coincidência temporal dita na nossa opinião que as invalidades sejam próprias, mas comuns aos actos em que primacialmente surgem. Os tais que comportam a dita definição porque integram o segmento procedimental pré-adjudicatório. Acresce que esta categorização de causas permite situar o problema da invalidade contratual no contrato e não fazer depender a invalidade contratual da invalidação do acto onde surge temporalmente a causa de invalidade.

---

[2] PEDRO GONÇALVES, *O Contrato Administrativo – Uma Instituição do Direito Administrativo do Nosso Tempo*, Almedina, Coimbra, 2003, p. 138; RODRIGO ESTEVES DE OLIVEIRA, *Os Princípios Gerais da Contratação Pública*, in *Estudos de Contratação Pública – I*, Coimbra Editora, Coimbra, 2008, p. 65.

6. Ora, se existem causas de invalidade comuns a actos procedimentais, então é razoável pensar-se que há pelo menos mais outra categoria de causas de invalidade. Trata-se de causas de invalidade que, não só nada têm que ver com as questões de concorrência, como também não coincidem temporalmente com o procedimento imposto por força desses específicos interesses públicos. Trata-se das causas de invalidade que surgem no segmento procedimental pós-adjudicação e que naturalmente se relacionam com os requisitos do contrato que aí ainda podem ser definidos. São causas de invalidade própria exclusiva. Dada a forte modelação legal da formação deste tipo de contratos, são poucas as situações reconduzíveis a causas exclusivas de invalidade própria.

7. Esta qualificação bipartida num primeiro momento e repartida novamente a propósito da categoria das causas de invalidade própria tem como principal justificação a existência de um procedimento complexo de formação deste tipo de contratos. Esta complexidade, por força, novamente, da razão de ser das normas legais, dita a necessidade de autonomia jurídica de segmentos desse mesmo procedimento. Por isso também, referir-se a falta de concurso público por exemplo, como gerando um vício de falta de procedimento do contrato, nos parece excessivo e não justificado à luz das imposições legais e respectivas justificações substantivas. Em rigor, faltará um segmento do procedimento complexo de formação do contrato, sem dúvida importante, mas não absoluto. Por outro lado, a categoria das causas comuns de invalidade própria poderá parecer uma criação artificial, um preciosismo jurídico. Parece porém que faz todo o sentido, sob o ponto de vista substantivo, sublinhar a clara diferença que existe entre uma invalidade ditada por violação de interesses públicos associados à formação do contrato sob a perspectiva de concorrência e uma invalidade que temporalmente coincide com o dito segmento procedimental, mas cuja razão de ser está relacionada com outros interesses públicos substantivos e que, existindo em outro paradigma contratual, nunca poderia ser qualificada como invalidade derivada, mas apenas e só e bem como invalidade própria. Acresce que, mesmo na perspectiva contenciosa (instrumental à investigação), esta construção parece ser a que melhor tutela, a cada momento, os interesses públicos e privados em presença.

8. Encontrado o critério, o trabalho de fundo passou para a identificação das situações que integravam cada uma das categorias, privilegiando a perspectiva do contrato. Tomando como referencial legislativo,

num primeiro momento, os diplomas que regulavam a matéria antes da entrada em vigor do CCP e depois este último documento legislativo. O acervo de causas de invalidade derivada passou pela identificação dos actos administrativos procedimentais relevantes e permitiu identificar questões de natureza procedimental e formal como causas de invalidade derivada, implicando ainda a consideração do tipo de poderes exercidos a esse propósito pela Administração Pública. Também foi possível concluir que existiam situações de desvalor jurídico dos actos administrativos procedimentais que não devem ter a mesma tradução no contrato, uma vez que, tratando-se de instrumentos de actuação distintos, os interesses públicos presentes em cada um deles impõem uma leitura adequada da definição do desvalor jurídico. Que até pode passar, em certas situações, por ausência de desvalor no contrato, ou desvalor agravado face ao do acto administrativo. Ou seja, a assunção do paralelismo de formas de invalidade nesta sede parece ser uma solução desadequada e injustificada substantivamente, pois estamos perante uma sucessão de formas de actuação estruturalmente distintas.

9. A opção pela categoria das causas de invalidade própria comuns a actos procedimentais, além da referida justificação substantiva, permite também tutelar os interesses públicos presentes no contrato e que, se fossem tidas por causas de invalidade derivada, mercê do regime jurídico--positivo, poderiam vir a ficar sem tutela, caso não ocorresse a impugnação atempada do acto procedimental.

10. Esta construção permite acolher e acomodar as tensões que se manifestam neste tipo de contratos: a lógica da função e a lógica do consenso. Por um lado, a função administrativa impõe a actuação administrativa, sempre enformada pelo princípio da legalidade, se bem que com densidade de vinculação variável. Por outro lado, ao validamente escolher a actuação contratual, a Administração Pública assume o compromisso de conjugar a sua vontade, normativo-funcional é certo, com a vontade do particular, com vista à produção de efeitos jurídicos funcionalizados ao interesse público mas nascidos e criados precisamente desse encontro de vontades. Daí que algumas das soluções preconizadas, porque mais relacionadas com o princípio da legalidade, passem pela aplicação mais evidente das regras de direito administrativo. Outras, porque evidentemente tributárias da "lógica do consenso", ditem soluções de direito administrativo mas temperadas pelo papel da vontade.

11. Embora não fosse o objectivo principal da investigação, foi ainda abordado o regime jurídico substantivo a aplicar a esta categorização de causas de invalidade, em particular o tipo e extensão do desvalor jurídico no contrato e como preconizamos, de forma generosa, a aplicação do princípio do aproveitamento da actuação administrativa.

12. Uma vez que o legislador se debruçou sobre a questão da validade dos contratos administrativos, foi feita uma análise das soluções legislativas e uma apreciação crítica das mesmas. No domínio do CPA, o legislador tratou rapidamente da questão, o que sempre mereceu espanto pela simplicidade (aparente) das soluções encontradas. Um teste rápido dessas soluções legais demonstrou ineficiências e incongruências.

Tendo a investigação sido encerrada em Junho de 2008, compreende-se que a exposição não se centre no regime introduzido, quer pelo Código dos Contratos Públicos, quer pela Directiva n.º 2007/66/CE. Contudo, não se deixou de aquilatar a construção dogmática com as actuais soluções legislativas estabelecidas por estes dois diplomas.

O CCP constitui um documento legislativo com maior alcance que a mera transposição "crítica" das Directivas n.ºs 2004/17/CE e 2004/18/CE do Parlamento Europeu e do Conselho, de 31 de Março, alteradas pela Directiva n.º 2005/51/CE, da Comissão, de 7 de Setembro, e rectificadas pela Directiva n.º 2005/75/CE, do Parlamento Europeu e da Comissão de 16 de Novembro: "para além do objectivo de alinhamento com as mais recentes directivas comunitárias, a cuja transposição aqui se procede, o CCP procede ainda a uma nova sistematização e a uma uniformização de regimes substantivos dos contratos administrativos atomizados até agora"[3]. Apesar de se afirmar como "um importante marco histórico na evolução do direito administrativo nacional", o CCP "desenha também uma linha de continuidade relativamente aos principais regimes jurídicos actualmente em vigor"[4]. Contudo, a ideia base é a do "esforço de modernização" que se traduz em dois planos: no da tecnologia e no da evolução jurídica. Quanto ao primeiro plano, ela consubstancia-se na "desmateriali-

---

[3] *In* Ponto 1 do Preâmbulo. Veio ao encontro do que alguma doutrina já preconizava como MARIA JOÃO ESTORNINHO, *Direito Europeu dos Contratos Públicos – Um Olhar Português*, Almedina, Coimbra, 2006, p. 236; MÁRIO AROSO DE ALMEIDA, *Contratos Administrativos e Poderes de Conformação do Contraente Público no Novo Código dos Contratos Públicos*, CJA, n.º 66, 2007, p. 3, nota 1.

[4] *In* Ponto 1 do Preâmbulo.

zação dos procedimentos de contratação pública, impondo-se o lançamento de procedimentos pré-contratuais totalmente por via electrónica" e no estímulo à "criação de um sistema alternativo ao clássico papel, baseado nas comunicações por via electrónica (anúncios, peças de procedimento, contrato, leilões electrónicos e todas as notificações e comunicações), respondendo, desta forma, às exigências da actualidade e promovendo, assim, uma clara aposta nas novas tecnologias de informação"[5]. Quanto ao plano jurídico, diz o Preâmbulo que se pretende "ajustar o regime da contratação e da execução dos contratos por ele abrangidos às técnicas de financiamento hoje em dia correntes", em particular nas concessões. Acresce ao esforço de modernização, a necessidade de "rigor e celeridade em matéria de contratação pública"[6].

13. As soluções legais actualmente em vigor devem saudar-se, pois constituem um avanço face ao regime jurídico anterior, se bem que, na nossa perspectiva, ainda não respondam integral e adequadamente às necessidades que os interesses substantivos presentes no contrato implicam. Regista-se uma evolução jurídica no que respeita à questão da invalidade derivada, pelo menos no que concerne à possibilidade de o julgador poder levar a cabo uma ponderação de interesses (públicos e privados) presente numa sucessão entre acto administrativo e contrato administrativo. Embora seja ainda insuficiente e porventura de difícil aplicação prática pelo tipo de conceitos envolvidos, a evolução é digna de ser sublinhada. Importa ainda referir como uma opção muito positiva a consagração de soluções jurídicas que olham o contrato como tal, não se tendo limitado o legislador a fazer uma qualquer transposição de soluções jurídicas ou da teoria do acto administrativo ou da teoria do contrato.

---

[5] *In* Comunicação no portal do MOPTC. O Decreto-Lei n.º 143-A/2008, de 25 de Julho, encarregou-se de transpor os anexos das Directivas a este propósito.
[6] *In* Ponto 1 do Preâmbulo.

PARTE I
O ESTADO DA QUESTÃO NA JURISPRUDÊNCIA

1. INTRODUÇÃO

14. O ponto de partida da investigação foi a análise das situações que a prática administrativa e jurisprudencial permitiu identificar ao longo do tempo. Assim, esta primeira parte destina-se a expor o estado das questões de validade mais frequentes dos contratos administrativos que tendem a ser mais utilizados: os contratos de solicitação de bens e serviços. A exposição inicia-se portanto com a apresentação do tratamento feito pela jurisprudência administrativa, em particular do Supremo Tribunal Administrativo, seguindo-se a do Tribunal de Contas.

2. NA JURISPRUDÊNCIA ADMINISTRATIVA[7]

15. A jurisprudência tem sido sobretudo solicitada a pronunciar-se preventivamente sobre a questão da validade de actos pré-contratuais. Isto é, os Acórdãos consultados debruçam-se sobre questões de validade de actos do procedimento pré-contratual, no âmbito dos contratos de solicitação de bens e serviços. Tem sido pedido aos Tribunais que apreciem e anulem actos do contencioso pré-contratual regulado pelas normas da Directiva "Recursos" e que hoje se encontra vertido nos artigos 100.° e ss. do CPTA. Por esta razão, raros são os Acórdãos que se debruçam especificamente sobre a invalidade dos contratos administrativos. As questões têm-se colocado antes da outorga do contrato e em regra a Administração Pública, quando confrontada com a anulação ou declaração de nulidade de um acto do procedimento, transitada em julgado, cumpre a sentença, conformando-se com a decisão.

Uma pesquisa relativamente exaustiva na jurisprudência permitiu conhecer os problemas que recorrentemente são colocados aos Tribunais Administrativos, em especial ao Supremo Tribunal Administrativo. Assim, os actos que têm desencadeado acções administrativas especiais urgentes prendem-se com a questão da alteração ou introdução de factores novos na fase de avaliação das propostas, com a violação de princípios fundamentais concursais que não se circunscrevam aos que se manifestam no item anterior e específicas violações no procedimento. Em número significativamente inferior, encontramos algumas prolações sobre questões de invalidade própria do contrato administrativo.

---

[7] Na ausência de indicação expressa, os Acórdãos citados foram recolhidos da base de dados dos Tribunais mencionados na Internet com o seguinte endereço www.dgsi.pt.

2.1. Da invalidade dos actos do procedimento

2.1.1. Da introdução e alteração dos factores de avaliação das propostas[8]

16. A questão da validade associada aos factores de apreciação das propostas está ligada ao entendimento da natureza jurídica dos documentos onde eles estão plasmados. A jurisprudência tem sido unânime na consideração que o programa do concurso se consubstancia num regulamento, a que a Administração se auto-vincula, integrando assim o bloco de legalidade da relação jurídica[9].

Definia a legislação anterior, tal como a actual, que é precisamente no programa do concurso que devem constar os critérios de adjudicação, incluindo os factores de avaliação das propostas que o júri (antes comissão de análise) terá em consideração. Entende a jurisprudência, sustentada na lei, que tais factores devem ser conhecidos *ab initio*, em homenagem aos princípios jurídicos da imparcialidade, da transparência e da boa fé que regem os concursos públicos[10]. O conhecimento dos critérios de avaliação antes do conhecimento das propostas cumpre, como sublinha o Supremo Tribunal Administrativo, o desiderato de se acautelar "o perigo de actuação parcial da Administração, sendo o elemento constitutivo do respectivo ilícito a lesão meramente potencial do interesse do particular"[11]. Ou como

---

[8] Por força da recente aprovação do CCP, os Acórdãos consultados referem-se obviamente ao domínio da legislação agora revogada, senão mesmo à legislação ainda anterior.

[9] *Vide* exemplificativamente o Acórdão do STA de 29/03/2007, P. n.º 681/06.

[10] Para além do princípio da legalidade presente com especial densidade normativa nos momentos vinculados das decisões administrativas.

[11] *In* Acórdão de 14/04/2005, (P. n.º 429/03). No mesmo sentido, Acórdão do STA de 14/06/2005 (P. n.º 617/02).

Já em momento anterior, o Supremo Tribunal Administrativo, no seu Acórdão de 13/02/2002 (P. n.º 48 403), disse a propósito da introdução ilegal de critérios: "Com efeito, tem-se vindo a entender que ocorre violação do princípio constitucional da imparcialidade, gerador de vício autónomo de violação de lei, sempre que sejam levados a cabo procedimentos que contenham o risco de consubstanciarem actuações parciais, independentemente da demonstração efectiva de ter ocorrido uma actuação destinada a favorecer algum dos interessados em concurso, com prejuízo de outros". Aliás no seguimento de doutrina expendida já em 1998, pelo Pleno do STA (20/01/98, P. n.º 36 164) "a lei sanciona aqui directamente situações de perigo de actuação parcial da Administração bastando-lhe assim a lesão meramente potencial dos interesses do particular, considerando tais situações em si mesmas ilegais, com consequências anulatórias sobre o acto final".

se pode ler no sumário de um outro Acórdão: " II) A violação do princípio da imparcialidade consagrado no n.º 2, do art. 266.º do C.P.C. e também no art. 6.º do C.P.A., não está dependente da prova de concretas actuações parciais, verificando-se sempre que um determinado procedimento faz perigar as garantias de isenção, de transparência e de imparcialidade. III) É que, no fundo, à Administração não basta ser imparcial, exigindo-se também que pareça imparcial. IV) Essencialmente, o que se visa é evitar a prática de certas condutas da Administração, que possam ser tidas como susceptíveis de afectar a imagem pública de imparcialidade. V) De resto, a este nível, a imparcialidade acaba por se assumir também como uma regra de deontologia administrativa"[12]. Este é um dos dados da questão. Uma vez definidos os critérios de apreciação das propostas dos concorrentes (no programa do concurso), a Administração encontra-se vinculada ao regulamento que ela própria criou[13]. A que se associa o prin-

---

[12] *In* Acórdão de 13/01/2005, (P. n.º 730/04).

Num Acórdão mais recente ainda, tal orientação foi novamente reafirmada: "I – A observância dos princípios da legalidade, justiça, igualdade, transparência e imparcialidade que devem presidir ao procedimento concursal obriga a que na apreciação das propostas se não introduzam sub critérios ou sub factores já depois de conhecidos os concorrentes e as suas propostas, pois que só assim será possível impedir a introdução de factores de diferenciação e de valoração em função do conhecimento dessas propostas e só assim será possível evitar a possibilidade de um tratamento desigual e injusto dos concorrentes, beneficiando uns em detrimento de outros" (Acórdão de 17/01/2007, P. n.º 1 013/06).

Também o Tribunal Central Administrativo do Sul, no seu Acórdão de 07/05/2005 (P. n.º 4 272/00) formulou idêntico entendimento no âmbito dos concursos de pessoal: "2 – Em preservação deste princípio constitucional [princípio da imparcialidade], deve entender-se que a fixação das fórmulas e o estabelecimento dos critérios a aplicar na avaliação curricular tem de ser anterior ao conhecimento pelo júri dos currículos dos candidatos, para evitar a possibilidade de modelar os critérios de avaliação pelos dados pessoais dos concorrentes em ordem a favorecer ou prejudicar algum ou alguns deles. 3 – A violação do princípio da imparcialidade no processo concursal verifica-se sempre que um determinado procedimento da Administração no decurso desse processo faz perigar as garantias de isenção, de transparência e de imparcialidade que têm de estar sempre presentes na sua actividade". No mesmo sentido, Acórdão do TCA Sul de 24/02/2005 (P. n.º 5 430).

[13] O poder regulamentar é um poder público, baseado na lei, pelo que não constitui um poder discricionário, no sentido de caber à Administração Pública a decisão do momento e das situações em que pode emanar um regulamento. Os regulamentos administrativos têm um fundamento legal: a lei há-de prever as situações em que tal acto normativo se torna necessário. O regulamento constitui uma decisão da Administração de se auto-vincular – **princípio da inderrogabilidade singular dos regulamentos**. Isto não significa que a lei conceda poderes discricionários quanto ao conteúdo do regulamento. Parece-nos precisamente ser o caso aqui tratado.

cípio da estabilidade que vigora nos concursos públicos[14]. O Supremo Tribunal Administrativo (Pleno) relacionou precisamente a ilegalidade da actuação de um júri num concurso de Apoio às Actividades Teatrais, por criação ilegal de factores, com este princípio. Assim, pode ler-se no ponto V do sumário do Acórdão: "integra um novo factor de avaliação o facto de o júri, após a apreciação das candidaturas, deliberar atribuir a pontuação zero, no critério "consistência do projecto de gestão" (pontuável nos termos do Regulamento do concurso de 0 a 10 pontos) todos os projectos que solicitassem um apoio financeiro superior ao limite máximo anunciado no aviso de abertura do concurso, o que viola o princípio da estabilidade do concurso, bem como os princípios da transparência e isenção, corolários do principio da imparcialidade, consagrado nos artigos 266.°, n.° 2, da CRP, e 6.°, do CPA"[15].

17. A jurisprudência é também coincidente ao sustentar que a Administração Pública dispõe de poderes discricionários na fixação dos critérios de avaliação das propostas. Veja-se, por exemplo, o Acórdão do STA de 29/05/2002 (P. n.° 44 744), que a propósito de um recurso contencioso de sentença judicial relativa à anulação de acto de procedimento concursal, que alterou a data limite de apresentação de propostas, num concurso público relativo à "prestação de serviços de recolha e transporte e aterro ou estação de transferência de resíduos sólidos urbanos dos concelhos integrados na Associação de Municípios do Planalto Beirão", tratou a questão dos critérios de avaliação que a Administração fixou no regulamento do concurso e a que, por conseguinte se vinculou. A dada altura, lê--se expressamente no Acórdão: "este Tribunal tem entendido uniformemente (...) que a Administração, no uso dos poderes que lhe assistem e que lhe impõe respeito pelos princípios a que deve obediência na sua actuação, pode livremente fixar os aspectos que considerará na apreciação de cada um dos factores e parâmetros em causa e quantificar uns e outros.

---

[14] Neste sentido, *vide*, entre outros, os Acórdãos do STA de 16/02/2006 (P. n.° 168//04), 05/07/2005 (P. n.° 1 383/03), 28/01/2004 (P. n.° 48 396), 05/02/2004 (P. n.° 29/04), 02/03/2004 (P. n.° 58/04), 19/05/2004 (P. n.° 416/04), 03/06/2004 (P. n.° 483/04), 28/09/2004 (P. n.° 902/04), 13/10/2004 (P. n.° 48 079), 01/09/2004, (P. n.° 888/04), 15/06/2004 (P. n.° 533/04), 21/05/2003 (P. n.° 735/03), 13/05/2003 (P. n.° 581/03), 22/05/2003 (P. n.° 808/03), 18/06/2003 (P. n.° 77/02), de 19/11/2003 (P. n.° 41 794), 21/02/2002 (P. n.° 46 808),
[15] *In* Acórdão de 23/01/2007 (P. n.° 1 541/03).

Só que ao fazê-lo, auto-vincula-se ao seu cumprimento, passando tal regulação a integrar o bloco de legalidade a que deve observância"[16]. Este entendimento já era sustentado na vigência do Decreto-Lei n.º 235/86, de 18 de Agosto: "a Administração goza de discricionariedade na escolha do critério da avaliação das propostas e da margem de livre apreciação na valoração dos respectivos factores aquando da adjudicação, por se tratar de aspectos não vinculados do acto. Mas, uma vez, consagrado no programa do concurso o critério eleito para a apreciação das propostas e publicitado o mesmo no Aviso de abertura, não pode deixar de observá-lo com rigor, dado tratar-se de um dos aspectos vinculados da resolução"[17].

18. Em consonância com este entendimento, o Supremo Tribunal Administrativo tem sustentado a ilegalidade da actuação administrativa que se consubstancia na criação de factores de avaliação pelas comissões de avaliação de propostas. Se é certo que a Administração Pública dispõe de discricionariedade na fixação de critérios e factores para análise das propostas, não deixa também de ser verdade que a lei, como em qualquer poder discricionário, determina os contornos de tais critérios. Ora, uma dessas delimitações legais a este propósito encontrava-se, no que à empreitada de obras públicas dizia respeito, na obrigação que o legislador estabelecia no n.º 2 do artigo 100.º do RJEOP. Os critérios, factores e eventuais sub-factores de apreciação das propostas deviam constar do pro-

---

[16] Este Acórdão baseia-se num outro anterior de 14/01/1999 (P. n.º 33 942), do Pleno do STA, onde expressamente também se sustenta: "em concurso público de empreitada, fixados no programa e publicitados no respectivo anúncio os critérios para a adjudicação, a Administração, por se ter autovinculado aos mesmos, não pode alterá-los e tem que os observar". Neste último Acórdão é referenciada jurisprudência anterior, quer do Supremo Tribunal Administrativo, quer do supremo Tribunal de Justiça (Acórdão do STA Pleno de 1994/03/24, (AD n.º 395 rec. 1 309); Acórdão do STA Pleno de 1993/03/25, (AD n.º 387, rec. 321), Acórdão do STJ de 1992/01/08 (BMJ n.º 413 rec. 360), Acórdão do STA Pleno de 1994/03/24, (AD n.º 395 rec. 1 309).

[17] *In* Acórdão do Pleno do STA de 15/01/1997 (P. n.º 27 496). Também no âmbito de concurso interno, na função pública, no Acórdão do STA de 21/06/2000 (P. n.º 38 663) pode ler-se no ponto II do seu sumário: "compete aos júris dos concursos da função pública, no respeito dos princípios e preceitos legais e dos parâmetros definidos no respectivo aviso de abertura, adoptarem os critérios e fórmulas de avaliação que entendam melhor se adaptarem ao tipo de concurso em causa e às características da categoria a prover, estando o poder de controlo do tribunal limitado à ocorrência de erros grosseiros na actuação do júri ou à adopção, pelo mesmo, de critérios manifestamente inadequados".

grama do concurso, recebendo a devida publicitação[18]. Como se pode ler no texto do Acórdão do STA de 18/03/2004 (P. n.º 057/04), "tem sido entendido pela jurisprudência deste STA, que sempre que o júri decomponha ou subdivida os factores ou critérios de avaliação fixados no Programa do Concurso em unidades de avaliação autónomas, dotadas de uma valorização pré-fixa, separada e estanque, haverá criação de sub-critérios"[19]. Ora, a criação de factores fora das circunstâncias legais previstas é censurável: "deve entender-se que cai sob a proibição genérica, a benefício de ditames da transparência, sempre que elementos relevantes para a classificação das propostas sejam estabelecidos em altura posterior à apresentação das mesmas"[20]. Assim, quando a comissão de análise avalia as propostas à luz do factor "Qualidade Técnica da Proposta" valoriza a "experiência em obras similares da equipa técnica proposta", cria "um critério que não existia, valorando subfactores que não estavam no programa de concurso (…). O que lhe é vedado pelo citado artigo 100.º, n.ºs 1 e 2"[21].

---

[18] Neste sentido, vide, entre outros, os Acórdãos do STA de 14/05/2003 (P. n.º 711//03), de 15/01/2002 (P. n.º 48 343).

[19] Também no Acórdão do STA de 19/02/2003 (P. n.º 70/03) se refere que a "Comissão de Análise ao dividir os factores e subfactores anunciados no programa do concurso em conjunto e ao atribuir a cada um deles uma ponderação autónoma criou subfactores que alteram a fronteira da vinculação e da discricionariedade (…) pelo que são interditos…". No mesmo sentido, vide o Acórdão do STA de 03/06/2004 (P. n.º 381/04), entre outros.

Idêntico entendimento é perfilhado pelo Conselho Consultivo da Procuradoria designadamente no seu Parecer 43/2002, de 30/10/2002, em que foi analisado o procedimento concursal de adjudicação do fornecimento e montagem de equipamentos, software e demais serviços e assistência à implementação do sistema nacional de controlo de tráfego marítimo.

[20] In Acórdão do STA de 18/03/2004 (P. n.º 57/04).

[21] In Acórdão do STA de 14/05/2003 (P. n.º 711/03). Um outro Acórdão, mais recente, tratando a título principal de uma outra questão – a da disponibilidade das normas relativas aos prazos de execução do contrato, acabou por tratar a problemática dos factores de avaliação: "os programas dos concursos adjudicatórios visam definir os termos em que eles se desenrolarão (cfr. arts. 66.º; 100.º, n.ºs 1 e 2 e 105.º do DL n.º 59/99), constituindo verdadeiros regulamentos administrativos em matéria de critérios, subcritérios, factores, sub-factores, grelhas de pontuação e parâmetros de valoração, estando a Administração obrigada a decidir com base neles – vinculação positiva –, e a não considerar quaisquer outros antes não enunciados – vinculação negativa – (neste sentido, entre outros, Ac. do STA de 14/1/2003, rec. n.º 1 828/02). A actuação da Administração que contrarie estas regras, como foi o caso, não divulgando atempadamente aspectos que posteriormente considerará relevantes no momento da escolha do candidato, e elegendo-os após a abertura das

O Acórdão do STA de 25/07/2001 (P. n.° 47 711), que negou provimento ao recurso jurisdicional da sentença do TAC de Lisboa, proferida num concurso público de aquisição de serviços, regido pelo Decreto-Lei n.° 197/99, de 8 de Junho, debruçou-se precisamente sobre a situação em que o "júri do concurso, já depois de haverem sido estabelecidos os critérios e subcritérios de adjudicação para a determinação da proposta economicamente mais vantajosa, e, depois de ter procedido à análise das propostas [estabeleceu] a possibilidade de serem considerados acessórios apresentados pelos concorrentes a título meramente opcional, com a consequente adição dos preços de tais acessórios ao preço das respectivas propostas, de molde a que a valoração e hierarquização de algumas delas pudesse sofrer alteração". Entendeu o Tribunal que, com tal actuação, foi introduzido "a destempo um elemento que interferiu na ponderação dos critérios de adjudicação oportunamente fixados, com violação do enunciado no n.° 1 do artigo 94.° do Decreto-Lei n.° 197/99"[22]. A lei agora revogada, tal como o diploma anterior – o Decreto-Lei n.° 55/95, de 29 de Março – permitia à "Comissão de Análise fixar sub-critérios ou micro-critérios, sub-factores e grelhas de pontuação numérica ou percentual de tais critérios ou factores, ..., os quais terão, no entanto, de ser fixados em acta e comunicados aos concorrentes antes da abertura das propostas, sob pena de serem violados os princípios da igualdade, da transparência, da justiça e da imparcialidade"[23]. Em Acórdão posterior[24], o STA deteve-se circunstanciadamente na análise da questão de adição de critérios ou/e factores pelo júri do concurso. Chamado a pronunciar-se, ao abrigo do contencioso pré-contratual, do despacho adjudicatário do Secretário de Estado das Obras Públicas, proferido no concurso público de empreitada

---

propostas, representando em abstracto (sem ser, sequer, necessário em concreto demonstrar a intenção de prejudicar ou beneficiar alguém) um risco sério de violação de regras e interesses concursais fundamentais, constitui a violação dos *princípios da imparcialidade* e *transparência* (cfr. art. 266.°, n.° 2, da CRP)", (Acórdão do STA de 05/02/2004, P. n.° 29/04).

22 *In* Ponto IV do sumário do referido Acórdão.
23 *In* Ponto II do sumário do Acórdão do STA de 24/05/2001 (P. n.° 47 565). O Acórdão do STA de 02/04/2003 (P. n.° 113/03), a propósito do concurso público para o fornecimento de bens, designadamente monitores do sistema de manutenção de voo para o aeroporto de Lisboa, em sede de recurso jurisdicional, tratou também a questão da criação de micro-factores nos moldes que a jurisprudência tem tratado, acolhendo-se precisamente nessa jurisprudência uniforme.
24 *In* Acórdão do STA de 18/06/2003 (P. n.° 77/02).

de conservação corrente do ICERR, para a zona de Leiria, o Supremo Tribunal analisou a questão da junção de critérios, incluindo o momento até ao qual tal junção, se legalmente admissível, é possível, tendo igualmente expendido o seu entendimento sobre o que seja "criação de subcritérios". O cerne da alegação do recorrente era o de que o júri, já depois de conhecidas as propostas, estabeleceu subcritérios que se consubstanciavam em novos e diferentes critérios. Sublinhava o Tribunal que, segundo a sua jurisprudência uniforme, haveria a introdução de subcritérios sempre que o júri decompusesse ou subdividisse o "critério de avaliação instituído pelo programa do concurso em unidades autónomas e estanques, com valorização própria e separada, contando para a classificação final dos concorrentes". Este processo criativo, explicava o Tribunal, conhece dois limites: um intrínseco, que veda a criação de critérios que não se relacionem substanciosamente com os critérios base, "que pela sua novidade se substituam a estes ou subvertam respectiva aplicação, ou que conduzam a maior subjectividade ou margem de livre apreciação do que a que resultaria da aplicação simples dos critérios *standard*"; o outro, de cariz temporal: os subcritérios não podem ser estabelecidos depois de o júri conhecer as propostas, sob pena de violação dos mais importantes princípios do concurso: imparcialidade, igualdade, transparência, boa fé, concorrência e estabilidade do concurso[25]. O Tribunal aludia à lei vigente ao tempo que, no caso das empreitadas de obras públicas, não permitia sequer, como no regime de prestação de serviços, a alteração dos factores de apreciação até à abertura das propostas. No RJEOP, "tudo tem de constar, *ab initio*, do programa do concurso". Tudo considerado, o Tribunal anulou o acto recorrido por entender que *in casu* se verificara que a avaliação efectuada pela comissão, ao desdobrar o segundo critério (experiência em trabalhos no âmbito da rede viária nacional dos países da União Europeia, com relevo nos da área da conservação, e dentro destes, preferencialmente em obras do mesmo tipo da presente empreitada), pontuando autonomamente "obras em curso", "obras com montantes inferiores a 25 000 contos e com valores maiores ou iguais a este

---

[25] O texto do Acórdão contém referências jurisprudenciais sobre a matéria no sentido aí preconizado. Vide Acórdãos do STA de 19/02/2003 (P. n.º 70/03), de 03/04/2002 (P. n.º 48 441) e de 16/01/2002 (P. n.º 48 358); 20/03/2003 (P. n.º 48 079) – a criação de subfactores após a abertura das propostas constitui violação do princípio da imparcialidade. A adjudicação deve ser anulada: Acórdãos do STA de 01/09/2004 (P. n.º 888/04), 14/01/2004 (P. n.º 1 383/03); 03/12/2002 (P. n.º 1 603/02).

valor"[26], criara, com violação de lei, subcritérios novos, ilegalidade que inquinou "o acto de adjudicação que nela (avaliação) se baseou".

Idêntica jurisprudência consta do Acórdão do STA de 03/12/2002, tirado em recurso jurisdicional de sentença do TAC, que foi anulada. Entendeu o Tribunal que "o júri do concurso público para adjudicação da prestação de serviço de planeamento, coordenação e fiscalização de uma empreitada de construção de edifício para o Instituto Português do Sangue que a título de «definir a ponderação a aplicar aos diferentes elementos que interfiram no critério de adjudicação» (...) introduziu novos factores de avaliação da capacidade técnica dos concorrentes, arvorando-os em critérios de adjudicação". Mais, tal introdução de novos factores viola os "princípios da transparência e da publicidade do artigo 8.º... os quais visam evitar que os concorrentes sejam surpreendidos depois da apresentação da proposta com a introdução de algum elemento relevante para a ponderação da respectiva valia que não tivesse sido anunciado nos documentos que servem de base ao procedimento e que são inicialmente publicitados e disponibilizados"[27]. E no texto do Acórdão pode ler-se: "para além do que antes se disse sobre a inadmissibilidade de critérios relativos às habilitações profissionais e capacidades técnicas dos concorrentes e seus técnicos, também é notório que o Júri ao seleccionar estes subcritérios de avaliação das propostas se afastou do Programa do Concurso que estabelecia exclusivamente a valoração conjunta dos «**meios de acção**» a partir dos currículos da equipa técnica, designadamente do Chefe do Projecto, dos Eng. Mecânico, electrotécnico e técnico e do fis-

---

[26] Eis o teor deliberação da comissão de análise da proposta a este propósito: *"... Em face da redacção da alínea b) do n.º 18 do Programa do Concurso, foi dado especial relevo às obras, dos últimos 5 anos, do âmbito da conservação em estradas nacionais, dos países da Comunidade, por serem obras de algum modo similares com as do presente concurso. Assim às obras de construção da rede rodoviária nacional foi-lhes atribuído 1 ponto, às de conservação 2 pontos e, dentro desta, quando se trate de obras de conservação corrente por contrato, dada a sua especificidade face à empreitada que se encontra em apreciação, 4 pontos. Foram ainda tidas em consideração as obras em curso, com abonatórias passadas, a que se atribuiu metade da percentagem da obra concluída, com excepção das obras de conservação corrente por contrato a que se atribuiu 3 pontos. Foram ainda consideradas as obras com montantes inferiores a 25 000 contos e com valores maiores ou iguais a este valor. Às obras de valor inferior aos 25 000 contos foi-lhes atribuída metade dos valores referidos. Aos concorrentes que atinjam pontuação igual ou superior a 30 é-lhes atribuído o valor total da experiência – 30%".*

[27] *In* Pontos II e III do sumário do Acórdão em causa.

cal. Os subcritérios decididos pelo júri, além de diferentes dos que o Programa indicava, também [estabeleciam] fórmulas estanques de avaliação que [conduziam] ou [podiam] conduzir a resultados diferentes dos que resultariam da avaliação conjunta que o Programa estipulava e por isso não podia ser alterada pelo júri, como efectivamente resultou pela introdução dos aludidos subcritérios e suas pontuações máximas"[28]. Está também aqui tratada uma outra questão relativa aos factores de avaliação e que se prende com a separação rigorosa e legalmente imperativa, como se afirma no Acórdão, entre a avaliação dos concorrentes e a avaliação das propostas e que constava do n.º 3 do artigo 55.º do Decreto-Lei n.º 197/99, de 8 de Junho[29]. Numa decisão mais recente, o Tribunal Superior, chamado a pronunciar-se sobre a decisão jurisdicional que invalidara o acto de adjudicação de fornecimento de refeições a Centros de Formação Profissional, sustentou: "se o júri do concurso, após a audiência prévia dos interessados e reconhecendo a existência de erros, elimina um subcritério e introduz dois novos sub-critérios, introduzindo ainda uma nova fórmula de escalonar o somatório final dos incumprimentos verificados, não se trata apenas de uma actividade avaliativa, mas de inovações relativamente às condições do concurso previamente fixadas. II. Tendo tais inovações sido introduzidas já após a abertura das propostas, ocorre violação do artigo 94.º do DL 197/99, de 08-06 (...)"[30].

19. No contexto da avaliação de propostas, em concursos públicos, por recurso a factores ou critérios, cabe estabelecer a distinção entre as situações de adição de novos critérios e aquelas em que são pedidos esclarecimentos pelos júris dos concursos. Sobre esta questão se debruçou, entre outros, o Acórdão do STA de 20/11/2002 (P. n.º 187/02). Num concurso de provimento para chefe de divisão, o júri solicitou esclarecimentos a um candidato sobre o seu *curriculum*. Entendeu o Supremo Tribunal que se tratava de uma faculdade do júri e que não se consubstanciava em

---

[28] *In* Texto do Acórdão.

[29] No sentido da integral separação entre avaliação das propostas e a dos candidatos, sob pena de vício de violação de lei, na terminologia do tribunal, *vide* os Acórdãos do STA de 04/12/2002 (P. n.º 1 726/02) e de 14/03/2002 (P. n.º 48 188).

No actual regime de concurso público, não existe uma fase de qualificação dos concorrentes e continua a ser proibido valorar na apreciação das propostas quaisquer aspectos que se relacionem com a capacidade dos concorrentes (cfr. o disposto no n.º 1 do artigo 75.º do CCP).

[30] *In* Acórdão do STA de 05/07/2005, (P. n.º 1 383/03).

introdução de novos factores, porquanto se destinava a comprovar factos já referidos pelo candidato. Decisão oposta tomou o STA, no seu Acórdão de 16/2/2006 (P. n.º 168/04), ao entender que constituía ilegalidade introduzir uma exigência de apresentação de documento, a pretexto de esclarecimentos. A função destes é hermenêutica, não devendo constituir uma porta de fuga às obrigações legais[31].

Cumpre igualmente distinguir, embora seja porventura mais difícil, a situação de adopção de uma "régua ou tabela de avaliação das propostas (...) sem que nessa régua se criem quaisquer divisões estanques de apreciação dos critérios e subcritérios previstos no programa de concurso" daqueloutra de criação de novos critérios. O Tribunal, no Acórdão do STA de 20/04/2004 (P. n.º 227/04), entendeu que, no primeiro caso enunciado se estaria perante uma actuação que se insere "nos poderes discricionários do júri quanto à forma de proceder à avaliação de que está incumbido". Para o Tribunal, que foi chamado a julgar o recurso jurisdicional de sentença anulatória proferida no âmbito do concurso público de empreitada de "Reposição de pavimentos na ex EN 2, troço Tondela-Treixedo", a criação de uma régua, tal como sucedeu no concurso em análise, "limita-se a facilitar o trabalho do júri, tornando imediatamente congruente o trabalho de cada elemento do mesmo face aos dos outros integrantes, e permite a melhor a exteriorização das razões que conduziram o júri à avaliação que realizou. Essa régua ou tabela nada tem a ver com a criação de critérios ou sub-critérios não anunciados, nem com grelhas de avaliação não permitidas, pois estas são as que criam divisões estanques de pontuação no interior dos valores e ponderações abstractos constantes do programa"[32]. A jurisprudência do Tribunal Superior reconhece por isso "ainda que nem sempre seja fácil traçar a fronteira entre aquilo que pode ser considerado como um subcritério e aquilo que o não é já que, por vezes, a distinção entre um subcritério e o discurso fundamentador da decisão adoptada é bem ténue, atentas as semelhanças que se podem estabelecer entre eles, pode afirmar-se que a justificação dessas decisões, desde que se contenha nos limites dos critérios de avaliação, nunca poderá ser vista como constituindo a criação de subfactores não previstos. E, para além disso, a cria-

---

[31] Neste sentido, MÁRIO ESTEVES DE OLIVEIRA/RODRIGO ESTEVES DE OLIVEIRA, *Concursos e Outros Procedimentos de Adjudicação Administrativa – Das Fontes às Garantias*", Almedina, Coimbra, 1998, pp. 286 e ss.
No mesmo sentido, Acórdão do STA de 28/02/2002 (P. n.º 48 353).
[32] *In* Pontos III, IV e V do sumário do referido Acórdão.

ção destes tem de significar a construção de um elemento avaliativo com autonomia em relação ao critério que visam subdividir de tal forma que lhe seja possível atribuir uma valoração separada"[33]. No mesmo Acórdão, o Tribunal louva-se no entendimento vertido em Acórdão anterior do mesmo Tribunal sobre o que seja criação de um sub-factor: "apesar de todas as dificuldades que, na prática, surgem nos pareça de acompanhar o critério traçado no Acórdão deste Tribunal de 15/1/02 (rec. 48 343) segundo o qual *são subfactores os elementos de avaliação (apreciação/ /valoração) das propostas aos quais se atribua autonomia tal que passem a formar uma unidade estanque à qual é atribuída uma valoração separada, por exemplo, fixando-se uma certa percentagem para o sub-conjunto de um factor. Para efeitos da regulamentação constante do DL 59/ /99, os elementos distintivos entre o parâmetro de avaliação e o subfactor de avaliação são a rígida independência ou estanquicidade e a atribuição de uma valorização prefixa, portanto também rígida, ao subfactor, enquanto o parâmetro pode interagir com outros parâmetros e tem de ser avaliado com os restantes dentro do conjunto de elementos que se unificam num determinado factor.*" Sendo que, como já se disse, entre o critério e o subcritério tem de existir uma sólida e sustentada relação de conteúdo de tal forma que este se limite a desenvolver ou a densificar o estabelecido no primeiro". Já o Acórdão do STA de 28/07/2004 (P. n.º 742/04), que concedeu provimento ao recurso de decisão jurisdicional que anulara a adjudicação praticada pelo Secretário Regional do Ambiente e Recursos Naturais da Região Autónoma da Madeira, de fornecimento de equipamento de recolha de lixo, com fundamento em violação de lei, pronunciou-se sobre o que seja a introdução de factores novos, uma vez ter sido esse o fundamento da anulação da adjudicação. O Tribunal, recorrendo a jurisprudência sua anterior, sustentou o seguinte entendimento: "não envolve a criação de sub-critérios nem a eleição de aspectos ou elementos que possam constar das propostas e como tal serem susceptíveis de receber especial valoração..., a instituição pelo júri de uma escala de pontuação da qualidade das propostas (...). Essa operação não interfere com a normação do concurso, nem propicia a quebra da transparência..."[34].

---

[33] Ponto III do sumário do Acórdão do STA de 13/10/2004, P. n.º 48 079.

[34] Neste sentido *vide* Acórdãos do STA de 23/06/2004 (P. n.º 588/04), 20/04/2004 (P. n.º 227/04), 04/02/2004 (P. n.º 1 495/03), 18/06/2003 (P. n.º 862/03) entre outros.

2.1.2. *Violação de princípios jurídicos concursais*

20. Como decorre do ponto anterior, já a propósito da alteração/adição de factores de avaliação das propostas, a ilegalidade da adjudicação resulta da violação de princípios fundamentais dos concursos públicos. A jurisprudência tem enunciado os princípios da boa fé, na vertente da protecção da confiança em particular, da igualdade, da imparcialidade, da concorrência e da estabilidade concursal.

Sem prejuízo da valia da jurisprudência já citada anteriormente, cabe apresentar prolações judiciais especificamente relacionadas com estas questões como é o caso do Acórdão do STA de 29/05/2002 (P. n.º 44 744). O Tribunal negou provimento ao recurso jurisdicional da sentença que anulara o acto de encurtamento de prazo de apresentação de propostas no "concurso público internacional para adjudicação da prestação de serviços de recolha e transporte e aterro ou estação de transferência dos resíduos sólidos urbanos dos concelhos integrados na Associação de Municípios do Planalto Beirão". Precisamente por entender que tal actuação "violou o princípio da boa-fé, frustrando a confiança e a estabilidade das regras do concurso, bem como os princípios da livre concorrência e da transparência, que, por sua vez, como se refere na sentença, são reflexo dos princípios jurídico-constitucionais da justiça, da igualdade e da imparcialidade"[35]. Num Acórdão subsequente, o Supremo Tribunal Administrativo voltou a ponderar o princípio da boa fé nos procedimentos concursais, agora para afastar a hipótese de violação. Pode ler-se então no ponto V do sumário do Acórdão do STA de 30/07/2003 (P. n.º 1 275/03): "Impõe-se tal exclusão, relativamente a concorrente que não indicou, como expressamente exigia o programa do concurso, um engenheiro civil como responsável pela gestão do sistema de auto controlo de qualidade dos trabalhos, indicando para o efeito um licenciado em engenharia geotécnica-escavações e fundações. Nessas circunstâncias, a decisão de exclusão do concorrente não viola o princípio da boa fé e da protecção da confiança, se não se demonstra a existência, por parte da Administração, de conduta que, por qualquer forma, tenha induzido o concorrente em erro quanto à irrelevância do incumprimento daquela exigência do programa do concurso"[36].

---

[35] *In* Texto do Acórdão citado.
[36] Tratam também da juridicidade do princípio da boa fé, excluindo a hipótese de violação, entre outros, o Acórdão do STA de 12/12/2002 (P. n.º 909/02): "não se verifica

21. Especificamente sobre o princípio da imparcialidade, são diversas as situações práticas em que tal violação pode ocorrer. A mais frequentemente assinalada pela jurisprudência, prende-se como já demos conta, com a questão do incumprimento das regras relativas à criação de critérios de avaliação de propostas[37].

Uma das dimensões (ou concretização) da imparcialidade é a transparência da actuação administrativa[38]. A propósito desta dimensão, existe um Acórdão muito específico que tratou a seguinte questão: "a empresa

---

por parte do acto impugnado violação dos princípios da proporcionalidade, da boa fé e da protecção da confiança, visto que os invocados princípios apenas cobram autonomia no domínio da actividade discricionária da Administração, sendo que no caso se moveu no campo da actividade vinculada. No plano do que foi invocado, apenas seria de molde a relevar autonomamente (maxime por ocorrer violação do princípio da confiança), a circunstância de a Administração, na conduta sindicada, poder ter menosprezado a questão da recompensa decorrente de situações subjectivadas na esfera jurídica do interessado, concretamente de anterior titularidade de licença (e a que se refere o já citado n.° 2 do art. 12.° do DL 102/90), sendo no entanto que a revogação de tal licença não foi desacompanhada do reconhecimento do direito a eventual indemnização". No sentido do mesmo tratamento do princípio da boa fé, num Acórdão do STA sobre uma concessão mineira pode ler-se: "se o deferimento de um pedido de concessão de exploração de um depósito mineral foi subordinado ao cumprimento, pela requerente, de determinadas condições, não viola o princípio da boa fé o facto de a Administração ter estabelecido prazos flexíveis para elas serem satisfeitas, ter avisado a interessada dos riscos da sua inércia no cumprimento das condições e ter recusado celebrar o contrato de concessão por as condições ainda não estarem preenchidas" (Acórdão do STA de 15/10/2003, P. n.° 46 577).

[37] Ainda mais recentemente, o Supremo Tribunal Administrativo reafirmou esta vertente: "Nos procedimentos pré-contratuais para adjudicação de contrato de empreitada de obras públicas a comissão de análise das propostas pode seleccionar os elementos a ponderar em cada factor ou sub factor enunciado no programa de concurso, sem introduzir inovações, e deve estabelecer métodos que permitam tornar mais objectivo e transparente o seu trabalho, mas estas diligências só serão válidas se tiverem carácter abstracto e temporalmente se situarem antes de a comissão conhecer as propostas, sob pena de violar o princípio da imparcialidade" (Acórdão de 02/03/2006, P. n.° 597/05). No mesmo sentido, vide Acórdão do STA de 22/02/2006 (P. n.° 1 388/03), de 11/10/2006 (P. n.° 766/05).

[38] Pronunciando-se especialmente sobre esta dimensão, ainda que fortemente associada à problemática da criação indevida de critérios, vide Acórdão do STA de 23/05/2006 (P. n.° 1 328/03): a salvaguarda do princípio da transparência concursal "constitui uma garantia preventiva da imparcialidade, impõe que a Administração actue de forma a dar uma imagem de objectividade, isenção e equidistância dos interesses em presença, de molde a projectar para o exterior um sentimento de confiança, tudo de molde a que nenhuma dúvida possa subsistir relativamente à sua actuação".

que ajudou a preparar o concurso, que procedeu ela própria à definição geral da obra, à estimativa orçamental, e que elaborou peças escritas e desenhadas que deram corpo ao respectivo caderno de encargos, desenvolvendo, dessa forma, uma relação de extrema proximidade com a entidade adjudicante, ao participar na candidatura do consórcio passa a participar também do interesse comercial deste em vencer o concurso"[39]. O entendimento do Tribunal foi o de que "adjudicação feita nessas condições não pode deixar de estar viciada". O que cumpre aqui sublinhar é o efeito invalidante autónomo que a conduta implica, por violação do princípio da imparcialidade[40].

22. Existe também jurisprudência que trata a juridicidade do princípio da igualdade, com relativa autonomia[41]. O Acórdão do STA de 17/10/2002 (P. n.º 40 143) debruçou-se sobre o âmbito do princípio da igualdade, a propósito da apresentação das propostas. Reza assim o ponto IV do sumário deste Acórdão: "assim, a eventual admissão de concorrentes que eventualmente não tenham cumprido a referida formalidade [apresentação diferenciada e em sobrescrito fechado da proposta] não determina a ilegalidade, por violação desse princípio [da igualdade], da decisão de não admissão de outro concorrente, com base no incumprimento dessa mesma formalidade". É que o Tribunal sustentou que este princípio tem relevância nos domínios de poderes discricionários, mas não nos domínios de poderes vinculados[42]. Acresce que não existe igualdade na ilegalidade.

---

[39] *In* Acórdão do STA de 01/10/2003 (P. n.º 48 035).
Associado ao princípio da imparcialidade, o Acórdão do STA de 14/04/2004 (P. n.º 2069/03) tratou a questão da conduta da Administração se "não mostrar consentânea com o que a própria Administração estabelecera", violando por conseguinte, entre outros, o princípio da imparcialidade. A questão prendia-se com a apreciação do factor preço, num contrato de empreitada de obras públicas, baseado em "critérios estranhos ao sub-factor em causa e que dele extravasam claramente".

[40] No Código dos Contratos Públicos a situação foi acautelada, tendo o legislador erguido a situação em "impedimento" pessoal que obsta a que a pessoa que tenha intervindo na preparação de um concurso possa entrar como candidato ou concorrente no mesmo (cfr. o disposto na alínea j) do artigo 47.º).

[41] Também quanto a este princípio fundamental há que remeter para os Acórdãos já citados a propósito da questão da alteração ou adição inadmissível de factores de avaliação das propostas.

[42] Isto mesmo foi igualmente sustentado no Acórdão do STA de 02/03/2004 (P. n.º 58/04), em que o Tribunal foi chamado a apreciar, em sede de recurso jurisdicional, se

No Acórdão do STA de 11/12/2003 (P. n.° 1 795/03), a propósito de requisitos de apresentação de propostas disse o Tribunal: "a adopção do referido critério de qualificação dos concorrentes [capacidade técnica dos concorrentes (execução de obras da mesma natureza da posta a concurso], de acordo com o estatuído no Programa do Concurso, não contém qualquer violação do princípio da igualdade, uma vez que o mesmo está formulado em termos gerais e abstractos, para ser aplicado a todo o universo de concorrentes, com tratamento igual de situações iguais, não contendo assim qualquer tipo de tratamento preferencial relativamente a determinado candidato, ou a determinado tipo de candidatos. O que o referido princípio impede é que a Administração (na elaboração e aplicação dos programas dos concursos) adopte comportamentos que impliquem tratamento diverso de situações iguais, ou seja, trate diferentemente concorrentes que se apresentem em iguais circunstâncias. Mas isso não obsta, de modo algum, ao estabelecimento de critérios selectivos, em ordem à melhor defesa dos interesses públicos prosseguidos no procedimento concursal, não constituindo, obviamente, tratamento preferencial ou discriminatório tratar diferentemente os concorrentes que satisfaçam os critérios predefinidos e os que os não satisfaçam".

23. No âmbito de concursos públicos relativos a projectos de concepção (ou que incluam esta dimensão), debruçou-se o Supremo Tribunal sobre a violação do princípio do anonimato. Trata-se de um princípio jurídico específico deste tipo de contratos, que se destina a "favorecer uma apreciação dos projectos livre de quaisquer constrangimentos ou influências externas e que a **sua análise se faça num clima de total igualdade e imparcialidade**"[43]. A esse título, o Acórdão do STA de 03/12/2002 (P. n.° 1 332/02), tirado em recurso jurisdicional de anulação do despacho do Secretário de Estado do Turismo, proferido no "concurso público de ideias para arranjo e ordenamento da frente de mar de Aljezur", que

---

a interpretação de norma de modelo de concurso, vertida em concreto programa de concurso, configuraria uma violação do princípio da igualdade: "a Administração não interveio no exercício de actividade discricionária mas no domínio da sua actividade vinculada, onde o princípio da igualdade não encontra justificação e se confunde com o princípio da legalidade (entre outros, os Acórdãos deste STA, de 26/11/02, P. n.° 03 7811 – Pleno e de 16/4/02, rec. 46 378) ". Idêntica questão foi tratada posteriormente nos Acórdãos do STA de 29/04/2004 (P. n.° 231/04) e de 02/04/2009 (P. n.° 83/08).

[43] *In* Acórdão do STA de 29/04/2004 (P. n.° 309/04).

excluiu um dos concorrentes por desrespeito da forma de apresentação (anónima) prescrita, disse o Tribunal: "é que, aos concursos públicos em causa respeitantes a trabalhos de concepção (aos quais, segundo o enunciado no art. 168.°, é aplicável o regime geral regulado no Cap. IV daquele DL, com as necessárias adaptações e com as especialidades indicadas nos artigos seguintes) preside o princípio do anonimato dos projectos ou planos, enunciado no art. 167.° do DL 179/99, segundo o qual, "a identidade dos autores dos projectos ou planos só pode ser conhecida e revelada depois de apreciados e hierarquizados os projectos ou planos apresentados" (cf. n.° 1 daquele preceito legal), para o que, "a entidade que organiza o concurso e os concorrentes devem praticar todos os actos que se revelem necessários" para o efeito (cf. n.° 2 daquele mesmo preceito legal). Veja-se, a propósito, o Acórdão deste STA de 14/03/2002 (rec. 276/02)". E mais adiante prossegue: "ora o descrito modo de apresentação do trabalho, levado a efeito pelo recorrente, por contrariar inquestionavelmente a letra da enunciada regulação do concurso, e a ratio do que lhe subjaz, a ser eventualmente desconsiderado era de molde a conferir fundamento objectivo a suspeita de actuação obscura e imparcial por parte da Administração (por contender com os enunciados princípios e a pôr em causa o princípio do anonimato), razões porque tornava o trabalho inaceitável (e incurso em falta essencial), e assim, e tal como foi decidido, não podia ser hierarquizado, com a consequente exclusão do concurso (cf. n.° 3 do art. 174.° do diploma que se vem citando)"[44]. Ora como se pode ler no corpo da decisão contida no Acórdão do STA de 14/03/2002 (P. n.° 276/02): "o legislador temeu, que, através do conhecimento da identidade dos concorrentes, pudesse ficar a conhecer-se a identidade dos autores dos projectos ou dos planos. Trata-se de um elemento essencial do concurso que o legislador elegeu como basilar de todo o procedimento, acarretando a sua violação a prática de um vício de violação de lei que conduz à anulação do acto administrativo com ele desconforme".

---

[44] O Acórdão STA de 14/03/2002 (P. n.° 276/02) contém idêntica jurisprudência: "nos concursos públicos lançados para a concepção de projectos ou planos, sujeitos à disciplina dos arts. 164.° e ss. do DL 197/99, vigora o princípio do anonimato, não podendo ser reveladas as identidades, tanto dos autores desses projectos ou desses planos, quanto a dos respectivos concorrentes, antes da hierarquização dos projectos ou dos planos". Esta jurisprudência foi novamente subscrita no Acórdão de 29/04/2004 (P. n.° 309/04).

2.1.3. *Outras violações das regras procedimentais*

24. Ainda no âmbito do procedimento concursal, o Supremo Tribunal Administrativo tratou, ainda que não a título principal, a hipótese de conluio entre proponentes a um concurso público. No Acórdão do STA de 19/11/2003 (P. n.º 1 431/03), o Tribunal foi chamado anular a sentença do TAC de Coimbra que não anulara a deliberação da Câmara Municipal de Castelo Branco que não adjudicara a empreitada "Concepção/Construção da variante Sul Exterior a Castelo Branco". A anulação da referida deliberação fora fundada na violação do princípio da proporcionalidade, pois a não adjudicação sustentava-se no facto de todas as propostas serem de preço "consideravelmente superior" ao preço base do concurso. Foi precisamente na densificação da expressão "preço consideravelmente superior" que o Tribunal, confrontando a tese do Tribunal de Contas de que tal conceito se poderia transformar num conceito fixo (25% do preço base), a afastou e preconizou: "a melhor interpretação... é, a nosso ver, a que defende que só casuisticamente se pode aferir se o preço da proposta é «consideravelmente superior» ao preço base. Na verdade, esta interpretação impede com mais eficácia um possível conluio entre os proponentes – bastava que por acordo dos candidatos o preço base fosse alterado para valores inferiores a 25%, que, não havendo indícios desse conluio, impunha-se à Administração o dever de concluir esse contrato"[45].

25. Uma questão atinente à validade e que é talvez das mais importantes nesta sede de procedimento pré-contratual é a que diz respeito às hipóteses de falta do procedimento devido. O sumário do Acórdão do STA de 11/11/2003 (P. n.º 1 084/03) é elucidativo: "enferma de nulidade a adjudicação praticada em procedimento pré-contratual de concurso limitado sem apresentação de candidaturas quando, atento o valor da adjudicação, se exigia, nos termos do DL 55/95, que tivesse seguido, pelo menos, o procedimento por negociação com publicação prévia de anúncio". O Tribunal ancorou-se na sua jurisprudência quanto aos processos disciplinares: "a jurisprudência citada [Acórdãos do STA de 08/10/1992 (P. n.º 28 146) e de 06/03/1990 (P. n.º 25 131)] surge perante casos de violação evidente

---

[45] Adiante se fará menção circunstanciada de jurisprudência do Tribunal de Contas a este propósito.

de direitos fundamentais, em matéria disciplinar. Mas na sede em que colocamos o problema, que é o da natureza do vício, ..., a solução há-de ser a mesma (...). A partir do momento em que se adopta um procedimento administrativo diverso daquele que se encontra especial e formalmente estabelecido na lei, toda a actuação administrativa pode ser questionada, pois está inquinada pela raiz"[46].

Todavia, um posterior Acórdão do STA 03/03/2004 (P. n.° 1 938/03) vem equacionar esta mesma questão em outros moldes. Proferido a propósito do recurso de sentença que indeferiu o pedido de declaração de nulidade da deliberação de adjudicação da Câmara Municipal de Sines, por preterição do procedimento concursal legalmente devido, sustenta expressamente: "na verdade, e ainda que se admitisse que, nos termos da lei, a adjudicação daquela obra estava dependente da abertura de concurso público, certo era que essa falta não se traduzia numa ausência de elementos fundamentais do acto e, por conseguinte, essa omissão não se constituía em ilegalidade determinante da sua nulidade. E isto porque (...) os elementos fundamentais de um acto administrativo têm a ver com os elementos que o caracterizam como tal – são os seus elementos fundadores – e a não realização de um concurso público, mesmo quando obrigatório, não significa a ausência desses elementos, designadamente a falta de uma conduta voluntária da Administração, a prossecução do interesse público e a capacidade de produção de efeitos no caso concreto. E, nesta conformidade, a ilegalidade que vem apontada à deliberação impugnada não poderá determinar a sua nulidade. E não se diga que o vício que lhe é apontado encontra paralelismo na ofensa ao conteúdo essencial de um direito fundamental ou com a falta absoluta de forma legal (als. d) e f) do n.° 2 do citado art. 133.° do CPA), porquanto – como é jurisprudência uniforme – *"os direitos fundamentais a que se reporta a aludida alínea d) são apenas os constantes do Capítulo II, da Parte I, da CRP e outros a que for atribuída natureza análoga, o que se não verifica com os "princípios" alegados, sendo certo que, no que*

---

[46] A nossa dúvida assenta na disparidade de razões em que se funda a obrigação de seguir um determinado procedimento. No âmbito do direito disciplinar, as razões estão fortemente conexionadas com os direitos fundamentais de defesa em matéria sancionatória, que só um procedimento poderá, pelo menos formalmente, assegurar.

Se o Tribunal tivesse sido chamado a pronunciar-se sobre a validade do contrato entretanto celebrado só poderia, em coerência, decidir pela invalidade do mesmo, uma vez que o acto em que assentou era nulo, na sua perspectiva.

respeita à violação do "direito fundamental da igualdade", extraído do princípio consagrado no artigo 13.º da CRP, apenas as categorias enumeradas no seu n.º 2 têm potencialidades para descaracterizar a ordem de valores que a Constituição consagra (cfr., neste sentido, por todos, os acórdãos deste STA de 8/3/01, 30/5/01 e 3/7/01, proferidos nos recursos n.ᵒˢ 46 459, 22 251 e 47 111, respectivamente). E, por outro lado, a utilização de uma espécie de concurso em detrimento da legalmente estabelecida também não configura um caso de carência absoluta de forma legal, para efeitos da al. f), do n.º 2, do artigo 133.º do CPA, que apenas abrangerá aqueles casos em que a lei sujeite a produção de efeitos do acto a uma forma solene, ou quando o órgão, devendo manifestar-se por escrito, o faça oralmente – Acórdão de 17/6/03, rec. 666/02, que versa um caso idêntico ao dos autos. Acrescendo que, como se referiu na douta sentença recorrida, a preterição da formalidade aqui em causa nem sequer se traduziu numa falta absoluta de forma legal ao nível desse procedimento, pois que de todo o modo sempre houve um procedimento concursal, se bem que não o porventura legalmente exigido".

2.2. Da invalidade própria do contrato administrativo

26. Como já adiantámos, não existe muita jurisprudência sobre invalidade própria dos contratos administrativos. Parece-nos que a principal razão justificativa é a de que normalmente a litigiosidade sobrevém na fase da formação do contrato, existindo por conseguinte uma actuação jurisdicional preventiva.

Contudo, uma das hipóteses tratada pela jurisprudência administrativa em sede de invalidade própria dos contratos administrativos diz respeito às situações de objecto juridicamente impossível[47].

Uma das prolações aqui enquadráveis é o Acórdão do STA de 06/03/2002 (P. n.º 46 143) que se deteve a analisar a questão da transmissibilidade dos jazigos. Depois de equacionar as formas de transmissão (por sucessão ou por negócio entre vivos) e de sublinhar a específica natureza do bem em causa, pronunciou-se pela nulidade do negócio de compra

---

[47] É certo que não encontramos a designação "invalidade própria do contrato".

e venda de jazigo. "Uma transmissão dessas – considerados os direitos, os valores e objectivos em causa – não é regida pelas mesmas normas do direito civil, e porque assim é, a mesma não é completamente livre, (...). ... o contrato de compra e venda mencionado nos autos é nulo. E é nulo porque – sendo o seu objecto a venda de um terreno próprio para duas sepulturas e sendo que o cemitério onde as mesmas se situam, se encontra integrado no domínio público – a sua realização ofende não só o disposto no n.º 2 do artigo 202.º, como também o que se estabelece no n.º 1 do artigo 892.º, ambos do CC". Trata-se portanto de uma invalidade relacionada com o objecto[48].

Mais recentemente, o STA pronunciou-se sobre a validade de um acto de adjudicação de uma concessão de obra pública[49]. Apesar de nunca o referido Acórdão tratar a questão da validade do contrato de concessão, a verdade é que se trata de uma situação de vício que é comum à adjudicação e ao contrato. A questão relacionava-se com a duração da concessão: a entidade adjudicante estabelecera o prazo de 25 anos quando a lei, ao tempo, apenas permitia uma concessão por 20 anos. Ora o prazo é uma das cláusulas obrigatórias a mencionar no contrato, constituindo um requisito essencial do mesmo. Assim, a adjudicação que viole as normas sobre os prazos de concessão incorre numa ilegalidade que também constará do contrato. Entendeu o Tribunal de recurso que "o acto impugnado [a adjudicação] incorreu em violação destes preceitos legais", cominado por isso, no entendimento jurisdicional, com a anulabilidade[50]. Se o

---

[48] Se bem que o contrato administrativo aqui em causa não integre o tipo de contratos que vamos a analisar.

[49] Vide Acórdão de 14/10/2004, (P. n.º 1 921/02).

[50] A nossa dúvida quanto a esta solução passa pela vigência do princípio do aproveitamento dos actos administrativos. Uma vez que o prazo está imperativamente limitado pela lei, a desconformidade da adjudicação e portanto do contrato quanto a este requisito poderia ser ultrapassado, entendendo-se que aquele prazo se tinha por não escrito e em sua substituição vigoraria a norma legal que prevê o prazo máximo. Claro que haveria que equacionar qual a repercussão no equilíbrio financeiro da redução da cláusula e até qual tinha sido o peso dessa cláusula na vontade negocial das partes. A ponderação de todos estes factores poderia conduzir de facto, como algo inevitável, à anulação do contrato.

No Acórdão do STA de 23/06/2004 (P. n.º 588/04), foi tratada a questão de redução de prazos de pagamento de obra porque uma das propostas apresentava um prazo superior ao estabelecido na lei. Decidiu, entre outras questões, o Tribunal o seguinte: "em concurso público de empreitada de obras públicas, uma proposta de prazo de pagamento

contrato devesse ser celebrado poderia ser anulável, à conta da ilegalidade da cláusula.
No Acórdão de 21/09/2004 (P. n.º 47 638), o STA tratou a questão da nulidade de contrato de concessão de exploração de aterro sanitário por o respectivo objecto ser ao tempo vedado à exploração por privados, pela Lei de delimitação dos sectores (Lei n.º 46/77, de 8 de Julho). O Tribunal considerou que o contrato "foi celebrado contra disposição legal imperativa – artigo 4.º, n.º 1, al. d) da lei 46/77 – circunstância que implica a respectiva nulidade, nos termos previstos no artigo 294.º do C. Civil". A argumentação do Tribunal baseava-se no regime de invalidade dos contratos administrativos em vigor ao tempo[51].

2.3. Apreciação da orientação da jurisprudência

27. Como foi evidente a partir da exposição, a litigiosidade contratual tem-se centrado na impugnação do acto de adjudicação, que está na base da celebração do contrato, em particular no procedimento pré-contratual. Não foi possível conhecer o estado factual existente após a prolação destas decisões judiciais, designadamente saber se, apesar desta conflitualidade e da decisão sobre ela, o contrato se terá celebrado. O Tribunal não se pronuncia sobre as eventuais questões de validade do contrato que se poderiam colocar pela invalidade de actos do procedimento pré-contratual.
Contudo, o STA já se pronunciou sobre uma questão vizinha à da invalidade[52]. Trata-se de saber qual a consequência processual que se deve assacar a uma impugnação de acto pré-contratual se o contrato vier a

---

superior ao prazo máximo de 44 dias para o pagamento dos trabalhos executados, previsto no art. 212.º, n.º 1, do DL n.º 55/99, de 2 de Março, deve ser reduzido e considerado na classificação final dos candidatos em conformidade com essa redução até aquele montante previsto na norma citada". Idêntica decisão encontrava-se já no Acórdão de 20/04/2004 (P. n.º 227/04). *Vide infra* Parte III.

[51] A nossa dúvida sobre a justificação normativa do Tribunal é a de recorrer ao Código Civil de imediato e não fazer aplicar em primeira mão o regime de direito administrativo relativo ao acto administrativo, ainda que ao tempo não vigorasse o artigo 185.º do CPA com a última redacção.

[52] *Vide* o Acórdão de 09/03/2004 (P. n.º 1 726/02).

ser outorgado. Apelando à jurisprudência que resultou de "largo debate", o Tribunal entende que não existe inutilidade superveniente da lide quanto à impugnação se o contrato for celebrado[53]. A jurisprudência citada sublinha a utilidade do recurso para efeitos indemnizatórios[54].

Com a actual configuração contenciosa, designadamente com a possibilidade de ampliação do objecto da acção, melhor se entenderá a utilidade da impugnação para os efeitos que nos interessam aqui.

---

[53] Neste sentido, entre outros, o texto do Acórdão em referência alude aos Acórdãos do STA de 15/01/2002 (P. n.º 48 343), 25/06/2002 (P. n.º 800/02), 03/07/2002 (P. n.º 28 775), 10/07/2002 (P. n.º 550/02), 30/10/2002 (P. n.º 38 242), 25/03/2003 (P. n.º 46 580), 30/04/2003 (P. n.º 1 072/02-A), 14/05/2003 (P. n.º 711/03).

[54] O Acórdão do STA de 03/03/2005 (P. n.º 41 794A) tratou a questão da indemnização a concorrente que conseguiu anular a adjudicação de empreitada de obras públicas. Verificava-se no entanto uma causa legítima de inexecução pois as obras tinham sido totalmente concluídas. Entendeu o Tribunal que "se for de concluir que o acto renovador, caso fosse possível, não colocaria necessariamente o exequente no primeiro lugar do concurso em termos de lhe ser adjudicada a empreitada, não pode ele reclamar indemnização pelo valor do lucro cessante... (...). A sua expectativa não é diferente da dos demais concorrentes. E assim, apesar de terem visto anulado o acto de adjudicação não terão direito à indemnização por esse custo...", (pontos IV e VI do sumário). No mesmo sentido, *vide* os Acórdãos do STA de 11/10/2005 (P. n.º 46 552B); 27/03/2001 (P. n.º 44 140).

3. NA JURISPRUDÊNCIA DO TRIBUNAL DE CONTAS [55]

28. O Tribunal de Contas não pertence à jurisdição administrativa, desempenhando antes uma função jurisdicional, para o que nos interessa, de controlo financeiro sobre os contratos administrativos. Nos termos da lei reguladora do Tribunal de Contas, para o cumprimento das suas funções, este pode e deve avaliar e averiguar da legalidade dos contratos que lhe são submetidos para efeitos da concessão de visto[56].

Ora, no desempenho desta sua função, o Tribunal de Contas, recorrentemente, pronuncia-se sobre questões de validade dos contratos administrativos, em particular de validade derivada.

Uma recolha dos Acórdãos desta instância relativa aos anos de 2004, 2005 e 2006, no âmbito de contratos de empreitada de obras públicas e de fornecimento de bens e serviços, permitiu verificar que o Tribunal expendeu jurisprudência unânime relativamente a uma questão que lhe é colocada com frequência: a da adjudicação de trabalhos a mais por ajuste directo. É certo que tal questão extravasa o objecto da nossa investigação porquanto se tratam de adicionais a contratos já visados e, portanto, na perspectiva do Tribunal, legais. Todavia, a chamada à colação justifica-se porque permite expor o entendimento do Tribunal quanto à relevância do procedimento de escolha do contratante na validade da adjudicação e, em consequência, do contrato adicional. Retiram-se conclusões que podem ser aplicadas à formação de um contrato administrativo. Aliás, existem prolações do mesmo Tribunal neste cenário.

---

[55] Todos os Acórdãos referenciados foram colhidos no site do Tribunal de Contas com o endereço http://www.tcontas.pt/.

[56] Adiante, a propósito do iter formativo dos contratos administrativos, analisaremos circunstanciadamente o visto do Tribunal de Contas.

3.1. O procedimento como elemento essencial da adjudicação

29. O Tribunal de Contas é amiúde solicitado para visar contratos adicionais, adjudicados por ajuste directo, a contratos administrativos em execução, a propósito dos designados "trabalhos a mais".

Normalmente, o excurso jurisdicional inicia-se pela demonstração de que os referidos trabalhos integram o conceito de "trabalhos a mais", então previsto no artigo 26.º do RJEOP. Num esforço de interpretação do referido normativo, tem o Tribunal de Contas entendido que "trabalhos a mais [são] aqueles que, não fazendo parte integrante dos trabalhos inicialmente projectados ou contratados, se tornaram necessários à execução do contrato. Ponto é que essa necessidade tenha ocorrido na sequência de uma «circunstância imprevista» e que se verifique qualquer das circunstâncias previstas nas alíneas a) ou b) do artigo 26.º do DL n.º 59/99, de 2 de Março. Circunstância imprevista é toda a circunstância que um decisor público normal, colocado na posição do real decisor, não podia nem devia ter previsto. Se a circunstância for previsível, ou seja, se a circunstância podia e devia ter sido prevista, o que ocorre é erro do decisor público"[57]. Ora, o Tribunal de Contas entendeu que se tratava de erro do decisor e, portanto, não se consubstanciava uma situação de "trabalhos a mais" quando o contrato adicional dizia respeito a "drenagens, electricidade e a movimentos de terra (terraplanagens), que não foram previstas no projecto inicial e que eram necessárias ao «bom acabamento, funcionalidade e objectivo da obra», precisamente porque se tratava de "trabalhos que, por *ab initio* serem necessários à boa execução do contrato, são o resultado de erros e omissões que podiam e deviam ter sido previstos pelo dono da obra"[58].

---

[57] *In* Acórdão n.º 166/05 – Outubro, 11 – 1.ª S/SS (Processo n.º 1 510/05).

[58] *In* Acórdão n.º 166/05 *supra* citado. Idêntico entendimento expendeu o Tribunal a propósito do adicional ao contrato de empreitada de "colocação de cabos subterrâneos...", celebrado entre a Câmara Municipal de Loulé e um consórcio formado pelas empresas Manuel Joaquim Pinto, SA e CME, em que, por ajuste directo, a Câmara pretendeu estender a realização de infra-estruturas a outras habitações, não previstas (erradamente) no objecto da empreitada: "os trabalhos objecto do contrato em apreciação resultaram, sim, de alterações de vontade do dono da obra que modificou o projecto posto a concurso" (*in* Acórdão n.º 44/2005 – 8 de Março – 1.ª S/SS). São muitos os Acórdãos que sufragam esta orientação. *Vide*, entre outros, os Acórdãos n.º 116/05 – 21 de Junho – 1.ª S/SS (Processo n.º 489/05 e 917/05) (o Tribunal refere que o dono da obra já sabia,

30. Ora, não se integrando os trabalhos no conceito legal de "trabalhos a mais", conclui o Tribunal pela ilegalidade do recurso ao ajuste directo como procedimento de adjudicação.

Daí, ser jurisprudência unânime deste Tribunal que a não sujeição a concurso público (ou pelo menos, a concurso limitado com publicação de anúncio) daquele tipo de obras implica que a adjudicação praticada esteja viciada de nulidade. Depois de enunciar as três hipóteses de nulidade da adjudicação[59], o Tribunal reiteradamente sustenta: "estamos, assim, em presença de um acto de adjudicação que, por ter sido antecedido de um procedimento que primou pela total ausência de concorrência e publicidade, quando o procedimento aplicável era um procedimento que tem como *ratio* a concorrência e a publicidade, está eivado de um vício de tal modo grave que torna inaceitável a produção dos seus efeitos jurídicos, sendo, por isso, nulo. É, de resto, jurisprudência unânime deste Tribunal o entendimento de que o concurso público, quando obrigatório, é elemento essencial da adjudicação"[60]. De igual modo se pronunciou o referido Tri-

---

aquando da celebração do contrato de empreitada, que o respectivo objecto era diferente, tendo inclusive já adjudicado, por ajuste directo, os trabalhos que resolvera adicionar); n.º 115/2005 – 15 de Junho – 1.ª S/SS (Processo n.º 1 006/2005); n.º 105/05 – 31 de Maio – 1.ª S/SS (Processo n.º 819/05); n.º 132/05 – 12 de Julho – 1.ª S/SS (Processo n.º 693/05); n.º 192/05 – 24 de Novembro – 1.ª S/SS (Processo n.º 1 969/05); n.º 189/2005 – 21 de Novembro – 1.ª S/SS (Processo n.º 2 200/05); n.º 191/2005 – 21 de Novembro – 1.ª S/SS (Processo n.º 2 242/05); n.º 169/05 – 5 de Outubro – 1.ª S/SS (Processo n.º 1 798/05); n.º 175/05 – 3 de Novembro – 1.ª S/SS (Processo n.º 1 271/05 – o Tribunal concluiu tratar-se de obra nova); n.º 121/05 28 de Junho – 1.ª S/SS (Processo n.º 1 154/05); n.º 25/2005 – 25 de Outubro – 1.ª S/PL (Recurso n.º 17/04 – manteve a recusa de visto); n.º 24/05 – 18 de Outubro – 1.ª S/PL (Recurso n.º 13/2005 – manteve a recusa de visto porque os designados "trabalhos a mais" nem sequer integravam a mesma empreitada); n.º 31//05 – 21 de Novembro – 1.ª S/PL (Processo n.º 1 591/05); n.º 29/05 – 15 de Novembro – 1.ª S/PL (Recurso n.º 18/2005 – manteve a recusa de visto por entender que os trabalhos decorriam de factores de oportunidade e não de necessidade); n.º 26/2005 – 25 de Outubro – 1.ª S/PL (Recurso n.º 7/05 – manteve a recusa de visto); n.º 30/05 – 15 de Novembro – 1.ª S/PL (Processo n.º 2 352/05).

[59] Ilegalidade elencada no n.º 2 do artigo 133.º do CPA; existência de dispositivo legal que comine expressamente a nulidade para a hipótese aventada ou falta dos elementos essenciais nos termos da 1.ª parte, do n.º 1 do artigo 133.º do CPA.

[60] *In* Acórdão n.º 30/05 – 15 de Novembro – 1.ª S/PL já citado. Acórdãos n.º 8/04, de 08/06/2004, n.º 4/2005 – 22 de Fevereiro – 1.ª S/PL – (Processo n.º 912/2004), n.º 3//2006 – 17 de Janeiro – 1.ª S/PL – (Processo n.º 917/2005), Processo n.º 137/2006 – 21 de Fevereiro – 1.ª S/PL (Processo n.º 1 969/2005), n.º 46/2006 – 18 de Julho – 1.ª S/PL (Processo n.º 1 950/2005), n.º 11/2007, – 10 de Julho – 1.ª S/PL (Processo n.º 48/2006). Todas

bunal, agora a propósito de fiscalização prévia de um contrato de prestação de serviços, adjudicado por ajuste directo pela Câmara Municipal das Caldas da Rainha. Analisa o Tribunal as razões invocadas pela autarquia para a escolha deste tipo de procedimento, concluindo pela não verificação dos requisitos legais, designadamente pela ausência de urgência imperiosa, resultante de factos imprevisíveis, não imputáveis à entidade adjudicante[61]. Foi, por conseguinte, recusado o visto ao contrato, entendendo o tribunal que a adjudicação enfermava de nulidade, por falta de elemento essencial, nulidade essa que, por força do disposto no n.º 1 do artigo 185.º do CPA, se comunicava ao contrato celebrado[62].

A questão da essencialidade do concurso público como elemento da adjudicação, conducente a sua inobservância à nulidade do acto final, foi tratada também naquelas situações em que o dono da obra optou, por razões várias e as mais das vezes injustificadas, por outro procedimento menos consentâneo com as regras da concorrência, em particular pelo ajuste directo[63]. Mas existem também decisões, como a que consta do

---

as prolações anteriormente referenciadas a propósito do que se considerava ou não serem trabalhos a mais seguem esta linha de raciocínio e cominam com a nulidade a adjudicação operada.

[61] *In* Acórdão n.º 101/03 – 14 de Outubro – 1.ª S/SS (Processo n.º 2 274/03).

[62] É igualmente esta a conclusão que o Tribunal retira em todos os processo em que entendeu que o contrato firmado deveria ter sido sujeito a um procedimento concursal. *Vide* todos os Acórdãos *supra* referenciados e ainda Acórdão de 7/06 – 9 de Janeiro – 1.ª S/SS; 11/06 – 14 de Fevereiro – 1.ª S/PL; 19/06 – 17 de Janeiro – 1.ª S/SS; 24/06 – 19 de Janeiro – 1.ª S/SS; 30/06 – 27 de Janeiro – 1.ª S/SS; 38/06 – 7 de Fevereiro – 1.ª S/SS; 38/06 – 14 de Junho – 1.ª S/PL; 47/06 – 7 de Fevereiro – 1.ª S/SS; 49/06 – 14 de Fevereiro – 1.ª S/SS; 53/06 – 14 de Fevereiro – 1.ª S/SS; 82/06 – 7 de Março – 1.ª S/SS; 102/06 – 4 de Abril – 1.ª S/SS; 127/06 – 19 de Abril – 1.ª S/SS; 150/06 – 9 de Maio – 1.ª S/SS; 162/06 – 11 de Maio – 1.ª S/SS; 163/06 – 11 de Maio – 1.ª S/SS; 165/06 – 11 de Maio – 1.ª S/SS.

O Tribunal de Contas, a propósito da preterição de concurso público motivada por fraccionamento ilegal da despesa, voltou a afirmar a tese da essencialidade do concurso como elemento da adjudicação – *vide* Acórdão n.º 109/05 – 7 de Junho – 1.ª S/SS (Processo n.º 1 101/05).

[63] O Tribunal de Contas considerou nula a adjudicação, por falta de elemento essencial – o procedimento por concurso público – e, por alteração consequente dos resultados financeiros do contrato, recusou o visto. *Vide* os Acórdãos n.ºs 65/05 – 5 de Abril – 1.ª S/SS (Processo n.º 432/05); 1/04 – 3 de Fevereiro – 1.ª S/PL (Recurso n.º 1/2004); 5/05 – 1 de Março – 1.ª S/PL (Recurso n.º 1/2005); 11/05 – 25 de Janeiro – 1.ª S/SS (Processo n.º 2 594/04); 4/2005 – 22 de Fevereiro – 1.ª S/PL (Recurso n.º 20/04); 9/2005 – 15 de Março – 1.ª S/PL (recurso n.º 29/04); 135/05 – 12 de Julho – 1.ª S/SS (Processos n.ºs 1 125 e 1 126/05).

Acórdão n.º 23/2006 – 28 de Março – 1.ª S/PL, em que não foi usado o concurso limitado sem publicação de anúncio, se bem que devido, e tal incumprimento, porque restringia a concorrência, mas não a eliminava, ditou "apenas" a anulabilidade da adjudicação.

3.2. Ilegalidade da adjudicação por violação de outras regras

31. O Tribunal de Contas tem também recusado o visto em situações que se prendem com actuações ilegais no decurso do procedimento de escolha do co-contratante.

32. Uma das questões mais assiduamente colocadas prende-se com a hipótese da exclusão de concorrentes quer por interpretação errada de norma relativa à capacidade dos concorrentes, quer por adulteração dos factores de apreciação, quer por incumprimento das imposições do caderno de encargos.

No Acórdão n.º 18/05, de 5 de Julho (1.ª S/PL – Recurso n.º 9/2005), o Tribunal de Contas revogou a decisão de 1.ª instância de não conceder o visto ao contrato de empreitada celebrado entre o Município de Lisboa e "Florindo Rodrigues Júnior & Filhos, Ldª". A 1.ª instância entendera que a exclusão de um concorrente, decidida pela Comissão de Análise das Propostas com o fundamento da não apresentação de um item da lista de preços, fora ilegal. Uma vez admitido o concorrente na fase de acto público, este gozaria de um direito que impedia a sua exclusão. Louvando-se na doutrina e em jurisprudência firmada da própria instância, o Tribunal de Contas sustentou o entendimento de que aquela primeira admissão consubstanciava um acto preparatório da decisão final, podendo ser revogado se tal acto se fundava numa ilegalidade. A exclusão devia ter ocorrido em fase anterior.

A questão colocou-se a propósito da omissão de um item, obrigatório pelos documentos do concurso, tendo toda a discussão girado à volta da importância da omissão[64]. A decisão jurisdicional vencedora entendeu que, apesar do pouco peso do referido item no cômputo global do preço da empreitada, se tratava de elemento suficientemente relevante para a

---

[64] O item omisso representaria 0,03% do custo da empreitada.

exclusão: "de acordo com o estipulado no artigo 73.º n.º 2 alínea b) do citado Decreto-Lei 59/99, é imposta aos concorrentes a obrigatoriedade de instruírem as suas propostas com a lista de preços unitários, ... Por seu turno o artigo 94.º n.º 2 alínea b) do mesmo diploma é expresso no sentido de que não são admitidas as propostas que não estiverem instruídas com todos os documentos exigidos pelo n.º 1 do artigo 73.º'".

Entendeu o Tribunal, na esteira do que tem decidido a jurisprudência administrativa[65], que tal item era elemento essencial da proposta e, por conseguinte, a sua omissão, mesmo tendo um peso diminuto no cômputo geral, invalida a proposta, devendo o concorrente ser excluído: "a graduação da proposta com tal omissão traduziria uma situação de favor em relação a tal concorrente e, consequentemente, violadora dos" princípios da igualdade, imparcialidade, estabilidade, transparência e concorrência[66].

Decisão oposta tomou o Tribunal de Contas, recusando o visto ao contrato de empreitada celebrado entre o Município de Fornos de Algodres e a empresa Motalvia – Construtora Sociedade Anónima, porquanto a adjudicatária não apresentara lista de preços unitários relativos a determinados encargos. Entendeu o Tribunal que tal situação poderia alterar significativamente o resultado financeiro do contrato, razão que fundamentou a recusa de visto[67]. Neste Acórdão, o Tribunal já não ponderou as questões de legalidade administrativa, mas apenas as de cariz financeiro.

O Tribunal de Contas também tem recusado a concessão de visto quando a adjudicação se mostra irregular por causa dos factores de adjudicação: ou porque se misturam factores relativos à capacidade dos concorrentes com factores de apreciação das propostas[68]; ou porque os factores de apreciação da capacidade dos concorrentes são erradamente

---

[65] *Vide,* exemplificativamente, o Acórdão do STA de 23/01/2003 (P. n.º 512/02).

[66] O referido acórdão contém uma declaração de voto de um dos Conselheiros que contesta a decisão final do Tribunal, entendendo que porventura o princípio da concorrência sairia melhor servido se o concorrente tivesse sido graduado, pois apresentava uma proposta global de preço muito mais baixa do que a adjudicada, atento o peso diminuto do item em falta.

[67] Acórdão n.º 186/2005 – 21 de Novembro – 1.ª S/SS (Processo n.º 2 321/05).

[68] *Vide* Acórdãos n.º 15/2005 – 31 de Maio – 1.ª S/PL (Processo n.º 2 947/2004) e 23/2005 – 9 de Fevereiro – 1.ª S/SS (Processo n.º 2 205/04) – contém, porém, declaração de voto que pugna pelo entendimento de que a omissão que originou a exclusão em sede de apreciação de propostas de um dos concorrentes era elemento essencial que não podia deixar de ser relevado.

aplicados[69]; ou porque há alteração dos factores de adjudicação[70]; ou porque o dono da obra viola imperativos legais nos documentos do concurso[71].

33. O Tribunal de Contas tem do mesmo passo recusado o visto a contratos contendo cláusulas ilegais porque tal ilegalidade contende com as regras financeiras do contrato. Foi o que sucedeu no Acórdão n.º 3/04 – 9 de Março – 1.ª S/PL (Recurso n.º 4/2004): o dono da obra obrigava os concorrentes a cederem uma viatura automóvel para efeitos da realização da fiscalização da obra pelo dono da obra. Tal obrigação não integrava as obrigações legais do empreiteiro e onerava o mesmo com os custos de uma actividade que deve ser levada a cabo pelo dono da obra. Acresce que

---

[69] Foi a questão tratada no Acórdão 18/05 – 1 de Fevereiro – 1.ª S/SS (Processo n.º 2665/04); Acórdão n.º 95/2003 – 23 de Setembro – 1.ª S/SS (Processo n.º 1 687/03). *Vide*, a propósito da questão de separação de critérios relativos à apreciação dos concorrentes e das propostas, o Acórdão n.º 15/05 – 31 de Maio – 1.ª S/PL (Recurso n.º 6/2005); Acórdão n.º 43/2005 – 1 de Março – 1.ª S/SS (Processo n.º 2 947/2004); Acórdão n.º 55/ /2005 – 29 de Março – 1.ª S/SS (Processo n.º 202/05); Acórdão n.º 96/2003 – 23 de Setembro – 1.ª S/SS (Processo n.º 1 794/03); Acórdão n.º 20/05 – 20 de Setembro – 1.ª S/PL (Recurso n.º 15/2005) – terá sido excluído um agrupamento de empresas porque uma das empresas não preencheria os requisitos enunciados; entendeu e bem o Tribunal que basta que uma das empresas que integrará o consórcio preencha os referidos requisitos, sob pena de se cair "no absurdo de uma empresa que poderia ser qualificada se concorresse isoladamente ver o consórcio em que se integrava ser desqualificado porque a (ou uma das) empresa com que se associara não cumpria um dos itens exigidos. A associação seria, então, limitativa e não criativa, o que não faria sentido".
No Acórdão n.º 66/2005 – 5 de Abril – 1.ª S/SS (Processo n.º 3 041/04) foi recusado o visto a contrato de empreitada porque o dono da obra terá definido requisitos que os concorrentes deviam preencher de modo tal que violava a concorrência. *Vide* ainda o Acórdão n.º 27/2005 – 25 de Outubro – 1.ª S/PL (Recurso n.º 19/2005) sobre a verificação alternativa de factores sobre a capacidade de concorrentes; Acórdão n.º 59/2005 – 29 de Março – 1.ª S/SS (processo n.º 318/05).

[70] O Acórdão n.º 4/2004 – 27 de Abril – 1.ª S/PL (Recurso n.º 36/03) tratou esta questão, a par da questão, com maior relevância financeira, de a adjudicação se ter feito a proposta com preço consideravelmente superior; Acórdão n.º 28/05 – 3 de Novembro – 1.ª S/PL (Processo n.º 1 931/05).

[71] Foi precisamente a questão tratada no Acórdão 19/2005 – 1 de Fevereiro – 1.ª S/SS (Processo n.º 2 587/04): o dono da obra predefiniu marcas, em violação do n.º 6 do artigo 65.º do RJEOP. No entanto, o visto foi recusado, por alteração dos resultados financeiros, porque a adjudicação se fez a proposta que o Tribunal considerou ser de preço consideravelmente superior ao preço base.

o cumprimento da obrigação, com os requisitos exigidos pelo dono da obra, alterava o resultado financeiro do contrato, razão que fundamentou a recusa de visto[72].

Uma outra questão, com relevância financeira, que o Tribunal de Contas tem sublinhado é a essencialidade do requisito preço-base do concurso. Não só para efeitos de escolha de procedimento de escolha de co-contratante, mas também para a fixação de outros requisitos procedimentais. Entende o Tribunal que a não referência do preço conduz a uma alteração do resultado financeiro do contrato: "a fixação e divulgação prévia do preço base [é da] maior relevância para a formação da vontade dos concorrentes, configurando uma condição substancial do contrato (...)"[73].

3.3. Apreciação da jurisprudência do Tribunal de Contas[74]

34. Como se referiu, o Tribunal de Contas não integra a jurisdição administrativa pelo que não lhe cabe pronunciar-se sobre a legalidade administrativa dos contratos. Apenas poderá ter em consideração tal legalidade na justa medida em que tal factor influencia a dimensão financeira do mesmo[75].

35. Ora, esta íntima relação é visível naquelas hipótese em que existe adulteração do preço base do contrato para efeitos de "escolher" outro procedimento pré-contratual que não o concurso público ou quando se ajustam trabalhos a mais que, comportando custos – a tal dimensão financeira – melhor seriam servidos pelo concurso público também (no domínio da legislação agora revogada).

---

[72] O referido acórdão contém uma declaração de voto que sublinha o pequeno peso financeiro que a obrigação importa e o peso para a função administrativa da recusa de visto a um contrato que em mais nada se revela ilegal.
A questão também foi tratada no Acórdão n.º 10/04 – 15 de Junho – 1.ª S/PL (Recurso n.º 11/2004).

[73] Acórdão n.º 10/04 – 15 de Junho *supra* citado.

[74] Toda a exposição nesta matéria se refere apenas e exclusivamente sobre a legislação agora revogada.

[75] Cfr. o disposto no artigo 44.º da Lei Orgânica do Tribunal de Contas (Lei n.º 98/97, de 26 de Agosto, com as alterações introduzidas pelas Leis n.os 35/2007, de 13 de Agosto e 48/2006, de 29 de Agosto).

Por vezes, é difícil encontrar a ligação entre a (i) legalidade do contrato e a recusa de visto prévio. Esta ligação há-de ser, na nossa perspectiva, imediata e isenta de dúvidas. Por exemplo, a ligação entre o acto de exclusão de um concorrente para efeitos de verificar se existe uma "alteração significativa" da dimensão financeira do contrato parece-nos difícil e mais distante e implica a incursão, a nosso ver inadmissível, no exercício de poderes tipicamente administrativos. Implica que o Tribunal de Contas aprecie se ia ser aquele concorrente o adjudicatário. A questão é pertinente nas hipóteses em que o critério fundamental de adjudicação não é o do preço mais baixo, mas o da proposta economicamente mais vantajosa, o que implica o exercício de poderes discricionários.

Com relevância para o estudo (e à questão voltaremos a seu tempo), importa sublinhar que não acompanhamos a construção dogmática do Tribunal de Contas quando a instância sublinha ou entende o concurso público como elemento essencial da adjudicação.

Sem prejuízo de ulteriores e mais reflectidos desenvolvimentos, sempre adiantámos que quando muito o procedimento pode ser entendido como elemento essencial de um acto administrativo que, no caso, seria a adjudicação. O que é discutível. O que não será dogmaticamente aceitável é considerar como elemento essencial um tipo de procedimento. Ou o elemento procedimento (assuma ele a feição que assumir) é considerado como essencial ou então nenhum tipo de procedimento pode ser considerado como elemento essencial.

PARTE II
A INVALIDADE: DO CONCEITO E DAS CAUSAS

1. DA NECESSIDADE DOS CONCEITOS

36. Como o objecto de reflexão é o conjunto de invalidades contratuais, impõe-se precisar num primeiro momento o alcance da expressão "invalidade" para efeitos da teoria do contrato administrativo. Por um lado, trata-se de um contrato, pelo que é de convocar a construção da invalidade do direito privado. Por outro lado, trata-se de um contrato para a prossecução do interesse público e portanto o entendimento do que é a invalidade no direito administrativo não pode deixar de ser considerada.

Aderindo empiricamente a uma "doutrina normativa da nulidade"[76], em que a nulidade se configura como a consequência da desconformidade do acto jurídico com o ordenamento jurídico, não curaremos de analisar a opção do legislador acerca da sanção para a desconformidade. Curaremos antes de tentar saber que causas de desconformidade do contrato com as normas jurídicas que o conformam. Depois então saber que tipo de invalidade e que remédios jurídicos serão de considerar. Não nos ocuparemos a reflectir e reconstruir sobre os vícios invalidantes quanto ao sujeito público. Por um lado, todas as reflexões – e são muitas e profundas – que já se fizeram em sede de estudo do acto administrativo, do lado do ente público contratante, têm aqui aplicação, com uma ou outra adaptação. Adaptação essa que não introduz alterações de fundo nas conclusões que se têm vindo a tirar em sede de direito administrativo. As questões relacionadas com as atribuições dos entes públicos, das competências dos órgãos, formação da vontade dos órgãos colegiais em termos de regularidade procedimental, as autorizações e aprovações para agir e que legitimam o órgão a agir têm aqui serventia e aplicação. Ao abrigo da legislação agora revogada, havia que cuidar em especial das questões relacionadas com a competência para decidir contratar e outorgar o contrato, nem sempre coincidentes quanto aos órgãos e entes públicos. Hoje, esta questão está ultrapassada. Quanto

---

[76] Apresentada por A. DI MAJO em *Trattato di Diritto Privato – Il Contratto in Generale*, (diretto da MARIO BESSONE), Tomo VII, Giappichelli, Torino, 2002, pp. 43 e ss.

às questões relativas ao sujeito privado, designadamente capacidade jurídica, regularidade da constituição de pessoas colectivas privadas e societárias, o direito privado tem-se igualmente debruçado generosamente[77]. No que respeita às questões procedimentais, que no direito administrativo contratual são sublinhadas pelo primado do direito comunitário, as eventuais vicissitudes – as graves, pelo menos – gerarão invalidade derivada. Só assim não será se tais vicissitudes não forem tipicamente procedimentais. Ou seja, se a sua relevância for tal que se possa afirmar que é o próprio contrato que fica em causa e já não apenas uma etapa da formação do contrato da Administração. Mas a seu tempo trataremos desta questão. A forma é um requisito que a lei disciplina de forma evidente, não colocando por isso questões dogmáticas relevantes. O que redunda ao cabo e ao resto para considerar é saber qual a função da forma: se de prova ou como requisito de validade. E só neste último caso, será matéria enquadrável no assunto geral da invalidade dos contratos administrativos.

Nos contratos administrativos, o objecto não resulta, pelo menos na sua totalidade, da decisão administrativa. Resultará do consenso, elemento inultrapassável na teoria do contrato. A realidade fáctica funda-se cada vez mais num consenso a que os juristas teimavam em se alhear. O elemento vontade não tem sido estudado autonomamente pela doutrina desde logo porque esta se tem dedicado a estudar a figura do acto administrativo. Como afirma VIEIRA DE ANDRADE, "não tem sentido falar de vontade (psicológica) como momento de validade do acto administrativo – a «vontade» administrativa há-de configurar-se como uma *vontade orgânica* (imputável a pessoa colectiva pública), *normativa* (manifestação de um poder específico, em aplicação de uma norma jurídica) e *funcional* (dirigida à realização do interesse público que a justifica)". Daqui resulta a irrelevância do conceito de vícios de vontade[78]. Todavia e independentemente da questão da administratividade dos contratos, parece ser consensual desde MARCELLO CAETANO que o contrato administrativo não deixa de ser um contrato[79]. Ou seja, o conceito apriorístico de contrato da teoria geral do direito tem no consenso o seu elemento mais definidor.

---

[77] Obviamente que serão equacionadas todas as questões relativas aos sujeitos que tenham influência directa sobre a formação do consenso.

[78] *In Validade (do Acto Administrativo)*, DJAP, Vol. VII, 1996, pp. 584 e 586.

[79] *In Manual de Direito Administrativo*, Vol. I, 10.ª Ed., 6.ª Reimp., Almedina, Coimbra, 1997, p. 578. Como afirma JEAN WALINE, a noção de contrato é jurídica, pelo que desejavelmente deveria existir um conceito único (in *La Théorie Génerale du Contrat en Droit Civil et en Droit Administratif*, in *Études Offerts à Jacques Ghestin*, LGDJ, Paris, 2001, p. 967).

2. DA INVALIDADE

2.1. Distinção das figuras afins

37. Dentre as variadíssimas temáticas relacionadas com o contrato administrativo, escolhemos reflectir sobre a invalidade. Este é um termo jurídico com "préstimos expositivos" (RUI ALARCÃO)[80]. Não trataremos no entanto a temática genérica da invalidade administrativa[81]. Mais precisamente o que nos motiva é a problemática da não conformação do contrato administrativo com as normas jurídicas[82]. O que significa igualmente que não nos ocupará a problemática da desconformidade da actuação com as regras da boa administração. Ou seja, não nos ocuparemos daquilo que alguns designam como "vícios de mérito"[83]. Assim e de forma ainda genérica, curaremos de saber da "doença" dos contratos administrativos outorgados em desconformidade com regras e princípios jurídicos aí imperativos. A validade de um acto jurídico significa que ele é idóneo a produzir os efeitos jurídicos que o ordenamento lhe comete por terem sido observados os requisitos imperativamente fixados na lei[84]. O que significa *a*

---

[80] *In Sobre a Invalidade do Negócio Jurídico*, Estudos de Homenagem ao Prof. J. J. Teixeira Ribeiro, BFDUC, Vol. III, Coimbra, 1983, p. 625.

[81] Referindo-se ao conceito de invalidade em direito administrativo, *maxime* dos actos administrativos, nestes moldes, ROGÉRIO SOARES, *Interesse Público, Legalidade e Mérito*, Coimbra, 1960, p. 271.

[82] Contudo, como veremos, é imperativa a consideração detalhada da invalidade dos actos administrativos por força de expressa remissão legal. Aliás, o mesmo sucede com a invalidade das declarações negociais.

[83] Sobre o vício de mérito no direito italiano, *vide* exemplificativamente ELIO CASETTA, *Manuale di Diritto Amministrativo*, 9.ª Ed., Revista, Actualizada e Corrigida, Giuffrè, Milão, 2007, p. 532.

[84] Discorrendo sobre os conceitos de validade e invalidade jurídica, *vide* PIETRO GASPARRI, *Appunti in Tema di Validità e Invalidità Giuridiche*, RDP (it), I, 1948, pp. 270 e ss.

contrario que a invalidade será precisamente a inidoneidade de produção (definitiva ou precariamente, adiante se verá em que circunstâncias) dos efeitos jurídicos por violação de regras imperativas.

2.1.1. *Da irregularidade*

38. As situações de desconformidade entre o acto jurídico/contrato com o parâmetro normativo, que não sejam suficientemente graves, geram apenas irregularidades. Quer a doutrina civilista, quer a doutrina administrativista, convergem no entendimento de que existem situações em que "a divergência com os preceitos estabelecidos para o exercício do poder não vai influir na consistência jurídica do acto, mas apenas determinar-lhe uma especial qualificação de *irregularidade* com possíveis consequências laterais"(ROGÉRIO SOARES)[85] ou que a "inobservância de certas prescrições legais na celebração de negócios jurídicos deixa intocada a eficácia dos mesmos, envolvendo apenas sanções ou consequências doutra ordem"(RUI DE ALARCÃO)[86]. Normalmente a doutrina refere-se à questão da irregularidade a propósito do (in)cumprimento de formalidades. Sempre que se possa sustentar que a formalidade não observada não é essencial, a desconformidade daí resultante será inócua sob o ponto de vista da produção regular dos efeitos jurídicos desejados[87].

---

[85] ROGÉRIO SOARES, *Interesse Público...*, cit., p. 272. Também VIEIRA DE ANDRADE e SÉRVULO CORREIA aderem a este conceito de irregularidade (*in O Dever da Fundamentação Expressa dos Actos Administrativos*, Almedina, Coimbra, 1991, p. 282, nota 11 e *Noções de Direito Administrativo*, Lisboa, 1988, p. 386, respectivamente).

[86] *In A Confirmação dos Negócios Jurídicos Anuláveis*, Vol. I, Atlântica Ed., Coimbra, 1971, p. 41, nota 31. No mesmo sentido, MANUEL DE ANDRADE, *Teoria Geral da Relação Jurídica*, Vol. II, 9.ª Reimp. (s/d original), Coimbra, 2003, pp. 413-414. A doutrina civilista parece ser consensual nesta matéria: INOCÊNCIO GALVÃO TELLES, *Manual dos Contratos em Geral*, 3.ª Ed., Reimp., Lex, 1965, pp. 332-333; MOTA PINTO, *Teoria Geral do Direito Civil*, 4.ª Ed., 3.ª Reimp., Coimbra Editora, Coimbra, 2005, p. 627; JOÃO DE CASTRO MENDES, para quem a irregularidade é um dos valores negativos fundamentais a par da invalidade, *Teoria Geral do Direito Civil*, Vol. II, AAFDL, Lisboa, 1995, pp. 430--431; LUÍS CARVALHO FERNANDES, *Teoria Geral do Direito Civil*, Vol. II, 4.ª Ed., Revista e Actualizada, PUC, Lisboa, 2007, p. 485; OLIVEIRA ASCENSÃO, *Direito Civil, Teoria Geral*, Vol. II, 2.ª Ed., Coimbra Editora, Coimbra, 2003, p. 376.

[87] MARGARIDA CORTEZ, em anotação a Acórdão do STA que tratou a relevância da invalidade formal à luz da dicotomia ilegalidade/ilicitude, sustenta que nos devemos libertar de dois preconceitos no tratamento da questão: "o de o vício de forma ter necessaria-

ROGÉRIO SOARES, apresentando a sua concepção de irregularidade a propósito da questão da ilegalidade do acto administrativo, chama a atenção para a tentação de lógica formal, nascida no direito civil, de encontrar nas formalidades legais protecção dos interesses dos particulares. Nem sempre será assim, pelo que é nessa sede que podem surgir, embora de forma não muito frequente, as situações de irregularidade dita não invalidante[88]. FREITAS DO AMARAL dá como exemplo de irregularidades em direito administrativo uma situação intimamente relacionada com questões de formalidades como é a emissão de parecer obrigatório e vinculativo para além do prazo previsto[89]. É claro que a hipótese poderá ser discutível até um certo ponto. Desde logo, a exigência de emissão de parecer com conteúdo vinculativo não é apenas uma formalidade. Trata-se de uma formalidade com significativo impacte no conteúdo do acto a praticar. Para o que aqui releva, é certo que, embora tenha tal significado substantivo, o interesse público acaba por não ser postergado se a emissão ainda for suficientemente atempada para o respectivo conteúdo ser tido em conta pelo autor do acto[90].

Ora, a verificar-se uma irregularidade, o prejuízo para o interesse público resultaria todo ele na não manutenção do acto jurídico, tal a insigni-

---

mente de ser discutido na teoria da invalidade e, seguindo esta linha, o de a sanção dessa invalidade, para se poder afirmar como tal, dever favorecer o particular", (in *O Crepúsculo da Invalidade Formal? – Anotação aos Acórdãos do STA de 8.7.1997, P. 38 632 e 23.9.1997, P. 38991*, CJA, n.° 7, 1998, p. 43).

[88] Sobre a questão, embora de forma breve, vide na doutrina portuguesa DIOGO FREITAS DO AMARAL, *Curso de Direito Administrativo*, Vol. II, Almedina, Coimbra, 2001, pp. 416-418; MÁRIO ESTEVES DE OLIVEIRA/PEDRO GONÇALVES/PACHECO DE AMORIM (MÁRIO ESTEVES DE OLIVEIRA ET AL.), *Código do Procedimento Administrativo*, Actualizada – Revista e Aumentada, 2.ª Ed., Almedina, Coimbra, 1997, p. 658; MARCELO REBELO DE SOUSA, *O Valor Jurídico do Acto Inconstitucional*, Lisboa, 1988, p. 271.

[89] In *Curso...*, II, cit., p. 418. No direito espanhol, RAMÓN PARADA dá como exemplos de irregularidades não invalidantes também as questões formais relacionadas com o tempo (*Derecho Administrativo*, Vol. I, 16.ª Ed., Marcial Pons, Madrid, 2007, p. 187).

[90] Chamando precisamente à atenção para este aspecto substantivo de certas formalidades, VIEIRA DE ANDRADE, *Validade...*, cit., p. 584. Sobre o significado dos pareceres, vide ROGÉRIO SOARES, *Direito Administrativo – Lições ao Curso de Direito da Universidade Católica*, Policopiado, Porto, 1978, pp. 136-139; MÁRIO ESTEVES DE OLIVEIRA ET AL., *Código...*, 2.ª Ed., cit., pp. 441-446; vide PEDRO GONÇALVES com reflexões interessantes sobre a natureza dos pareceres vinculantes e em particular da sua relação com o tipo de função associado a este tipo de actos, abordando ainda a dimensão processual (in *Apontamento sobre a Função e a Natureza dos Pareceres Vinculantes*, CJA, n.° 0, 1996, pp. 3 e ss.).

ficância da desconformidade entre o acto produzido e o desenho legal. Em rigor, como afirma ROGÉRIO SOARES, "a garantia que o preceito procurava oferecer ao interesse público era de tal modo insignificante, que este será melhor satisfeito com a perduração do acto impecável sob outros pontos de vista do que com o tolher-se-lhe os efeitos só por causa do vício"[91]. Partilhamos portanto com ROGÉRIO SOARES o entendimento de que a distinção entre "ilegitimidades invalidantes e simples irregularidades tem de proceder-se sempre com vista ao interesse público a proteger"[92]. VIEIRA DE ANDRADE prefere associar os binómios validade-legitimidade: "o incumprimento das normas reguladoras da actuação administrativa pode ser encarado pela ordem jurídica como venial, não lhe sendo então ligada a consequência da invalidade da decisão administrativa – fala-se, a propósito, de *irregularidades* do acto, para designar aqueles vícios, sobretudo os formais e procedimentais"[93]. As hipóteses de irregularidade e invalidade são enquadráveis sob o conceito de ilegalidade. Trata-se de uma questão de grau de lesão do interesse público. No caso da irregularidade, a lesão do interesse público é diminuta: "a ilegalidade do acto é de tal maneira ténue que ele continua a produzir os seus efeitos jurídicos normais a título permanente e só pode aplicar-se-lhe a qualificação de irregularidade"[94]. É uma das situações em que mais acutilância tem o princípio do aproveitamento dos actos jurídicos, princípio especialmente relevante em direito administrativo, a propósito do acto administrativo, tendo também importância para os contratos.

---

[91] *In Interesse Público...*, cit., p. 272.
[92] *In Interesse Público...*, cit., p. 273. O A. confere importância ao conceito de ilegitimidade nesta sede: "nunca deve, porém, deixar de se ter presente a diferença entre o problema de qualificação dos vícios do acto, e, portanto, das formas de ilegitimidade, e o problema das consequências jurídicas desses vícios, ou seja, das formas ou tipos de invalidade", (*in Interesse Público...*, cit., p. 280).
[93] *In Validade...*, cit., p. 582.
[94] ROGÉRIO SOARES, *Interesse Público...*, cit., pp. 274-275.
Sobre a temática da irregularidade em direito administrativo, *maxime* dos actos administrativos, para além das referências já feitas, *vide* ANDRÈ DE LAUBADÈRE, *Pages de Doctrine*, LGDJ, Paris, 1980; ANTONIO ROMANO-TASSONE, *Contributo sul Tema dell' Irregolarità degli Atti Amministrativi*, G. Giapichelli, Torino, 1993; UDO FABIO, *Sistema de las Formas de Actuación Y la Teoria de las Consequencias de las Irregularidades*, DA, n.os 235-236, 1993, pp. 359-376 (numa perspectiva abrangente de irregularidade); BAQUERA OLIVER, *Grados de Ilegalidad del Acto Administrativo*, RAP, n.° 100, 1983, p. 1037.

2.1.2. Da inexistência jurídica

39. Ficará excluída das nossas reflexões a temática da inexistência jurídica[95].

Tal como em outras áreas de (des) conformidade de negócios jurídicos com a ordem jurídica, tem cabido à doutrina civilista o desenvolvimento desta temática. Um dos AA. que se debruçou detalhadamente sobre estas questões foi RUI ALARCÃO. É conhecida a sua posição sobre a "arrumação" dos matizes de desconformidade dos actos jurídicos (em particular dos negócios jurídicos) com a ordem jurídica[96]. Por enquanto interessa dar conta da autonomia dogmática advogada pelo A. entre inexistência e ineficácia[97]. Para RUI ALARCÃO, a inexistência jurídica não se

---

[95] Coube à ordem jurídica e doutrina francesas o desenvolvimento da figura da inexistência jurídica, a propósito do direito matrimonial. Sob a égide do brocado "pas de nullité sans texte", a doutrina francesa viu-se obrigada a catalogar como de inexistente juridicamente o casamento celebrado entre pessoas do mesmo sexo. É que não estando prevista como causa de nulidade na lei, não podia ter-se por nulo um casamento assim celebrado. Mas repugnava a validade do casamento. Entendeu-se portanto que era outra a realidade desse tipo de casamento: inexistente juridicamente. Todas as monografias sobre teoria geral do direito civil noticiam a génese da figura da inexistência jurídica. Sobre a "descrição histórica do problema" da inexistência, com detalhe, *vide* a monografia de FRANCESCO VENOSTA, *Le Nullità Contrattuali nell' Evoluzione del Sistema*, Vol. I, Giuffrè, Milão, 2004, pp. 1-94.

No direito português, a figura da inexistência tem consagração também no direito matrimonial, sendo que o instituto nasceu "duma necessidade de ordem prática" (ANTUNES VARELA, *Direito da Família*, Lisboa, 1987, p. 271). No mesmo sentido, FRANCISCO PEREIRA COELHO/GUILHERME DE OLIVEIRA, *Curso de Direito da* Família, Vol. I, 4.ª Ed., Coimbra Editora, Coimbra, 2008, p. 300. Tais razões justificam um regime que não necessita de uma "acção *ad hoc* para ser reconhecida" e um casamento inexistente "não produz efeitos, nem como *negócio* jurídico, nem como simples *facto*, jurídico, não lhe aproveitando sequer os efeitos do casamento putativo" (ANTUNES VARELA, *Direito da Família*, cit., p. 275). Sobre os casos de inexistência jurídica em vigor neste domínio, *vide* FRANCISCO PEREIRA COELHO/GUILHERME DE OLIVEIRA, *Curso...*, cit., pp. 301-302. Referindo-se à génese conjuntural do instituto, MENEZES CORDEIRO, *Da Confirmação no Direito Civil*, Almedina, Coimbra, 2008, p. 87.

[96] Adiante retomaremos com detalhe a sua posição sobre o conceito englobante de ineficácia.

[97] A questão é colocada desta forma porque o A., no que é precedido e seguido por ilustres civilistas que o texto referenciará, parte do pressuposto de que o conceito maior é o de ineficácia, dentro do qual se distinguirão as formas de invalidade, irregularidade e ineficácia em sentido estrito.

consubstancia em qualquer tipo de desconformidade com a ordem jurídica (ou invalidade): "a nosso ver, há que separar claramente a inexistência da ineficácia negocial, devendo assim contrapor-se aos casos em que o negócio existe mas é de alguma sorte ineficaz, aqueles em que nem sequer se pode dizer que exista"[98]. E mais adiante sustenta que "a inexistência exprimirá uma autêntica *irrelevância negocial*," pelo que se deve considerar a figura como uma categoria dogmática autónoma[99]. Anteriormente, já MANUEL DE ANDRADE, tratando a "ineficácia e nulidade de negócios jurídicos", contrapunha a inexistência à nulidade do negócio jurídico. Entendia que a contraposição e distinção se deviam fazer pois um negócio nulo pode produzir "certos efeitos *laterais ou secundários*"[100]. Esta orientação doutrinal de reconhecimento da autonomia dogmática da inexistência jurídica é sufragada, entre outros, por CASTRO MENDES[101], MOTA PINTO[102], OLIVEIRA ASCENSÃO[103], LUÍS CARVALHO FERNANDES[104] e PEDRO PAIS DE VASCONCELOS[105]. Mas encontramos em AA. que mais recentemente se debruçaram sobre esta questão a negação da referida autonomia das categorias de inexistência e nulidade. É o caso de MENEZES CORDEIRO[106] e HEIRINCH E. HÖRSTER[107]. Tal opinião assenta na consideração das consequências de regime, como aliás faz parte da doutrina administrativista nesta matéria.

A doutrina civilista italiana também acompanha esta última orientação, não encontrando grandes diferenças de regime entre a inexistência jurídica e a nulidade do negócio jurídico[108]. C. MASSIMO BIANCA afirma:

---

[98] In *A Confirmação...*, cit., p. 33.
[99] In *A Confirmação...*, cit., pp. 35 e 36.
[100] In *Teoria Geral...*, cit., p. 415.
[101] In *Teoria Geral...*, cit., pp. 432 e ss.
[102] In *Teoria Geral...*, cit., pp. 608 e ss.
[103] In *Direito Civil...*, II, cit., pp. 367 e ss.
[104] In *Teoria Geral...*, cit., pp. 480 e ss.
[105] In *Teoria Geral do Direito Civil*, 4.ª Ed., Almedina, Coimbra, 2007, p. 735.
[106] In *Tratado de Direito Civil Português*, Vol. I, Almedina, Coimbra, 2005, p. 866.
[107] In *A Parte Geral do Código Civil Português – Teoria Geral do Direito Civil*, Almedina, Coimbra, 2000, p. 518. Mas já no domínio do Código de Seabra, GALVÃO TELLES recusava relevância jurídica à figura da inexistência (in *Manual...*, cit., p. 335). Contudo, hoje aceita a autonomia do instituto (in *Manual...*, 4.ª Ed., cit., pp. 355-357).
[108] VICENZO ROPPO informa que a inexistência é uma categoria "*totalmente* doutrinal", sendo que "*o problema do contrato inexistente é o problema da sua distinção do contrato nulo*" (*Il Contratto*, cit., p. 755). No mesmo sentido, GIOVANNI BONILINI, *L' Invali-*

"a noção de inexistência, alargada ao contrato em geral, conservou o significado de uma forma ulterior de invalidade que se perfila ao lado da nulidade, mas que é substancialmente equivalente a esta última"[109]. Acaba por defender que a figura da inexistência teria sentido numa perspectiva material do fenómeno do contrato: "a distinção entre contrato inexistente e contrato nulo poderia trazer uma razão significativa da concepção que vê no contrato um fenómeno de uma realidade pré-jurídica ou de um ordenamento dos privados justaposto ao ordenamento jurídico estadual"[110]. A. DI MAJO apresenta uma distinção curiosa entre a nulidade e a inexistência. Referindo sempre que a inexistência se encontra "na margem" da nulidade, propõe que a distinção entre as duas figuras se faça através da atribuição da inexistência como "inqualificação" e a nulidade como "qualificação negativa": "o acto nulo reproduz um *quid* que é juridicamente existente porque fornecido de suporte material juridicamente considerável (…) o acto inexistente nem sequer apresenta aquele substrato material susceptível de ser qualificado em termos jurídicos"[111]. Existem todavia vozes discordantes desta orientação como é o caso de MASSIMO FRANZONI que informa ter ainda sentido a distinção conceitual[112]. Mas FRANCESCO VENOSTA, se bem que entenda que há diferenças entre as duas figuras, sublinha que "não é necessário, nem oportuno construir a inexistência como uma espécie de inaceitável *tertium genus* de invalidade, logicamente homogénea (mesmo se mais «grave») face à nulidade. Pelo contrário, cumpre reconhecer, pelo menos em tese, que a nulidade e inexistência são conceitos heterogéneos"[113].

---

dità del Contratto, in La Disciplina Generale dei Contratti (a cura di MARIO BESSONE), 8.ª Ed., Giappichelli, Torino, 2001, p. 733.

Sublinhando esta ideia na apresentação da validade do acto administrativo, ARNALDO DE VALLES, *La Validità degli Atti Amministrativi*, Reimpr. de 1916, Cedam, Padova, 1986, pp. 332-333.

Sobre a inexistência e nulidade do negócio jurídico no direito italiano, *vide* o estudo monográfico de GIANCARLO FILANTI, *Inesistenza e Nullità del Negozio Giuridico*, Jovene, Nápoles, 1983; SIGFRIDO FERRARI, *Inesistenza e Nullità del Negozio Giuridico*, RTDPC, 1958.

[109] In Diritto Civile, Vol. III, 2.ª Ed., Giuffrè, Milão, 2000, p. 614. Na mesma linha, COSIMO M. MAZZONI, *Invalidità degli Atti Giuridici*, RDC, 1989, p. 226.
[110] In Diritto…, cit., p. 615.
[111] In Il Contratto…, cit., pp. 51-52.
[112] In Dell' Annulabilità del Contratto – Artt. 1425-1426, Giuffrè, Milão, 1997, p. 31.
[113] In Le Nullità…, cit., p. 271.

No direito espanhol, DE LOS MOZOS terá acolhido o conceito em 1960, para em 1983 reconhecer que "o conceito de inexistência do negócio jurídico carece de identidade suficiente para formar uma categoria independente, dentro da teoria das nulidades"[114]. JESÚS DELGADO ECHEVERRÍA/ /M.ª ÁNGELES PARRA LUCÁN informam que a inexistência é um "conceito desconcertante", informando que tem tido uma "história atormentada" na doutrina espanhola[115].

40. Sobre o que seja a inexistência, a doutrina civilista apresenta uma noção que se aproxima (ou mesmo identifica com), com as devidas adaptações, da noção de inexistência no direito administrativo. Para os civilistas, haverá inexistência sempre que não exista de todo o acto jurídico, subsumível à definição legal. Mas estaremos igualmente face a situação de inexistência quando, embora haja aparência de um acto jurídico, "a realidade não corresponde todavia àquele conceito"[116].

41. No direito público, a figura da inexistência não é desconhecida. Desde logo no direito constitucional: a falta de referenda ministerial, quando devida, determina a inexistência do acto a ela sujeito[117]. Do mesmo passo, a falta de promulgação tem idêntica consequência[118], bem como a inobservância dos limites circunstanciais da dissolução da Assembleia da República[119].

No que respeita ao direito administrativo, antes da entrada em vigor do CPA, a doutrina administrativista discutia a necessidade e valia da

---

[114] *Apud* JESÚS DELGADO ECHEVERRÍA/M.ª ÁNGELES PARRA LUCÁN, *Las Nulidades de los Contratos – En la Teoria Y en la Práctica*, Dykinson, Madrid, 2005, cit., p. 43.

[115] *In Las Nulidades de los Contratos...*, cit., p. 42. Dando conhecimento da referida história conturbada no direito espanhol, *vide* MIGUEL PASQUAU LIAÑO, *Nulidad y Anulabilidad del Contrato,* Civitas, Madrid, 1997, pp. 59 e ss. e 164.

[116] MANUEL DE ANDRADE, *Teoria Geral...*, cit., p. 414. No mesmo sentido, RUI ALARCÃO, *A Confirmação...*, cit., p. 34; LUÍS CARVALHO FERNANDES, *Teoria Geral...*, II, cit., p. 482; PEDRO PAIS DE VASCONCELOS apresenta uma categorização tripartida: inexistência ôntica, inexistência qualificativa e inexistência por mera imposição da lei (*in Teoria Geral...*, cit., p. 737).

[117] Cfr. o disposto no n.º 2 do artigo 140.º da CRP.

[118] Cfr. o disposto no artigo 137.º da CRP. Sobre em que consiste a inexistência nesta sede, JORGE MIRANDA/RUI MEDEIROS, *Constituição Portuguesa Anotada*, Tomo II, Coimbra Ed., Coimbra, 2006, p. 412.

[119] Cfr. o disposto no n.º 2 do artigo 172.º da CRP.

hipótese da figura da inexistência. SÉRVULO CORREIA[120], MÁRIO ESTEVES DE OLIVEIRA[121], MÁRIO ESTEVES DE OLIVEIRA ET AL.[122], MARCELO REBELO DE SOUSA[123], PAULO OTERO[124] e JOSÉ MANUEL SANTOS BOTELHO/AMÉRICO PIRES/CÂNDIDO PINHO (SANTOS BOTELHO ET AL.[125]) mostravam-se favoráveis ao reconhecimento dessa autonomia. Certo parece ser o entendimento de que se tratava de figura distinta da nulidade, conquanto os respectivos regimes jurídicos se pudessem aproximar em muitos pontos, aliás como sucedia na doutrina italiana[126]. ROGÉRIO SOARES remete para o domínio natural a questão da existência e inexistência[127]. Já MARCELO REBELO DE SOUSA sustenta claramente, em opinião emitida antes do CPA, que a inexistência jurídica é figura autónoma da invalidade e que não faz sentido distinguir entre inexistência jurídica e inexistência material: "a inexistência é sempre e só jurídica"[128].

---

[120] In Noções..., cit., pp. 350 e ss.
[121] In Direito Administrativo, Lisboa, 1980, pp. 533 e ss.
[122] In Código..., 2.ª Ed., cit., p. 638.
[123] In Inexistência Jurídica, DJAP, Vol. V, pp. 231 e ss., IDEM, O Valor Jurídico..., cit., pp. 155 e ss. (na perspectiva constitucional).
[124] In O Poder de Substituição em Direito Administrativo, Vol. II, Lex, Lisboa, 1995, p. 462, nota 227, IDEM, Legalidade e Administração Pública – O Sentido da Vinculação Administrativa à Juridicidade, Almedina, Coimbra, 2003, pp. 1033 e ss., IDEM, Direito Administrativo – Relatório, Lisboa, 1998, p. 320.
[125] In Código do Procedimento Administrativo – Anotado e Comentado, 5.ª Ed., Almedina, Coimbra, 2002, p. 787.
[126] Sobre a problemática da inexistência jurídica no direito italiano administrativo, dando conta de se tratar de um conceito doutrinal, porquanto a lei não se debruça sobre ele, vide SANDRO MERZ, Manuale Pratico delle Invalidità, Cedam, Milão, 2002, pp. 9 e ss. Todavia, o A. informa que mesmo a doutrina que estabelece a distinção entre nulidade e inexistência jurídica a propósito do acto administrativo, não lhe confere relevância considerando que o acto nulo é "**juridicamente inexistente**" (in Manuale..., cit., p. 998).
No direito espanhol, E. GARCIA DE ENTERRIA/TOMÁS-RÁMON FERNANDEZ entendem que o quadro das invalidades em direito administrativo tem sentido se integrado com as figuras da nulidade, anulabilidade e irregularidade, sendo que a figura da inexistência não constitui para os AA. uma categoria de invalidade mas uma situação de carência absoluta de legitimidade (Curso de Derecho Administrativo, I, 13.ª Ed., Civitas, Madrid, 2006, p. 620). Também RAMÓN PARADA afasta o instituto da inexistência, porquanto a categoria da nulidade abrangeria as situações que tradicionalmente se acolhem na inexistência (in Derecho Administrativo, cit., p. 176).
[127] In Interesse Público..., cit., p. 289. É também esta a posição sustentada por GALVÃO TELLES, em direito civil, em Manual..., cit., p. 333.
[128] In O Valor Jurídico..., cit., pp. 158 e 160.

Após a entrada em vigor do CPA, o teor normativo do n.º 1 do artigo 133.º retirou argumentos à tese até então defendida sobre o conteúdo do conceito de inexistência[129]. A ausência de elementos essenciais do acto administrativo era apontada como exemplo de situação de inexistência, pela doutrina que admitia o instituto. Contudo, DIOGO FREITAS DO AMARAL, apesar de reconhecer que o CPA operou uma aproximação entre as duas figuras, sendo que o n.º 1 do artigo 133.º reduziu *drasticamente* o campo de aplicação da inexistência jurídica, ainda entende existir espaço normativo para a figura[130].

A maioria da doutrina administrativa actualmente propende a não reconhecer a validade e necessidade da autonomia dogmática da inexistência jurídica. VIEIRA DE ANDRADE, reflectindo sobre o acto administrativo e respectiva validade, pronuncia-se pela não inclusão da inexistência jurídica na categoria da invalidade: "no âmbito da patologia jurídica do acto administrativo, não tem sentido a inexistência enquanto figura autónoma, dado que a (in)validade pressupõe sempre a existência de algo que alguém (em regra a Administração) *pretenda fazer valer como acto administrativo,* ainda que o não seja por falta de elementos essenciais ou constitutivos"[131]. Também MARCELO REBELO DE SOUSA levantou dúvidas se, face à nova lei, ainda faria sentido falar-se na figura da inexistência jurídica[132]. Quanto à possibilidade da figura da inexistência jurídica nos contratos, MARCELO REBELO DE SOUSA, a propósito das suas reflexões sobre o acto inconstitucional, sustentou: "a inconstitucionalidade directa e imediata dos contratos administrativos é uma situação concebível embora rara, já que se verifica apenas quando existe violação da Constituição sem cumulativa ilegalidade. (...) Verifica-se inexistência dos contratos administrativos nos casos em que a inconstitucionalidade se traduz na violação de direitos absolutos ou do objecto ou conteúdo dos demais direitos fundamentais bem como da essência dos restantes princípios da Consti-

---

[129] ALBERTO PALOMAR OLMEDA sustenta que a categoria não é admitida na lei administrativa sobre contratação administrativa porque não existe aí nenhuma referência desse teor (*Comentários a la Legislacion de Contratos de las Administraciones Públicas*, (Coord. EMILIO GIMENEZ APARICIO), Aranzadi, Navarra, 2002, pp. 568-569).

[130] *In Curso...*, II, cit., pp. 413 e ss.

[131] *In Validade...*, cit., p. 582; IDEM, *O Dever da Fundamentação...*, cit., p. 287, nota 18.

[132] *In Inexistência Jurídica*, cit., pp. 241-243; MARCELO REBELO DE SOUSA/ANDRÉ SALGADO MATOS, *Direito Administrativo Geral*, Tomo III, Dom Quixote, Lisboa, 2007, pp. 43 e 141.

tuição material"[133]. As considerações do A. acolhem-se nas suas reflexões sobre a hipótese de inexistência do acto administrativo ao tempo. Perdem, na nossa perspectiva, fundamentação porquanto a violação do conteúdo essencial de direitos fundamentais (*rectius* de Direitos, Liberdades e Garantias) se encontra consagrada como causa de nulidade de actos administrativos e não de inexistência. Na lógica de raciocínio empreendida, um contrato administrativo que viole o conteúdo de um direito fundamental, restritamente entendido segundo a melhor teoria dos Direitos Fundamentais, implicará, à semelhança do que sucede nos actos administrativos, a nulidade do negócio outorgado[134].

42. Ora não nos deteremos igualmente a determinar se e em que moldes é admissível ainda a figura, na perspectiva jurídica, e se sendo, teria virtualidades para ser aplicada aos contratos administrativos. Poderíamos é certo aplicar a chave dicotómica mais ou menos consensualmente gizada no direito civil. Estaríamos em presença de uma situação de inexistência de contrato se lhe faltasse a materialidade de contrato ou não correspondesse ao tipo legal instituído e a nenhum outro. Contudo, o nosso ponto de partida é a desconformidade de um contrato administrativo com a ordem jurídica. Portanto, partimos do princípio que existe um contrato. O que afasta a consideração da inexistência das nossas reflexões.

2.1.3. Da ineficácia

43. Também ficam completamente excluídas do âmbito das nossas reflexões as situações de ineficácia que não se reconduzam a razões de defeito ou vício do contrato administrativo. Acompanhamos portanto ROGÉRIO SOARES e VIEIRA DE ANDRADE quando os AA. sublinham precisamente que, no direito administrativo, é fundamental distinguir invalidade de ineficácia[135]. Sem prejuízo dos pontos de contacto entre as duas figuras. Aliás, ROGÉRIO SOARES sublinha que "a invalidade significa uma especial ineficácia do acto"[136]. O que significa também que não comun-

---

[133] *In O Valor do Acto...*, cit., p. 333.
[134] Cfr. o disposto na alínea d) do n.º 2 do artigo 133.º do CPA.
[135] *In Interesse Público...*, cit., pp. 386 e *Validade...*, cit., p. 582, respectivamente.
[136] *In Interesse Público,...*, cit., p. 298. Sustentando precisamente a necessidade de não identificar os dois conceitos, identificação que tem vindo a ser feita pela doutrina alemã, ROGÉRIO SOARES, *Interesse Público...*, cit., p. 304.

gamos da concepção ampla de ineficácia sufragada, na doutrina civilista, entre outros por MANUEL DE ANDRADE[137], RUI ALARCÃO, MOTA PINTO[138] e CARVALHO FERNANDES[139], em que a invalidade seria uma espécie do conceito genérico de ineficácia. Não se pense porém que tal identificação só sucedeu entre nós. Também em Itália, houve quem sustentasse que a invalidade constitui uma espécie no seio do mais amplo género da eficácia. Todavia, MASSIMO FRANZONI entende que tal identificação é uma "simplificação de um raciocínio mais geral que é todavia desenvolvido para evitar reduzir à função os aspectos estruturais"[140]. Sublinha o diferente âmbito das duas categorias: a invalidade incide sobre a estrutura do acto jurídico; a ineficácia refere-se à "idoneidade de um acto de produzir os efeitos próprios ou queridos"[141]. Esta orientação é também sufragada por C. MASSIMO MIANCA que, ao tratar a questão da eficácia dos contratos, sustenta a distinção das figuras, sublinhando que a invalidade não comporta sempre a ineficácia do contrato[142]. A. DI MAJO distingue as duas figuras sublinhando que a "noção de «ineficácia» é meramente normativa enquanto a de «invalidade» é conceitual"[143], esclarecendo adiante que a invalidade é um "vício intrínseco do negócio" e a ineficácia em sentido estrito é a "resposta a um impedimento estranho e extrínseco ao negócio"[144]. No direito espanhol, também ALBERTO PALOMAR OLMEDA defende que a invalidade é "um juízo teórico de oposição do acto à norma e a ineficácia é uma situação «de facto, empírica»"[145]. No domínio administrativo, a doutrina espanhola não trata a questão da invalidade dos actos administrativos associada à questão da ineficácia[146].

---

[137] In Teoria Geral..., cit., p. 411.
[138] In Teoria Geral..., cit., p. 605.
[139] In Teoria Geral..., II, cit., pp. 487 e 489.
[140] In Dell' Annulabilità..., cit., p. 29.
[141] In Dell' Annulabilità..., cit., p. 31.
[142] In Diritto Civile..., cit., p. 524.
[143] In Trattato di Diritto Privato..., cit., p. 35.
[144] In Trattato di Diritto Privato..., cit., p. 43.
[145] In Comentários..., cit., p. 566. No direito privado, JESÚS DELGADO ECHEVERRÍA/ /M.ª ÁNGELES PARRA LUCÁN também sustentam a distinção conceptual entre ineficácia e invalidade, se bem que dêem conta da orientação doutrinal espanhola no sentido da utilização indistinta dos conceitos (in Las Nulidades..., cit., pp. 15 e ss.).
[146] Vide exemplificativamente E. GARCÍA DE ENTERRÍA/TOMÁS-RAMÓN FERNÁNDEZ, Curso..., Tomo I, cit., pp. 615 e ss.; RAMÓN PARADA, Derecho Administrativo, Tomo I, 16.ª Ed., cit., pp. 171 e ss.; RAMÓN MARTÍN MATEO, Manual de Derecho Administrativo,

44. A ineficácia é uma consequência jurídica associada às situações em que o acto não produz de imediato ou vê interrompida a produção de efeitos jurídicos. Esta é a noção em sentido estrito[147]. São reconduzíveis a situações de ineficácia em sentido estrito, em direito administrativo, os casos de actos administrativos sujeitos a aprovação (quando esta ainda não foi emitida), os actos administrativos sujeitos a termo ou condição, tenham estas cláusulas acessórias carácter suspensivo ou resolutivo[148]. O que existe de comum em todas estas hipóteses é que a não produção imediata de efeitos ou a sua cessação não se prende com desconformidades graves do acto face às normas jurídicas, que determinariam uma invalidade. Trata-se antes de situações em que, independentemente da validade do acto, a ordem jurídica permite a possibilidade de aquele acto, ainda que conforme ao esquema legal estipulado, não produza logo ou deixe de produzir os respectivos efeitos jurídicos porque foi tomado em consideração outro interesse. A validade e a eficácia dos actos jurídicos são fenómenos mais ou menos indissociáveis: um acto inválido pode ser eficaz, como é o caso dos actos anuláveis; do mesmo passo, um acto válido pode não ser eficaz, sendo que a ineficácia não reside aqui em nenhuma razão de desconformidade com a ordem jurídica, mas antes com outras determinantes, como sejam a oposição de cláusulas acessórias que bolem com a produção de efeitos, retardando-a ou impedindo-a até à verificação de certo evento. Contudo, esta íntima associação não impede que exista autonomia dogmática entre as figuras. Esta é a nossa posição[149].

Ora, não nos ocuparemos da ineficácia do negócio jurídico como questão principal. Ela será abordada na sua ligação com a invalidade e portanto a título instrumental.

26.ª Ed., Aranzadi, Navarra, 2007, pp. 267 e ss.; JOSE MARIA BOQUERA OLIVER, *Derecho Administrativo*, 10.ª Ed., Civitas, Madrid, 1996, pp. 369 e ss.; MARGARITA BELADIEZ ROJO, *Validez y Eficácia de los Actos Administrativos*, Marcial Pons, Madrid, 1994, p. 53.

[147] Estamos a deixar claramente de fora as situações de ineficácia motivadas pela viciação genética do acto.

[148] Sobre a ineficácia em sentido estrito a propósito dos actos administrativos *vide* ROGÉRIO SOARES, *Interesse Público*..., cit., pp. 303 e ss. A ineficácia pode verificar-se desde o momento da prática do acto ou surgir posteriormente por verificação do evento previsto na cláusula.

[149] No mesmo sentido, MÁRIO ESTEVES DE OLIVEIRA ET AL., *Código*..., 2.ª Ed., cit., pp. 637-638.

2.2. Do tipo de invalidade

2.2.1. *As formas de invalidade*

45. Encontramos assim o tronco principal da análise: a invalidade dos contratos administrativos[150]. Como afirma Cosimo M. Mazzoni "a invalidade do acto [surge] quando falta ou esteja viciado um elemento essencial ou constitutivo ou intrínseco do negócio"[151]. Com tal expressão incluímos tanto a nulidade como a anulabilidade dos contratos[152]. Cosimo M. Mazzoni diz que a expressão "invalidade" tem uma função "eminentemente descritiva" e que comporta " gradações de intensidade"[153]. Para Berti, a distinção entre nulidade e anulabilidade é igualmente interna ao conceito mais genérico de invalidade[154]. A. di Majo chama a atenção para o facto de tal distinção estar a ser cada vez menos importante no âmbito do direito comunitário, referindo inclusive uma redução das situações configuráveis como de nulidade[155].

Todavia, o tema invalidade é ainda demasiado amplo. Cabe por isso fazer uma restrição mais a este objecto, no que concerne ao momento da verificação da invalidade. Trataremos da invalidade originária dos contratos administrativos. O que significa que deixaremos de parte a denominada invalidade sucessiva.

---

[150] Rui de Alarcão critica a expressão "invalidade". Não se detendo sobre o "critério definidor" da categoria, não deixa no entanto de sublinhar que "existem graves objecções quanto à autonomização conceitual". Aceita a expressão como "um *expediente expositivo e sistemático*", mas recusa-lhe a qualificação de "*verdadeira categoria dogmática*", (*in A Confirmação...*, cit., p. 46, nota 42). Luís Carvalho Fernandes aceita contudo a autonomia do conceito de invalidade, não acompanhando portanto Rui de Alarcão na crítica que este civilista faz (*in Teoria Geral...*, II, cit., pp. 487 e 489).

[151] *In Invalidità degli Atti...*, cit., p. 226; Idem, *Invalidità (dir. Priv.)*, Enc. Treccani, pp. 1 e ss.

[152] Não nos debruçamos por conseguinte sobre a simplicidade aparente da distinção entre nulidade e anulabilidade. Os AA. são unânimes na consideração de matizes na nulidade e anulabilidade, referindo as "chamadas *invalidades mistas*", (Rui de Alarcão, *A Confirmação...*, cit., p. 47, nota 42).

[153] *In Invalidità degli Atti...*, cit., p. 228. Referindo-se a esta construção da invalidade como conceito abrangente, Raffaele Ferro, *Nuove Forme di Nullità*, Celt, Piza, 2002, p. 15.

[154] *Apud Trattato di Diritto Privato...*, cit., p. 55.

[155] *In Trattato di Diritto Privato...*, cit., p. 56.

2.2.1.1. *Invalidade originária e invalidade superveniente/sucessiva*

46. A invalidade superveniente ou sucessiva refere-se à hipótese de factos posteriores à prática do acto poderem influenciar a respectiva estrutura "ao ponto de lhe determinarem uma invalidade"[156].

O ordenamento jurídico português expressamente reconhece a figura no domínio do direito constitucional. Trata-se da designada inconstitucionalidade superveniente, prevista no n.º 2 do artigo 282.º da Constituição (CRP). Traduz-se na invalidade originada pela superveniência de fonte normativa superior que consagra regime jurídico imperativo e incompatível com o regime vigente ao tempo da génese do acto em avaliação. Não se trata aqui de um problema de eficácia (apenas). Aqui o parâmetro de validade é o da Constituição: ou surgiu uma nova Constituição ou houve lugar a uma revisão constitucional. A doutrina classifica a situação como uma excepção à regra da retroactividade da declaração de inconstitucionalidade. Na verdade, nesta situação, a norma declarada inconstitucional não deixa de vigorar desde o momento da sua entrada em vigor, como postula o n.º 1 do artigo 282.º da CRP. Só faz sentido que deixe de vigorar desde a entrada em vigor da norma jurídica superior invalidante, mantendo-se os efeitos entretanto produzidos. Na nossa perspectiva, nem chegará a ser uma excepção à regra da retroactividade mas antes o funcionamento pleno e lógico da invalidade: os efeitos jurídicos produzidos pela norma estão desconformes desde que entrou em vigor o parâmetro jurídico superior. Só aí começa a invalidade e para este efeito, esse é o momento da génese[157].

47. Na perspectiva doutrinária, há outros elementos a considerar.

A doutrina não se pôs ainda de acordo sobre a própria admissibilidade da hipótese. A doutrina civilista italiana trata a questão começando precisamente por enunciar dúvida sobre a admissibilidade da hipótese[158].

---

[156] ROGÉRIO SOARES, *Interesse Público...*, cit., p. 379.

[157] Sobre os efeitos da declaração da inconstitucionalidade, em especial quanto ao efeito da inconstitucionalidade superveniente, vide RUI MEDEIROS, *A Decisão de Inconstitucionalidade – os Autores, o Conteúdo e os Efeitos da Decisão de Inconstitucionalidade da Lei*, Universidade Católica Portuguesa, Lisboa, 1999, pp. 533 e ss. e em especial pp. 540 e ss. e pp. 112 e ss.; J. J. GOMES CANOTILHO, *Direito Constitucional e Teoria da Constituição*, 7.ª Ed., Almedina, Coimbra, 2003, p. 1013.

[158] ANGELO RICCIO afirma precisamente que a figura é controversa pois contraria o "princípio da contemporaneidade" (*in Nullità Sopravvenuta del Contratto*, Contratto e Impresa, n.º 2, 2000, p. 629).

RAFAELLE TOMASINI, após apresentar a evolução da elaboração doutrinal sobre o conceito, dá-nos a actual concepção: "a invalidade sucessiva pressupõe um acto válido que se torna sucessivamente desconforme do esquema legal por perda de um requisito de validade"[159]. A ideia fundamental é a de que este tipo de invalidade surgirá por força de uma circunstância superveniente que, a existir ao tempo da génese do acto jurídico, determinaria uma invalidade originária[160]. Todavia, parece claro à doutrina que o conceito de requisito é o conceito fundamental para averiguar a questão da validade; já a existência de circunstâncias supervenientes parece ter relevância em sede de eficácia jurídica[161]. ANGELO RICCIO dá conta de uma prolação judicial que veio apresentar uma construção jurídica distinta para a superveniência de uma norma imperativa que tornava inválida uma cláusula contratual. Decidiu o tribunal que existia uma "nulidade parcial superveniente da cláusula contratual em contrataste com a nova norma, mais do que a ineficácia superveniente"[162].

A questão da invalidade sucessiva ou superveniente foi introduzida no direito administrativo italiano por SANTI ROMANO[163], se bem que já ao tempo, houvesse AA. que recusassem a figura alegando que um acto nascido válido não se pode tornar inválido pois a sua criação é instantânea. O surgimento de novas circunstâncias afectava os efeitos do acto

---

[159] In Invalidità (Dir. Priv.), Enciclopedia del Diritto, Vol. XXII, p. 591. O A. apresenta e critica hipóteses tradicionais da assim designada invalidade sucessiva: nulidade do testamento por condenação sucessiva ou posterior do testador a prisão perpétua – porém, a perda da capacidade de testar reconduz-se a consequência acessória da condenação; revogação da doação por superveniência de filhos – também não se tratará de situação de invalidade sucessiva.

[160] Como afirma S. ROMANO "o conceito de invalidade refere-se ao momento inicial do acto e aquela que se costuma designar como invalidade sucessiva não é uma verdadeira invalidade, mas o determinar-se, por causa superveniente, de um efeito que não impede que o acto *medio tempore* tenha sido válido" (in *Osservazioni sulla Invalidità Successiva degli Atti Amministrativi*, Scritti Minori, Vol. II, 2.ª Reimp., Giuffrè, Milão, 1990, p. 401). No mesmo sentido, COSIMO M. MAZZONI, *Invalidità degli Atti...*, cit., p. 230; DE VALLES, *La Validità...*, cit., pp. 66-67.

[161] Veja-se a este propósito a figura das cláusulas acessórias no âmbito dos actos administrativos, designadamente as que influenciam a eficácia dos mesmos, como sejam o termo e a condição, em especial no que ao texto interessa, as condições resolutivas e os termos finais.

[162] In Nullità..., cit., p. 634. Trata-se da Sentença n.º 5 286, de 22/4/2000.

[163] S. ROMANO, *Osservazioni...*, cit., pp. 335 e ss.

e não o próprio acto[164]. MASSIMO GIANNINI criticava a noção, preferindo denominar a hipótese como "inutilidade superveniente", pois o acto não se torna inválido mas apenas deixa de ser idóneo a produzir os efeitos que se propusera[165]. GIORGIO PAGLIARI escreveu expressamente sobre esta temática e aponta como características da invalidade sucessiva o "surgimento inesperado de um vício de validade ou, mais especificamente de um vício de legitimidade e/ou de mérito comportando a anulação do acto administrativo" e "a posterioridade, não só cronológica, mas também jurídica da invalidade"[166]. Esta característica é particularmente relevante no aspecto da efectiva invalidação, pois a retroactividade dos efeitos há-de fazer-se ao tempo do facto invalidante e não ao da emanação do acto invalidado sucessivamente[167]. No direito espanhol, VÍCTOR BACA ONETO entende que não há muito interesse na figura, informando que até há pouco não existia um tratamento sistemático do conceito[168]. Contudo, TOMÁS CANO CAMPOS veio a debruçar-se sobre a questão detalhadamente, perfilando-se ao lado daqueles que reconhecem valia à figura da invalidade superveniente[169], negando designadamente carácter instantâneo ao acto, como alguma doutrina italiana sustenta. Mas VÍCTOR BACA ONETO usa, como exemplo argumentativo para afastar a figura, a questão da capacidade do concorrente em domínio contratual: se ao tempo da outorga, o adjudicatário estiver em alguma situação de incapacidade, o contrato será inválido; já se a incapacidade sobrevier após a outorga, não há invalidade mas há lugar a extinção por resolu-

---

[164] Neste sentido, P. GASPARRI, *L' Invalidità Succesiva degli Atti Amministrativi*, Pisa, 1939; RENATO SCOGNAMIGLIO, *Sulla Invaliditá Succesiva dei Negozi Giuridici*, Annuario di Diritto Comparato e di Studi Legislativi, Vol. XXVII, 1951; DI MARZIO, *La Nullità del Contratto*, Cedam, Padova, 1999, p. 11.

[165] *In Atto Amministrativo (Voce)*, Enc. Del Diritto, Vol. IV, pp. 180 e 181.

[166] *In Contributo allo Studio della C. D. Invalidità Succesiva dei Provvedimenti Amministrativi*, Cedam, Padova, 1991, p. 75.

[167] GIORGIO PAGLIARI, *Contributo...*, cit., pp. 75-76. Aliás, como está prescrito, entre nós, para a inconstitucionalidade superveniente.

[168] *In La Invalidez de los Contratos Públicos*, Civitas, Navarra, 2006, pp. 45 e ss. Contudo, GARRIDO FALLA sublinha que o direito espanhol prevê expressamente hipóteses que encontram explicação "nesta teoria", apontando como exemplos normas de licenciamento urbanístico previstas no Regulamento de serviços das Autarquias, de 1955 (*in Tratado...*, 14.ª Ed., Vol. I, cit., p. 648, nota 125).

[169] *In La Invalidez Sobrevenida de los Actos Administrativos*, Civitas, Navarra, 2004, pp. 143, 147, 227.

ção[170]. Por isso, o A. prefere introduzir para tais situações uma noção nova: a de ilegitimidade superveniente, assumindo porém que "as consequências jurídicas de uma e outra serem muito similares"[171].

No que respeita à doutrina civilista portuguesa, já no domínio do Código Civil de Seabra, INOCÊNCIO GALVÃO TELLES sustentava que o conceito de invalidade sucessiva só fazia sentido se referido a factos complexos de formação sucessiva[172]. No âmbito do actual Código Civil e muito recentemente, a expressão "invalidade superveniente ou sucessiva (?)" foi criticada por LUÍS CARVALHO FERNANDES porque o A. só admite a invalidade do negócio jurídico com referência ao momento da sua génese[173]. Quando muito, os negócios de formação diferenciada no tempo poderão explicar o fenómeno de um negócio jurídico ser inválido por facto que não ocorre exactamente no momento da génese. Parece incluir o A. as hipóteses apresentadas na figura da ineficácia[174].

48. ROGÉRIO SOARES sublinha precisamente que, no direito privado, a questão é solucionada na temática da eficácia e não da invalidade[175]. Metodologia que o A. afasta liminarmente: "há assim todo o interesse em ter preliminarmente bem recordados os limites da ineficácia sucessiva, e *em acentuar que ela nada tem a ver com o nosso problema*"[176]. Também serão de afastar, por constituírem situações distintas da invalidade sucessiva, as hipóteses de extinção do acto por produção integral dos seus efeitos, bem como aquelas em que a ordem jurídica permite ao agente actuar sobre os efeitos do acto que emanou, designadamente através da revogação. ROGÉRIO SOARES afasta da figura da invalidade sucessiva o termo,

---

[170] *In La Invalidez...*, cit., p. 48. Na mesma linha escreveu, no domínio da legislação contratual recentemente revogada, HUMBERTO GOSÁLBEZ PEQUEÑO, *El Contratista de la Administracion Pública*, Marcial Pons, Barcelona, 2000, p. 268.

[171] *In La Invalidez...*, cit., p. 50.

[172] *In Manual...*, cit., p. 339.

[173] É também o caso de OLIVEIRA ASCENSÃO, que recusa peremptoriamente qualquer forma de invalidade que não seja originária (*in Direito Civil...*, II, cit., p. 374). Do mesmo passo, RUI DE ALARCÃO sustenta que há dúvidas na doutrina nacional civilista sobre a admissibilidade da *"invalidade superveniente"* (*in A Confirmação...*, cit., p. 54, nota 49); no mesmo sentido, MANUEL DE ANDRADE, *Teoria Geral...*, cit., p. 415, nota 2.

[174] *In Teoria Geral...*, II, cit., p. 487. O Acórdão do STJ de 18/10/2007 (P. n.º 07B2775) sublinhou que "não faz sentido em regra a referência a invalidade superveniente de um negócio jurídico porque ela se afere no momento da sua formação".

[175] *In Interesse Público...*, cit., p. 379.

[176] Destacado nosso *in Interesse Público...*, cit., p. 380.

a condição até porque são cláusulas intimamente relacionadas com o problema da eficácia[177].

As situações de invalidade sucessiva significam que a invalidade só se verificará a partir do momento em que "tem lugar o evento invalidante"[178]. Tratando-se de acto válido e eficaz *ab initio*, os efeitos produzidos até à verificação do evento invalidante mantêm-se. O que significa que a validade do acto nestas circunstâncias conhece dois momentos distintos: um inicial, em que é válido; outro, posterior, em que se torna inválido. É aliás o que sucede a propósito da inconstitucionalidade superveniente[179].

Se no direito constitucional positivo existe uma situação de invalidade (*rectius* inconstitucionalidade) superveniente, há que questionar se a figura é admissível em direito administrativo[180]. ROGÉRIO SOARES dá-nos conta da dúvida, em especial na doutrina italiana, assente na confusão entre os conceitos de invalidade e retroactividade. Parece ser contraditório falar-se em invalidade *sucessiva* e depois pretender assacar-lhe eficácia retroactiva. Como tão bem salienta ROGÉRIO SOARES, à semelhança aliás do que sucede no nosso direito constitucional, a lógica assenta no facto de que a declaração de invalidade retroagirá ao momento invalidante[181]. Por isso, e afastando as objecções da doutrina italiana quanto a esta questão, o A. admite a possibilidade de invalidade sucessiva[182], mas de cariz objectivo. Dentro desta categoria, o A. enuncia: a sucessão de leis, a superveniência de factos, desaparecimento de requisito legal, e admitindo-se a invalidade por mérito (como o A. admite), existiria mais uma hipótese de invalidade sucessiva[183].

49. A invalidade superveniente não entrará nas nossas reflexões. Não por não ser equacionável. Já vimos que a figura é admissível no

---

[177] *In Interesse Público...*, cit., p. 403.
[178] ROGÉRIO SOARES, *Interesse Público...*, cit., p. 387.
[179] *Vide supra* o n.º 46.
[180] No direito italiano, ALDO SANDULLI, *Manuale di Diritto Amministrativo*, Vol. I, 15.ª Ed., Nápoles, 1987, pp. 247.
[181] *In Interesse Público...*, cit., p. 391.
[182] Afasta a designação de invalidade superveniente como sinónimo de invalidade sucessiva (*in Interesse Público...*, cit., p. 392).
[183] *In Interesse Público...*, cit., pp. 399 e ss.
VÍCTOR BACA ONETO critica precisamente "as supostas causas de invalidade superveniente" (*in La Invalidez...*, cit., pp. 51 e ss.).

direito administrativo. E se é admitida a propósito do acto administrativo, também o poderá ser a propósito da outorga de contratos administrativos. Ainda que tenha pleno vencimento a tese de que o contrato é lei entre as partes, a verdade é que, ainda mais do que no direito civil, a lei contratual, em direito administrativo, é necessariamente matizada por directrizes e normas imperativas. É perfeitamente configurável a hipótese de sucessão de normas disciplinadoras do contrato[184]. Tal sucessão poderia gerar situações de invalidade sucessiva. Ou então, ao abrigo de acordos contratuais, as emendas/alterações ao contrato por acordo poderiam gerar situações de invalidade superveniente.

Entendemos, porém, que as situações de invalidade originária própria contêm problemas suficientes para a nossa reflexão. Reforce-se que a invalidade originária própria de que curaremos é a invalidade legal. Não entrará nas nossas cogitações – repete-se – o problema da invalidade por mérito, isto é, a invalidade que resulta da não "correspondência do conteúdo do acto a regras de boa administração, a preceitos não jurídicos, mas para cuja observância o agente é remetido, expressa ou tacitamente, pelas normas jurídicas"[185].

Portanto a invalidade sucessiva é mais um domínio excluído do objecto da reflexão.

2.2.1.2. *Da invalidade originária: própria e derivada*

50. Centrar-nos-emos então na invalidade originária. Ou seja, trataremos da "desconformidade com o modelo legal ou normativo", sendo que tal desconformidade se verifica na génese do negócio jurídico[186].

É contudo possível operar ainda mais uma distinção: a invalidade originária pode ser própria ou derivada ou sequencial. ROGÉRIO SOARES sublinha a diferença conceitual entre invalidade derivada e invalidade sucessiva. É que a invalidade derivada é já uma invalidade originária e não uma invalidade que sobrevenha posteriormente ao momento da prá-

---

[184] A sucessão de leis no domínio pressuposto nesta investigação poderia indiciar a possibilidade de existência de invalidade superveniente.
[185] ROGÉRIO SOARES, *Interesse Público...*, cit., p. 259.
[186] RUI DE ALARCÃO, *A Confirmação...*, cit., p. 52. De qualquer modo, o A. entende que a qualificação de vício na formação do negócio se aplica aos casos em que é um facto superveniente à formação do negócio que dita a invalidade (*rectius* na hipótese do A. é concretamente a anulabilidade), (*in A Confirmação...*, cit., p. 52).

tica do acto[187]. Sérvulo Correia refere o conceito a propósito do vício de forma do acto administrativo, em particular das situações "em que a invalidade de um acto administrativo provém da invalidade de um acto integrado na fase preparatória do procedimento administrativo"[188].

A invalidade derivada, por força da vigência do direito comunitário, tem suscitado acesa reflexão e tratamento. Já a invalidade própria, quiçá um resquício da alergia ao direito civil de que muitos juspublicistas parecem sofrer, tem estado esquecida senão mesmo desconsiderada. Senão atente-se na "simplicidade" normativa que estava contida no artigo 185.º CPA, normativo que regulou a matéria durante mais de uma década.

51. Faz sentido neste momento verificar como o direito administrativo tem tratado a questão da invalidade derivada, a propósito da teoria do acto administrativo.

O instituto foi expressamente reconhecido na alínea i) do n.º 2 do artigo 133.º do CPA: são nulos *"os actos consequentes de actos administrativos anteriormente anulados ou revogados, desde que não haja contra-interessados com interesse legítimo na manutenção do acto consequente"*.

52. Uma das questões mais importantes que se colocam a este propósito é a de saber como se operará a extinção do acto consequente por força da invalidade do acto pressuposto. A resposta só pode ter uma de duas orientações: ou resulta directamente da lei ou resulta de declaração judicial. Preconizam a primeira solução Mário Esteves de Oliveira ET AL.[189], Santos Botelho ET AL.[190], Freitas do Amaral[191]. No mesmo sentido e de forma muito explícita, Mário Aroso de Almeida sublinha que a nulidade opera *ipso iure*, "mas não é imputad[a] ao conteúdo da sentença e antes se aceita *decorrer, por determinação ex lege, da modificação que a sentença introduziu na ordem jurídica substantiva*"[192]. A juris-

---

[187] In Interesse Público..., cit., p. 385.
[188] In Noções..., cit., p. 429.
[189] In Código..., 2.ª Ed., cit., p. 650. Sufragando este entendimento, vide Parecer da PGR de 22/01/1987, DR II.ª Série, 30/07/1987.
[190] In Código..., 2.ª Ed., cit., p. 801.
[191] In A Execução das Sentenças dos Tribunais Administrativos, 2.ª Ed., Almedina, Coimbra, 1997, p. 88.
[192] In Anulação de Actos Administrativos e Relações Jurídicas Emergentes, Almedina, Coimbra, 2001, p. 314; Idem, Regime Jurídico dos Actos Consequentes de Actos Administrativos Anulados, CJA, n.º 28, 2001, p. 17.

prudência tem oscilado entre a tese da extinção judicial e a da extinção *ope legis*[193].

No direito italiano, com um quadro normativo diferente do nosso e com uma construção por isso também distinta, a referida divergência corresponde a duas teorias: a de que a anulação do acto administrativo pressuposto produz um efeito caducante automático do acto administrativo subsequente e a de que a anulação do acto administrativo pressuposto tem apenas um efeito viciante. A primeira concepção preconizava que a anulação do acto pressuposto tinha como efeito automático a caducidade imediata daqueles que com ele estivessem numa relação de conexão. Claro que tal concepção levanta pertinentes questões, desde logo ao nível da delimitação da extensão do efeito caducante, de "individualização dos requisitos do «nexo de pressuposição» que, na óptica em exame, justifica a caducidade (mais do que a mera invalidação viciante) dos actos consequenciais"[194]. A jurisprudência lançava mão de diferentes argumentos: a caducidade justificar-se-ia pelo carácter "meramente executivo dos actos", ou porque o nexo entre os actos revelava uma "relação de necessidade lógica e jurídica", ou porque o acto pressuposto revelava como pressuposto único e necessário do acto consequente[195]. Já a teoria do efeito invalidante impõe o ónus de impugnação autónoma dos actos consequentes, basicamente sustentado em argumentos de ordem constitucional de direito de defesa em sede jurisdicional.

No âmbito da concepção da caducidade automática dos actos consequentes, a jurisprudência italiana identificou situações típicas e que podem ser de valia para as nossas reflexões. Assim, caberiam na delimitação jurisprudencial as relações entre o acto do concurso e os "actos sucessivos do procedimento", anulação administrativa da adjudicação e todo o procedimento de empreitada e novo concurso com mesmo objecto, acto de aprovação de lista graduada de concorrentes e acto de nomeação de vencedor; etc. Quanto aos exemplos que nos interessam, cumpre sublinhar que ainda estamos no domínio da relação entre actos e não entre acto e contrato. De todo o modo, trata-se de reflexões em matérias muito próximas. Simultaneamente, a jurisprudência excluiu precisamente o referido nexo

---

[193] Acórdão do STA de 17/01/1993; *vide* ainda os Acórdãos do STA de 14/03/2001 (P. n.º 38 674) e de 27/05/2004 (P. n.º 43 423).

[194] ALESSANDRA SUSCA, *L' Invalidità del Provvedimento Amministrativo doppo le Legge n. 15/2005 e n. 80/2005*, Giuffrè, Milão, 2005, p. 146.

[195] *Apud* ALESSANDRA SUSCA, *L' Invalidità...*, cit., pp. 146-147.

de pressuposição nas seguintes situações: revogação da adjudicação de uma prestação de serviços e concessão do serviço posterior; adjudicação provisória e adjudicação definitiva.

Na linha do que informa MÁRIO AROSO DE ALMEIDA, a jurisprudência italiana introduziu recentemente uma distinção no âmbito da invalidade derivada[196]. A invalidade caducante existiria quando "o acto administrativo anulado em sede jurisdicional constitui o único e imprescindível pressuposto de direito dos sucessivos actos consequenciais, executivos"; já a figura da «invalidade meramente viciante» existiria em todas as diversas hipóteses nas quais se está em presença de actos administrativos consequentes meramente ou indirectamente conexos ao acto pressuposto[197].

A tese do efeito caducante foi muito criticada pela doutrina com base em três argumentos: implicava a desconsideração do princípio da limitação da impugnação dos actos administrativos, bulia com o princípio do contraditório porque "os destinatários dos actos consequentes não são, em regra, parte em juízo na impugnação do acto pressuposto" e por último, segundo alguns AA., tal concepção violaria o princípio da tipicidade da *fattispecie* extintiva[198]. Deste acervo de críticas, construiu a jurisprudência uma orientação intermédia: "o instituto da caducidade automática opera apenas se o acto administrativo consequente não atribui alguma utilidade a terceiros ou no caso de o sujeito destinatário de tal utilidade ser juridicamente qualificado como parte necessária do processo cujo objecto é o acto pressuposto"[199]. Entretanto, esta orientação há-de ser lida à luz de duas novidades importantes: a introdução, pelo Tribunal Constitucional italiano, da designada oposição de terceiro em sede de impugnação de sentenças administrativas[200] e a alteração normativa que possibilita a propositura de motivos acrescentados em actos administrativos emanados na pendência de recurso, entre as mesmas partes, conexos ao objecto do recurso[201]. Com a alteração legislativa, também passou a entender-se, tal como já se entende

---

[196] *In Anulação de Actos...*, cit., p. 328, nota 61.
[197] Seguimos de perto os ensinamentos de ALESSANDRA SUSCA, *L' Invalidità...*, cit., pp. 148-150.
[198] *Vide* ALESSANDRA SUSCA, *L' Invalidità...*, cit., p. 150; E. STICCHI DAMIANI, *La Caducazione degli Atti Amministrativi per Nesso di Pressupozione*, DPA, n.º 3, 2003, p. 639; LUIGI GAROFALO, *Impugnazione dell' Atto Presupposto e Onere di Impugnazione*, DPA, n.º 2, 2000, p. 348.
[199] ALESSANDRA SUSCA, *L' Invalidità...*, cit., p. 151, com indicações jurisprudenciais.
[200] *Vide* Sentença n.º 177 de 1995.
[201] ALESSANDRA SUSCA, *L' Invalidità...*, cit., p. 154.

entre nós, que a impugnabilidade dos actos tem como fundamento a sua lesividade. Estas alterações conduziram a uma redução drástica das hipóteses de caducidade automática em sede de actos consequentes. Assim, o Consiglio di Stato tem entendido que o nexo de pressuposição tem de ser mesmo imediato, necessário e directo para que funcione a caducidade. Se, como sucede entre um acto de exclusão de concurso e o acto de adjudicação, existir uma "nova e ulterior valoração de interesses", a impugnação do acto de exclusão não torna a adjudicação entretanto emanada caduca[202].

53. Uma outra pertinente questão prende-se com a causa de invalidade no acto pressuposto e no acto consequente. A causa de invalidade do acto consequente é "autónoma em relação àquela que determinou a queda do acto que o precedeu", tratando-se de um "vício próprio". E não se trata de uma invalidade superveniente: "podendo embora parecer que a anulação do primeiro acto está na origem da invalidade destes actos, (...), a verdade é que o acto conexo, possuindo uma *validade precária*, já tendia para a invalidade, que apenas se encontrava suspensa ou pendente. (...). A anulação faz com que a sua invalidade, que afinal era originária, mas tinha permanecido suspensa na pendência do recurso, desencadeie os seus efeitos desde o momento inicial"[203]. Surge portanto a invalidade derivada ou sequencial[204]. O que parece ser claro é que a invalidade derivada apenas se efectiva com a anulação do acto pressuposto[205]. O que, argumentando *a contrario,* se não existir anulação do acto pressuposto, o acto consequente não é inválido. Ou, pelo menos, "apenas se apresenta como possível"[206]. Trata-se de uma invalidade suspensa, pendente[207].

---

[202] *In* ALESSANDRA SUSCA, *L' Invalidità...*, cit., pp. 158-159.
[203] MÁRIO AROSO DE ALMEIDA, *Anulação de Actos...*, cit., pp. 322-323. Vide CERULLI IRELLI, *Corso di Diritto Amministrativo*, G. Giappichelli, Torino, 2001, pp. 561 e ss.; STEFANO GATTAMELATA, *Annulamento Atto Impugnato*, DPA, 1991, pp. 321-322.
[204] *Vide,* no direito italiano, CERULLI IRELLI, *Corso...*, cit., p. 561; ANNA MARIA CORSO, *Atto Amministrativo Presupposto e Ricorso Giurisdizionale,* Cedam, Padova, 1990, p. 115; ALDO SANDULLI, *Il Procedimento Amministrativo*, Giuffrè, Milão, 1964, pp. 331-332.
[205] MÁRIO AROSO DE ALMEIDA, *Anulação de Actos...*, cit., p. 325.
[206] MÁRIO AROSO DE ALMEIDA, *Anulação de Actos...*, cit., p. 323.
[207] MÁRIO AROSO DE ALMEIDA, *Anulação de Actos...*, cit., p. 324; VASCO LOBO XAVIER, *Anulação de Deliberação Social e Deliberações Conexas*, Atlântida Ed., Coimbra, 1976, pp. 530 e ss.; RUI MEDEIROS, *A Decisão...*, cit., p. 630.

Como já antes sublinhámos, também não se deve confundir este tipo de invalidade, com a invalidade superveniente. Nesta última hipótese, a invalidade não é contemporânea da génese do acto, mas posterior: o acto era válido e passa, por facto superveniente, a ser

Quanto à nulidade do acto conexo, tipo de desvalor jurídico estabelecido legalmente no artigo 133.° do CPA, MÁRIO AROSO DE ALMEIDA apresenta o seguinte critério: "um acto conexo será, pois, nulo se a definição jurídica contida no acto anulado tiver constituído o fundamento da emissão desse acto, em termos de se poder afirmar que representou um *elemento essencial* da sua emissão, no sentido do artigo 133.°..., ao nível do sujeito, do objecto, dos pressupostos, do conteúdo..."[208]. Assim, segundo o referido critério, seriam actos conexos os actos de execução de acto anulado[209], actos inseridos em procedimentos ou em "subprocedimentos inseridos em sequências procedimentais complexas"[210].

54. Outra questão pertinente que se pode colocar neste tipo de invalidade é a de saber se não deverá equacionar-se se os actos conexos podem enfermar de anulabilidade e já não de nulidade A questão é pertinente porque existe o perigo de "o grau de *probabilidade de as conexões se multiplicarem e diluírem* e, dessa forma, se diversificarem os interesses que por elas podem ser afectados"[211]. Ora, para o rumo da nossa investigação, este é um caminho que reputamos da maior importância precisamente porque se trata de uma área do Direito Administrativo em que as relações jurídicas são tudo menos unívocas e simples. A começar pela complexidade do procedimento de formação do contrato administrativo. Claro que o regime de invalidação de actos conexos ou consequentes apenas anuláveis reveste-se de maiores dificuldades. Eis a proposta de MÁRIO AROSO DE ALMEIDA: "a invalidade do acto conexo só desperta do estado de suspensão ou pendência em que se encontrava no momento em que sobrevém a anulação do primeiro acto. (...). Se a invalidade esteve *suspensa ou pendente,* só pode falar-se de invalidade efectiva ou presente do acto conexo a partir do momento em que o primeiro acto foi eliminado da ordem jurídica. Por conseguinte, a solução mais lógica, ..., seria, pelo menos, de admitir que o prazo para a impugnação judicial... se contasse a partir do momento em que o primeiro acto veio a ser anulado"[212].

---

inválido. Consequentemente, uma anulação não terá efeitos retroactivos plenos, mas apenas até ao facto gerador da invalidade que se situa em momento posterior ao da génese do acto. Sobre a questão, remetemos para a bibliografia já referenciada.

[208] In Anulação de Actos..., cit., p. 331.
[209] Vide exemplificativamente o Acórdão do STA de 20/02/2008 (P. n.° 549/02).
[210] In Anulação de Actos..., cit., p. 333.
[211] MÁRIO AROSO DE ALMEIDA, Anulação de Actos..., cit., p. 338.
[212] In Anulação de Actos..., cit., pp. 339-340.

55. Assim, convergimos no entendimento de que a invalidade originária tanto pode ser própria como derivada, pois a questão da validade coloca-se a propósito da génese do contrato. Só que faz sentido autonomizar a invalidade derivada quando avaliamos a validade de um contrato que é precedido imperativamente de um específico procedimento de formação.

2.2.2. Do regime de invalidade

56. Em regra, quer no direito civil, quer no direito administrativo, o regime da nulidade e da anulabilidade é semelhante. A nulidade implica a total improdutividade de efeitos jurídicos, a legitimidade universal para a arguir, a possibilidade de impugnação sem prazo. Já a anulabilidade implica uma produção precária de efeitos jurídicos, está sujeita a prazo de impugnação (podendo variar a duração do mesmo) e está limitado o leque de legitimados para o efeito[213].

Contudo, em rigor e dada a complexidade dos interesses presentes nas diversificadas actuações jurídicas, em diferentes ramos do direito, encontramos muitas modelações deste "regime geral" que o vêm a converter a final em regime quase residual.

O legislador pondera e bem em muitas situações as especificidades da actuação jurídica e dos interesses envolvidos, estabelecendo "cambiantes atípicas"[214]. Trata-se da consideração das especificidades de actuação em presença e resulta da ponderação dos interesses envolvidos que, na maior parte das situações, já não se reconduz à mera relação bí-unívoca tradicional. Poderíamos inclusive reconhecer um certo retorno às origens da invalidade[215]. A atipicidade pode referir-se aos legitimados, aos prazos de impugnação, às próprias consequências da invalidade, às vias para sanar a invalidade[216].

---

[213] Vide o disposto nos artigos 134.° e 136.° do CPA e artigos 285.° a 294.° do CC.

[214] HEINRICH E. HÖRSTER, A Parte Geral..., cit., p. 517. O A. refere-se exemplificativamente ao regime do contrato de trabalho inválido e ao regime do casamento putativo (artigos 1647.° e ss. do CC) (in A Parte Geral..., cit., p. 472, nota 28).

[215] Sobre a génese histórica da invalidade e da dicotomia entre anulabilidade e nulidade no direito romano e a respectiva justificação vide com carácter meramente informativo, ILARIA PAGNI, Le Azioni di Impugnativa Negoziale – Contributo allo Studio della Tutela Costitutiva, Giuffrè, Milão, 1998, pp. 13 e ss.

[216] Neste sentido, HEINRICH E. HÖRSTER, A Parte Geral..., cit., p. 517. O A. sublinha que é a própria lei, no n.° 1 do artigo 285.° do CC, a ressalvar as soluções divergentes

Encontramos demonstrações destes "desvios" desde logo em domínios específicos do direito privado, além das situações relativas ao casamento putativo, à venda de bens alheios, entre outras situações, no direito do trabalho e no direito societário. A existência de disposições que regulam problemas normativos paralelos ("lugares paralelos"), é justificada não só pelo "postulado da coerência intrínseca do ordenamento", mas também porque "se um problema de regulamentação jurídica fundamentalmente idêntico é tratado pelo legislador em diferentes lugares do sistema", impõe-se a consideração dessas soluções, com as devidas adaptações, para problemas semelhantes e que não mereceram idêntica e clara formulação de solução[217].

Há disposições sobre invalidade contratual que variam em função de requisitos que não têm que ver necessariamente com os tradicionais requisitos de formação do contrato. Por exemplo, o regime de invalidade do contrato de sociedade varia em função do momento em que se pretende efectivá-la: se antes, se depois do registo. A razão de ser desta diferença prende-se com o facto de o registo ser o facto a partir do qual a sociedade adquire personalidade jurídica e portanto a necessidade de considerar mais interesses após o registo do que antes dele. Antes do registo, a invalidade do contrato de sociedade segue as regras dos negócios jurídicos nulos ou anuláveis[218]. Após o registo, o regime é diferente deste e varia em função do tipo de sociedade[219]. Com vista a proteger terceiros, a invalidade sofre restrições: exclui-se a retroactividade da declaração de invalidade, a invalidação do contrato de sociedade é equiparada à liquidação da sociedade,

---

da regra prescrita, referindo depois o regime da venda de bens alheios (in A Parte Geral..., cit., pp. 517-518).

[217] BAPTISTA MACHADO, Introdução ao Direito e ao Discurso Legitimador, 13.ª Reimp., Almedina, Coimbra, 2002, p. 183.

[218] Antes do registo, a invalidade não afecta os negócios jurídicos anteriormente celebrados (n.º 2 do artigo 52.º do CSC), se bem que só aproveite a terceiros de boa fé se a "nulidade proceder de simulação, de ilicitude do objecto ou da violação da ordem pública ou ofensa dos bons costumes" (n.º 3 do artigo 52.º do CSC). Vide MARIA ELISABETE RAMOS, Constituição das Sociedades Comerciais, in Estudos de Direito das Sociedades, 9.ª Ed., Almedina, Coimbra, 2008, p. 88.

[219] Há vícios taxativos para as sociedades por quotas, anónimas e em comandita por acções, nos termos do que dispõe o artigo 42.º do CSC, sendo que para as demais não existe taxatividade de causas de invalidade (cfr. o disposto no artigo 43.º do CSC). MENEZES CORDEIRO também sublinha a este propósito os "regimes diferenciados" (in Manual de Direito das Sociedades, Vol. II, 2.ª Ed., Almedina, Coimbra, 2007, pp. 158, 265).

mantendo-se os deveres de sócio quanto às entradas. Portanto, no que concerne às consequências da declaração de invalidade do contrato de sociedade, o legislador afastou-se significativamente do regime geral[220], sendo que a principal razão justificativa se prende com a protecção de credores[221]. Estabeleceu o legislador no artigo 45.° do CSC "uma faculdade sem paralelo nas demais ordens jurídicas" a propósito da invalidade do contrato de sociedade de capitais: a exoneração do sócio em vez da anulabilidade com fundamento em vício da vontade[222]. Cumpre por fim sublinhar que a invalidade do contrato de sociedade pode ser sanada por deliberação dos sócios, o que leva PINTO FURTADO a qualificar como invalidade mista a hipótese[223].

Também no direito do trabalho encontramos um regime de invalidade com características específicas, atendendo precisamente ao facto dos interesses envolvidos neste tipo de contrato, falando-se também aí em invalidades atípicas[224]. A invalidade do contrato de trabalho está regulada nos artigos 121.° a 125.° do Código do Trabalho (CT). O regime apresenta especificidades quanto à retroactividade da declaração de invalidade, quanto ao funcionamento da invalidade parcial, quanto aos efeitos já produzidos de contrato de trabalho inválido e regime da conversão do contrato[225]. Trata-se da evidência da "singularidade dogmática do contrato de trabalho no panorama dos negócios obrigacionais"[226]. A questão da não

---

[220] Sublinhando esta ideia precisamente, MARIA ELISABETE RAMOS, *Constituição...*, cit., p. 96.

[221] Cfr. o disposto no artigo 165.° do CSC.

[222] Sobre a questão da exoneração do sócio e de como se discute a hipótese como causa de exoneração vide DANIELA FARTO BAPTISTA, *O Direito de Exoneração dos Accionistas – Das Suas Causas*, Coimbra Ed., Coimbra, 2005, pp. 179 e ss.

[223] *In Curso de Direito das Sociedades*, 5.ª Ed., Revista e Actualizada, Almedina, Coimbra, 2004, p. 216.

MENEZES CORDEIRO sublinha a *ratio* desta solução: trata-se do *favor societatis* (*in Manual...*, cit., p. 265).

[224] Referindo-se precisamente a isto, PEDRO ROMANO MARTINEZ/LUIS MIGUEL MONTEIRO/JOANA VASCONCELOS/JOSÉ MANUEL VILALONGA/PEDRO MADEIRA DE BRITO/ /GUILHERME DRAY/LUÍS GONÇALVES DA SILVA, *Código do Trabalho*, Anotado, 6.ª Ed., Almedina, Coimbra, 2008, anotação ao artigo 118.°, p. 296.

[225] Neste sentido, MARIA DO ROSÁRIO RAMALHO, *Direito do Trabalho, Soluções Laborais Individuais*, Almedina, Coimbra, 2006, p. 177.

[226] MARIA DO ROSÁRIO RAMALHO, *Direito do Trabalho...*, cit., p. 177; JÚLIO GOMES/ /CATARINA CARVALHO, *Sobre o Regime da Invalidade do Contrato de Trabalho*, in II Congresso Nacional de Direito do Trabalho, Memórias, Almedina, Coimbra, 1999, p. 150.

retroactividade da declaração de invalidade justifica-se na "impraticabilidade de repetição das prestações laborais, não apenas no que toca à actividade laboral, mas também por força da complexidade da posição debitória das partes..., a necessidade de tutela do trabalhador..., e por último, a conveniência em estabelecer um regime de aplicação escorreita num contrato que, apesar de inválido, pode ser executado"[227].

A não retroactividade da invalidade do contrato, prevista no n.º 1 do artigo 122.º, é, para JÚLIO GOMES, um dos traços mais característicos do regime[228]. Acresce que está expressamente prevista, a propósito da invalidade parcial, a inserção automática de cláusulas, discutindo a doutrina que instituto se encontra vertido ali no n.º 2 do artigo 121.º[229]. Discute também a doutrina o "âmbito da substituição da norma inválida": se apenas as normas preceptivas ou também se incluem outro tipo de normas[230].

---

[227] MARIA DO ROSÁRIO RAMALHO, *Direito do Trabalho...*, cit., p. 185. JÚLIO GOMES não aceita esta explicação, preferindo sublinhar que a *ratio* reside no facto de o direito do trabalho constituir excepção à autonomia privada (*in Direito do Trabalho*, Coimbra Ed., Coimbra, 2007, p. 520). No mesmo sentido, JÚLIO GOMES/CATARINA CARVALHO, *Sobre o Regime...*, cit., pp. 152 e ss.

[228] *In Direito...*, cit., p. 519; JÚLIO GOMES/CATARINA CARVALHO, *Sobre o Regime...*, cit., pp. 150 e ss.

Esta excepção à retroactividade também se verifica por exemplo quanto à nulidade da patente sobre o contrato de licença, sendo que a *ratio* desta solução reside precisamente (e mais uma vez) na protecção de terceiros. O artigo 36.º do Decreto-Lei n.º 36/2003, de 5 de Março, ressalva os efeitos já produzidos. Sobre esta questão, *vide* CARLOS OSÓRIO DE CASTRO, *Os Efeitos da Nulidade da Patente sobre o Contrato de Licença da Invenção Patenteada*, UCP, Porto, 1994, pp. 123 e ss.

[229] Esta solução legal, que PEDRO ROMANO MARTINEZ diz não ser "nenhuma especificidade do contrato de trabalho", também se encontra em outros contratos como por exemplo na locação (artigo 1025.º do CC).

Há quem sustente tratar-se de uma redução legal (como PAULA QUINTAS/HELDER QUINTAS, *Código do Trabalho Anotado e Comentado*, 5.ª Ed., Almedina, Coimbra, 2007, anotação ao artigo 114.º, p. 290); outros referem a integração de lacunas (MARIA DO ROSÁRIO RAMALHO, *Direito do Trabalho...*, cit., p. 181); conversão legal (MENEZES CORDEIRO, *Manual...*, cit., p. 648; PEDRO ROMANO MARTINEZ, *Direito do Trabalho*, 4.ª Ed., Almedina, Coimbra, 2007, p. 491).

[230] Sobre a questão *vide* PEDRO ROMANO MARTINEZ/LUIS MIGUEL MONTEIRO/JOANA VASCONCELOS/JOSÉ MANUEL VILALONGA/PEDRO MADEIRA DE BRITO/GUILHERME DRAY/ /LUÍS GONÇALVES DA SILVA, *Código...*, cit., anotação ao artigo 114.º, pp. 287-290; MARIA DO ROSÁRIO RAMALHO, *Direito do Trabalho...*, cit., p. 181; JÚLIO GOMES, *Direito...*, cit., p. 522.

O artigo 125.º refere-se à convalidação, não distinguindo a lei laboral o tipo de invalidade para operar a convalidação, o que se revela particularmente importante nas situações de nulidade, pois o direito civil não contempla a convalidação dos negócios nulos.

57. A brevíssima ilustração das cambiantes de regime em domínios do direito privado do negócio jurídico serve o propósito de abrir a porta para a consideração rigorosa de consagrar também no direito administrativo "desvios" ao regime geral da invalidade administrativa. Mesmo no direito público, encontra-se prevista a excepção à regra da retroactividade da declaração de inconstitucionalidade em dois momentos: por força da própria previsão constitucional (a excepção do caso julgado) e por previsão de poderes de decisão do Tribunal Constitucional[231]. Como tão bem é perceptível, à ressalva do caso julgado subjaz a segurança e pacificação jurídicas[232]. Trata-se de uma excepção estabelecida pelo próprio legislador constituinte. Mas este, consciente de que a realidade constitucional é dinâmica, também o devendo ser o direito constitucional, instituiu uma válvula de escape ao regime demolidor da declaração de inconstitucionalidade, construindo um "modelo flexível"[233] e, para GOMES CANOTILHO, confere ao Tribunal Constitucional "poderes tendencialmente *normativos*"[234]. JORGE MIRANDA/RUI MEDEIROS sustentam inclusive que a "eficácia retroactiva e o efeito repristinatório não são consequências necessárias da declaração de inconstitucionalidade"[235]. A decisão do Tribunal Constitucional no sentido de limitação dos efeitos, sujeita ao princípio da proporcionalidade, tem como fito a segurança jurídica, a equidade ou um interesse público de excepcional relevo, devida e especificamente fundamentado[236]. É possível também equacionar-se a figura da inconstitucionalidade parcial de uma norma que, para GOMES CANOTILHO, não implica a inconstitucionalidade automática das restantes normas, só conduzindo a tal solução quando se encontrarem preenchidos os critérios da depen-

---

[231] Cfr. o disposto nos n.ºs 3 e 4 do artigo 282.º da CRP.
[232] Neste sentido, JORGE MIRANDA/RUI MEDEIROS, *Constituição...*, Tomo III, anotação ao artigo 282.º, p. 833; JORGE MIRANDA, *Manual de Direito Constitucional*, Vol. VI, Coimbra Ed., Coimbra, pp. 276-277; RUI MEDEIROS, *A Decisão...*, cit., pp. 548 e ss.
[233] JORGE MIRANDA/RUI MEDEIROS, *Constituição...*, Tomo III, cit., p. 845.
[234] *In Direito Constitucional...*, 7.ª Ed., cit., p. 1017.
[235] *In Constituição...*, Tomo III, cit., p. 845.
[236] *Vide* RUI MEDEIROS, *A Decisão...*, cit., pp. 710-711.

dência e/ou da interdependência entre a norma declarada inconstitucional e as demais[237].

Também no próprio direito administrativo, se bem que em sede de ramos especiais, encontramos exemplos de desvios ao regime da nulidade prescrito no artigo 134.º do CPA, em particular na questão da ressalva de efeitos já produzidos. É o caso por exemplo do disposto no n.º 2 do artigo 102.º do Decreto-lei n.º 380/99 que regula os instrumentos de gestão territorial e que salvaguarda *"os efeitos dos actos administrativos entretanto praticados com base no plano"* declarado nulo. Mas existem outro tipo de desvios, como a dependência de prazo para a arguição de nulidade por parte da Administração como sucede no n.º 4 do artigo 69.º do Decreto-Lei n.º 555/99[238].

Um último exemplo, muito recente, encontra-se no Regime Jurídico do Contrato de Trabalho em Funções Públicas[239]. Não só se consagra expressamente o instituto da substituição automática de cláusulas, a propósito de normas imperativas violadas, como se ressalvam como válidos os efeitos do contrato declarado nulo ou anulado em relação ao tempo em que esteve em execução. Por fim, permite-se a convalidação do contrato, sem que o legislador estabeleça qualquer diferenciação de regime em função da causa de invalidade[240].

---

[237] *In Direito Constitucional...*, 7.ª Ed., p. 1021.
[238] O teor do referido normativo é o seguinte: "a possibilidade de o órgão que emitiu o acto ou deliberação declarar a nulidade caduca no prazo de 10 anos, caducando também o direito de propor a acção prevista no n.º 1 se os factos que determinaram a nulidade não forem participados ao Ministério Público nesse prazo, excepto relativamente a monumentos nacionais e respectiva zona de protecção".
[239] Aprovado pela Lei n.º 59/2008, de 11 de Setembro.
[240] Cfr. o disposto nos artigos 82.º e ss.

3. DA INVALIDADE PRÓPRIA E DERIVADA

3.1. Do procedimento como fonte de invalidade derivada

58. O procedimento de formação dos contratos de solicitação de bens e serviços, contratos em que cabe à Administração Pública a procura activa da prossecução do interesse público, diverge quer do procedimento da formação da vontade no âmbito dos contratos de direito privado, quer do procedimento conducente à emanação dos actos administrativos[241].

Como sublinha ROGÉRIO SOARES, "o desenvolvimento crescente da democraticidade das organizações públicas é acompanhado da proliferação e intensificação das formas procedimentais em todos os domínios de poder, numa esperança de garantir maior rigor, eficiência e inocuidade dos seus comportamentos"[242], sendo "quase total"[243].

---

[241] Neste sentido, MÁRIO ESTEVES DE OLIVEIRA ET AL., *Código...*, 2.ª Ed., cit., p. 806.
Embora o artigo 181.º do CPA, à semelhança do que se prevê no direito germânico no §9 da VwVfG, mandasse aplicar à formação dos contratos administrativos as disposições relativas ao procedimento que precede a emanação de um acto administrativo, a verdade é que tais regras eram supletivas, não se aplicando quando existissem regras especiais – cfr. o disposto no n.º 7 do artigo 2.º do CPA. Neste sentido, DIOGO FREITAS DO AMARAL, *Curso...*, Vol. II, cit., p. 587.
No direito alemão, a doutrina parece ser pacífica no entendimento de que normas são aplicáveis ao procedimento de formação do contrato de direito público. Convém sublinhar que os dados do direito alemão são referíveis a um tipo de contratos, os de substituição de actos administrativos, diferente portanto daqueles que neste estudo estamos a considerar. Entre nós, a questão discute-se principalmente por causa do direito/dever de audiência. FREITAS DO AMARAL entende que mesmo sendo supletivas as regras do CPA, os artigos 100.º e ss. que regulam o dever/direito de audiência são neste domínio aplicáveis por constituir a audiência uma concretização dos princípios da colaboração e participação, princípios esses que enformam toda a actividade administrativa (*in Curso...*, II, pp. 587 e ss.). A questão está ultrapassada à luz do que se dispõe nos artigos 123.º, 147.º, 153.º, 185.º, n.º 3 do artigo 213.º do CCP.

[242] *In Direito Administrativo*, cit., pp. 142-143.

No caso dos contratos em análise, a principal função desempenhada pelo procedimento – aquele que se dirige à escolha do parceiro contratual – não se reconduz apenas às suas tradicionais funções[244]. Têm particular relevância razões de índole comunitária, bem como as que se ligam indelevelmente à protecção de correspondentes direitos dos administrados.

59. Como defendem MÁRIO ESTEVES DE OLIVEIRA ET AL. a formação do contrato é uma expressão que vai além da mera escolha do co-contratante, englobando também "os termos em que em que contratará – bem como outras tarefas complementares ou acessórias"[245]. O procedimento de formação do contrato inclui o procedimento pré-contratual pré-adjudicatório, o procedimento pré-contratual pós adjudicatório e a formação do contrato propriamente dito. Assim, embora o procedimento de formação do contrato se consubstancie numa unidade, nos contratos em análise, este requisito é complexo, compreendendo fases de sub-procedimentos com bastante autonomia[246]. Daí, como adiante desenvolveremos, o problema jurídico gerado pela falta ou erro na opção do procedimento de escolha do parceiro contratual não se consubstancia em causa de invalidade própria porque não é totalidade do processo de formação que está posto em causa. É apenas uma parte, suficientemente significativa para gerar invalidade derivada para o contrato. Já se faltasse de todo qualquer processo de formação do contrato (!), então estaríamos perante uma causa de invalidade própria do contrato. Como sublinha PEDRO GONÇALVES, o contrato admi-

---

[243] MARCELO REBELO DE SOUSA/ANDRÉ SALGADO DE MATOS, *Direito Administrativo*, cit., III, p. 53.

[244] JOÃO LOUREIRO, *O Procedimento Administrativo entre a Eficiência e a Garantia dos Particulares,* Coimbra Ed., Coimbra, 1995, pp. 69 e ss.

[245] *In Código...,* 2.ª Ed., cit., p. 829. Também MARGARIDA OLAZABAL CABRAL partilha este entendimento: "a formação do contrato constitui um procedimento complexo, misto externo e interno, que se inicia com a deliberação tomada pela Administração de celebrar um determinado contrato" (*in O Concurso Público nos Contratos Administrativos*, Almedina, Coimbra, 1997, p. 137). Na mesma linha, ANA GOUVEIA MARTINS, *A Tutela Cautelar no Contencioso Administrativo (em Especial, nos Procedimentos de Formação dos Contratos)*, Coimbra Ed., Coimbra, 2005, p. 288.

[246] EVARISTO SANTORO/PELINO SANTORO também qualificam expressamente o procedimento de «*evidenza pubblica*» como "*fattispecie* complexa", (*in Trattato Breve di Diritto dei Contratti Pubblici – Commento al Codice dei Contratti Pubblici e ai Contratti Fuori Codice*, Maggioli Ed., San Marino, 2007, p. 758).

nistrativo "é celebrado no âmbito de um *procedimento administrativo complexo*, integrado por um *procedimento prévio autónomo* (em regra) destinado à escolha do contratante"[247]. A autonomia deste procedimento leva PEDRO GONÇALVES a qualificá-lo como um "pré-procedimento" com a prática de actos prévios. Na verdade, o procedimento de formação do contrato, em virtude da sua complexidade, é um exemplo de procedimento em que se formam actos prévios, conceito que será muito próximo com o de acto que sustenta a formação do contrato. Um acto prévio é "uma decisão prévia... sobre a existência de certas condições para a prática do acto autorizativo de modo final e vinculante para a Administração, pelo que aquela só poderá ser alterada ou eliminada (durante o prazo em que vincula) através dos regimes da revogação ou da anulação dos actos administrativos"[248]. Ou como sublinham MÁRIO ESTEVES DE OLIVEIRA ET AL., "há actos ou formalidades que têm, só por si, efeitos jurídicos externos, constituindo já uma decisão do procedimento quanto a alguns dos seus possíveis efeitos ou interessados, mesmo sem serem ainda a decisão final do procedimento. (...) Trata-se de *decisões parciais e de pré-decisões* (...), actos cujo conteúdo cria um *efeito conformativo* para a actuação administrativa subsequente e que apresentam a característica de não realizarem ainda o *efeito prático final*... embora o condicionem (ou possam condicionar) decisivamente"[249]. Ora, quer a decisão de contratar, quer a adjudicação contêm decisões definitivas sobre partes do contrato. No caso da decisão de contratar são definidos quer o objecto do contrato, quer grande parte do conteúdo essencial do mesmo. Já a adjudicação contribui para a definição do conteúdo deixado a concurso e define o parceiro contratual da Administração.

---

[247] *In O Contrato...*, cit., p. 139. Vide a este propósito ROGÉRIO SOARES, *Direito Administrativo*, cit., p. 149 (nas construções dogmáticas sobre o procedimento), PAULO FERREIRA DA CUNHA, *O Procedimento Administrativo*, Almedina, Coimbra, 1987, p. 95; JOSÉ EDUARDO FIGUEIREDO DIAS/FERNANDA PAULA OLIVEIRA, *Noções Fundamentais de Direito Administrativo*, Almedina, Coimbra, 2005, p. 181; MARGARIDA OLAZABAL, *O Concurso...*, cit., p. 137.
Sobre a complexidade dos procedimentos *vide*, com abundantes referências do direito alemão, VASCO PEREIRA DA SILVA, *Em Busca...*, cit., pp. 461 e ss.
Não se confunde com a noção de acto complexo.
[248] FILIPA CALVÃO, *Os Actos Precários e os Actos Provisórios no Direito Administrativo*, Porto, UCP, 1998, p. 52.
[249] *In Código...*, 2.ª Ed., cit., p. 47.

60. No âmbito do CCP, o legislador procede à revogação das normas supletivas do CPA a este propósito e não parece estabelecer a regra da preferência do concurso público como procedimento a seguir. O n.º 1 do artigo 16.º coloca em plano de igualdade os procedimentos que acolhe: *"para a formação de contratos cujo objecto abranja prestações que estão ou sejam susceptíveis de estar submetidas à concorrência de mercado, as entidades adjudicantes devem adoptar um dos seguintes tipos de procedimentos: a) Ajuste directo; b) Concurso público; c) Concurso limitado por prévia qualificação; d) Procedimento de negociação; e) Diálogo concorrencial"*[250].

61. A análise terá por base o procedimento de concurso público na formação dos contratos de solicitação de bens e serviços, mas na perspectiva de apontar quais as causas geradoras de invalidade derivada e quais as geradoras de invalidade própria.

Naquele primeiro ponto, vamos verificar que actos podem influenciar a validade do contrato e determinar se, influenciando, darão origem, sendo inválidos, a uma invalidade derivada ou própria, neste caso por se referirem a aspectos que também são próprios do contrato. Em particular, vamos dedicar especial atenção à decisão de contratar, na concepção que entendemos ser a mais adequada aos dados normativos, e aos actos que preparam a emanação da adjudicação. Há dados jurídicos específicos da decisão de contratar que bolem com a sua validade, a da adjudicação e a do contrato. Há depois actos que apenas incidem sobre a validade da adjudicação e a do contrato. Tentaremos, num primeiro momento, elencar e justificar as causas de invalidade destes dois actos que originam uma invalidade derivada para o contrato. Num segundo momento, exporemos justificadamente as causas de invalidade própria do contrato que são comuns a estes actos.

Para momento posterior, averiguar-se-á que invalidade será originada e que regime jurídico disciplina a tal invalidade.

---

[250] Apesar de vigorar presentemente o CCP, ainda tomaremos em consideração o RJEOP e RJDP (que constavam respectivamente do Decreto-Lei n.º 59/99, de 2 de Março e do Decreto-Lei n.º 197/99, de 8 de Junho) que foram revogados. Julgamos impor-se esta última consideração porque há soluções que ainda podem ter de ser usadas por se tratar de procedimentos iniciados à luz dessa legislação. Acresce que a disciplina agora revogada tem soluções testadas na prática que foram também recolhidas pela nova legislação.

Quer o procedimento pré-contratual pós-adjudicatório, quer a formação do contrato apenas poderão ser fonte de invalidade própria do contrato, por causas exclusivas. Nestes momentos procedimentais, já se ultrapassou a fase de acto pressuposto ou acto em que assente a celebração do contrato.

3.2. Da invalidade derivada no direito administrativo contratual

62. A questão da invalidade derivada do contrato administrativo é tratada pela doutrina a propósito do respectivo regime contencioso. Nem sempre a designação utilizada é a mesma, como sucede, por exemplo, pela doutrina e pela jurisprudência francesas. DOMINIQUE POUYAUD, que tratou especificamente a questão da nulidade dos contratos administrativos, enquadra-a sob a designação de "nulidade parcial"[251]. As nulidades parciais englobam ainda as hipóteses de invalidade (parcial) do próprio instrumento contratual[252]. De qualquer modo, a A. sublinha que "a nulidade parcial da operação contratual não interessa ao conteúdo do contrato e encontra a sua fonte na violação de uma regra de competência ou de procedimento"[253]. Daí a ligação à questão da invalidade derivada. Já a doutrina e jurisprudência italianas, a propósito dos contratos *ad evidenza pubblica*, normalmente tratam a questão a propósito dos actos de decisão de contratar, dos actos de exclusão de concorrentes e da adjudicação.

A invalidade derivada abre a reflexão a várias questões. A primeira é a de saber o que se deve entender por acto pressuposto. De seguida, averiguar se a invalidade de um acto pressuposto contamina ou não o contrato. Segue-se encontrar a resposta para, existindo contaminação, que tipo de desvalor jurídico sofre o contrato. Por último, há que saber como e quem pode arguir a invalidade do contrato. Existem por conseguinte questões substantivas e questões adjectivas a analisar.

---

[251] JORGE PEREIRA DA SILVA critica esta concepção (*in A Invalidade dos Contratos Administrativos*, DJ, Volume X, Tomo 2, UC Ed., Lisboa, 1996, p. 114).
[252] *In La Nullité des Contrats Administratifs*, LGDJ, Paris, 1991, p. 289.
[253] *In La Nullité...*, cit., p. 289. Será exactamente a esta conclusão que chegaremos *infra* com o recenseamento das situações geradoras de invalidade derivada. Quanto ao tipo de desvalor jurídico, que não quanto à extensão.

3.2.1. *Do conceito de acto pressuposto*

63. O conceito de acto pressuposto é o primeiro passo para preencher o conceito de invalidade derivada. Nem todos os ordenamentos jurídicos tratam a questão da mesma forma nem usam a mesma nomenclatura. Todavia, os contributos que aí podemos colher justificam uma breve análise.

64. A doutrina e jurisprudência francesas tratam a questão da invalidade derivada a propósito dos designados "actos destacáveis"[254]: "diversos actos unilaterais que intervêm no momento da formação do contrato, mesmo que condicionem a esta formação, ... susceptíveis de serem isolados ou serem atacados pela via do recurso não apenas quando o contrato ainda não está definitivamente concluído, mas também quando o contrato se tornou definitivo"[255]. Trata-se de uma teoria destinada a permitir a

---

[254] Conforme informa CHRISTOPHE GUETTIER, "a fórmula da destacabilidade terá surgido, parece, em primeiro lugar no contencioso eleitoral, depois alargou-se a outros contenciosos como o dos «actos de governo» ou ainda o dos contratos da Administração", (*in Droit des Contrats Administratifs,* Paris, 2004, p. 428). A teoria dos actos destacáveis foi elaborada pela doutrina francesa para se poderem tutelar as posições de terceiros lesados que estavam processualmente excluídos do contencioso dos contratos. Inicialmente, vigorava a teoria da incorporação mas posteriormente, o Conseil d' État alterou a orientação, restringindo a legitimidade processual. Ou seja, a jurisprudência anterior à teoria dos actos destacáveis preferia a teoria da incorporação, submetendo todas as questões relativas ao contrato ao juiz de plena jurisdição. Ou como PROSPER WEIL prefere, teoria do todo indivisível (*in Les Conséquences de L' Anulation d' Un Acte Administratif Pour Excès de Pouvoir,* Paris, 1952, p. 202). *Vide,* a título exemplificativo, Aresto De Boulogne, Conseil d' Etat de 30/4/1963 e Aresto Morand, do Conseil d' Etat de 24/7/1903). DOMINIQUE POUYAUD dá conta, em nota de rodapé, da constância da jurisprudência referida (*In La Nullitè...,* cit., p. 294, nota 5). Sobre a teoria da destacabilidade e seu surgimento, *vide,* entre outros, RENÉ CHAPUS, *Droit du Contentieux Administratif,* Montchrestien, Paris, 1999, pp. 634 e ss.; CHARLES DEBBASCH/RICCI, *Contentieux Administratif,* 7.ª Ed., Dalloz, Paris, 2001, pp. 777 e ss.; BERNARD-FRANK MACERA, *Les Actes Détachables dans le Droit Public Français,* Pulim, Limoges, 2002; JEAN ABESSOLO, *Les Effets de la Nullitè des Contrats Administratifs: Probléme de Effectivitè,* inédito, Pau, 1994, pp. 13 e ss.

[255] *In* ANDRÉ DE LAUBADÈRE/FRANCK MODERNE/PIERRE DELVOLVÉ, *Traitè des Contrats Administratifs,* LGDJ, Paris, 1983, n.º 1824. Para efeitos de determinação dos actos destacáveis, RENÉ CHAPUS preconiza que são todos os actos praticados com vista à celebração do contrato, quer na perspectiva das partes, quer na de terceiros (*in Droit du Contentieux...,* cit., p. 634). CHRISTOPHE GUETTIER diz que a referida teoria é aplicável a todos os actos que "precedem ou acompanham a formação do contrato...", incluindo a ficção

apreciação judicial em matérias que, à partida e face aos dados da repartição de jurisdição, estavam reservadas às partes e ao juiz do contrato, em reconhecimento de que "a formação do contrato administrativo (...) constitui uma operação complexa" (DOMINIQUE POUYAUD)[256]. Porque no contencioso contratual não é admissível o recurso contencioso de anulação[257].

---

da "decisão de assinar o contrato", (*in Droit des Contrats...*, cit., p. 428). DOMINIQUE POUYAUD refere os "actos facilmente separáveis do contrato, quer se trate de decisões anteriores ou posteriores à assinatura do contrato, de decisões positivas ou de recusa de concluir a convenção", (*in La Nullitè...*, cit., p. 301) e BERNARD-FRANK MACERA informa que a teoria foi alargada à execução do contrato (*in Les Actes Détachables...*, cit., p. 41); CHARLES DEBBASCH/RICCI, *Contentieux...*, cit., p. 778.

[256] *In La Nullitè...*, cit., p. 293. Em sentido contrário, LAURENT FOLLIOT, *Pouvoirs des Juges Administratifs et Distinction des Contentieux en Matiére Contractuelle*, Tomo I, Paris II, (inédita), 1992, pp. 240 e ss.

[257] A jurisprudência francesa sustentava, desde 1864, a inadmissibilidade do recurso contencioso contra o contrato, parecendo ser unânime: ANDRÉ DE LAUBADÈRE/FRANCK MODERNE/PIERRE DELVOLVÉ, *Traitè...*, II, cit., n.º 1823; ANDRÉ DE LAUBADÈRE, *Traitè Théorique et Pratique des Contrats Administratifs*, LGDJ, Paris, 1956, n.ᵒˢ 1240 e 1258 e ss. (os AA. apresentam as razões para tal inadmissibilidade); PHILIPPE TERNEYRE, *Les Paradoxes du Contentieux de l' Annulation des Contrats Administratifs*, Conseil d' État, Études et Documents, 1988, p. 71; DOMINIQUE POUYAUD, *La Nullitè...*, cit., pp. 297 e ss. (sobre a evolução da questão). O único recurso admissível é o recurso público – encarado como verdadeiro recurso contencioso – (déféré préfectoral), contra os contratos das colectividades locais. Neste sentido, DOMINIQUE POUYAUD, *Les Conséquences de l' Annulation de l' Acte Détachable*, RFDA, n.º 10, 1994, p. 1100, IDEM, *La Nullitè...*, cit., pp. 535 e ss.; RENÉ CHAPUS, *Droit Administratif Genéral*, Tomo I, Montchrestien, Paris, 2001, pp. 414 e ss.; LAURENT RICHER, *Droit des Contrats*, 5.ª Ed., LGDJ, Paris, 2006, p. 175; PHILIPPE TERNEYRE, *Les Paradoxes...*, cit., p. 80; PIERRE DELVOLVÉ, *Recours...*, cit., pp. 91 e 99. Para uma análise deste recurso, "revolução silenciosa", no direito francês, vide GEORGES VEDEL/PIERRE DELVOLVÉ, *Droit Administratif*, 12.ª Ed., tome 1, 1992, pp. 438-442; BERNARD PACTEAU, *Contentieux Administratif*, 6.ª Ed., Completamente reformulada, PUF, Paris, 2002, pp. 345-348; LAURENT FOLLIOT, *Pouvoirs des Juges...*, I, cit., pp. 33 e ss. e 257 e ss.; JEAN ABESSOLO, *Les Effets...*, cit., pp. 111 e ss.; ALEXANDRA LEITÃO, *A Protecção de Terceiros no Contencioso dos Contratos da Administração*, Almedina, Coimbra, 1998, pp. 24 e ss.

O Conseil d' Etat proferiu entretanto uma decisão que "constitui um avanço notável no contencioso dos contratos administrativos", ao admitir o recurso contra um contrato de recrutamento de funcionários/agentes públicos. Trata-se do Acórdão Ville Lisieux, de 30/10/1998. Resultou da conjugação de um recurso público e de um recurso contra um outro contrato muito próximo deste. Deu-se conta o Conseil da disparidade de regimes contenciosos e da falta de lógica de tal disparidade, em particular quando tal disparidade era evidente a propósito do mesmo contrato. A solução da admissibilidade do recurso foi possível também por causa do tipo de contrato em causa, o qual, segundo DOMINIQUE POUYAUD,

Daí o surgimento da teoria dos actos destacáveis como "paliativo à impermeabilidade entre contencioso contratual e contencioso do excesso de poder" (CHRISTOPHE GUETTIER)[258]. A jurisprudência francesa tem vindo a admitir o recurso por excesso de poder sobre questões tipicamente contratuais, como sejam as cláusulas do contrato. No Aresto Cayzeele, de 10/7/1996, admitiu-se o recurso, por terceiros, contra cláusulas "formalmente contratuais mas materialmente regulamentares de um contrato de concessão"[259].

Para se tratar de um acto destacável, haverá que revestir o "carácter de acto decisório e não simplesmente preparatório"[260]. Como actos susceptíveis de recurso por excesso de poder relacionados com o contrato, ou seja, como actos destacáveis, são apresentados a decisão de concluir

---

é menos exigente e "mais simples que os outros contratos administrativos", revestindo pouca natureza contratual e aproximando-se dos actos unilaterais, (DOMINIQUE POUYAUD, *La Recevabilité du Recours pour Éxcess de Pouvoir Contre les Contrats Administratifs*, anotação ao Acórdão Ville de Lisieux, RFDA 15, 1999, pp. 139 e ss.).

[258] *In Droit...*, cit., p. 427.

Cumpre sublinhar que a referida teoria tem aplicação não só aos contratos administrativos, mas também aos contratos de direito comum celebrados pela administração. Neste sentido, as conclusões de RÉMY SCHWARTZ no Acórdão Epoux Lopez, do Conseil d' Etat 7/10/1994 (*in* DOMINIQUE POUYAUD, *Les Conséquences...*, cit., p. 1092).

DOMINIQUE POUYAUD conclui assim que a "possibilidade de atacar pela via de recurso os actos destacáveis de um contrato de direito privado manifesta a proximidade entre os dois tipos de contratos de entes públicos, e a distância entre o contrato de direito privado da Administração e os contratos entre particulares", (*in La Nullitè...*, cit., p. 296, nota 11). A mesma A., em anotação ao Acórdão Commune de Moulins, do Conseil d' Etat de 27/11/1996, sublinha a inadaptação da teoria da destacabilidade nos contratos de direito privado, desde logo porque o juiz da jurisdição comum não está vinculado aos mesmos princípios que o juiz administrativo e porque "a situação de terceiros no contrato de direito privado não merece a mesma protecção porque o juiz do contrato admite mais facilmente a acção de terceiros interessados", (*in Le Sort des Contrats aprés Annulation d' un Acte Détachable: Nouvelles...*, Anotação, RFDA, n.º 13, 1997, p. 361). Sobre os actos destacáveis nos contratos de direito privado *vide* também LAURENT FOLLIOT, *Pouvoirs des Juges...*, I, cit., pp. 240 e ss.

[259] Existia uma corrente jurisprudencial antiga, tirada a propósito de actos emanados no decurso da execução do contrato, mas fundados em cláusulas regulamentares, a qual sustentava a admissibilidade do recurso apresentado por terceiros. Já se o recurso incidisse sobre a própria cláusula regulamentar não era admitido. Sobre esta questão, *vide* PHILIPPE TERNEYRE, *Les Paradoxes...*, cit., pp. 71 e ss.

[260] DOMINIQUE POUYAUD, *La Nullitè...*, cit., p. 301. Também LAURENT FOLLIOT sublinha que "nem todos os actos pré-contratuais são destacáveis. Alguns são apenas actos preparatórios", (*in Pouvoirs des Juges...*, II, cit., pp. 247).

o contrato[261], a autorização de o concluir, a adjudicação ou a sua recusa, a aceitação de uma proposta, a deliberação de júri de um concurso, decisão de aprovação do contrato[262]. RENÉ CHAPUS chega inclusivamente a reconhecer que a decisão de concluir o contrato muitas vezes nem é materialmente distinta do próprio contrato, mas "a circunstância de a decisão de contratar estar assim «incluída» no contrato não é um obstáculo à sua destacabilidade: é suficiente que seja intelectualmente destacável". Mais informa que já em 1911, o Conseil d'Etat assim já o sustentara no Arrêt de 8/4/1911, Comm. D' Ousse-Suzam[263]. Pelo que a conclusão só pode ser a de que também para a doutrina francesa a decisão de contratar constitui um acto administrativo. Na mesma linha, LAURENT RICHER expressamente sustenta que a destacabilidade pode ser "puramente intelectual", referindo-se designadamente à decisão de assinar o contrato[264].

---

[261] São inúmeros os Acórdãos que sustentam a destacabilidade deste tipo de actos. Desde logo, o Aresto Martim (4/8/1905), o Aresto Camus (6/4/1906), o Aresto Barl (5/2/1909), etc. Para uma relação mais extensiva, vide DOMINIQUE POUYAUD, *La Nullitè...*, cit., p. 301, nota 45.

Na doutrina vide exemplificativamente ANDRÉ DE LAUBADÈRE/FRANCK MODERNE//PIERRE DELVOLVÉ, *Traité des Contrats Administratifs,* Tomo II, LGDJ, Paris, 1983, p. 1037, n.º 1825; PIERRE-LAURENT FRIER, *Précis de Droit Administratif,* 2.ª Ed., Montchrestien, Paris, 2003, p. 356; JACQUELINE MORAND-DEVILLER, *Cours de Droit Administratif,* 9.ª Ed., Montchrestien, Paris, 2005, p. 440.

[262] Seguimos de perto a enunciação de DOMINIQUE POUYAUD, que contém abundante jurisprudência ilustrativa em nota de rodapé (*La Nullitè...,* cit., pp. 301-302). Outros AA. apresentam enunciações mais circunscritas. Por exemplo, RENÉ CHAPUS, *Droit...*, cit., pp. 634-637; ANDRÉ DE LAUDABÈRE/FRANK MODERNE/PIERRE DELVOLVÉ, *Traité des Contrats...*, II, cit., pp. 998 e ss., n.ºs 1780 e ss.; LAURENT FOLLIOT, *Pouvoir des Juges...*, cit.; DOMINIQUE POUYAUD, *La Nullitè...,* cit., pp. 321 e ss. e pp. 361 e ss.; DOMINIQUE POUYAUD, *Le Sort des Contrats...*; IDEM, *La Recevabilitè...*; IDEM, *Les Conséquences...,* cit.; PHILIPPE TERNEYRE, *Les Paradoxes...*, cit.

[263] In RENÉ CHAPUS, *Droit...,* cit., pp. 634-635.

[264] In *Droit des Contrats...,* 5.ª Ed., cit., p. 178. O Aresto do Conseil d' Etat de 8/11/1974 (Époux Figueras) sustentou que o acto de assinar o contrato ou mesmo a mera aposição de assinatura deverá ser considerada acto destacável para efeitos de impugnação por recurso. Também MICHEL VIVIANO dá conta da orientação jurisprudencial em que o juiz "pode separar a decisão de concluir o contrato do contrato propriamente dito pela técnica da destacabilidade intelectual", (*in La Théorie de la Distinction des Recours et le Contencieux Administrative Contractuel,* inédito, Lille, 1995, p. 230).

PHILIPPE TERNEYRE sustenta que é muito discutível se a decisão de outorgar o contrato, porque se confunde com ele, seja de considerar um acto destacável (*in Les Paradoxes...*, cit., p. 73). Também DOMINIQUE POUYAUD, em anotação ao Acórdão Lopez, referencia a extensão da teoria dos actos destacáveis levada a cabo pela jurisprudência até ao

Já J. MORAND-DEVILLER sublinha que os "actos relativos às questões financeiras não são, em princípio, destacáveis[265]. MICHEL VIVIANO tem uma concepção mais restritiva acerca do elenco dos actos destacáveis nesta sede: actos de tutela, actos de aprovação e a celebração do contrato[266].

BERNARD-FRANK MACERA critica a construção dos actos destacáveis, invocando entre outros argumentos, o facto de deixar precisamente a sorte da validade do contrato fora do alcance de quem tem legitimidade para impugnar aqueles actos[267]. Sustenta que o contrato é "um acto administrativo unilateral – ao tempo do seu surgimento – mesmo tratando-se de acto carecido de prévia aceitação do seu destinatário... e dos efeitos contratuais"[268]. Consequentemente, deveria aceitar-se o recurso. Na tese do "todo indivisível", a anulação do acto administrativo implicava a "destruição do contrato": todo o interessado, sujeito ou não do vínculo contratual, podia obter a anulação por parte do juiz do contencioso administrativo de qualquer dos actos que concorriam para a formação do contrato, o que significava efeitos anulatórios sobre o próprio contrato"[269]. A crítica de BERNARD-FRANK MACERA assenta fundamentalmente em dois outros argumentos: o juiz que aprecia os actos destacáveis não é o juiz do contrato e aquele não pode retirar consequências para o contrato da anulação dos actos destacáveis[270]. Ora, a teoria da separabilidade impõe a consequência lógica de não existir efeito imediato sobre a validade do contrato[271]. Assim, ainda que as partes, em consequência, peçam ao juiz do contrato a anulação deste, aquele

---

acto de conclusão do contrato, se bem que este acto se confunda, ou mal se distinga, com o próprio contrato (*in Les Conséquences...*, cit., p. 1100). Já ANDRÉ DE LAUBADÈRE/FRANK MODERNE/PIERRE DELVOLVÉ informavam que o Conseil d' Etat operara uma extensão, aos limites, da teoria dos actos destacáveis, ao incluir nos actos admissíveis o acto de outorga, se bem que este se pudesse confundir com o próprio contrato (n.º 1826).

[265] *In Cours...*, 9.ª Ed., cit., p. 440. O que significa que existe no direito francês uma diferente concepção sobre os actos de cariz financeiro associados ao contrato quando comparada com a que existe entre nós.

[266] *In La Théorie...*, cit., pp. 228 e ss.

[267] O que, sublinhe-se, não sucede entre nós. Vide a previsão de legitimidade a propósito da impugnação de validade de contratos contida no artigo 40.º do CPTA.

[268] *In Les Actes...*, cit., p. 46; IDEM, *La Teoria Francesa de los Actos Separables y Su Importación por el Derecho Público Español*, Cedecs, Barcelona, 2001, p. 72.

[269] *In La Teoria...*, cit., pp. 62 e 63.

[270] *In La Teoria...*, cit., pp. 68 e ss.; IDEM, *Les Actes...*, cit., pp. 44 e 45; PHILIPPE TERNEYRE, *Les Paradoxes...*, cit., pp. 71 e ss., DOMINIQUE POUYAUD, *La Nullité...*, cit., pp. 297 e ss.

[271] *In La Teoria...*, cit., p. 75.

não tem de se conformar com a pronúncia do juiz do acto. Acresce que nada garante que, pelo menos a parte privada, recorra ao juiz do contrato. Já a Administração deverá, por dever de ofício, e "ajudada" pela "astreinte", executar a sentença anulatória, em toda a sua extensão[272]. Nesta perspectiva, preconiza o A. o regresso à teoria da incorporação com base em três justificações: "muitos dos vícios que contêm os contratos públicos constituem irregularidades de natureza objectiva, muito próximas às que afectam os actos unilaterais da Administração"[273]. A teoria da destacabilidade demonstra o "carácter artificial", uma vez que quase todas as fases da vida contratual caem na possibilidade de recurso. Entretanto, desapareceu a razão legislativa, pela alteração das leis do contencioso administrativo[274].

65. No direito italiano, a questão acerca do acto pressuposto foi sendo tratada a propósito do conceito de procedimento administrativo. ANNA MARIA CORSO trata precisamente a questão nestes termos: "um estudo sistemático do acto pressuposto não pode prescindir da noção de procedimento administrativo... (...). Considera-se útil o estudo do procedimento por ser elemento estrutural que evidencia uma conexão entre actos"[275]. Para o efeito de densificação do conceito de acto pressuposto, ligado ao conceito de acto consequente, é útil distinguir entre acto preparatório e acto pressuposto. São basicamente as seguintes as diferenças a ter em mente. O acto preparatório está preordenado à prática de um acto conclusivo, encontrando-se numa relação instrumental com o fim de realizar uma "fattispecie segundo um nexo causal", e produzindo efeitos "parciais e prodrómicos com vista ao efeito final", só podendo ser impugnado com o acto final[276]. É o que sucede geralmente na emanação de actos administrativos. Já o acto pressuposto, base do acto consequente, "pode existir independentemente do acto consequente", não perdendo autonomia, nem sendo inválido se o acto consequente não for emanado. Ou seja, o acto pressuposto tem "alma própria", encontrando-se numa relação funcional

---

[272] *In La Teoria...*, cit., p. 77; IDEM, *Les Actes...*, cit., p. 56.
[273] *In La Teoria...*, cit., p. 88. No mesmo sentido, DOMINIQUE POUYAUD, *Les Conséquences...*, cit., p. 1104 e *La Nullitè...* cit., pp. 333-335; PHILIPPE TERNEYRE, *Les Paradoxes...*, cit., p. 71.
[274] BERNARD-FRANK MACERA, *Les Actes...*, cit., p. 61 e DOMINIQUE POUYAUD, *La Recevabilitè...*, cit., p. 139.
[275] *In Atto...*, cit., p. IX. Sublinhando precisamente esta dimensão, MÁRIO AROSO DE ALMEIDA, *Anulação de Actos...*, cit., p. 318.
[276] ANNA MARIA CORSO, *Atto...*, cit., pp. 69 e 71.

com o acto consequente, sendo "totalmente estranho ao acto administrativo consequente, fazendo parte de um procedimento distinto"[277]. "O acto pressuposto não condiciona a eficácia do acto sucessivo, mas se for viciado ou inválido condiciona-lhe a validade (...); determina a sua precariedade enquanto a sua eficácia é conexa com a validade do primeiro acto"[278]. Para ALDO SANDULLI, a invalidade derivada é aquela em que "certo acto torna-se inválido pela invalidade de um acto precedente, o qual se coloca como pressuposto"[279]. CERULLI IRELLI, na esteira do entendimento expendido, também sublinha que a invalidade derivada surge com a "anulação do acto pressuposto"[280].

O estudo da invalidade derivada e em particular sobre o conceito de acto pressuposto começou precisamente por se colocar a propósito da falta ou viciação da deliberação de contratar nos contratos *ad evidenza pubblica*[281].

66. À semelhança do que sucede entre nós, a lei espanhola actual disciplina a invalidade dos contratos administrativos nos artigos 31.º e ss. da LCSP[282].

No artigo 31.º está prevista a invalidade sequencial ou derivada: o contrato administrativo será inválido se os actos preparatórios ou a adju-

---

[277] *In Atto...*, cit., pp. 69, 70 e 71.
[278] *In Atto...*, cit., pp. 73-74.
[279] *In Il Procedimento...*, cit., p. 332.
[280] *In Corso...*, cit., p. 564.
[281] Neste sentido, PELINO SANTORO, *L' Invalidità del Contratto Derivata da Vizi del Procedimento di Evidenza Pubblica*, www.diritto.it, 2004. Também ALBERTO MASSERA coloca a questão da consequência da deliberação inválida sobre o contrato, sustentando que se gera um "erro vício na formação (procedimental) da vontade... com a consequente anulabilidade do contrato por iniciativa da administração interessada", (*in I Contratti*, cit., p. 1394). Esta questão já se coloca no domínio da jurisdição comum, pois o contrato é tido como contrato de direito privado (*in L' Attività...*, cit., p. 328).
[282] A lei anterior de 1965 não continha normas sobre a invalidade dos contratos administrativos. Portanto, até à lei agora revogada, a temática da invalidade dos contratos "deveria ter-se por subsumida na teoria geral da invalidade no direito público", (ALBERTO PALOMAR OLMEDA, *Comentarios a la Legislación de Contratos de las Administraciones Públicas* (EMÍLIO JIMENEZ APARICIO coord.), Aranzadi, Navarra, 2002, p. 363). Existe uma sentença do STS de 8 de Março de 1984 que determinava a aplicação das regras do Código Civil para a interpretação dos contratos administrativos. Vide SANTAMARIA PASTOR, *Principios de Derecho Administrativo*, Centro de Estudios Ramon, Madrid, 1990, p. 151; IDEM, *La Nulidad de Pleno Derecho de los Actos Administrativos*, Instituto de estudios, Madrid, pp. 93-94; MARGARITA BELADIEZ ROJO, *Validez y Eficacia...*, cit., p. 4.

dicação o forem[283]. O que implica a consideração dos artigos 62.º e 63.º da LPAP. Requisito essencial é que os actos preparatórios estejam numa relação de necessidade com o contrato. Na opinião de ALBERTO PALOMAR OLMEDA, este artigo "deve entender-se referido aos contratos administrativos típicos e especiais e aos contratos privados realizados pelas Administrações Públicas"[284]. Isto será assim, porque o A. também sustenta que os contratos privados da Administração estão sujeitos a determinantes públicas na formação da vontade[285].

A teoria tradicional a este propósito, antes da lei disciplinar assim a matéria, preconizava que os actos anteriores à perfeição do contrato, aqueles que fazem parte do procedimento de selecção do contratante, se integrariam no contrato celebrado, formando com ele um todo indivisível. A teoria dos actos destacáveis, motivada pela necessidade de tutela judicial dos não contratantes, veio invalidar esta construção[286]. No direito espanhol, a teoria é conhecida por "actos separáveis" e terá sido referida pela primeira vez por TREVIJANO FOS. Entendia o A. que existiam razões processuais para isso. Sustentava inclusive a caducidade automática do contrato face à anulação do acto separável[287]. Seguiu-se a adesão da jurisprudência na sentença do Supremo Tribunal, de 17/10/1961: dissociam-se

---

[283] "Os contratos regulados na presente lei serão inválidos quando o seja algum dos seus actos preparatórios ou o de adjudicação por concorrer nos mesmos alguma das causas de direito administrativo ou de direito civil a que se referem os artigos seguintes". Em comentário ao artigo 61.º da lei revogada, ALBERTO POLOMAR OLMEDA sublinha que o âmbito objectivo de aplicação do normativo é o "dos contratos administrativos típicos e especiais e os contratos privados outorgados pelas Administrações Públicas", (in Comentarios..., cit., p. 568). No mesmo sentido, JOSÉ MARÍA FERNÁNDEZ ASTUDILLO, Contratación Administrativa, 2.ª Ed., Bosch, Barcelona, 2002, pp. 351 e ss.
A doutrina espanhola, no domínio da legislação anterior, encetou uma discussão sobre o alcance da expressão "actos preparatórios" porquanto o artigo 65.º da mencionada lei referia-se a "actos que não sejam preparatórios", caso em que apenas eles próprios seriam afectados. Sobre esta celeuma, vide, entre outros, VÍCTOR BACA ONETO, La Invalidez..., cit., pp. 106 e ss.: "devemos acolher aquelas interpretações que dêem algum conteúdo aos preceitos normativos... . (...) «actos não preparatórios» são também prévios à adjudicação, mas trata-se daqueles actos de trâmite cuja invalidade não ocasionaria a do contrato", (in La Invalidez..., cit., p. 107).
[284] In Comentario..., cit., p. 568.
[285] In Comentario..., cit., pp. 568-569.
[286] VÁRIOS, Contratos de las Administraciones Públicas – Comentarios al Texto Refundido de la Ley, El Consultor, 3.ª Ed., Madrid, 2000, p. 325.
[287] Apud BERNARD-FRANK MACERA, La Teoria Francesa de los Actos Separables y Su Importación por el Derecho Público Español, Cedecs, Barcelona, 2001, pp. 138 e ss.

do contrato "todos os actos administrativos que lhe sirvam de suporte, o que permite a sua revisão por iniciativa da Administração e a sua impugnação perante a jurisdição contenciosa-administrativa, por quem face a tais actos, tem a condição de interessados"[288]. Também ADOLFO PEREZ, em 1970, defende a teoria da separabilidade, advogando três tipos de actos separáveis: a necessária, para proteger terceiros, a legal, por determinação da lei e a judicial, que resulta dos reenvios prejudiciais dos Tribunais Judiciais para os Administrativos[289].

Quanto à extensão de actos abrangidos na expressão, alude-se a actos preparatórios e designa-se especialmente a adjudicação. Acresce que a lei espanhola alude a causas de direito administrativo e de direito civil como estando na origem da invalidade dos contratos. Trata-se por conseguinte de uma previsão normativa muito mais alargada e porventura mais inócua e não tão problemática como a nossa[290]. Para SANTAMARIA PASTOR, a lei quis aludir a "todo o conjunto de actividades administrativas de carácter procedimental que precedem a emissão da vontade contratual". Mas tais actos são muitos e de diferente natureza. "É necessário pois perguntar se a infracção legal ou regulamentar em que incorra qualquer desses actos determine a sua invalidade; e em caso de resposta negativa, quais são em concreto os actos cuja ilegalidade priva de validade o contrato mais tarde concluído"[291]. Para a densificação do que sejam os ditos actos separáveis, SANTAMARIA PASTOR, sublinha a complexidade do procedimento de formação do contrato administrativo, sustentando que a leitura do normativo não pode ser literal. Entende por conseguinte que estarão aí incluídos os actos finais de cada fase procedimental porque "a sua válida produção é requisito para a abertura da fase sucessiva, mas também porque em si mesmos desempenham um papel básico na economia geral do iter contratual", como sejam a aprovação de documentos, a aprovação da despesa, a adjudicação[292]. Já JOSÉ MARIA SOLAS RAFECAS entende que os actos prepara-

---

[288] *In Contratos de las Administraciones Públicas – Comentarios...*, cit., p. 325.
[289] *In La Teoria de los Actos Separables*, RAP, n.º 61, 1970, p. 99.
[290] Vide MANUEL REBOLLO PUIG, *La Invalidez...*, in *Estudios...*, cit., p. 399.
[291] *In Comentario a la Ley de Contratos de las Administraciones Publicas* (RAFAEL GÓMEZ-FERRER MORANT (dir.)), *La Invalidez de los Contratos Públicos*, Civitas, Madrid, 1996, pp. 297-298.
[292] *In La Invalidez...*, cit., p. 299. No mesmo sentido, VÍCTOR BACA ONETO, *La Invalidez...*, cit., p. 109.

Na doutrina espanhola, a questão deverá ser analisada na perspectiva do que dispõe o artigo 94.º da LCSP, que trata a questão da "aprovação do expediente". Trata-se do acto

tórios incluem os "actos que formam o expediente de contratação e de selecção do contraente e a adjudicação do contrato, podem ser declarados inválidos em momento anterior à perfeição do contrato, diferentemente do que sucede na contratação privada, pode chegar a produzir-se a invalidade do conteúdo do contrato projectado mas ainda não celebrado, uma vez que o clausulado do contrato (...) é parte do conteúdo de vários dos actos integrados no expediente. (...). Os actos cuja invalidade gera a do contrato são actos em que está contida o contrato ou constitutivos de requisitos prévios do mesmo"[293].

SANTAMARIA PASTOR, a propósito do alcance da invalidade derivada, sustentou já a incompletude do referido normativo por não aludir à invalidade derivada das cláusulas do contrato[294]. JOSÉ MARÍA FERNÁNDEZ ASTUDILLO sugere como exemplos de actos preparatórios enquadráveis no normativo os pareceres obrigatórios, a publicidade da contratação e os actos das comissões (mesa de contratação)[295]. Já FRANCESC L. BORREL/ /ANNABEL L. CANELLES expressamente sustentam que os "actos preparatórios são actos administrativos"[296].

67. A questão do conceito de acto pressuposto no âmbito contratual foi tratada pela doutrina a propósito do regime do CPA. ALEXANDRA LEITÃO considera que o n.º 1 do artigo 185.º do CPA consagrava a teoria dos actos destacáveis, mas com uma dimensão mais restrita[297]. Para a A., a "invalidade consequencial do contrato só se verificará se houver uma

---

que decide a "abertura do procedimento de adjudicação". Segundo DÍAZ DELGADO, a provação do "expediente de desconcentração" é autonomamente impugnável: contém a aprovação do procedimento da adjudicação mas também a aprovação do gasto (*in Comentarios...*, RICARDO GARCÍA MACHO (dir.), cit., p. 373). Como sublinham MIGUEL SANCHEZ MORON e JESUS GARCIA TORRES, "o expediente de contratação cumpre uma dupla finalidade. Por um lado, define o objecto do contrato e seu conteúdo prestacional. Por outro, verifica a habilitação financeira do contrato" (*in Actos de Preparacion y Adjudicacon de los Contratos, in Comentario...*, GÓMEZ-FERRER MORANT (Dir.), cit., p. 366).

[293] *In Comentarios a la Ley de Contratos de las Administraciones Públicas* (ARIÑO Y ASOCIADOS), Tomo II – La Gestación del Contrato, Comares, Granada, 2003, comentário ao artigo 61.º, pp. 885-886.
[294] *Apud Comentarios...*, cit., p. 569.
[295] *In Contratación...*, cit., p. 353, nota 218.
[296] *In Manual de los Contratos Públicos (comentarios a la Ley 13/1995 modificada por la Lei 53/1999)*, 2.ª Ed., Bayer, Barcelona, 2000, p. 196.
[297] *In A Protecção de Terceiros...*, cit., pp. 60 e 84; IDEM, *A Protecção Judicial dos Terceiros nos Contratos da Administração*, Almedina, Coimbra, 2002, p. 290.

relação de dependência directa entre o acto impugnado e o contrato administrativo. Assim, não é a invalidade de qualquer acto destacável que provoca a invalidade do contrato. Determinar quais são os actos cuja relação directa com o contrato justifica a invalidade consequente deste exige uma análise em concreto, que resulta nomeadamente da legislação específica aplicável a cada contrato"[298]. Também PEDRO GONÇALVES, na sequência do seu entendimento de que o procedimento de formação do contrato administrativo é "um *procedimento administrativo complexo*, que integra vários subprocedimentos funcionalmente autónomos", conclui que "a menos que se trate de um caso de nulidade, a invalidade de uma decisão tomada num dos subprocedimentos que integram o procedimento (complexo)... não projecta efeitos sobre a ulterior sequência procedimental: é justamente nisso que se traduz a autonomia de cada subprocedimento"[299]. Acaba por sustentar que "deve existir uma certa relação ou conexão entre o acto prévio e o contrato, em termos de o primeiro poder considerar-se *causa* e o segundo *efeito* (...). Assim, para que o efeito de invalidade derivada se produza não basta que seja invalidado qualquer acto anterior ao contrato (e inserido no procedimento pré-contratual), sendo necessário que esteja em causa um *acto ordenado ao contrato, acto do qual o contrato depende ou que nele se funda*"[300].

Está em causa neste momento saber o que é um acto pressuposto, ou que serviu de base à celebração do contrato, ou seja, determinar que conexão é suficiente para fazer com que a invalidade do acto se comunique ao contrato e este seja inválido apenas e precisamente por causa dessa conexão[301]. Ou seja, que actos previamente praticados à celebração do contrato poderão constituir actos de suporte, separáveis ou destacáveis para efeitos de constituírem fonte de invalidade derivada para o contrato. Não nos interessa aqui a dimensão processual até porque a justificação adjectiva da construção dogmática dos actos destacáveis se encontra definitivamente ultrapassada com as novas regras do processo administrativo. De qualquer modo, "a autonomização de uma fase pré-contratual, que assume a forma de um procedimento administrativo, não decorre da mera opção do legislador nacional, pelo contrário, constitui uma imposição comunitária. (...)

---

[298] In *A Protecção dos Terceiros...*, cit., p. 84.
[299] In *A Concessão...*, cit., p. 217; IDEM, *O Contrato...*, cit., pp. 90 e 139.
[300] In *O Contrato...*, cit., p. 141.
[301] Colocando precisamente a questão da relação da expressão legal com o conceito de acto destacável, ALEXANDRA LEITÃO, *A Protecção Judicial...*, cit., pp. 288 e ss.

A procedimentalização da fase pré-contratual permite assegurar a tutela judicial efectiva dos terceiros preteridos ilegalmente pela Administração através da impugnação contenciosa dos actos destacáveis desse procedimento"[302] e hoje, a ampla legitimidade processual abarca todos os interessados. Este tipo de actos cumpre então uma importante dimensão do Estado de Direito, ao efectivar o princípio da tutela judicial efectiva[303]. JORGE PEREIRA DA SILVA, que sugeriu a redacção do n.º 1 do artigo 185.º do CPA, entende que acto que serve de sustentáculo do contrato há-de ser aquele que constitui "um pressuposto essencial sem o qual não possa conceber-se a subsistência do contrato"[304].

A doutrina diverge quanto ao elenco dos actos que podem ser qualificados como actos destacáveis para este efeito, sendo que convergem quanto à adjudicação[305]. Como refere ALEXANDRA LEITÃO, "é quase impossível traçar um quadro geral desses actos administrativos, devido à variedade de procedimentos consoante o órgão administrativo competente para a celebração do contrato e o tipo de contrato, entre outros factores"[306]. Contudo, e ainda ao tempo de vigência da lei processual entretanto revogada, a A., sempre no intuito de assegurar a maior protecção de terceiros, entendia que se devia "adoptar uma concepção abrangente de acto destacável, de acordo com o princípio *pro actione*"[307]. Daí que o elenco dos actos materialmente destacáveis se relacionasse com as situações lesivas dos direitos dos terceiros: a decisão de contratar; a escolha do procedimento; a falta de convite nos procedimentos restritos; as cláusulas dis-

---

[302] ALEXANDRA LEITÃO, *A Protecção de Terceiros...*, cit., p. 59.
[303] Neste sentido, MÁRIO ESTEVES DE OLIVEIRA, *Direito...*, cit., p. 677; ALEXANDRA LEITÃO, *A Protecção de Terceiros...*, cit., p. 59.
Apesar do alargamento da legitimidade processual em sede de acções sobre contratos e a possibilidade de cumulação de pedidos, a lei de processo continua a prever a impugnação destes actos, como procedimento urgente, no contencioso pré-contratual, nos artigos 100.º e ss. do CPTA.
[304] *In A Invalidade...*, cit., p. 164.
[305] FREITAS DO AMARAL, *Apreciação da Dissertação de Doutoramento do Lic. J. M. Sérvulo Correia*, RFDUL, Vol. XXIX, 1988, p. 177; SÉRVULO CORREIA, *Legalidade e Autonomia Contratual nos Contratos Administrativos*, Almedina, Coimbra, 1987, pp. 583- -584; MARCELO REBELO DE SOUSA, *O Concurso Público...*, cit., p. 81; MARCELO REBELO DE SOUSA/ANDRÉ SALGADO MATOS, *Contratos Públicos...*, cit., p. 109; JOÃO CAUPERS, *Direito Administrativo*, cit., p. 213; PEDRO GONÇALVES, *O Contrato Administrativo...*, cit., p. 141.
[306] *In A Protecção de Terceiros...*, cit., pp. 60 e 84.
[307] *In A Protecção Judicial...*, cit., p. 259.

criminatórias nos documentos do procedimento; "os actos que imponham obrigações ou recusem vantagens a determinados concorrentes; a admissão condicionada ou a exclusão de concorrentes; a admissão de outros concorrentes; a falta de audiência prévia; a decisão de não adjudica o contrato ou de anular o procedimento; a adjudicação; a minuta do contrato; e o próprio acto de celebrar o contrato"[308]. E concluindo, advoga um critério de "destacabilidade material"[309]. Mas a A., tal como MARIA JOÃO ESTORNINHO[310], admitem a destacabilidade de actos tácitos[311]. Sublinhe-se porém que o contexto legislativo em que as AA. escrevem impunha que o leque dos "actos destacáveis" fosse o mais amplo possível.

MÁRIO AROSO DE ALMEIDA abordou esta temática da conexão em termos de contratos administrativos ou de direito privado firmados pela Administração Pública. Analisando o conteúdo do então n.º 1 do artigo 185.º do CPA, o A. entende de forma inequívoca que "se afasta, quanto a este ponto, a possibilidade de aplicar a qualquer tipo de contrato administrativo – e portanto mesmo àqueles que têm objecto passível de acto administrativo – o regime do artigo 133.º, n.º 2, alínea i)" do CPA[312].

Os n.ºs 1 e 2 do artigo 283.º do CCP que regulam a invalidade derivada de contratos administrativos não se referem expressamente a "acto suporte ou acto pressuposto" mas aludem a *"actos procedimentais em que tenha assentado a sua* [do contrato] *celebração"*. Já o n.º 1 do artigo 185.º do CPA fazia apelo à noção de "acto suporte" ou acto do qual dependia a celebração do contrato. Por isso, há que encontrar o conteúdo deste conceito. Trata-se de uma expressão com grandes afinidades com o conceito de acto destacável, utilizado entre nós a propósito da protecção judicial de terceiros[313], de inspiração francesa, ou com o conceito de actos separáveis em direito espanhol. JORGE PEREIRA DA SILVA enuncia duas situações de actos do procedimento que convém distinguir para efeitos de responder àquela questão: actos destacáveis de formação; actos administrativos em

---

[308] In A Protecção Judicial..., cit., p. 262. Ainda antes da entrada em vigor do CPA, MÁRIO ESTEVES DE OLIVEIRA estabelecia um elenco extenso de actos sujeitos a controlo (*in Direito*..., cit., pp. 678-679).

[309] In a Protecção Judicial..., cit., p. 267. Segue a A. a posição de VASCO PEREIRA DA SILVA, *Em Busca...*, cit., pp. 706 e ss.

[310] Se bem que na anotação, a A. se reporte à fase de execução (*in Um Contrato Ilegal... é Legal?*, CJA, n.º 1, 1997, pp. 21 e ss.).

[311] In A Protecção Judicial..., cit., p. 259.

[312] In Anulação de Actos..., cit., p. 352.

[313] Neste sentido, ALEXANDRA LEITÃO, *A Protecção Judicial...*, cit., pp. 245 e 253.

que assente a conclusão do contrato (outorga, parece-nos ser a designação mais adequada)[314]. No procedimento administrativo de formação, podem surgir actos que não sejam destacáveis e que sejam inválidos. Qual é o respectivo regime jurídico, considerando especialmente a questão do seu reflexo no procedimento e por consequência no contrato? JORGE PEREIRA DA SILVA equaciona duas hipóteses: pode contagiar um acto destacável que se lhe siga ou, não se seguindo nenhum, o próprio contrato. Neste último caso, deverá existir uma conexão imediata e forte entre o acto e o contrato. Quando a questão se coloca a propósito de um acto destacável, a invalidade consequente do contrato será muito mais evidente.

67. Actos consequentes são portanto "os actos que foram produzidos ou dotados de certo conteúdo, por se suporem válidos actos anteriores que lhes servem de causa, base ou pressuposto", e "cuja manutenção é incompatível com a execução da decisão anulatória ou revogatória"[315]. A primeira abordagem do conceito foi demasiado ampla como podemos verificar em FREITAS DO AMARAL: o acto consequente é aquele que é praticado, ou dotado de certo conteúdo, "em virtude da prática de um acto administrativo anterior"[316], não sendo possível uma total e completa reintegração da ordem jurídica se o acto consequente não for igualmente suprimido[317]. MÁRIO AROSO DE ALMEIDA, numa concepção restritiva, que acompanhamos, do que seja esta conexão, sustenta que só há conexão relevante para este efeito quando o primeiro acto fornece "um requisito de validade, ao nível do sujeito, do objecto ou dos pressupostos, em termos de se poder dizer que o segundo acto é inválido nos casos em que também o seria se tivesse sido praticado num momento em que o acto anterior já tivesse sido anulado"[318]. A conexão terá de ser necessariamente jurídica, a qual deve resultar de um critério objectivo: "assumem, neste contexto, especial relevo as situações de conexão procedimental"[319]. Também a jurisprudência

---

[314] In A Invalidade..., cit., p. 133.
[315] MÁRIO ESTEVES DE OLIVEIRA ET AL., Código..., 2.ª Ed., cit., p. 650. Sublinhando a nota de que o acto consequente tem a sua definição em função da determinação de conteúdo, SANTOS BOTELHO ET AL., Código..., cit., p. 800, nota 41.
[316] In A Execução das Sentenças..., cit., p. 84.
[317] In A Execução das Sentenças..., cit., p. 84.
[318] In Regime Jurídico dos Actos Consequentes..., cit., p. 16; IDEM, Anulação de Actos..., cit., n.º 94, pp. 315 e ss.
[319] MÁRIO AROSO DE ALMEIDA, Anulação de Actos..., cit., p. 318.

se tem pronunciado sobre o conceito de acto consequente e nesta mesma orientação restritiva: "este Supremo Tribunal tem entendido como "acto consequente aquele cuja prática e conteúdo depende da existência de um acto anterior que lhe serve de causa, base ou pressuposto" (Ac. do STA de 29/03/2006 – P. n.º 1149/05), aliás, na continuidade de há longo tempo, como se decidiu já no acórdão deste mesmo Supremo Tribunal de 28/11/1969 de que um acto administrativo só assume a natureza de acto consequente se a sua prática não for possível sem a prática de outro acto antecedente". E mais adiante precisa o Tribunal: "porém, este conceito de acto consequente é demasiado abrangente e generalizante para ferir de nulidade todos os actos que de uma forma lógica, cronológica ou formalmente tenham uma ligação com o acto judicialmente anulado. Se assim fosse, desde que tivesse sido anulado todo e qualquer acto prévio, antecedente, pressuposto ou pré-relacional, tal anulação acarretaria a nulidade do acto consequente. Assim, o conceito de acto consequente utilizado no art. 133.º n.º 2 al. i) do CPA terá que ser mais restrito, o seu conteúdo mais redutor, o seu campo de aplicação mais estreito. E desta necessidade se apercebeu este STA, entre outras situações, quando no seu acórdão de 7/7/1994 decidiu que "nem todos os actos consequentes, porém são necessariamente nulos; a Administração deve restringir-se ao estritamente necessário na reconstituição da situação hipotética, doutro modo, excedidos aqueles limites e sempre que com isso sejam afectados direitos entretanto adquiridos, viola o princípio da proporcionalidade" (rec. n.º 30612). Mas este mesmo tribunal, veio, mais tarde, através do seu Acórdão de 26/05/1998, precisar o conceito de acto consequente, ao sentenciar que *"basta que um acto seja condicionado quanto ao seu conteúdo por outro anulado por decisão transitada para que o mesmo se possa considerar como consequente daquele outro, sendo o mesmo nulo* [art. 133.º, n.º 1, al. i) do Cód. Proc. Adm.] P. n.º 41772)".[320]

Nós propendemos para um âmbito relativamente delimitado da noção de *actos consequentes*. Tal como MÁRIO AROSO DE ALMEIDA, entendemos que incluir no conceito "todos os actos administrativos que provavelmente não teriam sido praticados da mesma maneira se o acto anulado não tivesse sido existido" será excessivo[321]. MARCELLO CAETANO definia os actos con-

---

[320] Acórdão do STA de 30/01/2007 (P. n.º 40201A). No mesmo sentido, *vide* Acórdão do STA de 19/12/2007 (P. n.º 385/07), 13/05/2009 (P. n.º 473/08).

[321] *In Anulação de Actos...*, cit., p. 315.

sequentes como "actos praticados no pressuposto de que este acto (o antecedente) era válido" ou "actos administrativos cuja prática tenha sido consequência necessária de se supor válido outro acto anterior"[322]. FREITAS DO AMARAL, criticando a noção, entende que o acto consequente é aquele que foi praticado "em virtude" da prática de acto anterior, "mesmo que a sua prática fosse possível sem a prática do acto antecedente, desde que o seu conteúdo não pudesse ser o que é sem a prática do acto antecedente"[323]. Para VIEIRA DE ANDRADE, o conceito previsto no CPA "há-de ser entendido como um conceito *funcional-material* e exclui, desta maneira, a generalização indiscriminada da nulidade com as suas consequências arrasadoras"[324]. E mais adiante concretiza: "Actos «consequentemente inválidos» (...) por «causa da anulação do acto precedente» serão apenas aqueles actos cujos efeitos não possam manter-se sem a ofensa do caso julgado ou desconformidade com a sentença, aqueles cujos efeitos têm *necessariamente* de ser destruídos para que se possa reconstituir a situação hipotética actual"[325]. PEDRO GONÇALVES, referindo-se à questão no âmbito contratual, sublinha que "o problema dos efeitos da anulação do acto destacável sobre o contrato é uma manifestação *especial* de um problema mais genérico, o das consequências da anulação de *actos administrativos antecedentes* sobre *actos administrativos consequentes*"[326]. MÁRIO AROSO DE ALMEIDA chama no entanto à atenção para o facto de este critério não permitir "resolver o problema da definição do regime de validade dos actos conexos com o acto anulado"[327]. Daí que insista que a densificação do conceito em termos materiais há-de passar, tal como se sustenta, na doutrina italiana[328], pela existência de uma "conexão jurídica e não meramente fáctica ou puramente lógica"[329]. É esta precisamente a posição já sustentada em outra questão jurídica, por VASCO LOBO XAVIER: saber

---

[322] In *Manual de Direito Administrativo*, 7.ª Ed., 1965, p. 365 *apud* DIOGO FREITAS DO AMARAL, *A Execução*..., cit., p. 82.
[323] In *A Execução*..., cit., p. 82. Numa posição aproximada *vide* SANTOS BOTELHO ET AL., *Código*..., cit., p. 800.
[324] In *Actos Consequentes e Execução de Sentença Anulatória*, Revista Jurídica da Universidade Moderna, n.º 1, 1998, p. 37.
[325] In *Actos Consequentes*..., cit., p. 40. Neste sentido também MÁRIO ESTEVES DE OLIVEIRA ET AL., *Código*..., 2.ª Ed., cit., p. 650.
[326] In *A Concessão dos Serviços Públicos*, Almedina, Coimbra, 1999, p. 219.
[327] In *Anulação de Actos*..., cit., p. 317.
[328] *Vide* STEFANO GATTAMELATA, *Effetti dell' Annullamento*..., cit., pp. 315-316 e 319.
[329] In *Anulação de Actos*..., cit., p. 317.

quando existe conexão não pode resultar da "simples formulação de um juízo de probabilidade histórico-empírica", assente numa "cadeia de causalidade fáctica e não jurídica"[330]. É portanto absolutamente necessária a existência de um critério objectivo, o que, para MÁRIO AROSO DE ALMEIDA significa que tal conexão "existirá quando se possa afirmar que entre os dois actos existe uma relação que seria susceptível de determinar necessariamente a invalidade do segundo, se acaso este tivesse sido praticado, nos termos em que efectivamente o foi, num momento em que já tivesse sido decretada a anulação do primeiro"[331]. E concretizando, sublinha que "é necessário que se possa e deva afirmar que, se o primeiro acto já nessa ocasião tivesse sido anulado, o segundo acto não seria válido"[332]. A invalidade do acto conexo é originária, se bem que dependa de elementos que resultam do acto antecedente. Trata-se de invalidade derivada mas não superveniente[333]. Enquanto a invalidade do acto antecedente não for efectivada, a do acto conexo está suspensa[334]. Assim, só haverá invalidade efectiva quando o acto antecedente for invalidado.

3.2.2. Do desvalor jurídico e sua efectivação

68. No direito administrativo, como vimos, a questão da invalidade consequencial é tratada primacialmente no âmbito dos actos administrativos, em particular motivada pela disciplina contida na alínea i) do n.º 2 do artigo 133.º do CPA[335].

Quer a doutrina, quer a jurisprudência portuguesas tradicionalmente sustentam que "a anulação de um acto administrativo se pode e deve projectar sobre a validade de outros actos, com ele conexos, praticados antes

---

[330] In Anulação de Deliberação..., cit., p. 390, nota 14.
[331] In Anulação de Actos..., cit., p. 318.
[332] In Anulação de Actos..., cit., p. 319.
[333] Neste sentido e de forma clarividente, MÁRIO AROSO DE ALMEIDA, Anulação de Actos..., cit., pp. 320-325.
[334] In Anulação de Actos..., cit., p. 324.
Vide RUI MEDEIROS, A Decisão..., cit., p. 630.
[335] O n.º 3 do artigo 173.º do CPTA veio "densificar o conteúdo da salvaguarda contida na parte final do referido artigo 133.º, n.º 2, alínea i), definindo em termos mais precisos os pressupostos de que depende a protecção da confiança dos beneficiários de actos consequentes", (MÁRIO AROSO DE ALMEIDA, Implicações de Direito Substantivo da Reforma do Contencioso Administrativo, CJA, n.º 34, 2002, p. 79).

da anulação daquele acto"[336]. Já a lei espanhola, sob a designação de "transmissibilidade" estabelece, no n.º 1 do artigo 64.º da Lei de Procedimento que "a nulidade e a anulabilidade de um acto não implicará a dos sucessivos no procedimento que sejam independentes do primeiro"[337-338]. Não se tratará contudo de um efeito automático: "como é evidente, a sentença de anulação não determina, ela própria, por definição, a eliminação de outros actos..."[339]. Como bem sublinha MÁRIO AROSO DE ALMEIDA, a questão da invalidação do acto subsequente não "se resolve no estrito plano processual", até porque a nulidade de actos consequentes resulta do direito substantivo. Portanto, saber como e em que circunstâncias existe

---

[336] MÁRIO AROSO DE ALMEIDA, *Anulação de Actos Administrativas...*, cit., p. 312. Ilustrativamente na doutrina *vide* MARCELLO CAETANO, *Manual...*, II, cit., pp. 1218-1219; FREITAS DO AMARAL, *A Execução das Sentenças...*, cit., pp. 103-106.

[337] A generalidade da doutrina aponta este normativo como uma manifestação do princípio do aproveitamento dos actos administrativos. *Vide*, entre outros, GARCÍA DE ENTERRIA/RAMÓN FÉRNANDEZ, *Curso...*, I, cit., p. 655; RAMÓN PARADA, *Derecho Administrativo*, 16.ª Ed., Vol. I, cit., p. 189.

[338] O normativo em causa foi alvo de críticas por parte da doutrina: "a letra do artigo parece referir-se ao caso da nulidade de um acto de trâmite, uma vez que alude ao mesmo procedimento, que seria constituído por vários actos de trâmite e terminaria numa resolução, e não pode ser a resolução, pois refere-se a actos que são seguidos de outros sucessivos no procedimento. Deste modo, uma interpretação literal conduziria realmente a uma redução da aplicabilidade prática de norma a situações verdadeiramente excepcionais. (...) a norma deve ser interpretada em sentido mais amplo...", (JOSÉ MARÍA AYALA MUÑOZ, *Régimen Jurídico...*, comentário ao artigo 64.º, cit., p. 448). Também FERNANDO GARRIDO FALLA considera a referência a procedimento como um "lapsus" do legislador, (*in Tratado de Derecho*, I, 14.ª Ed., Tecnos, Madrid, 2005, p. 646). MARGARITA BELADIEZ ROJO, que se dedicou a estudar a invalidade dos actos administrativos, sustenta por um lado, que este normativo se relaciona com os vícios formais, ao referir-se a procedimento, por outro lado, entende que o normativo é claro, bastando a interpretação literal. Contudo, em nota, explica:"também pode resultar a aplicação em relação a actos finais, mas apenas quando estes sirvam de pressuposto necessário para iniciar outro procedimento, como sucede, por exemplo, com os actos ditados em sua execução", (*in Validez...*, cit., p. 282, nota 7).

[339] MÁRIO AROSO DE ALMEIDA, *Anulação de Actos...*, cit., p. 313. O A. refere a possibilidade, no contencioso francês, da anulação por consequência que, não implica propriamente a análise da ilegalidade dos actos em conexão. Sobre esta questão *vide* BERNARD PACTEAU, *Contentieux Administratif*, cit., pp. 360-362; GEORGES VEDEL/PIERRE DELVOLVÉ, *Droit Administratif*, cit., pp. 352 e 353. Como refere RENÉ CHAPUS, "a ilegalidade da decisão inicial acarreta a da decisão subsequente", "esta devendo aparecer como uma sequência directa da primeira e como não sendo susceptível de ter uma sorte diferente" porque "procede exclusivamente da primeira, que é a sua única razão de ser" (*in Droit du Contentieux...*, cit., p. 916).

invalidação dos actos consequentes ou conexos é a magna questão: "ponto é... que exista efectivamente uma conexão jurídica relevante entre os actos em presença, em termos de se poder afirmar que a validade do segundo acto dependia da existência do acto anteriormente praticado que veio a ser anulado"[340].

69. A questão pertinente subsequente é a de saber que tipo de invalidade enferma o acto conexo. A hipótese de nulidade está prevista na lei (na alínea i) do n.º 2 do artigo 133.º do CPA) mas será essa a única possível invalidade[341]? A nulidade do acto conexo justificar-se-á se o acto antecedente contiver a definição de um elemento essencial daquele, pelo que a sua invalidação, com efeitos retroactivos, implica a inexistência do referido elemento[342]. Seria o caso dos actos de execução e também, no entendimento do A., "os actos inseridos no mesmo procedimento – ou em subprocedimentos inseridos em sequências procedimentais complexas –, na medida em que a emissão de uns é pré-ordenada à ulterior adopção de outros, que necessariamente assentam na emissão dos precedentes, que para eles constituem, assim, um *elemento essencial*"[343].

Contudo, acompanhamos o A. quando este sublinha que quando existem várias conexões, estas podem diluir-se e "diversificarem[-se] os interesses que por elas podem ser afectados", sendo portanto de admitir – e até desejável, sublinhamos nós – que o "ordenamento jurídico possa fazer intervir critérios de ponderação, que em função da equilibrada ponderação dos interesses em jogo, transcendam as derivações lógicas que directamente se poderiam extrair da pura retroactividade da anulação"[344].

70. A outra questão é saber se a nulidade do acto consequente é automática ou necessita de declaração jurisdicional[345]. Esta questão interessa-

---

[340] In Anulação de Actos..., cit., p. 315.

[341] MÁRIO AROSO DE ALMEIDA sustenta que "uma solução unitária de mera anulabilidade dos actos conexos, apenas numa perspectiva de direito a constituir se pode configurar" (in Anulação de Actos..., cit., p. 329).

[342] Esta é a justificação de MÁRIO AROSO DE ALMEIDA (in Anulação de Actos..., cit., p. 331).

[343] In Anulação de Actos..., cit., p. 333. O A. dá como exemplo o procedimento de formação de um contrato.

[344] In Anulação de Actos..., cit., p. 338.

[345] O parecer da Procuradoria Geral de República, de 22/1/1987, DR, II Série, 30/7/1987 preconiza a solução automática.

-nos se bem que o nosso contexto seja um pouco diferente. A conexão que nos é apresentada é desde logo entre acto e contrato. PEDRO GONÇALVES sublinha precisamente que a "especialidade" desta invalidade derivada resulta precisamente do facto de o acto consequente ser um contrato, "o que, aliás pode não ser irrelevante"[346].

71. Que conclusões tirar desta incursão para o tema que tratamos agora e no contexto em que o tratamos?

Desde logo, sobre o maior ou menor alcance da destacabilidade dos actos para efeitos de tutela judicial, é uma questão que, face aos dados adjectivos com que devemos lidar, se encontra substancialmente alterada. A perspectiva de um elenco abrangente de actos (ALEXANDRA LEITÃO) parece-nos ter perdido importância. O critério, como tentaremos demonstrar de seguida, há-de ser um critério estritamente substantivo e teórico e sempre na perspectiva da influência sobre a validade do contrato. É absolutamente fundamental saber o que é isso de acto que serve de suporte ao contrato, encontrando aí o decisor uma margem de densificação, de ponderação que lhe permitirá, em cada caso e em função do procedimento em causa, da fase do procedimento em causa, decidir se é um caso de invalidade derivada ou não[347]. Ou seja, não poderá ser fonte de invalidade todo e qualquer acto destacável, ainda que ele exista e se manifestem os interesses de protecção de algum sujeito[348]. Como veremos adiante de forma mais circunstanciada, não acompanhamos ALEXANDRA LEITÃO quando esta A. apresenta como critério de "acto suporte" o afectar do conteúdo da decisão final[349]. Pelo menos, na perspectiva da invalidade derivada do contrato.

Entendemos portanto que constituirão fonte de invalidade derivada os actos que tenham uma conexão estreita com o contrato. O que à partida parece apontar para dois actos administrativos prévios à celebração do contrato: a decisão de contratar e a adjudicação. Todos os actos com relativa autonomia influenciam aqueles actos e ganharão dimensão inva-

---

[346] In A Concessão..., cit., p. 220.
[347] Colocando a questão também nestes moldes, ALEXANDRA LEITÃO, A Protecção Judicial..., cit., pp. 289 e 293.
[348] No mesmo sentido, ALEXANDRA LEITÃO, A Protecção Judicial..., cit., p. 293. A A. enuncia todo um conjunto de actos que entende estarem em "dependência directa" para efeitos de serem considerados ao abrigo do que dispunha n.º 1 do artigo 185.º do CPA.
[349] In A Protecção Judicial..., cit., p. 294.

lidante a esse propósito. O que não lhes retira importância em sede de tutela judicial. Trata-se de domínios distintos. Outra questão subsequente é a de saber que condições desses actos consubstanciam fonte de invalidade derivada. Adiantamos já que temos uma concepção restritiva a este propósito[350].

72. Não há dúvida que a adjudicação é a base de sustentação da celebração do contrato na medida em este acto administrativo revela não só o parceiro contratual da Administração bem como parte do acervo do clausulado contratual. Nessa medida, verifica-se o requisito a que alude o regime substantivo da invalidade. Não há por conseguinte dúvida que o acto define alguns dos pressupostos do acto subsequente. Só que o acto subsequente é um contrato, o que, atenta a natureza inequivocamente consensual do mesmo, tende a ser factor preponderante para não transpor tal e qual o regime jurídico de invalidade dos actos administrativos consequentes. Acresce que, na nossa perspectiva, não se verifica a característica de se poder afirmar que a conexão é do tipo de que não tivesse existido o acto de adjudicação nunca existiria o contrato com aquele conteúdo. É evidente a conexão jurídica de que fala MÁRIO AROSO DE ALMEIDA[351]. A conexão existente corresponde à aplicação do critério enunciado por aquele A.: se o contrato tivesse sido outorgado sem a adjudicação quando ela era obrigatória, tendo sido esta anulada, o contrato seria inválido. A invalidade do contrato é originária mas depende, em alguns aspectos, de elementos que resultam do acto de adjudicação[352]. Será por isso uma invalidade derivada? Trata-se da grande diferença regimental entre sucessão de actos administrativos e sucessão entre acto administrativo e contrato administrativo. A invalidade derivada no contrato administrativo é aquela que se verifica por existir um procedimento obrigatório a ser seguido[353]. Isto é, invalidade derivada é aquela que existe,

---

[350] Afastamo-nos por isso da opinião de MARCELO REBELO DE SOUSA/ANDRÉ SALGADO MATOS quando os AA. sustentam que na análise da questão da invalidade consequente nos contratos administrativos se devem utilizar "os mesmos critérios aplicáveis para aferir a nulidade consequente dos actos administrativos", o que conduz os AA. a entender como vícios consequentes "as ilegalidades substanciais do acto que determina a abertura do procedimento contratual, do cadernos de encargos..." (in Direito Administrativo..., Tomo III, cit., p. 345), IDEM, Contratos Públicos, cit., p. 128.
[351] In Anulação de Actos..., cit., p. 317.
[352] Vide MÁRIO AROSO DE ALMEIDA, Anulação de Actos..., cit., pp. 320 e ss.
[353] Aliás como no direito francês DOMINIQUE POUYAUD referenciava.

não propriamente por causa da adjudicação em si mesma, mas porque foi seguido aquele procedimento. Por conseguinte, em sentido próprio para os contratos, a invalidade derivada resulta da existência do procedimento. O que equivale a dizer que, não existindo o procedimento imperativo, o contrato não enfermaria de qualquer vício deste tipo. É esta a perspectiva restrita de invalidade derivada que sustentamos. Porque o conteúdo do contrato não é apenas tributário do conteúdo dos actos suporte.

Recorde-se que a adjudicação resulta também do concurso da proposta do parceiro contratual. A invalidade derivada deve reservar-se para as deficiências que estão directamente relacionadas com o (in)cumprimento das regras procedimentais conducentes àquele acto. Porque o conteúdo do mesmo não resulta todo ele desse mesmo procedimento. Sucede porém que o conteúdo da adjudicação acaba por ser fortemente influenciado pelo procedimento. Ora é precisamente por causa deste facto que a consideração dos contributos para o conteúdo do contrato pelos actos suporte deve ser feita à luz de outro critério. Faz por isso sentido a categoria da invalidade própria do contrato por causa comum (quer à adjudicação, quer à decisão de contratar).

Tratando-se de causas diferenciadas, impõe-se na nossa perspectiva, a correspondente diferenciação de regimes jurídicos. Tal diferenciação deve assentar num critério substantivo que se prende com o interesse público em causa. Por exemplo, se a lei determina a nulidade do acto administrativo praticado sem quórum, a propósito do funcionamento dos órgãos colegiais, tal imperativo prende-se com o interesse de assegurar a regularidade da formação de vontade de um órgão que tem vários titulares. Justificar-se-á que, tratando-se da adjudicação, o contrato seja nulo ou mesmo anulável se vier a ser outorgado? À luz da nova disciplina legal, se a entidade outorgante regularizar a actuação aquando da outorga, será razoável, proporcional, adequado, necessário pugnar pela invalidade do contrato? O interesse público ínsito na regra de quórum implica, como modo de protecção, que o contrato seja inválido? Porque se há-de entender que a ordem jurídica é reintegrada com a invalidade do contrato?

Os vícios de cariz substantivo da adjudicação terão relevo a nível de invalidade própria, ainda que como vícios comuns. A diferenciação parece-nos necessária para evitar desde logo a automaticidade do tipo de invalidade e para permitir a diferenciação de regime de invalidade.

Por tudo isto, a sucessão entre acto administrativo e contrato administrativo impõe, na nossa perspectiva, que os vícios sejam analisados na seguinte trilogia: vícios assentes em causas de invalidade derivada, vícios assentes em causas de invalidade própria comum a actos administrativos e invalidade própria exclusiva.

73. Da exposição resulta a principal razão que nos motivou e que justifica a enunciação das causas de invalidade em três categorias. Adoptamos uma concepção restritiva da invalidade derivada em sede contratual. Em primeiro lugar, por uma razão de natureza substantiva. Só devem causar invalidade derivada as situações originadas precisamente porque o contrato é precedido imperativamente por um procedimento especifico de escolha de co-contratante. Isto é, não fora a existência de tal condicionante e não haveria causa de invalidade porque precisamente a causa de invalidade se liga em particular a essa precisa condicionante legal e só por causa dela é que se geram situações de ilegalidade. Ora, este critério revela de imediato porque é precisa substantivamente a categoria de causa comum: trata-se de um conjunto de situações geradoras de invalidade que se relacionam com elementos definidores do contrato (daí ser causa de invalidade própria), mas que não resultam apenas das definições pós-procedimento de escolha de parceiro contratual. Resultam antes de definições que vão surgindo no decurso da formação do contrato, muitas vezes definidos em actos suporte, mas que sempre teriam de ser definidos para o contrato, existindo ou não, um procedimento específico de escolha de co-contratante (daí ser causa comum). Dito ainda de outro modo, se não existisse o referido procedimento, sempre seria possível que existissem aqueles elementos viciados, inclusive com o mesmo tipo de vício, se bem que a ilegalidade não surgiria definida em acto suporte mas revelar-se-ia nos termos do contrato. Eis a razão pela qual não se tratará de vícios exclusivamente ligados à existência de um específico procedimento.

Ora, a esta razão substantiva acresce uma razão de cariz regimental. A existência de causas comuns (que não exclusivas) de invalidade própria permite a independência da impugnação do contrato face à do acto suporte com o qual comunga de causa de invalidade. Este aspecto é extraordinariamente importante porquanto, se assim não fosse, existiriam situações em que o regime da invalidade conduziria à situação de inimpugnabilidade do contrato, com evidente prejuízo dos interesses públicos e privados envolvidos. Se as causas que reputamos de comuns fossem entendidas como causas de invalidade derivada – como facilmente se cederá à aparente evidência – a impugnação da invalidade do contrato ficaria dependente da impugnação do acto suporte, uma vez que é próprio da invalidade derivada ser uma invalidade suspensa até à invalidação do acto suporte.

3.2.3. *Efeito sobre o contrato*

74. Subsequente a esta questão é a de saber se é ou não automática a invalidade do contrato, sendo inválido um acto destacável. A doutrina francesa propende para a negação de efeitos automáticos da anulação do acto destacável sobre a validade do contrato[354]. Numa dupla perspectiva: não só saber se tem de haver uma pronúncia expressa do juiz sobre o contrato, mas também que a nulidade do contrato não é um dado certo após a anulação do acto destacável[355]. Mas a doutrina informa que a jurisprudência tem uma tendência para preservar as relações contratuais estabelecidas[356]. DOMINIQUE POUYAUD, na análise que leva a cabo sobre a questão, entende dever distinguir-se dois planos: um objectivo, que se relaciona com o vício do acto destacável e sua relação com o contrato[357]; outro, subjectivo, que se prende com a qualidade do recorrente. Começando por este último plano, os efeitos sobre o contrato da anulação do acto destacável dependem de quem accionou o juiz do acto. Tratando-se de terceiros, no contencioso francês, a questão pode ser a não produção de qualquer efeito sobre o contrato, porque os terceiros não podem accionar o juiz da plena jurisdição[358]. É verdade porém que a Administração, vinculada que está ao princípio da legalidade e à obediência das decisões judiciais, deveria retirar as consequências totais da anulação do acto e ou propor a acção sobre o contrato, ou regularizar o acto destacável[359]. Mas se forem as par-

---

[354] Neste sentido, DOMINIQUE POUYAUD, *La Nullité...*, cit., pp. 291 e 321; PHILIPPE TERNEYRE, *Les Paradoxes...*, cit., p. 75. Também RÉMY SCHWARTZ, nas conclusões tiradas no Aresto Lopez, já referido, dá conta da não automaticidade da invalidade do contrato (*in Les Conséquences...*, cit., p. 1093). LAURENT RICHER, *Contrats Administratifs – Acte Détachable – Anulation – Conséquences sur le Contrat*, AJDA, 1998, p. 169. Em sentido divergente, PROSPER WEIL, *Les Conséquences...*, cit., p. 205.

[355] É certo que a maioria da doutrina não reconhece ao juiz do contrato muita liberdade de decisão em sentido divergente, por força do caso julgado. Vide DOMINIQUE POUYAUD, *La Nullitè...*, cit., pp. 322-324; JEAN ABESSOLO, *Les Effets...*. cit., pp. 21-22.

[356] DOMINIQUE POUYAUD, *La Nullité...*, cit., p. 552.

[357] Também ANDRÉ DE LAUBADÈRE/FRANK MODERNE/PIERRE DELVOLVÉ, *Traité des Contrats...*, II, cit., equacionam a questão em termos de saber se o vício do acto destacável é próprio ou comunga de uma ilegalidade do contrato (p. 1053, n.º 1835).

[358] Entre nós a questão não se coloca nestes moldes. A doutrina francesa também é crítica da deficiente protecção dos terceiros, em sede de validade dos contratos administrativos. Vide exemplificativamente DOMINIQUE POUYAUD, *Les Conséquences...*, cit., p. 1101.

[359] Se o vício lhe for imputável, (*in* DOMINIQUE POUYAUD, *La Nullitè...*, cit., p. 327).

tes a accionar o juiz de recurso, bastará o acordo entre elas para que já não haja anulação/declaração de nulidade do contrato, mas regularização do mesmo por acordo[360]. PHILIPPE TERNEYRE sustenta que a questão se há-de analisar à luz de dois princípios fundamentais da anulação de um acto administrativo: por um lado, as decisões anulatórias têm um efeito *erga omnes* e são caso julgado, e por outro lado, a Administração deve retirar daí todas as consequências das decisões anulatórias. Daquele primeiro princípio, o próprio juiz deverá suscitar o caso julgado, "pode proceder a anulações consequentes de uma primeira anulação sem recolher o raciocínio jurídico que conduziu a esta anulação; o recorrente não pode renunciar ao benefício de anulação que obteve"[361].

Existia uma corrente jurisprudencial antiga que sustentava que "a anulação pelo juiz do excesso de poder de um acto destacável do contrato não tem por si mesma qualquer efeito directo sobre o contrato"[362]. A jurisprudência exigia, pelo menos num primeiro momento, que a Administração retirasse as necessárias consequências da anulação de um acto destacável em sede de formação do contrato e expressamente pedisse ao juiz de plena jurisdição que se pronunciasse. Entretanto, a jurisprudência do Conseil d'Etat evoluiu e passou a entender que o juiz do contrato devia, por dever de ofício, averiguar se a anulação do acto destacável implicava necessariamente a nulidade do contrato[363]. Curiosamente, ANDRÉ DE LAUDABÈRE/ /FRANK MODERNE/PIERRE DELVOLVÉ, na análise levada a cabo a propósito desta questão, são inequívocos: "o contrato deve no seu todo ser tido por nulo logo que for anulado pelo juiz do recurso um dos actos que lhe serve de suporte"[364]. LAURENT RICHER equaciona a questão, sublinhando que

---

[360] *In* DOMINIQUE POUYAUD, *La Nullitè...*, cit., p. 322.

[361] *In* PHILIPPE TERNEYRE, *Les Paradoxes...*, cit., p. 76.

[362] Section du Rapport et des Études du Conseil d' Etat, 23/1/1989, *apud* CHRISTOPHE GUETTIER, *Droit...*, cit., p. 426. No mesmo sentido se pronuncia J. MORAND-DEVILLER, *Cours...*, 9.ª Ed., cit., p. 440. LAURENT FOLLIOT informa que a não automaticidade "repousa sobre a independência dos actos sucessivos que formam o sistema contratual (...). O juiz decidiria *ultra petita* se tirasse as consequências da sua intervenção, anulando sem ter sido demandado para isso, os actos ulteriores", (*in Pouvoirs des Juges...*, II, cit., p. 315).

[363] *Vide* Conseil d' Etat de 1/10/1993, Soc. Le Yacht-Club International de Bormes- -les-Mimosas, *in* AJ, 1993, p. 180. Não era esta a tese sufragada no Aresto Martin.

[364] *In* ANDRÉ DE LAUBADÈRE/FRANK MODERNE/PIERRE DELVOLVÉ, *Traité des Contrats...*, cit., II, p. 1051, n.º 1834. Invocam os AA. dois Acórdãos para apoiar a sua tese: Acórdão Société l' Énergie industrielle (1/3/1946) e Acórdão Commune de Guidel (7/7/1982). Há apenas que referir que a nulidade do contrato havia sido expressamente requerida.

acto destacável e contrato são actos jurídicos distintos e que o interesse da estabilidade das situações contratuais não é despiciendo[365]. Entende o A. que a questão pressupõe saber se a anulação do acto impede ou não a prossecução do contrato. E se sim, então, saber que consequências tirar[366]. Haverá, como já se disse, que saber se o acto padece de um vício próprio menor (normalmente associado a regras de procedimento menores), caso em que o contrato até pode nem ser posto em causa, mas existindo a necessidade de renovação do acto; ou se padece de um vício próprio mais grave, associado por exemplo a uma falta de atribuições para a prática do acto, caso em que a invalidade pode derivar para o contrato[367]. Mas já quando a causa de anulação se prende, designadamente com estipulações contratuais, estaremos perante hipóteses de invalidade própria do contrato, se bem que por causa comum à do acto destacável.

Normalmente, caberá às partes recorrer ao juiz do contrato para pedir a declaração de nulidade do contrato. Mas a jurisprudência francesa já admitiu que fosse a Administração, pela via unilateral, a reconhecer a nulidade do contrato[368]. Parece igualmente ser de admitir que as partes, através de convenção, constatem a nulidade[369].

Por isso, continua a fazer pleno sentido, a figura dos actos destacáveis, na perspectiva da tutela judicial de terceiros[370]. A doutrina, na sua maioria, acaba portanto por ter uma concepção ampla de que actos estão integrados na categoria. Quanto ao que seja dogmaticamente um acto destacável, a doutrina parece inclinar-se para a necessidade de se tratar de uma decisão, distinguindo-se assim dos demais actos em particular dos preparatórios. Também por razões que se prendem com o regime do con-

---

[365] *In Droit des Contrats...*, 5.ª Ed., cit., p. 181.
[366] *In Droit des Contrats...*, 5.ª Ed., cit., p. 182.
[367] Equacionando estas questões, *vide* PIERRE-LAURENT FRIER, *Précis...*, cit., pp. 356-357.
[368] Trata-se de uma decisão relativamente isolada, que se referia a um agente contratual, tirada pelo Conseil d' Etat de 23/2/1966 *apud* LAURENT RICHER, *Droit des Contrats...*, 5.ª Ed., cit., p. 186. Entre nós, as questões da validade devem ser resolvidas pelo juiz, estando vedada a decisão unilateral da Administração (cfr. o que se dispunha no artigo 186.º do CPA e o que se dispõe no n.º 1 do artigo 307.º do CCP).
[369] Neste sentido se pronunciou o Aresto do Conseil d' Etat de 16/4/1986 Roujansky.
[370] As Directivas sobre contratação pública foram transpostas para o direito francês através do Décret n.º 2006-975, de 1 de Agosto. O legislador francês não levou a cabo uma regulamentação substantiva dos contratos aí disciplinados, continuando por isso a aplicar-se a "tradicional" regulamentação francesa.

tencioso, a anulação do acto destacável não acarretará a automática invalidade do contrato: não só porque é diferente o julgador, mas também porque há interesses públicos relevantes para esta solução.

75. MASSIMO GIANNINI, no direito italiano, coloca a questão da falta ou da invalidade declarada da deliberação de contratar, na sua dupla possibilidade – acto administrativo ou acto interno – perante a validade do contrato (de direito privado) que se lhe segue[371]. O A. sublinha que, em regra, tal situação tem apenas reflexos na relação entre autoridade deliberante e autoridade de controlo. Na relação com o co-contratante, a questão reveste outra natureza: legitimidade da declaração negocial. Isto é, faltando a deliberação, "há uma declaração negocial emitida por sujeito carecido de legitimação", tornando o contrato anulável[372]. Ou seja, equipara o procedimento de «evidenza pubblica» a um procedimento de formação da vontade do ente público, como se de direito privado se tratasse. Diferente será a hipótese da falta da fase deliberativa e "de toda a série de actos de procedimento administrativo, ou, se por erro, foi adoptada a pequena em vez da grande «evidenza pubblica» e o contrato foi concluído"[373]. Nestas hipóteses, o A. considera que o contrato é sempre anulável, e se bem que "no confronto com o particular nada sucede", poderá existir a intervenção de uma autoridade de controlo[374]. GIUSEPPE PERICU, após apresentar a divisão da doutrina a este propósito, sustenta que qualquer hipótese reconstrutiva não pode ser elaborada à volta de um conceito controverso como é o de legitimação. Entende que se deve atender "aos interesses co-

---

[371] In Diritto Amministrativo, 3.ª Ed., Vol. II, Giuffrè, Milão, 1993, p. 413. ROCCO GALLI/DOMITILIA GALLI são da mesma opinião, expressamente sustentando a invalidade derivada de todos os actos da sequência procedimental, admitindo, tal como MASSIMO GIANNINI, a possibilidade de sanatória (in Corso di Diritto Amministrativo, Vol. II, 3.ª Ed., Cedam, Padova, 2001, p. 1211).

[372] In Diritto..., cit., p. 414. Preconizando a anulabilidade do contrato, A. SANDULLI, Manuale..., cit., p. 740.

[373] In Diritto..., cit., p. 415.

[374] In Diritto..., cit., p. 415. ALBERTO MASSERA informa que, a propósito das hipóteses em que o tipo de procedimento seguido não corresponde ao que a lei impõe, se formou jurisprudência, "se bem que ainda não consolidada, tendente a reconhecer às empresas operantes no sector interessado no contrato em formação a legitimidade de impugnar a dita determinação da administração, com base no direito constitucionalmente tutelado da iniciativa económica e no princípio comunitário da livre concorrência", (in L' Attività, in Istituzioni..., cit., p. 328).

-envolvidos para individualizar a construção que se reputa mais correcta". Haverá que ponderar a protecção da confiança e a certeza e segurança das relações estabelecidas[375]. Parece-nos, adiantamos já, ser esta a posição mais razoável e ponderada.

Para melhor responder à questão de como a invalidade de actos unilaterais influenciava a validade de contratos – "problema grave e substancialmente irresoluto"[376] – a doutrina italiana aprofundou a questão da natureza do procedimento de "evidenza pubblica", dividindo-se essencialmente entre uma concepção bi-fásica, em tudo semelhante à teoria francesa da impugnação diferenciada, como MASSIMO GIANNINI[377], FRANCO G. SCOCA[378], FRANCESCA CARINGELLA[379], ALDO BARDUSCO[380], LORENZO IEVA[381] e uma concepção unitária, como GUIDO GRECO[382]. A concepção acerca da natureza do procedimento revela-se importante em sede das consequências, para o contrato, das invalidades ali ocorridas. Assim, na concepção bi-fásica existe uma clara separação entre os actos do procedimento e a formação do contrato, no sentido de aqueles não fazerem parte do processo de formação da vontade da Administração. Os actos do procedimento são distintos e autónomos[383]. O que significa que uma ilegalidade num destes actos poderá invalidar o contrato mas sempre de uma

---

[375] *In Diritto...*, cit., p. 1628.
[376] GIUSEPPE PERICU, *L' Attività Consensuale...*, cit., p. 1626.
[377] *In Diritto...*, cit., pp. 363 e ss.
[378] *In Autorità e Consenso*, DA, n.º 3, 2002.
[379] *In Corso di Diritto Amministrativo*, II, Giuffrè, Milão, 2001, pp. 1814 e ss.
[380] *In La Struttura dei Contratti delle Pubbliche Amministrazioni – Atti Amministrativi e Negozio di Diritto Privato*, Milão, 1974, pp. 125 e ss.
[381] Para o A., o procedimento "ad evidenza" é "composto por uma série de actos administrativos de tipo heterogéneo orientados para o acto final da adjudicação". Existem portanto actos de diferente natureza: pareceres, deliberação de contratar, aprovação, adjudicação (*in Annullamento degli Atti del' Evidenza Pubblica e Nullità del Contratto di Appalto*, FA (CSt), Vol. 3, 2003, p. 965).
[382] *In I Contratti dell' Amministrazione tra Diritto Pubblico e Privato*, Giuffrè, Milão, 1986, pp. 84 e ss.; IDEM, *Argomenti di Diritto Amministrativo*, 2.ª Ed., Giuffrè, Milão, 2000, pp. 162 e ss.: "a exteriorização da vontade contratual da Administração resulta directa e imediatamente de um acto realmente administrativo (a adjudicação): tanto que ao contrato sucessiva e eventualmente outorgado, se atribui unicamente o carácter de negócio reprodutivo ou repetitivo" (*in Argomenti...*, cit., p. 163).
[383] Apresentando as teses em confronto e respectivos defensores na doutrina e jurisprudência, *vide* FEDERICO FRENI, *L' Annullamento dell' Aggiudicazione ed I Suoi Effetti sul Negozio*, DA, n.º 4, 2004, pp. 844 e ss.

forma menos grave e nunca de forma automática. Já na concepção unitária do procedimento, preconiza-se uma unidade substancial entre estes actos e o contrato, pelo que a invalidade da adjudicação se repercutirá intensamente no contrato. Concordamos em particular com GUIDO GRECO quando este A. sublinha que os actos do procedimento de "evidenza" já contêm os termos gerais do contrato. Claro que até se podia equacionar, nesta concepção, se em rigor haverá lugar a invalidade derivada. Se o procedimento de escolha do parceiro contratual integra o procedimento de formação do contrato, o que merece a nossa adesão como já dissemos antes, só uma concepção mitigada "salvará" a invalidade derivada. A unidade de procedimento invalida uma construção de actos autónomos. Contudo, pode entender-se que o procedimento de formação do contrato é complexo, que integra sub-procedimentos com autonomia, justificados principalmente pelo diferente tipo de actos e respectiva importância na formação da vontade administrativa. O próprio GUIDO GRECO reconhece que o procedimento de "evidenza" se "enxerta numa *fattispecie* no complexo de autonomia privada e num instituto essencialmente privatístico"[384]. Há contudo a apresentação de uma solução intermédia: FEDERICO FRENI defende "um abrandamento da dupla série de actos, uma maior permeabilidade entre as duas fases, sem com isso procurar instaurar um nexo de pressuposição necessária entre acto administrativo e negócio"[385].

Contudo, a questão da concepção do procedimento, em particular a concepção unitária, não impede que os AA. e a jurisprudência[386] mais significativa entendam que a adjudicação tem uma dupla natureza[387-388].

---

[384] *In Argomenti...*, cit., p. 167

[385] *In L' Annullamento...*, cit., p. 844.

[386] Por exemplo, as decisões do Consiglio di Stato de 7/9/2000, n. 4722 e de 14/5/2000, n. 244; Cons. Giust. Amministrativa de 8/3/2005, n. 104.

[387] Referindo-se a esta concepção, além das menções específicas no texto, *vide* PIETRO VIRGA, *Diritto Amministrativo*, cit., (Vol. II), p. 318; PELINO SANTORO, *Manuale dei Contratti Pubblici*, 4.ª Ed., Maggioli Ed., San Marino, 2002, p. 31; IDEM, *I Controlli sull' Attività Contrattuale della Pubblica Amministrazione*, Giuffrè, Milão, 1992, pp. 151--152; GUIDO GRECO, *I Contratti...*, cit., p. 336; FEDERICO FRENI, *L' Annullamento...*, cit., p. 868; MARIO SANINO, *Procedimento Amministrativo e Attivitá Contrattuale della Pubblica Amministrazione*, G. Giappichelli, Torino, 2003, p. 55.

[388] *Vide* exemplificativamente no sentido de se tratar de acto administrativo ALDO SANDULLI, *Manuale...*, I, cit., p. 744; CERULLI IRELLI, *Corso...*, cit., pp. 636 e 655; ELIO CASETTA, *Manuale...*, 9.ª Ed., cit., pp. 580 e 589; IDEM, *Compendio di Diritto Amministrativo*, Giuffrè, Milão, 2002, p. 321; PELINO SANTORO, *Manuale...*, cit., p. 486; DOMENICO

Há quem a designe por "acto administrativo negocial", porque, embora sendo acto administrativo, "produz efeitos civis e constitui a vontade negocial da Administração"[389]. Ou como defende LUCIO VALERIO MOSCARINI, a adjudicação tem "um momento autoritário na parte em que se opera a escolha" e um "momento de carácter negocial (...) quando significa aceitação da proposta formulada pelo contraente pré-escolhido"[390]. Na mesma linha parecem pronunciar-se EVARISTO SANTORO/PELINO SANTORO quando afirmam que "a adjudicação assume um carácter declarativo e constitutivo do vínculo que dele deriva e reflecte os próprios efeitos no plano negocial, colocando-se como momento de ligação entre a fase publicista da qual representa o acto de conclusão e a fase privatística que se lhe segue"[391]. AURETTA BENEDETTI, dando conta desta concepção, alerta à partida para dificuldade que ela encerra por não ter sido possível uma "sistematização definitiva, devido à dificuldade em definir com suficiente grau de certeza a ligação das duas sequências"[392]. Mas esta construção foi alvo de críticas por parte importante da doutrina italiana como ALDO SANDULLI[393], MASSIMO GIANNINI[394] e F. G. SCOCA[395].

CARBONARA, *I Contratti della P.A.: la Fase dell' Evidenza Pubblica nella Giurisprudenza*, Caccuci Ed., Bari, 2005, p. 129.

A jurisprudência também comunga desta concepção sobre a natureza jurídica da adjudicação. *Vide* Consiglio di Stato, Sez. IV, 12/9/2000 (n. 482): "a adjudicação é o acto administrativo conclusivo do procedimento de escolha do contratante da parte pública...".

[389] GUIDO GRECO, *Argomenti...*, cit., p. 165; IDEM, *I Contratti...*, cit., pp. 97 e ss.
[390] *In Profili Civilistici del Contratto di Diritto Pubblico*, Giuffrè, Milão, 1988, p. 201.
[391] *In Trattato...*, cit., p. 417.
[392] *In I Contratti della Pubblica Amministrazione tra Specialità e Diritto Comune*, Giappichelli, Torino, 1999, p. 135.
[393] *In Gara Ufficiosa, Aggiudicazione, Stipulazione, Perfezionamento del Rapporto Contrattuale*, in Rivista di Diritto Finanziario, 1964, II, pp. 352 e ss. *apud* LUCIO VALERIO MOSCARINI, *Profili...*, cit., p. 201, nota 129. Defendendo a natureza administrativa da adjudicação, MASSIMO GIAVAZZI, *L' Effetto Invalidante del Vizio del Procedimento di Evidenza Pubblica sul' Attività di Diritto Privato della Pubblica Amministrazione*, Anotação a decisão judicial, DPA, n.º 4, 2005, p. 1091.
[394] O A. concebe a adjudicação como "declaração de ciência criativa de uma certeza legal acerca do apresentante de uma oferta idónea à conclusão do contrato: ela é, em outras palavras, um acto certificativo que repousa sobre um juízo mecânico de identificação da oferta" (*in Diritto...*, cit., p. 387).
[395] Este A. sublinhou a dificuldade em criar mais uma categoria de actos administrativos (*in La Teoria del Provvedimento dalla sulla Formulazione alla Legge sul Procedimento*, DA, 1995, p. 19, nota 46).

76. É ainda relevante para o tipo de invalidade a modalidade de procedimento de formação do contrato. MASSIMO GIAVVAZZI chama precisamente a atenção para esta questão. A ideia de que a adjudicação é o contrato, sendo este uma mera "repetição" daquela, implica que não haja espaço de negociação após a adjudicação e então a comunicação de invalidade é mais evidente e facilitada. Já se o "contrato se perfecciona apenas com a outorga, os eventuais vícios do acto administrativo de adjudicação estão necessariamente fora dos elementos constitutivos do contrato e interessam apenas à fase de formação"[396].

Neste âmbito e em ligação com a concepção do procedimento de formação do contrato, a doutrina italiana coloca a questão da definição do tipo de invalidade derivada: se com efeito viciante ou efeito caducante. STEFANO GATTAMELATA liga o problema à definição do que seja do nexo de pressuposição. Baseado na jurisprudência, o A. defende que o efeito caducante (do contrato) só deve existir quando "o acto anulado constitua o único e necessário pressuposto daquele consequencial (e não impugnado)"[397]. Demonstrada está portanto a importância do conceito de acto pressuposto. O A. apresenta três concepções: a de ROMANO, em que o acto pressuposto é aquele equivalente a acto prejudicial que se define nos limites do objecto do juízo; a de LUBRANO, em que o acto pressuposto resultaria de qualquer efeito jurídico que se pudesse fazer derivar, o que implicaria que o efeito caducante resultaria de um mero exercício de lógica; e a de STELLA RICHER, que defende que a invalidade derivada deve ter apenas efeito viciante, deixando para trás o efeito caducante[398]. Em termos jurisprudenciais, a questão foi tratada pela primeira vez na decisão da Aduanza Plenaria n. 17/55[399]. GIUSEPPE ACQUAFRESCA viria precisar que "a invalidade caducante diria respeito aos actos que pertencem ao mesmo procedimento"[400]. Para o A., o acto pressuposto seria "aquele acto que conclui um procedimento autónomo e que resulta pré-ordenado a um procedimento sucessivo, cujo acto final é o acto consequencial"[401]. Neste

---

[396] MASSIMO GIAVAZZI, *L' Effetto Invalidante...*, cit., pp. 1095, 1102 e 1104.
[397] *In Effetti dell' Annullamento sugli Atti Conseguenziali*, Anotação a decisão judicial, DPA, Anno IX, 1991, p. 315.
[398] *In Effetti...*, cit., pp. 318-319, 320.
[399] E. STICCHI DAMIANI refere que a distinção ainda é mais nítida na sentença do Consiglio di Stato de 27/10/1970, n.º 4 (*in La Caducazione...*, cit., p. 636, nota 4).
[400] *In Invalidità Caducante ed Effettività della Tutela Giurisdizionale*, DPA, Anno VIII, 1990, p. 141.
[401] *In Invalidità...*, cit., p. 141.

âmbito, o A. refere-se a dois tipos de coligação entre actos administrativos: de tipo procedimental e de tipo lógico-jurídico. Só a de tipo procedimental geraria o efeito caducante. Já o efeito viciante resultaria dos actos conexos "quer em modo procedimental, quer em modo lógico-jurídico com acto anulado, mas que não disciplinam intimamente aquela relação controversa e que não produzem efeitos directamente lesivos da posição jurídica"[402]. E. STICCHI DAMIANI aponta o anúncio do concurso e actos sucessivos como exemplos de actos, que anulados, geram um efeito caducante no contrato. Sustenta porém um "conceito restrito de nexo: necessidade, unidade e imediatismo"[403]. Na decisão do Consiglio di Stato n. 785, existiria tal nexo: "no [novo acto] não há novas nem ulteriores valorizações de interesses, nem do destinatário do acto pressuposto, nem de outros sujeitos"[404]. NICOLA GIOFFRÈ, debruçando-se sobre a questão da influência sobre a validade do contrato da invalidade de actos do procedimento de *evidenza pubblica,* um pouco acriticamente, sustenta que a deliberação viciada gera a anulabilidade do contrato subsequente, na adopção da tese de que este "acto administrativo" é "elemento e pressuposto do futuro negócio"[405]. Também ELENA BRANDOLINI, à semelhança de FRANCESCO CARINGELLA[406], entende que o efeito da invalidade dos actos do procedimento de *evidenza* implica distinguir os que influenciam a validade do contrato como "a deliberação de contratar, a delegação de concluir o contrato, a adjudicação", dos que não têm tal relevância e daqueles que apenas influenciam a eficácia[407]. Como informam EVARISTO SANTORO/PELINO SANTORO, "a jurisprudência em todas as hipóteses em que o contrato não resultasse suportado numa válida deliberação de contratar, tendia a enquadrar-se na hipótese de anulabilidade, sustentando-se em princípio que os vícios da série procedimental concretizavam-se em defeito de legitimação ou incapacidade de contratar do outorgante", mas não importava a nulidade do contrato[408]. Contudo a alteração legislativa que introduziu a mo-

---

[402] *In Invalidità...,* cit., p. 144.
[403] *In La Caducazione...,* cit., p. 642.
[404] *In La Caducazione...,* cit., p. 658.
[405] *In L' Evidenza Pubblica nell' Attività di Diritto Privati della P.A.,* Jovene, Nápoles, 1995, pp. 10 e 105.
[406] *In Corso...,* II, cit., pp. 1814 e ss.
[407] *In Premessa...,* cit., p. 21. Quanto ao efeito no contrato, a A. distingue as situações de nulidade ou inexistência dos actos relevantes, que geram a inexistência do contrato, e as situações de anulabilidade, que geram a anulabilidade do contrato.
[408] *In Trattato...,* cit., p. 752.

dificação da jurisdição exclusiva concedeu "uma mais ampla perspectiva à questão da incidência de vícios endoprocedimentais da fase de «*evidenza*», já não circunscrita aos vícios do acto inicial autorizativo (deliberação de contratar), mas extensível a todos os vícios da série procedimental mesmo na fase conclusiva da adjudicação..."[409]. Assim, no direito italiano, discute-se a necessidade de encontrar uma solução que salvaguarde o interesse público e privado existente numa relação contratual já estabelecida, reconhecendo que há que encontrar justificação "para dar relevo aos vícios procedimentais também como vícios do negócio"[410]. A «*evidenza pubblica*» pode ser vista como procedimento externo ao contrato e portanto como fase pública distinta da negocial, ainda que intrinsecamente conexionada à formação do contrato e portanto como um "único procedimento de dupla valência no qual o contrato permanece intimamente relacionado ao procedimento de formação"[411]. Esta segunda concepção vê o vício de procedimento como "vício de consenso da parte pública... invalidando directamente o contrato". A concepção unitária do procedimento permitiria a "aplicação da caducidade automática dos actos consequentes"[412].

77. Quanto ao tipo de invalidade que sofrerá o contrato em virtude da invalidade declarada dos actos de procedimento, a primeira orientação doutrinal era a da anulabilidade[413]. A opção por uma ou por outra das consequências para o contrato reside em muito na concepção que se tenha acerca da estrutura do procedimento[414]. Na concepção bi-fásica do procedimento, os vícios dos actos procedimentais ditam, para a jurisprudência civil[415]

---

[409] EVARISTO SANTORO/PELINO SANTORO, *Trattato...*, cit., p. 755.
[410] EVARISTO SANTORO/PELINO SANTORO, *Trattato...*, cit., p. 755.
[411] EVARISTO SANTORO/PELINO SANTORO, *Trattato...*, cit., pp. 755-756.
[412] EVARISTO SANTORO/PELINO SANTORO, *Trattato...*, cit., p. 756.
[413] Relembre-se a posição de MASSIMO GIANNINI exposta *supra*.
[414] Sublinhando precisamente este aspecto, GUIDO GRECO, *Accordi...*, cit., p. 420; VICENZO LOPILATO, *Vizi della Procedura di Evidenza Pubblica e Patologia Contrattuale*, FA (T.A.R), Vol. V, 2006, p. 1525, nota 23.
[415] *Vide* exemplificativamente Cassazione sez. II, 8/5/1996, n. 4249: "os vícios dos actos administrativos precedentes à estipulação dos contratos *jure privatorum* da administração pública, relativos ao processo de formação da vontade ou à fase preparatória do negócio, em tudo o que concerne à capacidade ou à vontade do ente público, comportam apenas a anulabilidade do contrato, arguível, por via de acção, ou de excepção, exclusivamente pelo mesmo ente", (*apud* ROBERTO TOMMASI, *Il Nuovo Diritto Privato della Pubblica Amministrazione*, UTET, Torino, 2004, p. 345).

e inicialmente para a jurisprudência administrativa[416], a anulabilidade do contrato. Designadamente por falta de legitimação do órgão contratante[417]. Nesta construção, os "actos administrativos que devem preceder a outorga do contrato de direito privado da Administração Pública, não seriam mais do que meios de integração da capacidade e da vontade do ente público, pelo que os seus vícios, traduzindo-se em vícios de capacidade e vontade, só poderiam implicar a anulabilidade do contrato, invocável... apenas pelo interessado"[418]. SARA VALAGUZZA entende que esta construção assenta "num vício atípico genericamente reconduzível a um defeito de vontade da Administração"[419] e MATTEO BARBERO sustenta a possibilidade de o fundamento ser o erro, como vício de consenso[420]. FEDERICO FRENI entende que a anulação da adjudicação implica a falta de legitimação da Administração, mas devido às necessidades de tutela de terceiros, acaba por advogar uma noção ligeiramente diferente de invalidade[421]. A tese da mera anulabilidade do contrato é criticada por colocar na disponibilidade do gerador do vício da adjudicação a sorte do contrato, num completo desvirtuar da tutela judicial. Acresce que, como refere GUIDO GRECO, a tese "atribui um papel de todo secundário aos actos de "evidenza" "[422]. Também LORENZO IEVA critica a tese da anulabilidade do contrato: "a lei impõe um procedimento... no interesse colectivo, a Administração realiza um procedimento ilegítimo, o particular recorre perante o juiz administrativo dos actos ilegítimos, a Administração outorga ainda assim o contrato; o negócio concluído é apenas anulável por iniciativa do ente adjudicante"[423]. Daí sustentar a tese da nulidade do contrato "por violação de norma imperativa [que se] vem a concretizar na falta de observância de um pressuposto fundamental da estrutura do procedimento"[424]. FRANCESCO

---

[416] Disso mesmo dá conta LUCIO VALERIO MOSCARINI, *Vizi del Procedimento e Invalidità ou Inneficacia del Contratto*, DAP, n.º 3, 2004, p. 600.

[417] Sustentando, na doutrina, este entendimento, *vide*, entre outros, PELINO SANTORO, *L' Invalidità...*, cit.

[418] FEDERICO FRENI, *L' Annullamento...*, cit., p. 847.

[419] *In Illegitimità della Procedura Pubblicistica e Sue Interferenze sulla Validità del Contratto*, DPA, n.º 1, 2004, p. 285.

[420] *In Annullamento dell' Aggiudicazione e Vizio del Contratto*, www.diritto.it.

[421] *In L' Annullamento...*, cit., pp. 876 e ss.

[422] *In I Contratti...*, cit., p. 131.

[423] *In Annullamento...*, cit., p. 984.

[424] *In Annullamento...*, cit., p. 992. Mais recentemente, há AA. que têm vindo a sublinhar a concorrência como um dos interesses subjacentes ao procedimento de "evi-

CARINGELLA é igualmente muito crítico da tese da anulabilidade. Desde logo, porque se funda no pressuposto que o procedimento público é estabelecido para garantia da própria Administração. Depois, a tese da anulabilidade apenas representa para terceiros ao contrato a possibilidade de ressarcimento dos danos, o que não é a mesma coisa que ser o adjudicatário[425]. Já a concepção unitária do procedimento implica que a anulação do procedimento de "evidenza pubblica" tenha também repercussões (trata-se de estabelecer quais) sobre a formação do consenso e, assim, sobre o contrato[426]. GUIDO GRECO informa que com as novas regras do contencioso, o "juiz administrativo parece abraçar a segunda linha reconstrutiva[427]. Contudo, o A. afasta a automaticidade da destruição do contrato por causa da necessidade de tutelar terceiros de boa fé[428]. É que para o A., a tese da norma imperativa violada opera uma "indevida extensão da normativa publicista fora do âmbito do procedimento e com consequência diversa do que está fixado pelo ordenamento"[429]. E a orientação fundamental era a de que os vícios gerados afectariam a capacidade ou a legitimação do ente público, conduzindo à anulabilidade do contrato subsequente. A tese da anulabilidade dá protecção à necessidade de certeza e confiança das relações jurídico-administrativas. Ou seja, há aqui dois vectores, relativamente incompatíveis, que serão determinantes para a solução da questão[430].

---

denza pubblica". O que conduziria a afastar a tese da anulabilidade do contrato firmado subsequentemente a violação de regras desse procedimento. Neste sentido, entre outros, CLAUDIO VARRONE, L' Invalidità del Provvedimento Amministrativo e Suoi Riflessi nelle Procedure ad Evidenza Pubblica, sul Contratto Concluso dalla P.A. con L' Aggiudicatario, DA, n.º 2, 2006, p. 324; BARBARA MARCHETTI, Annullamento dell' Aggiudicazione e Sorte del Contratto: Esperienze Europee a Confronto, DPA, n.º 1, 2008, p. 97. Acresce que se reconhece autonomia entre a fase pública da formação do contrato e este, embora haja determinações contratuais que surgem naquela fase. Mas não existe condicionamento suficiente que determine a extinção automática do contrato (sublinhando esta ideia em diferentes ordenamentos BARBARA MARCHETTI, Annullamento dell' Aggiudicazione..., cit., p. 126).

425 In Corso..., II, cit., pp. 1810-1811.
426 GUIDO GRECO, Accordi..., cit., p. 420.
427 In Accordi Amministrativi tra Provvedimento e Contratto, G. Giappichelli, Torino, 2003, p. 420.
428 In Accordi..., cit., p. 424.
429 In I Contratti..., cit., pp. 135 e 136. Vide CARLO MARZUOLI, Principio di Legalità e Attività di Diritto Privato della Pubblica Amministrazione, Giuffrè, Milão, 1982, pp. 186 e ss.
430 Entre nós, recorde-se, a questão não se porá com a mesma acuidade por força do novo regime de legitimidade processual activa no domínio do contencioso dos contra-

A este propósito MASSERA informa que se tem vindo a formar abundante jurisprudência no sentido de abrir as portas da impugnação do próprio contrato, perante o juiz administrativo, a terceiros e a concorrentes não adjudicatários[431].

Quanto à tese da nulidade do contrato ou efeito caducante da anulação dos actos sobre o contrato não é sustentado apenas por parte da doutrina mas sobretudo pela jurisprudência administrativa[432]. Os fundamentos da invalidade automática são variados[433], mas como afirma GUIDO GRECO, trata-se de hipóteses "reconstrutivas diversas – verosimilmente inspiradas, mas não necessariamente ligadas, ao distinto modo de constituição do vínculo contratual (...) – mas que todavia conduzem ao mesmo resultado. Em qualquer caso, o contrato é destruído"[434]. Também ELIO CASETTA sublinha que não existe unanimidade acerca das consequências para o contrato da anulação dos actos administrativos, em particular da adjudicação. Recentemente, em sessão plenária, o Consiglio di Stato adoptou a tese da nulidade do contrato, "observando que, como a adjudicação tinha a dupla natureza de acto administrativo conclusivo do procedimento de «evidenza pubblica» e de aceitação da proposta", a sua anulação implica que o contrato fica privado de um elemento essencial do acordo"[435]. Já MAZZAROLLI enunciava a determinação do tipo de invali-

---

tos. Isto é, as razões que, designadamente em Itália, conduzem a esta problemática, não se afirmam no nosso sistema, pelo que julgamos ter a tarefa da qualificação da invalidade subsequente, quanto a este ponto, mais simplificada. Acresce que entre nós o contrato subsequente ao procedimento não é um contrato de direito privado.

[431] *In L' Attività...*, *in Istituzioni...*, cit., p. 330.

[432] De modo meramente ilustrativo *vide* as decisões do Consiglio di Stato de 25/5/1998, n. 677, 5/3/2003, n. 1218, 14/3/2003, n. 1518, 5/5/2003, n. 2332. E. STICCHI DAMIANI refere que a decisão de 11/2/2002 (n. 785) foi fundamental nesta matéria (*in La Caducazione...*, cit., p. 657).

[433] Referindo-se aos vários motivos fundamentadores, desde a violação de norma imperativa, falta de consenso, nas suas variantes, *vide* F. GOISIS, *In Tema di Conseguenze sul Contratto dell' Annullamento del Provvedimento di Aggiudicazione Conclusivo di Procedimento ad Evidenza Pubblica e di Giudice Competente a Conoscere*, DPA, n.º 1, 2004, pp. 208 e ss.

[434] *In Accordi e Contratti...*, cit., p. 416.
A designação de caducidade automática é preferida por se tratar de mecanismo jurídico-público. Neste sentido, *vide* F. GOISIS, *In Tema...*, cit., p. 204.

[435] *In* ELIO CASETTA, *Manuale...*, 9.ª Ed., cit., p. 590. Cons. St. n. 3355/2004. Pronunciando-se no mesmo sentido, *vide* NICOLA GIOFFRÈ, *L' Evidenza...*, cit., p. 112. Também VALERIO MOSCARINI sustenta que os actos da «evidenza pubblica» são *conditio*

dade do contrato, uma vez anulado o acto administrativo do procedimento público, como problema "grave e substancialmente incerto"[436]. Sublinha este A. que a tese da nulidade do contrato é a que melhor protege os concorrentes não adjudicatários, no sentido da paridade de tratamento. AURETTA BENEDETTI, tratando o tema, chamou a atenção para uma construção distinta, ligada à dimensão financeira do contrato, abordando a questão de uma outra perspectiva: faltando a deliberação de contratar, porque é neste acto que existe a ligação à despesa, faltará a cobertura da despesa, o que significa a impossibilidade de válida vinculação da Administração e, portanto, a "nulidade do contrato por impossibilidade de realização da causa"[437].

A tese da caducidade serve o interesse da economia processual[438]. Encontra porém grande óbice no princípio da impugnabilidade dos actos e no princípio do contraditório: "a antecipação da tutela de impugnação constitui uma ampliação dos instrumentos de tutela dos interessados, mas não constitui uma derrogação à regra geral segundo a qual deve ser impugnado o acto final e conclusivo do procedimento"[439].

A violação de norma imperativa é um dos fundamentos mais aduzidos para justificar a destruição automática do contrato: "a violação de uma norma administrativa tem sempre carácter imperativo e conduz à nulidade do negócio"[440]. Existem contudo variantes a este fundamento. É o caso da hipótese da nulidade virtual: "a hipótese da nulidade do contrato por violação de norma imperativa prevista no artigo 1418.º do CC é configurável independentemente de uma expressa cominação legal, integrando tal disposição um princípio geral de direito destinado a regular os casos em que a violação de preceitos imperativos não tem como consequência uma expressa sanção de nulidade do negócio"[441]. Esta construção foi criticada,

---

iuris do acto negocial, pelo que a sua invalidade torna o contrato anulável (*in Profili...*, cit., pp. 205 e ss.). CERULLI IRELLI entende, por sua vez, que a nulidade deve ser a invalidade do contrato se a adjudicação for inválida por falta de consenso (*in Corso...*, cit., p. 696).

[436] *In Diritto Amministrativo*, Vol. II, 3.ª Ed., Monduzzi, Bolonha, 2001, p. 1626.
[437] *In I Contratti...*, cit., p. 163.
[438] Neste sentido, E. STICCHI DAMIANI, *La Caducazione...*, cit., p. 638; PELINO SANTORO, *L' Invalidità...*, cit.
[439] E. STICCHI DAMIANI, *La Caducazione...*, cit., p. 657.
[440] CERULLI IRELLI, *Corso...*, cit., p. 657. Na jurisprudência administrativa, *vide* Consiglio di Stato n.º 1218 (2003), entre outras.
[441] F. GOISIS, *In Tema...*, cit., p. 233.

entre outros por F. GOISIS, porque nem todas as normas do procedimento se referem ao conteúdo do contrato, dimensão que justificaria a sanção da nulidade[442]. Claro que logo aqui nos surge uma dificuldade hermenêutica: pode não ser simples identificar que normas dizem respeito ao conteúdo ou que normas de procedimento também se referem ao conteúdo do futuro contrato. O próprio F. GOISIS sublinha que "todas as normas... são capazes de influenciar sobre o acervo de interesses contratuais, visto que incidem todas sobre a determinação de elementos essenciais do negócio"[443]. Também SARA VALAGUZZA duvida se as normas do procedimento poderão fundar a aplicação do artigo 1418.° do CC, isto é, se poderão ser consideradas imperativas para esse efeito, uma vez que se revela um critério incerto[444]. Já a jurisprudência civil tem sublinhado as razões que fundam a nulidade virtual nos interesses públicos presentes[445]. PELINO SANTORO informa que a mais recente construção nesta matéria, funda a caducidade automática em "ineficácia superveniente por efeito da anulação da adjudicação". O próprio A. reconhece-lhe valia, designadamente porque permite proteger efeitos já produzidos[446]. Também LUCIO MOSCARINI adere a esta construção para os "vícios do procedimento que ocorram na fase de aprovação do contrato"[447]. O A. esclarece, explicando que os vícios do procedimento resultam de normas ordenadoras. No âmbito da tese da ineficácia, há quem reconduza a construção à hipótese de falta de procedimento: faltaria, com a anulação da adjudicação, o procedimento legalmente devido e portanto "retroactivamente um pressuposto de eficácia do contrato"[448].

78. Por fim, no que ao direito espanhol diz respeito, a lei de contratos de 1965 e subsequente legislação regulamentadora acolheram a

---

[442] *In Tema...*, cit., p. 237. Também advogando que a nulidade só sobreviria a propósito de normas que se relacionassem ou incidissem sobre o conteúdo, MASSIMO GIAVAZZI, *L' Effetto...*, cit., p. 1088.
[443] *In Tema...*, cit., p. 241.
[444] *In Illegitimità...*, cit., pp. 297 e ss.
[445] Neste sentido, *vide*, entre outras, Tribunal de Milão, 7/8/2000; App. Roma 16/1/2001 e App. Brescia 29/1/2000.
[446] Na jurisprudência é particularmente relevante a decisão do Consiglio di Stato de 2003, n. 6666.
[447] *In Vizi...*, cit., p. 602 e *Profili...*, cit., pp. 205 e ss.
[448] FEDERICO FRENI, *L' Annullamento...*, cit., p. 868.
Esta tese foi acolhida pelo Consiglio di Stato, sez. VI, 5/5/2003, n.° 2332.

teoria, incluindo a automática invalidade do contrato, se bem que na formulação de liquidação[449]. Ou seja, a invalidade do contrato "opera-se sem qualquer intervenção por parte do Tribunal", mesmo nos contratos privados, uma vez que o sistema é idêntico para ambos os tipos de contratos[450].

A doutrina espanhola porém critica esta opção legislativa porquanto o contrato se perfecciona com a adjudicação, um dos referidos actos separáveis, sendo, na prática, como referem GARCÍA ENTERRIA e RAMÓN FERNÁNDEZ, muito difícil operar a distinção porque "o processo de formação da vontade contratual da Administração e a concretização desse processo numa série de actos singulares susceptíveis de impugnação independente permite transferir em qualquer caso os vícios de fundo do contrato aos actos que lhe servem de suporte, o qual conduz a uma indiferenciação das regras de nulidade dos negócios jurídicos por assimilação das mesmas às de nulidade dos actos administrativos singulares"[451]. Ou como expressa VÍCTOR BACA ONETO, "não é muito mais fácil reconhecer que o clausulado do contrato não é senão o conteúdo do acto, porque ambos se identificam"[452]. O A. vai mais longe e, tributária da sua concepção sobre a natureza jurídica do contrato administrativo como acto unilateral em que o particular apenas aceita a actuação da Administração[453], sustenta que se deve prescindir da distinção, "sem efeitos práticos", e reconhecer que "a invalidade do contrato público não é senão a invalidade de um acto administrativo, o acto de adjudicação do qual nasce a relação contratual"[454]. E, em consequência, "deveria admitir-se que os vícios dos actos preparatórios possam ser alegados assim que o contrato se perfecciona"[455]. Aliás, o A. reputa a teoria dos actos separáveis como desnecessária e inadequada: "não tem sentido predicar a separabilidade de alguns actos para, ..., negá-la imediatamente ao proclamar, como faz o legislador espanhol, que a

---

[449] Vide MANUEL REBOLLO PUIG, La Invalidez..., in Estudios Sobre..., cit., pp. 399-400.
[450] ALEXANDRA LEITÃO, A Protecção de Terceiros..., cit., p. 34.
[451] In Curso..., I, cit., p. 765. Aderindo a esta argumentação, MANUEL REBOLLO PUIG, A Invalidez..., in Estudios..., cit., p. 398; VÍCTOR BACA ONETO, La Invalidez..., cit., p. 103.
[452] In La Invalidez..., cit., p. 104.
[453] Sobre esta construção, vide La Invalidez..., cit., pp. 97 e ss.
[454] In La Invalidez..., cit., p. 105. Refira-se que o A. adere à tese sufragada por JOSÉ LUIS MARTÍNEZ LÓPEZ-MUÑIZ, também exposta no prólogo da sua própria obra.
[455] In La Invalidez..., cit., p. 111.

anulação dos actos considerados como separáveis produz por si mesma a do próprio contrato"[456].

Sobre os efeitos da anulação ou declaração de nulidade dos actos preparatórios no contrato, na doutrina espanhola, pronunciava-se a lei revogada no n.° 1 do artigo 65.° e FRANCESC L. BORREL/ANNABEL L. CANELLES: "a declaração de nulidade o a anulação dos actos preparatórios de todo o tipo de contratos (também os civis) produzirá como efeito que o contrato *entre em fase de liquidação, devendo restituir as partes reciprocamente as coisas que tiverem recebido em virtude do mesmo e se tal não for possível devolver o valor*"[457]. Para ALBERTO PALOMAR OLMEDA, a "denominada fase de liquidação é um autêntico expediente administrativo"[458]. A nova lei regula a questão no artigo 35.° mas circunscreve a liquidação à declaração de nulidade.

GARCIA DE ENTERRÍA/RAMÓN FERNANDEZ chamam à atenção para que a "distinção de ambas as séries de causas de nulidade está longe de ser clara e por duas ordens de razões: em primeiro lugar, porque a formalização do processo de formação de vontade contratual da Administração e a plasmação sucessiva desse processo numa série de actos singulares susceptíveis de impugnação independente transfere em todo o caso os vícios de fundo do contrato aos actos que o suportam, o que conduz a uma indiferenciação das regras de nulidade dos negócios jurídicos por assimilação das mesmas às de nulidade dos actos administrativos; em segundo lugar, porque no procedimento que se inicia para decidir da nulidade dos contratos incidem sempre actos administrativos concretos, cuja interferência altera substancialmente o jogo das regras próprias da invalidade dos negócios jurídicos"[459]. A lei agora em vigor deixou de compartimentar a questão deste modo. O artigo 31.° refere a invalidade derivada como um tipo de invalidade a que acresce a invalidade que "deriva da ilegalidade do seu clausulado".

79. Esta questão, porque atinente ao regime da invalidade, receberá tratamento circunstanciado na Parte III no que respeita ao nosso ordenamento.

---

[456] *In La Invalidez...*, cit., p. 115. O A. informa que já BOQUERA OLIVER sublinhara esta inadequação no seu trabalho *La Selección de Contratistas*, IEP, Madrid, 1963, para além de mais recentemente MACERA em obras já referenciadas.

[457] *In Manual...*, cit., p. 197.

[458] *In Comentario...*, cit., p. 611.

[459] *In Curso...*, I, cit., p. 765. Também MANUEL REBOLLO PUIG partilha esta opinião (*In La Invalidez...*, *in Estudios...*, cit., p. 398).

4. DAS CAUSAS DE INVALIDADE DERIVADA

80. Quaisquer dos vícios que inequivocamente ocorram no procedimento de formação do contrato, no procedimento pré-contratual, colocam a questão de saber se tal circunstância de imediato se repercute no contrato e se sim, de que modo. Os vícios que ocorrem no procedimento pré-contratual serão apenas e só considerados como vícios procedimentais ou não? Reflectir-se-ão no contrato? Se sim, será uma deficiência genética que ocorre apenas e só porque existe esse procedimento pré-contratual? O contrato administrativo, não fora a imperatividade de cumprir o iter procedimental, seria válido? E qualquer vício nesta fase do procedimento de formação do contrato administrativo terá apenas reflexo na validade do contrato se a estrutura do procedimento de escolha do parceiro contratual da Administração for intoleravelmente afectada? A exposição tentará demonstrar que os casos de invalidade derivada deverão ser residuais e reservados para situações de lesão intolerável das traves mestras da contratação pública[460].

81. O estudo concreto da invalidade dos contratos administrativos começa pela destrinça das situações reconduzíveis à hipótese de invalidade derivada daquelas conducentes à invalidade própria.

Esta opção justifica-se porque o tipo de contratos que está na base da nossa investigação implica o "degrau procedimental" (SÉRVULO CORREIA)[461]. O princípio da procedimentalização é um princípio geral comum da actividade administrativa e a todos os contratos celebrados pela Administra-

---

[460] Assim parece ser o entendimento do STA no seu Acórdão de 17/01/2001 (P. n.º 44249): "as formalidades impostas em procedimento de concurso só assumem carácter essencial quando da sua omissão resultar a ofensa dos princípios que se considera deverem reger tal procedimento como são os da publicidade, da igualdade, da concorrência, da imparcialidade e da transparência".

[461] *In Legalidade...*, cit., p. 579.

ção Pública, encontrando a sua fundamentação no n.º 4 do artigo 267.º da CRP[462]. Este princípio cumpre objectivos fundamentais de direito administrativo: objectivação da vontade da pessoa colectiva, a melhor prossecução do interesse público e a realização do princípio da imparcialidade[463]. Existem contudo vozes doutrinais autorizadas que criticam esta tendência para a procedimentalização excessiva, que coarcta a eficiência da acção administrativa[464].

82. Acresce que os contratos que nos ocupam seguem um concreto procedimento administrativo também por força da imperatividade do direito comunitário. Neste domínio jurídico, e atentos os grandes objectivos da construção europeia, a "contratação pública... converteu-se em objectivo básico da Comunidade europeia ao lado da prossecução do mercado único europeu"[465]. Aliás, as determinantes jurídicas sobre contratação pública só se alcançam plenamente no contexto do Direito comunitário"[466].

As razões de cariz comunitário que ditaram a uniformização do modo de escolha do co-contratante dos entes públicos são distintas das razões internas para a procedimentalização da acção administrativa[467]. No direito comunitário prevalecem as razões de sã concorrência, "conducente à realização da liberdade de mercado" e "em consequência, as liberdades de circulação de mercadorias, de trabalhadores, de serviços e de capitais"[468].

---

[462] Neste sentido, J. M. SÉRVULO CORREIA, *Legalidade...*, cit., pp. 523 e ss.
[463] J. M. SÉRVULO CORREIA, *Legalidade...*, cit., pp. 579-580. MARIA JOÃO ESTORNINHO recenseia, com abundante ilustração doutrinal estrangeira, a questão (*in A Fuga para o Direito Privado – Contributo para o Estudo de Direito*, Almedina, Coimbra, 1996, pp. 241 e ss.). Sustentando estas funcionalidades, ALDO BARDUSCO, *Strutura dei Contratti...*, cit., p. 104; FRANCESCO PAOLO PUGLIESE, *Il Procedimento Amministrativo tra Autorità e "Contrattazione"*, RDP, anno XXI, 1971, pp. 1486 e 1496.
[464] Alertando precisamente para este óbice, *vide* ROGÉRIO SOARES, *A Propósito de um Projecto Legislativo: o Chamado Código do Processo Administrativo Gracioso*, RLJ, anos 115.º a 117.º, pp. 177 e ss.
[465] JOSÉ MARIA GIMENO FELIÚ, *La Nueva Contratación Pública Europea Y su Incidencia en la Legislación Española*, Civitas, Navarra, 2006, p. 23.
[466] Neste sentido, JOSÉ MARIA GIMENO FELIÚ, *La Nueva Contratación...*, cit., p. 23.
[467] O n.º 4 do artigo 1.º do CCP assume a concorrência como princípio fundamental.
[468] DAVID ORDÓÑEZ SOLÍS, *La Contratación Pública en la Unión Europea*, Aranzadi, Navarra, 2002, p. 33.

Como sublinha MARIA JOÃO ESTORNINHO, "a concorrência é, sem dúvida, o elemento dinamizador da construção do mercado interno europeu e está... intimamente relacionada com as quatro liberdades"[469]. O direito comunitário desconhece a figura do contrato administrativo, usando e trabalhando antes a noção de contrato público[470], "à primeira vista neutra do ponto de vista do regime jurídico substantivo (...) dando-se prevalência, a nível comunitário, às preocupações de índole procedimental"[471]. Tal não transmuta o facto de que, como sublinha FAUSTO QUADROS, o direito comunitário se erga sobre o direito administrativo francês, alemão, italiano, sendo basicamente um "direito administrativo da economia"[472]. O movimento contrário, isto é, a influência do direito comunitário nos direitos nacionais foi impulsionado pela jurisprudência do Tribunal de Justiça[473]. Mas estas razões são específicas da procedimentalização da actuação administrativa que vêm a acrescer às razões tradicionalmente associadas à actuação segundo determinados trâmites. Do mesmo passo, cumpre sublinhar que estes específicos interesses públicos comunitários se afirmam num segmento temporal e juridicamente limitado, não se afirmando em todo o processo de formação do contrato.

---

[469] *In Direito Europeu...*, cit., p. 355.

[470] Por isso, a uniformização das regras de adjudicação é possível no espaço comunitário, onde os ordenamentos jurídicos classificam diferentemente este tipo de contratos. SANTIAGO GONZÁLEZ-VARAS IBAÑEZ sublinha, na sua monografia sobre o direito administrativo europeu, que uma das repercussões das Directivas nos Estados membros passa precisamente pela "iuspublicização" dos sistemas de contratação privada como sucede no direito alemão. Na verdade, afirma o A., "as directivas comunitárias dirigem-se contra o princípio característico da liberdade de pactos afirmando em seu lugar a aplicação de critérios, vinculantes por outro lado, da legalidade administrativa, os quais constituem uma nova legalidade pública...", (*in El Derecho Administrativo Europeo*, 3.ª Ed., JAAP, Sevilha, 2005, pp. 143 e ss.). É seu entendimento que as Directivas vieram reforçar a construção da figura do contrato administrativo (*in El Derecho...*, cit., p. 144).

[471] MARIA JOÃO ESTORNINHO, *Direito Europeu...*, cit., pp. 24 e 25.

[472] *In A Nova Dimensão do Direito Administrativo – o Direito Administrativo Português na Perspectiva Comunitária*, Coimbra, 1999, p. 19; IDEM, *Direito da União Europeia*, 2.ª Reimp., Almedina, Coimbra, 2008, p. 499.

[473] A interacção entre o Tribunal de Justiça e os direitos administrativos nacionais é reconhecida pela doutrina nacional e estrangeira, sublinhando-se o papel criador do Tribunal nesta matéria em particular. Neste sentido, MARIA JOÃO ESTORNINHO, *Direito Europeu...*, cit., pp. 61 e ss.

4.1. Do procedimento pré-contratual pré-adjudicatório

83. O procedimento genérico de formação do contrato inicia-se com a decisão de contratar[474-475], se bem que não seja o acto propulsor do procedimento pré-contratual concursal[476].

---

[474] Este primeiro acto pode apresentar-se sob a forma de decisão ou de deliberação, razão porque se podem colocar problemas específicos de validade quando a decisão é tomada por um órgão colegial. Sublinhando este aspecto, DIOGO FREITAS DO AMARAL, *Curso...*, II, cit., p. 276 e *Curso...*, I, cit., pp. 595 e ss. O CCP assume claramente a expressão "decisão de contratar" (cfr. o disposto no artigo 36.º do CCP).

[475] Sustentando precisamente este entendimento, MARGARIDA OLAZABAL CABRAL, *O Concurso...*, cit., p. 137. Já MARCELO REBELO DE SOUSA, sem apresentar justificação, entende que apenas o acto de abertura do concurso dá início à formação do contrato (*in O Concurso...*, cit., p. 44). Mais recentemente sublinhou: "a fase inicial do procedimento pré-contratual começa com a exteriorização da decisão administrativa de contratar..." (*in Contratos Públicos...*, cit., p. 97).

Neste tipo de contratos não se coloca a necessidade de decidir qual a via de actuação, circunstância que surge a propósito dos contratos de substituição de actos administrativos. Nos contratos em análise, esta questão não se coloca, razão pela qual a decisão de contratar é para nós o acto iniciador da formação do contrato.

[476] Uma questão distinta que se coloca a este propósito é a de saber se a abertura do concurso consubstancia uma proposta contratual ou um convite a contratar. A resposta à questão tem implicações a vários níveis, designadamente quanto ao regime de responsabilidade civil na formação do contrato. MARCELLO CAETANO entendia tratar-se de um convite a contratar (*in Manual...*, I, cit., pp. 597 e 604). Na mesma linha, o Conselho Consultivo da PGR, no seu Parecer n.º 81/1996, de 29/09/1996, expressamente sustentou que "com o anúncio, a Administração não formula uma proposta de contratação, certo que se limita a indicar que, nas condições que enuncia, recebe propostas de contratação". Já SÉRVULO CORREIA advoga, desde 1987, que se trata de uma oferta ao público, "uma proposta que faz parte de um contrato em expectativa". Repudia assim a construção jurídica francesa de que se tratava de "manifestação unilateral de vontade" (*in Legalidade...*, cit., pp. 700-701). MARCELO REBELO DE SOUSA, por seu turno, sustenta uma concepção dupla quanto a esta questão: "a abertura do concurso público representa simultaneamente uma proposta contratual e um convite a contratar", (*in O Concurso...*, cit., p. 45). O programa do concurso, com as respectivas regras processuais, constitui uma proposta contratual que, uma vez aceite, origina aquilo que o A. designa por "mero contrato preliminar, regendo o procedimento de concurso público". No que concerne ao "contrato administrativo final" existe um convite a contratar, por falta de completude do caderno de encargos (*in O Concurso...*, cit., p. 48). Parece-nos, com o devido respeito, existir aqui um artificial desdobramento do acto de abertura do procedimento, a que acresce a não ponderação de que em muitos contratos administrativos sujeitos a concurso público o que está em causa é precisamente a celebração de um contrato de adesão, tão completo se apresenta o respectivo caderno de encargos. Se bem que o diploma que rege as cláusulas contratuais gerais exclua expressamente os

No âmbito do procedimento pré-contratual pré-adjudicatório existem essencialmente três categorias de actos com relevância para a questão que nos interessa: a decisão de contratar, actos do procedimento de escolha do co-contratante que podem ter relevância externa por terem conteúdo decisório, e a adjudicação.

4.1.1. *Da decisão de contratar*

4.1.1.1. *Da natureza jurídica e função*

84. Quando não se coloca a necessidade de decidir qual a via de actuação, a decisão de contratar consubstancia o início da formação do contrato, como já dissemos[477]. O CCP é inequívoco quanto a esta questão: "*o procedimento de formação de qualquer contrato inicia-se com a decisão de contratar, a qual cabe ao órgão competente para autorizar a despesa inerente ao contrato a celebrar, podendo essa decisão estar implícita nesta última*"[478]. Não implicando o contrato o pagamento de um preço, a competência pertence ao órgão que figure como tal na respectiva lei orgânica[479].

---

contratos celebrados pela Administração Pública. Aludindo à hipótese de o contrato administrativo ser um contrato de adesão, *vide supra* Parte I. RODRIGO ESTEVES DE OLIVEIRA sublinha que, nestas circunstâncias, o espaço deixado ao consenso é de facto muito limitado (*in Autoridade e Consenso...*, cit., p. 7).

Já no direito italiano, DOMENICO CARBONARA sustenta que o "«bando di gara» assume o mesmo valor justificativo da oferta ao público *ex* artigo 1336 do Código Civil e é já de per si idóneo a determinar uma razoável confiança na conclusão do contrato e por isso fundar o princípio da boa fé *ex* artigo 1337" (*in (I Contratti...*, cit., p. 21). De tal modo que a jurisprudência italiana tem decidido no sentido da nulidade as cláusulas de reserva incondicional de suspensão do procedimento, da anulação do concurso e de não adjudicação. Neste sentido exemplificativamente *vide* T.A.R. Lazio, sez. III-bis, 14/10/2004 (n. 10952) *apud* DOMENICO CARBONARA, *I Contratti...*, cit., p. 21.

[477] Concordando, *vide* MARGARIDA OLAZABAL CABRAL, *O Concurso...*, cit., p. 137. *Vide* FAUSTO QUADROS, *O Concurso Público na Formação do Contrato Administrativo*, ROA, ano 47, 1987, p. 706.

MARGARIDA OLAZABAL CABRAL distingue também no procedimento de formação do contrato, como que um sub-procedimento, de que o concurso público é um exemplo. Este sim inicia-se apenas com o acto de abertura (*in O Concurso...*, cit., p. 138).

[478] Cfr. o disposto no n.° 1 do artigo 36.°
[479] Cfr. o disposto no n.° 2 do artigo 36.°

Quanto à natureza jurídica da decisão de contratar, à semelhança das doutrinas italiana e alemã, se bem que em paradigmas contratuais distintos do nosso, uma parte da doutrina portuguesa tem defendido a natureza de acto interno.

Assim, MÁRIO ESTEVES DE OLIVEIRA/RODRIGO ESTEVES DE OLIVEIRA entendem que a decisão de contratar não configura um acto administrativo porquanto não contém qualquer decisão com efeitos externos, tratando-se antes de "decisões jurídicas **internas**", que "não são externamente vinculantes para ninguém, não são comunicadas a ninguém, não são notificadas ou publicadas perante terceiros, não podem ser impugnadas", apenas no plano interno "se poderão (eventualmente) verificar consequências dessas"[480].

Esta construção tem pressuposto que o conceito de acto administrativo tem como elemento definidor a produção de efeitos externos. Sem conceder, porque entendemos que a decisão produz efeitos deste tipo, a verdade é que parte da mais autorizada doutrina administrativa portuguesa não entende que o conceito de acto administrativo implique tal característica. O que define o acto administrativo é o facto de ele ser uma decisão: "corporiza uma declaração de vontade, dirigida a determinar o rumo dos acontecimentos"[481]. Nesta linha, e sem outras considerações, parece claro que aquele acto tem um conteúdo decisório ou vários conteúdos decisórios: decidir contratar, decidir o procedimento a seguir, aprovar os respectivos documentos. O já referido n.º 1 do artigo 36.º do CCP parece naturalmente confirmar esta nossa orientação, bem como o teor dos artigos 38.º e 40.º. Daí que seja de repudiar a concepção de acto interno com o alcance que lhe é dado habitualmente. Do mesmo passo, os argumentos aduzidos pela doutrina estrangeira são de afastar. Não merecem desde logo acolhimento as razões aduzidas pelas doutrina e jurisprudência italianas, designadamente de que decisão de contratar não está tipificada como acto administrativo[482]. Se a análise da questão se debruçar única e exclusivamente sobre a decisão de contratar não podemos deixar de acompanhar

---

[480] Destacado dos AA. em *Concursos...*, cit., pp. 235 e 236.
[481] MÁRIO AROSO DE ALMEIDA, *Considerações em Torno do Conceito de Acto Administrativo Impugnável*, Separata de Estudos em Homenagem ao Prof. Doutor Marcello Caetano, FDUL, Lisboa, 2006, p. 270.
[482] Sem que as nossas objecções se possam entender como uma proposta de eliminação do princípio da tipicidade dos actos administrativos. Até porque agora se pode entender que o artigo 36.º é norma tipificadora de acto administrativo.

o entendimento de que aí não existe qualquer regulação externa e portanto não há acto administrativo[483]. Mas a própria doutrina italiana tem vindo a alterar a sua posição. É o caso designadamente de GUIDO GRECO que, referindo-se ao "papel dos actos da *evidenza pubblica* na formação da vontade contratual da Administração", começa por aludir ao seu papel fundamental na validade do subsequente contrato. Entre estes actos, o primeiro deles é precisamente a "deliberação a *contrarre*" que "contém já os limites extremos gerais do contrato, que a Administração entende *estipular*"[484]. E mais adiante, o A. defende inequivocamente a natureza de acto administrativo, se bem que sublinhe que se trata de actos com efeitos civis[485]. De modo inequívoco, SABINO CASSESE sustenta a natureza de acto administrativo da decisão de contratar: "o procedimento tem início com um acto administrativo [*provvedimento amministrativo*], dito deliberação de contratar, que tem o objectivo de individualizar o interesse público e de autorizar o recurso ao contrato (dito *evidenza pubblica*)"[486]. GIOVANNI VACIRCA, em anotação a uma decisão judicial que pela primeira vez admite a "configuração de um interesse legítimo na correcta escolha do procedimento de contratação", trata (parcialmente) a questão da natureza jurídica da decisão de contratar no sentido que preconizamos[487]. Como se sabe, no

---

[483] Se bem que haja hoje autorizada doutrina portuguesa para quem a externalidade dos efeitos não integram o conceito de acto administrativo. Vide MÁRIO AROSO DE ALMEIDA, *Considerações em Torno...*, cit.

[484] *In Argomenti...*, cit., p. 162 (destacado nosso).

[485] Esta concepção é perfeitamente compreensível à luz do conceito de contratos "*ad evidenza pubblica*". Aliás, o A. prefere sustentar a existência de uma categoria "nova" de actos administrativos: "actos administrativos negociais". Estes actos estariam sujeitos a um regime um pouco distinto do dos actos administrativos tradicionais, mercê da concepção de autonomia privada, de que a Administração é titular, na concepção italiana. FRANCO GAETANO SCOCA critica esta concepção: "a disciplina, privatística ou publicista, do acto consensual parece ser completamente irrelevante quanto à natureza (e disciplina) dos actos mediante os quais a Administração participa na redacção do conteúdo do acto consensual, escolhe a contraparte e manifesta a sua adesão", (*in La Teoria...*, cit., p. 20, nota 48). No mesmo sentido, vide CARLO MARZUOLI, *Principio di Legalità...*, cit., pp. 49 e ss.

[486] *In Le Basi del Diritto Amministrativo*, 6.ª Ed., Garzanti, Milão, 2000, pp. 397-398.

[487] "A aplicação dos princípios constitucionais, que garantem a tutela jurisdicional dos interesses legítimos, não podem realmente encontrar limites na legislação ordinária, mas depende de caracteres intrínsecos dos actos que se deduz da própria norma constitucional. Portanto, é configurável um acto administrativo, eventualmente implícito, sempre que a Administração leva a cabo uma escolha, que, segundo os princípios constitucionais,

direito italiano, aos actos administrativos, subjaz a noção de interesse legítimo, o qual permite a impugnabilidade dos mesmos, pelos particulares, em sede de jurisdição administrativa. Dá conta o A. de que a jurisprudência se tem vindo a orientar cada vez mais no sentido de considerar como acto administrativo o acto de escolha de forma de contratação[488]. Esta "nova" orientação funda-se essencialmente na circunstância de que a Administração exerce poderes públicos, assentes em normas jurídicas quando opera tal escolha.

Do mesmo passo, não podem proceder as razões aduzidas pela doutrina italiana sobre a falta de notificação/publicidade como justificação para a natureza de acto interno da deliberação. Na verdade, a notificação ou outra forma de dar publicidade a um acto não integra a estrutura do mesmo[489]. Trata-se, como é sabido, de um acto integrativo de eficácia, pelo que a sua ausência ou invalidade apenas terá reflexos na eficácia do respectivo acto. A devida publicidade é conferida quando é publicado o anúncio do procedimento. É certo que antes disso, dada a falta de publicidade, a decisão não produz efeitos externos. Se a Administração não publicitar a sua decisão, o procedimento de formação do contrato extingue-se aí. Publicitado o procedimento, deixa de ser possível revogar livremente aquela decisão por existir aí um acto administrativo. Só assim se entende o que MARGARIDA OLAZABAL CABRAL sublinha quando afirma que "a revogação da deliberação de abertura de concurso, depois de publicitado o anúncio deste, deve entender-se como revogação conjunta dessa deliberação e do acto de abertura do concurso, publicado no anúncio"[490]. A revogação é um acto de 2.º grau e tem como objecto outro acto administrativo. Portanto, tal só se pode entender se a decisão de contratar constituir um acto administrativo.

é susceptível de atingir interesses legítimos", (in Atti Amministrativi di Scelta del Procedimento di Contrattazione e Tutela Giurisdizionale, FA, Vol. 60, 1984, p. 75).

[488] Que é uma das dimensões que vimos integrar a decisão de contratar.

[489] Quer a doutrina, quer a própria lei são consentâneas em não integrar nos elementos estruturantes do acto administrativo a notificação ou publicação do mesmo (cfr. o disposto no artigo 120.º do CPA). Quanto à doutrina, apenas para referenciar a doutrina portuguesa, vide ROGÉRIO SOARES, Direito Administrativo, cit., p. 141 (acto instrumental de tipo comunicacional que surge na fase integrativa de eficácia); VIEIRA DE ANDRADE, Validade..., cit., p. 582 ("a eficácia pode depender de circunstâncias extrínsecas ao acto"); FREITAS DO AMARAL, Curso..., II, cit., p. 363 ("estes requisitos não se confundem com os requisitos de validade").

[490] In Concurso..., cit., p. 143.

85. Parece pois claro que a decisão de contratar consubstancia um acto administrativo. Não estamos só neste entendimento. Desde logo porque agora a própria lei o estabelece[491]. Mas já em momentos anteriores, havia doutrina que acompanhava este entendimento. SÉRVULO CORREIA sustenta que é possível autonomizar a decisão do contrato como acto destacável[492]. Chega inclusive a qualificá-lo como acto administrativo expressamente quando se refere à teoria francesa de acto destacável a propósito dos "princípios essenciais da formação dos contratos [que] são comuns aos contratos administrativos"[493]. Mas mesmo quando analisa a legislação dos contratos vigente ao tempo, trata o acto inicial de formação dos contratos em causa como acto administrativo, referindo-se circunstanciadamente à competência para a prática do acto, bem como a demais requisitos ligados ao sujeito para o efeito[494]. Acresce que o A. defende a natureza de acto administrativo dos actos que antecedem a celebração de um contrato de direito privado. "Por maioria de razão, havemos de fazê-lo quando se trata de formação de vontade administrativa relativamente à celebração e estipulação de contratos administrativos"[495]. De igual modo, PEDRO GONÇALVES, a propósito da técnica concessória, sustenta que o acto pelo qual a Administração se decide a concessionar um determinado serviço público se configura como acto administrativo[496]: "a *decisão de conceder* corresponde assim àquilo que, em geral no âmbito dos procedimentos de formação de contratos administrativos, se designa por *decisão de contratar*, acto que exprime uma *volontà de stipulare* – trata-se de um acto

---

[491] Por exemplo, MARCELO REBELO DE SOUSA/ANDRÉ SALGADO MATOS, *Contratos Públicos...*, cit., p. 94.

[492] No mesmo sentido, ALEXANDRA LEITÃO, *A Protecção de Terceiros...*, cit., p. 60; JOSÉ DE MELO ALEXANDRINO, *O Procedimento Pré-Contratual nos Contratos de Empreitada de Obras Públicas*, AAFDL, 1997, pp. 122-123. GOMES CANOTILHO/VITAL MOREIRA defendem também a recorribilidade do acto de abertura do concurso (*in Constituição...*, cit., p. 939).

Em sentido divergente, PEREIRA DA SILVA, *A Invalidade...*, DJ, Vol. X, Tomo 2, 1996, p. 119.

[493] *In Legalidade...*, cit., pp. 501 e 542.

[494] *In Legalidade...*, cit., pp. 534 e ss.

[495] *In Legalidade...*, cit., p. 583. Esta é também a posição de MARIA JOÃO ESTORNINHO (*in A Fuga...*, cit., p. 276).

[496] A decisão de conceder corresponde à decisão/deliberação de contratar nos demais contratos administrativos, em particular nos contratos de solicitação de bens e serviços.

unilateral, inserido num *contexto programático*"[497]. E mais adiante é peremptório: "não obstante a sua dimensão política (*decisão livre*), a *decisão de conceder* reúne todos os elementos necessários para ser considerada um *acto administrativo*", afastando o A. a objecção da não publicidade como óbice para a qualificação jurídica do acto, uma vez que esta decisão é sempre "*pressuposto lógico* de qualquer acto externo subsequente"[498]. FREITAS DO AMARAL não trata especificamente a questão mas alude à natureza da decisão no sentido de se tratar de um acto administrativo quando trata a questão da invalidade derivada do contrato administrativo[499].

86. Na sequência da questão sobre a natureza jurídica, entendemos deve ser sublinhada a amplitude da estatuição da decisão de contratar[500]. É certo que o conhecimento, a publicitação de tal acto poderá só ocorrer mais tarde. Mas tal circunstância não transmuta o facto de neste acto se conterem mais decisões do que a mera decisão de proceder à actuação por contrato. Isto é, não consideraremos apenas como única estatuição a de actuar por contrato. Psicologicamente existe a decisão única de actuar por contrato; mas na materialidade do acto encontramos um conjunto de decisões que decorrem daquela primeira. Como sublinha SÉRVULO CORREIA, "o *acto inicial* – que denominamos *decisão ou deliberação de contratar* – envolve necessariamente a apreciação de um ou mais interesses públicos"[501] e analisando a legislação vigente ao tempo, expressamente refere que "o legislador pretende que pelo menos os elementos essenciais do contrato constem logo da *decisão ou deliberação de contratar*"[502]. Ora, da consideração de vários interesses resultam várias decisões, várias estatuições. Que só podem qualificar-se como integrando o conceito de acto administrativo.

---

[497] *In A Concessão...*, cit., pp. 205-206; IDEM, *O Contrato...*, cit., p. 88.
[498] *In A Concessão...*, cit., p. 207.
[499] *In Curso...*, II, cit., p. 605.
[500] É em reconhecimento desta amplitude que PELINO SANTORO, na análise que faz da problemática italiana em torno da natureza jurídica da deliberação, a dado passo diz: "a relação externa depende do conteúdo mais ou menos amplo da deliberação", (*in Manuale...*, cit., p. 129).
[501] *In Legalidade...*, cit., p. 536.
[502] *In Legalidade...*, cit., p. 538. Também MARIA JOÃO ESTORNINHO reconhece esta complexidade pois refere que "o momento da decisão de contratar envolve a definição do regime aplicável à celebração do contrato e, em função dele, a **escolha do procedimento adjudicatório** a seguir", (*in Direito Europeu...*, cit., p. 362).

Nos contratos em análise, a complexidade é patente porque a decisão de contratar contém normalmente a escolha do tipo de procedimento, a aprovação dos documentos do concurso, a decisão de publicar o respectivo anúncio, etc.[503]. É óbvio que se a decisão for apenas a de eventualmente contratar, diríamos até nem existir propriamente um acto, mas apenas uma intenção futura sem consistência jurídica. Concordamos que se a questão se colocar perante um acto em que, não havendo qualquer publicidade, a Administração apenas esboçou a intenção de futuramente contratar, repetimos, até poderá nem se tratar de um acto jurídico mas apenas de uma intenção. Contudo, para o efeito que pretendemos, o referido acto contém mais decisões, essas com efeitos reguladores face a terceiros à Administração Pública e que acabam por ser devidamente publicitadas[504]. A complexidade de que falamos é reconhecida por MÁRIO ESTEVES DE OLIVEIRA/ /RODRIGO ESTEVES DE OLIVEIRA quando, embora sublinhando que o procedimento adjudicatório não começa com tal acto, defendem que existe já "uma decisão que vai fazer parte (directamente ou por remissão) do processo documental desse procedimento e poder-se-ia, eventualmente, defender que já há aí procedimento oficioso"[505]. E referindo-se aos preliminares da abertura do concurso, aludindo a autorizações e pareceres

---

[503] Na decisão de contratar (artigo 36.°) deve incluir-se uma fundamentação quanto ao procedimento escolhido (artigo 38.°) e os documentos que o instruem (artigo 40.°). Estas decisões estão todas a cargo do "órgão competente para a decisão de contratar" (cfr. o disposto no n.° 2 do artigo 40.° e artigo 38.°). MARGARIDA OLAZABAL CABRAL equaciona precisamente esta questão referindo expressamente que a decisão de contratar e a escolha do procedimento são normalmente simultâneas (*in O Concurso...*, cit., p. 140).

Já em 1959, ROEHERSSEN DI CAMMERATA sublinhava que a deliberação devia indicar o objecto do contrato e o procedimento a seguir (*in I Conttrati della Pubblica Amministrazione*, Zanichelli, Bolonha, 1959, p. 148). Também a jurisprudência italiana amiúde reconhece a complexidade da decisão de contratar: "anteriormente ao início do procedimento de concurso, é indispensável que a administração pública adopte previamente a deliberação a contratar; de facto, ..., a estipulação dos contratos dos entes locais deve ser precedida da expressa deliberação indicando os fins, o objecto, a forma, as cláusulas essenciais do contrato e ainda a modalidade de escolha do contratante e as razões que lhe subjazem" (T.A.R. Emilia Romagna, sez. I, Bologna, 27/1/1998 (n. 17) *apud* ANTONIO GERARDO DIANA, *La Responsabilitá PreContratuale della Pubblica Amministrazione*, Cedam, Padova, 2000, p. 290).

[504] Designadamente através do anúncio do concurso (ou de outro procedimento concursal), esse sim primeiro acto do procedimento de concurso.

No mesmo sentido, DOMENICO CARBONARA, *I Contratti...*, cit., pp. 17 e ss.

[505] *In Concursos...*, cit., p. 235.

que aí podem surgir, os AA. assumem que se trata de actos que podem "implicar a invalidade do procedimento", remetendo o respectivo regime jurídico para o dos actos que tem eficácia entre autoridades administrativas[506]. Dentre os referidos actos desses preliminares, os AA. sublinham a "importância financeira da decisão prévia de contratar", destacando que uma decisão ilegal a esse nível, "pode implicar com a futura eficácia financeira do contrato", aí incluindo a escolha do tipo de procedimento que pode necessitar de "uma aprovação tutelar ou [de] fiscalização financeira do Tribunal de Contas"[507]. Também no direito italiano, PELINO SANTORO, apesar do seu ponto de partida quanto à natureza jurídica da decisão de contratar, reconhece no entanto que tanto a escolha de procedimento a seguir, bem como a decisão sobre a localização da obra e respectiva execução numa empreitada, constituem momentos decisórios anteriores ao procedimento contratual[508]. Nesta perspectiva, de "acto com várias estatuições", com várias decisões, há efeitos externos, há publicidade e por conseguinte vinculação para a Administração[509]. Os AA. costumam usar

---

[506] In Concursos..., cit., pp. 238 e ss. Apesar desta concepção, os AA. entendem que esta decisão integra «antecedentes procedimentais», (Concursos..., cit., p. 236 e MÁRIO ESTEVES DE OLIVEIRA ET AL., Código..., 2.ª Ed., cit., p. 292).

[507] In Concursos..., cit., p. 237. Claro que agora esta perspectiva financeira está ultrapassada porque a escolha do procedimento limita automaticamente o montante a pagar pelo ente público, o que retira utilidade à aprovação financeira (cfr. o disposto no artigo 17.º). Contudo, o artigo 36.º reuniu no mesmo órgão a competência para a decisão de contratar e a aprovação da despesa.

[508] In I Controlli..., cit., pp. 35 e 36.

A jurisprudência italiana dá conta da complexidade estrutural da deliberação de contratar, chegando inclusive a sustentar que esta constitui "pressuposto do procedimento contratual", para efeitos de recorribilidade (Consiglio di Stato, Sez. IV, 28/10/1996 (n. 1159): "a deliberação de contratar assumida pela Administração Pública, com a qual fica fixado o projecto de contrato com a previsão da despesa prevista e o método de escolha do contratante privado, não é um mero acto preparatório da adjudicação, mas é um acto de tipo programático, enquanto pressuposto do procedimento contratual". Contudo, uma sentença do T.A.R. Piemonte de 23/4/1998 (n. 285), afasta a concepção da deliberação como um acto negocial, sustentando ante que se trata de "um acto discricionário, susceptível de sindicância sob a perspectiva de incompetência, excesso de poder e violação de lei" (vícios dos actos administrativos) (apud DOMENICO CARBONARA, I Contratti..., cit., p. 19).

[509] Eventualmente, poderia sustentar-se que não se trata de um acto, mas de vários actos que comungam apenas do momento de prolação. Mas nesse caso, ficaria esvaziada juridicamente a deliberação/decisão de contratar, reconduzindo-se unicamente a facilitar a exposição de uma argumentação.

a figura do acto complexo para levar a cabo a distinção face ao conceito de procedimento administrativo, sublinhando que o procedimento é um "complexo de actos"[510].

87. Quanto à função da decisão de contratar, questão intimamente relacionada com a questão anterior, a maioria da doutrina é consensual: dar a conhecer a intenção justificada de actuar pela via contratual. Podemos acompanhar a doutrina italiana, quando aí se sublinha uma dúplice função à decisão de contratar: decisão de contratar, com certo conteúdo, segundo um determinado procedimento"[511], sendo "a declaração de intenção da Administração da sua vontade de outorgar um contrato de certo tipo"[512]. A decisão contém, além da vontade da administração em se vincular por contrato, a fixação detalhada da estrutura do contrato que a Administração irá outorgar[513]. Podemos apontar por isso múltiplas funções a este acto administrativo: evidencia o interesse público presente que conduz à outorga contratual; explicita o objecto do contrato e as cláusulas essenciais; estabelece o tipo de procedimento e método de escolha do co-contratante[514]. A doutrina acaba por reconhecer que a deliberação assume uma "dupla valência. Ela, de facto, por um lado especifica o conteúdo do futuro negócio, por outro lado, confere legitimação para contratar ao órgão

---

DOMENICO CARBONARA reconhece o carácter fundador da deliberação de contratar face ao contrato outorgado a final. Não podemos contudo subscrever na íntegra as conclusões que o A. retira daí em matéria de invalidade. Parece decorrer da sua concepção que a invalidade da deliberação acarreta a invalidade (derivada) do contrato (in I Contratti..., cit., p. 19). Entendemos que haverá que distinguir entre as várias estipulações da deliberação. Um vício no programa do concurso acarretará, em princípio, uma invalidade derivada do contrato porque se manifestará no iter procedimental da escolha do co-contratante. Mas já um vício quanto à forma de actuação pela via contratual afecta a génese do próprio contrato, invalidando-o por causa própria e não derivada. Adiante desenvolveremos detalhadamente estas questões.

510 Neste sentido, MÁRIO ESTEVES DE OLIVEIRA ET AL., Código..., 2.ª Ed., pp. 45 e ss.
511 ALBERTO MASSARE, Trattato di Diritto Amministrativo Generale, 1.ª Ed., Giuffrè, Milão, 2000, pp. 1392-1393.
512 ALBERTO MASSARE, L' Attività, in Instituzioni..., cit., p. 308.
513 ANTONIO GERADO DIANA, La Responsabilitá..., cit., p. 270.
514 Nesta linha, NICOLE GIOFFRÈ, L' Evidenza..., cit., p. 23. Mas na senda do que sucede na doutrina italiana, logo de seguida o mesmo A. defende que se trata de acto interno, no que concerne à Administração do Estado, e que não deve ser exteriorizado.

da Administração Pública designado para manifestar exteriormente a vontade negocial do ente"[515].

88. Concretizemos agora a complexidade estrutural que entendemos que a decisão de contratar encerra.

A primeira estatuição deste primeiro acto é a decisão de celebrar um contrato, sendo que aqui a questão de validade pertinente que se coloca é a saber se há competência para o efeito. Aliás, quer a doutrina portuguesa, quer a doutrina estrangeira sublinham amiúde a necessidade de distinguir entre a competência para decidir contratar e a competência para celebrar contratos[516]. Trata-se por conseguinte de saber se existem os poderes para contratar e, ainda antes, se cabe àquele ente público a prossecução do interesse público que se manifesta naquela situação material. No domínio da legislação em vigor, existe identidade entre quem delibera e quem contrata, simplificando portanto todas as questões atinentes ao sujeito[517].

Uma outra decisão (*décision*) fundamental contida neste primeiro acto prende-se com a escolha do procedimento a seguir para a selecção do parceiro contratual da Administração[518-519].

---

[515] DOMENICO CARBONARA, *I Contratti...*, cit., p. 18. "A determinação (ou a deliberação) a contrair é acto que consente a referência ao ente da vontade manifestada para o exterior do órgão competente: trata-se na realidade de antecedente ou pressuposto necessário, que torna possível o sucessivo encontro do consenso... . Ela não tem carácter negocial mas natureza programática, ..., é acto administrativo e, como tal, está sujeito ao regime típico dos actos administrativos, aos fins de autotutela, do controlo e tutela jurisdicional" (T.A.R. Campania, sez. I, 13/12/2001 (n. 1820) *apud* DOMENICO CARBONARA, *I Contratti...*, cit., pp. 18-19).

[516] Entre nós, SÉRVULO CORREIA, *Legalidade...*, cit., pp. 562 e ss.; JOÃO MARTINS CLARO, *O Contrato Administrativo*, Seminário do INA, 1992, p. 138.

[517] Cfr. o disposto no artigo 106.º do CCP.

[518] O artigo 38.º qualifica igualmente como decisão e portanto como acto administrativo a escolha do procedimento, impondo-lhe, como é devido, o dever de fundamentação. Há-de saber-se a ponderação do interesse público aí implícito.

[519] As prescrições supletivas do CPA relativas a esta questão especificamente apontavam vários tipos de procedimento de escolha do parceiro contratual da Administração, sendo que o concurso público era o regime preferencial. Cfr. o que se dispunha no artigo 183.º do CPA, onde se estabelecia a obrigatoriedade da realização do concurso público "com ressalva do disposto nas normas que regulam a realização de despesas públicas ou em legislação especial, os contratos administrativos devem ser precedidos de concurso público". No âmbito das prescrições normativas do CPA, o procedimento de escolha do co-contratante podia assumir a forma de concurso limitado por prévia quali-

No âmbito do CCP, o número e tipo de procedimentos de escolha do parceiro contratual é diferente do que resultava da legislação anterior: ajuste directo, concurso público[520], concurso limitado por prévia qualificação, procedimento por negociação e diálogo concorrencial[521], bem como o modo de escolha do procedimento[522].

O CCP estabelece um critério para saber qual o procedimento a seguir. O legislador entendeu que decisivo seria o facto de as prestações estarem ou fossem susceptíveis de estar submetidas à concorrência de mercado[523]. Acresce que o legislador entendeu ainda ilustrar, a título exemplificativo, alguns contratos que preenchem o referido critério, "independentemente da sua designação ou natureza": empreitada de obras

---

ficação, concurso limitado sem apresentação de candidaturas, negociação, com ou sem publicação prévia de anúncio e o ajuste directo (cfr. o que se dispunha nas várias alíneas do n.º 1 do artigo 182.º).

[520] Quando existe concurso público, podem concorrer a ser parceiro da Administração Pública *todas as entidades que satisfaçam os requisitos gerais estabelecidos na lei.* Cfr. o que se dispunha no n.º 2 do artigo 182.º do CPA.

[521] Cfr. o disposto no n.º 1 do artigo 16.º do CCP.

[522] No âmbito de vigência do CPA, discutia-se o âmbito do dever de proceder segundo o concurso público. MÁRIO ESTEVES DE OLIVEIRA ET AL. entendiam que esta obrigação não existia para todos os contratos administrativos celebrados pela Administração Pública: "por um lado, são numerosos os contratos administrativos (por exemplo, os ditos de *cooperação* e muitos dos de *atribuição*) que são celebrados com pessoas determinadas, não se pondo aí problemas de escolha de co-contratantes ou dos termos do contrato a celebrar e, pelo outro lado, a disposição do n.º 1 do artigo 182.º, então, não seria limitada aos contratos aí previstos e deveria ter sido delineada para todos os contratos administrativos" (*Código...,* 2.ª Ed., cit., p. 840). Também ALEXANDRA LEITÃO refere que, nos contratos de colaboração, "não existem, em princípio, procedimentos pré-contratuais decorrentes de um impulso processual externo à Administração", (*in A Protecção...,* cit., p. 200). Também DIOGO FREITAS DO AMARAL entendia dever distinguir-se entre os contratos de colaboração e os de atribuição, sendo o concurso público obrigatório para os primeiros apenas, ou seja, para a grande maioria dos contratos elencados no n.º 2 do artigo 178.º do CPA (*Curso...,* II, cit., pp. 592 e ss.). Sobre o concurso público, MARGARIDA OLAZABAL CABRAL, *O Concurso...,* cit., pp. 110 e ss.; MARCELLO CAETANO, *Manual...,* I, cit., pp. 597-604; SÉRVULO CORREIA, *Legalidade...,* cit., p. 600; MARCELO REBELO DE SOUSA, *O Concurso Público...,* cit., p. 45; MÁRIO ESTEVES DE OLIVEIRA/RODRIGO ESTEVES DE OLIVEIRA, *Concursos...,* cit., p. 177; CARLOS FERREIRA DE ALMEIDA, *Contratos – Conceito, Fontes, Forma,* I, 3.ª Ed., Almedina, Coimbra, 2005, pp. 137-144. Claro que, se assim fosse, ficava por saber se se aplicava àqueles contratos que não estavam aí elencados e que resultavam da conjugação de contratos administrativos típicos ou contratos que eram mistos sem comungarem de características de contratos típicos.

[523] Cfr. o disposto no n.º 1 do artigo 16.º

públicas, concessão de obras públicas e concessão de serviços públicos, locação e aquisição de bens móveis, aquisição de serviços e o contrato de sociedade[524].

A actual legislação veio confirmar a nossa opinião de que sempre que o interesse público da transparência da decisão administrativa de contratar se manifestar e se se tratar de situações em que é a Administração que procura bens e serviços, isto é, em que é a Administração que prossegue activamente o interesse público, então o procedimento a seguir deverá ser o do concurso público, ou seja, situações em que a concorrência é erguida em interesse público. Claro que a força do interesse público nos contratos administrativos depende do tipo de contrato. Naqueles em que o particular procura a Administração para celebrar um contrato, como sucede, por exemplo, nos contratos de uso privativo do domínio público, não faz muito sentido dizer que o procedimento de formação do contrato está sujeito a concurso público. Nessa hipótese, a Administração é apenas solicitada a proteger o interesse público e não a persegui-lo activamente. Não há colaboração mas atribuição. Poderia até o uso ser conferido por acto administrativo[525].

Claro que, mercê da alteração no critério de escolha de procedimento, o concurso público não é imposto como procedimento regra, mas deverá na prática sê-lo pois é isso que resulta da conjugação do critério da submissão à concorrência e valores do contrato. Pois como resulta da regra prescrita no artigo 18.º do CCP, quanto maior for o valor a pagar pelo acervo total das prestações contratuais, mais se evidencia a necessidade de submissão à concorrência[526].

89. Assim, como já demos conta, no CCP o modo de escolha do procedimento resulta da aplicação de um critério completamente diferente daquele que vigorava até à data da sua entrada em vigor do CCP. Recordemos então como se devia escolher o procedimento à luz da legislação que foi revogada.

---

[524] Cfr. o disposto no n.º 2 do artigo 16.º
[525] Claro que hoje o CCP alterou esta linearidade.
[526] Recorde-se que, nos termos da Directiva 2004/18/CE, a aplicação das regras da mesma – e que foram transpostas para a ordem jurídica portuguesa pelo CCP – depende dos limiares. Contudo, por vários documentos da Comissão e pela própria interpretação do Tribunal de Justiça, deverão aplicar-se aos contratos que estejam formalmente excluídos os princípios relativos à concorrência e transparência.

Nos termos do RJEOP e RJDP, a escolha do procedimento variava em função de dois critérios. O primeiro era o do valor estimado do contrato nas empreitadas[527] e o valor do contrato nos demais contratos sujeitos ao RJDP[528].

Permitia porém a lei a escolha do procedimento independentemente do valor do contrato[529]. No que concerne às empreitadas de obras públicas, podia escolher-se o concurso limitado com publicação de anúncio, nos termos do artigo 122.º, sempre que existisse *complexidade do objecto* que justificasse "maior exigência de qualificação dos participantes, designadamente experiência anterior reconhecida em domínios específicos". O concurso por negociação, fora dos casos justificados pelo valor, era admissível nas circunstâncias elencadas taxativamente no n.º 1 do artigo 134.º Tratava-se de um conjunto de circunstâncias em que já se tentara outro procedimento mais exigente, ou de específico objecto, ou não era possível cumprir o critério do preço e sempre que o ajuste directo fosse admissível, independentemente do valor. Por fim, o ajuste directo, independentemente do valor do contrato, era admissível em hipóteses de concursos anteriores desertos, de situações de "protecção de direitos exclusivos", em casos de "urgência imperiosa resultantes de acontecimentos imprevisíveis" e não imputáveis ao dono da obra, em situações de "repetição de obras similares" e em situações de secretismo e segurança, relacionados com "interesses essenciais do Estado Português"[530]. No que dizia respeito aos contratos disciplinados no RJDP, independentemente do valor, podia recorrer-se ao ajuste directo quando "a natureza dos serviços a prestar, nomeadamente no caso de serviços de carácter intelectual e de serviços financeiros, não permita a definição das especificações necessárias à sua adjudicação de acordo com as regras aplicáveis aos restantes procedimentos"[531]. O procedimento por negociação com publicação prévia de anúncio era admis-

---

[527] "Para efeitos de escolha do procedimento, o valor estimado do contrato é: a) nas empreitadas por preço global, o preço base do concurso; b) nos restantes tipos de empreitada, o custo provável dos trabalhos estimado sobre as medições do projecto" (cfr. o que se dispunha no n.º 3 do artigo 48.º do RJEOP).

[528] Cfr. o que se dispunha nos artigos 80.º e ss. do RJDP.

[529] O RJDP expressamente impunha o cumprimento das obrigações de fundamentação da escolha – cfr. o que se dispunha no n.º 1 do artigo 79.º Embora o artigo 48.º do RJEOP não fizesse menção expressa desta obrigação, resultava a mesma claramente das regras gerais disciplinadoras da actividade administrativa.

[530] Cfr. o que se dispunha no artigo 136.º do RJEOP.

[531] Cfr. o que se dispunha na alínea b) do n.º 3 do artigo 81.º do RJDP.

sível, independentemente do valor do contrato, em casos de deserção de concurso, ou quando, "em casos excepcionais, a natureza dos serviços" não permitisse a fixação do preço, ou quando o tipo de serviços (intelectuais, designadamente) não "permit[isse] a definição das especificações" para ser seguido outro procedimento[532]. Quer o procedimento por negociação sem publicação prévia de anúncio, quer o concurso limitado sem apresentação de candidaturas, eram admissíveis em situações de urgência, de deserção de concurso anterior, concurso em que nenhuma proposta foi admitida, em situações de aplicação do procedimento por negociação com publicação prévia de anúncio, o contrato fosse a consequência de um procedimento para trabalhos de concepção, nos termos do disposto no artigo 84.° A consulta prévia devia ser o procedimento adoptado sempre que "na medida do estritamente necessário e por motivos de urgência imperiosa resultante de acontecimentos imprevisíveis, não [pudessem] ser cumpridos os prazos para" outros procedimentos[533]. O artigo 86.° regulava as hipóteses de ajuste directo independentemente do valor. Os contratos celebrados ao abrigo dos procedimentos previstos na alínea b) do n.° 3 do artigo 81.°, do artigo 84.°, 85.° e alíneas c) a g) do n.° 1 do artigo 86.° careciam de aprovação, nos termos do n.° 2 do artigo 79.°

90. No âmbito do CCP, a questão da escolha do procedimento está disciplinada no Capítulo II, do título I da Parte II.

Como já referimos, a regra da escolha do procedimento de selecção do parceiro contratual da Administração inverteu-se. Isto é, já não é o valor do contrato que determina a escolha do procedimento. Estabelece o artigo 18.° que *"sem prejuízo do disposto nos capítulos III e IV do presente título, a escolha dos procedimentos de ajuste directo, de concurso público ou de concurso limitado por prévia qualificação condiciona o valor do contrato a celebrar nos termos do disposto nos artigos seguintes do presente capítulo"*. Ou seja, agora cabe aos entes públicos escolher o procedimento. Uma vez feita tal escolha, a lei limita o *"valor máximo (...) que pode ser obtido pelo adjudicatário com a execução de todas as prestações que constituem o seu objecto"*[534]. Convém sublinhar também que o CCP diz claramente o que seja o valor máximo: *"inclui, além do preço*

---

[532] Cfr. o que se dispunha no artigo 83.°
[533] Cfr. o que se dispunha no artigo 85.°
[534] Cfr. o disposto no n.° 1 do artigo 17.°

a pagar pela entidade adjudicante ou por terceiros, o valor de quaisquer contraprestações a efectuar em favor do adjudicatário e ainda o valor das vantagens que decorram directamente para este da execução do contrato e que possam ser configuradas como contrapartidas das prestações que lhe incumbem"[535]. Repare-se que esta opção é libertadora da actuação administrativa no sentido de não ter de estabelecer, como sucedia na legislação anterior, uma valor estimado contrato, com toda a carga de imprecisão e vacuidade que tal previsão incluía. A partir de agora, a entidade adjudicante até pode ter uma estimativa de valor, mas ao mercado só tem de dizer que por aquele contrato pagará o valor máximo correspondente ao tipo de procedimento que escolheu. Não se pode dizer propriamente que a escolha do procedimento é livre, mas é certo que a entidade adjudicante não está tão vinculada como no regime jurídico agora revogado.

De seguida, disciplina o CCP a escolha do procedimento em determinados contratos típicos. Assim, quanto à empreitada de obras públicas, o concurso público e o concurso limitado são permitidos em "contratos de qualquer valor"[536]; se não houver publicação no JOUE, só é permitido em contratos com valor inferior € 5 150 000[537]. O ajuste directo só é permitido, para a generalidade dor organismos de direito público, nos contratos com valor inferior a € 150 000[538]. Quanto aos contratos de locação ou de aquisição de bens móveis e de aquisição de serviços, rege o artigo 20.º, em moldes semelhantes aos da empreitada, se bem que, naturalmente, os valores sejam mais baixos: ajuste directo só é permitido até ao valor de € 75 000[539] (para a generalidade dos organismos de direito público[540]), concurso público e concurso limitado em qualquer valor, excepto se não forem feitos anúncios no JOUE, caso em que o valor de referência é o de

---

[535] Cfr. o disposto no n.º 2 do artigo 17.º

[536] Cfr. o disposto na alínea b) do artigo 19.º

[537] Conforme se dispõe a alínea c) do artigo 7.º da Directiva 2004/18/CE, com a redacção dada pelo Regulamento n.º 2083/2005 da Comissão, de 19 de Dezembro de 2005. Cfr. actualmente o Regulamento 1422/2007, da Comissão, de 4 de Dezembro e a Portaria 701-C/2008, de 29 de Julho.

[538] Cfr. o disposto na alínea a) do artigo 19.º. Tratando-se do Banco de Portugal ou alguma das entidades elencadas no n.º 2 do artigo 2.º, o valor baixa para € 1 000 000.

[539] Tratando-se de contratos de aquisição de planos, projectos ou de criações conceptuais nos domínios da arquitectura ou da engenharia, o valor desce para os € 25 000. Cfr. o disposto no n.º 4 do artigo 20.º

[540] Com excepção do Banco de Portugal ou alguma das entidades referidas no n.º 2 do artigo 2.º

€ 211 000[541]. Contudo, se o Estado for a entidade outorgante e os anúncios não forem publicados no JOUE, o valor máximo é de € 137 000[542]. Mas tal limite não valerá se se verificarem as previsões das alíneas a) e b) do n.º 2 do artigo 20.º, sendo-lhes aplicável a regra da alínea b) do n.º 1 do mesmo normativo. Para outros contratos, com excepção dos contratos de concessão de obras públicas, concessão de serviços públicos e contratos de sociedade o ajuste directo só é permitido em contratos de valor inferior a € 100 000, sendo possível, para qualquer valor, a escolha do concurso público ou concurso limitado por prévia qualificação[543].

Mas tal como a legislação revogada, é permitida a escolha do procedimento em função de critérios materiais, independentemente do valor[544]. Estão elencadas razões que são em tudo semelhantes a muitas que vigoravam e que permitem a escolha do ajuste directo em qualquer contrato: não se apresentou nenhum concorrente ou não foi apresentada nenhuma proposta em anterior concurso público ou concurso limitado, sem que haja alteração substancial do caderno de encargos e, sendo o caso, os requisitos mínimos de capacidade técnica e financeira não sejam substancialmente alterados; exclusão de todas as propostas em anterior procedimento concursal (público ou por prévia qualificação) ou em diálogo concorrencial; urgência administrativa, conforme está descrita na alínea c) do n.º 1 do artigo 24.º; as prestações que constituem o objecto se destinem, a título principal, a prestação de serviços na área de telecomunicações, a prestação só possa ser confiada a uma única entidade por razões de direitos exclusivos, situações de segredo de Estado ou associadas à segurança e defesa de interesses essenciais do Estado[545]. Existem regras específicas para contra-

---

[541] Cfr. o disposto na alínea b) do artigo 7.º da Directiva 2004/18/CE com a redacção dada pelo Regulamento n.º 2083/2005, da Comissão, de 19 de Dezembro.

[542] Cfr. o disposto na alínea a) do artigo 7.º da Directiva 2004/18/CE com a redacção dada pelo Regulamento n.º 2083/2005, da Comissão, de 19 de Dezembro.

[543] Cfr. o disposto no artigo 21.º

[544] Cfr. o disposto nos artigos 23.º e ss.

[545] Cfr. o disposto no n.º 2 do artigo 24.º Existem a seguir normas específicas a observar a propósito da utilização do ajuste directo em situações não enquadráveis na escolha do procedimento em ligação com o valor máximo do contrato.

"2 – Quando todas as propostas tenham sido excluídas com fundamento no n.º 2 do artigo 70.º, a adopção do ajuste directo ao abrigo do disposto na alínea b) do número anterior só permite a celebração de contratos de valor inferior ao: a) Referido na alínea b) do artigo 19.º, no caso de se tratar de um contrato de empreitada de obras públicas; b) Referido na alínea b) do n.º 1 do artigo 20.º, no caso de se tratar de um contrato

tos de empreitadas e para os contratos de concessões de obras públicas, para os contratos de locação ou aquisição de bens móveis, para os contratos de aquisição de serviços[546].

Mas o CCP contempla outros dois procedimentos: o de negociação e o diálogo concorrencial. Escapam às regras anteriores, estando sujeitas antes às regras constantes dos artigos 29.º (negociação) e 30.º (diálogo concorrencial).

---

de locação ou de aquisição de bens móveis ou de um contrato de aquisição de serviços; c) Referido no n.º 2 do artigo 20.º, no caso de se tratar de um contrato de locação ou de aquisição de bens móveis ou de um contrato de aquisição de serviços, quando a entidade adjudicante seja o Estado, excepto se se tratar de um dos contratos mencionados nas alíneas a) e b) do n.º 2 do artigo 20.º, caso em que é aplicável o disposto na alínea anterior. 3 – No caso previsto no número anterior, a adopção do ajuste directo só permite a celebração de contratos de valor igual ou superior aos referidos nas alíneas do mesmo número, consoante os casos, desde que o anúncio do procedimento anterior tenha sido publicado no Jornal Oficial da União Europeia e sejam convidados a apresentar proposta todos, e apenas, os concorrentes cujas propostas tenham sido excluídas apenas com fundamento no n.º 2 do artigo 70.º. 4 – Para a formação de contratos que digam directa e principalmente respeito a uma ou a várias das actividades exercidas nos sectores da água, da energia, dos transportes e dos serviços postais pelas entidades adjudicantes referidas no n.º 1 do artigo 7.º, o ajuste directo só pode ser adoptado ao abrigo do disposto na alínea b) do n.º 1, desde que as propostas tenham sido excluídas com fundamento diferente dos previstos no n.º 2 do artigo 70.º. 5 – Para a formação dos contratos a que se refere o número anterior e sem prejuízo do que nele se dispõe, também pode ser adoptado o ajuste directo quando as situações previstas nas alíneas a) e b) do n.º 1 tenham ocorrido em anterior procedimento de negociação. 6 – A decisão de escolha do ajuste directo ao abrigo do disposto nas alíneas a) e b) do n.º 1 e do número anterior só pode ser tomada no prazo de seis meses a contar: a) Do termo do prazo fixado para a apresentação de propostas ao concurso, no caso previsto na alínea a) do n.º 1; b) Da decisão de exclusão de todas as propostas apresentadas, no caso previsto na alínea b) do n.º 1. 7 – A decisão de escolha do ajuste directo tomada nos termos do disposto no número anterior caduca se o convite à apresentação de proposta não for formulado nos prazos previstos nas alíneas a) e b) do número anterior, consoante o caso. 8 – Para efeitos do disposto nas alíneas a) e b) do n.º 1, considera-se que o caderno de encargos e os requisitos mínimos de capacidade técnica e financeira são substancialmente alterados quando as alterações sejam susceptíveis de impedir a verificação das situações previstas nessas alíneas, nomeadamente quando sejam modificados os parâmetros base fixados no caderno de encargos. 9 – As entidades adjudicantes devem comunicar à Comissão Europeia, a pedido desta, um relatório relativo aos contratos celebrados ao abrigo do disposto na alínea a) do n.º 1".

[546] Cfr. o disposto nos artigos 25.º (empreitada de obras públicas), 26.º (locação ou aquisição de bens móveis), 27.º (aquisição de serviços).

Por último, pode escolher-se ainda o procedimento em função do tipo de contrato, conforme regulamentação contida no artigo 31.°[547]. Por último, é também possível escolher o procedimento em função da entidade adjudicante, o que constitui uma novidade. Reza assim o artigo 33.°: *"1 – Sem prejuízo do disposto nos artigos 24.° a 27.° e no n.° 3 do artigo 31.°, para a formação de contratos que digam directa e principalmente respeito a uma ou a várias das actividades exercidas nos sectores da água, da energia, dos transportes e dos serviços postais pelas entidades adjudicantes devem adoptar em alternativa, o concurso público, o concurso limitado por prévia qualificação ou o procedimento de negociação. 2 — Para a formação dos contratos referidos no número anterior não pode ser adoptado o procedimento de diálogo concorrencial. 3 — Ainda que os contratos a celebrar não digam apenas respeito a uma ou a várias das actividades por elas exercidas nos sectores da água, da energia, dos transportes e dos serviços postais, o disposto no n.° 1 é sempre aplicável às entidades adjudicantes referidas no n.° 1 do artigo 7.°, desde que não seja possível determinar a que actividade tais contratos dizem principalmente respeito. 4 — O disposto no n.° 1 não é aplicável às entidades adjudicantes referidas no n.° 2 do artigo 2.° quando os contratos a celebrar não digam apenas respeito a uma ou a várias das actividades por elas exercidas nos sectores da água, da energia, dos transportes e dos serviços postais e não seja possível determinar a que actividade tais contratos dizem principalmente respeito"*.

91. Relacionado com a escolha do procedimento está a aprovação dos documentos do concurso. Quando se decide actuar contratualmente aprovam-se os documentos do procedimento na respectiva deliberação. Esta dimensão de decisão encontra-se expressamente prevista, sem qualquer excepção, no n.° 2 do artigo 40.°

No âmbito do CCP, a questão está regulada por tipo de procedimento. Assim, nos termos do que dispõe o artigo 40.°, todos os tipos de procedimento têm um caderno de encargos[548], os procedimentos concursais têm programa de procedimento, no ajuste directo, no concurso limitado por prévia qualificação, no procedimento de negociação e no diálogo concor-

---

[547] O artigo 32.° regula a escolha do procedimento em relação aos contratos mistos.

[548] A propósito de cada tipo contratual, existem disposições específicas para os respectivos cadernos de encargos: artigo 43.° (empreitada de obras públicas), artigo 44.° (contratos de concessão), artigo 45.° (parcerias público-privadas).

rencial existe o convite à apresentação de propostas. No diálogo concorrencial existe ainda o convite à apresentação de soluções.

92. Quanto à natureza jurídica destes documentos, quer a doutrina, quer a jurisprudência, são unânimes a considerar que o programa do concurso (procedimento) constitui um regulamento[549]. Legislativamente, a questão também é pacífica com o artigo 41.º a referir expressamente a natureza regulamentar do programa do procedimento.

Já no que concerne ao caderno de encargos, a questão da respectiva natureza jurídica já não é tão pacífica. Os AA. dividem-se entre a teoria da contratualidade, como GARCIA ENTERRIA/RAMON FERNANDEZ[550], RAMON PARADA[551], DÍAZ DELGADO[552], ANDRÉ DE LAUBADÈRE/PIERRE DELVOLVÉ/ /FRANCK MODERNE[553], PAOLO PUGLIESE[554], MASSIMO GIANNINI[555], EUGENIO MELE[556], MARCELO REBELO DE SOUSA/ANDRÉ SALGADO MATOS[557] e MARGARIDA OLAZABAL CABRAL[558], e a tese do carácter regulamentar como MÁRIO ESTEVES DE OLIVEIRA/RODRIGO ESTEVES DE OLIVEIRA[559], MÁRIO

---

[549] A doutrina é consensual sobre esta questão. *Vide* exemplificativamente MÁRIO ESTEVES DE OLIVEIRA/RODRIGO ESTEVES DE OLIVEIRA, *Concursos...*, cit., pp. 135 e ss.; MARCELO REBELO DE SOUSA/ANDRÉ SALGADO MATOS, *Contratos Públicos...*, cit., p. 95; BERNARDO AYALA, *Liberdade e Vinculação da Administração na Avaliação de Propostas no Âmbito da Contratação Pública – Anotação ao Acórdão do Sta de 22/04/2004, P. n.º 300/04*, CJA, n.º 49, 2005, p. 59; Parecer da PGR n.º 80/90, Diário da República, II.ª Série, de 11/07/1990.

[550] *In Curso...*, I, cit., p. 713.

[551] *In Derecho Administrativo*, 16.ª Ed., Vol. I, cit., p. 268.

[552] *In Comentarios...*, RICARDO GARCÍA MACHO (dir.), cit., p. 266. Na doutrina espanhola, DÍAZ DELGADO, depois de apresentar as três orientações doutrinais sobre a questão, adere à tese de que o programa do concurso – "pliegos generales" – é um "conjunto de normas jurídicas, não imperativas ou coercivas, mas permissivas ou de direito dispositivo", (*in Comentarios...*, RICARDO GARCÍA MACHO (dir.), cit., p. 261).

[553] *In Traité...*, cit., pp. 680-695.

[554] *In Contratto V) Contratti della Pubblica Amministrazione (Voce)*, Enc. Giur. Treccani, 1988, p. 3.

[555] *In Diritto Amministrativo*, cit., pp. 359 e ss.

[556] *In I Contratti...*, cit., pp. 65 e ss.

[557] Se bem interpretamos a posição dos AA. ao sublinhar que o caderno de encargos é "uma declaração negocial que contém as cláusulas a incluir no contrato a celebrar", (*Contratos Públicos...*, cit., p. 96).

[558] A A. qualifica o caderno de encargos como "declaração negocial *sui generis*", (*O Concurso...*, cit., p. 151 e pp. 245 e ss.).

[559] *In Concursos...*, cit., pp. 139 e ss.

ESTEVES DE OLIVEIRA[560], ALEXANDRA LEITÃO[561], CLÁUDIA VIANA[562]. Também o Conselho Consultivo da Procuradoria Geral da República sustentou esta última orientação[563]. O legislador, no CCP, parece ter optado pelo entendimento de que o caderno de encargos tem a natureza contratual: *"é a peça do procedimento que contém as cláusulas a incluir no contrato a celebrar"*[564].

Independentemente da resposta à questão controvertida acerca da natureza jurídica do caderno de encargos, quer o programa do concurso, quer o caderno de encargos, necessariamente em moldes distintos, integram o bloco de legalidade a que a Administração se auto-vincula[565], podendo, por conseguinte, ser alvo de impugnação judicial[566]. Relembre-se que o n.º 2 do artigo 100.º do CPTA expressamente refere: *"também são susceptíveis de impugnação directa, ao abrigo do disposto na presente sec-*

---

[560] Tem natureza regulamentar antes da celebração do contrato e natureza contratual após a celebração (*in Direito Administrativo*, cit., p. 683).

[561] *In A Protecção...*, cit., p. 206.

[562] *In Recentíssimas Alterações do Contencioso relativo à Formação dos Contratos Públicos*, CJA, n.º 37, 2003, p. 7, nota 21.

[563] Cfr. o teor do Parecer n.º 88/89.

[564] Cfr. o disposto no n.º 1 do artigo 42.º

No direito francês, ANDRÉ DE LAUBADÈRE/JEAN-CLAUDE VENEZIA/YVES GAUDEMET, ao tratar a questão, distinguem entre o caderno de encargos relativos a contratos administrativos relativos aos mercados públicos ("marchés publiques") que não a concessão, que terá natureza contratual, e o caderno de encargos relativos às concessões que teriam natureza regulamentar por força de se estabelecerem relações jurídicas com os destinatários dos serviços/bens concedidos e não apenas entre os parceiros contratuais (*in Traité de Droit...*, Tome 1, cit., pp. 818-819). Esta distinção pode ser proveitosa em matéria de invalidade das cláusulas do caderno de encargos, em particular com o alcance da determinação administrativa (as dimensões normativas estão excluídas da concorrência) e com o alcance da invalidação da cláusula na economia contratual. Na nossa investigação, não nos debruçamos sobre a concessão e sobre as especificidades deste contrato sujeito à concorrência, apenas buscando muito pontualmente exemplos práticos ilustrativos de invalidade mas que não são exclusivos da técnica concessionária.

[565] Neste sentido, além da vasta jurisprudência, *vide* ALEXANDRA LEITÃO, *A Protecção...*, cit., p. 205.

[566] No âmbito do contencioso pré-contratual (artigos 100.º e ss. do CPTA).

MARGARIDA OLAZABAL CABRAL, por não reconhecer carácter regulamentar ao caderno de encargos, exclui-o da possibilidade de impugnação autónoma, devendo os interessados, a propósito de cláusulas ilegais, "expressar as suas reservas... nas suas propostas, e esperar pelo acto de adjudicação ou por qualquer acto destacável... para invocarem estas ilegalidades", (*in O Concurso...*, cit., p. 247).

ção, o programa, o caderno de encargos ou qualquer outro documento conformador do procedimento de formação dos contratos mencionados no número anterior...".

4.1.1.2. Das causas de invalidade derivada

93. As questões que de agora em diante vamos tratar destinam-se a elucidarem se a invalidade da decisão de contratar pode ser fonte de invalidade do contrato que se irá firmar. Procuraremos saber portanto se os vícios deste acto administrativo inicial geram invalidade para o contrato e se sim, a que título: se invalidade derivada, se invalidade própria, ainda que de causa comum a este acto.

Uma análise tradicional da validade do acto administrativo implicaria a aplicação do método de verificação da regularidade dos elementos do acto administrativo, na esteira da lição do Mestre ROGÉRIO SOARES: sujeito, procedimento, forma e estatuição[567]. Contudo, como já demos nota, a nossa investigação tem um fio condutor distinto, dirigido à análise da validade não de um acto, mas de um contrato. E segundo um particular método. Portanto, apesar de a decisão poder ser inválida por vícios que podem ocorrer em algum dos seus elementos, a análise far-se-á por categorias de causas, consoante gerem invalidade derivada ou própria.

Como iremos demonstrar, há vícios da decisão de contratar que têm reflexos ao nível da invalidade própria do contrato. Há contudo um espaço propício e específico à invalidade derivada.

4.1.1.2.1. Quanto ao sujeito e procedimento

94. Poderia pensar-se que qualquer vício que se manifestasse no sujeito que pratica o acto que decide contratar inquinaria a validade do contrato. Não existem razões para que a decisão de contratar não seja nula se tiver sido tomada por órgão sem atribuições ou anulável se o mesmo órgão for incompetente[568]. Quanto à hipótese de incumprimento das regras de funcionamento, ela só se coloca em relação a órgãos colegiais[569].

---

[567] Cfr. *Direito Administrativo*, cit.
[568] Todas as considerações sobre a validade deste acto complexo pressupõem que a Administração prosseguiu com o seu intuito de contratar.
[569] O regime jurídico genérico e supletivo do funcionamento dos órgãos colegiais encontra-se nos artigos 14.º e ss. do CPA.

Se o órgão colegial for autárquico e tiver sido irregularmente reunido[570] – não tiver reunido com a maioria do número legal de membros – por força do que dispõe a alínea g) do n.º 2 do artigo 133.º do CPA, a deliberação assim tomada será nula. Mas a decisão de contratar pode também estar viciada por os sujeitos nelas intervenientes se encontrarem em situação de impedimento. Diz a lei que os actos praticados na situação de impedimento são anuláveis nos termos gerais[571]. Significa que a deliberação//decisão que enferme de tal vício produz efeitos precários. Pode ainda equacionar-se a hipótese de o órgão que delibera/decide necessitar de ser legitimado para agir – é competente mas necessita da autorização constitutiva da capacidade de agir. Nos típicos contratos administrativos como os de solicitação de bens e serviços, ao tempo da legislação revogada, a questão colocava-se a propósito da dimensão financeira do contrato: a autorização da despesa[572]. Parecia tratar-se de um pressuposto para a própria decisão de contratar, uma vez que a determinava no sentido da escolha do tipo de procedimento a seguir. Este tipo de autorização configura-se como um acto administrativo, o que significa que também a este nível se podiam colocar questões de validade que influenciassem a regularidade da actuação administrativa. Em particular, quando a competência para a autorização, além da dimensão financeira, incluía também a escolha do tipo de procedimento[573]. Se não existisse o acto de legitimação ou, existindo, fosse nulo, o órgão actuava em situação de ilegitimidade, imputando ao acto praticado uma causa de anulabilidade. Já se o acto de legitimação fosse anulável, colocava-se a questão da decisão ter sido tomada por sujeito precariamente legitimado.

Contudo, há que analisar esta questão face aos novos dados legislativos e verificar se ela se perfila do mesmo modo. Nos termos do n.º 1 do

---

[570] Cfr. o disposto no n.º 1 do artigo 89.º da Lei das Autarquias Locais (LAL) (Lei n.º 169/99, de 18 de Setembro).

[571] Cfr. o disposto no n.º 1 do artigo 51.º do CPA.

[572] O artigo 79.º do RJDP referia-se a "escolha prévia" do tipo de procedimento. No direito francês, os efeitos das autorizações de natureza financeira circunscrevem--se a esse domínio, não afectando a validade do contrato. A justificação para tal solução reconduz-se à protecção do co-contratante particular que não tem a possibilidade de verificar a observância das regras de direito financeiro. Neste sentido, ANDRÉ DE LAUBADÈRE, FRANCK MODERNE/PIERRE DELVOLVÉ, Traité des Contrats..., I, cit., p. 474.

[573] No domínio da legislação revogada a competência para a escolha do tipo de procedimento estava assim estabelecida precisamente por critérios de natureza financeira. Cfr. o que se dispunha nos artigos 48.º do RJEOP e 80.º e ss. do RJDP.

artigo 36.º do CCP, a decisão de autorização da despesa está na competência de quem tem também o poder de decidir contratar. Admite o código que esta última decisão possa a ser implícita. Prevê portanto a lei uma situação em que a aprovação da despesa não funciona como elemento de legitimação mas como prévio procedimento. Cronologicamente, a decisão sobre a despesa deve preceder a decisão de contratar. O que sucede então se o acto não existe? Tratando-se de competência atribuída ao mesmo órgão, existindo uma decisão expressa de contratar, qual a influência da ausência de autorização de despesa? Trata-se de uma situação que significa que não foi feita a verificação de cabimento orçamental. E se não existir cabimento, o que sucede é que não há capacidade financeira para cumprir pontualmente as obrigações e portanto coloca-se um problema de validade própria do contrato. Pelo menos, a nível da dimensão financeira. Excepto se, nos termos da lei, a ausência de menção expressa possa ser lida como decisão implícita e se existir divergência entre o que se autoriza e o que efectivamente se verifica? A questão será equacionada em termos de erro de apreciação dos pressupostos de facto. De qualquer modo, esta dimensão financeira do procedimento deverá ter reflexos circunscritos aos aspectos financeiros. O limite há-de passar pela hipótese em que existe uma absoluta divergência, um erro manifestamente grosseiro que se traduza em inviabilidade absoluta de cumprimento do contrato. A verificar-se tal hipótese, estaremos perante um caso de invalidade própria? Busquemos o exemplo do acto de verificação da legalidade da despesa mas praticado *a posteriori*: o visto. Como adiante melhor veremos, o visto é um acto integrativo de eficácia. Perante uma ilegalidade, o Tribunal de Contas pode recusar o visto, sendo que tal recusa significa a ineficácia do contrato. Porque não aplicar o mesmo regime à falta de autorização da despesa que afinal cumpre, aqui a priori, as mesmas funções do visto[574]? Não existir autorização da despesa significa apenas e propriamente que não foi verificado o cabimento orçamental da despesa. Que pode até existir[575]. Quanto à recusa de autorização da despesa, em rigor o que existe é uma apreciação a nível financeiro sobre a possibilidade de cabimento orçamental. Claro que se pode alegar que em tal apreciação estará subja-

---

[574] Se bem que aqui a dimensão é de auto-controlo da Administração Pública, ainda que por exercício de poderes de tutela. Até porque agora em regra a autorização da despesa cabe a quem tem de decidir contratar.

[575] Sublinhe-se que o cenário é a inexistência de autorização e não o prosseguimento do procedimento apesar de ter sido recusada a autorização por efectiva falta de cabimento.

cente um juízo sobre a legalidade da actuação e, nessa medida, a autorização funciona como acto de controlo da actuação administrativa. Contudo, mesmo aí, o que integra a ambiência do contrato é o cabimento orçamental. Ora, a esta dimensão é mais adequada a consequências de ineficácia do que a da invalidade. Até porque a possível invalidade que pode estar subjacente à recusa da autorização sempre receberá tutela devida nos mecanismos de direito administrativo.

95. Convém porém analisar agora aquele conjunto de situações de invalidade na perspectiva do contrato. No que concerne aos vícios quanto ao sujeito, eles gerarão invalidade do contrato, não tanto por consequência mas porque normalmente a entidade que delibera/decide contratar coincide com a entidade que outorga o contrato. E serão causa de invalidade se os vícios se manifestarem também no momento da outorga do contrato. Só que nesta hipótese, repete-se, estamos já no domínio da invalidade própria do contrato[576]. Portanto, situações de incompetência ou falta de atribuições, situações de impedimento[577], ou falta de legitimação para agir, manifestar-se-ão também no contrato, pelo que não gerarão invalidade por consequência, mas serão antes causas de invalidade própria do contrato[578]. No que concerne à legitimação para agir, isto é, quando a deliberação não é precedida da competente autorização para a despesa[579], o acto praticado torna-se inválido[580]. Do mesmo passo, quando a autorização existe mas é nula, caso em que não produz quaisquer efeitos jurídicos. Ora, tal situação inquina toda a actuação com vista à formação do contrato, porque o sujeito carece de legitimidade para actuar. Há que definir porém se a autorização de despesa legitima o sujeito ou o próprio contrato. Atenta a especificidade da referida autorização, que se prende, em última análise com a execução do contrato, entendemos que não está dependente daquele sujeito mas refere-se ao próprio contrato. Assim, também será uma hipótese de invalidade própria. O requisito da legitimação prende-se com o controlo do

---

[576] Será o caso de o ente público não ter *ab initio* atribuições para actuar, situação que se mantém no momento da outorga contratual. Ou o órgão não é material ou hierarquicamente competente.

[577] Desde que permanente.

[578] Pelo que as analisaremos adiante.

[579] Como vimos, trata-se de um acto devido nos contratos de solicitação de bens e serviços e que tem implicações directas na escolha do procedimento de escolha do co-contratante, regulados pela legislação agora revogada.

[580] Em regra, será anulável.

exercício da competência. O cabimento financeiro é um requisito estruturalmente diferente.

96. Analisemos agora o cenário em que os vícios quanto ao sujeito existem na decisão de contratar mas não subsistem ao tempo da outorga contratual. Pensemos então no cenário em que o ente público não possui atribuições para emanar aquela decisão, pelo que a mesma está viciada por falta de atribuições, sendo consequentemente nula. Todavia, o procedimento pré-contratual inicia-se e materialmente processa-se de acordo com a estatuição aprovada. Entretanto e antes da celebração do contrato, por força de alteração legislativa, o objecto e interesse público que se manifestam naquela situação são cometidos àquele ente público, operando-se como que uma convalidação *ope legis* da actuação administrativa[581]. Não há dúvida de que existe uma invalidade no início da formação do contrato. Mas será necessário e adequado tutelar um vício que entretanto foi "ultrapassado"? Isto é, tornando-se o ente público capaz de actuar daquela forma e prosseguindo aquela mesma actuação, como que dando a sua anuência a todos os actos que foram entretanto praticados, haverá necessidade de vir invalidar o contrato, a título de invalidade derivada, para, no fundo, formalmente obrigar à prática de uma nova deliberação que a materialidade dos factos demonstrou que virá a ser praticada nos exactos moldes que foi inicialmente[582]? Dito ainda de outra forma, serve o interesse

---

[581] Cabe ao legislador estabelecer os fins a atingir pelos entes públicos. A questão que se pode colocar é a da intervenção ter efeitos retroactivos. Existe legislação, com efeitos retroactivos, de convalidação, não a propósito de atribuições do sujeito, mas a propósito do objecto. *Vide infra* a questão do procedimento da LIPOR II. O problema da retroactividade das normas jurídicas só recebeu tratamento constitucional detalhado a propósito das leis restritivas de Direitos, Liberdades e Garantias (cfr. o disposto no n.º 2 do artigo 18.º da CRP) e da lei fiscal (cfr. o disposto no n.º 3 do artigo 103.º). Não existe por conseguinte, a nível constitucional, nenhum princípio que imponha a não retroactividade das normas. Em termos infra-constitucionais, a regra do CC é a de que a norma só vale, em regra, para o futuro, podendo contudo, em determinadas circunstâncias, ter um outro leque de efeitos. *Vide* BAPTISTA MACHADO, *Introdução ao Direito...*, cit., pp. 231 e ss. Sem entrar no debate sobre a retroactividade das normas jurídicas, porque extravasa o âmbito da investigação, a nota serve apenas o intuito de demonstrar a inexistência de obstáculo por parte da Teoria do Direito e de Direito Constitucional a propósito da designada, no texto, convalidação legislativa.

[582] Esta argumentação não invalida a possibilidade de a Administração, em vez de prosseguir a actuação, a pare e anule todo o processado e retome o procedimento a partir da regularização daquele primeiro acto.

público e a eficiência da actuação administrativa, vir anular tudo o que já foi processado para conformar uma deliberação que de facto era nula, mas que o ente público, entretanto absolutamente competente, acaba por sancionar[583]?

Entendemos que não. Os princípios da necessidade e adequação, em particular, bem como o princípio da eficiência da actuação administrativa ditam, a nosso ver, que a invalidade da deliberação se converta, neste cenário, numa irregularidade e que não seja causa de invalidade derivada para o contrato. Até mesmo o princípio da boa fé pode estar implicado: os concorrentes perante a alteração legislativa que concedeu as atribuições em falta e a continuidade na actuação administrativa fundaram a justa expectativa que a Administração, apesar da nulidade inicial, entende que a actuação administrativa prossegue o interesse público ali presente e agora pertencente ao acervo dos interesses a serem por si prosseguidos[584]. Assim sendo, a sua expectativa de a actuação por contrato ser justa e devida, que entendemos ser juridicamente tutelada, seria lesada com uma invalidação do contrato que se firme (ou mesmo do procedimento a ele conducente)[585].

---

[583] Em rigor, a convalidação *ope legis* não terá mesmo sanado a invalidade do acto? O Parecer da PGR n.º 35/2005, de 27/7/2005, tratou deste tipo de questões a propósito da falta de competência da Ministra da Justiça para autorizar a despesa num determinado contrato. Sustentou-se a sanação do vício pelo decurso do tempo, tendo afastado a questão de se tratar de falta de atribuições.

[584] Uma hipótese concreta como a descrita no texto surgiu há tempos com a concessão de tratamento de resíduos sólidos que culminou na designada LIPOR II. Ao tempo da abertura do concurso para o tratamento de resíduos sólidos urbanos, a lei de delimitação dos sectores vedava o acesso a privados a este tipo de actividade. O concedente, ainda face à legislação em vigor, entendeu avançar com o procedimento. O representante do Ministério Público, obrigatoriamente presente no concurso público, pugnou pela nulidade do procedimento e consequente adjudicação e contrato. Entretanto sobreveio uma alteração legislativa da lei de delimitação dos sectores que permitiu o acesso a privados a tal actividade. Só que o legislador previu, ele próprio, em norma transitória, o regime de "convalidação" do procedimento. Dava o legislador 180 dias para que o procedimento em curso se adequasse às novas directrizes legais. Sucede que o iter procedimental encontrava-se adiantado, conhecendo já os concorrentes todas as propostas apresentadas. Ora, permitir-se que os concorrentes pudessem alterar as suas propostas implicaria correr o risco de completa violação do princípio da concorrência.

[585] A vingar a tese de que a invalidade derivada do contrato é a solução juridicamente mais adequada, sempre adiantamos que, ao contrário do que prescrevia o n.º 1 do artigo 185.º do CPA, entendemos que o tipo de invalidade só poderá ser o da anulabilidade do contrato e já não da nulidade.

O mesmo tipo de argumentação valerá para uma situação de incompetência que se resolve com uma alteração legislativa, uma delegação de poderes ou com a intervenção do órgão competente. O mesmo se diga em relação à violação de regras de funcionamento dos órgãos colegiais.

No caso de falta de legitimação, isto é, quando a decisão necessita de uma autorização, distinta daquela relativa à despesa, a nossa argumentação é facilitada, desde que a ausência do acto autorizativo não se mantenha no momento da outorga contratual. É certo que o procedimento pré--contratual se inicia com um acto anulável e que, por isso, poderá ser fonte de invalidade do contrato se tal anulabilidade não vier a ser sanada. Contudo, em concreto esta autorização, por força dos interesses públicos que prossegue pode afirmar-se ser devida apenas à decisão de contratar. Porque é necessária por razões administrativas, entendemos que se trata de um acto de legitimação da actuação por contrato e que por conseguinte a sua total ausência poderá afectar o contrato mas apenas com uma invalidade derivada. Sobrevindo o acto de legitimação até à outorga contratual, o vício da deliberação deverá ter-se por sanado e o contrato terá sofrido uma irregularidade não invalidante. Já se não sobrevier o dito acto, a deliberação produz efeitos de forma precária, devendo averiguar-se se o interesse público tutelado pela obrigação de legitimação se mantém atingido (e de que forma) pela celebração do contrato. Ainda que seja de sustentar a invalidade do contrato, o que entendemos que pode ser discutível, ela será sempre uma anulabilidade. Será de advogar a invalidade do contrato se, tratando-se do mesmo ente público, este também devesse encontrar-se legitimado para outorgar o contrato. Só que neste caso, a invalidade seria própria porque dizia respeito à regularidade da actuação dos sujeitos contratuais. Existe portanto aqui uma especificidade a realçar. Ainda que a entidade que delibera seja a mesma que outorga o contrato, a necessidade de autorização, pelo menos esta, apenas está prescrita para este acto administrativo em concreto. É por conseguinte um requisito de validade, quanto ao sujeito, circunscrito àquele acto. Não se pode portanto argumentar que a entidade outorgante necessite daquela autorização. Portanto, se a autorização for exigida para a prática da decisão de contratar apenas, o contrato sofrerá meramente de uma irregularidade não invalidante. Já se a autorização for do sujeito, não só para a prática daquele acto mas também para efeitos de outorga contratual, incorrerá o contrato de um vício quanto ao sujeito, numa manifestação de invalidade própria.

Se antes da convalidação e antes da outorga, ocorrer impugnação com trânsito em julgado, a questão não se coloca. Já se ocorrer convalidação antes de ter a decisão transitado em julgado, deverá entender-se que existe inutilidade superveniente da impugnação, sem prejuízo de tutela judicial para terceiros e para os prejuízos efectivos e restritos à questão do acto, se existirem.

97. Os vícios quanto ao sujeito que se manifestarem na decisão de contratar apenas poderão eventualmente ser causa de invalidade derivada para o contrato quando não exista identidade entre o autor da decisão e o ente público outorgante. E apenas naquelas situações em que o vício é de tal modo grave que não pode deixar de ser tido em conta para o contrato. Contudo, este cenário não é equacionável à luz do CCP.

De todo o modo, há hipóteses com relevância a colocar. Pensemos por exemplo nas situações em que o órgão que decide não pertence ao ente público a quem foi cometida a prossecução do interesse público. Neste caso de falta de atribuições, a decisão é nula. No entanto, o ente público outorgante é o legalmente previsto. Nesta hipótese, haverá que equacionar os seguintes cenários. Quando o ente público outorgante é o ente que deveria ter decidido a contratação, entendemos que a invalidade da decisão não deverá afectar o contrato porque afinal a intervenção do ente público devido como que ratificará a invalidade inicial[586]. Se o ente público outorgante, apesar de o contrato se ter iniciado por iniciativa de outro ente que não o que a lei estabelecera, celebra o contrato, assentindo nos seus termos, é porque muito provavelmente, tendo podido, teria decidido ele mesmo celebrar aquele contrato ou teria oportunamente ratificado aquela decisão. Portanto, apesar de na pureza do raciocínio, a decisão nula não poder produzir os respectivos efeitos, a regular intervenção do ente outorgante converterá em irregularidade aquela deficiência, na perspectiva do contrato.

Já se o ente outorgante não for o que deveria ter decidido a outorga do contrato, a decisão nula poderá então ter efeitos no contrato[587]. Não

---

[586] Deverá entender-se assim apesar de o artigo 137.º do CPA expressamente referir que os actos administrativos nulos não são passíveis de ratificação. É que nesta sede há interesses distintos a ponderar, o que não sucedeu na ponderação legal que resultou na norma do artigo 137.º do CPA. De todo o modo e em reforço deste nosso entendimento, chamamos à discussão o conteúdo do artigo 285.º do CCP, normativo já ponderado para os contratos administrativos e que reflecte o entendimento de que é indiferente o tipo de invalidade para que ocorra a redução e/ou conversão dos contratos administrativos. Precisamente porque é distinto o contexto de actuação administrativa.

[587] Esta hipótese será pouco provável dada a identidade entre quem decide contratar e quem outorga o contrato.

terá contudo efeitos de nulidade do contrato porquanto tal hipótese consubstanciaria uma solução desproporcionada uma vez a entidade outorgante é plenamente competente. Aplicar aqui a solução legal prevista no n.º 1 do artigo 283.º do CCP parece-nos manifestamente excessivo. Atenta a natureza do vício e por operância dos princípios da proporcionalidade, adequação e necessidade a solução da situação passará por entender que tal invalidade redunda, para o contrato, numa anulabilidade, com limitações temporais quanto à impugnação, devido aos interesses envolvidos, que são distintos daqueles que estão envolvidos nas regras de atribuições[588]. Até porque o órgão outorgante não podia ignorar o vício e mesmo assim prosseguiu com o procedimento.

98. Quanto ao procedimento e forma da decisão de contratar, se não forem observados os requisitos imperativos legais, poderá a mesma enfermar de vício de procedimento que acarretará, em regra, a anulabilidade da mesma, na hipótese mais grave de desrespeito de regras de procedimento ou redundará numa irregularidade não invalidante. Quanto ao incumprimento do requisito da forma, previsto genericamente no artigo 122.º do CPA[589], a decisão tomada em desconformidade é anulável[590]. Todavia, o n.º 4 do artigo 27.º do CPA refere-se a um específico requisito relacionado com os órgãos colegiais: a acta. Contudo, esta surge como requisito de eficácia e não de validade, o que leva a que MÁRIO ESTEVES DE OLIVEIRA ET AL. sustentem que "resulta ser ilegal (ou ilícita) qualquer execução jurídica ou material que não tenha nela suporte jurídico"[591]. A questão será especialmente importante porquanto a decisão de contratar não se limita a conter a decisão de actuar por via contratual, mas contém os termos do contrato. Se a decisão contiver tais termos e estes não constarem da respectiva acta, o consequente procedimento será ilegal. Não porque a acta seja requisito de validade mas porque não constando aí os termos do contrato, em rigor não existem condições de contratar por não se poder saber quais são. Como que o contrato que venha a surgir resulte de um ajuste directo completamente atípico e portanto em violação clara de todas as regras vigentes para a contratação pública.

---

[588] Sem prejuízo da tutela em termos de responsabilidade civil e disciplinar adequada.
[589] As regras específicas de forma quanto às deliberações dos órgãos colegiais autárquicos estão contidas nos artigos 92.º e 93.º da LAL.
[590] Sem prejuízo da ineficácia absoluta prevista no n.º 2 do artigo 122.º do CPA.
[591] In Código..., 2.ª Ed., cit., p. 188.

No que concerne ao dever de fundamentação, trata-se de requisito de forma que deve ser cumprido nos termos do artigo 124.º do CPA e, não o sendo, gerará a anulabilidade do acto. Embora o dever de fundamentação exista para a generalidade dos actos administrativos, na decisão de contratar, a questão não se coloca exactamente nestes moldes. O problema só se coloca quando estamos perante apenas uma decisão de contratar sem qualquer outra decisão. O procedimento subsequente acaba por não ter suporte jurídico, o que significa que se tratará de uma situação equiparável à falta de procedimento.

Atenta a natureza formal dos vícios, entendemos que apenas a situação em que falta a acta da deliberação e, por conseguinte, não se conhece (nem tem eficácia) designadamente os termos do contrato e o procedimento a seguir, será geradora de uma invalidade para o contrato. É que neste cenário, os interesses subjacentes à obrigação de traduzir em acta o acto praticado não são de qualquer outro modo salvaguardados, perdendo-se em toda a linha a salvaguarda do interesse público. Portanto, o contrato, assentando também neste acto, só poderá ser nulo por invalidade derivada. Porque em rigor, não se pode controlar o procedimento de formação uma vez que não existe (não se conhece) o regulamento do mesmo. Nem sequer os termos do que se iria contratar. Tudo se passa como se aquele contrato tivesse nascido de vontade não justificada nem explicada da Administração Pública. E como a escolha do parceiro contratual da Administração está sujeita a específico procedimento, o contrato basear-se-á num acto absolutamente nulo. Mas esta invalidade será derivada.

É possível contudo equacionar outro cenário. Se, apesar da ausência de acta, tiver existido publicidade de anúncio e demais documentos, será razoável e proporcional manter aquela solução? Parece-nos que não. Apesar de a decisão de contratar não ter eficácia por falta de acta, em rigor o procedimento concursal iniciou-se e desenvolveu-se segundo os trâmites normais. Que razões de interesse público conduziriam a uma solução diferente? Manter uma invalidade derivada arguível viria pôr em perigo a elaboração de um contrato que não coloca em crise a concorrência e em que em rigor a eficácia da decisão, pelo menos a sua cognoscibilidade, não foi posta em causa.

Quanto à falta de fundamentação, ela revelava-se particularmente problemática a propósito da escolha de procedimento que não o concurso público, no âmbito dos regimes jurídicos revogados. A questão mantém contudo alguma relevância quanto à escolha de procedimento independentemente do valor face à lei vigente.

No que concerne à decisão, a ausência da fundamentação conduz à sua anulabilidade. E que reflexos terá tal situação no contrato? Entendemos que devemos equacionar dois cenários distintos para responder a esta questão. Num primeiro contexto, se o procedimento que foi escolhido o podia ser, porque, por exemplo, decorre dos documentos do procedimento, as razões da escolha, a falta de fundamentação da deliberação não deverá afectar a validade do contrato por isso[592]. Ou seja, aquela anulabilidade da deliberação, atentos os princípios da proporcionalidade e da necessidade, em conjugação com o princípio do aproveitamento da coisa contratada e da lesão mínima do interesse público presente na obrigação de fundamentar[593], converter-se-á em mera irregularidade procedimental não invalidante[594]. Já se não se consegue perceber a razão da escolha daquele concreto procedimento, porque a escolha se insere no exercício de poderes discricionários, o problema vai além da mera falta de fundamentação[595]. Sucederá muito provavelmente isto em procedimentos escolhidos que não em função do valor porque as razões justificativas se prendem as mais das vezes com o contexto da actuação da Administração que pode não ser visível no procedimento. Ou seja, estaremos perante interesses públicos substantivos que justificam a manutenção da invalidade. Só que será equivalente à falta de procedimento devido. Porque o controlo da legalidade que se podia fazer através da fundamentação está precludido.

A invalidade existe e o vício gerado não se desintegra em mera irregularidade. Pode inclusive dizer-se que à invalidade derivada formal se junta uma invalidade de fundo mais grave e que a consome. A questão converte-se em questão de fundo: o procedimento seguido não é o adequado – pelo menos, não se mostra adequado. É portanto já um problema de ordem substantiva e não formal. Parece-nos ser equivalente às situações de escolha indevida, ainda que com fundamentação, de procedimento. É por conseguinte uma questão de conteúdo da decisão e que, por isso, sai já destas hipóteses meramente formais. Portanto, em rigor, a falta de fun-

---

[592] Até pode nem ser causa de invalidade da decisão. Recorde-se que a fundamentação é exigida principalmente nos actos administrativos que imponha encargos ou recusem vantagens aos particulares. Contudo, nesta hipótese há razões específicas. Cfr. o disposto no artigo 268.º da CRP e artigo 124.º do CPA.
[593] A lesão será apenas da vertente formal.
[594] Trata-se de um caso em que, anulada a deliberação, a Administração podia repetir o acto com o mesmo conteúdo sem reincidir no vício inicialmente invalidante.
[595] A solução há-de ser a mesma para os casos da fundamentação errada ou insuficiente.

damentação da decisão por si só não deve ser tida por invalidante do contrato. Contudo, substantivamente pode inquinar a validade do contrato.

99. Quanto aos documentos dos procedimentos de escolha de parceiro contratual que são aprovados na decisão, trata-se de matérias que terão o seu reflexo em termos de invalidade própria do contrato, se bem que por causas comuns ao acto de decidir contratar.

4.1.1.2.2. *Do objecto/conteúdo em particular – da escolha do procedimento*

100. Qualquer vício quanto ao conteúdo da decisão, no que respeita ao tipo de procedimento escolhido, gerará uma invalidade derivada. Senão vejamos.

Em todos os procedimentos de escolha de co-contratante que não em função do valor, coloca-se a questão da validade de escolha do procedimento, essa sim, mais difícil de controlar judicialmente por implicar o exercício típico de poderes administrativos discricionários. Há desde logo que fundamentar a escolha do procedimento menos exigente fundada em razões que não o valor. Este específico dever de fundamentação reforça o nosso entendimento de que estamos perante um acto administrativo. A estatuição contém efeitos reguladores externos porquanto restringe o universo de potenciais parceiros contratuais da Administração.

A existência de vício nesta escolha, isto é, quanto à própria escolha, inquina o procedimento de formação do contrato, entendido este como um todo. Uma das questões fundamentais será a ausência ou falsa fundamentação da escolha. Tal situação pode ser indício de violação dos princípios da imparcialidade e da transparência, princípios regentes deste tipo de procedimento de escolha de co-contratante da Administração. Apesar de estarmos no domínio do exercício de poderes discricionários, este é o limite externo do exercício dos mesmos pelo que o acto de escolha é assim judicialmente sindicável. A verificar-se a inexistência das circunstâncias legais que possibilitavam a escolha de procedimento feita, estamos perante uma situação de ilegalidade. Que gerará um vício tão mais grave quanto mais distante for o procedimento escolhido daquele imposto pela lei. Colocar-se-á por conseguinte uma questão de validade para o contrato. Ainda que se advogue que o procedimento é elemento essencial na formação do contrato, sempre devemos sublinhar que o procedimento de formação do contrato não se esgota no iter de escolha do parceiro contratual.

Este procedimento é um elemento (importante) da adjudicação, mas a formação do contrato, como já vimos, envolve mais etapas procedimentais do que esta. O que não invalida que o contrato possa sofrer de invalidade por causa de "percalços" que aí ocorram. Assim, se em vez do concurso público for seguido o ajuste directo[596], haverá a mais grave violação das regras concursais que poderá ditar a consequência da nulidade para a adjudicação e comunicar-se ao contrato[597].

101. Recordando brevemente a construção dogmática do Tribunal de Contas, a este propósito, resumi-la-íamos do seguinte modo: o procedimento de concurso público consubstancia um elemento essencial do acto de adjudicação, pelo que, não sendo observado de todo (isto é, se for seguido o ajuste directo[598]), aquela será nula à luz do que dispõe o n.º 1 do artigo 133.º do CPA e o contrato, se celebrado, então será também nulo à luz do que dispunha o n.º 1 do artigo 185.º do CPA (e agora reproduzido no n.º 1 do artigo 283.º do CCP).

No que respeita à jurisprudência administrativa, uma maioria absolutamente decisiva de prolações decide que as situações em que o procedimento de escolha do co-contratante da Administração não segue as prescrições legais se consubstanciam em situações de anulabilidade da adjudicação, o que decisivamente permite concluir que o Tribunal Superior não concebe o procedimento como um elemento essencial, pelo menos no sentido do que prescreve o n.º 1 do artigo 133.º do CPA. Encon-

---

[596] Situação que não é tão invulgar como isso. O Tribunal de Contas amiúde se pronunciou, no âmbito da adjudicação dos trabalhos a mais em empreitadas, em situações destas. Aliás, como vimos, tem sustentado a invalidade derivada do contrato na modalidade mais gravosa. *Vide supra* a exposição sobre esta jurisprudência e a nossa apreciação.

[597] É esta aliás a orientação da jurisprudência do Tribunal de Contas, assente todavia numa argumentação que não colhe a nossa concordância. A jurisprudência administrativa nem sempre alinhou as suas decisões sobre a questão pelo mesmo parâmetro. Todavia, como em toda a regra há excepção, existem prolações do STA que acolhem a construção dogmática do Tribunal de Contas, pelo menos no que concerne à consequência para a adjudicação do incumprimento da regra de procedimento.

[598] Porque existem decisões do Tribunal de Contas que não cominam a nulidade de adjudicação se o procedimento seguido, se bem que não o devido legalmente, ainda comportou alguma concorrência. *Vide Supra* Parte I, ponto sobre a Jurisprudência do Tribunal de Contas.

Para uma análise da questão e respectiva evolução na jurisprudência administrativa, *vide* PEDRO MACHETE, *Um Procedimento Indevido é Igual a um Procedimento Inexistente?*, CJA, n.º 66, 2007, pp. 17 e ss.

tramos inclusive pronúncias concretizando a cláusula do que seja "elementos essenciais" como é o que sucede no Acórdão de 30/01/1996 (P. n.º 35 752). O Tribunal disse que "são elementos essenciais do acto administrativo para efeitos do disposto na referida norma: os sujeitos, a vontade, o objecto e o fim público". Ou então, o Acórdão do STA de 23/03/2000 (rec. 44 374) que sentenciou que *"por elementos essenciais do acto administrativo para efeitos do art. 133.º, n.º 1, do CPA, deve entender-se os aspectos que integram o conceito de acto administrativo contido no art. 120.º do mesmo código"*[599]. Aliás a jurisprudência deste Tribunal tem vindo, uniformemente, a decidir que a violação dos elementos essenciais do acto administrativo tem a ver com a densificação desses elementos, que decorre dos tipos de actos em causa ou da gravidade dos vícios que os afecta"[600]. E a propósito especificamente dos procedimentos conducentes à outorga contratual, há prolações a afastar o procedimento de escolha do co-contratante como elemento essencial da adjudicação[601].

102. A questão dogmática que levantamos é portanto a de saber se o procedimento poderá ser lido como um elemento essencial de um acto administrativo.

Não aderimos à tese amplamente sufraga pelo Tribunal de Contas de que as situações em que a adjudicação se faz segundo um procedimento, e em particular o concurso público, que não o que a lei impõe traduzir-se-ão em nulidade do acto porque "o concurso público, quando obrigatório, é elemento essencial da adjudicação"[602]. Como se sabe o conceito de elemento essencial a este propósito é de difícil integração[603]. MÁRIO ESTEVES

---

[599] Parecem ir no mesmo sentido os Acórdãos do STA de 02/04/2008, (P. n.º 39/08), Acórdão 04/10/2007 (P. n.º 523/07), Acórdão de 05/06/2001 (P. n.º 47 332), Acórdão de 17/06/2003 (P. n.º 666/02), Acórdão de 17/02/2004 (P. n.º 1572/02).

[600] Neste sentido, por todos, *vide* os Acórdãos do STA de 05/06/2001 (P. n.º 47 332), de 16/09/2001 (P. n.º 43 832), de 21/03/2002, (P. n.º 221/02), de 14/05/2002 (P. n.º 47 825) e de 17/06/2003 (P. n.º 666/02).

[601] *Vide* Acórdãos do STA de 13/01/2005 (P. n.º 1318/04) e 03/03/2004 (P. n.º 1938/03).

[602] Esta justificação encontra-se praticamente em todos os Acórdãos consultados a este propósito e *supra* referenciados.

[603] Neste sentido precisamente MÁRIO ESTEVES DE OLIVEIRA ET AL., *Código...*, 2.ª Ed., cit., p. 642; DIOGO FREITAS DO AMARAL, *Curso...*, II, cit., p. 411.

O direito italiano contém, no artigo 21.º da lei de procedimento, uma disposição semelhante sobre a nulidade de acto administrativo (*provvedimento*). Também a doutrina

DE OLIVEIRA ET AL. sustentam que o conceito não se integrará com os "elementos ou referências que, nos termos do artigo 123.º, n.º 2, «*devem sempre constar do acto*»", nem "podem ser os elementos da respectiva noção contidos no artigo 120.º, que, aí, do que se trata é de uma situação de inexistência de acto administrativo". Para os AA., elementos essenciais "seriam, pois, todos aqueles que se ligam a momentos ou aspectos legalmente decisivos e graves além daqueles a que se refere já o seu n.º 2"[604]. Também DIOGO FREITAS DO AMARAL sublinha que "tal expressão não corresponde *necessariamente* às menções que, nos termos do artigo 123.º, n.º 2, do CPA, devem constar do documento por meio do qual o acto se exterioriza", advogando que "essenciais [serão] os elementos que são absolutamente indispensáveis para que se possa constituir um acto administrativo, incluindo os que caracterizam cada espécie concreta"[605]. Em seguida identifica como sendo esses elementos o autor, o objecto, conteúdo, forma ou fim público. Ou seja, o procedimento não consta, pelo menos na doutrina, como sendo um desses elementos. Já MARCELLO CAETANO identificava tais elementos com a conduta do órgão, a voluntariedade dessa conduta, a produção de efeitos jurídicos externos num caso concreto e a prossecução do interesse público[606]. VIEIRA DE ANDRADE é contundente ao afastar da integração do conceito a "enumeração contida no artigo 123.º do CPA"[607]. Entende que elementos essenciais "são os indispensáveis para que se constitua qualquer acto administrativo"[608], mas a formulação constante do artigo 133.º, n.º 1 deve ser lida no "sentido de designar os elementos essenciais de *cada tipo de acto* – e não apenas com o alcance dos

---

italiana discute o conceito, uma vez que não há nenhuma outra norma que sirva de elemento integrador. Neste sentido, embora concordando com tal ausência, LEOPOLDO MAZZAROLLI, *Sulla Disciplina della Nullità dei Provvedimenti Amministrativi (Artigo 21 septies della L. N. 241 del 1990, Introdotto con la L. N. 15 del 2005*, DPA, n.º 3, 2006, p. 556; FULVIO ROCCO, Comentário ao artigo 21-septis, *in L' Azione*..., cit., pp. 872 e ss.
[604] *In Código*..., 2.ª Ed., cit., p. 642.
[605] *In Curso*..., II, cit., p. 411.
Em sentido divergente quanto à identificação dos elementos essenciais se pronunciam SANTOS BOTELHO ET AL., em anotação ao artigo 133.º do CPA, que entendem que se deve "atender fundamentalmente ao conceito de acto administrativo vertido no artigo 120.º", (*in Código*..., 5.ª Ed., cit., nota 32, p. 794). No mesmo sentido, por exemplo, Acórdão do STA de 31/10/2000 (P. n.º 44374).
[606] *In Manual*..., Vol. I, pp. 429 e ss.
[607] *In Validade*..., cit., p. 587.
[608] *In Validade*..., cit., p. 587.

elementos abstractos comuns a todos, em termos de reduzir a nulidade aos casos de inexistência substancial"[609]. Ou como sublinha PEDRO MACHETE, "os conceitos de procedimento administrativo e de formalidades são diferentes", sendo que "cada acto do procedimento constitui apenas um momento na caminhada em direcção ao resultado e, por isso mesmo, influencia-o sem, todavia, coincidir com ele"[610].

O procedimento administrativo, que não deve ter uma "dimensão substancial"[611], não integra a definição do acto administrativo[612]. Trata-se de um pressuposto da actuação administrativa. "Primeiro, o procedimento é uma sequência. Quer isto dizer que os vários elementos que o integram não se encontram organizados de qualquer maneira: acham-se dispostos numa certa sequência, numa dada ordem. Constituem uma sucessão, um encadeamento de actos e formalidades, que se prolonga no tempo (...) Segundo, o procedimento constitui uma sequência juridicamente ordenada. É a lei que determina os actos a praticar e quais as formalidades a observar; é também a lei que estabelece a ordem dos trâmites a cumprir, o momento em que cada um deve ser efectuado, quais os actos antecedentes e os actos consequentes (...) Terceiro, o procedimento administrativo traduz-se numa sequência de actos e formalidades. Na verdade, não há nele apenas actos jurídicos ou tão-só formalidades: no procedimento administrativo tanto encontramos actos jurídicos (por exemplo, a instauração do procedimento, a suspensão de um arguido, a decisão final) como meras formalidades (por exemplo o decurso de um prazo). Quarto, o procedimento administrativo tem por objecto um acto da Administração (...) Quinto, o procedimento administrativo tem por finalidade preparar a prática de um acto ou a respectiva execução (...)"[613]. Ou como dizem MÁRIO ESTEVES DE OLIVEIRA ET AL., o procedimento é uma "sucessão concatenada e ordenada de actos e formalidades (de factos e de operações), estrutural e funcionalmente distintos uns dos outros, tendendo à produção de um determinado resultado ou modificação jurídico-administrativa, consubstanciada numa «decisão final», num acto, regulamento ou contrato administrativo"[614].

---

[609] *In Nulidade e Anulabilidade do Acto Administrativo – Ac. do STA de 30.5.2001*, P. 22 251, CJA, n.º 43, 2004, p. 47.
[610] *In Um Procedimento...*, cit., p. 30.
[611] ROGÉRIO SOARES, *Direito Administrativo*, cit., p. 277.
[612] Veja-se a noção de procedimento contida no n.º 1 do artigo 1.º do CPA.
[613] DIOGO FREITAS DO AMARAL, *Curso...*, II, cit., pp. 289-290.
[614] *In Código...*, 2.ª Ed., cit., p. 44.

E os diversos actos e formalidades que o compõem não têm "a mesma força invalidante sobre a decisão final"[615]. Poderá ser mais ou menos formalizado, mas não caracteriza a forma concreta de actuação. Ou ainda como sublinha PEDRO MACHETE, "o acto administrativo está para além do procedimento, não se dissolvendo no mesmo, este último nunca pode ser condição de existência do primeiro"[616]. Não pode por conseguinte também na nossa opinião ser considerado como um elemento essencial para efeitos da prescrição do n.º 1 do artigo 133.º do CPA. Nem pode, como também defende ROGÉRIO SOARES, ser parte integrante do conceito de "formalidades": "é [um conceito] demasiado amplo e abrange seguramente situações que nada têm a ver com o tema do procedimento. Na verdade, com a designação cobrem-se problemas como algumas condições legais de legitimação do sujeito (...); ou outros temas, como o dos actos materiais do exercício que a lei prescreve em conexão a prática de um acto (...). Desse modo, parece conveniente manter separado o que são actos procedimentais de tudo aquilo que exprimem exigências legais postas em planos diferentes, com referência ao acto final ou até a actos instrumentais"[617]. O procedimento tem portanto uma função auxiliar do acto final, ou nas palavras de DAVID DUARTE o "procedimento é a função administrativa na criação do acto", o que é importante no sentido de fazer descolar o procedimento dos elementos do acto administrativo[618]. Porque "tanto a função como o procedimento são expressões do processo dinâmico de actuação do poder", e portanto exterior aos elementos geradores do acto[619]. Aliás, o próprio A. o explicita: "a separação entre a função e o procedimento, derivada do carácter exterior do procedimento administrativo relativamente à função, permite conceber o procedimento como modo de exteriorização da feitura do acto"[620]. Esta orientação vem na linha das concepções não substancialistas, em particular a de ALDO SANDULLI, que recusa a identificação entre procedimento e acto. O procedimento é "apenas um fenómeno que se desenvolve no tempo, em sucessivos momentos,

---

[615] In Código..., 2.ª Ed., cit., p. 47.
[616] In Um Procedimento..., cit., p. 31.
[617] ROGÉRIO SOARES, Direito Administrativo, cit., pp. 279-280.
[618] In Procedimentalização, Participação e Fundamentação: Para uma Concretização do Princípio da Imparcialidade Administrativa como Parâmetro Decisório, Almedina, Coimbra, 1996, p. 89.
[619] In Procedimentalização..., cit., p. 89.
[620] In Procedimentalização..., cit., p. 89.

fenómeno dirigido a um determinado objectivo"[621]. Assim, a "materialização... não é representada pela noção de procedimento na sua realização efectiva, pois o procedimento diz respeito, mais precisamente, à sequência de actos necessários para que seja possível activar a realização do efeito previsto"[622]. Daí que o conceito de procedimento sirva para a "realização de uma decisão que pode ser um acto, a celebração de um contrato ou a produção de uma norma"[623].

Não significa isto que não se deva "determinar o complexo de interesses que a lei quis prosseguir com a realização do acto principal, para que se torne claro o sentido e função atribuída a cada um dos momentos (...). Esta determinação... tem a maior importância para se avaliar o peso que um seu vício ou falta pode exercer sobre a validade do acto principal"[624]. Mas deste entendimento resulta que a falta ou deficiência do procedimento seguido para a prática da adjudicação não pode ser valorada no sentido de se consubstanciar em elemento essencial. O procedimento administrativo formal serve concretos interesses públicos de eficiência e transparência da actuação administrativa. Isto enquanto conceito genérico da actuação administrativa. Depois, em função da actuação jurídica concreta, o procedimento legalmente prescrito assume interesses públicos específicos associados ao acto substantivo a praticar[625]. Portanto, seguir-se um procedimento diferente daquele que imperativamente resulta da lei para emanação do acto não pode ser entendido como não existindo procedimento[626]. Reflectindo sobre a determinação do procedimento pré-contratual na qualificação como contrato administrativo, MÁRIO AROSO DE ALMEIDA sublinha precisamente a dimensão externa do mesmo à subs-

---

[621] ALDO SANDULLI, *Il Procedimiento...*, cit., pp. 36-37.
[622] DAVID DUARTE, *Procedimentalização...*, cit., p. 91.
[623] DAVID DUARTE, *Procedimentalização...*, cit., p. 93.
[624] ROGÉRIO SOARES, *Direito Administrativo*, cit., pp. 150-151.
[625] Esta mesma ideia foi sublinhada no Acórdão do STA de 11/11/2003 (P. n.º 1084//03), em que se sustentou a nulidade da adjudicação por preterição do procedimento concursal devido: "os actos e as formalidades exigidos num procedimento não são importáveis ou exportáveis, avulsamente, para outro procedimento, eles só adquirem relevo jurídico no procedimento a que respeitam (como não releva como audição em processo disciplinar a audiência em processo de concurso de promoção). Assim, seguindo-se um certo procedimento não é possível dizer-se que falta nele a formalidade *a* ou *b* que se encontra prevista para outro tipo de procedimento. Cada procedimento tem que ser analisado à luz do seu próprio regime, e não à luz do regime de outro".
[626] Vide VIEIRA DE ANDRADE, *Nulidade e Anulabilidade...*, cit., pp. 41 e ss.

tantividade do contrato: o procedimento pré-contratual, que "não é, em si mesmo, um critério atinente à substância do contrato, mas apenas respeitante a aspectos extrínsecos ao mesmo"[627].

Não nos parece por isso ser tão inequívoca a consequência para o contrato, apesar do que dispõe o n.º 1 do artigo 283.º do CCP, o desvio da regra de procedimento. Mas muitas vezes a questão não se coloca no limite ou nos extremos. Coloca-se em moldes em que ainda há o cumprimento de regras concursais, se bem que não exactamente e não com amplitude que a lei prescreve. À luz do princípio do aproveitamento da actuação administrativa, a sanção para o incumprimento de regras formais, sempre que possível, deverá ser a menos gravosa, desde que os interesses substantivos que tais regras pretendiam salvaguardar se mostrem protegidos. E se assim deve ser para a adjudicação, por maioria de razão, o deverá ser para o contrato.

Para além das questões enunciadas a propósito do concurso público, isto é, situações em que este procedimento era o prescrito e outro foi seguido, outras questões se podem colocar nos outros procedimentos. Já não tanto a magna questão de escolha indevida de procedimento, mas questões relativas ao modo de escolha de outros procedimentos.

Assim, quando a hipótese é a da opção ilegal por um procedimento que não o legalmente imposto, entendemos que não é adequada uma solução unitária. Haverá que ponderar o peso do interesse público presente na imposição de um determinado procedimento. Em face desse peso, cumpre averiguar de seguida o grau de lesão desse mesmo interesse público por não observância do procedimento legalmente imposto. Se a lei impõe o concurso público para a outorga de um determinado contrato, por entender o legislador que nesse caso se manifestam decisivamente razões de concorrência, a escolha do procedimento por ajuste directo implica uma gravíssima lesão do interesse público, constituindo um "acto lesivo" (ALEXANDRA LEITÃO), implicando "uma diminuição das garantias dos particulares"[628]. Surge então um vício inultrapassável na formação do referido contrato.

Ponderação diferente deverá merecer a hipótese em que o concurso público é imposto, mas é seguido um procedimento concursal diferente

---

[627] *In Contratos Administrativos...*, cit., p. 8.
[628] *In A Protecção...*, cit., p. 201.
No sentido de que, por isso, é acto sujeito a controlo jurisdicional, *vide* EUGENIO MELE, *I Contratti delle Pubbliche Amministrazioni*, 2.ª Ed., Giuffrè, Milão, 1998, pp. 81 e ss.

e menos exigente. Imagine-se, no domínio da anterior disciplina legal, a hipótese de ter sido seguido o procedimento de concurso limitado sem publicação de anúncio relativamente a uma empreitada de obras públicas, quando era inequívoca a imposição de concurso público. No cenário exposto, tendo sido realizado o concurso limitado sem publicação de anúncio fora das condições permitidas pela lei, existia uma clara e evidente violação das regras procedimentais imperativas aplicáveis *in casu*. Será que o procedimento escolhido desprotegia por completo as necessidades de transparência, imparcialidade e concorrência ínsitas à obrigação de concurso público? Esta é, repete-se, a questão fundamental. Em ordem à resposta, a primeira nota é a de que esta situação não é comparável desde logo à total ausência de procedimento e de procedimento concursal. O que afasta, na nossa perspectiva, a imediata sanção de nulidade. Sublinha-se que na hipótese colocada terá sido seguido um procedimento concursal, em que foram observadas regras de publicidade, factor indispensável ao controlo da actividade administrativa. O princípio que terá sido mais atingido seria o da concorrência porquanto aquele tipo de procedimento é limitado neste aspecto. De todo o modo, se tiverem sido dirigidos convites a um número significativo de potenciais concorrentes, superior ao que a lei impunha (pelo menos cinco), e se tivessem sido recebidas cinco propostas, apenas fica por saber se, houvesse sido seguido o procedimento de concurso público, algum concorrente, no caso não convidado, se teria apresentado a concurso. Ou seja, a concorrência terá sido limitada mas fica por saber se não terá sido efectivamente garantida toda a possibilidade de concorrência possível. Não é questão despicienda mas a gravidade não é equiparável à total ausência de concorrência. Acresce que a lei processual garante legitimidade a quem se sentir lesado por não poder concorrer[629]. A razão substantiva acrescida desta adjectiva conduzem-nos a sustentar uma invalidade menos grave – a anulabilidade da adjudicação. Em consequência, o contrato poderá ser igualmente inválido. Impõe-se contudo que se averigue se não será de sustentar uma invalidade da adjudicação limitada até à efectiva outorga do contrato, o que significaria que o contrato não seria afectado.

A jurisprudência *supra* enunciada a propósito desta questão demonstra duas orientações divergentes na solução da questão da postergação do procedimento devido. Por exemplo, no Acórdão do STA de 11/11/2003

---

[629] Cfr. o disposto no artigo 40.º do CPTA.

(P. n.º 1084/03), o procedimento devido era "pelo menos, o procedimento por negociação com publicação prévia de anúncio", tendo sido seguido o procedimento de concurso limitado sem apresentação de candidaturas. O Tribunal entendeu que, à semelhança do que sucede nos procedimentos disciplinares, quando se adopta um procedimento que a lei não permite toda a actuação "está inquinada de raiz", fazendo decorrer daí a nulidade da adjudicação. Já no Acórdão do mesmo STA de 03/03/2004 (P. n.º 1938//03), a decisão do Tribunal foi mais razoável na nossa opinião. Tratando a questão da utilização de procedimento indevido – era exigido o concurso público e foi utilizado o concurso limitado sem apresentação de candidaturas – o Tribunal foi de opinião que o desvio verificado não era de molde a justificar a sanção da nulidade da adjudicação. Entendeu o Tribunal, à luz de uma argumentação mais ajustada aos dados normativos, que as razões que impõem o concurso público, designadamente a necessidade de cumprir um procedimento para controlo das regras de transparência, não foram absolutamente postergadas. Não se tratava de não existir nenhum procedimento – não havia portanto falta de um elemento essencial da adjudicação[630]. Mais recentemente, a tese de que o procedimento de concurso público consubstancia uma formalidade essencial da adjudicação e que portanto a sua postergação gera a nulidade daquela e, em consequência, a do contrato, por força do então disposto no n.º 1 do artigo 185.º do CPA, foi tratada no Acórdão do STA de 13/01/2005 (P. n.º 1318/04). Ao contrário do que decidira a primeira instância, o Tribunal Superior decidiu que a violação da regra do concurso público deveria ter como consequência a "mera anulabilidade": "em matéria de invalidade de acto administrativo a regra é a da anulabilidade sendo a nulidade excepcional (artigo 135.º CPA, expressamente aplicável por força do artigo 206.º do DL 197/99). Não estando contemplado neste diploma a nulidade do acto que determina o ajuste directo se a situação impuser para o caso o con-

---

[630] "IV – A preterição do concurso público e a sua substituição por um concurso limitado nem sequer se traduziu numa falta absoluta de forma legal ao nível desse procedimento, pois que de todo o modo sempre houve um procedimento concursal, se bem que não o porventura legalmente exigido, e portanto ficou por preencher o requisito indicado na al. f) do n.º 2 do art. 133.º do CPA".

Existe no entanto exemplos de jurisprudência em se que sustenta que o vício gerado pelo incumprimento da obrigação de concurso público, mesmo quando o procedimento escolhido foi o do ajuste directo – portanto, sem qualquer salvaguarda do princípio da concorrência – é "apenas" a anulabilidade "da deliberação de contratar com uma empresa" – *vide* por exemplo o Acórdão do STA de 11/12/2001 (P. n.º 47 215).

curso público, a ilegalidade daquele acto acarretará simples anulação e não a sua nulidade".

103. Quanto à jurisprudência administrativa, não podemos sufragar a argumentação vertida no Acórdão do STA de 11/11/2003 (*supra* referenciado) porque os cenários pressupostos não são comparáveis. No âmbito do direito disciplinar, as razões que impõem um determinado procedimento estão fortemente conexionadas com os direitos fundamentais de defesa em matéria sancionatória, que só um procedimento poderá, pelo menos formalmente, assegurar[631]. Razões que não são comuns à situação em análise. O que não desmerece as razões impositivas de concurso público, sendo que, importa sublinhar, são interesses diferentes subjacentes.

As regras de concurso público sustentam-se na necessidade de assegurar os princípios da concorrência[632], transparência[633] e imparcialidade, princípios estruturantes da nossa Administração Pública, mas sobretudo imperativos de natureza comunitária. A necessidade de transparência, imparcialidade e sã concorrência estão directamente relacionados com a necessidade de controlo da actividade administrativa em geral e, em particular, com o controlo financeiro[634]. Trata-se por conseguinte de princípios fundamentais a observar no acto de adjudicação. Contudo, sublinhe-se e relembre-se que este sub-procedimento é parte do procedimento – com-

---

[631] O que vem reforçar o nosso entendimento de que o procedimento não integra a actuação mas é elemento externo e que está funcionalizado à função administrativa pressuposta.

[632] MÁRIO ESTEVES DE OLIVEIRA/RODRIGO ESTEVES DE OLIVEIRA asseguram que este princípio constitui uma trave mestra dos procedimentos concursais (*in Concursos...*, cit., p. 100). Não é portanto privativo do concurso público, se bem que aí atinja a sua máxima expressão.

[633] A transparência assegura-se também pelo princípio da publicidade mas visa reforçar a imparcialidade e a concorrência. Neste sentido, MÁRIO ESTEVES DE OLIVEIRA/ /RODRIGO ESTEVES DE OLIVEIRA, *Concursos...*, cit., p. 122. Sobre a ligação com o princípio da imparcialidade, *vide* VIEIRA DE ANDRADE, *A Imparcialidade da Administração Como Princípio Constitucional*, BFDUC, Vol. L, 1974.

[634] O que aliás é perfeitamente visível porquanto os pressupostos para a escolha dos procedimentos de selecção do co-contratante se baseiam precisamente em critérios de natureza económico-financeira relacionados com os valores envolvidos. As circunstâncias que justificam o afastamento do primeiro critério de escolha do procedimento – o valor estimado do contrato – prendem-se com razões de interesse público também atendíveis e que justificam a ponderação de aplicação de outras normas – cfr. os normativos que prevêem tais circunstâncias.

plexo – de formação do contrato. Portanto, o peso da concorrência é diferenciado em função da etapa do procedimento considerado globalmente. Acresce que, a jurisprudência comunitária, que tem construído o conteúdo dos princípios da concorrência e da transparência associados a estes contratos, tem sublinhado que estes imperativos consubstanciam os pressupostos para a construção do mercado interno. Tais princípios, por isso, estão funcionalizados à prossecução de interesses que não são eminente nem exclusivamente administrativos, pelo menos na perspectiva de direito interno.

Assim, associado a estas duas premissas – ser o procedimento de escolha do co-contratante parte do procedimento de formação do contrato e a natureza e função específica dos princípios associados a tal segmento procedimental – há ainda a considerar a actual plenitude de tutela judicial de terceiros no nosso sistema.

Estas três premissas vêm alterar radicalmente o quadro normativo implícito na construção das invalidades ocorridas naquela fase de procedimento e por conseguinte abrir vias para um diferente regime jurídico. Recorde-se que a imposição comunitária da tutela de terceiros em sede pré--contratual, constante da ainda actual Directiva Recursos e reafirmada na Directiva 66/2007 que a vem rever, tinha a principal preocupação, face à análise dos ordenamentos jurídicos nacionais, de obter uma uniformização em matéria de tutela judicial. Mas, entre nós, a questão perde relevância, não só porque existe um procedimento de tutela pré-contratual com grande amplitude, mas também porque está consagrada uma legitimidade alargada para efeitos de impugnação de invalidade do contrato administrativo.

Assim, resta apenas indagar se a consequência da preterição das regras desse procedimento, mas a observância de outras que integram ainda um concurso, se bem que limitado, será a da nulidade[635]. Para o ser, repete-se, haverá que concluir-se que aqueles interesses de transparência, imparcialidade e concorrência que sustentam o concurso público não foram de todo observados e se se consubstanciam em lesão do interesse público de tal modo grave que, nem a amplitude contenciosa, é suficiente para justificar e fundar um "aligeirar" do tipo de invalidade[636].

---

[635] Esta é a opinião de MARIA JOÃO DE ESTORNINHO (*Direito Europeu...*, cit., pp. 374 e ss.).

[636] A questão seguinte que se coloca é a de saber se e quem pode impugnar esta escolha. Sobre a escolha de procedimentos restritos e a tutela do interesse de terceiros, *vide* GIOVANNI VACIRCA, *Atti Amministrativi...*, cit., p. 74; EUGENIO MELE, *I Contratti...*, cit.,

Qualquer que seja a solução, achamos que não se deve perder de vista um pressuposto fundamental: o procedimento a seguir destina-se à prática do acto de adjudicação, no âmbito de um procedimento pré-contratual. Nesta medida, não é exactamente pressuposto do contrato; a escolha do parceiro contratual é que é[637]. É inquestionável que escolher e seguir um procedimento administrativo fora das imposições legais vicia a adjudicação. A extensão e gravidade de tal invalidade estão directamente relacionadas com a extensão da postergação dos interesses públicos que as regras do sub-procedimento devido pretendiam tutelar[638]. Trata-se de uma questão de cumprimento de formalidades e portanto de questão de validade a nível formal. A situação mais grave será obviamente aquela em que de todo se cumpriram as imposições procedimentais – a falta total de procedimento. Será uma situação em que os interesses tutelados pelo procedimento não foram de todo observados. Abstraindo de outras considerações que ponderariam ditar consequências de cariz substantivo – por não existir o procedimento também outras questões materiais não teriam sido equacionadas – a adjudicação seria inválida por falta de uma formalidade legal. Para o contrato, tal falta reconduz-se a vício grave no procedimento mas não constituiria um vício do próprio contrato. O que não significa que ficaria imune a sua validade. Tratar-se-ia, na nossa perspectiva, de uma hipótese de invalidade derivada. Contudo, as hipóteses aventadas não são estas extremas. As questões práticas que amiúde se colocam prendem--se antes com a escolha de um procedimento menos formal do que um concurso público, sendo este legalmente devido.

São, no entanto, equacionáveis situações em que a ponderação do interesse público e da necessidade de aproveitamento de actuação administrativa – igualmente relevante para a prossecução do interesse público – ditará a sanação do vício e o aproveitamento do contrato que a final se firma. Em particular, nas hipóteses em que se possa com segurança estabelecer que o desvio da norma padrão é mínimo, pelo que substancialmente não se perfilam razões que ditem a sanção mais grave.

---

p. 326; ALEXANDRA LEITÃO, *A Protecção*..., cit., p. 203 (com argumentos entretanto ultrapassados pela entrada em vigor do Código do Processo dos Tribunais Administrativos).

[637] Porventura nos contratos de substituição a configuração jurídica é diferente, mas este tipo de contratos está excluído da nossa investigação.

[638] *Vide* MARCELLO CAETANO, *Manual*..., I, cit., pp. 471 e 472; SÉRVULO CORREIA, *Noções*..., cit., p. 125; MÁRIO ESTEVES DE OLIVEIRA, *Direito Administrativo*, cit., p. 669; MÁRIO ESTEVES DE OLIVEIRA/RODRIGO ESTEVES DE OLIVEIRA, *Concursos*..., cit., pp. 441 e ss.

104. Um outro cenário de possível invalidade é aquele em que se podem verificar circunstâncias que justificam a escolha de um procedimento menos exigente. Contudo, a lei exige igualmente o cumprimento de regras para se poder seguir esse outro procedimento.

No âmbito da legislação revogada, colocavam-se as seguintes hipóteses. No caso do *concurso limitado sem publicação de anúncio*[639], colocava-se a questão de saber qual seria o procedimento de selecção de entidades a seguir porque a lei apenas apontava directrizes para a selecção: conhecimento e experiência que tivesse das entidades[640]. Cabia à Administração erguer os critérios ou factores concretos para a selecção. Num primeiro momento, a decisão desses critérios viciariam o sub-procedimento, se fossem ilegais, ilegítimos, etc., porque iriam constituir o suporte da escolha futura do parceiro contratual da Administração. Os critérios influenciavam o universo de potenciais concorrentes: ora admitindo quem não devia ser admitido (podendo vir a ser o adjudicatário) ou/e deixando de fora, por isso, outros concorrentes (e portanto correndo o risco de não obter as melhores propostas, lesando com isso o interesse público). Encontrávamo-nos num domínio de exercício de poder discricionário[641]. Se a selecção enfermasse de vício de conteúdo, contaminava o procedimento principal, mas de que modo? Desde logo, a ocorrência de vício de conteúdo quanto ao contrato porquanto, naquela primeira fase, procedia-se à escolha de possíveis adjudicatários. Converter-se-ia em vício do contrato se o adjudicatário tivesse sido seleccionado por causa do deficiente exercício dos poderes discricionários[642]. E seria um vício próprio do contrato, quanto a um dos sujeitos contratantes[643]. Não se verificando o cenário

---

[639] Cfr. o que se dispunha no artigo 129.º do RJEOP. Tratar-se-ia de uma decisão de conteúdo vinculado: este tipo de procedimento encontrava-se subordinado ao "valor estimado" do contrato.

[640] Trata-se na nossa perspectiva da inserção de um sub-procedimento no procedimento de escolha do co-contratante. Esta escolha também deverá constar da deliberação de contratar: quando é escolhido o procedimento a seguir, se for este, tal decisão deverá já ser tomada e devidamente publicitada. Quanto à adjudicação, dizia a lei que ela se faria ao preço mais baixo, em propostas não condicionadas ou nos termos do concurso público, nas demais – cfr. o que se dispunha no artigo 132.º do RJEOP.

[641] MÁRIO ESTEVES DE OLIVEIRA/RODRIGO ESTEVES DE OLIVEIRA reconhecem nestes procedimentos de selecção de concorrentes "um maior grau de apreciação discricionária" (*Concursos...*, cit., p. 492).

[642] MÁRIO ESTEVES DE OLIVEIRA/RODRIGO ESTEVES DE OLIVEIRA reconhecem precisamente o tipo de poderes aqui exercidos pois, embora sustentem a sindicabilidade jurisdi-

atrás descrito, apesar de os critérios não se conformarem com a lei, não se poderia sustentar a lesão grave do interesse público. Existia um vício da adjudicação mas de carácter procedimental e que não se comunicava ao contrato. Claro que a situação era mais complexa, quando, por causa desses mesmos critérios, houvesse potenciais bons parceiros contratuais que fossem excluídos à partida. Nesta hipótese, haveria "apenas" e num primeiro momento tutela judicial dos excluídos que poderia, a final, reflectir--se no contrato[644]. Esta hipótese podia gerar invalidade derivada porque os princípios dos procedimentos concursais eram afectados e como se trata do exercício de poderes discricionários a repetição da avaliação estava vedada ao juiz.

O fundamento previsto na lei para a escolha das entidades a convidar reconduzia-se ao conhecimento e experiência que o dono da obra tivesse das mesmas[645]. Ou seja, o legislador erguera o historial das relações contratuais e demais experiência em sede de formação de contratos no acervo factual que conduz a Administração à identificação dos melhores potenciais e futuros parceiros contratuais. Claro que haveria que densificar o conceito de "conhecimento" e "experiência" que justificassem a selecção de umas entidades em detrimento de outras. Tratava-se por isso de um requisito de validade a cargo da própria Administração. Não bastaria, parece-nos, um conhecimento meramente empírico e pontual, reconduzível às pessoas concretas que tivessem intervindo em procedimentos concursais anteriores e em execução de contratos. Estávamos no âmbito do exercício de poderes discricionários da Administração, mas que devem ser factualmente documentados e exercidos segundo um padrão de objectividade, susceptível de avaliação judicial, no respeito estrito da reserva da função administrativa, devendo por conseguinte ser a decisão devidamente fundamentada[646].

No procedimento de selecção, após aquela fase de estabelecimento de critérios, havia lugar à audiência. Se esta faltasse, existia vício de pro-

---

cional da escolha – e bem – reduzem os fundamentos a "eventuais erros de facto (da respectiva fundamentação) ou erros grosseiros de apreciação" (in Concursos..., cit., p. 209).

[643] A adjudicação enfermará de vício quanto ao conteúdo. Tratar-se-á de um vício comum à adjudicação e que se torna próprio do contrato quando este se celebra.

[644] Cfr. o disposto sobre a legitimidade processual constante do 40.º do CPTA.

[645] Cfr. o que se dispunha no n.º 2 do artigo 130.º do RJEOP.

[646] Neste sentido, MÁRIO ESTEVES DE OLIVEIRA/RODRIGO ESTEVES DE OLIVEIRA, Concursos..., cit., p. 208.

cedimento que geraria eventualmente uma invalidade derivada para o contrato. Mas seria vício de procedimento da adjudicação em primeiro lugar.

Outra questão, agora de fundo, que se podia equacionar era a de o convite ter sido formulado a uma entidade que não tinha as características exigidas. Neste cenário, o convite teria conteúdo ilegal quanto ao possível co-contratante, por violar norma imperativa. Tal invalidade seria também do contrato? Tudo depende de se verificar se a entidade indevidamente convidada viesse ou não a ser a adjudicatária. Se dissesse respeito apenas a um possível mas não efectivo contratante, seria vício no procedimento mas não do contrato porque tal vício não se comunicaria ao contrato. Os vícios a existirem reflectir-se-iam na adjudicação. Situação diferente seria aquela em que o adjudicatário viesse a ser precisamente o concorrente indevidamente convidado. Haveria um vício quanto ao conteúdo da adjudicação, o que nos remetia para as causas de invalidade própria do contrato.

Já no caso de *concurso limitado com publicação de anúncio*, que se podia justificar pela maior complexidade[647], a lei conferia amplos poderes à Administração sobre quem pode participar. Apenas referia a "maior qualificação", apontando exemplificativamente o critério da "experiência anterior em domínios específicos".

O procedimento a seguir era distinto do do concurso público na fase inicial: o dono da obra publicava um anúncio e as entidades interessadas e que preenchessem os requisitos necessários apresentavam requerimento para participar. Seria o dono da obra que elaborava o projecto de decisão de admissão das candidaturas, o submetia a audiência e formulava o convite às entidades seleccionadas[648]. O grande risco deste tipo de procedimento era o de o dono de obra desenhar o procedimento de selecção de molde a resultar na escolha daquele parceiro que a Administração sempre teve em vista. Ou seja, era o perigo de se levar a cabo um ajuste directo disfarçado de concurso limitado. Provando-se esta hipótese não temos dúvidas sobre a consequência jurídica: nulidade da adjudicação e do contrato, por violação de lei imperativa que tutela os mais elementares princípios da actividade administrativa contratual. Foi este o cenário apreciado no Acórdão do STA de 24/03/2004 (P. n.º 192/04). No ponto III do respectivo sumário encontra-se a seguinte hipótese: "o facto de o programa do concurso exigir dos concorrentes a prova de uma especial capacidade

---

[647] Cfr. o que se dispunha no artigo 122.º do RJEOP.
[648] Cfr. o que se dispunha no artigo 124.º do RJEOP.

económica e financeira que não havia sido requerida num anterior concurso de pré-qualificação, respeitante à mesma obra e que não chegara ao seu termo, não basta para emitir um juízo de certeza que corrobore a suspeita, alimentada pela recorrente, de que tais exigências de capacidade teriam partido do conhecimento das características dos concorrentes potenciais e teriam visado restringir artificialmente o universo dos candidatos e afeiçoar o resultado do concurso aos interesses dos que vieram a adquirir a qualidade de adjudicatários".

Não sendo esse o cenário, colocavam-se então várias questões pertinentes que passamos a enunciar. Estávamos perante um procedimento de selecção com maior autonomia face às fases consequentes da formação do contrato. Haveria que averiguar qual a consequência para o restante procedimento dos vícios que surgissem no procedimento de qualificação ou selecção. Tratava-se de um sub-procedimento que culminava num acervo de concorrentes de onde se escolheria o adjudicatário. As questões de validade mais pertinentes que se colocavam prendiam-se com a legalidade dos critérios para o convite a formular às entidades, com o convite formulado para além ou contra critérios regularmente estabelecidos e as vicissitudes do próprio sub-procedimento. Quanto às duas questões primeiramente enunciadas, poderiam surgir causas de invalidade derivada para o contrato e, na segunda, se o adjudicatário tivesse sido o concorrente ilegalmente convidado, mesmo uma causa de invalidade própria. As vicissitudes procedimentais poderiam ou não gerar invalidade derivada para o contrato, dependendo da gravidade da lesão do interesse público envolvido. Portanto, os vícios mais significativos diziam respeito ao conteúdo dessa escolha. Os vícios que se manifestassem a propósito do *iter* podiam redundar em irregularidades não invalidantes, em particular se os interesses públicos se mostrassem intactos. Por conseguinte, um vício nesse procedimento teria a maior relevância se a escolha (e o convite) fosse fundada em violação dos princípios que orientam a Administração nesta sua actividade.

No *concurso por negociação*, a questão principal colocava-se a propósito da justificação para a escolha do procedimento nos casos em que era permitido, independentemente do valor do contrato. Será um caso de vício no procedimento que *supra* já equacionamos aquando da análise da deliberação/decisão de contratar.

105. No CCP, como vimos já, os procedimentos de escolha de co--contratante são em menor número e de natureza distinta.

No âmbito do concurso público, deixa de existir uma fase de escolha de concorrentes com a burocracia associada. Os concorrentes apresentam as suas propostas e apenas o adjudicatário terá de provar documentalmente que não se encontra em situação de impedimento[649]. Simultaneamente, previu o legislador a possibilidade de um concurso público urgente, com aligeiramento de certo tipo de regras, em particular no que concerne aos prazos[650]. Os pressupostos de aplicação de tais regras encontram-se no artigo 155.º: *"em caso de urgência na celebração de um contrato de locação ou de aquisição de bens móveis ou de aquisição de serviços de uso corrente para a entidade adjudicante, pode adoptar-se o procedimento de concurso público nos termos previstos na presente secção, desde que, cumulativamente: a) O valor do contrato a celebrar seja inferior aos referidos na alínea b) do n.º 1 e no n.º 2 do artigo 20.º, consoante o caso; b) O critério de adjudicação seja o do mais baixo preço"*. Encontra-se também previsto o leilão electrónico a aplicar na formação dos contratos de locação ou de aquisição de bens móveis ou de contratos de aquisição de serviços[651].

O concurso limitado por prévia qualificação é muito semelhante ao procedimento que existia ao abrigo da legislação agora revogada[652]. O mesmo sucede com o procedimento de negociação[653].

Como procedimentos inovadores, surge o diálogo concorrencial[654]. Trata-se de um procedimento que pode ser escolhido "quando o contrato a celebrar, qualquer que seja o seu objecto, seja particularmente complexo, impossibilitando a adopção do concurso público ou do concurso limitado por prévia qualificação"[655]. Tem três fases: *"a) Apresentação das candidaturas e qualificação dos candidatos; b) Apresentação das soluções e diálogo com os candidatos qualificados; c) Apresentação e análise das propostas e adjudicação"*[656].

106. Resta saber até que ponto as questões que se colocavam a propósito da disciplina legal anterior se mantêm face aos procedimentos regulados no CCP.

---

[649] Cfr. o disposto na alínea a) do n.º 2 do artigo 77.º do CCP.
[650] Cfr. o disposto nos artigos 158.º, 159.º e 161.º
[651] Cfr. o disposto no n.º 1 do artigo 140.º
[652] Encontra-se disciplinado nos artigos 162.º e ss.
[653] Cfr. o disposto nos artigos 193.º e ss.
[654] Cfr. o disposto nos artigos 204.º e ss.
[655] Preâmbulo do diploma que aprova o CCP e n.º 1 do artigo 30.º
[656] Cfr. o disposto no artigo 205.º

À luz da nova legislação, a comparação far-se-á com o concurso limitado por prévia qualificação, regulado nos artigos 162.º e ss.

Este procedimento integra uma fase de selecção de candidaturas que pode ou não ser alvo de publicação de anúncio. Contudo, a questão da natureza dos poderes da Administração e respectivo alcance parece colocar-se de igual modo. Cumpre porém sublinhar que existem dois sistemas de qualificação, implicando assim questões um pouco distintas.

O artigo 165.º do CCP estabelece os "requisitos mínimos", tendo o legislador optado por conferir poderes discricionários na densificação de tais requisitos. Concretizou depois o legislador exemplificativamente alguns dos sub-critérios (no que respeita à capacidade técnica). Portanto, pode desde logo sublinhar-se a específica preocupação em circunscrever as possibilidades de situações de difícil controlo de legalidade[657]. O que significa que estarão melhor salvaguardadas as hipóteses de tratamento discriminatório porquanto há agora, de base legal, uma maior vinculação. Por isso, a admissão de candidato fora dos critérios que decorrem da lei (e concretizados nos documentos do procedimento) poderá configurar-se como causa de invalidade nos termos *supra* já expostos, em particular se o candidato ilegalmente admitido vier a ser o adjudicatário. A mesma linha de solução deverá ser seguida se a admissão resultar da criação de critério ao arrepio do que prescreve a lei.

Todavia, prevê a lei um sistema complexo de qualificação que, pelo modo como se encontra formulado, amplia o acervo de poderes discricionários conferidos à Administração[658]. Encontra-se prescrito o critério genérico de "maior capacidade técnica e financeira". O legislador quis no entanto salvaguardar a situação e impôs a elaboração de um modelo de avaliação, sujeito a regras relativamente apertadas[659]. Acresce que se encontram tipificadas as razões justificativas da exclusão de candidatos[660].

Após a qualificação, com o cumprimento do dever de audiência, há o dever de convidar[661]. Assim, face à regulamentação anterior, sempre se dirá que a discricionariedade não foi arredada, mas o legislador protegeu o exercício de poderes.

---

[657] Estabeleceu-se inclusive a tutela da concorrência no n.º 5 do artigo 165.º
[658] Cfr. o disposto no artigo 181.º do CCP.
[659] Cfr. o disposto no n.º 2 do artigo 181.º
[660] Cfr. o disposto no n.º 2 do artigo 184.º do CCP.
[661] Cfr. o disposto no n.º 1 do artigo 189.º do CCP.

No procedimento por negociação, poderão colocar-se as questões anteriores, uma vez que a fase de apresentação de candidaturas é a mesma que está prescrita para o concurso limitado.

4.1.1.2.3. *Do objecto/conteúdo em particular – do programa do concurso*

107. O concurso público pressupõe de um conjunto de documentos que contêm os termos da proposta contratual da Administração e que são normalmente aprovados quando a Administração decide actuar contratualmente. No âmbito do CCP, o artigo 40.º regula o "tipo de peças de procedimento de formação dos contratos"[662].

108. Para efeitos de aferir das causas de invalidade derivada do contrato, é necessário considerar o programa do concurso por aí se definir "os termos a que obedece a fase de formação do contrato até à sua celebração"[663]. As indicações que devem constar do programa do concurso público estão contidas no artigo 132.º do CCP: sublinha-se o dever de fundamentação da escolha do concurso público e o dever de estabelecer o critério de adjudicação com os sub-factores.

Os critérios de adjudicação devem constar do programa do concurso e serem devidamente publicitados[664]. São várias as hipóteses de não conformidade do programa a este propósito. No âmbito da legislação revogada, uma das hipóteses mais frequentes era o caso daquelas hipóteses em que se previa, como critério de adjudicação, que fossem apreciadas as qualificações profissionais ou a capacidade técnico-financeira nos concorrentes no âmbito da apreciação da proposta, em clara contravenção da previsão legal[665]. No concurso público disciplinado na legislação agora

---

[662] No âmbito da legislação revogada, cfr. o que se dispunha nos artigos 62.º e ss. do RJEOP e 42.º e ss. e 88.º do RJDP.

[663] Cfr. o disposto no artigo 41.º

No domínio da legislação revogada e analisando a alínea a) do n.º 1 do artigo 66.º do RJEOP, encontramos entre as especificações as condições para os concorrentes poderem apresentar-se a concurso, o critério de adjudicação, com a indicação e ponderação de factores de avaliação.

[664] Cfr. o disposto na alínea n) n.º 1 do artigo 132.º

Recorde-se que é a este propósito que mais jurisprudência tem sido produzida. Trata-se de um momento sensível da afirmação dos princípios fundamentais do procedimento de concurso público.

[665] Cfr. o que se dispunha no artigo 55.º do RJDP e n.º 3 do artigo 100.º do RJEOP. Esta questão foi tratada especialmente no Acórdão do STA de 16/07/2003 (P. n.º 1 188):

em vigor, a questão não se deverá colocar porquanto a apreciação das qualidades dos concorrentes não se traduz numa fase autónoma do procedimento. De todo o modo, o n.º 1 do artigo 75.º do CCP afasta a possibilidade de os sub-factores se referirem a tais circunstâncias. O incumprimento de tal imposição deverá conduzir à consideração do critério como não escrito, preservando-se o resto do documento concursal.

Uma outra hipótese de violação do mesmo género era a previsão, quanto às qualidades dos potenciais concorrentes, de outras situações para além daquelas que estavam previstas nos artigos 33.º do RJDP e 55.º do RJEOP[666]. Ficcione-se então o cenário em que ente público, num concurso público obrigatório, estabelece como critério que qualquer concorrente deverá apresentar-se em consórcio com uma entidade bancária devido à dimensão e importância financeira do contrato a celebrar ou uma determinada autoridade administrativa pretende excluir do âmbito geral de concorrentes uma empresa que, em anteriores relações contratuais, se mostrou recorrentemente inadimplente. Nesta última hipótese, não encontramos na lei suporte jurídico para a aposição deste tipo de critérios, se bem que materialmente ambas as hipóteses se mostrem justificadas em interesse público relevante. No primeiro caso, pode a Administração pretender reforçar financeiramente a garantia do contrato, pela extrema importância do mesmo perante as suas atribuições. No segundo caso, pretende o ente público defender-se de um concorrente que já deu mostras de não ser fiável. Só que se o contrato em causa tiver de ser precedido de concurso público, qual o fundamento legal da aposição de tais critérios? Se a Administração, apesar de tudo isto, incluir critérios semelhantes a estes, o contrato a celebrar poderá ser inválido[667-668].

"III – a inclusão no Programa do Concurso de norma que estabelece como critério de adjudicação, a capacidade técnica e financeira dos concorrentes e a posterior avaliação e classificação do mérito das propostas apresentadas à luz deste critério, viola os arts. 55.º, n.ºs 1 e 3, 105.º a 107 do DL 197/99". No mesmo sentido, Acórdãos do STA de 22/06/1999 (P. n.º 44 140), 14/03/2000 (P. n.º 48 188), 11/04/2000 (P. n.º 45 845), 02/07/2002 (P. n.º 41 358) e 12/03/2003 (P. n.º 349/03).

[666] Referindo-se a situações de falta de idoneidade, DOMENICO CARBONARA, *I Contratti...*, cit., pp. 42 e ss.

[667] Sem prejuízo da possibilidade de impugnação dos documentos do concurso onde estão estabelecidos tais critérios por aqueles concorrentes que se encontrem na situação de ser excluídos. Neste sentido, ALEXANDRA LEITÃO, *A Protecção...*, cit., p. 208. Cfr. o disposto no n.º 2 do artigo 100.º do CPTA.

[668] Nas situações admissíveis de concurso limitado, esta hipótese estava legalmente prevista no artigo 122.º do RJEOP. Todavia, aqui a opção legislativa compreendia-se por-

No domínio do CCP, a questão está disciplinada no artigo 55.º, sendo que a formulação da norma parece ser taxativa, pese embora a concessão de poderes discricionários na conformação das várias alíneas. Da análise do preceito, que se aplica a todos os tipos de procedimentos, não nos parece que exista abertura para a criação de outros impedimentos[669].

No direito espanhol, a questão estava disciplinada no artigo 20.º da lei de contratos públicos, que continha as "proibições de contratar"[670]. Actualmente, as "condições de aptidão" do possível parceiro da Administração estão previstas no artigo 43.º, sendo que as "proibições de contra-

---

quanto estávamos em sede de qualificação prévia de concorrentes em que esta particular característica se justificava plenamente. Como refere ALEXANDRA LEITÃO, a exigência de prova documental dos requisitos para contratar relativamente a concorrentes estrangeiros não se confunde com a aposição de cláusulas discriminatórias no concurso, situação essa sim proibida pela lei (*in A Protecção...*, cit., p. 207).

[669] No âmbito do procedimento por prévia qualificação, torna-se necessário averiguar com detalhe o alcance do que dispõe o artigo 184.º: "*2 – No relatório preliminar a que se refere o número anterior, o júri deve também propor a exclusão das candidaturas: a) Que tenham sido apresentadas depois do termo fixado para a sua apresentação; b) Que sejam apresentadas por candidatos em violação do disposto no n.º 2 do artigo 54.º; c) Que sejam apresentadas por candidatos relativamente aos quais ou, no caso de agrupamentos candidatos, relativamente a qualquer dos seus membros, a entidade adjudicante tenha conhecimento que se verifica alguma das situações previstas no artigo 55.º; d) Que sejam apresentadas por candidatos que não preencham os requisitos referidos no n.º 4 do artigo 164.º, desde que o programa do concurso assim o preveja expressamente; e) Que não sejam constituídas por todos os documentos exigidos, salvo por aqueles que se refiram ao requisito de capacidade financeira previsto no n.º 2 do artigo 165.º desde que tenha sido apresentado um dos documentos previstos no n.º 3 do artigo 179.º; f) Que não cumpram o disposto nos n.ᵒˢ 2 e 3 do artigo 168.º; g) Que sejam constituídas por documentos destinados à qualificação não redigidos em língua portuguesa ou, nos casos previstos no n.º 2 do artigo 169.º, não acompanhados de tradução devidamente legalizada; h) Que sejam constituídas por documentos destinados à qualificação que contenham qualquer referência indiciadora de algum dos atributos da proposta relativos a aspectos da execução do contrato a celebrar submetidos à concorrência pelo caderno de encargos; i) Que não observem as formalidades do modo de apresentação das candidaturas fixadas nos termos do disposto no artigo 170.º; j) Que sejam constituídas por documentos falsos ou nas quais os candidatos prestem culposamente falsas declarações; l) Cuja análise revele que os respectivos candidatos não preenchem os requisitos mínimos de capacidade técnica ou de capacidade financeira*".

[670] JOSÉ PIÑAR MAÑAS e ÁLVARO CANALES GIL entendem que estas proibições de contratar servem a livre concorrência e tencionam "garantir o interesse público". Daí a taxatividade do elenco das mesmas (*in Comentarios a la Ley de Contratos de las Administraciones Públicas*, RICARDO GARCÍA MACHO (dir.), Tirant, Valencia, 2003, p. 149).

tar" estão elencadas no artigo 49.°, basicamente nos mesmos moldes dos que constavam da legislação revogada. Incluindo a dimensão imperativa.

Entretanto, ainda antes da actual disciplina legal, a jurisprudência espanhola foi chamada a pronunciar-se sobre a validade de introdução e critérios de exclusão para além dos que resultavam da lei. O entendimento expendido foi o que se tratava de matéria reservada à lei, pelo que a introdução de outros requisitos cuja aplicação corresponda a uma "proibição de contratar" nos documentos do concurso só pode ter-se por nula[671]. O Conselho de Estado espanhol, no seu Dictame 830/1995, de 13 de Julho, sublinha a necessidade de se distinguir "entre requisitos de proibição de contratar e causas de incapacidade para contratar (...). A proibição significa a selecção normativa de uns valores ou interesses jurídicos cuja protecção se torna efectiva mediante a privação de efeitos jurídicos pela actuação contrária aos mesmos". A doutrina sublinha que não basta preencher os requisitos da capacidade de actuação, é necessária a solvência financeira e técnica e a ausência de proibições de contratar[672].

---

[671] Neste sentido, *vide* STS de 20/12/1995 (RJ 1995, 9352): "é clara a improcedência de introduzir proibições de contratar mediante normas que sejam inferiores à lei... . (...) As autoridades administrativas carecem de faculdade para incorporar proibições contratuais nos contratos que celebram, por muito razoáveis que possam parecer". No mesmo sentido, *vide* STS de 18/9/1996 (RJ 1996, 6591): "não é duvidoso que a capacidade de contratar, e tudo o que sobre ela incida, como são as «proibições de contratar», constituem matéria reservada de lei", pelo que se conclui pela nulidade de uma cláusula de proibição de contratar que não consta do artigo 20.° *Vide* ainda, STS de 9/3/1999 no mesmo sentido.

[672] *In Comentarios...*, cit., p. 318.

O Conselho de Estado espanhol não hesitou em declarar a nulidade de um acto de adjudicação porque a entidade adjudicatária se encontrava numa das circunstâncias previstas no artigo 20.° da LCP, designadamente o único administrador da mesma estava em situação de incompatibilidade (Dictame 1861/2000, de 15/7). Também a Junta Consultiva de Contratación Administrativa, no seu informe 40/1998, de 16/12 sustentou que um contrato, em que o adjudicatário incorre numa proibição de contratar, não deverá ser resolvido, mas antes declarado nulo.

Isto mesmo resultava desde logo da própria lei que, no seu artigo 22.°, postulava a nulidade para as adjudicações feitas em desrespeito das proibições de contratar. RAMON PARADA critica a solução legal, por a considerar excessiva e expõe as suas dúvidas: "como resolver a situação em que, ocorrendo uma proibição, a Administração não a declarou através do oportuno procedimento? Poderá discutir-se *a posteriori* se a declaração de que ocorre uma proibição não era correcta". Acresce que o A. não entende a disparidade deste regime, quando comparado com o que está instituído para os actos administrativos emanados por pessoas naquelas circunstâncias (*in Derecho Administrativo*, 12.ª Ed., Vol. I, Marcial Pons, 2000, p. 302).

Retornando ao nosso ordenamento, a primeira dúvida a esclarecer é a de saber se estamos perante uma proibição de contratar, à semelhança do que sucede no direito espanhol, ou se os requisitos previstos no normativo nacional se equivalem apenas às normas que estabelecem a capacidade técnica e financeira no direito espanhol. O nosso legislador optou por não elencar como *proibições de contratar* as situações que conduzem à exclusão dos concorrentes. Os normativos nacionais contêm porém as mesmas – ou pelo menos muito semelhantes – hipóteses que o artigo 49.º da lei espanhola elenca como proibições de contratar[673]. Portanto, a questão que se coloca é a de saber se poderia a Administração ampliar, em sede de documentos concursais, as situações que conduzem à exclusão dos concorrentes para além daquelas estabelecidas legalmente. Equivale isto a perguntar se o elenco do normativo é taxativo ou exemplificativo de situações de exclusão. Se bem que possam ser ponderosas as razões que motivam a Administração a introduzir outras hipóteses que conduzissem à exclusão de concorrentes, como o acervo histórico de actuações pretéritas deste ou daquele concorrente, a verdade é que estamos perante a definição do âmbito da capacidade jurídica de contratar, dimensão da capacidade jurídica. Ora, a capacidade das pessoas, físicas e jurídicas, constitui uma das matérias constitucionalmente reservadas à intervenção legislativa da Assembleia da República ou do Governo, mediante autorização[674]. O que significa que qualquer intervenção nesta matéria tem de ser levada a cabo por acto legislativo, encontrando-se por conseguinte vedada a inclusão de uma incapacidade por acto normativo de hierarquia inferior[675]. Cabe ao legislador, na ponderação dos interesses que na situação abstracta se perfilam, gizar a melhor solução de restrição da capacidade de actuação jurídica. Na verdade, como se trata de uma intervenção restritiva do direito de actuação jurídica, as maiores cautelas se impõem, designadamente a observância dos princípios da proporcionalidade, necessidade e adequação[676].

---

[673] Referindo-se precisamente ao facto de o legislador também não ser completamente livre por causa das determinantes comunitárias, José Piñar Mañas e Álvaro Canales gil, *Comentarios...*, cit., p. 151.
[674] Cfr. o disposto na alínea a) do n.º 1 do artigo 165.º da CRP.
[675] Entendendo-se o programa do concurso como regulamento administrativo.
[676] A Constituição estabelece, como se sabe, um regime jurídico-constitucional rigoroso quanto à restrição de direitos, liberdades e garantias (cfr. o disposto no artigo 18.º da CRP). No caso em apreço, tratar-se-á da restrição de actuação jurídica no domínio da contratação pública.

O legislador, na sequência das Directivas Comunitárias, entendeu serem aquelas as situações que impunham uma "proibição" de contratar, por serem domínios em que a protecção de diversos interesses públicos assim o exigia, sob pena de, a não ser assim, serem eles os valores postergados. Por outro lado, significa também que o legislador não terá identificado mais nenhuma situação em que se manifestasse um interesse público suficientemente relevante que justificasse a possibilidade de exclusão. Até porque quando o fez, como sucede na previsão normativa do artigo 184.º do CCP, o legislador prontamente previu a referida situação[677]. Claro que é importante sublinhar que a este nível o legislador se limitou a transpor a Directiva. De todo o modo, a lei é imperativa na fixação dos critérios. Colocam-se duas questões: tratando-se de restrições à normal capacidade jurídica de actuação, pela exigência de preenchimento de específicos requisitos, estaremos perante normas restritivas de direitos análogos a DLG. Se a resposta for positiva, como nos parece sustentável, uma vez que tais requisitos limitam o universo de candidatos/concorrentes, coloca-se a questão da regularidade da competência legislativa da transposição. A matéria de restrição de DLG (incluindo os de natureza análoga), está reservada a lei material[678]. O sistema constitucional português exige a transposição mediante acto interno, mas tal obrigação não invalida o regime interno de distribuição de competências legislativas[679].

A segunda questão coloca-se já depois desta e é a que mais relevância assume para a investigação. Uma vez transposta a Directiva e estabelecidas as restrições por via legislativa, porque se trata de matéria reservada, não pode a Administração, ainda que por via normativa – o regulamento do concurso – criar novas restrições (leia-se exigências) a este propósito.

---

[677] Embora a questão se colocasse ao nível da legislação em vigor em 1993 (DL 405/93), que continha a previsão da possibilidade, quanto à capacidade dos concorrentes, de o programa do concurso poder exigir outros documentos para além do alvará, discutiu-se qual o alcance dessa faculdade: seria permitir criar novos requisitos de capacidade ou apenas permitir a prova formal, por outros meios, da capacidade? O Acórdão do STA de 24/03/2004 (P. n.º 192/04) tratou a questão e o Tribunal disse: "o facto de o programa do concurso exigir que os concorrentes demonstrassem possuir especiais capacidades, sob pena de inaptidão, não equivalia à criação «praeter legem» de requisitos novos para se concorrer; e antes traduzia a particularização, adaptada às circunstâncias da obra a executar, de genérica exigência legal…". Ou seja, acaba por infirmar a nossa posição.

[678] Cfr. o disposto na alínea b) do n.º 1 do artigo 165.º da CRP.

[679] Cfr. o disposto no n.º 8 do artigo 112.º da CRP. Neste sentido, GOMES CANOTILHO, *Direito Constitucional…*, cit., p. 824.

Assim, respondendo à primeira formulação, isto é, se o elenco contido no artigo 55.º do CCP era um acervo taxativo, inclinamo-nos seguramente para a resposta positiva. Consequentemente, se um programa de concurso contiver como causa de exclusão dos concorrentes mais alguma circunstância não prevista legalmente para o concurso em causa, só se poderá ter por inválida, devendo ser considerada nula, sem nenhum efeito jurídico ou ter-se por não escrita[680]. Neste sentido, tratar-se-á de uma invalidade que não irá afectar o procedimento ou o concurso em si mesmo. Todavia, se por força do estabelecimento de critérios naqueles moldes, um concorrente tiver sido à partida excluído, é indubitável que o procedimento está inquinado quanto à validade[681]. Contudo, parece-nos que se deve ponderar se a invalidade é grave ao ponto de se dever considerar gravemente inválida a adjudicação que se venha a praticar. Se for de entender que é o caso de nulidade de todo o procedimento é óbvio que o contrato será inválido. A situação mais grave, e que conduzirá inequivocamente à nulidade do contrato, é aquela em que se demonstra que o critério adjudicatório foi estabelecido para ilicitamente ou excluir <u>aquele</u> concorrente em particular ou conduzir à escolha daquele que veio a ser o adjudicatário. Porque aqui será indício claro de corrupção, sendo intolerável que o contrato, apesar disso, subsista.

109. No que concerne ao estabelecimento de critérios de adjudicação, coloca-se no entanto a questão de saber qual a amplitude de actuação da Administração Pública. Isto é, disporá o ente público de discricionariedade no estabelecimento de critérios de adjudicação e se sim, com que amplitude. Encontramo-nos novamente na análise do tipo de norma. No âmbito do RJEOP, o artigo 105.º continha o "critério de adjudicação". Tratava-se de uma norma que conferia poderes discricionários à Administração, se bem que fixasse os limites externos dessa discricionariedade. O critério era o de "proposta economicamente mais vantajosa", indicando a lei, a título exemplificativo, as dimensões a considerar. Cabia portanto à Administração, em função dos interesses públicos *in casu*, densificar nos documentos do concurso, em particular no programa do concurso, sub-critérios como "rendibilidade", "valia técnica" e "garantia". Mas podia tam-

---

[680] Como tem decidido a jurisprudência espanhola a este propósito. *Vide supra* a decisão STS 18/09/1996 (RJ 1996, 6591).
[681] Retomaremos esta questão quando tratarmos dos actos de exclusão em sede dos actos do procedimento.

bém incluir outros sub-critérios que fossem reconduzíveis a integrar o conceito de "proposta economicamente mais vantajosa"[682]. Assim, quanto à questão de saber se seria válido requerer garantias adicionais para as propostas porque a Administração visava assegurar o cumprimento pontual de um contrato especialmente importante em termos financeiros e de relevância do interesse público, a resposta seria afirmativa desde que o concurso em causa se enquadrasse no artigo 105.º do RJEOP ou na alínea a) do n.º 1 do artigo 55.º do RJDP[683].

No domínio da lei nova, o artigo 74.º do CCP não altera os dois critérios possíveis de adjudicação: "proposta economicamente mais vantajosa" e "mais baixo preço". Este último critério só pode ser usado quando apenas o preço estiver submetido à concorrência, o que significa que todos os outros aspectos devem estar pré-definidos no caderno de encargos. Como é óbvio, também no domínio da lei nova, os factores que densificam o critério de adjudicação devem estar pré-definidos no programa do procedimento[684]. Cumpre sublinhar que o artigo 75.º determina que os "factores e os eventuais sub-factores que densificam o critério de adjudicação da proposta economicamente mais vantajosa devem abranger todos, e apenas, os aspectos de execução do contrato a celebrar submetidos à concorrência pelo caderno de encargos". Não encontramos portanto razões para alterar o entendimento de que continua a Administração a dispor de poderes discricionários na concretização destes factores[685]. Não poderia deixar

---

[682] Estas considerações valiam igualmente para a alínea a) do n.º 1 do artigo 55.º do RJDP. Todavia, neste diploma, o legislador previu também um critério fixo, em que os poderes da Administração eram estritamente vinculados: preço mais baixo.

[683] JORGE ANDRADE DA SILVA entendia que a referência legal a "garantia" só podia referir-se "à qualidade técnica da execução da obra", excluindo os factores relativos à habilitação dos concorrentes, porque tal fase já fora ultrapassada (*in Regime Jurídico das Empreitadas de Obras Públicas*, 6.ª Ed., Almedina, Coimbra, 2000, p. 280).

[684] Cfr. o disposto na alínea n) do n.º 1 do artigo 132.º; alínea q) do n.º 1 do artigo 164.º do CCP.

[685] A doutrina secunda igualmente este entendimento. Por exemplo, SÉRVULO CORREIA, *Legalidade...*, cit., pp. 690 e ss. (696); FREITAS DO AMARAL, *Curso...*, II, cit., pp. 82 e ss.; MARGARIDA OLAZABAL CABRAL, *O Concurso...*, cit., pp. 81 e 204 e ss.; ANA GOUVEIA MARTINS, *Apreciação de Propostas e Respectiva Ponderação no Regime das Empreitadas de Obras Públicas – Anotação ao Acórdão do Sta de 02/08/2000 P. n.º 46 110*, CJA, n.º 46, 2004, p. 34. Também a nossa jurisprudência entende que a Administração goza de poderes discricionários nesta matéria. Vide, por exemplo, o Acórdão do STA de 29/05/2002 (P. n.º 44 744), Acórdão do Pleno do STA de 15/01/1997 (P. n.º 27 496). A doutrina italiana parece igualmente admitir amplitude discricionária quanto ao estabelecimento dos

de ser assim sob pena de retorno à função administrativa como mera execução da lei, em manifesto contraciclo da evolução da função administrativa. É igualmente importante sublinhar que o n.º 3 do artigo 75.º afasta a proibição de consideração de factores relativos à capacidade, situação, características ou qualidades relativos aos concorrentes se se tratar de "um procedimento de formação de um contrato cujo objecto não abranja prestações típicas de um contrato de empreitada de obras públicas, concessão de obras públicas, concessão de serviços públicos, de locação ou de aquisição de bens móveis e de aquisição de serviços". Por isso, os contratos em análise não estão aqui incluídos, mantendo-se por conseguinte quanto a eles a proibição[686].

110. Por último, poderá admitir-se que, em fase pós-adjudicatória, a negociação com o adjudicatário possa incluir, até porque tal favorece a prossecução do interesse público, aspectos de outras propostas contratuais que não foram escolhidas mas que, em aspectos pontuais são melhores do que a escolhida?
Tratar-se-á nesta hipótese de um vício quanto ao conteúdo da estatuição que deverá ser analisado casuisticamente para aferir do tipo de invalidade. De qualquer modo, sempre se dirá que se a adjudicação contiver termos inadmissíveis então tais termos também constarão do contrato.

4.1.1.2.4. Conclusões parciais

111. A aprovação dos documentos do concurso, e aqui em particular do programa do concurso, consubstancia uma parte do conteúdo da decisão

---

critérios de adjudicação. Neste sentido, DOMENICO CARBONARA, *I Contratti...*, cit., p. 62. A jurisprudência italiana parece secundar esta opinião: "a individualização do sistema de escolha do contraente por parte da administração adjudicante é absolutamente livre e, portanto, insindicável", (T.A.R. Friuli V. G., 21/5/1992 (n. 298), *apud* DOMENICO CARBONARA, *I Contratti...*, cit., p. 62).

[686] Deve-se ainda considerar uma outra hipótese, de cariz mais burocrático, agora com particular relevância em sede procedimental. Poderá a Administração encurtar prazos de entrega de documentos ou de prestação de esclarecimentos? Ou poderá impor um modo específico de envio das propostas: por exemplo, só aceitar as propostas enviada por correio, determinando a não aceitação de propostas entregues em mão. A questão colocou-se à jurisprudência italiana e a cláusula foi considerada legítima porque "responde à legítima exigência da Administração de conseguir certeza pública sobre os elementos da expedição", (DOMENICO CARBONARA, *I Contratti...*, cit., p. 71; *vide* Consiglio di Stato, Sez. V, 13/7/2005 (n. 82) *apud* DOMENICO CARBONARA, *I Contratti...*, cit., pp. 71-72).

de contratar, pelo que, em princípio os vícios que aí se manifestem terão reflexos no contrato a título de invalidade própria. Haverá contudo de precisar que, apesar de o programa do concurso dizer respeito ao procedimento de escolha do co-contratante, o seu conteúdo, quando aplicado, pode gerar invalidades derivadas mas que se manifestarão já no procedimento conducente à adjudicação e que portanto adiante serão analisadas com pormenor. Quer o estabelecimento de critérios de adjudicação indevidos, quer o estabelecimento de regras de outros procedimentos ao arrepio das determinações legais, viciam apenas o procedimento quando aplicados.

112. Neste momento, cabe fazer um ponto de situação quanto às consequências da invalidade da decisão de contratar sobre o contrato. Ora, no domínio da actual legislação, a questão está particularmente simplificada porquanto a lei prevê a identidade entre quem delibera e quem contrata. Basicamente, existem como situações a assinalar duas grandes hipóteses. Há invalidades que redundam em irregularidades para o contrato e há depois situações que são fonte de invalidade derivada para o contrato.

Sintetizemos portanto as situações:

a) há um conjunto de situações de invalidade da decisão de contratar que, por força dos distintos interesses públicos que estão presentes nas duas formas de actuação, redundam em irregularidades para o contrato. É o caso de todas as hipóteses de vícios quanto ao sujeito sanados ou *ope legis* (nas atribuições) ou por superveniência dos actos de ratificação. Do mesmo passo, quando a legitimação é devida apenas para a prática da decisão de contratar, ainda que haja identidade de órgãos, e não foi praticada, o contrato apenas será "afectado" por uma irregularidade, pois as razões de imposição legal não se colocam no momento da outorga do contrato. Porque se se colocarem, a questão deixa de ser apenas de invalidade derivada e passa a ser de invalidade própria que consome naturalmente qualquer invalidade derivada que a este propósito que se possa afirmar. Resultam igualmente em irregularidades para o contrato os eventuais vícios procedimentais que surjam aquando da emanação da decisão de contratar. Incluem-se aqui as situações de falta de fundamentação, em particular quando os poderes exercidos são predominantemente vinculados. Também consubstancia uma irregularidade contratual quando se procede à escolha de um procedimento menos rigoroso do que o que resultaria da estrita aplicação da lei. A excepção existe quando a discrepância significa ou equivale à falta de procedimento.

b) Já determinará a invalidade (derivada) do contrato certo tipo de escolha do procedimento, bem como certos aspectos dos documentos do mesmo. Haverá que distinguir as questões relativas estritamente ao procedimento, as quais são fonte de invalidade derivada das situações relativas aos documentos do concurso, as quais podem igualmente gerar hipóteses de invalidade derivada (em particular do programa do concurso porque se relaciona com o procedimento) e por último questões que geram invalidade própria do contrato (associadas ao caderno de encargos e especificações técnicas). As cláusulas constantes do caderno de encargos que sejam inválidas significam invalidade do conteúdo do contrato porque, relembre-se, o caderno de encargos contém o clausulado, ou pelo menos parte dele, do futuro contrato. Mas esta é questão que trataremos de seguida. Portanto, quanto às hipóteses de invalidade derivada para o contrato, elas reconduzem-se à escolha do tipo de procedimento fora dos limites legais, sempre que sejam postos em causa os valores fundamentais de escolha do parceiro contratual da Administração. Também quanto ao estabelecimento de critérios para cumprimento das regras procedimentais diferentes das de concurso público, em particular fora das permissões legais, são fonte de invalidade derivada. Por último, a falta de acta, que não permita saber o teor do procedimento escolhido e seus elementos documentais tem de equivaler a falta de procedimento devido e gerará invalidade derivada do contrato com a sanção de nulidade. Excepção feita se, apesar da falta de acta, houve a prática dos actos do procedimento que corporizaram a decisão e se conformam com o parâmetro normativo.

4.1.1.3. *Das causas de invalidade própria – remissão*

113. De alguma forma, no ponto anterior demos conta de hipóteses de invalidade própria do contrato por causas comuns à decisão de contratar. Foram as hipóteses de vícios quanto ao sujeito quando há identidade entre quem decide contratar e quem outorga o contrato e os vícios quanto ao conteúdo da deliberação.

Uma das mais pertinentes questões que se coloca a este propósito relaciona-se com a hipótese em que, apesar de a forma contratual ser admissível, os termos do contrato que a decisão de contratar encerra não são permitidos pela lei. Interessa assim considerar o caderno de encargos por conter "as cláusulas a incluir no contrato a celebrar"[687]. Independentemente aqui da identidade ou não de sujeitos actuantes nas várias fases do procedimento, entendemos que sempre existirá causa de invalidade própria do contrato. Portanto, quando o ente público decide contratar e nessa decisão inclui as cláusulas a constar do contrato, a estatuição da decisão também contém como objecto tais cláusulas. Se estas violarem a lei por serem interditas ou não integrarem o feixe de poderes do ente público, tais circunstâncias constituem causa de invalidade da decisão, quanto ao conteúdo. Mas como o conteúdo da decisão, neste sentido, é também conteúdo do contrato – pelo menos parte substancial dele – qualquer invalidade que aí surja não pode ser considerada invalidade derivada do contrato. Porque aquele conteúdo é também conteúdo do contrato. Constituirão por isso causas de invalidade própria do contrato, comuns à decisão de contratar. Por conseguinte, o seu tratamento não tem lugar por ora.

4.1.2. Do procedimento pré-adjudicatório

114. O procedimento de formação do contrato inicia-se com a decisão de contratar (em sentido inclusivo). Reconhecemos no entanto que este acto não constitui o acto propulsor do procedimento pré-contratual concursal, se bem que a doutrina não seja unânime quanto a esta questão[688].

---

[687] Cfr. o disposto no n.º 1 do artigo 42.º do CCP. Trata-se de "um documento donde constam, fundamentalmente, os termos do contrato..., destinando-se a fazer parte integrante dele" (MÁRIO ESTEVES DE OLIVEIRA/RODRIGO ESTEVES DE OLIVEIRA, Concursos..., cit., p. 139).

[688] Para MARCELO REBELO DE SOUSA, o acto que decide/delibera abrir o concurso não integra o processo de formação do contrato (in O Concurso Público..., cit., p. 44). Em sentido divergente deste, isto é, incluindo este acto no procedimento de formação do contrato, DIOGO FREITAS DO AMARAL, Curso..., II, cit., p. 590, MÁRIO ESTEVES DE OLIVEIRA ET AL., Código..., 2.ª Ed., cit., p. 837 e FAUSTO QUADROS, O Concurso Público..., cit., p. 706.

A Procuradoria Geral da República entende que o concurso público se inicia com um anúncio de admissão de propostas (in Parecer n.º 11/2004, D.R. de 20/09/2004).

O que parece ser consensual é que a forma de escolha do parceiro contratual da Administração é um procedimento autónomo enxertado no procedimento pré-contratual[689].

Neste ponto, consideremos a título principal os actos do procedimento de concurso público. Sempre que as especificidades dos outros procedimentos de escolha do co-contratante o justificarem, far-se-ão as necessárias alusões sempre na perspectiva da respectiva influência no contrato administrativo.

4.1.2.1. *Dos actos*

115. O procedimento de concurso inicia-se com o acto que tem relevância externa, ou seja, o anúncio de abertura de concurso[690].

Assim, o primeiro acto do procedimento concursal é o anúncio público do concurso[691]. Trata-se da primeira manifestação externa em que a

---

[689] PEDRO GONÇALVES, *O Contrato...*, cit., p. 139. Também MARGARIDA OLAZABAL CABRAL é de opinião que "a selecção do co-contratante e da proposta constitui um procedimento autónomo", no âmbito do procedimento de formação do contrato (*in O Concurso...*, cit., p. 138). Também MASSIMO S. GIANNINI reconhece esta mesma complexidade (*in Istituzioni di Diritto Amministrativo*, *apud* MARGARIDA OLAZABAL, *Concurso Público...*, cit., p. 137, nota 235).

Também a jurisprudência assume esta autonomia. Neste mesmo sentido, *vide* Acórdão do TCA (sul) de 27/03/2008 (P. n.º 3378/08).

[690] Cfr. o disposto nos artigos 130.º e 131.º do CCP.

Na doutrina francesa, ANDRÉ DE LAUBADÈRE *ET AL.* parecem comungar deste entendimento (*Traité...*, cit., pp. 482 e ss.). No direito espanhol, a posição de BOQUERA OLIVER é interessante e digna de realce: o anúncio é a forma de dar conhecimento dos actos anteriores (decisão de contratar, escolha do procedimento, etc.), (*apud* MARGARIDA OLAZABAL CABRAL, *Concurso Público...*, cit., p. 141).

[691] Como já demos conta, para muitos AA. este acto constitui o primeiro acto com eficácia e publicidade suficientes para vincular a Administração Pública. MARIA JOÃO ESTORNINHO sublinha que se deve distinguir a decisão de contratar e a publicação de anúncio, sendo que este último não é um acto administrativo como o primeiro, mas antes o cumprimento de uma formalidade (*in Direito Europeu...*, cit., p. 381).

No Acórdão do STA (Pleno) de 21/02/2002 (P. n.º 46 808), a questão foi tratada devido à divergência de diplomas sucessivamente a vigorar num determinado concurso público de fornecimento. A este propósito disse o Tribunal: "em rigor, o processo gracioso começará precisamente pela autorização da despesa a efectuar e pela escolha do tipo de concorrência que se pretende face ao interesse público posto a cargo (...). Se é verdade que, para os interessados, o procedimento que interessa é o que visa e afecta directamente, ou seja o conjunto de actos posteriores ao anúncio do concurso".

"entidade adjudicante dá a conhecer a sua intenção de contratar e de escolher o seu contratante..., e em que torna públicas as condições em que estará disposta a fazê-lo"[692]. Por isso, para MÁRIO ESTEVES DE OLIVEIRA/ /RODRIGO ESTEVES DE OLIVEIRA, o anúncio é um acto fundamental para a validade do procedimento uma vez que a "inobservância das regras legais relativas à publicação", por constituir um ataque violento ao princípio da publicidade, inquinará a validade de todo o procedimento[693]. Também ALEXANDRA LEITÃO, tratando a questão dos actos recorríveis em sede de procedimento, elenca a falta de publicidade prévia dos elementos do concurso como "situação lesiva, passível de impugnação contenciosa"[694]. Por seu lado, MARGARIDA OLAZABAL CABRAL sublinha que o incumprimento da obrigação de publicação, pressuposto do concurso, é "um daqueles casos em que muito dificilmente se poderá concluir que mesmo sem a prática da formalidade se atingiu o objectivo que a lei pretendia atingir quando a impôs, pelo que a maioria das situações não haverá outra solução senão reiniciar o concurso"[695]. Claro que a solução pode variar em função do grau de falta de publicidade. ANDRÉ DE LAUBADÈRE ET AL. trataram precisamente a questão dos diferentes graus de violação da publicidade: desde a falta absoluta de publicidade até à falta de publicação de um elemento, por exemplo, não se diz quem procederá à adjudicação ou existem omissões que se podem suprir pela dedução de outros elementos publicados[696].

A questão mais pertinente que se coloca a este propósito quanto a nós é a da falta de publicidade e de acesso aos documentos[697]. Nos termos do que dispõe o artigo 133.º do CCP, quer o programa do concurso, quer o caderno de encargos *"devem estar disponíveis nos serviços da entidade*

---

[692] MARGARIDA OLAZABAL CABRAL, *O Concurso...*, cit., p. 143.
[693] *In Concursos...*, cit., p. 267.
[694] *In A Protecção...*, cit., p. 207.
[695] *In Concurso Público...*, cit., p. 145.
[696] *In Traitè...*, cit., pp. 596-597.
[697] Por exemplo, não foram publicados no JOCE ou no Diário da República, quando tal era obrigatório. O Tribunal de Contas recusou o visto num contrato de aquisição, colocação e manutenção de abrigos de transportes públicos celebrado pelo Município de Sintra porque não fora publicado no JOCE o respectivo anúncio, como era legalmente devido. Entendeu o Tribunal que "a ilegal omissão de publicidade é susceptível de determinar menor concorrência e, portanto, menor probabilidade de afluírem propostas mais favoráveis, com o que pode sair agravado o resultado financeiro do contrato" (*in* Acórdão do Tribunal de Contas n.º 63/05 – 5 de Abril – 1.ª S/SS).

adjudicante, para consulta, desde o dia de publicação" do anúncio, sendo que as *"peças do concurso devem ser integralmente disponibilizadas de forma directa"* na internet. A tutela da publicidade surge logo no número 6 do artigo 133.º ao instituir o dever de prorrogar o prazo de apresentação das propostas, a pedido dos interessados, " *no mínimo por período equivalente ao do atraso verificado"* quando a disponibilidade dos documentos não tenha surgido. Há de facto uma violação inadmissível da mais elementar regra concursal. Claro que a questão da validade (ou invalidade) só se coloca se vier (?) a ser celebrado qualquer contrato. Tal só pode suceder por informação privilegiada de algum ou alguns concorrentes, o que, de per si, é indício forte de actuação ilegal da Administração. Nestas circunstâncias, limite é certo, a solução só pode ser a da nulidade da adjudicação e por consequência do contrato, por violação grosseira de todos os princípios enformadores da actividade contratual[698]. É a própria base do procedimento pré-adjudicatório que está viciada irremediavelmente desde o início, sem qualquer possibilidade de sanação. Não acompanhamos portanto FAUSTO QUADROS na sua tese de que esta hipótese se consubstancia numa situação de inexistência do contrato celebrado[699]. Há contrato celebrado mas com postergação absoluta dos princípios concursais fundamentais[700]. Por se tratar de ilicitude grave ligada ao iter procedimental, entendemos ser este um caso de invalidade derivada para o contrato. Quanto ao tipo de invalidade, na total ausência de publicidade, porque, ao ser celebrado o contrato, são fortes os indícios de ilegalidade grave, pugnamos pela nulidade do mesmo[701]. Porque afecta um princípio fundamental enformador do procedimento pré-adjudicatório. Em regra, a violação grosseira dos princípios fundamentais da actividade contratual só poderá originar nulidade total, porque traduz intolerável desconsideração do interesse público e da legalidade mais elementar.

116. Existem seguidamente um conjunto de actos tipicamente procedimentais que podem ou não vir a ser significativos na (in)validade do

---

[698] É esta a solução sustentada por ALEXANDRA LEITÃO (*A Protecção...*, cit., p. 208).
[699] *In O Concurso Público...*, cit., pp. 705-707.
[700] MARGARIDA OLAZABAL CABRAL sustenta também a invalidade do procedimento, sublinhando precisamente que será um caso em que a formalidade não poderá deixar de substantivamente ser valorada (*in O Concurso...*, cit., p. 144).
[701] No mesmo sentido, MARGARIDA OLAZABAL CABRAL, *Concurso Público...*, cit., p. 145.

contrato a celebrar. Estamos a pensar nos actos praticados pelos designados órgãos *ad hoc*[702]. No âmbito do CCP, o artigo 67.° prevê um único órgão, o júri, porque no concurso público existe apenas a fase de avaliação das propostas. As competências do referido órgão estão previstas no artigo 69.°: *"1 – Compete nomeadamente ao júri do procedimento: a) Proceder à apreciação das candidaturas; b) Proceder à apreciação das propostas; c) Elaborar os relatórios de análise das candidaturas e das propostas. 2 – Cabe ainda ao júri exercer a competência que lhe seja delegada pelo órgão competente para a decisão de contratar, não lhe podendo este, porém, delegar a competência para a decisão de qualificação dos candidatos ou para a decisão de adjudicação"*. Esta alteração no iter procedimental do concurso público levanta novas questões: *quid iuris* se houver delegação do poder de adjudicação ou de qualificação de concorrentes em contravenção ao que estipula o n.° 2? Este normativo contém uma norma de habilitação mas com uma expressa proibição que se destina a assegurar, na nossa perspectiva, o cumprimento do princípio da imparcialidade, directriz fundamental numa fase de exercício de óbvios poderes discricionários. Assim, atenta não só a proibição de alienação de competência e a expressa proibição contida na norma habilitante, um acto de delegação nesta hipótese só pode ser considerada nulo, tornando por conseguinte também nula toda a avaliação e adjudicação subsequente. Nesta hipótese, existirá uma causa de invalidade derivada pois a contravenção à lei resulta directamente do incumprimento de norma de procedimento directamente relacionado com os princípios subjacentes à existência de um específico procedimento de escolha do parceiro e proposta contratual. Nos procedimentos em que existe fase qualificação de concorrentes, como por exemplo no concurso limitado por prévia qualificação, a invalidade da delegação pode ter logo relevância na primeira fase. E para o contrato?

---

[702] Trata-se daqueles órgãos criados especificamente para praticar determinados actos no decurso do procedimento de escolha do co-contratante. Tratando-se de contratos sujeitos à disciplina jurídica do RJDP, no *concurso público*, existia a entidade que autorizava a despesa e que era quem decidia contratar e escolhia o procedimento (cfr. o que se dispunha no n.° 1 do artigo 79.° e no artigo 109.°), existia um *júri* que tinha competência para todas as operações do procedimento. Nos contratos de empreitada de obras públicas (e outros contratos sujeitos ao RJEOP), eram o "órgão indicado no programa do concurso para prestar esclarecimentos (artigo 81.°), a comissão de abertura do concurso (artigo 85.°), a comissão de análise das propostas (artigo 100.°). Cfr. ainda o que se dispunha no n.° 1 do artigo 60.°

Que tipo de invalidade? Se a nulidade da adjudicação resultar da violação de princípios que se manifestam com idêntica intensidade no contrato, então a invalidade deste deverá seguir a regra do paralelismo da invalidade. Contudo, se sobrevier a intervenção regular do ente público devido, toda a hipótese deverá redundar em irregularidade não invalidante para o contrato. Se não sobrevier, que razões ponderosas ditarão uma solução diferente daquela que preconizamos para a falta de atribuições/competências que ocorra na decisão de contratar? O princípio da estabilidade do contrato deve conduzir o intérprete para soluções que maximizem a estabilidade, sem contudo erguer tal princípio em interesse em absoluto. Os interesses públicos especificamente situados devem ser tutelados preferencialmente ao tempo em que se afirmam e a propósito dos actos a que directamente se referem.

Quanto ao funcionamento deste tipo de órgãos, há que salientar a dificuldade de uma situação de violação do princípio da separação de poderes, de falta de atribuições e mesmo de incompetência porque são órgãos especificamente constituídos para o efeito. Quanto às regras de funcionamento deste tipo de órgãos, MÁRIO ESTEVES DE OLIVEIRA/RODRIGO ESTEVES DE OLIVEIRA sustentam que "a comissão do acto público funciona como órgão colegial *sui generis*" e que "as exigências de formalismo colegial do CPA raras vezes terão aqui aplicação"[703]. Já quanto a impedimentos, parece ser de aplicar as regras do CPA[704]. No entanto, o impedimento de algum ou alguns membros do júri vicia os actos. Mas como este órgão não é parte no

---

[703] In Concursos..., cit., p. 497.

[704] Nesse sentido expressamente para os *júris* do concurso, MÁRIO ESTEVES DE OLIVEIRA/RODRIGO ESTEVES DE OLIVEIRA, Concursos..., cit., p. 496. Também nesse sentido se pronunciou o STA no Acórdão de 23/04/2003 (P. n.º 651/03): "o impedimento de qualquer membro do júri, porque faz recair sobre o mesmo a suspeita de parcialidade, atinge de invalidade qualquer acto em que aquele intervenha, antes ou depois do conhecimento público de quem são os concorrentes. VI – Tendo intervindo na reunião que definiu os subcritérios e a ponderação dos critérios estabelecidos no Programa do Concurso e também no acto público de abertura e admissão das propostas, estes actos encontram-se viciados e são anuláveis nos termos do art. 51.º do CPA. VII – E aquela intervenção é susceptível de influenciar o acto final de adjudicação, já que a proposta escolhida é uma das admitidas no acto público e a adjudicação é feita segundo os subcritérios e a ponderação dos critérios definidos pelo júri integrado pelos membros impedidos. VIII – O que tem por consequência, a invalidade do próprio acto de adjudicação".

Também a PGR, através do seu Conselho Consultivo, no Parecer n.º 152/2002, de 14/02/2003, sustentou que as regras de impedimento previstas nos artigos 44.º a 51.º do CPA têm aplicação ao júri de um concurso público.

contrato, o vício gerado terá sempre natureza procedimental. ALEXANDRA LEITÃO sustenta um entendimento radicalmente diferente: "a verificação de vícios na composição das comissões, nomeadamente por violação das regras sobre impedimentos, escusa e suspeição..., implica a invalidade do acto de nomeação do júri e, consequentemente a invalidade de todo o procedimento subsequente"[705]. Achamos que é necessário precisar o seguinte. Se quem nomeia o órgão *ad hoc* está em situação de impedimento, coloca em crise o funcionamento do órgão. Isto é, as suas decisões são inválidas (anuláveis), mas sanáveis: para tal bastará que o acto de nomeação seja ratificado por ente que não esteja em situação de impedimento. Não existindo sanação, ainda assim entendemos que isso não implica que os actos do júri se encontrem viciados. Se a questão se circunscrever ao acto de nomeação, o contrato não será afectado na sua validade. Apenas haverá que averiguar se o impedimento de quem nomeia tem continuidade na actuação do órgão nomeado. Se a resposta for afirmativa, a questão irá revelar-se já no conteúdo do acto e não a título do procedimento.

A situação mais relevante para a validade do futuro contrato é aquela em que são os membros do júri que estão impedidos. Na hipótese de a nomeação enfermar de anulabilidade por vício quanto ao sujeito que pratica a nomeação, tal não significa que os membros do júri estejam na mesma situação. A segunda hipótese é que nos parece mais grave. Porque o princípio da imparcialidade tem, na formação dos contratos que nos ocupam, uma importância decisiva e os impedimentos se destinam a salvaguardar precisamente a imparcialidade da actuação administrativa, os actos de um órgão, nestas circunstâncias, revelam-se especialmente censuráveis. Em particular se a proposta adjudicatária tiver relação directa com o membro impedido. Contudo, a verificar-se esta hipótese, ela irá manifestar-se na adjudicação quanto ao conteúdo, designadamente quanto ao adjudicatário e sua proposta. Será portanto uma causa de invalidade própria.

117. Após a publicitação do anúncio, pode surgir a intervenção de uma entidade para prestar esclarecimentos sobre o início do procedimento. No CCP, o artigo 50.º refere a possibilidade de serem prestados esclarecimentos *"necessários à boa compreensão e interpretação das peças do procedimento"*, pela entidade para o efeito indicada no programa do pro-

---

[705] *In A Protecção...*, cit., p. 210.

cedimento. Já segundo o que dispõe o n.º 3 do artigo 50.º, as rectificações cabem ao *"órgão competente para a decisão de contratar"*.

Qualquer vício que ocorra neste estádio é tipicamente procedimental e redundará em irregularidade, excepção feita à hipótese de se tratar de uma violação grosseira dos princípios fundamentais do concurso. Será a hipótese de o esclarecimento se traduzir na alteração ou junção de factores de avaliação fora das hipóteses legalmente previstas. Sobre esta questão se debruçou o STA, como já demos conta, no Acórdão de 20/11/2002 (P. n.º 187/02), a propósito da legislação agora revogada[706]. Mais recentemente, o STA voltou a debruçar-se em concreto sobre o uso indevido dos esclarecimentos. Em síntese, um acto de exclusão de um concorrente ocorrido por força da falta de um documento cuja exigência passará a integrar o Programa do Concurso aquando da prestação de esclarecimentos e não *ab initio* como determinava (e determina) a lei em vigor ao tempo[707]. Sublinhou o Tribunal que a função dos esclarecimentos se circunscreve à "tarefa hermenêutica ou de aclaração, de fixação do sentido de algo que já se encontrava estabelecido, e nunca à alteração, por adição ou suprimento, dos elementos que tenham sido patenteados". A questão, aparentemente simples de resolver, chegou aos tribunais porque o Tribunal de 1.ª Instância, entendia que "a exigência da apresentação da documentação... constava já do ponto 9, do aviso de abertura". Contudo, pela apreciação dos factos, o STA entendeu que "a entidade recorrida, através da figura jurídica e do procedimento legalmente previsto para "esclarecimentos", acrescentou ao programa de concurso a exigência de apresentação de um concreto documento para prova da capacidade técnica e financeira do concorrente, restringindo, assim, a liberdade probatória consagrada no anúncio do concurso, pelo que, ao contrário do decidido, foi violado o artigo 43.º, do DL n.º 55/95, de 29-03". E adiante, aduz o Tribunal: "uma vez que do aviso enviado para publicação e comunicado aos concorrentes apenas constava a informação genérica de que " foi acrescentado um conjunto de esclarecimentos às peças patenteadas em concurso ", nada se referindo quanto ao seu teor, foi, igualmente, violado o princípio da concor-

---

[706] Também no Acórdão de 28/02/2002 (P. n.º 48 353) o Tribunal dissera que os esclarecimentos não podem servir para "a fixação por parte do júri, ao abrigo daquela norma, das dimensões de painéis que os recorrentes deveriam apresentar, juntamente com a sua proposta, se tais dimensões não estavam fixadas nem programa do concurso nem no caderno de encargos".

[707] Acórdão do STA de 16/02/2006 (P. n.º 168/04).

rência na vertente da estabilidade das regras concursais e da transparência"[708]. MÁRIO ESTEVES DE OLIVEIRA/RODRIGO ESTEVES DE OLIVEIRA acompanham, e bem, o entendimento do Tribunal a propósito da limitada função dos esclarecimentos: "boa compreensão e interpretação" pelos concorrentes dos documentos do concurso. Quer isto dizer que não apenas estas intervenções concursais da entidade adjudicante aparecem sob o conceito legal de "esclarecimentos", cujo significado literal é o de "tornar claro, tornar inteligível", como a própria função a que foram destinados se traduz, precisamente, em permitir a boa apreensão e compreensão das peças e documentos patenteados", e mais adiante, "os esclarecimentos a prestar se cingem à necessidade de tornar claro, congruente ou inequívoco aquilo que naqueles elementos era obscuro, ou passível de ser entendido em mais de um sentido. O mesmo é dizer que os esclarecimentos em causa correspondem legalmente – e devem restringir-se – a uma tarefa hermenêutica ou de aclaração, de fixação do sentido de algo que já se encontrava estabelecido, e nunca à alteração (por adição ou supriment0) dos elementos que tenham sido patenteados", para finalizarem, "que a entidade adjudicante não pode servir-se dos esclarecimentos que a lei lhe possibilita prestar, para introduzir, nos documentos do concurso, novas imposições ou obrigações a que os recorrentes devessem atender"[709]. Os AA. são aliás muito rigorosos nas consequências que tiram do incumprimento do princípio da estabilidade das regras do concurso, imputando à Administração o dever de "anular o concurso", sempre que um esclarecimento ultrapasse os "limites objectivos da respectiva admissibilidade"[710]. A criação indevida de factores ou critérios implica que a adjudicação padeça de uma invalidade[711].

Uma outra hipótese é aquela em que existe incumprimento pontual da obrigação de publicação dos esclarecimentos e é excluída uma proposta com base no esclarecimento não publicitado – exclusão que seria ilegal –,

---

[708] Em consequência, o acto de exclusão do concorrente que não apresentou o dito documento tardia e indevidamente exigido nos esclarecimentos foi anulado.

[709] *In Concursos...*, cit., pp. 285 e ss. Esta função hermenêutica é claramente assumida no n.º 1 do artigo 50.º do CCP. Referindo-se ao princípio da imutabilidade das propostas como "corolário directo dos princípios da concorrência e da igualdade dos concorrentes", PAULO OTERO, *Intangibilidade das Propostas em Concurso Público e Erro de Facto na Formação da Vontade: A Omissão de Elementos Não Variáveis na Formulação de Uma Proposta*, O Direito, 131.º, II, 1999, p. 97.

[710] *In Concursos...*, cit., pp. 286-287.

[711] Vide *infra* o retomar da questão no passo procedimental seguinte.

situação em que deverá ser reaberto o concurso[712]. O n.º 4 do artigo 50.º do CCP impõe a publicidade dos esclarecimentos ao determinar que os esclarecimentos *"devem ser disponibilizados no portal da internet dedicado aos contratos públicos ou em plataforma electrónica"* acrescendo o dever de notificação da disponibilização dos mesmos. Face a este dever de notificação, há que ponderar qual a consequência do incumprimento do mesmo. No âmbito geral do direito administrativo, o incumprimento do dever de notificação conduz à inoponibilidade do acto em relação aos seus (s) destinatário (s). Transpondo a regra para este domínio, os esclarecimentos não notificados conduzem à inoponibilidade dos mesmos aos concorrentes. O dever de notificação justifica-se porque os concorrentes podem não consultar a referida plataforma após o primeiro momento que os conduz a decidir concorrer. Se não forem notificados não tomarão conhecimento dos esclarecimentos, sendo que tal desconhecimento pode conduzir a um deficiente posicionamento dos mesmos no concurso, com prejuízo da sua posição substantiva. Assim a questão que se coloca é a de saber o que sucede se uma proposta for apresentada sem consideração de esclarecimentos prestados, sendo que a lei determina que tais esclarecimentos *"e as rectificações... fazem parte integrante das peças do procedimento a que dizem respeito e prevalecem sobre estas em caso de eventual divergência"*[713]? Não se trata de situação de invalidade procedimental mas poderá ter efeitos na avaliação das propostas e portanto em sede de invalidade própria.

Há contudo de ter em consideração o disposto no artigo 64.º que impõe a prorrogação do prazo de apresentação de proposta no caso de atraso na comunicação das rectificações e esclarecimentos. Impõe igualmente o legislador que as *"decisões de prorrogação nos termos do disposto nos números anteriores cabem ao órgão competente para a decisão de contratar e devem ser juntas às peças do procedimento e notificadas a todos os interessados que as tenham adquirido"* publicando-se avisos[714].

No âmbito dos esclarecimentos, é ainda equacionável a hipótese de terem sido prestados esclarecimentos em contrariedade com os documentos do concurso. Entendemos que se a contrariedade for manifesta, valerão as regras dos documentos até por superioridade normativa. Recorde-se

---

[712] Esta é a hipótese colocada por Mário Esteves de Oliveira/Rodrigo Esteves de Oliveira, *Concursos...*, cit., p. 291.
[713] Cfr. o disposto no n.º 5 do artigo 50.º
[714] Cfr. o disposto no n.º 4 do artigo 64.º

que estamos perante regulamentos administrativos e que os esclarecimentos serão actos informativos acerca do significado das determinantes do procedimento. Em princípio, os esclarecimentos deverão ser pedidos em relação às questões que a Administração tem sob a sua égide e não sobre as regras legais aplicáveis, até porque a Administração não é o legislador, carecendo por conseguinte da competência para a interpretação autêntica[715]. Se a desconformidade do esclarecimento não for patente, poderá ter consequências no procedimento que será sempre de índole procedimental e a aferir na avaliação da adjudicação[716]. Se os pedidos de esclarecimentos implicarem a pronúncia da Administração sobre matérias reguladas por normativos hierarquicamente superiores, obviamente que não poderão valer sobre eles. Se os esclarecimentos implicarem a violação de normas hierarquicamente superiores, aplicar-se-á a regra da hierarquia normativa. Aliás, o artigo 51.º do CCP, como seria de esperar, obviamente estabelece tal regra, por referência com as regras do código.

118. Um dos órgãos *ad hoc* mais importantes no âmbito da legislação agora revogada era a comissão de abertura do concurso[717]. Tinha diversas competências, das quais duas que podem ainda ser muito relevantes (por força da manutenção da aplicação das regras agora revogadas aos procedimentos em formação) para a questão de fundo que tratamos: deliberar sobre a habilitação dos concorrentes[718] e sobre a admissibilidade das propostas[719].

A referência a esta fase é importante à luz da nova legislação para outro procedimento que não o concurso público. À luz da nova disciplina legal, a avaliação dos candidatos constitui uma fase de um outro procedimento. Faz portanto sentido e tem alguma utilidade a análise a este respeito no âmbito da legislação revogada porque muitas soluções podem ter relevância.

---

[715] Neste sentido, MÁRIO ESTEVES DE OLIVEIRA/RODRIGO ESTEVES DE OLIVEIRA, *Concursos...*, cit., p. 286.

[716] As regras sobre esclarecimentos, quando aplicáveis, também podem surgir nos demais procedimentos de escolha do co-contratante. No âmbito da legislação revogada regiam os artigos n.º 1 do artigo 121.º, 133.º do RJEOP e artigos 113.º, 134.º e 146.º do RJDP.

[717] Cfr. o que se dispunha nas alíneas a), b) e c) do artigo 59.º, no n.º 1 do artigo 60.º e no n.º 3 do artigo 85.º

No direito espanhol, existe a Mesa de Contratacion.

[718] Cfr. o disposto no artigo 92.º

[719] Cfr. o disposto nos artigos 94.º e 98.º

No âmbito da legislação revogada, o incumprimento das regras de procedimento para a prática das referidas deliberações redundava em vício de procedimento, normalmente gerador de uma anulabilidade do acto final. Contudo, para efeitos do procedimento principal de escolha de co-contratante porventura a influência seria insignificante. Na verdade, esta comissão fazia uma admissão formal quer dos concorrentes, quer das respectivas propostas[720]. Bastaria, para o efeito, que os interesses tutelados no sub-procedimento de deliberação – sub-procedimento absolutamente informal – o tivessem sido de outro modo para se poder considerar qualquer vício desta índole sanado. Nesta fase, não eram de equacionar hipóteses de actos que influenciassem o conteúdo do contrato directamente, ainda que surgisse a hipótese de ser admitido um concorrente que padecia de uma indisponibilidade. Contudo, volta a sublinhar-se, nesta fase aquelas admissões assumiam um carácter meramente formal, pelo que seria na fase seguinte que se podiam efectivamente colocar questões de validade substancial. Mesmo quando era admitido ilegalmente um concorrente, o STA tem entendido que não existia legitimidade para contestar tal admissão por não existirem ainda direitos ou interesses legalmente protegidos que consubstanciassem interesse em agir processual-

---

[720] Esta orientação foi seguida pelo STA no seu Acórdão de 29/04/2004 (P. n.º 231//04): "Na fase do *acto público* do concurso, a Comissão de Abertura limita-se a analisar, em termos meramente formais, os documentos de habilitação dos concorrentes e os que instruem as propostas. Trata-se de um momento procedimental importante, em que se verificam os aspectos formais das candidaturas, designadamente se os concorrentes apresentaram todos os documentos exigidos, se estão redigidos em língua portuguesa ou se carecem de algum elemento essencial. A admissão de propostas nesta fase, após exame da respectiva regularidade formal, apenas assegura a passagem à fase seguinte, não garantindo, pois, qualquer direito ou preferência na selecção final (*Ac. do STA//Pleno, de 16/04/1997, Proc. N.º 32 239; STA/Pleno, de 9/07/1997, Proc. N.º 30 441; STA, de 22/05/2003, Proc. N.º 0808/03*". Neste sentido, *vide*, entre outros, o Acórdão do STA de 01/07/2003 (P. n.º 491/03) em que o Tribunal decidiu que "a admissão de um concorrente, após o exame da regularidade formal da respectiva proposta e da aptidão económico-financeira e técnica do concorrente, apenas assegura a passagem do mesmo à fase subsequente de análise da proposta, não garantindo qualquer direito ou preferência na escolha ou relação futura que tenha por base o mérito da proposta. III – Daí que a circunstância de a proposta apresentada por um concorrente ter ultrapassado a fase de habilitação dos candidatos apreciada pela Comissão de Abertura do Concurso, não obste a que, em fase ulterior de análise das propostas, venha a ser excluída por razões atinentes com a apreciação que a Comissão de Análise teve que empreender em sede de análise do conteúdo da proposta". *Vide* também o Acórdão do STA de 22/05/2003 (P. n.º 808/03).

mente[721]. Como sustentou o STA em 27/01/2004 (P. n.º 1956/03), "o recurso contencioso deve ser visto como um instrumento jurídico com utilidade prática ou concreta, na conformação do caso da vida real que envolve os litigantes. Ora, nos casos em que o acto procedimental não venha a ter qualquer relevo no acto final (v.g. é o caso do despacho que admite *um candidato ilegalmente, que não ganha o concurso*), o recurso desse acto transforma-se num mero exercício académico. É, assim, preferível uma interpretação da lei que não ponha em causa – em qualquer caso – o direito à impugnação judicial, de toda a actividade pré-contratual, mas que também não coloque o Tribunal a discutir a legalidade de um acto, cuja lesividade não passou e pode muito bem nunca vir a passar do seu estado de potência"[722]. Na doutrina, MÁRIO AROSO DE ALMEIDA justifica a não impugnabilidade deste tipo de actos porque não existe interesse directo, pressuposto exigido pela alínea a) do n.º 1 do artigo 55.º do CPTA[723].

No CCP, em ordem ao cumprimento do intuito de simplificação e celeridade, no âmbito do concurso público, desaparece a fase de habilitação dos concorrentes. Aliás, o código estabelece a definição de candidato e de concorrente. Candidato, nos termos do que dispõe o artigo 52.º, é *"a entidade, pessoa singular ou colectiva, que participa na fase de qualificação de um concurso limitado por prévia qualificação, de um procedimento de negociação ou de um diálogo concorrencial, mediante a apresentação de uma candidatura"*. Trata-se portanto de uma determinação em função do tipo de procedimento, e não uma característica genérica. Esta resulta de se ser um concorrente: *"entidade, pessoa singular ou colectiva, que participa em qualquer procedimento de formação de um contrato mediante a apresentação de uma proposta"*[724].

Portanto, embora para o concurso público, as reflexões a propósito das questões de invalidade derivada ou própria percam relevância à luz da nova disciplina legal, já a propósito de outros procedimentos, elas man-

---

[721] Neste sentido ilustrativamente vide Acórdão do STA de 17/01/2001 (P. n.º 44 249), Acórdão de 27/01/2004 (P. n.º 1956/03) e demais Acórdãos aí referenciados.
Sem prejuízo da possibilidade de utilização da impugnação administrativa – cfr. o que se dispunha no n.º 4 do artigo 92.º e no n.º 3 do artigo 94.º do RJEOP.
[722] No mesmo sentido, Acórdão do STA de 19/02/2003 (P. n.º 48 104).
[723] *In Considerações...*, cit., p. 292. Trata-se de pressuposto inexistente nos opositores do concurso mas já não será o caso para o Ministério Público (cfr. o disposto na alínea b) do n.º 1 do artigo 55.º do CPTA).
[724] Cfr. o disposto no artigo 53.º do CCP.

terão, com os devidos ajustamentos normativos, a maior relevância, como tentaremos demonstrar.

119. O legislador optou portanto por apenas existir fase de qualificação em alguns procedimentos. Conforme se pode ler no preâmbulo do CCP, "o presente Código introduz uma maior exigência ao nível da qualificação dos candidatos, em sede de concurso limitado e de procedimento de negociação, criando dois modelos de qualificação: (i) o modelo simples, que corresponde à verificação do preenchimento de requisitos mínimos de capacidade técnica e/ou financeira fixados no programa do procedimento; e (ii) o modelo complexo, que assenta num sistema de selecção de um número predefinido de candidatos qualificados segundo um critério de maior capacidade técnica e financeira... não se bastando apenas, como actualmente, com uma mera verificação documental".

Um dos procedimentos em que surge esta fase é o concurso limitado por prévia qualificação previsto nos artigos 163.º e ss. do CCP. A qualificação inicia-se, nos termos do n.º 1 do artigo 167.º, com a publicação de um anúncio no Diário da República. A candidatura é apresentada on-line, nos termos do n.º 1 do artigo 170.º, estando aí disciplinadas as regras de apresentação de documentos, sempre na lógica da desburocratização e celeridade[725]. A análise das candidaturas é feita pelo júri do concurso[726], podendo ser o modelo simples, previsto no artigo 179.º, ou o modelo complexo de qualificação, previsto no artigo 181.º. As alíneas do n.º 2 do artigo 184.º estabelecem as causas que podem conduzir à exclusão das candidaturas: *"a) Que tenham sido apresentadas depois do termo fixado para a sua apresentação; b) Que sejam apresentadas por candidatos em violação do disposto no n.º 2 do artigo 54.º; c) Que sejam apresentadas por candidatos relativamente aos quais ou, no caso de agrupamentos candidatos, relativamente a qualquer dos seus membros, a entidade adjudicante tenha conhecimento que se verifica alguma das situações previstas no artigo 55.º; d) Que sejam apresentadas por candidatos que não preencham os requisitos referidos no n.º 4 do artigo 164.º, desde que o programa do concurso assim o preveja expressamente; e) Que não sejam*

---

[725] *Vide* exemplificativamente a possibilidade de apresentação de "documento destinado à qualificação [que] se encontre disponível na internet... em substituição da apresentação da sua reprodução" por referência do "sítio onde o mesmo pode ser consultado, bem como a informação necessária a essa consulta" (cfr. o disposto no n.º 4 do artigo 170.º).

[726] Cfr. o disposto no n.º 1 do artigo 178.º

constituídas por todos os documentos exigidos, salvo por aqueles que se refiram ao requisito de capacidade financeira previsto no n.º 2 do artigo 165.º desde que tenha sido apresentado um dos documentos previstos no n.º 3 do artigo 179.º; f) Que não cumpram o disposto nos n.ᵒˢ 2 e 3 do artigo 168.º; g) Que sejam constituídas por documentos destinados à qualificação não redigidos em língua portuguesa ou, nos casos previstos no n.º 2 do artigo 169.º, não acompanhados de tradução devidamente legalizada; h) Que sejam constituídas por documentos destinados à qualificação que contenham qualquer referência indiciadora de algum dos atributos da proposta relativos a aspectos da execução do contrato a celebrar submetidos à concorrência pelo caderno de encargos; i) Que não observem as formalidades do modo de apresentação das candidaturas fixadas nos termos do disposto no artigo 170.º; j) Que sejam constituídas por documentos falsos ou nas quais os candidatos prestem culposamente falsas declarações; l) Cuja análise revele que os respectivos candidatos não preenchem os requisitos mínimos de capacidade técnica ou de capacidade financeira".

Entre razões de índole formal, encontram-se ainda razões que bolem com determinações de ordem substantiva: as que se referem aos impedimentos, as que se referem à tutela da concorrência e as que se referem à capacidade técnica e financeira. Caso seja admitida uma candidatura em desrespeito às causas de exclusão, existirá um vício procedimental que só inquinará o contrato, como invalidade própria, se a causa desrespeitada se relacionar com as características do sujeito. Ou seja, se a candidatura indevidamente admitida vier a ser a do adjudicatário e a razão se prender com questões substantivas. Caso as razões sejam formais, haverá que ponderar se a razão é suficientemente grave para ditar a invalidade derivada. Não há dúvida que na fase (ou sub-procedimento de selecção de candidatos) existirá uma invalidade quando é seleccionado potencial concorrente em desrespeito com as determinações legais. Mas, para efeitos de contrato, só será eventualmente relevante, se for o adjudicatário e em função da causa, e a invalidade não será derivada.

120. De modo mais incisivo na (in)validade do contrato se podem manifestar os actos praticados pelo júri na análise das propostas[727]. Esta

---

[727] Cfr. o disposto nos artigos 139.º e ss. do CCP. No âmbito da legislação revogada, estava previsto nas alíneas d) e e) do artigo 59.º e no n.º 1 do artigo 60.º do RJEOP e artigos 105.º e ss. do RJDP.

fase integra a análise substantiva do mérito das propostas propriamente ditas. Em termos formais, na perspectiva da adjudicação, trata-se de mais uma fase de procedimento, geradoras de vícios procedimentais enquanto tal e portanto de invalidade derivada.

É nesta fase que se colocam as hipóteses de criação indevida de critérios de apreciação de propostas[728]. A jurisprudência é frequentemente solicitada para se pronunciar sobre esta questão e a orientação uniforme do Tribunal superior é a de que a criação indevida e ilegítima de factores ou critérios gera a invalidade da adjudicação por violação das regras concursais[729]: do princípio da imparcialidade e da estabilidade das regras con-

---

[728] Recorde-se a jurisprudência abundante sobre a pertinente questão da alteração ou criação de critérios novos fora das circunstâncias que a lei permite. Um dos últimos Acórdãos consultados reafirma a orientação do STA: "a observância do princípio da legalidade, justiça, igualdade, transparência e imparcialidade que devem presidir ao procedimento concursal obriga a que na apreciação das propostas se não introduzam sub-critérios ou sub-factores já depois de conhecidos os concorrentes e as suas propostas..." (Acórdão do STA de 17/1/2007, P. n.º 1013/06). No mesmo sentido, Acórdão do STA de 29/3/2007 (P. n.º 681/06): "II – Os concursos respeitantes a adjudicação de fornecimentos, elaborados pela Administração, no âmbito que a lei lhe confere, destinam-se a definir os termos a que obedece o respectivo processo, constituindo verdadeiros regulamentos administrativos, neles se inscrevendo obrigatoriamente os critérios e factores de apreciação das propostas para adjudicação, auto vinculando-se a Administração ao seu cumprimento, passando tal regulação a integrar o bloco de legalidade a que deve observância, estando a autoridade adjudicante obrigada a decidir com base na conjugação dos critérios, factores, subfactores e parâmetros antes enunciados (vinculação positiva), e a não considerar quaisquer outros (vinculação negativa)".

A jurisprudência italiana, a este propósito, fala em "ilegitimidade da adjudicação de um concurso de empreitada pelo simples facto de não ter sido respeitado o princípio da determinação da pontuação antes da abertura dos invólucros que continham os elementos de avaliação da proposta" (Consiglio di Stato, Sez. V, 8/6/2000 (n. 3241) apud DOMENICO CARBONARA, *I Contratti...*, cit., p. 109).

São várias as hipóteses que a jurisprudência italiana recenseia como casos de violação da obrigação de pré-determinação dos critérios de adjudicação: os sub-critérios, se admissíveis, devem surgir antes da abertura das propostas (Consiglio di Stato, n. 3241; Consiglio di Stato de 26/1/2001, (n. 264); T.A.R. Calabria, 26/10/2001 (n. 1050)); casos em que os sub-critérios modificam as prescrições do concurso (T.A.R. Lombardia, sez. III, 13/12/2004 (n. 692)); ilegitimidade de correcção de fórmulas matemáticas (Consiglio di Stato, Sez. V, 20/1/2004 (n. 14)). Está em causa o princípio da estabilidade que garante o princípio da comparabilidade das propostas.

[729] Vide por exemplo o Acórdão do STA de 2/12/2004 (P. n.º 48 079): "anulado o acto de adjudicação, por violação do princípio da imparcialidade, consistente na utilização de sub-factores de avaliação... após o conhecimento...".

cursais[730]. Há contudo, pelo menos uma decisão jurisdicional, do TCA do Sul, que levou a cabo, na matéria de criação indevida de critérios, um entendimento mais radical[731]. Reza assim o sumário do referido Acórdão: "Mostra-se inquinada por vício de forma invalidante e sancionável com a nulidade do por preterição de formalidades essenciais consequentes do princípio constitucional da imparcialidade administrativa, a deliberação do júri que adita um sub-sistema de critérios de avaliação e pontuação por referência a critérios constantes de selecção publicitados no aviso de concurso, quando já na posse dos elementos curriculares e trabalhos apresentados. 4. Na decorrência, é nulo o despacho de homologação da lista definitiva ordenada por tais aditamentos de critérios de avaliação e pontuação do mérito e classificação dos candidatos admitidos a concurso – cf. art. 133.º n.º 1 CPA".

Gerar-se-á uma situação de invalidade derivada porque o contrato não se poderá manter válido quando a adjudicação não o é e porque a razão que invalida a adjudicação relaciona-se intimamente com os mais nobres princípios concursais. Ora, a invalidade derivada do contrato justifica-se e explica-se pela obrigação de se seguir um determinado procedimento de escolha de parceiro contratual que a lei modula segundo determinados requisitos. Sem curar de saber se a actuação ilegal de criação de critérios se reflecte ou não substantivamente no conteúdo da adjudicação, há desde logo uma actuação procedimental ilegal, fortemente penalizadora dos interesses públicos subjacentes à obrigação legal que implica que a invalidade gerada se comunique ao contrato. Independentemente de ser causadora de outro tipo de invalidades[732]. Que neste caso, ao contrário de outras situações que temos sublinhado, não suplantará a invalidade derivada mas juntar-se-á a ela. Não é invulgar um mesmo facto originar a violação de regras jurídicas diferentes, gerando por conseguinte consequências diferentes e cumulativas também[733]. Quanto ao tipo de invalidade, adiantamos

---

[730] Vide supra a jurisprudência citada.

[731] Acórdão de 19/02/2004 (P. n.º 12 670/03).

[732] A criação indevida de critérios pode gerar uma invalidade própria sempre que o critério indevidamente criado tiver sido determinante para o conteúdo da adjudicação. Dependendo do conteúdo do critério – se a propósito das qualidades do parceiro contratual, se a propósito da proposta – gerará um vício quanto ao sujeito ou quanto ao conteúdo do contrato respectivamente. Adiante retomaremos a hipótese.

[733] Pense-se no caso do facto que gera simultaneamente responsabilidade civil e responsabilidade penal e/ou disciplinar. O facto é o mesmo mas viola simultaneamente várias normas jurídicas.

já que não advogamos a aplicação da doutrina que se encontra no n.º 1 do artigo 283.º do CCP. Dependerá da gravidade da lesão. Se o critério criado implica a violação dos princípios básicos da concorrência, porque deverá ser anulável a adjudicação? A razão que dita a invalidade mais grave no caso de falta de publicidade manifesta-se nesta hipótese? Não se manifesta do mesmo modo. Acresce que o mesmo interesse público tem protecção acrescida se o critério indevidamente criado conduzir, na substância, a uma decisão ilegal também.

Uma das hipóteses de violação do princípio da imparcialidade, intimamente relacionada com a criação indevida de critérios, embora mais ampla é aquela em que este tipo de órgãos altera indevidamente as regras do concurso. Foi caso tratado no Acórdão do STA de 20/06/2006 (P. n.º 405/06). Entendeu o Tribunal que "é ilegal a deliberação do júri de um concurso que aceita a apresentação de documentos comprovativos das acções de formação profissional dos candidatos "no prazo de dez dias" a contar da notificação para esse efeito, quando o respectivo aviso de abertura, dispunha que tais documentos deveriam ser apresentados com o requerimento de admissão"[734]. Resultará em invalidade do contrato se o adjudicatário tiver usufruído da ilegalidade no posicionamento relativo face aos demais concorrentes.

121. Quanto à apreciação concreta das propostas, um dos aspectos fundamentais prende-se com os aspectos a valorar. Existe uma proibição de valorar na apreciação da proposta qualidades relativas ao concorrente[735].

---

[734] Na mesma linha, com uma questão concreta diferente associada à criação de critérios, mas no sentido de conferir uma nova dimensão a um critério, vide Acórdão do STA de 07/06/2006 (P. n.º 429/05): "em concurso público, após o conhecimento por parte da Comissão de Análise do teor das propostas apresentadas pelos candidatos, não pode a Comissão de Análise alterar as regras concursais fixadas no programa do concurso sob pena de violação do princípio da imparcialidade, consagrado no art. 266.º n.º 2 da CRP e art. 6.º do CPA". Foi também isso que sucedeu no caso apreciado pelo STA no seu Acórdão de 02/03/2006 (P. n.º 597/05): "antes desta modificação eram ponderadas em condições de igualdade a experiência de construção e experiência de exploração e, depois da referida modificação, a experiência na construção passou a ter maior peso. E também é óbvio que a modificação ocorreu *já depois de um conhecimento pormenorizado das propostas*. Ora esta modificação da interpretação do critério, ocorrida depois de conhecidas as propostas viola do princípio da transparência". Cfr. MÁRIO ESTEVES DE OLIVEIRA/RODRIGO ESTEVES DE OLIVEIRA, *Concursos...*, cit., pp. 533 e 540.

[735] No âmbito da legislação revogada, cfr. o que se dispunha no n.º 3 do artigo 100.º do RJEOP. A mesma proibição, apesar de no concurso público não existir apreciação das

Como escrevem MÁRIO ESTEVES DE OLIVEIRA/RODRIGO ESTEVES DE OLIVEIRA, "a *ratio* da disciplina adoptada nesta matéria prende-se com a intenção de arredar da fase e da decisão sobre a avaliação e classificação das propostas a consideração de factores e critérios destes, de valorização eminentemente subjectiva, e que permitem distorcer, com alguma facilidade, os resultados ou pontuações obtidas em função dos critérios objectivos de adjudicação"[736].

A jurisprudência administrativa tratou esta questão em diversas decisões. No Acórdão do STA, de 20/01/2005 (P. n.º 1275/04), o Tribunal concretizou o alcance da questão: "não está em causa a consideração da "capacidade técnica" dos concorrentes como factor de avaliação das propostas, o que, implicando algum grau de subjectividade na valorização, permitiria, em abstracto, distorcer, os resultados ou pontuações obtidas em função dos critérios objectivos de adjudicação, o que a lei pretendeu evitar, mas antes a adopção de um critério objectivo para avaliar o factor "garantia da qualidade e de execução", o que não envolve a criação de um critério de avaliação nem qualquer perigo de subjectividade". Já no domínio de legislação anterior, a propósito de uma empreitada de obras públicas, o STA, com base no efeito directo das Directivas Comunitárias então em vigor, sustentou: "na Directiva do Conselho n.º 71/305/CEE, de 26 de Julho de 1971, alterada pela Directiva do Conselho n.º 89/440/CEE, de 21 de Julho de 1989, aparecem demarcados precisamente os critérios de selecção qualitativa dos candidatos (artigos 20.º, 23.º a 28.º) e os critérios de escolha da proposta a adjudicar (artigo 29.º), não podendo ser valorados, nesta última fase, os critérios subjectivos, respeitantes aos empreiteiros, da capacidade técnica, designadamente para considerar que determinado empreiteiro não detém capacidade técnica para a obra"[737]. Curiosa, quanto às consequências de uma invalidade reconhecida pelo Tribunal neste domínio, é a decisão do STA de 02/07/2002, (P. n.º 41358), cujo sumário é o seguinte: "I – Na Directiva Comunitária n.º 93/37/CEE, do Conselho, de 14/6/93, aparecem demarcados precisamente os critérios de selecção qualitativa dos candidatos (artigos 24.º a 29.º) e os critérios

---

habilitações dos concorrentes, existe no CCP. A parte final do n.º 1 do artigo 75.º dispõe expressamente a proibição de os factores e os eventuais subfactores dizerem respeito *"directa ou indirectamente, a situações, qualidades, características ou outros elementos de facto relativos aos concorrentes".*

[736] *In Concursos...*, cit., p. 339.
[737] Acórdão do STA de 1/7/2003, (P. n.º 34368).

de escolha da proposta a adjudicar (artigos 30.° a 32.°), não podendo, nesta última fase, serem valorados os critérios subjectivos, respeitantes aos empreiteiros, da capacidade económica, financeira e técnica (vd artigo 18.°). II – O Decreto-Lei n.° 405/93, de 10 de Dezembro, não transpôs correctamente essa Directiva, pois que, nomeadamente não destrinçou, de forma clara, a fase de verificação da aptidão dos candidatos da de avaliação das propostas, permitindo que, nesta fase, sejam levadas em conta as condições técnicas, económicas e financeiras dos empreiteiros (vd artigos 69.° a 71.°, 72.° a 79.°, 87.°, 90.° e 97.°). III – Estabelecendo as Directivas normas prescritivas, claras, completas, precisas e incondicionais são susceptíveis de produzir efeitos directos verticais, ou seja, criam a possibilidade dos particulares as invocarem contra as autoridades públicas, verificando-se essas condições na referida Directiva, que, por isso, se aplica directamente na nossa ordem jurídica interna, prevalecendo as suas disposições sobre as do também referenciado Decreto-Lei (direito comunitário como direito supra nacional). IV – Tendo, num concurso para construção de uma barragem, sido omitida a fase de selecção qualitativa dos empreiteiros, na qual deviam ser considerados os factores respeitantes às suas condições técnicas, económicas e financeiras, factores esses que foram levados em conta na fase de selecção das propostas, foi violado o disposto nos artigos 18.°, 26.° e 30.° da Directiva, violação essa que configura o vício de violação de lei. V – Esse vício é, contudo, irrelevante para fins invalidantes do acto de adjudicação, na medida em que os autos fornecem elementos que permitem concluir que, sem essa conduta ilegal, ou seja, pela aplicação dos factores legalmente estabelecidos, e não postos em causa no recurso, a proposta vencedora continuaria a ser mais pontuada que a dos recorrentes, aumentando até a vantagem alcançada". De uma forma inequívoca, sublinhou o STA: "II – No procedimento concursal para efeitos de aquisição de bens móveis ou serviços, regulado no DL n.° 197/99, de 8/6, a análise e avaliação dos aspectos ou factores subjectivos, como as habilitações, capacidade técnica e financeira, é efectuada na primeira fase, que é a da admissão dos candidatos. III – Na avaliação das propostas, correspondente a uma segunda fase do procedimento, apenas cabem elementos objectivos, sendo expressamente proibida a inclusão de elementos subjectivos, como os referidos em II. (art. 55.°, n.° 3 do DL n.° 197/99)". Mas já anteriormente, o mesmo Tribunal se debruçara sobre a questão, até em termos de análise e reforço da proibição. Foi o que sucedeu no Acórdão do STA de 12/3/2003 (P. n.° 349/03), em que se pode ler no ponto II do sumário que "nos concursos públicos para fornecimento de bens e serviços, devem demarcar-se, com precisão, os critérios de selecção qualitativa dos candidatos dos de adjudicação dos contratos, não podendo, nesta última fase, serem valorados os critérios subjectivos da capacidade económica, financeira e técnica"[738]. Já o Acórdão do STA de 14/03/2002 (P. n.º 48 188) se debruçara quase exclusivamente sobre a questão, a propósito de um procedimento relativo à formação de um contrato de fornecimento de bens e serviços, disciplinado pelo RJDP: "no caso é flagrante que na avaliação do mérito das propostas a Comissão de Análise, ao ponderar comparativamente as propostas relativamente ao pessoal efectivo médio anual, nos últimos três anos e aos programas e acções de formação desse pessoal e ao controlo diário da prestação dos serviços, levou em conta factores que, de acordo com o art. 36.º do DL 197/99 e ponto 6.1.1. do Programa do concurso estão relacionados com a capacidade técnica dos concorrentes pelo que só podiam ser apreciados na avaliação daquela capacidade para efeitos de eventual exclusão dos concorrentes e não para avaliação do mérito das propostas (arts. 55.º, n.º 3 e 105.º, 106.º e 107.º). A análise subjacente ao Relatório da Comissão é, pois, ilegal pois trouxe para o âmbito da análise e avaliação das propostas factores que aí não podiam ser apreciados"[739].

Ora, em caso de incumprimento da proibição de ponderação de elementos relativos à capacidade aquando da avaliação da proposta, será inequívoca a invalidade da adjudicação. Sendo que o incumprimento da obrigação pode reconduzir-se por fazer pesar considerações de competência no momento proibido ou tentar alterar a apreciação da capacidade feita anteriormente em função da apreciação das propostas[740]. Contudo, na apreciação deste incumprimento, haverá que indagar se o adjudicatário foi o concorrente que "usufruiu" da valoração indevida ou não. Obviamente que a primeira hipótese será a mais grave[741]. Se, ao invés, se verificar que

---

[738] No mesmo sentido e de forma expressa se pronunciou mais recentemente o STA no seu Acórdão de 11/08/2004 (P. n.º 866/04): " No concurso para fornecimento de bens e serviços previsto no Decreto-Lei 197/99 de 8.01, na análise do conteúdo das propostas com vista à adjudicação, o júri do concurso não pode tomar em consideração factores relativos à capacidade técnica dos concorrentes para prestarem o serviço, como seja a experiência do candidato em fiscalização de obras, sob pena de violação dos artigos 55.º, n.º 3, 36.º, n.º 1, e 105.º a 107.º do DL 197/99 de 8.6.".

[739] Vide Acórdão de 11/12/2003 (P. n.º 1795/03).

[740] Vide os Acórdãos do STA de 18/07/2007 (P. n.º 456/07) e de 29/05/2007 (P. n.º 456/07).

[741] Esta hipótese remete-nos para uma situação de invalidade própria por causa comum: a ponderação indevida reflecte-se no conteúdo da adjudicação que é comum, em

não foi o adjudicatário que viu a sua proposta melhor classificada pela apreciação indevida de aspectos relativos à sua capacidade técnica, por exemplo, mas foi um outro concorrente que até ficou seriado em terceiro ou quarto lugar, o vício circunscrever-se-á à adjudicação, mas não atingirá o contrato[742]. Haverá todavia neste último cenário precisar que o vício poderá vir a ser relevante se, ainda que relativo a concorrente não adjudicatário, por força da seriação de concorrentes, venha a ser ele, a final, o adjudicatário em virtude de o primeiro concorrente, por razões diversas, não ser afinal o parceiro contratual da Administração[743]. Ou então, imagine-se ter sido excluído, por força deste incumprimento, aquele concorrente que, não fora a indevida ponderação, seria o adjudicatário. Entendemos que esta será uma situação de invalidade derivada para o contrato: não se poderá argumentar que o conteúdo da adjudicação, enquanto tal, é inválida. O que é inválido é o procedimento conducente a tal adjudicação. Portanto, o conteúdo da proposta adjudicada e o parceiro contratual até podem ser absolutamente regulares. São contudo indevidos pela violação da proibição de juntar as fases de ponderação. Claro que esta hipótese é complexa porque o julgador pode não estar em condições de afirmar inequivocamente que, mesmo que aquele concorrente não tivesse sido excluído, a sorte do concurso seria a mesma[744].

122. Mais difíceis serão os problemas quando os actos dos órgãos *ad hoc* têm implicações para lá das matérias formais. Imaginemos que é admitido um concorrente em contravenção às proibições legais[745]: um concorrente em estado de insolvência[746] ou com dívidas à Segurança Social.

No domínio da legislação revogada, podiam apresentar-se cenários com relevância em sede de invalidade. Naquele tipo de hipóteses, deveria ainda que distinguir entre a situação de não ter sido entregue o documento comprovativo da não verificação – caso em que deveria antes ter sido ex-

---

muitos aspectos com o conteúdo do contrato: quer quanto à pessoa do parceiro contratual, quer quanto ao conteúdo (parcial) do contrato.
[742] Sem prejuízo de ficarem intactas todas as garantias jurisdicionais nesta sede.
[743] Nesta hipótese, somos reconduzidos à hipótese de invalidade própria.
[744] Trata-se da questão do exercício de poderes discricionários que o julgador está impedido de repetir. *Vide infra*.
[745] Cfr. o disposto no artigo 55.º do CCP.
[746] Cfr. o que se dispunha na alínea c) do n.º 1 do artigo 67.º e na alínea a) do n.º 1 do artigo 55.º do RJEOP.

cluído[747] – e a situação em que o documento apresentado era falso porque se vinha a verificar que havia falência ou dívidas (ao tempo)[748]. Na primeira hipótese, a admissão formal estaria procedimentalmente viciada; na segunda hipótese, existia uma admissão formal regular, mas materialmente o concorrente deveria ter sido excluído. Também era equacionável a hipótese de faltar o documento em termos formais e tal falta só ser detectada na fase da avaliação. Parece-nos que tal situação só tinha a solução de ser excluído o concorrente nos termos que o seria se tivesse sido logo detectado. Mas e se só aí se detectasse esta questão, o concorrente devia ser excluído até porque se o documento em causa era falso, então o concorrente não dispunha da qualidade exigida. Não o tendo sido, o artigo 40.º do RJDP, para as situações que caíam na sua disciplina legal, determinava a invalidade da adjudicação. Já nas situações disciplinadas pelo RJEOP, o n.º 3 do artigo 71.º só determinava a exclusão do concorrente. Claro que as questões se adensavam quando a verdade material se descobria em fase posterior. Nesta situação, a hipótese mais complexa para o assunto que estamos a tratar era aquela em que o requisito falso se verificava no concorrente escolhido para ser o adjudicatário[749]. A adjudicação estaria inequivocamente viciada quanto ao conteúdo: as características do *quid* sobre que incide a estatuição não estavam de acordo com a lei porque o concorrente não deveria ter sido admitido. Deixando de lado outras consequências[750], a verdade é que o parceiro contratual da Administração padecia de uma indisponibilidade, o que com certeza afectaria a validade do contrato, se este fosse celebrado[751]. Mas esta era uma questão de invalidade própria do contrato. Nos termos do que dispõe o artigo 87.º, a adjudicação caduca, devendo proceder-se à adjudicação ao candidato subsequente.

No CCP, como já vimos, a questão da habilitação dos concorrentes, no procedimento de concurso público, não se coloca como fase de concorrência. No concurso público, só o adjudicatário é notificado para apre-

---

[747] Cfr. por exemplo o disposto na alínea e) do no n.º 2 do artigo 184.º
[748] Cfr. o disposto na alínea j) do n.º 2 do artigo 184.º
[749] Se não tiver sido o adjudicatário, a questão da validade da admissão morre por inconsequência.
[750] Designadamente, o eventual apuramento da prática de crime de falsas declarações ou apresentação de documentos falsos.
[751] No caso de apresentação de documentos falsos, estamos ainda na presença da violação do princípio da boa fé.

sentar os documentos de habilitação[752]. Tais documentos constam do elenco do artigo 81.º do CCP. Qualquer contrato implica a apresentação de documentos comprovativos de que o adjudicatário não se encontra condenado em qualquer das *"situações previstas nas alíneas b), d), e) e i) do artigo 55.º"*, como *"tenham sido condenadas por sentença transitada em julgado por qualquer crime que afecte a sua honorabilidade profissional, se entretanto não tiver ocorrido a sua reabilitação, no caso de se tratar de pessoas singulares, ou, no caso de se tratar de pessoas colectivas, tenham sido condenados por aqueles crimes os titulares dos órgãos sociais de administração, direcção ou gerência das mesmas e estes se encontrem em efectividade de funções"*, *"não tenham a sua situação regularizada relativamente a contribuições para a segurança social em Portugal ou, se for o caso, no Estado de que sejam nacionais ou no qual se situe o seu estabelecimento principal"*, *"não tenham a sua situação regularizada relativamente a impostos devidos em Portugal ou, se for o caso, no Estado de que sejam nacionais ou no qual se situe o seu estabelecimento principal"* e *"tenham sido condenadas por sentença transitada em julgado por algum dos seguintes crimes, se entretanto não tiver ocorrido a sua reabilitação, no caso de se tratar de pessoas singulares, ou, no caso de se tratar de pessoas colectivas, tenham sido condenados pelos mesmos crimes os titulares dos órgãos sociais de administração, direcção ou gerência das mesmas e estes se encontrem em efectividade de funções, se entretanto não tiver ocorrido a sua reabilitação: i) Participação em actividades de uma organização criminosa, tal como definida no n.º 1 do artigo 2.º da Acção Comum 98/773/JAI do Conselho; ii) Corrupção, na acepção do artigo 3.º do Acto do Conselho, de 26 de Maio de 1997 e do n.º 1 do artigo 3.º da Acção Comum 98/742/JAI do Conselho; iii) Fraude, na acepção do artigo 1.º da Convenção relativa à Protecção dos Interesses Financeiros das Comunidades Europeias; iv) Branqueamento de capitais, na acepção do artigo 1.º da Directiva n.º 91/308/CEE do Conselho, de 10 de Junho de 1991, relativa à prevenção da utilização do sistema financeiro para efeitos de branqueamento de capitais"*. Devem igualmente apresentar a declaração constante do anexo III que se destina a comprovar a sua idoneidade. A estes documentos acrescem outros específicos relativos aos contratos em particular: o alvará ou título de registo, para efeitos das empreitadas ou concessões de obras públi-

---

[752] Como dispõe o n.º 2 do artigo 77.º

cas[753]; certificado de inscrição na lista oficial de fornecedores, para efeito dos contratos de locação ou aquisição de bens móveis[754]. E os documentos que especificamente forem exigidos no programa do procedimento[755] ou outros que entenda dever exigir, apesar de não constarem do programa do procedimento[756]. É de sublinhar que a questão formal da não apresentação dos documentos determina, na nova lei, a caducidade da adjudicação e o dever de adjudicar ao concorrente seriado em segundo lugar[757]. Quanto à falsidade de documentos e declarações, a nova lei determina igualmente a caducidade da adjudicação[758]. As questões de validade do contrato colocam-se quando a caducidade for ignorada e o contrato outorgado.

Que especificidades, fora das que *supra* e a propósito da legislação revogada, foram enunciadas, são de sublinhar? Se a adjudicação é considerada caduca, então a outorga do contrato faz-se sem o cumprimento do adequado procedimento de escolha do parceiro pelo que o contrato deverá ser considerado nulo, pois faz-se sem acto suporte o que significa que não há pressuposto quanto à escolha do parceiro e da respectiva proposta. Trata-se de situação de invalidade derivada. Ainda que seja uma circunstância pós-adjudicatória (habilitação do concorrente escolhido) que faça caducar a adjudicação, um contrato celebrado sem este acto suporte parece apontar para a hipótese de contrato celebrado sem o procedimento legalmente devido. Logo, situação enquadrável na hipótese de invalidade derivada[759].

123. A questão mais pertinente e que recorrentemente era colocada aos Tribunais administrativos no âmbito da vigência da legislação revogada prendia-se com a exclusão ilegal de um concorrente[760]. Qual era a relevância deste acto para o procedimento e para a futura adjudicação?

---

[753] Cfr. o disposto no n.º 2 do artigo 81.º
[754] Cfr. o disposto no n.º 3 do artigo 81.º
[755] Cfr. o disposto no n.º 6 do artigo 81.º
[756] Cfr. o disposto no n.º 8 do artigo 81.º
[757] Cfr. o disposto nos n.ºs 1 e 3 do artigo 86.º
[758] Cfr. o disposto no artigo 87.º
[759] Não deixa de ter reflexos num requisito de validade próprio do contrato, pois adjudicação define também alguns desses requisitos. Contudo a caducidade relevará aqui em primeiro lugar por fazer desaparecer *o* acto conclusivo do procedimento imperativo.
[760] Inclusive por força de aplicação de critério indevidamente criado.
    Os concorrentes poderiam ser excluídos ao abrigo do artigo 92.º do RJEOP e do artigo 101.º do RJDP. Com o CCP, esta questão estará arredada dos tribunais quando esteja em causa um procedimento de concurso público.

A verdade é que, só fazendo um juízo de prognose é que saberia se o concorrente não tivesse sido excluído poderia ou não ser o adjudicatário. No âmbito do contencioso pré-contratual, este acto de exclusão era recorrível. Obtida a anulação do acto, tal significava, em execução de sentença, que o procedimento deveria recuar ao ponto em que ocorreu o acto anulado (ou declarado nulo). Sucedia porém com frequência que tal situação se revelava impossível, até porque já tinha sido ultrapassada a fase da adjudicação e até já se teria celebrado o contrato. Neste cenário, muitas vezes a solução judicial atribuía uma indemnização ao particular lesado mas não retirava consequências de validade nem para a adjudicação nem para o contrato.

A questão que se coloca agora, até por força das novas regras do contencioso, é a de que é possível ampliar o objecto da acção e requerer a anulação do contrato se vier a ser celebrado na pendência da acção[761]. Ponto é que a ilegalidade cometida tivesse contaminado o contrato. Tal situação ocorreria quando se pudesse, com segurança, sustentar que aquele concorrente teria sido o adjudicatário, não fora o acto de exclusão. Seria precisamente o caso nas hipóteses de contrato a adjudicar com base no critério de preço mais baixo, requisito que aquele concorrente cumpria em comparação com os demais. Neste caso, a adjudicação que se pudesse ter operado até pode ser ilegal por enfermar ainda de vício de vontade. Imagine-se que a Administração excluiria ilegalmente o concorrente para poder adjudicar o contrato ao concorrente que queria (por outras razões não justificadas legalmente)[762]. Nesta hipótese, o contrato padeceria de uma invalidade que se deveria reputar como própria: o conteúdo e parceiro contratual da Administração não eram aqueles que deveriam ser.

Já se não for possível ao Tribunal, por força da reserva da função administrativa, saber se aquele concorrente seria o adjudicatário, a adjudicação enfermaria de um vício procedimental – existe um acto ilegal no procedimento – mas não se pode advogar que o contrato padecesse de uma invalidade que, a existir, seria necessariamente derivada. Esta hipótese, mais complexa mas igualmente mais frequente, surgia naqueles procedimentos em que a adjudicação se fazia por critérios diferentes do do preço mais baixo – por exemplo, à proposta economicamente mais vantajosa.

---

[761] Para além de providências cautelares adequadas.

[762] O Tribunal de Contas recusou a concessão de visto a contratos com base em hipóteses destas porque entendeu que se manifestava prejuízo financeiro. *Vide supra* Acórdãos do Tribunal de Contas citados no ponto 3.2. da Parte II.

Ou seja, nas situações em que a adjudicação resultava do exercício de poderes discricionários e não tanto vinculados. Tratava-se do âmbito mais propício à violação do princípio da imparcialidade, ao surgimento de fenómenos de corrupção, e por conseguinte mais dificilmente controlável judicialmente. De qualquer modo, estaríamos perante situações de invalidade própria porque a ilegalidade se reflectia nas qualidades do parceiro contratual. Se bem que existisse uma ilegalidade procedimental também[763]. Haveria que averiguar a razão da invalidade derivada: se se tratasse de violação grosseira dos princípios do procedimento, e a adjudicação resultasse do exercício de poderes discricionários, a invalidade deveria comunicar-se ao contrato. Haveria de ser a gravidade da violação dos interesses públicos o critério orientador. Sempre que a invalidade tivesse reflexos no conteúdo da adjudicação, perderia relevância autónoma a violação da regra formal e, por consequência a invalidade derivada. A excepção seria aquela situação em que a gravidade formal fosse superior à do conteúdo. A previsão do exercício de poderes discricionários impede o juiz de dizer quem seria o adjudicatário, sob pena de violar o princípio da separação de poderes. Trata-se assim de uma hipótese de invalidade derivada.

No âmbito do CCP, esta questão só se poderá colocar em sede de concurso por prévia qualificação.

124. Uma outra dimensão importante no âmbito da invalidade do contrato por causa do procedimento de escolha de parceiro prende-se com as causas de exclusão das propostas, ainda antes da avaliação das mesmas. Regia, a este propósito, o artigo 94.º do RJEOP e o n.º 3 do artigo 104.º do RJDP. Hoje, face à legislação em vigor, a exclusão das propostas só sucederá em sede de relatório preliminar do júri, disciplinado no artigo 146.º do CCP.

As razões que deviam conduzir à exclusão das propostas prendiam--se com aspectos específicos procedimentais como sejam a entrega fora de prazo, que não estivessem acompanhados dos documentos devidos ou estes não estivessem redigidos em português ou que não tivessem elementos devidos.

---

[763] Existe jurisprudência que analisou as situações em que as propostas foram apreciadas com base em critérios que não os que constam dos documentos do concurso. Vide a este propósito os Acórdãos do STA de 14/3/2006 (P. n.º 1245/05) e de 2/03/2006 (P. n.º 330/02).

No domínio do CCP, como já dissemos, a questão coloca-se quando for tempo do relatório preliminar, em que o júri ordena as propostas, por aplicação do modelo de avaliação, conforme prescreve o n.º 2 do artigo 146.º, no domínio do concurso público. Ora, neste relatório o júri deve propor, fundamentadamente, a exclusão das propostas: *"a) Que tenham sido apresentadas depois do termo fixado para a sua apresentação; b) Que sejam apresentadas por concorrentes em violação do disposto no n.º 2 do artigo 54.º; c) Que sejam apresentadas por concorrentes relativamente aos quais ou, no caso de agrupamentos concorrentes, relativamente a qualquer dos seus membros, a entidade adjudicante tenha conhecimento que se verifica alguma das situações previstas no artigo 55.º; d) Que não sejam constituídas por todos os documentos exigidos nos termos do disposto no n.º 1 do artigo 57.º; e) Que não cumpram o disposto nos n.ºs 4 e 5 do artigo 57.º ou nos n.ºs 1 e 2 do artigo 58.º; f) Que sejam apresentadas como variantes quando estas não sejam admitidas pelo programa do concurso, ou em número superior ao número máximo por ele admitido; g) Que sejam apresentadas como variantes quando, apesar de estas serem admitidas pelo programa do concurso, não seja apresentada a proposta base; h) Que sejam apresentadas como variantes quando seja proposta a exclusão da respectiva proposta base; i) Que violem o disposto no n.º 7 do artigo 59.º; j) Que, identificando erros ou omissões das peças do procedimento, não cumpram o disposto no n.º 7 do artigo 61.º; l) Que não observem as formalidades do modo de apresentação das propostas fixadas nos termos do disposto no artigo 62.º; m) Que sejam constituídas por documentos falsos ou nas quais os concorrentes prestem culposamente falsas declarações; n) Que sejam apresentadas por concorrentes em violação do disposto nas regras referidas no n.º 4 do artigo 132.º, desde que o programa do concurso assim o preveja expressamente; o) Cuja análise revele alguma das situações previstas no n.º 2 do artigo 70.º"*.

No entanto, ao contrário do que sucede na legislação anterior, no CCP, neste normativo não se encontram apenas razões com dimensões procedimentais. Existem razões de exclusão de propostas com vertentes substantivas importantes até porque ocorre após a avaliação. É o caso das situações previstas nas alíneas b), c), f), g), h), i) e n). Além da violação da regra de cariz procedimental – admissão de proposta em condições que ditavam a sua exclusão – a proposta assim admitida e que venha a ser a proposta adjudicatária incorre em violação quanto ao conteúdo do contrato ou das qualidades do parceiro contratual, pelo que estaremos perante hipóteses de invalidade própria, se bem por causa ou causas comuns à adjudicação[764].

Na hipótese de não ser aplicado o normativo e vir a ficar em concurso uma proposta que deveria ter sido excluída, só existirá invalidade na justa medida em que a proposta indevidamente admitida venha a ser a proposta adjudicatária. Se se trata de razões que devem ditar a exclusão da proposta, se a proposta vier a ser escolhida, a protecção dos interesses públicos só ficam tutelados se a solução for a da invalidade do contrato celebrado. Ora, o tipo de invalidade contratual é desde logo derivada porque se liga especificamente à etapa procedimental, sem prejuízo das consequências em termos de conteúdo. Assumirá particular relevância a invalidade derivada se houver, em tempo, a impugnação do acto procedimental.

A complexidade aumenta quando a proposta escolhida viola imposições dos documentos do concurso, em particular do caderno de encargos. Contudo este é um domínio de causas de invalidade própria e já não derivada.

125. Mais difícil de analisar são contudo as hipóteses em que o contrato a celebrar não é precedido de concurso público, fortemente disciplinado na lei, mas antes por um outro procedimento em que os documentos do concurso deixam mais liberdade aos concorrentes na formulação das suas propostas[765]. Nestas hipóteses, o trabalho do júri é mais complexo porque haverá que aferir da conformidade das mesmas com os documentos do concurso, mas também com outras normas jurídicas enformadoras da actividade em causa. No âmbito de um concurso para trabalhos de concepção, o STA foi chamado a pronunciar-se sobre a anulação judicial da admissão de um concorrente em que se indicava "uma estimativa do custo da obra", por ter entendido que tal referência integrava uma causa de exclusão do concorrente prevista na alínea b) do n.º 3 do artigo 101.º do RJDP, que previa que *"nos documentos incluam qualquer referência que seja considerada indiciadora do preço da proposta ou das respectivas*

---

[764] Remetemos por isso a análise detalhada para o ponto *infra* que trata a questão.

[765] Mesmo no âmbito do concurso público há margem para alguma liberdade. Veja-se o caso da possibilidade que estava prevista no artigo 11.º do RJEOP, de serem os concorrentes a apresentar o projecto base ou a possibilidade de apresentação de proposta condicionada (artigo 77.º) ou com projecto ou variante (artigo 78.º). No âmbito do RJDP, também era possível a proposta base ser apresentada com alteração das cláusulas do caderno de encargos (alínea b), do n.º 2 do artigo 49.º).

condições de pagamento". Ao contrário do decidido na 1.ª Instância, o STA foi de opinião que tal indicação não é o mesmo que dizer o preço da proposta, elemento esse sim que determinava a exclusão[766].

Também no âmbito de procedimentos com negociação as hipóteses de propostas que contenham cláusulas ilegais são maiores. A negociação pode ser uma fase de um procedimento concursal, como sucede no caso do concurso por negociação[767]. A jurisprudência tem decidido algumas questões neste âmbito, distinguindo entre o que seja ou não uma alteração de proposta ou então em que moldes a própria concretização da proposta – sempre que seja admissível a posterior concretização – é possível. Por exemplo, no Acórdão do STA de 18/03/2004 (P. n.º 57/04), o Tribunal entendeu que "não se mostra violado tal princípio, corolário do princípio da concorrência, se num concurso de fornecimento de refeições em que constitui critério de adjudicação apenas o preço e a qualidade das propostas, a empresa a quem foi adjudicado o serviço informou o júri, a pedido deste, que o valor do investimento para aquisição de equipamento é metade do inicialmente indicado, se tal alteração se não reflectiu no preço unitário da refeição constante da proposta por si apresentada a concurso. V – É que, nos termos do programa de concurso e do caderno de encargos, não era exigido que tal indicação constasse das propostas, nem o valor do investimento constituía factor de avaliação das mesmas"[768]. A alteração introduzida não atingiu o objecto do contrato – preço do fornecimento de refeição – pelo que, sendo essa uma das cláusulas contratuais fundamentais do contrato, não houve violação das regras do caderno de encargos. Já numa outra decisão sobre a validade da adjudicação num contrato de fornecimento de contentores para o Município de Lisboa, em que se "decide que os bens a fornecer pelo adjudicatário serão de quantidade inferior aquela para que foi aberto o concurso e que consta dessa proposta, sem que indique qualquer motivo para tal redução", o STA confirmou a anulação do acto de adjudicação, por violação do princípio da estabilidade das propostas e por falta de fundamentação[769]. Esta situação, a não ser anulado o acto de adjudicação, implicaria que uma das

---

[766] *In* Acórdão do STA de 08/01/2003 (P. n.º 1796/02).

[767] Estava previsto no n.º 4 do artigo 47.º e 133.º e ss. do RJEOP e 80.º e ss. do RJDP. Hoje encontra-se disciplinada nos artigos 193.º e ss. do CCP.

[768] Nesta hipótese, nem sequer se trata de existir uma negociação, mas antes de uma alteração unilateral da proposta.

[769] Acórdão de 3/06/2004 (P. n.º 483/04).

cláusulas do contrato iria estar contrária ao que estabelecia o caderno de encargos.

São hipóteses de ilegalidades que se reflectem no conteúdo do contrato e portanto fonte de invalidade própria, por causa comum à adjudicação.

126. O júri deverá elaborar um relatório e submetê-lo à audiência prévia[770]. Qual é a influência da falta de audiência ao relatório preliminar do júri? Não sendo o relatório um acto administrativo[771], fica o proce-

---

[770] Cfr. o disposto no artigo 147.º do CCP para o concurso público. Estava previsto nos artigos 101.º do RJEOP e 108.º do RJDP. Nos contratos disciplinados no RJDP, cabia à entidade que autoriza a despesa realizar a audiência. Nos contratos disciplinados no RJEOP, este passo procedimental estava na competência da entidade adjudicante, sendo normalmente feita pela comissão de análise das propostas.

FREITAS DO AMARAL, face à legislação revogada, sustenta a necessidade de realização da audiência em dois argumentos. Apesar de o CPA ser legislação supletiva, a audiência é um reflexo do princípio da colaboração e da participação que se aplicam a toda a actividade administrativa. Acresce que o n.º 4 do artigo 267.º da CRP parece impor a audiência para os actos de exclusão e de adjudicação, (*in Curso...*, II, cit., pp. 387 e ss. e *O Novo Código do Procedimento Administrativo* – CPA-INA, 1992, p. 26); SÉRVULO CORREIA é igualmente defensor da audiência nos procedimentos concursais, (*O Direito à Informação e os Direitos de Participação dos Particulares no Procedimento*, Legislação – Cadernos de Ciência e de Legislação, 9/10, 1994, pp. 156-157). Sobre esta questão, no domínio da legislação anterior *vide* MARGARIDA OLAZABAL CABRAL, *O Concurso...*, cit., pp. 187 e ss.; PEDRO MACHETE, *A Audiência dos Interessados nos Procedimentos de Concurso Público*, CJA, n.º 3, 1997, pp. 40 e ss.; JOÃO MARTINS CLARO, *Contrato Administrativo*, cit., pp. 131 e ss. Antes da actual legislação, existia doutrina que entendia que a audiência não era obrigatória, por a legislação especial não a prever. Neste sentido, MÁRIO ESTEVES DE OLIVEIRA ET AL., *Código...*, 2.ª Ed., cit., p. 830; PEDRO MACHETE, *A Audiência dos Interessados no Procedimento Administrativo*, Lisboa, 1995. *Vide* ainda a posição de MÁRIO ESTEVES DE OLIVEIRA/RODRIGO ESTEVES DE OLIVEIRA, *Concursos...*, cit., pp. 515 e ss.

O Acórdão do STA de 15/02/2004 (P. n.º 98/04) sustentou a obrigatoriedade da audiência prévia escrita, uma vez que "não pode em caso algum ser dispensada a audiência prévia dos interessados antes da decisão final de adjudicação, quando o critério da adjudicação obedeça a diversos factores de ponderação e não unicamente ao critério "mais baixo preço" (artigo 108.º n.º 4)". Também no Acórdão de 16/11/2004 (P. n.º 1049/04) se defendeu que a audiência prevista nos artigos 101.º e 102.º do RJEOP remetem também para o regime do CPA, sufragando o Tribunal que a audiência decorre do princípio da colaboração. Sobre este assunto, *vide* igualmente o Parecer da Procuradoria Geral da República n.º 142/2001, de 14/2/2002, publicado na II Série do DR, 10/8/2002.

[771] O relatório é um acto instrumental na classificação de actos jurídicos praticados pela Administração Pública, conforme ensina ROGÉRIO SOARES (*Direito Administrativo*, cit., p. 139).

dimento inquinado e a desconformidade terá expressão na adjudicação. Trata-se inequivocamente de uma falha procedimental[772]. Julgamos poderem aplicar-se aqui as considerações sobre a influência deste tipo de vícios na validade do acto final. Se o vício for determinante porque os interesses tutelados pela audiência não foram salvaguardados ainda que de outra forma, a invalidade que se manifesta será sempre derivada e não própria. Mas será em primeiro lugar da adjudicação. O Acórdão do STA de 22/06/2004 (P. n.º 534/04) tratou a questão da audiência na perspectiva da relevância invalidante sobre a adjudicação. Disse o Tribunal: "não obstante ter sido desrespeitado o direito de participação procedimental, o tribunal pode abster-se de anular o acto, com fundamento no princípio do aproveitamento de actos administrativos ou da relevância limitada dos vícios de forma, se a decisão não tem alternativa juridicamente válida, estando assim adquirido que fosse qual fosse a intervenção dos interessados no procedimento administrativo, a decisão final não podia ter outro sentido"[773].

4.1.2.2. Conclusão

127. Quase poderíamos afirmar ser impossível retirar todas as influências das vicissitudes dos actos que surgem no procedimento de escolha do co-contratante para o contrato tal é a miríade de actos possíveis. Todavia, das hipóteses colocadas no título anterior é possível inferir as seguintes consequências.

Todas as desconformidades relatadas são passíveis de serem qualificadas como vícios procedimentais. Porém, algumas delas são mais graves e revelam-se no conteúdo da adjudicação, acto que põe fim ao procedimento em análise. Assim, todas as questões relacionadas com a competência, legitimação, funcionamento e impedimentos do júri traduzem vício de procedimento. Mas como o autor da adjudicação não coincide com tais

---

[772] Vide PEDRO MACHETE, A Audiência..., CJA, n.º 3, 1997, pp. 41 e ss. A audiência constitui, na opinião da jurisprudência administrativa, um momento importante para a formação da vontade administrativa, podendo inclusive ser um vício conhecido precedentemente a vícios de outra natureza. Porque poderia influenciar os vícios substantivos.

[773] No mesmo sentido, vide Acórdão do STA de 11/03/2003 (P. n.º 44 433): "a prolação de novo acto necessariamente dotado de conteúdo idêntico não só se apresentaria como inócuo para os legítimos interesses do particular já que não lhe proporcionaria ganho algum, como constituiria um obstáculo espúrio à eficiência da actuação administrativa".

órgãos, os vícios quanto ao sujeito desses órgãos têm apenas reflexos procedimentais na adjudicação. Que até poderão redundar apenas em irregularidades. Se assim nos parece ser para a adjudicação, então diríamos que são irrelevantes para o contrato.

Quanto aos actos propriamente ditos, a maioria das hipóteses de desconformidade colocadas traduzem-se na violação de princípios fundamentais do concurso público. É o caso da violação das regras de publicidade do anúncio que, por ser o primeiro momento do procedimento, devendo conter todas as indicações fundamentais do contrato, se ocorre, inquina definitiva e irremediavelmente o procedimento concursal[774]. A adjudicação ficará comprometida, restando saber se o vício invalidante é a nulidade ou a anulabilidade. A decisão terá efeitos significativos no contrato subsequente. A verdade é que o princípio da publicidade, com toda a amplitude que o procedimento exige, constitui um dos princípios mais importantes desta fase de formação do contrato.

É o mesmo princípio que está em causa quando se equaciona qual a relevância da falta de publicidade de esclarecimentos prestados na fase de elaboração das propostas. Neste ponto, manda a prudência explicitar duas situações: se o esclarecimento não influenciou a elaboração da proposta de nenhum dos pretendentes a co-contratante, a falta de publicidade não atingiu os interesses que a obrigação pretende tutelar e portanto, deverá ser tratada como uma irregularidade não invalidante[775]. Já se o esclarecimento influenciou a exclusão da proposta, os interesses que subjazem à obrigação de publicidade não foram acautelados. Como vimos anteriormente, MÁRIO ESTEVES DE OLIVEIRA/RODRIGO ESTEVES DE OLIVEIRA preconizam a reabertura do procedimento e anulação do processado até ao momento da publicidade devida. Idêntica solução será de sustentar se o esclarecimento prestado for errado e a normal diligência do cidadão não puder averiguar do erro. O vício da admissão da proposta dependerá da influência que o errado esclarecimento tiver tido na sua elaboração. E se teve, é necessário averiguar se o erro foi determinante para a hierarquização das propostas. Em particular, nas hipóteses em que o esclarecimento só influenciou um concorrente, tendo os demais conseguido aperceber-se do erro. Se existir influência determinante, entendemos que deverá repe-

---

[774] Se não for atempadamente dada a devida publicitação.

[775] Claro que não podemos agora esquecer que, face ao rol de legitimados processualmente para atacar contenciosamente o contrato, existe a hipótese de o esclarecimento constitui o factor que teria levado A, não concorrente, a concorrer.

tir-se o concurso uma vez que estamos numa fase em que os concorrentes já conhecem as respectivas propostas e portanto mandar reformulá-las colocava em perigo os princípios da concorrência[776]. Se se persistir na manutenção de uma adjudicação praticada neste contexto, ela está definitivamente viciada no conteúdo. Tal ilegalidade será também ilegalidade do contrato? O erro que inquina a validade do procedimento de formação do contrato existe porque precisamente resulta de uma faculdade procedimental. O contrato estaria viciado por invalidade derivada e não própria. Mas o esclarecimento determinou o conteúdo da proposta. Se esta for escolhida, então é o conteúdo do contrato, que está contaminado. Logo, existirá uma invalidade própria.

A situação mais grave relacionada com os esclarecimentos é a que existe quando o esclarecimento deixa de o ser e se configura antes como uma alteração ou adição de factores e critérios de avaliação. A verificar-se esta situação, incorre a Administração em violação do princípio da estabilidade do concurso que invalida a adjudicação. A invalidade será tão mais grave quão mais distorcidos forem os critérios inicialmente estabelecidos. Todavia, o contrato comungará desta invalidade, não constituindo contudo uma invalidade própria[777].

128. Quanto aos actos do júri nos procedimentos com fase de qualificação, eles poderão ser fonte de vício procedimental que poderá ou não ser invalidante da adjudicação. A admissão ilegal de uma proposta[778]. Convém no entanto referir que com a consagração do contencioso pré-contratual urgente, o Supremo Tribunal Administrativo tem decidido no sentido que a lesividade destes actos pode ser apenas hipotética ou virtual[779]. Para

---

[776] Existiria sempre a tentação de melhorar, por comparação, as propostas em outros aspectos que não os que se relacionavam com as questões tratadas no esclarecimento.

[777] Na sequência do entendimento expendido pela jurisprudência, também o Conselho Consultivo da Procuradoria Geral da República entende que a introdução de subcritérios de forma ilegal, isto é, fora dos circunstancialismos que a lei permite, invalida a adjudicação com "violação de lei" (Parecer n.º 43/2002, de 20/09/2002).

[778] No Acórdão do STA de 27/01/2004 (P. n.º 1956/03), o Tribunal expressamente decidiu que "não é contenciosamente recorrível por qualquer dos candidatos a um concurso público de fornecimento de serviços a decisão de admissão da proposta de um outro, por carecer de lesividade actual". No mesmo sentido, vide Acórdãos do STA de 28/08/2002 (P. n.º 1309/02) e de 14/04/2004 (P. n.º 1973/03).

[779] Neste sentido, entre outros, vide Acórdão do STA de 08/01/2003 (P. n.º 1796/02).
Não se trata contudo de jurisprudência unânime. No Acórdão do STA de 27/01/2004 (P. n.º 1956/03), em que o Tribunal foi chamado a pronunciar-se exactamente sobre esta

efeitos de impugnação. Um entendimento amplo desta natureza põe em causa princípios fundamentais da actividade administrativa, designadamente o da impugnação unitária, tornando o procedimento pré-adjudicatório um "campo de guerra" que, com o intuito de reduzir conflitualidade futura, a assume mais cedo e de modo que pode ser inútil. Pense-se na arguição de uma admissão ilegal que, se vem a verificar mais tarde, era completamente inócua para a decisão final. O tempo foi-se gastando à custa do interesse público. Entendemos que só deverá ter-se por recorrível o acto, cuja ilegalidade, se reflicta no acto final. No caso das admissões ilegais, tal situação só sucederá quando o concorrente e respectiva proposta forem os adjudicatários. Haverá, nesta hipótese, de ponderar se a impugnação unitária é mais benéfica, atentos os interesses envolvidos. Como só a final se saberá, cumpre optar por uma solução. Propendemos para a impugnação unitária, o que nos leva a considerar que não existe ainda qualquer interesse juridicamente protegido para atacar o referido acto. A nossa opinião sai reforçada à luz do novo contencioso que com a ampla legitimidade que consagra nestas matérias, não deixa desprotegido aquele que for ilegalmente excluído.

Assim, entendemos que, ainda que este tipo de situações possa constituir um vício, apenas o será da adjudicação, mas não o será do contrato[780].

129. Já quanto aos actos do júri quando analisa as propostas, as questões são distintas. Qual será a influência na (in)validade contratual da admissão e adjudicação a um concorrente sobre o qual recai uma indisponibilidade? Se for hierarquizado um concorrente em situação de indisponibilidade mas sem possibilidades de ser o adjudicatário, entendemos que a ilegalidade acaba por não ter relevância alguma no contrato, até porque na lei em vigor só o adjudicatário terá de demonstrar a capacidade e idoneidade. Claro que será sempre discutível se o concorrente naquelas situa-

---

questão, defendeu-se que "a recorribilidade dos actos proferidos na formação do contrato, ao abrigo do Dec.-Lei n.º 134/98, de 15/5, dependia da sua lesividade actual (em acto), não bastando a mera possibilidade da lesão (em potência)". No mesmo sentido, vide Acórdão do STA de 14/01/2003 (P. n.º 535/02).

[780] O STA tem entendido que se tornam "irrelevantes para o efeito da anulação do acto recorrido os vícios cujo suprimento não determinaria alteração da posição da Recorrente" no concurso (Acórdão de 5/11/2003, P. n.º 1493/03). Em sentido semelhante podem ver-se os Acórdãos do STA de 12/3/2003, (rec. n.º 349/03), de 15/5/2003, (rec. n.º 650/03) e de 9/4/2002, (rec. n.º 48 427).

ções estiver no segundo lugar da hierarquia. Em rigor, existe o adjudicatário e os não adjudicatários. Todavia, por alguma razão manda a lei hierarquizar os concorrentes. Poderá dar-se o caso de a adjudicação não se concretizar com o primeiro da lista ordenada. Imagine-se que o adjudicatário não prestou a caução devida. A suceder esta situação, a adjudicação não poderá ser feita ao segundo por ele se encontrar em situação de indisponibilidade. Se apesar disso, for ele o adjudicatário encontramo-nos na situação descrita a seguir.

Se a hipótese for a de o adjudicatário ser portador de uma indisponibilidade, se bem que a desconformidade tenha origem procedimental, o vício deixa de ser estritamente procedimental e revela-se como vício quanto ao conteúdo na adjudicação. E portanto estaremos perante um vício próprio mas de causa comum. No domínio do CCP, tal situação importa a caducidade da adjudicação[781].

Questões igualmente difíceis se colocam quando o acto a analisar é o da admissão de propostas em desconformidade com o caderno de encargos. Haverá que colocar-se os dois cenários: se a proposta ilegal for a escolhida e se não for. Para este segundo cenário, valem as considerações tecidas atrás a propósito do concorrente seriado em segundo ou outro lugar que não o primeiro. Já para o cenário de a proposta adjudicatária ser ilegal, remetemos para análise subsequente.

Quer no concurso público, quer nos demais procedimentos de escolha do co-contratante, a inobservância do dever de audiência prévia consubstanciará um vício de procedimento com reflexos na adjudicação. Terá eventualmente reflexos invalidantes se se comprovar que os interesses que subjazem à imposição de ouvir os interessados sobre o relatório júri não foram de algum outro modo salvaguardados. Tendo sido, não existem razões para que o princípio do aproveitamento dos actos não tenha pleno cabimento[782].

---

[781] Cfr. o disposto no artigo 87.º do CCP.

[782] Veja-se a propósito do conteúdo deste princípio precisamente relacionado com o direito de audiência o ponto IV do sumário do Acórdão do STA de 22/06/2004 (P. n.º 534//04): "não obstante ter sido desrespeitado o direito de participação procedimental, o tribunal pode abster-se de anular o acto, com fundamento no princípio do aproveitamento dos actos administrativos ou da relevância limitada dos vícios de forma, se a decisão não tem alternativa juridicamente válida, estando, assim adquirido que fosse qual fosse a intervenção dos interessados no procedimento administrativo, a decisão final não podia ter outro sentido". Em sentido semelhante, sublinhando a irrelevância de vícios desta natureza quando os interesses subjacentes não são atingidos, pode ler-se no Acórdão do STA de

Se se verificar que os interesses tutelados pelo direito de audiência foram irremediavelmente atingidos, a adjudicação será anulável e o contrato poderá eventualmente ver-lhe comunicada a invalidade se for de considerar muito grave a inobservância do dever de audiência[783].

Importa verificar por último se certas especificidades, a nível procedimental, dos outros concursos têm influência no contrato. No que diz respeito aos concursos em que a Administração dirige convites a determinadas entidades, se o referido convite for dirigido fora das circunstâncias previstas na lei ou dirigido a quem não se encontra nas condições legais para o efeito, tal ilegalidade só se reflectirá na validade da adjudicação se o adjudicatário for precisamente a entidade que não está nas condições previstas na lei. Trata-se de questão que já não gera invalidade derivada mas própria do contrato.

Já se o procedimento de selecção se revelar "feito à medida" de um dos concorrentes, entendemos que todo o processo contratual está irremediavelmente afectado. O contrato não poderá subsistir como válido. Na realidade, tal contrato acabava por resultar de ajuste directo em circunstâncias não permitidas por lei. Será uma hipótese relevante de invalidade derivada.

Por fim, mas não menos importante, os concursos de negociação podem gerar vícios próprios do contrato por força da extrema influência que têm no conteúdo do mesmo. Mas esta questão tem apenas cabimento em sede de análise de causas de invalidade própria do contrato[784].

12/11/2003 (P. n.º 41291): "por força dos princípios do aproveitamento do acto e da inoperância dos vícios, a constatação de que um acto administrativo enferma de um vício nem sempre justifica que ele seja anulado, não se justificando a anulação, designadamente, quando a existência de um vício de forma não afectou, no caso concreto, o procedimento administrativo e a sua decisão nem lesou os interessados. III – Assim, que, nos casos em que se apurar em concreto, com segurança, atentas as específicas circunstâncias do caso, que não ocorreu uma lesão dos direitos dos interessados, não se justificará a anulação do acto, mesmo que se esteja perante qualquer erro de aplicação da lei".

[783] A única hipótese aqui enquadrável só nos parece ser aquela em que a audiência desempenharia um papel acrescido de defesa daquele que deveria ser ouvido, à semelhança do que sucede nos procedimentos sancionatórios, em que a audiência constitui meio de defesa. São contudo difíceis de equacionar cenários do género.

[784] Convirá distinguir as situações de negociação prévia à adjudicação, situação que poderá ser fonte de causas comuns (à adjudicação) de invalidade própria do contrato daquelas em que a negociação é pós-adjudicatória, situação que pode gerar invalidade própria mas agora por causa exclusiva do contrato.

4.2. Da adjudicação

4.2.1. *Natureza jurídica*

130. A adjudicação é o acto administrativo em que a autoridade pública escolhe o seu parceiro contratual e respectiva proposta[785]. Trata-se, por conseguinte, de um acto que apenas existirá nos contratos em análise[786]. No CCP, o artigo 73.º refere-se a adjudicação precisamente nestes termos: *"é o acto pelo qual o órgão competente para a decisão de contratar aceita a única proposta apresentada ou escolhe uma de entre as propostas apresentadas, para com ela conformar os termos do contrato a celebrar"*.

A doutrina estrangeira também parece comungar desta concepção quanto à natureza jurídica do acto de adjudicação. Pelo menos, nos ordenamentos em que existe este tipo de actuação administrativa. A doutrina italiana, a propósito dos contratos «*ad evidenza pubblica*» entende que a adjudicação consubstancia um «*provvedimento amministrativo*». A dou-

---

[785] Neste sentido se pronuncia a generalidade da doutrina portuguesa. Assim, entre outros, MARCELLO CAETANO, *Manual...*, II, cit., p. 605; FREITAS DO AMARAL, *Curso...*, II, cit., p. 588; MÁRIO ESTEVES DE OLIVEIRA, *Direito Administrativo*, cit., pp. 666-671; SÉRVULO CORREIA, *Legalidade...*, cit., p. 587; MÁRIO ESTEVES DE OLIVEIRA/RODRIGO ESTEVES DE OLIVEIRA, *Concursos...*, cit., p. 547; SANTOS BOTELHO ET AL., *Código...*, 5.ª Ed., cit., p. 1068; ALEXANDRA LEITÃO, *A Protecção...*, cit., p. 216; JOÃO MARTINS CLARO, *O Contrato...*, cit., p. 141; MARGARIDA OLAZABAL CABRAL parece aderir à tese da natureza mista do acto de adjudicação (acto administrativo e acto negocial), assumindo que entre adjudicatário e entidade pública nascerá "uma relação muito próxima daquela que existirá no contrato promessa", (*in O Concurso...*, cit., p. 229, nota 438 e p. 230).

[786] A jurisprudência considera que, mesmo num contrato privado, o acto que decide adjudicar ou não o contrato, após um concurso público, constitui um acto administrativo e "não declaração pré-contratual de direito privado", o que significa que os tribunais administrativos são competentes para conhecer da respectiva validade (Acórdãos do STA de 09/05/2002, P. n.º 47 720 e de 10/10/2002, P. n.º 42 500). No mesmo sentido, decidiu o STA em 08/02/1989 (P. n.º 25 712): "I – As deliberações das autarquias autorizando a celebração de contratos de direito privado consubstanciam actos administrativos". Existe contudo jurisprudência em sentido contrário. *Vide* Acórdão do STA de 10/05/90, *in* AD, 367, p. 865. Sobre a adjudicação nos contratos administrativos *vide* ilustrativamente o Acórdão do STA de 22/04/2004 (P. n.º 46 764). Hoje, o artigo 4.º do ETAF parece ter resolvido a questão, submetendo aos tribunais administrativos o conhecimento das questões de validade de contratos públicos.

trina francesa refere a adjudicação como um procedimento de formação do contrato administrativo, em que a escolha da proposta se faz pelo critério do preço mais baixo, redundando portanto numa decisão automática. Por conseguinte, não tem o mesmo significado que tem entre nós[787].

Contudo, com a adjudicação, o contrato ainda não se perfeccionou. A nossa doutrina sustenta o entendimento de que a adjudicação apenas cria o dever de contratar[788]. Assim, entende FREITAS DO AMARAL para quem, a partir da adjudicação, a celebração do contrato se converte em direito materialmente garantido[789].

Nos procedimentos não concursais, a doutrina italiana propende para o entendimento de que "aí a adjudicação determina apenas a conclusão da fase do procedimento, que consiste na escolha do co-contratante, e já não no nascimento do vínculo obrigatório entre as partes. O vínculo jurídico determina-se apenas sucessivamente com a estipulação e aprovação do contrato definitivo"[790]. Na doutrina francesa, ANDRÉ DE LAUBADÈRE/VENEZIA/ /YVES GAUDEMENT sustentam que "a decisão de adjudicação não tem por efeito concluir o contrato entre a Administração e o adjudicatário: tal efeito vai resultar de um acto posterior, a aprovação da adjudicação, o que permite à Administração conservar um direito de veto na outorga do contrato"[791].

A perfeição do contrato surge, entre nós, com a geração do consenso, o que, na maior parte das vezes, por imperativos de forma, só sucede em momento posterior[792]. Até porque, consoante o procedimento de escolha

---

[787] Entre muitos, vide ANDRÉ DE LAUBADÈRE/VENEZIA/GAUDEMENT, Traité..., cit., p. 806; CHARLES DEBBASCH, Droit Administratif, 6.ª Ed., Economica, Paris, 2002, p. 537; JACQUELINE MORAND-DEVILLER, Cours..., 9.ª Ed., cit., p. 423; PIERRE-LAURENT FRIER, Précis..., cit., p. 342.

[788] Daí no projecto de revisão do CPTA se preveja, em sede de contencioso pré-contratual, a possibilidade de ser pedida a condenação da Administração à prática de acto devido. Vide o disposto no n.º 1 do artigo 100.º do Projecto de Revisão. Já no domínio da legislação processual em vigor, vide posição de VIEIRA DE ANDRADE, A Justiça..., 9.ª Ed., p. 258.

[789] In Curso..., II, cit., p. 589. No mesmo sentido, MÁRIO ESTEVES DE OLIVEIRA/ /RODRIGO ESTEVES DE OLIVEIRA, Concursos..., cit., p. 547; SÉRVULO CORREIA, Legalidade..., cit., p. 589; PAULO OTERO, Intangibilidade das Propostas..., cit., p. 92. Já FAUSTO QUADROS, numa corrente absolutamente minoritária, é de opinião que a adjudicação torna o contrato perfeito (in O Concurso Público..., cit., pp. 706 e 717).

[790] MARIO SANINO, Procedimento Amministrativo..., cit., p. 57.

[791] In Traité..., cit., p. 815. No mesmo sentido, CHARLES DEBBASCH, Droit Administratif, cit., p. 538.

[792] Cfr. o disposto nos artigos 94.º e ss. do CCP acerca da redução a escrito.

da proposta, pode ou não existir maior ou menor abertura a negociação de cláusulas contratuais. O contrato administrativo é, antes de mais, um contrato, sujeitando-se portanto ao entendimento do que seja um contrato e sua formação em sede de Teoria Geral do Direito[793]. É portanto um entendimento diferente daquele que é sustentado quer em Espanha[794], quer em Itália[795] em que, quer a doutrina, quer a lei, parecem indicar o momento adjudicatório como momento de perfeição do contrato[796]. O que significa

---

[793] No Parecer n.º 42/2002, de 30/10/2002, da PGR este entendimento é sublinhado: "no ordenamento jurídico português não há qualquer confusão entre a adjudicação e a celebração do contrato administrativo. (...) A adjudicação é um acto administrativo...".

[794] Vide neste sentido, entre outros, RAMON PARADA, Derecho Administrativo, 16.ª Ed., Vol. I, cit., p. 279; GARCIA ENTERRIA/RAMÓN FERNÁNDEZ, Curso..., I, cit., p. 721; COSCUELLA MONTANER, Manual de Derecho Administrativo, 12.ª Ed., Civitas, Madrid, 2001, p. 405; MANUEL REBOLLO PUIG, La Invalidez de los Contratos Administrativos, in Estudios sobre Contratacion en la Administración Pública, Comares, 1996, p. 395; CATALINA ESCUIN PALOP, Curso de Derecho Administrativo, Tirant, Madrid, 2.ª Ed., 2004, p. 614.
Também a jurisprudência não deixa de sustentar este entendimento: vide, entre outros, STS de 13/12/1995 (P. n.º 4705/1991), in RJ 1995/8999.

[795] Neste sentido, CERULLI IRELLI, Manual..., cit., p. 646; DOMENICO CARBONARA, I Contratti..., cit., p. 135. Na jurisprudência, vide exemplificativamente Corte Conti 14/4/1988 (n. 1930); Cass. 17/6/1991 (n. 6846); Consiglio di Stato, sez. IV, 7/9/2000 (n. 4722). Mas já ALDO SANDULLI entende que o "aperfeiçoamento do sinalagma (de direito civil) entre ele [adjudicatário] e a Administração (...) surge apenas com o acto sucessivo do órgão dotado de competência deliberativa, qualificado a verificar a regularidade e legitimidade do processo de adjudicação", (in Manuale..., I, cit., p. 744).

[796] No direito espanhol, existe norma expressa – o artigo 27.º da LSCP – a consagrar a adjudicação como momento de perfeição do contrato. Esta norma é usada como argumento para uma concepção dos contratos públicos como resultando, não do acordo de vontades, mas de um acto unilateral, se bem que carecido de aceitação. Parece tratar-se da recuperação da tese germânica de contrato como acto administrativo carecido de aceitação. Sustentando actualmente esta tese sobre a natureza jurídica dos contratos públicos (ou contratos administrativos), vide, na doutrina espanhola, BERNARD-FRANK MACERA, De Nuevo Sobre la Quaestio Disputata de la Naturaleza de los Contratos Públicos en el Derecho Español (Breve Repaso a la Tesis de su Naturaleza Unilateral en el Momento Constitutivo), V Congreso Luso-Hispano..., cit., ("o contrato público não é senão um acto administrativo unilateral na sua emissão, necessitando de prévia aceitação e contratual nos seus efeitos"), JOSÉ LUIS MARTÍNEZ LÓPEZ-MUÑIZ, La Causa de los Contratos Públicos, V Congreso Luso--Hispano..., cit., ("o comum dos contratos públicos (...) não se constitui, no nosso entender, pelo consentimento das partes, como é regra em direito privado, mas por acto administrativo unilateral da Administração adjudicadora, ainda que condicionado pela prévia expressão pela parte adjudicatária da sua vontade de ser parte no contrato..., o que inclui frequentemente a oferta de algum ou alguns dos elementos do contrato que se deseja celebrar". A aceitação é requisito de validade do acto administrativo constitutivo do contrato.

que os vícios da adjudicação são vícios do contrato. Assim, entre nós, os vícios da adjudicação não coincidem *quale tale* com os vícios do contrato, uma vez que existe autonomia entre os dois actos jurídicos. Por isso também se justifica a nossa sistematização das causas de invalidade.

131. Como já se deu conta, para o efeito de analisar a validade do contrato administrativo, faz sentido autonomizar os vícios que resultam para a adjudicação das desconformidades de actos no procedimento concursal daqueles que resultam de vícios por específicas razões da adjudicação. Esta não deixa de ser inválida por todas as razões que *supra* tentamos demonstrar. Pode no entanto e ainda ser inválida por razões que lhe estão especialmente ligadas.

São precisamente estas razões que nos ocuparão agora. Seguindo a metodologia que estabelecemos, em primeiro lugar vamos tentar fixar quais serão essas razões para posteriormente analisar o efeito invalidante na adjudicação e no contrato.

4.2.2. *Das causas procedimentais – recensão*

132. Sendo a adjudicação um acto administrativo, os seus vícios podem resultar do procedimento que conduz à sua emanação. Os vícios de natureza procedimental e formal redundarão em vícios que poderão ou não causar invalidade derivada para o contrato.

Desde logo, viciam a adjudicação os actos do procedimento cujos autores não sejam competentes ou que padeçam de vício grave quanto ao sujeito.

Também constitui vício da adjudicação a escolha indevida de procedimento de escolha de co-contratante que não o concurso público: não só a escolha com violação do critério do valor, mas também a infundamentada ou inexistente escolha de procedimento pelas razões de interesse público que a lei estabelece. A gradação do vício é que pode variar.

Ainda no contexto da decisão de contratar, a indevida, ilegal criação de critérios de adjudicação, para além do que resulta da lei, inquina a adjudicação. Constituirá uma invalidade de conteúdo porém se o critério de adjudicação respeitar às qualidades do contratante ou ao conteúdo da proposta se o adjudicatário ou a proposta reflectirem precisamente o critério ilegal. Ao invés, se o critério indevido não se reflectir no adjudicatário, nem tiver influenciado de modo substancial a escolha do parceiro contratual da Administração, tal criação poderá inclusive redundar em irregularidade da adjudicação e nem sequer afectar o contrato. Tratar-se-á de vícios que têm origem na deliberação, reflectem-se na adjudicação e poderão vir a afectar o contrato. Esta questão é diferente daquela em que, em sede de iter procedimental, o órgão incumbido da análise das propostas, cria indevidamente sub-factores. Quando sucede esta última hipótese, há um vício próprio da adjudicação, que já não radica na deliberação.

Dos actos procedimentais que geram invalidade formal para a adjudicação, apenas terão relevância os que, sendo suficientemente graves, inquinam o cerne do procedimento. Ora, nestas situações, haverá que ponderar de que modo o contrato é afectado. Desde logo, os impedimentos de membros do júri podem redundar num vício procedimental da adjudicação e, por essa via, afectar o contrato. Já o impedimento de quem nomeia o órgão normalmente será irrelevante para o contrato.

Uma das situações mais comuns tratadas pela jurisprudência e geradoras de invalidade derivada para o contrato é precisamente a criação indevida, fora dos circunstancialismos que a lei permite, de sub-factores para a avaliação das propostas. Porque tal actuação compromete o princípio da estabilidade do concurso e a confiança dos oponentes nas regras de actuação que a própria Administração estabeleceu e se comprometeu a cumprir, o contrato será afectado na sua validade.

A falta de audiência dos concorrentes prévia à emanação da adjudicação também gerará invalidade desta. Só constituirá contudo causa de invalidade derivada para o contrato se tiverem manifestamente sido afectados os interesses que subjazem à obrigação de audiência.

Já quanto à falta, insuficiência ou ilegalidade da fundamentação da adjudicação, parece-nos inequivocamente que o contrato é contaminado. Sendo a adjudicação o acto que permite saber qual é o parceiro e a respectiva proposta da Administração, não conhecer devidamente as razões e motivos da Administração, não poder reconstituir o raciocínio de actuação da Administração, parece-nos da maior gravidade.

4.2.3. *Das causas específicas*

133. Estamos a dissecar uma parte muito específica do acto de adjudicação e para o efeito vamos partir do pressuposto que até esta decisão todo o procedimento seguiu os trâmites devidos. O procedimento concursal seguiu todas as fases e requisitos estabelecidos na lei e encontramo-nos

no momento em que a entidade adjudicante se prepara para praticar o acto de adjudicação.

Colocam-se aqui as mesmas questões sobre competência, funcionamento de órgãos colegiais e de impedimentos. No âmbito do CCP, a entidade adjudicante é o *"órgão competente para a decisão de contratar"*[797]. Portanto, se a adjudicação provier de órgão incompetente, a adjudicação encontra-se viciada gerando a anulabilidade da mesma, o mesmo sucedendo se o órgão em causa se encontrar em situação de impedimento[798]. Tratando-se de órgão colegial, não tendo sido observadas as regras de funcionamento, a deliberação poderá ser nula[799]. À partida poderia pensar-se ser esta uma situação geradora de invalidade derivada para o contrato. Todavia, existindo identidade entre quem delibera e quem contrata, apenas será relevante, na nossa perspectiva, a invalidade própria[800]. Sendo a mesma entidade, a manter-se o vício, entendemos tratar-se de uma causa de invalidade própria do contrato que incide sobre a parte pública contratual. Se o vício tiver sido ultrapassado, quer por superveniência legal de atribuições ou competência, ou por intervenção ratificadora do órgão competente, poderia pensar-se em hipótese de invalidade derivada (por existir vício ao tempo da emanação da adjudicação). Contudo, não entendemos ser razoável sustentar a invalidade do contrato numa situação em que o vício inicial já não se mantém. A solução da invalidade seria demasiado positivista e injustificada face aos princípios da proporcionalidade e protecção da confiança. Seria mesmo inútil. Quanto aos impedimentos, a questão pode não ser tão facilmente resolúvel, porque o impedimento do órgão pode influenciar o conteúdo da adjudicação.

134. À parte as razões da regularidade da actuação do ente público, uma das mais pertinentes questões, e que já era abordada na legislação revogada[801], e que está agora disciplinada no artigo 71.º, prende-se com a

---

[797] Cfr. o disposto no n.º 1 do artigo 73.º

[798] Será extraordinariamente difícil encontrar na prática uma situação de falta de atribuições. No entanto, se tal suceder, a adjudicação seria nula nos termos da lei (cfr. o disposto na alínea a) do n.º 2 do artigo 133.º do CPA).

[799] Pensamos na hipótese da reunião ser tumultuosa, com falta de quórum, etc.

[800] Poderá eventualmente ter relevância a invalidade derivada se já não for possível a arguição da invalidade própria ou o leque de legitimados não incluir um interessado na invalidade própria.

[801] Cfr. o que se dispunha no n.º 2 do artigo 105.º e no n.º 4 do artigo 55.º dos diplomas revogados.

apresentação de uma proposta com preço "anormalmente baixo". A ideia principal é a de que tal proposta não poderá ser afastada sem antes se diligenciarem os esclarecimentos para ainda poder eventualmente aproveitá--la[802]. No artigo 71.°, o legislador optou por fixar uma percentagem sobre o que seja preço anormalmente baixo, quando o preço base do procedimento for fixado no caderno de encargos, diferenciando em função do tipo de contrato. Caso o caderno de encargos não fixe o preço base nem qualquer outro documento do procedimento o faça, o conceito será integrado, de forma fundamentada, pelo órgão competente para a decisão de contratar. Ora, continua a caber ao concorrente, mediante solicitação da Administração, justificar o preço apresentado que pode passar pela "economia do processo", "soluções técnicas", "originalidade", "específicas condições", "auxílio de Estado"[803].

Esta ideia de aproveitamento deve também conciliar-se com a necessidade de não correr "graves riscos, nomeadamente em termos de continuidade do contrato, pela dificuldade ou impossibilidade da execução empresarial do acto ou contrato com preços" anormalmente baixos[804]. O Acórdão do STA de 03/03/2004 (P. n.° 110/04) debruçou-se sobre esta questão a propósito do âmbito do artigo 55.° do RJDP: "o Preço global da proposta, por razões que se prendem, fundamentalmente, com o acautelamento dos riscos corridos pela Administração na continuidade da execução do contrato" e não os preços parcelares. A lei em vigor estabelece as circunstâncias que a Administração pode aduzir para objectivamente afastar propostas com o preço anormalmente baixo: economia do método

---

[802] R. GALLI/D. GALLI apresentam como causas possíveis para o surgimento de propostas desta natureza a "concorrência desesperada entre empresas, devido ao aumento de sujeitos a operar no sector, a ampla participação nos concursos..., a exigência, para as empresas, de conseguir o maior número possível de obras públicas, a qualquer que seja o preço, uma vez que o volume de negócios é requisito exigido, em regra, nos procedimentos concursais", (in Corso..., cit., p. 1271).

O Consiglio di Stato italiano entende existir a este propósito um "sub-procedimento tendo, formalmente, uma precisa e distinta relevância face ao procedimento de «evidenza pubblica» dirigido à adjudicação (...), e é decidido com determinação expressa – fundamentada também *per relationem* às justificações validamente fornecidas pelo proponente – que contenha uma valoração positiva da justificação da proposta controlada" (in sez. VI, 3/4/2002 (n. 1853) apud DOMENICO CARBONARA, *I Contratti*..., cit., p. 123).

[803] Cfr. o disposto no n.° 4 do artigo 71.°
[804] MÁRIO ESTEVES DE OLIVEIRA/RODRIGO ESTEVES DE OLIVEIRA, *Concursos*..., cit., pp. 429 e 430.

de serviço ou processo de fabrico, soluções técnicas escolhidas, condições excepcionais ao dispor do concorrente, originalidade do projecto[805]. O funcionamento destas razões é contudo distinto do da lei revogada. Foi consagrado aqui o exercício vinculado de um poder que, a não ser observado, gerará um vício de violação de lei. Na legislação agora revogada, se não se pedissem os esclarecimentos que a lei impunha e, sem mais se excluísse a proposta com preço anormalmente baixo, violava a entidade competente um requisito da apreciação das propostas que inquinava o conteúdo da adjudicação. Tratava-se de um vício formal: o ente público não cumpria o requisito de pedir os esclarecimentos. O que ficava por responder é se, tivessem sido pedidos, se se modificaria a decisão adjudicatória. Referindo-se a elemento essencial do contrato, a invalidade formal aqui não deveria ser ultrapassada, embora se tratasse de uma invalidade derivada. Também se, pedidos os esclarecimentos, a adjudicação se fizesse a proposta com preço anormalmente baixo e não se verificasse nenhuma das circunstâncias que a lei mandava considerar para o efeito, existia um erro nos pressupostos de facto que igualmente invalidava a adjudicação[806]. Esta é razão que se verificava em especiais circunstâncias das propostas e no momento decisivo de escolha do adjudicatário. E como era questão relacionada com o conteúdo das propostas e, em particular, com a cláusula do preço, conteúdo principal do contrato, um vício na adjudicação a este propósito não deixaria de se reflectir no contrato como invalidade própria[807].

Este é apenas um dos dados da questão. Quanto à integração das razões justificativas da aceitação ou não de uma proposta com preço anormalmente baixo, parece que o legislador consagrou áreas de discricionariedade[808]. NADIA BECCATI, ao debruçar-se sobre esta questão no direito

---

[805] Cfr. o disposto no n.º 4 do artigo 71.º do CCP.

[806] A alínea f) do n.º 1 do artigo 107.º prevê a hipótese como fundamento de não adjudicação.

[807] Continua a manter-se. Cfr. o disposto nos artigos 70.º e 71.º do CCP (obrigação de pedir esclarecimentos).

[808] NADIA BECCATI informa que "o procedimento de verificação das ofertas anormalmente baixas constitui expressão de um poder de natureza técnico-discricionária de per si insindicável, excepção feita às hipóteses em que o juízo expresso se apresenta manifestamente ilógico ou esteja insuficientemente fundamentado". Suporta o entendimento em jurisprudência do Conselho de Estado italiano (Consiglio di Stato, V, n.º 2517, de 4/5/2001 e n.º 5497, de 11/10/2002), (in Le Offerte Anormalmente Bassi negli Appalti Pubblici di

italiano, sublinhou que a regra da escolha da proposta economicamente mais vantajosa se destina a salvaguardar os princípios da imparcialidade e boa fé, constitucionalmente fundados no artigo 97.º da Constituição Italiana. Ao reconhecer o exercício de poderes discricionários na matéria, a A. sublinha que o legislador italiano, prudentemente, fixou limites vinculados a tais poderes[809]. Constituindo o preço um elemento fundamental neste tipo de contratos, as cautelas legais destinam-se a "evitar que um excesso de concorrência induza os concorrentes a formular propostas não remuneradas para obter a adjudicação com a dupla consequência negativa de expor a risco a própria prestação do serviço ou torná-la particularmente gravosa"[810]. De igual modo, uma sentença mais recente do Consiglio di Stato[811] debruçou-se sobre a "proposta anormal no procedimento de adjudicação de obras públicas". Em comentário à referida prolação judicial, FILIPPO DI CAMILLO sublinha os riscos para a Administração Pública e para a prossecução do interesse público quando surgem propostas com preços anormalmente baixos: "risco de irregular execução dos contratos, atrasos, variações no curso da obra, aumento dos custos inicialmente previstos"[812]. Entre nós, não existem propriamente limites específicos ao exercício de poderes discricionários para além dos limites gerais da actividade discricionária. Portanto, ao juiz cabe apenas averiguar *se* os esclarecimentos foram dados, quando a lei o impõe, mas não lhe permite refazer o juízo administrativo. Daí que haja sempre uma invalidade.

135. Verificada a adjudicação, previa a lei a possibilidade de "alteração da proposta" nos procedimentos que tivessem admitido propostas

---

Bene e Servizi: Orientamenti Giurisprudenziali, www.diritto.it, 2004). O mesmo entendimento é sufragado por DOMENICO CARBONARA, apoiando-se igualmente em jurisprudência (T.A.R. Puglia, sez. I, 22/1/2000 (n. 276) e Consiglio di Stato, sez. V, 7/3/2003 (n. 642), (*in I Contratti...*, cit., p. 123).

[809] Constantes dos artigos 19.º, n.º 4 do DL 358/92 e 25.º, n.º 3 do DL 157/95.
[810] *In Le Offerte...*, cit.
[811] Sentença n.º 435, de 14 de Fevereiro de 2005, da Secção IV, colhida em www.diritto.it.
[812] *In Consiglio di Stato, Sez. IV, 14 Febbraio 2005, N. 435: Una Riflessione sulle Offerte Anomale Nelle Procedure di Aggiudicazione dei Pubblici Appalti*, in www.diritto.it.
Também R. GALLI/D. GALLI sublinham estes riscos (*in Corso...*, cit., 2001, pp. 1271 e ss.; 2004, p. 1446).

condicionadas ou projectos ou variantes da autoria dos concorrentes[813]. Mas a hipótese circunscrevia-se às condições taxativamente previstas no normativo. Como se tratava de negociação pós-adjudicatória, o seu tratamento tinha cabimento no ponto das causas de invalidade própria.

136. Importa também analisar as circunstâncias em que a entidade adjudicante não pode adjudicar. Rege a este propósito o artigo 79.° do CCP[814].

Ao abrigo dos diplomas das empreitadas e outros contratos, existiam três razões relacionadas com o conteúdo das propostas que fundamentavam uma não adjudicação ou melhor uma obrigação de não adjudicação: preço – muito alto ou muito baixo – e conveniência das variantes. As restantes relacionavam-se com questões supervenientes ou tutela da legalidade face ao conluio de concorrentes. Existiam ainda razões que podiam ditar a interrupção do concurso. Nesta hipótese parecia-nos que não estava em causa uma não adjudicação[815].

Nos termos do que dispõe o artigo 79.°, as razões que ditam a não adjudicação, concebido como dever, podem dividir-se num primeiro momento em dois grupos: o conjunto de hipóteses comuns a todos os contratos e as causas específicas de tipos contratuais[816].

---

[813] Cfr. o que se dispunha no artigo 106.° do RJEOP.

[814] Cfr. o que se dispunha no artigo 107.° do RJEOP e 57.° do RJDP.

[815] São as situações em que a entidade adjudicant decidiu "adiar a execução da obra pelo prazo mínimo de um ano".

[816] No RJDP, o artigo 57.° regulava a matéria de forma mais circunscrita. Neste diploma, o legislador optava por criar uma outra distinção. Além das situações em que proibia a adjudicação, existia também a possibilidade de ser anulado o procedimento nos termos do artigo 58.° Estavam elencadas hipóteses que, no RJEOP, caíam na hipótese de interrupção do procedimento ou em não adjudicação. Compare-se a hipótese da alínea a) do n.° 1 do artigo 58.° com a alínea d) do n.° 1 do artigo 107.° do RJEOP. Desde logo, o legislador não optava por impor um dever de não adjudicação, parecendo antes ter consagrado hipóteses de impossibilidade jurídica de adjudicação. O que a confirmar-se implicava que, ocorrendo uma adjudicação nas circunstâncias aí descritas, o acto adjudicatório seria nulo por violação de norma que consagrava uma impossibilidade jurídica – o acto teria um conteúdo juridicamente impossível. A primeira causa de não adjudicação conferia amplos poderes discricionários de decisão à Administração ao estabelecer o critério da inaceitabilidade das propostas para a entidade que autorizava a despesa. A segunda era a de tutelar a legalidade ao impedir a adjudicação quando existia suspeita de conluio entre os concorrentes ligado à proibição de práticas concorrenciais restritivas. Ora uma das possíveis práticas censuráveis seria o acordo para apresentar propostas com preços desproporcionados.

No primeiro caso, incluem-se razões procedimentais que inviabilizam de facto a adjudicação como são os casos previstos nas alíneas a) e b): *"Nenhum candidato se haja apresentado ou nenhum concorrente haja apresentado proposta; b) Todas as candidaturas ou todas as propostas tenham sido excluídas"*. Se houvesse uma adjudicação, ela só poderia ser interpretada como um acto completamente desprovido de procedimento, numa espécie de "ajuste directo" *sui generis* que conduziria à nulidade do contrato se este viesse a ser outorgado.

Estão igualmente previstas situações que se prendem com a necessidade de tutela adequada do interesse público ao nível da imprevisão e dos aspectos fundamentais das peças do procedimento, nos termos do que dispõe a alínea c), e com factos supervenientes que *"alterem os pressupostos da decisão de contratar"*. Estas duas hipóteses, que integram típicos poderes discricionários quanto à previsão, já estavam considerados na legislação anterior, se bem que explicitados em moldes diferentes.

A hipótese do preço consideravelmente superior que antes estava expressamente prevista e que o STA amiúde considerava exemplificativa da área de poderes discricionários[817], não aparece no novo código. Há apenas a menção ao *"preço contratual... manifestamente desproporcionado"* e a propósito do ajuste directo, sendo que o legislador limitou a hipótese às situações de convite a uma única entidade e à circunstância de não ter sido fixado o preço no caderno de encargos[818].

---

[817] Vide o sumário do Acórdão de 19/11/2003 (P. n.º 1431/03): "não é de acolher um critério totalmente quantitativo, que transforme o conceito indeterminado "valor consideravelmente superior ao preço base" numa percentagem fixa, válida para todas as obras e em todas as circunstâncias". O Tribunal alude a jurisprudência do Tribunal de Contas, afastando a possibilidade de fixar o conteúdo do conceito relativamente indeterminado num conceito fixo, até porque a análise casuística permite impedir "com mais eficácia um possível conluio entre os proponentes.

"Dada a redacção do preceito – "o dono da obra não pode adjudicar" – face à anterior redacção – referindo-se ao "direito de não adjudicação" – a decisão de não adjudicação da empreitada, com o referido fundamento, não é discricionária, mas vinculada a um pressuposto indeterminado. IV – A indeterminação do referido pressuposto não radica exclusivamente na especificidade técnica do julgamento dos factos (discricionariedade técnica), mas sobretudo na sua qualificação jurídica, sendo, assim, sindicável pelos Tribunais Administrativos, com o âmbito decorrente das especificidades típicas dos juízos valorativos ou estimativos, sindicando-se, portanto, a adequação da qualificação jurídica da base factual do acto", (Acórdão do STA de 19/11/2003, P. n.º 1431/03).

[818] Cfr. o disposto na alínea e) do n.º 1 do artigo 79.º

As hipóteses de surgir uma adjudicação inválida por estes motivos são reconduzidas a situações de incumprimento destes deveres. O tipo de vício será em regra quanto ao conteúdo da adjudicação, o que aponta para vícios de invalidade própria[819].

Não se trata portanto das mesmas razões, nem, mais importante, da criação de uma obrigação de não adjudicação, pelo menos nos mesmos termos e com a mesma configuração que o regime revogado estabelecia. Contudo, o importante é verificar como se projecta (se tal sucede) o incumprimento destas imposições no contrato, vindo a este a ser celebrado. Parece-nos difícil que haja adjudicação se todas as propostas tiverem sido excluídas. Só se a Administração adjudicar a proposta que nem sequer entrou no procedimento, caso em que temos é o incumprimento grosseiro de todas as directrizes que impõem um determinado procedimento, devendo a questão ser tratada à luz de tal problemática. Porque não se compreenderá que, numa lógica subvertida de acção conforme ao Direito, a Administração exclua uma proposta (e as demais) e depois lhe adjudique o contrato. Porque se a intenção "fraudulenta" era essa, melhor seria não excluir a referida proposta – ainda que o tenha sido devidamente. Quanto às possibilidades previstas nas alíneas b) e c) do n.º 1, está em causa o exercício de poderes discricionários por parte da Administração. Esta tem de densificar as cláusulas de *"circunstâncias imprevistas"*, *"aspectos fundamentais das peças do procedimento"*, *"circunstâncias supervenientes"* e *"manifesto interesse público"*. Trata-se do exercício típico da função administrativa. A questão mais relevante que se coloca nesta sede é saber o que sucede ao contrato quando a Administração preenche mal estes conceitos. Isto é, adjudica apesar de existirem circunstâncias imprevistas relativas a aspectos fundamentais das peças do procedimento porque entendeu que não se tratava de aspectos fundamentais. Ou, ter sido entendido que não havia "manifesto interesse público" que justificava, face às circunstâncias supervenientes, não adjudicar e deu-se a adjudicação. Nestas hipó-

---

[819] O artigo prossegue: *"2 – A decisão de não adjudicação, bem como os respectivos fundamentos, deve ser notificada a todos os concorrentes. 3 – No caso da alínea b) do n.º 1, é obrigatório dar início a um novo procedimento no prazo de seis meses a contar da data da notificação da decisão de não adjudicação. 4 – Quando o órgão competente para a decisão de contratar decida não adjudicar com fundamento no disposto nas alíneas b) e c) do n.º 1, deve indemnizar os concorrentes, cujas propostas não tenham sido excluídas, pelos encargos em que comprovadamente incorreram com a elaboração das respectivas propostas".*

teses, existe um erro sobre os pressupostos de facto que invalidam a adjudicação. A questão é saber como esta invalidade se reflecte no contrato. À primeira vista, parece tratar-se de uma invalidade derivada pois relaciona-se com as condições de emanação da adjudicação. Contudo, sempre que tais condições bulam com aspectos do conteúdo do contrato, em particular quando os aspectos das peças do procedimento, onde se inclui o caderno de encargos que contém as cláusulas do contrato, se relacionem com o conteúdo do contrato, a questão passa a ser de invalidade própria, com causa comum à adjudicação.

Já a previsão da alínea e) gerará, em caso de incumprimento, isto é, se houver adjudicação à proposta com preço manifestamente desproporcionado, uma invalidade própria do contrato pois será um dos elementos fundamentais do conteúdo do mesmo que está em causa: o preço.

Por último, na hipótese de adjudicação, em diálogo concorrencial, a proposta que não satisfaça as exigências e necessidades da entidade adjudicante, haverá o incumprimento genérico da prossecução do interesse público, manifestando-se tal incumprimento também no contrato. Inclinámo-nos portanto para o entendimento de que também será uma causa de invalidade própria e que ditará a nulidade total do contrato. O contrato acaba por não prosseguir o interesse público.

137. Uma questão que se colocava era a de saber se à luz da legislação revogada, a Administração podia, no programa do concurso, incluir uma reserva de não adjudicação. No Acórdão do STA de 04/02/2004 (P. n.º 2/04), o Tribunal sustentou que o elenco do artigo 107.º do RJEOP não era taxativo "porque o propósito desta norma foi a protecção interesse público teremos de considerar que tal descrição é meramente exemplificativa o que vale por dizer que não está excluída a possibilidade de a Administração, noutras circunstâncias igualmente prejudiciais do interesse público, não proceder à adjudicação, a não ser que, como se disse, haja norma expressa que a tal proíba" e mais adiante disse: "estando em causa a realização do interesse público e inexistindo proibição expressa que impeça a Administração de não adjudicar uma obra posta a concurso nada impede que ela – verificado o erro, a sua prejudicialidade e a possibilidade legal da sua correcção – tome as iniciativas que melhor salvaguardem esse interesse, designadamente através da não adjudicação da empreitada ou da interrupção, temporária ou definitiva, do procedimento concursal, tanto mais quanto é certo que muito embora a actividade da Administração, em sede de concursos públicos, se desenvolva no domínio de poderes vin-

culados não quer significar que não goze de uma certa margem de discricionariedade na conformação do procedimento concursal e que esta, por principio e na ausência de norma expressa impeditiva, não lhe permita interrompê-lo sempre que o interesse público o exigir. É que se – como se decidiu no Pleno deste Tribunal – a autovinculação não impede que "a Administração não prescinda da apreciação casuística ou da ponderação específica das situações, assim gozando da faculdade de deferir ou indeferir total ou parcialmente os pedidos face às circunstâncias concretas de cada caso" – Acórdão (P) de 15/1/97, rec. 32 758 – por maioria de razão esta apreciação casuística deve ser aceite quando, havendo vinculação legal, inexista norma expressa que impeça determinada decisão. A não se entender deste modo seríamos forçados a concluir que o interesse prevalente nesses concursos era o interesse particular e, por isso, que os mesmos se destinavam à satisfação do interesse dos concorrentes e não à realização do interesse da Administração. O que é inaceitável". Mas recentemente, o mesmo Tribunal sublinhou que "inexiste, hoje, norma jurídica que, em geral, atribua à Administração o poder de, por sua iniciativa, reservar no programa ou no aviso de concurso que resolveu abrir, o direito a não efectuar a adjudicação – como acontecia na vigência do DL 55/95, de 29-03", considerando "ilegal por violação do princípio da legalidade..., a cláusula inserta no edital" e, por consequência, anulável a decisão de não adjudicação"[820]. Claro que aqui, funcionando a cláusula, não há contrato subsequente.

138. O artigo 56.º do RJDP elencava três situações que podiam conduzir a anulação da adjudicação. O objectivo do legislador era compreensível mas já não o era *nomen iuris* que optou. Parecia tratar-se de situações em que a adjudicação é anulável e o normativo como que estabeleceria a anulação *ope legis*. Contudo, se analisássemos detalhadamente as hipóteses verificaríamos que não era efectivamente a realidade. As três situações reconduziam-se ao incumprimento de obrigações do adjudicatário subsequentes à adjudicação e nada tinham a ver com a validade daquela. Em rigor, o legislador queria consagrar situações de ineficácia da adjudicação por incumprimento de encargos do adjudicatário e não de invalidade. Até porque o corpo do n.º 1 do referido normativo apontava directamente para a referida ineficácia ao estabelecer que a *"adjudicação considera-se*

---

[820] *Vide* Acórdão do STA de 7/07/2005 (P. n.º 352/04).

sem efeito"[821]. Além da ineficácia da adjudicação, estas três situações legitimavam a adjudicação ao segundo classificado. Nestas hipóteses podiam ter algum efeito importante aquelas situações de admissão ilegal de concorrentes e propostas que não tinham sido classificados em primeiro lugar. Este normativo abria uma expectativa jurídica aos segundos classificados. Se tal situação ocorresse – o segundo classificado era um concorrente ilegalmente admitido ou tem uma proposta ilegalmente admitida – para a primeira adjudicação tal não constituía facto invalidante; mas já seria de equacionar se passava a ser o adjudicatário. Caso em que se devia ponderar se a lei permitia que se passasse ao terceiro classificado. À primeira vista não deveria ser assim, tudo se devendo passar como se o primeiro classificado fosse o concorrente ou proposta ilegalmente admitidos.

A primeira das situações que a lei aludia referia-se à obrigação de entregar prova de declarações. Não se trata, sublinhamos, de agora se verificar a declaração mas sim de a comprovar. Até porque o facto que gerava a *"anulação da adjudicação"* era a não entrega da prova[822]. Também conduzia a esta situação a não prestação da caução e a não comparência do adjudicatário à outorga do contrato. As consequências destas questões serão *infra* abordadas aquando da análise do procedimento contratual.

No CCP, as situações de falta de entrega dos documentos de habilitação no prazo estabelecido ou a sua entrega em língua que não a portuguesa ou sem a correspondente tradução como exige o preceituado no artigo 86.º dão lugar à caducidade da adjudicação. A alteração operada quanto à consequência gerada pelo incumprimento do dever é de louvar pois é a que mais sentido faz no âmbito respectivo do regime jurídico[823]. Trata-se de situações de incumprimento de deveres associados a prazos (caducidade em sentido estrito). Claro que é necessário equacionar, na perspectiva da validade do contrato, como se reflecte a caducidade do acto de adjudicação.

---

[821] A hipótese de não prestação da caução em tempo por facto imputável ao adjudicatário conduzia a uma situação de ineficácia no RJEOP – cfr. o que se dispunha no artigo 111.º

[822] Cfr. o disposto na alínea a) do n.º 1 do artigo 56.º

[823] São também situações geradoras de caducidade da adjudicação a apresentação de documentos falsos, a prestação de falsas declarações (artigo 87.º), a falta de prestação de caução no tempo e termos prescritos (artigo 91.º), a não confirmação de compromissos (artigo 93.º) e a não comparência para outorga contratual (artigo 105.º). Todas as hipóteses de caducidade incluem o dever de adjudicação ao segundo classificado na lista elaborada pelo júri (cfr. o disposto nos n.ºs 2 dos artigos 86.º, 87.º, 91.º, 93.º e 105.º).

4.2.4. *Síntese*

139. Nas hipóteses de a adjudicação ser nula ou anulável por vícios quanto ao sujeito, entendemos que qualquer que seja a repercussão para o contrato deverá ser entendida como causa de invalidade derivada. Claro que se a entidade adjudicante for a entidade que é parte no contrato, se não for competente ou se estiver em situação de impedimento, tais situações contaminariam o contrato. Contudo, dada a identidade entre quem adjudica e quem outorga, o vício do contrato será próprio (quanto ao sujeito contratante) e por causa de invalidade derivada. Ou seja, ainda que haja uma invalidade da própria adjudicação que parece contaminar o contrato, a causa própria ganha relevo, perdendo importância a invalidade derivada. No âmbito do CCP, será este o cenário.

Quanto às situações em que a Administração não adjudica de acordo com a lei mas não cumpre o dever de fundamentação, gera-se um vício de forma, por falta de fundamentação na adjudicação, que a torna anulável[824]. Nesta hipótese não se coloca a questão da influência no contrato porque não se segue nenhum.

As demais situações apontam para situações de vícios comuns: todos os que forem relativos ao conteúdo da adjudicação, são inequivocamente também do contrato.

---

[824] Aplica-se a regra do artigo 135.º do CPA.

5. DAS CAUSAS DE INVALIDADE PRÓPRIA

5.1. Das causas comuns à decisão de contratar

5.1.1. *Do objecto*

140. As primeiras causas de invalidade própria do contrato respeitam ao objecto sobre que incide o contrato. Este é um dado que já se encontra definido na decisão de contratar. Por conseguinte, o problema da validade coloca-se ainda antes da adjudicação e existindo esta, é um dado que percorre todo o procedimento e é comum à adjudicação e ao contrato. Veja-se a situação material subjacente ao contrato de aterro sanitário nas Terras de Santa Maria, que o STA decidiu ser nulo[825]. Já a decisão de contratar com privados a gestão do sistema é nula na nossa perspectiva por impossibilidade legal do objecto e não por violação de norma imperativa[826]. A verdade é que a ilegalidade por impossibilidade jurídica do objecto resulta sempre de norma imperativa e nessa medida um acto que viole a proibição viola norma imperativa. Se a justificação normativa fosse essa, qualquer vício resultaria da violação de norma imperativa. A nulidade do contrato resulta do facto de o objecto do contrato ser o mesmo da decisão de contratar. A invalidade do contrato resulta da ilegalidade de um dos seus elementos definidores e não sobrevém por causa de invalidade de acto em que se baseou o contrato. O que releva é o vício próprio do contrato[827]. Ainda que a decisão de contratar não fosse tão elaborada pelas

---

[825] Trata-se do Acórdão do STA de 21/09/2004 (P. n.º 47 638).
[826] Mesmo à luz do texto em vigor do artigo 185.º do CPA ao tempo. Não deixa contudo de ser verdade que a lei que vedava o sector era norma imperativa.
[827] Afastamo-nos claramente da posição assumida por MARCELO REBELO DE SOUSA/ /ANDRÉ SALGADO MATOS quando os AA., a propósito dos "pressupostos da celebração do contrato", onde se deve ter por incluído o objecto do contrato, expressamente sustentam a

razões de interesse público, o contrato sempre seria nulo porque o *quid* sobre que versa era, ao tempo, impossível juridicamente.

Idêntica situação foi tratada pelo Parecer n.º 11/1994, de 21/06/1994, do Conselho Consultivo da Procuradoria, a propósito da concepção, construção, financiamento e exploração, por um período de 15 anos, de uma estação de tratamento de resíduos sólidos por incineração. Uma das questões tratadas prendia-se precisamente com o objecto do contrato administrativo a celebrar porque, ao tempo, a Lei de Delimitação dos Sectores vedava o acesso a privados a este tipo de actividade. Ora, pode ler-se na 7.ª conclusão do referido Parecer: "os actos administrativos praticados com vista à abertura e ao desenvolvimento do concurso público violaram o princípio da legalidade, por virtude da impossibilidade jurídica do respectivo objecto, do que resultou a invalidade dos mesmos, com a consequente nulidade do concurso". E mais adiante, na 14.ª conclusão, sustenta-se que "se vier a ser celebrado contrato de concessão, em contradição com normas imperativas... o mesmo será nulo". Trata-se novamente de uma invalidade que afectava *ab initio* toda a relação jurídica administrativa, mas que não deixava de constituir uma invalidade própria do contrato porque incidia sobre o seu objecto.

141. A propósito da autorização para contratar, é ainda possível ilustrar uma situação material em que este acto, sem qualquer dimensão financeira, por ser inválido, decididamente influenciou a validade do contrato subsequentemente celebrado. Não a propósito da legitimidade para agir mas porque define as características do co-contratante. Constitui portanto um vício do próprio contrato com causa na autorização. O Conselho Consultivo da Procuradoria Geral da República foi chamado a pronunciar-se sobre um acordo celebrado entre o Estado, através do Secretário de Estado da Administração Interna, com a Prevenção Rodoviária Portuguesa e a Associação do Comércio Automóvel de Portugal, para a fiscalização por estas entidades das actividades de inspecção de veículos e exames de con-

---

invalidade derivada para o contrato, em caso de falta dos referidos pressupostos (*in Contratos Públicos...*, cit., p. 128). Esta posição conduziria a considerar residuais os vícios próprios do contrato, pois tudo acabaria por ser determinado nos actos do procedimento. O que aliás os AA. exprimem, equacionando a hipótese de o contrato ser, "na prática, um mero acto de execução do acto administrativo de escolha do co-contratante (*in Contratos Públicos...*, cit., pp. 127-128). Ora, entendemos que essa não é a melhor ponderação jurídica da situação, atentos os interesses públicos e privados presentes.

dução[828]. Pronunciou-se pela invalidade do negócio realizado, em virtude de a autorização de contratar que o precedeu enfermar de vício de violação de lei – "por permitir a contratação com entidades que não reúnem o requisito de «não prosseguirem fins lucrativos»[829] – e de vício de forma porque terão faltado um parecer e uma proposta a emitir pela Direcção Geral de Viação, formalidades exigidas pelo diploma aplicável à situação[830]. Assim, pode ler-se na 6.ª conclusão do Parecer: "esta invalidade procedimental acarreta, como consequência, a invalidade do contrato administrativo subsequente", se bem que no corpo do documento se sustente expressamente que não se trata de um vício próprio do contrato. No que concerne ao vício de forma, não temos dúvidas que o vício gerado, se insanável – o que é discutível – implicará uma invalidade derivada para o contrato. Já quanto ao vício de violação de lei, porque se refere ao âmago da possibilidade de contratar, a invalidade gerada não parece ser susceptível de ser sanada, afectando decisivamente o conteúdo do futuro contrato quanto às qualidades dos sujeitos contratantes. Estaremos então já no domínio das causas de invalidade própria do contrato. Aqueles sujeitos, naquelas circunstâncias não poderiam ser parte naquele contrato. Trata-se de um vício quanto ao sujeito do contrato, por causa de direito administrativo. Ora, se a lei vedava a prossecução daquele interesse público, por via contratual, a quem não revestisse determinadas características, a outorga do contrato – ou melhor a substituição subjectiva – em contrariedade à lei, tornando-se parte quem não tinha as qualidades exigidas, torna o contrato inválido. É necessário averiguar, para efeitos de determinar o grau de invalidade – que será total – a *ratio* da exigência da lei, em particular a sua ligação com o interesse público. A exigência legal de se tratar de pessoa colectiva sem fins lucrativos prende-se com a função desempenhada: quem fiscaliza não pode ter como fito o lucro porque tal objectivo pode constituir factor de perturbação na referida missão. Ora, a entidade em causa tinha intuitos lucrativos. Assim, como se pode ler no Parecer da PGR, "o que interessa é saber se a pessoa colectiva pretende ou não gerar

---

[828] Parecer n.º 67/1995, de 29/08/1996 (DR).

[829] No despacho autorizativo, permitia-se àquelas duas entidades que transmitissem os respectivos poderes e deveres para a sociedade ISA – Inspecções de Segurança Automóvel, Lda., com capital exclusivamente subscrito por aquelas duas associações. Um dos requisitos do diploma que regulava juridicamente a situação impunha "fins não lucrativos" para a pessoa colectiva que colaborasse com a Administração nessas funções.

[830] Tratava-se do Decreto-Lei n.º 250/95, de 21 de Setembro.

excedentes de exploração (lucros)". As entidades iniciais não tinham esse fito, mas a sociedade que lhes sucedeu na posição contratual, tem esse objectivo: "a ISA não prescinde obviamente do móbil do lucro inerente à prática de actos de comércio". O fim lucrativo "obviará à intrusão de ingredientes económicos em detrimento do interesse público de reinspecção ou reavaliação de exames a levar a cabo com objectividade e isenção". Portanto, não podendo a nova entidade desligar-se daquele objectivo, ainda que as suas participadas não prossigam fins lucrativos, o contrato é inválido e por causa própria ainda que comum a acto administrativo anterior. Dado o perigo de intercorrências estranhas entre o fim da sociedade e a função pública de certificação, entendemos que faz sentido a nulidade do contrato. Se o contrato fosse apenas anulável, estava aberta a possibilidade de sanação, quanto mais não fosse pelo decurso do tempo. Tal hipótese é manifestamente inadequada. Acresce que a lei é imperativa nesta matéria. A sua violação só pode gerar a nulidade. Ainda que possa o regime ser mitigado.

5.1.2. *Da falta de autorização da despesa*

142. A consideração desta hipótese justificava-se particularmente à luz de legislação agora revogada. No âmbito do CCP, o artigo 36.º prescreve a identidade entre quem decide contratar e quem autoriza a despesa, prevendo inclusive a possibilidade de a decisão de contratar estar implícita na autorização da despesa. Pelo que, apesar desta circunstância, determinante acaba por ser a autorização da despesa.

143. À luz da legislação agora revogada esta questão tinha reflexos directos no problema da escolha do procedimento de escolha do co-contratante em função do valor do contrato.

Se não ocorresse a sanação deste vício – que nos parece ser possível através da emanação da competente aprovação/ratificação do que já se tiver processado, mantendo-se e validando-se todos os passos procedimentais dados – o contrato que viesse a ser celebrado nestes moldes não poderia deixar de ser inválido, atentas todas as circunstâncias afectadas: a legitimação financeira da actuação. Gerava-se portanto um vício específico da deliberação que, não sendo sanado, constituía um vício que permanecia na formação do contrato. Poderia equacionar-se ser uma causa de invalidade derivada para o contrato. Contudo, esta invalidade referia-

-se a um acto que tinha implicações na vertente da despesa associada ao contrato. Tratava-se portanto de uma invalidade que tinha um alcance maior do que à primeira vista pode parecer, afectando *ab initio* todo o procedimento conducente à outorga contratual. A questão que se colocava era a de saber se se deveria portanto entender que era o próprio contrato que acabava por estar em causa. Contudo, a autorização da despesa constituía um pressuposto fundamental para o pontual cumprimento das obrigações contratuais que a Administração se preparava para assumir. Por conseguinte, a autorização da despesa não deixava de constituir um pressuposto do contrato. Assim, retomando a nossa hipótese, no cenário em que a deliberação era tomada sem a necessária autorização de despesa gerava-se uma invalidade da deliberação que se mantinha até à adjudicação e que, por isso, também se mantinha no contrato. Por aplicação da teoria dos vícios dos actos administrativos, a deliberação tomada sem autorização estava ferida de uma anulabilidade, por falta de legitimação quanto ao conteúdo[831]. Resta saber que tipo de invalidade sofreria o contrato existindo e persistindo o vício, que tipo de influência tinha no contrato a falta da autorização. A falta de legitimação inicial (e não ocorrendo sanação) impunha a ponderação do peso da referida autorização em toda a formação do contrato. Isto é, se o princípio da proporcionalidade ficava servido com uma aplicação formal da lei ou se, ao invés, se impunha uma atenuação desse formalismo, atentos ainda outros princípios como sejam o da protecção da confiança e a lesão do interesse público que a falta da autorização acarretava. A deliberação seria anulável por causa desse vício. Ou seja, mesmo quanto ao acto directamente visado, o legislador entendia que a violação do interesse público comportava a possibilidade de sanação. E se assim era para a deliberação, por maioria de razão deveria ser para o contrato. Se ocorresse a sanação por superveniência da autorização, preferencialmente antes da outorga contratual, seria um percalço inconsequente para a validade do contrato. Assim, a questão coloca-se para a hipótese de não existir sanação. A manter-se a falta ou nulidade da autorização, ela apenas poderia gerar uma anulabilidade do contrato. Mesmo assim, seria justificada na economia da formação do contrato? Uma vez que se refere à dimensão financeira do mesmo, inclinamo-nos no sentido da manutenção do vício no contrato. Contudo, o contrato será sujeito a regime diferenciado atenta a dimensão

---

[831] Aquele contrato necessita de uma autorização para ser legítimo.

financeira. Aliás, a recusa do visto poderia ser a sanção suficiente porque impedia a execução da despesa. Seria um vício com reflexos apenas na eficácia financeira do contrato. Não poderia fundar pretensões revogatórias das obrigações das partes porque a "irregularidade" atinge principalmente a dimensão financeira. Acresce que se trata de uma irregularidade que o particular co-contratante não domina, pelo que ofenderia o princípio da adequação fazer recair no particular as consequências do que ele não domina nem podia dominar[832].

Não pode à luz da legislação agora em vigor o procedimento iniciar-se com ausência de autorização de despesa ou quando esta é inválida. Para estas hipóteses, devem vigorar as considerações anteriores sendo certo porém que também significará as mais das vezes que nem sequer existe decisão de contratar.

5.1.3. *Do conteúdo dos documentos do concurso*

144. Neste ponto, analisaremos as cláusulas constantes do caderno de encargos que violem a lei.

É no âmbito do caderno de encargos que nos surgem mais exemplos de causas de invalidade próprias do contrato, comuns à decisão de contratar agora no âmbito do conteúdo.

Vejamos então exemplos de cláusulas inseridas no caderno de encargos que poderão ser causas de invalidade do contrato, por constituírem

---

[832] No direito espanhol, a LCSP prevê como causa de nulidade do contrato (de direito administrativo) a "carência ou insuficiência de crédito" orçamental, com excepção das situações de emergência (cfr. o disposto na alínea b) do artigo 32.º).

VÍCTOR BACA ONETO, na análise que faz das causas de invalidade dos contratos administrativos, à luz da anterior legislação (mas que dispunha quanto à questão em termos semelhantes) justifica esta causa de invalidade: "as obrigações que impliquem um gasto público não só estão submetidas à legalidade administrativa, mas também à legalidade orçamental, que exige consignação orçamental prévia. Por trás desta posição está a convicção de que as leis orçamentais produzem efeitos nas relações jurídicas da Administração para com terceiros, afirmando-se assim o carácter de lei material. A Lei Orçamental faz parte do ordenamento jurídico que estabelece os requisitos de validade da actuação administrativa, estabelecendo exigências de procedimento e competências necessárias para o seu nascimento" (*in La Invalidez...*, cit., p. 200). Para uma análise da questão face à nova lei, *vide* JOSÉ ANTONIO MORENO MOLINA/FRANCISCO PLEITE GUADAMILLAS, *La Nueva Ley de Contratos del Sector Público*, La Ley, 1.ª Ed., 2.ª Reimpr., Madrid, 2008, pp. 266 e ss.

cláusulas contratuais inválidas[833]. Serão portanto causas de invalidade relativas ao objecto, ao conteúdo do contrato, se bem que comuns à decisão de contratar e à adjudicação, uma vez que o caderno de encargos é aprovado na decisão de contratar.

145. Estarão aqui em consideração hipóteses em que, por exemplo, o caderno de encargos contém uma alusão a marca ou procedimento de fabrico; ou então, afasta-se a proibição de alusão a marcas ou procedimentos de fabrico, justificando-se com o preenchimento dos referidos circunstancialismos mas estes não se verificam. Nesta hipótese, se o caderno de encargos não for impugnado, como se manifesta a ilegalidade no contrato? À primeira vista, deverá a cláusula ser tida por nula e sem efeito. Isto implica considerá-la como não escrita, valendo em sua substituição a previsão legal de "menção genérica". Se em termos abstractos, o raciocínio se apresenta irrepreensível, em termos práticos a questão é um pouco mais densa. Imaginemos que o adjudicatário cumpria integralmente a "determinação" ilegal do caderno de encargos, como será de esperar que todos fizessem. Se a cláusula for impugnada, e for dado provimento, decidindo o Tribunal que tal cláusula é ilegal e, em consequência, ter-se por não escrita, valendo a norma imperativa violada, será que, apesar da invalidade parcial, o contrato se poderá manter? Ou seja, isoladamente é simples julgar a norma e encontrar a solução. É contudo necessário verificar o peso daquela invalidade na escolha do adjudicatário. Será que, considerada a cláusula como não escrita, a proposta adjudicatária manteria a mesma posição, em confronto com as demais? Em particular, se uma das propostas tiver sido excluída por não conter precisamente a menção "ilegal", tendo inclusive contestado a prescrição. Será justo e adequado manter-se a adjudicação a uma proposta, agora "corrigida" pela decisão judicial, se uma outra, desde o início perfeitamente legal, foi excluída? A solução deverá ser a da invalidade total do contrato e já não a parcial e consequente "remendo", pelo menos quando não é o preço o único elemento sujeito a concorrência.

146. Quanto ao regime de invalidade, em particular na primeira hipóteses enunciada, impõe-se a ponderação sobre o equilíbrio de interesses

---

[833] O direito comunitário tem como preocupação fundamental a este propósito o problema das cláusulas discriminatórias dos concorrentes. Sobre esta questão *vide* ALEXANDRA LEITÃO, *A Protecção...*, cit., pp. 205 e ss.

gizado na adjudicação para o efeito. Se a invalidade parcial alterar significativamente tal equilíbrio, colocando em crise os princípios da sã concorrência, a invalidade deverá ser total. Foi uma questão deste tipo que foi tratada no Acórdão do STA de 21/07/2004 (P. n.º 695/04), tirado a propósito da impugnação da adjudicação num concurso de empreitada de obras públicas. Foi tratada a questão da desconformidade do caderno de encargos com parâmetro normativo superior, designadamente com a Portaria n.º 104/2001, que continha ao tempo, o caderno de encargos tipo. No ponto VI do sumário do referido Acórdão, sustenta o Tribunal: "viola tal quadro normativo a exigência imposta pelo autor do projecto e contida no caderno de encargos (e de que a comissão de análise das propostas fez aplicação ao proceder à sua classificação) no sentido de que deveria ser determinada sociedade comercial a fornecer certos materiais sem que se houvesse mencionado qualquer excepcional justificação a que se refere o ponto 6 da secção I (Caderno de encargos tipo) da Portaria n.º 104/2001". A referida prescrição, à semelhança do que impõe a disciplina jurídica da empreitada de obras públicas, determina que, *"salvo em casos excepcionais justificados pelo objecto da empreitada, não é permitida a introdução no caderno de encargos de especificações técnicas que mencionem produtos de fabrico ou proveniência determinada ou processos especiais que tenham por efeito favorecer ou eliminar determinadas empresas. É, designadamente, proibida a indicação de marcas comerciais ou industriais, de patentes ou modelos, ou de uma origem ou produção determinadas, sendo, no entanto, autorizadas tais indicações quando acompanhadas da menção «ou equivalente», sempre que não seja possível formular uma descrição do objecto da empreitada com recurso a especificações suficientemente precisas e inteligíveis por todos os interessados"*. Acresce que a aferição do critério do preço se encontrava intimamente ligada a este aspecto. Assim, o Tribunal Superior manteve a decisão jurisdicional recorrida.

O legislador não optou por conter, à semelhança do que sucedia no artigo 8.º do RJEOP, um normativo sobre as cláusulas necessárias sobre a existência da empreitada no CCP. Optou antes por uma breve definição do que seja a empreitada de obra pública no artigo 343.º Assim, nos termos do n.º 1 do referido normativo são elementos da empreitada o carácter oneroso e a execução ou concepção e execução de obra pública. O conceito de obra pública, referenciada ao "regime de ingresso ou permanência na actividade de construção"[834], encontra-se porém explicitada no n.º 2:

---

[834] Cfr. o disposto no Decreto-Lei n.º 12/2004, de 9 de Janeiro.

"*resultado de quaisquer trabalhos de construção, reconstrução, ampliação, alteração ou adaptação, conservação, restauro, reparação, reabilitação, beneficiação ou demolição de bens imóveis*". A questão de validade que se pode colocar é desde logo aquela situação em que os documentos do concurso não estabelecem nenhum modo de remuneração, nem permitem que as propostas preencham tal "lacuna" e que, pasme-se, se chegue à celebração do contrato sem definição deste aspecto fundamental, ainda que por outros elementos. Numa hipótese destas – esdrúxula é certo – o contrato não poderá deixar de ser considerado como nulo, por faltar um elemento definidor da empreitada.

São de considerar como cláusulas principais definidoras do contrato de empreitada as *características da obra, condições técnicas da sua execução*. Só que quanto a estas determinantes, o legislador consagrou o exercício de poderes discricionários à Administração. E bem. Cabe-lhe escolher a obra e sua execução à luz da melhor via de prossecução do interesse público. Portanto, nesta sede os problemas de invalidade são mais complexos. Só a mais completa vacuidade quanto a estas cláusulas é que determinará inequivocamente a nulidade do contrato de empreitada, pois torna-se impossível identificar dois elementos fundamentais do referido contrato.

Qualquer outra questão que envolva estas definições colocam problemas mais complexos, que implicam uma abordagem casuística, cujo critério orientador há-de passar sempre pelas vinculações legais últimas da Administração.

Por exemplo, "nos casos de manifesta simplicidade das prestações que constituem o objecto do contrato a celebrar, as cláusulas do caderno de encargos podem consistir numa mera fixação de especificações técnicas e numa referência a outros aspectos essenciais da execução desse contrato, tais como o preço ou o prazo"[835]. Contudo, nas empreitadas mais complexas, a lei permite que a fixação das características submetidas à concorrência "tais como o preço a pagar ou a receber pela entidade adjudicante, a sua revisão, o prazo de execução das prestações objecto do contrato ou as suas características técnicas ou funcionais, e devem ser definidos através de limites mínimos ou máximos, consoante os casos, sem prejuízo dos limites resultantes das vinculações legais ou regulamentares aplicáveis"[836]. Simultaneamente, o n.º 1 do artigo 43.º impõe que "*o caderno

---

[835] Cfr. o disposto no n.º 2 do artigo 42.º
[836] Cfr. o disposto no n.º 4 do artigo 42.º

de encargos do procedimento de formação de contratos de empreitada de obras públicas deve ser integrado pelos seguintes elementos da solução da obra a realizar: a) Programa; b) Projecto de execução". Na sequência, impõe o n.º 5 do mesmo artigo que *"em qualquer dos casos previstos nos n.ᵒˢ 1 a 3, o projecto de execução deve ser acompanhado, sempre que tal se revele necessário: a) Dos levantamentos e das análises de base e de campo; b) Dos estudos geológicos e geotécnicos; c) Dos estudos ambientais, incluindo a declaração de impacto ambiental, nos termos da legislação aplicável; d) Dos estudos de impacto social, económico ou cultural, nestes se incluindo a identificação das medidas de natureza expropriatória a realizar, dos bens e direitos a adquirir e dos ónus e servidões a impor; e) Dos resultados dos ensaios laboratoriais ou outros; f) Do plano de prevenção e gestão de resíduos de construção e demolição, nos termos da legislação aplicável"*. Há por conseguinte um conjunto de vinculações associadas que devem ser cumpridas por quem apresente propostas.

Estas vinculações estão legalmente protegidas através do estabelecimento da nulidade do caderno de encargos sempre que este *"não seja integrado pelos elementos de solução de obra previstos no n.º 1 e na parte final do n.º 3; b) Seja elaborado em violação do disposto nos n.ᵒˢ 1, 3 e 4; c) O projecto de execução nele integrado não esteja acompanhado dos elementos previstos no n.º 5; d) Os elementos da solução da obra nele integrados não observem o conteúdo obrigatório previsto na portaria referida no número anterior"*[837]. Ora, se o caderno de encargos for nulo, não produz efeitos e significa que o conteúdo do contrato, na medida em que recolha aquelas cláusulas, é também nulo. Daí ser causa de invalidade própria, ainda que por causa comum.

O artigo 49.º trata das regras relativas às especificações técnicas com incidências importantes ao nível do conteúdo do contrato. Assim, qualquer incumprimento de regra imperativa que se traduza na inserção de cláusula em contravenção à lei redundará em invalidade do conteúdo do contrato, por causa própria mas não exclusiva, cuja extensão dependerá da importância da mesma na economia do contrato.

147. Um outro grupo de questões de validade a este nível prende-se com a formulação das propostas na sequência de cláusula do caderno de encargos inválida por admitir a apresentação de variantes à proposta fora

---

[837] Cfr. o disposto no n.º 8 do artigo 43.º

do que se prevê no artigo 59.º do CCP: *"1 – São variantes as propostas que, relativamente a um ou mais aspectos da execução do contrato a celebrar, contenham atributos que digam respeito a condições contratuais alternativas nos termos expressamente admitidos pelo caderno de encargos. 2 – (...) 3 – Quando respeitem a aspectos da execução do contrato a celebrar que se encontrem submetidos à concorrência pelo caderno de encargos para efeitos da apresentação de propostas base, as alternativas referidas no número 1 só podem ser admitidas fora dos limites daquela concorrência. (...) 5 – Os aspectos do caderno de encargos relativamente aos quais sejam admitidas alternativas para efeitos da apresentação de propostas variantes devem corresponder a factores ou subfactores de densificação do critério de adjudicação da proposta economicamente mais vantajosa"*. O programa do concurso deve indicar *"se é admissível a apresentação de propostas variantes e o número máximo de propostas variantes admitidas"*[838]. Tal como sucede a outro propósito, também aqui a lei impõe, em sede de avaliação das propostas, que estas devam ser excluídas[839]. Portanto, se a proposta com variantes indevidas é a adjudicatária a solução só pode ser a invalidade do contrato quanto ao conteúdo[840]. Já se a proposta adjudicatária não traduz tal ilegalidade, não deve a validade do contrato ser afectada. De qualquer modo, sempre que possível, isto é, sempre que tal solução não perturbe o equilíbrio gizado para o contrato, a admissão ilegal contida no caderno de encargos deve considerar-se como não escrita.

Outro exemplo é o da dispensa da forma escrita do contrato em circunstâncias que a lei proíbe ou não permite[841]. Por exemplo, dá-se uma errada apreciação dos pressupostos relativos à "segurança interna" ou não se verifica a alínea c).

148. Outro tipo de cláusula obrigatória diz respeito à forma de pagamento do preço. O artigo 17.º do RJEOP era imperativo e vinculativo, se

---

[838] Cfr. o disposto na alínea j) do n.º 1 do artigo 132.º

[839] Nos termos do que prevê a alínea f) do n.º 2 do artigo 146.º, o júri deve propor a exclusão das propostas que *"sejam apresentadas como variantes quando estas não sejam admitidas pelo programa do concurso, ou em número superior ao número máximo por ele admitido"*.

[840] Sem prejuízo de se entender que também há violação da concorrência no procedimento e por isso ser configurável na invalidade derivada.

[841] Cfr. o disposto no n.º 2 do artigo 95.º do CCP.

bem que estivessem consagradas áreas de discricionariedade. Tratava-se novamente de uma cláusula da exclusiva responsabilidade da Administração, não influenciando a elaboração da proposta dos concorrentes mas que podia influenciar a validade do contrato[842]. Ora, o mesmo se passaria na situação que o número dois do artigo 17.º previa a propósito da hipótese do pagamento por prestações fixas.

Relacionada com esta questão estava a do pagamento das parcelas de obra que forem sendo concluídas. Tivemos oportunidade de analisar jurisprudência do Tribunal Superior sobre esta questão e constatado a sua não uniformidade. Já então deixámos expressa a nossa concordância com aquela orientação de que as cláusulas que não observassem os prazos legais dos 44 dias, a não sufragar-se a tese de que se trataria de um domínio de direitos disponíveis, deveriam reduzir-se para o prazo legal. Todavia, propendemos para o entendimento de que o empreiteiro pode dispor do prazo de pagamento, concordando que o mesmo possa ser alargado. O único limite absoluto que nos parece ser de observar prende-se com a garantia de viabilidade financeira do contrato. Imagine-se a hipótese em que o deferimento do pagamento aceite pelo empreiteiro é de tal molde que coloca, ou pode previsivelmente colocar, em risco a sua capacidade económico-financeira. Mesmo tratando-se de um domínio de disponibilidade, esta disponibilidade tem um limite de direito público que é a viabilidade financeira. Se for o caso, se a dilação de pagamento se inserir nesta hipótese, entendemos que a cláusula que a prever só pode ser considerada nula. Mas como se trata de um aspecto que a lei expressamente regula, a cláusula deverá ter-se por não escrita e valer em sua substituição a previsão legal.

---

[842] Impunha o número um do referido normativo que o pagamento seria feito em função das quantidades de trabalho periodicamente executadas. A vinculação resultava do indexante – quantidades de trabalho; a discricionariedade encontrava-se na prerrogativa dada à Administração de fixar *que* quantidades e *que* periodicidade. Se a Administração estabelecesse uma forma de pagamento violadora do indexante, tal cláusula deveria ter-se por nula e não escrita. O que, quanto à questão, podia resolver o problema mas não solucionava totalmente a questão do pagamento. Para valer o indexante legal, que seria a melhor solução, havia a Administração de ter exercido os poderes discricionários que a lei lhe associava. O que podia não ter sucedido precisamente porque o ente público estabeleceu uma outra forma de pagamento. Seria então inviável uma solução que não fosse a da nulidade porque não podia o intérprete ou julgador substituir-se à Administração na fixação de pressupostos que o seriam no exercício de poderes discricionários.

Existe sempre a hipótese de tal cláusula ter constituído um motivo determinante da vontade de contratar das partes, integrando a essencialidade do consenso. O que implicaria, na nossa solução, que a regulamentação da questão através da solução legal violaria tal consenso. Neste cenário estaremos perante uma falta de consenso sobre elemento essencial do contrato que conduz à nulidade total do negócio. Ou então, a propósito de um contrato de empreitada de obras públicas, estabelece-se que o pagamento ao empreiteiro se fará em prestações periódicas, independentemente da quantidade dos trabalhos. Ou seja, contra o que expressamente se previa no artigo 17.º do RJEOP. Ou pense-se na hipótese mais genérica em que o caderno de encargos está desconforme com o tipo legal[843]. Nesta sede, impõe a prudência que se averigue o grau e importância da desconformidade. Se a desconformidade se reportar a cláusulas principais ou aspectos fundamentais relativos à concorrência, de forma grave, parece-nos que a solução de invalidade é a mais adequada. Tratando-se de cláusulas principais, a violação de norma imperativa só pode importar a nulidade do contrato se se chegar a ele. Ora, como sublinhou o Tribunal no já citado Acórdão de 21/07/2004 (P. n.º 695/04), a não impugnação dos documentos inválidos, como permite o artigo 2.º do Decreto-lei n.º 134/98 (diploma ao tempo em vigor), "não pode considerar-se como convalidada [a invalidade]". Em primeira instância, a adjudicação tinha sido anulada. O que não quer dizer que em situações semelhantes, se o contrato for celebrado, será este inválido a título de comunicação de vício.

No domínio da legislação agora em vigor, o número 4 do artigo 60.º trata em moldes diferentes a questão do preço: *"No caso de se tratar de procedimento de formação de contrato de empreitada ou de concessão de obras públicas, o concorrente deve indicar na proposta os preços parciais dos trabalhos que se propõe executar correspondentes às habilitações contidas nos alvarás ou nos títulos de registo ou nas declarações emitidas pelo Instituto da Construção e do Imobiliário, I. P., nos termos*

---

[843] Cfr. o disposto no n.º 2 do artigo 64.º do RJEOP.

O Parecer da PGR de 25/10/2000 (P000401999) tratou de uma questão de desconformidade de uma cláusula do caderno de encargos com a previsão legal. Face à legislação em vigor ao tempo, era possível estabelecer um prémio pecuniário por antecipação, devendo contudo conformar-se com o limite legal de prémio previsto na lei. A estipulação de prémio em desconformidade deveria ser tida por ilegal. Do texto do parecer parece decorrer o entendimento de que se deve ter por inaplicável a previsão de prémio que exceda o limite legal.

do disposto na alínea a) do n.° 5 do artigo 81.°, para efeitos da verificação da conformidade desses preços com a classe daquelas habilitações". Porque o CCP é uma disciplina legal enformada pela flexibilidade e uma certa desregulamentação, no sentido de permitir a melhor adaptação ao interesse público, não encontramos uma disciplina jurídica rígida como existia nos diplomas que o antecederam. A única disposição a propósito do prazo de pagamento, com carácter imperativo é a que consta do n.° 2 do artigo 299.°: *"o contrato pode estabelecer prazo diverso do fixado no número anterior, não devendo este exceder, em qualquer caso, 60 dias".* No caso de incumprimento do caderno de encargos através designadamente de criação de prazo mais alargado, entendemos dever valer a regra do CCP. E, se porventura, a proposta adjudicatória comungar de tal incumprimento, deverá ler-se corrigida. Excepção feita se tal facto tiver contribuído para distorcer a concorrência.

149. Pense-se agora, de uma forma mais genérica, nas hipóteses em que o caderno de encargos estabelece condições inadmissíveis face às vinculações legais, prevendo, por exemplo, isenção de cumprimento de encargos relativos às normas de segurança e saúde no trabalho, num contrato de empreitada de obras públicas. Ou que estabelece a renúncia prévia do ente público ao exercício do poder de modificação unilateral do conteúdo das prestações por imperativo de interesse público ou ao poder de aplicar as sanções previstas na lei[844]. Ou prevê ainda a renúncia do parceiro contratual ao reequilíbrio financeiro[845]. Qualquer destas hipóteses significa a violação de imperativos legais assentes na prossecução do interesse público. São portanto vícios graves que atacam a configuração do próprio

---

[844] Para DOMINIQUE POUYAUD, estes são exemplos de cláusulas inválidas por violação da ordem pública (*in La Nullité...*, cit., pp. 265 e ss.). Todavia, por ventura mais adequada será a posição de LAURENT RICHER que sustenta que, por o contrato administrativo prosseguir o interesse público, a Administração dispõe de "incontestável superioridade na execução do contrato", acervo que inclui os ditos poderes que são, por isso, indisponíveis. Não se trata de direitos subjectivos que a Administração disponha (*in Droit des Contrats...*, 5.ª Ed., cit., p. 23).

[845] Já quanto à adjudicação, esta poderá ser inválida por comunicação dos vícios deste acto. Isto é, o conteúdo da adjudicação é a escolha do parceiro contratual (e respectiva proposta) da Administração e não propriamente o conjunto das cláusulas contratuais constantes dos documentos do concurso. Mas como o conteúdo da decisão de contratar influencia o procedimento de selecção do parceiro contratual da Administração, os vícios aí existentes também influenciarão a validade da adjudicação.

contrato administrativo. Assim, deverá entender-se que geram a mais grave das invalidades: a nulidade. O que significa que, quer o acto que aprova um tal conjunto de cláusulas, quer o contrato que acaba por integrá-las, poderão ser declarados nulos.

Quanto ao concreto regime da nulidade, serão porventura de fazer distinções regimentais. Se para o acto que aprova o caderno de encargos, porque se trata de acto administrativo e porque ainda não existe uma actuação com efeitos externos geradores de direitos protegidos, o regime de nulidade há-de ser o que está estabelecido para os actos administrativos, já para o contrato, se a situação se prolongar até tal momento, poderão ser necessários ajustamentos de regime. Nesta fase já existe um contrato celebrado ou uma forte expectativa, juridicamente tutelada, de o celebrar, pelo que o princípio do aproveitamento da actuação poderá ter um papel mais evidente na solução da situação. Entendemos que sempre que for possível manter o contrato tal como ele é tipificado, se já celebrado, mesmo retirando a cláusula inadmissível, operando o que, no direito civil, se designa por redução, essa deverá ser a solução, inviabilizando uma declaração de nulidade. Esta solução implica que a cláusula em causa gere apenas uma invalidade parcial. O que pode não ser fácil de sustentar, principalmente tratando-se de cláusulas que, uma vez apostas, atacam o âmago do conceito de contrato administrativo. Será porventura o caso da cláusula em que o particular renuncia ao reequilíbrio financeiro em caso de modificação unilateral do conteúdo das prestações[846]. Contudo, e o mesmo se passará se for a Administração a renunciar ao exercício por exemplo do poder de modificação unilateral do conteúdo das prestações, trata-se de renúncias a posições jurídicas indisponíveis, o que torna nula a renúncia. Manifesta-se aqui um interesse público da maior relevância: o equilíbrio financeiro é pressuposto fundamental para

---

[846] No direito francês, DOMINIQUE POUYAUD apresenta como exemplos de cláusulas ilícitas, por desconformidade à ordem pública, aquelas que significam uma renúncia ao reequilíbrio financeiro (*in La Nullité...*, cit., pp. 171 e ss.). Concordando com a hipótese, sempre se pode adiantar que qualquer cláusula em que voluntariamente o concorrente se coloque na posição de não poder cumprir as suas obrigações contratuais deverá ser considerada ilícita por violação do princípio da boa fé. Além de que as normas de protecção dos particulares também podem ter subjacente um interesse público. O que deverá ser ponderado é a extensão da invalidade. Se as propostas incidirem sobre o conteúdo principal do contrato e não for possível a solução da invalidade parcial. Quando a proposta, pelos seus termos, implica a crise do equilíbrio financeiro do contrato, entendemos que a invalidade total do contrato, na sua forma mais grave deverá ser a solução.

a execução pontual do contrato e, por conseguinte, do interesse público aí presente. Há afloramentos da figura por exemplo no regime da revogação de actos administrativos. Por exemplo, não pode ser dada concordância à revogação de actos válidos constitutivos de direitos se se tratar de direitos indisponíveis dos particulares. Mas simultaneamente a propósito da revogabilidade de actos válidos, o princípio da livre revogabilidade alude como limite a existência de direitos irrenunciáveis do lado da Administração[847].

Parece-nos que mais uma vez a solução passará pela manutenção do contrato, sem a referida cláusula. Julgamos inclusive que nem sequer existirá uma lacuna de regulamentação contratual. A dita cláusula deverá ter-se por não escrita, valendo a previsão legal[848]. A não ser que a renúncia a tais direitos tenha sido condição essencial para a outorga do contrato. Caso que, a verificar-se, significa que as partes só celebraram aquele contrato por causa daquela cláusula. Se se entender que a renúncia é violadora da ordem jurídica imperativa e portanto não pode produzir os efeitos pretendidos, também não será sustentável o contrato. Retirada a cláusula, está irremediavelmente afectado o consenso, elemento essencial de um contrato. Nesta hipótese limite – não nos parece ser muito comum – o contrato não poderá deixar de ser todo ele nulo, senão mesmo inexistente por falta de consenso[849].

Todavia, se da parte do parceiro contratual da Administração o consenso tiver resultado de um erro sobre a possibilidade de renúncia, se bem que a hipótese seja dificilmente verificável, a questão da invalidade deverá ser avaliada da perspectiva da viciação da vontade privada. Duas situações são de considerar: ou a Administração se aproveitou da má representação dos direitos do particular ou do seu conhecimento das vinculações legais daquela para obter uma posição jurídica contratual ilegítima, tendo-se aproveitado então de uma situação de fragilidade jurídica do particular ou então, mais grave ainda, induziu dolosamente tal erro no parceiro contratual. Como estamos perante suposições enquadráveis na teoria dos vícios

---

[847] Um outro exemplo pode recolher-se a propósito da competência: é irrenunciável nos termos do artigo 29.º do CPA. Nesta última hipótese, é estabelecida a nulidade como consequência.

[848] Qualquer das hipóteses colocadas refere-se a poderes ou vinculações que constam da lei e que por isso não vinculam por estarem previstas no título contratual.

[849] MARCELO REBELO DE SOUSA/ANDRÉ SALGADO MATOS apontam esta hipótese – a falta de consenso precisamente – como uma causa possível de inexistência, se bem que sublinhem o carácter residual do instituto (*in Contratos Públicos...*, cit., p. 125).

da vontade na formação do consenso contratual, entendemos que o regime da invalidade há-de buscar paralelo no regime jurídico-privado dos vícios da vontade, se bem que, ao contrário do que dispõe o n.º 3 do artigo 283.º do CCP, tal regime deverá ser temperado pelas adaptações necessárias em virtude de o prevaricador não ser um sujeito de direito privado mas um sujeito de direito público[850].

Tendo presentes estas considerações preliminares, entendemos desde logo que qualquer solução não pode perder de vista a importância decisiva do interesse público presente no contrato. O que postula desde logo que uma solução de invalidade total deve ser a última hipótese a ser considerada, bem como a invalidade mais grave.

Contudo, uma hipótese de actuação dolosa da Administração no sentido de obter consenso para uma solução contratual que viole frontalmente o interesse público genérico presente na actuação por contrato não pode passar sem ser sancionado com a nulidade total do contrato celebrado. Mais mitigada deverá ser a solução para as hipóteses de dolo sobre cláusulas particulares do concreto tipo contratual, sempre que a ordem jurídica possibilite um aproveitamento da actuação contratual dentro dos parâmetros gizados pelo princípio da legalidade. Por exemplo, no caso em que a propósito de uma cláusula identificativa de um tipo contratual, a Administração tenha levado o particular a aceitar um conteúdo contrário a lei imperativa, entendemos que tal cláusula se deverá ter por não escrita e a lacuna contratual daí consequente colmata pela norma legal. Poder-se-ia pensar que tal solução é desresponsabilizadora da Administração. Julgamos que não. Trata-se de dois planos distintos. Por um lado, com a conservação do negócio dentro dos limites legais protege-se o interesse público ali presente e a actuação de boa fé do particular, que também constitui um interesse juridicamente relevante. Por outro lado, esta solução não inviabiliza o funcionamento das regras da responsabilidade civil pré-contratual que deverão ser estimuladas e desenvolvidas.

Tratando-se de actuação dolosa do particular, mais difícil de configurar mas possível, qual será a melhor solução para proteger o interesse público? Por um lado, existe o interesse público perseguido pela actuação contratual, que deve ser alvo da mais ampla protecção. Por outro lado, existe a violação das regras (privadas) da formação da vontade.

---

[850] Sem prejuízo da responsabilidade civil pré-contratual que a referida actuação dê azo.

150. A hipótese mais grave de invalidade que pode ter origem logo na aprovação dos documentos do concurso prende-se com a existência de cláusulas que contrariam de forma evidente o interesse público a prosseguir no contrato e que já não se prende com a própria caracterização do contrato administrativo. Pensamos na hipótese em que o ente público dispõe de discricionariedade na escolha de fins e a sua opção viola definitivamente os fins possíveis presentes na situação de facto.

5.1.4. *Conclusão*

151. A verdade é que a decisão de contratar constitui uma parte do que será a declaração negocial do ente público, só que ao invés do que sucede na formação dos contratos privados, este momento é aqui formalizado enquanto nos contratos privados a decisão de contratar, que integra a autonomia contratual, é um momento interno, psicológico. Faz parte essencial da declaração negocial do ente público a decisão fundamental de escolha e concretização da via de actuação administrativa. Se integra a declaração negocial do ente público, integra um requisito próprio do contrato, o que significa que este vício ocorre no procedimento pré-contratual e nessa perspectiva, para o contrato, é vício procedimental mas não deixará de ser vício do próprio contrato. Esta decisão será integrada na adjudicação, o que significa que vai estando presente no decurso procedimento pré-contratual, uma vez constituir o primeiro pressuposto da actuação administrativa. Esta circunstância parece afastar o regime da invalidade derivada. O que converteria o vício em vício comum. Haverá contudo que operar uma especificação. Será vício próprio do contrato no que concerne ao conteúdo da decisão de contratar.

Quanto aos possíveis vícios nas cláusulas do caderno de encargos, julgamos ser importante distinguir as situações em que a cláusula é imperativamente fixada pela Administração e contrária à lei, daquelas situações em que a violação da cláusula implica com a elaboração das propostas. Ou seja, a invalidade será distinta consoante estejamos perante domínios de autoridade e domínios de consensualidade. Do mesmo passo, as soluções para a invalidade também variarão consoante o tipo de poderes implicados na invalidade.

5.2. Das causas comuns à adjudicação

152. Trataremos um primeiro grupo de situações geradoras de invalidade própria do contrato, se bem que com causas comuns à adjudicação e que se prende com a admissibilidade e adjudicação de propostas em contrariedade com o caderno de encargos.

De seguida, analisaremos as previsões legais a propósito de directrizes específicas para a adjudicação.

5.2.1. *Das indisponibilidades do particular co-contratante*

153. Uma das questões que se colocam a propósito do conteúdo do caderno de encargos prende-se com a situação em que o adjudicatário é portador de uma indisponibilidade: o vício de conteúdo da adjudicação converte-se em vício do próprio contrato? Se a resposta for positiva, o vício é da adjudicação. A verdade é que só com a adjudicação é que o concorrente indevidamente escolhido passa a ser parceiro contratual da Administração. Por conseguinte, a análise desta questão terá de ser feita a partir da validade da adjudicação porque a admissão ilegal do concorrente vicia em primeiro lugar a adjudicação. Com que vício? Normalmente, os vícios dos pareceres ou actos instrumentais do procedimento convertem-se em vícios do conteúdo do acto final. Será vício de objecto da adjudicação porque a escolha daquele concorrente é o *quid*, a estatuição da adjudicação. Mas é também vício próprio do contrato porque respeita às características de uma parte contratual, tornando-se vício quanto ao sujeito e portanto vício próprio do contrato e nessa estrita medida vício exclusivo. É que na adjudicação, o sujeito é o ente público porque estamos num acto administrativo; no contrato há dois sujeitos, um dos quais padece daquela falta.

154. O primeiro conjunto de situações a assinalar, prende-se por isso com as indisponibilidades ou vícios quanto ao sujeito particular com causa de direito administrativo gerada no procedimento pré-adjudicatório. Assim, estas indisponibilidades podem ter origem no incumprimento, pelo adjudicatário, dos "impedimentos" imperativamente previstos na lei, ou podem gerar-se pela criação indevida de critérios.

No que ao primeiro cenário concerne, está portanto em causa o incumprimento das prescrições do artigo 55.º do CCP. Poderemos dizer que as situações previstas naquele normativo conduzirão, em caso de incumprimento, à nulidade do contrato. Não só porque se viola norma imperativa, mas também devido à *ratio* subjacente às prescrições. É o caso de tutela da sanidade financeira e da execução do contrato[851], da tutela da honorabilidade profissional associada à prossecução do interesse público[852], do controlo do historial de relacionamento com a Administração Pública[853] e da ética na prossecução do interesse público, relacionado com o direito laboral de menores por exemplo[854]. Ou seja, mesmo que já estejamos na adjudicação, o concorrente pode ser excluído. Ora se assim é – e bem – durante o procedimento de formação, se o contrato já tiver sido outorgado, a solução só pode ser o da nulidade do mesmo, que conduz à extinção do contrato e portanto à "exclusão" do sujeito. Deverá ser uma solução de invalidade porque há um incumprimento de determinações imperativas da lei, não existindo confiança juridicamente tutelável da parte do adjudicatário[855]. As circunstâncias impeditivas em que ele incorre estão plasmadas em lei, que ele não pode ignorar. Assim, ele não poderá invocar o desconhecimento da situação ou que a continuidade do procedimento fundou uma expectativa juridicamente relevante de que a Administração teria ultrapassado o impedimento legal. Até porque não está na disponibilidade da Administração tal possibilidade: trata-se de normas imperativas relativas à capacidade jurídica, matéria de lei.

Ora, no CCP a questão da habilitação do concorrente não consubstancia uma etapa autónoma do procedimento porque o legislador optou por apenas averiguar da habilitação do adjudicatário e não de todos os concorrentes[856]. Contudo, uma das razões que deve conduzir à exclusão da proposta (e por conseguinte do concorrente) prevista na alínea c) do n.º 2 do artigo 146.º é precisamente a *"entidade adjudicante tenha conhecimento que se verifica alguma das situações previstas no artigo 55.º"*, normativo que prevê os impedimentos. Assim, se a proposta devia ter sido por este motivo excluída e não foi e acaba por ser a proposta adjudicatária, existe um vício quanto ao sujeito que dita, a nosso ver, a invalidade total

---

[851] Cfr. o disposto na alínea a) do n.º 1 do artigo 55.º do CCP.
[852] Cfr. o disposto nas alíneas b) e c) do n.º 1 do artigo 55.º
[853] Cfr. o disposto nas alíneas c) e f) do n.º 1 do artigo 55.º
[854] Cfr. o disposto nas alíneas g) e h) do n.º 1 do artigo 55.º
[855] Diferente será a situação se, após uma válida outorga contratual, o parceiro contratual se coloca numa situação de insolvência por exemplo. Não se tratará de uma invalidade superveniente mas uma alteração de circunstância que justificará a resolução do contrato.
[856] A obrigação de apresentação dos documentos habilitantes surge após a notificação da adjudicação (cfr. o disposto no artigo 77.º).

do contrato. Se a proposta devia ter sido excluída, aquele sujeito nunca poderia ser parceiro contratual da Administração pelas razões que a lei tutela. Não tendo sido, a única maneira de tutelar tal situação só pode ser a invalidade, sob a forma de nulidade, de todo o contrato. Só assim serão tutelados os interesses públicos envolvidos. Só que a invalidade do contrato é própria e não derivada. Mesmo que não existisse procedimento pré- -contratual, sempre o parceiro contratual devia observar tais requisitos.

155. Outra situação, já antes referenciada, relaciona-se com a qualificação das regras que *supra* enunciámos. Como já tivemos oportunidade de dizer, entendemos que essas regras são imperativas, não comportando uma "actualização" por parte da Administração Pública. Resultam da ponderação político-legislativa de interesses públicos, que cabe ao legislador. Se a Administração Pública, apesar disto, no programa do concurso estabelece ou outros "impedimentos" e tal constituir fundamento sério e determinante da seriação dos candidatos, incorre numa ilegalidade. Quanto à sua influência na validade do contrato, ela revelar-se-á se o factor ilegalmente introduzido tiver sido fundamento da exclusão de uma proposta. Em particular, se a criação indevida daquele impedimento se funcionalizou à escolha específica daquele que veio a ser o adjudicatário. Nesta hipótese, a nulidade da adjudicação só pode ser a solução. Há claros indícios de corrupção, sendo o acto adjudicatório nulo, por violação grosseira de princípios da contratação, pelo que haverá também nulidade do contrato. Só que já não será por vício quanto ao sujeito.

Se não se verificar a situação limite, mas o critério indevidamente criado tiver sido fundamento de exclusão da proposta, a adjudicação é procedimentalmente inválida. Nesta hipótese, o vício formal não poderá ter eficácia limitada porquanto estamos no domínio do exercício de poderes discricionários de avaliação e também porque a criação indevida de critérios atinge indelevelmente os princípios fundamentais do concurso. Trata- -se porém de uma situação de invalidade derivada.

5.2.2. *Da violação do caderno de encargos*

156. Se a proposta escolhida for ilegal por estar em desconformidade com o caderno de encargos, entendemos que a adjudicação está viciada quanto ao conteúdo e que o vício será comum ao contrato, agora não quanto ao sujeito mas quanto ao conteúdo do contrato. Mas a gravidade

deste vício dependerá do tipo de conteúdo. Senão vejamos alguns exemplos colhidos na jurisprudência. Quer nos Acórdãos de STA, que decidem a anulação da adjudicação por a proposta adjudicada violar normas imperativas do caderno de encargos, quer as decisões que anulam a adjudicação por a proposta violar regras da portaria tidas por imperativas, está subjacente a ideia de que é a regularidade do conteúdo principal do contrato a celebrar que ditou as referidas anulações. Caso os respectivos contratos tivessem sido celebrados, continuando a linha de raciocínio do Tribunal, enfermariam de vício quanto ao conteúdo. Seria eventualmente discutível se se aplicaria a regra de que a violação de norma imperativa era tão grave que justificaria o afastamento do princípio do aproveitamento do contrato, com a consequente "regularização", e que redundaria na nulidade do mesmo. Mas ainda antes de avançar com a argumentação, parece-nos interessante apresentar uma outra decisão do STA em que a violação de regra imperativa pela proposta adjudicatária conduziu a uma outra solução. No Acórdão de 20/04/2004 (P. n.º 227/04), a propósito de uma proposta que continha um prazo de pagamento ao empreiteiro superior ao que a lei permitia ao tempo, o Tribunal decidiu: "assim como a uma proposta sem prazo se deverá aplicar, por via supletiva, legalmente prevista, o prazo máximo, assim, também, a uma proposta com prazo superior se deverá aplicar esse prazo máximo legal, procedendo-se à eliminação do excedente. Deste modo, não havia lugar à exclusão da proposta, antes, não deveria seria considerada na parte em que intentava ser uma proposta mais favorável para o promotor do concurso do que o máximo de disponibilidade permitido pela lei. Existindo um prazo imperativo, o prazo "a mais" dado como facilidade pelo concorrente à Administração não podia ser considerado como elemento de valorização da proposta. O problema não está, pois na admissão de uma proposta que dá mais do que a lei determina e permite. O que dá a mais torna-se desprezível, reconduzindo-se à regra geral do prazo máximo". Entendeu portanto o Tribunal que, embora a norma seja imperativa e o conteúdo da mesma pertença ao conteúdo principal do contrato a celebrar, ainda assim o princípio do aproveitamento dos actos manda encontrar um sentido ainda validamente útil para a proposta, reduzindo o prazo para os limites legais. Entendeu o Tribunal que o interesse público ali presente encontrava assim plena satisfação[857]. Todavia,

---

[857] Decisão semelhante tomou o STA em 23/06/2004 (P. n.º 588/04): "I – Em concurso público de empreitada de obras públicas, uma proposta de prazo de pagamento supe-

cumpre sublinhar que o mesmo STA, em Acórdão diferente, sustentou uma outra interpretação da norma em causa: "tratando-se de um prazo de pagamento imposto ao dono da obra, parece evidente que a norma em causa surge em principal benefício do empreiteiro. Mais: dir-se-á que ela tem um primacial objectivo proteccionista dos interesses da empresa do empreiteiro, de maneira a evitar que eventuais faltas de pagamento pontual do preço dos trabalhos executados resultem numa afectação da sua capacidade financeira, altere o seu equilíbrio económico, crie ou potencie uma situação de facto que lhe retire, inclusive, aptidão para solver os seus próprios compromissos (laborais, bancários, comerciais, etc.) e, com isso, ponha em risco a própria execução integral da obra adjudicada. Mas sendo assim, isto é, se o que visa é criar um direito ao pagamento no prazo máximo de 44 dias, em lado nenhum da lei resulta que dele o interessado se não possa despojar, por não ser tratado como direito indisponível e, logo, irrenunciável. Por isso, nada afasta a possibilidade de que seja ultrapassado, desde que nisso o concorrente assinta expressamente na sua proposta"[858]. Mas o mesmo STA, em Acórdão posterior, voltou a frisar a necessidade de se interpretar bem as imposições do caderno de encargos[859]. No Acórdão de 10/01/2006, (P. n.º 1070/04), o Tribunal foi cha-

---

rior ao prazo máximo de 44 dias para o pagamento dos trabalhos executados, previsto no art. 212.º, n.º 1, do DL n.º 55/99, de 2 de Março, deve ser reduzido e considerado na classificação final dos candidatos em conformidade com essa redução até aquele montante previsto na norma citada".

[858] Acórdão de 5/2/2004 (P. n.º 29/04).

[859] Foi o que sucedeu, entre outros, no Acórdão do Pleno STA de 10/03/2005 (P. n.º 2063/03), em cujo sumário se pode ler: "I – O disposto no ponto 2.1.1.1. do Anexo 3 à Portaria 155/96, de 16 de Maio (reproduzida, na íntegra, no ponto 2.1.1.1. do caderno de encargos do concurso), segundo a qual "O custo dos géneros incorporados na refeição será o determinado de acordo com a variação dos índices de preços no consumidor relativos à rubrica A do grupo "Alimentação" determinada pelo Instituto Nacional de Estatística, sendo a incidência daquele custo no preço global da refeição estimada em 60%", tem carácter meramente indicativo, pelo que não viola o seu conteúdo o despacho que aprova a adjudicação de fornecimento de refeições a uma concorrente em cuja proposta o custo dos géneros incorporados na refeição tem um peso inferior àquela percentagem. II – É o que resulta das regras interpretativas contidas no art. 9.º do CC, quer do elemento literal já que "estimar" significa "calcular aproximadamente" – Dicionário da Língua Portuguesa da Academia das Ciências de Lisboa – quer do elemento teleológico, pois é considerando aquele valor como simplesmente indicativo, que se comprimem os preços e se conseguem propostas mais vantajosas para os cidadãos, assim melhor se satisfazendo o interesse público, quer, finalmente, do elemento sistemático, porquanto tal norma se insere na maté-

mado a pronunciar-se sobre a decisão judicial de anular "o acto recorrido ao manter a exclusão das recorrentes incorreu, por errada interpretação dos documentos que regiam o concurso, em erro sobre os pressupostos". Tal sucedera porque o órgão *ad hoc* excluíra a proposta por esta conter um prazo de execução de obra menor do que o que estava previsto como prazo máximo no caderno de encargos. Foi entendido que, nessas circunstâncias, a lei impunha que a proposta fosse entendida como condicionada e impunha por conseguinte a apresentação de uma proposta base. Contudo, o Tribunal disse: "entrando mais directamente na apreciação da questão, somos levados a concluir que a proposta apresentada pelas ora recorridas, pelo simples facto de nela ter sido indicado aquele prazo de 21 meses para a execução da empreitada, não podia ser convertida nem interpretada como consubstanciando uma proposta condicionada. (...). Ainda que se entendesse, como sustenta a recorrente que qualquer alteração dos prazos estabelecidos no caderno de encargos consubstancia uma proposta condicionada, sempre teríamos de concluir que a proposta das ora recorridas, pelo facto de nela se ter indicado aquele prazo de 21 meses, não implica qualquer alteração dos prazos estabelecidos no caderno de encargos. Efectivamente, no Caderno de Encargos e no que respeita a *"Prazos de execução e conclusão da empreitada"* estabelece-se o seguinte: *"Os trabalhos da empreitada deverão iniciar-se na data fixada no respectivo plano e ser executados **dentro dos prazos** globais e parcelares estabelecidos neste Caderno de Encargos" (ponto 5.1.1.)* e ainda que *"os prazos de execução dos vários elementos de obra **não deverão ultrapassar**...", "25 meses"*, para a *"Conclusão de todos os trabalhos da empreitada, incluindo desmontagem total do estaleiro", "contados a partir da data da consignação da empreitada"*. Ora perante as expressões *"**dentro dos prazos**"* e *"**não deverão ultrapassar**"* reportadas a prazos para execução da empreitada, não vislumbramos que delas seja possível retirar qualquer outro entendimento que não conduza a uma interpretação no sentido de aquele prazo de "25 meses" apenas poder significar um prazo limite ou um prazo máximo dentro do qual a empreitada teria de ficar concluída. (...). E, assim sendo, face ao disposto no art. 77.º n.º 1 do DL 59/99, por não envolver qualquer alteração de cláusulas do caderno de encargos, a proposta que apresentou não podia ser considerada ou interpretada pelo dono da obra como consti-

---

ria exclusivamente relacionada com os preços e sua formação, nada tendo a ver com a qualidade dos produtos.

tuindo uma proposta condicionada, nomeadamente para efeitos de poder exigir ao concorrente a apresentação de uma outra proposta base nos termos do estabelecido no caderno de encargos"[860].

Um outro caso de proposta adjudicatária que viola o caderno de encargos e que, por isso é ilegal, foi apreciado no Acórdão de 08/09/2004 (P. n.° 890/04): "II – Viola o caderno de encargos, devendo, por isso, ser excluída, a proposta apresentada por um concorrente, na qual se indicam, para consignações correspondentes a várias fases de execução dos trabalhos da empreitada a concurso, meses diferentes dos que, para o efeito, o dono da obra previu e indicou no caderno de encargos"[861].

Ainda no âmbito de propostas que podem violar o caderno de encargos, num Acórdão do STA de 15/02/2005 (P. n.° 1311/04), o Tribunal voltou a frisar a necessidade de encontrar um sentido que permita salvar a proposta apresentada. A questão prendia-se com as características dos bens a fornecer. Exigia o caderno de encargos que "as viaturas de recolha e as suas superstrutura deviam ser concebidas de forma a não permitirem quaisquer derrames de líquidos", devendo as propostas referir estas características. Entendeu o Tribunal, em recurso, que a descrição, na proposta vencedora, referia a característica ao usar a expressão "100% estanque a líquidos".

---

[860] Também sobre o que seja uma proposta condicionada, vide o Acórdão do STA de 12/07/2005 (P. n.° 510/05), em cujo sumário se pode ler: "não tendo sido apresentada uma proposta condicionada, uti singuli (maxime com indicação de condições não previstas no caderno de encargos e indicação do valor que lhes atribui), mas sim uma mera proposta com indicação do prazo para execução da obra, abaixo do máximo previsto, tal não a converte, por tal motivo, em proposta condicionada, concretamente para os fins de se poder exigir que, para além dela teria que apresentar uma outra (proposta base – cf. v.g. art. 77.° do RJEOP)".

[861] São vários os Acórdãos que tratam este tipo de situações. Veja-se por exemplo o Acórdão do STA de 19/03/2003 (P. n.° 492/03): "III – Referindo-se no anúncio do concurso que não seriam admitidas propostas com alterações às cláusulas do caderno de encargos, é ilegal por violação daqueles princípios a admissão de uma proposta que não satisfaz um dos requisitos exigidos pelo caderno de encargos. (...) entre estas cláusulas incluiu-se a de que as máquinas deveriam ser equipadas com motores diesel de potência superior a 90 kw (cláusula 1 do ponto 20.1., cuja cópia consta de fls. 13). Assim, não tendo sido anunciada a admissibilidade de propostas em que as máquinas fossem equipadas com motores não superiores àquela potência, é ilegal, por força daquele art. 8.°, n.° 1, a aceitação de propostas em que as máquinas não fossem equipadas com motor que satisfizesse esse requisito. Por isso, a deliberação recorrida é anulável, por vício de violação de lei".

157. No âmbito do concurso público disciplinado no CCP, admitiu o legislador *"no caso de contratos de concessão de obras públicas ou de concessão de serviços públicos"* a possibilidade de existir uma fase de negociação antes da adjudicação[862]. O legislador previu a possibilidade de a negociação ser mais ampla (abrangendo todos os concorrentes) ou mais restrita, nos termos do n.º 2 do artigo 149.º

Quando seja o caso, o programa do concurso há-de indicar "se a negociação é restrita ou ampla e quais os aspectos sujeitos a negociação e os limites absolutos, bem como o modo de negociação". Estabelece o artigo 150.º: *"1 – Quando a entidade adjudicante decidir adoptar uma fase de negociação das propostas, o programa do concurso deve indicar, para além dos elementos referidos no artigo 132.º: a) Se a negociação é restringida aos concorrentes cujas propostas foram ordenadas nos primeiros lugares e, nesse caso, qual o número mínimo e máximo de propostas ou de concorrentes a seleccionar; b) Quais os aspectos da execução do contrato a celebrar que a entidade adjudicante não está disposta a negociar; c) Se a negociação decorrerá, parcial ou totalmente, por via electrónica e os respectivos termos. 2 – Em alternativa à indicação prevista na alínea a) do número anterior, o programa do concurso pode reservar, para o termo da fase de avaliação das propostas, a possibilidade de o órgão competente para a decisão de contratar adoptar uma fase de negociação restringida aos concorrentes cujas propostas foram ordenadas nos primeiros lugares"*. Sendo esta a hipótese, a fase de negociação segue as regras dos artigos 118.º, n.º 2, 119.º e 121.º, em particular a regra de que apenas os atributos das propostas relativos aos aspectos de execução estão em negociação.

Formalmente, os concorrentes têm de ser notificados com antecedência de três dias, sendo que a notificação deve conter o *"formato adoptado para as negociações"*[863]. As negociações devem ver-se reflectidas em acta[864].

O artigo 121.º estabelece a máxima proibição: a proposta final não pode violar os limites da negociação, sob pena de exclusão[865].

A este propósito podem colocar-se vários problemas que passamos a enunciar. Assim, que reflexos decorrerão para o contrato, em termos de

---

[862] Cfr. o disposto no n.º 1 do artigo 149.º
[863] Cfr. o disposto no n.º 2 do artigo 120.º
[864] Cfr. o disposto no n.º 3 do artigo 120.º
[865] Cfr. o disposto no n.º 2 do artigo 152.º

invalidade, se houver negociação sem que tal esteja mencionado no caderno de encargos? E se a negociação incidir sobre aspectos diferentes daqueles que estão mencionados no caderno de encargos? E se não houver notificação? Ou se esta for feita fora de prazo? E se não for observado o princípio da igualdade na negociação? Ou o dever de sigilo? E se houver a violação dos limites da negociação?

Há problemas que se reconduzem a causas de invalidade derivada. É o caso da falta de menção da negociação no caderno, desde que tal não tenha tido influência no conteúdo da proposta, se bem que o n.º 4 do artigo 152.º estabeleça que *"no caso previsto no número anterior, bem como no caso de o júri propor a exclusão das versões finais das propostas por ocorrer qualquer dos motivos previstos no n.º 2 do artigo 146.º, ou ainda no caso de não serem apresentadas versões finais das propostas, as respectivas versões iniciais mantêm-se para efeitos de adjudicação"*. A falta de notificação, bem como a notificação fora de prazo quando todos os concorrentes abrangidos pela negociação acabam por ter conhecimento, deverá redundar em irregularidade não invalidante. Sempre que a violação dos princípios e deveres colocar em crise grave a concorrência, deverá ter-se por causa de invalidade derivada. Contudo, quando a violação do princípio da igualdade tiver reflexos directos na proposta escolhida, há ainda causa de invalidade própria, se bem que por causa comum.

São contudo causas de invalidade própria as hipóteses de negociação sobre aspectos diferentes daqueles que constam do caderno de encargos, consubstanciando-se ou não em violação dos limites objectivos e imperativos, em particular quando se reflictam na proposta escolhida.

158. Também no âmbito dos concursos por negociação, que o CCP também contempla, a mesma questão se pode colocar quanto aos limites vinculativos à negociação: "O facto de as propostas apresentadas irem ser (em qualquer das modalidades vistas) objecto de discussão e negociação com os diversos proponentes, não significa que não haja restrições de natureza vária quanto ao alcance dessas negociações. Desde logo, não pode a negociação abstrair-se daquilo que eventualmente se dispõe no caderno de encargos, constituindo este, portanto, um primeiro limite ou restrição da mesma, salvo cláusula sua, ou do convite, em contrário"[866]. Isso mesmo

---

[866] MÁRIO ESTEVES DE OLIVEIRA/RODRIGO ESTEVES DE OLIVEIRA, *Concursos...*, cit., p. 219.

foi apreciado no Acórdão do STA de 25/01/2005 (P. n.º 47 307): "Limitando o programa de concurso o objecto da negociação apenas a alguns aspectos das propostas, estabelecendo que os restantes apenas seriam susceptíveis de pormenorização, é anulável o acto de adjudicação ao concorrente cuja proposta sofreu alterações nos aspectos não admitidos pelo programa do concurso". Em consequência e pela análise dos factos, decidiu o Tribunal que se tratou "de alterações de aspectos das propostas iniciais que, manifestamente, não são de pormenor, o que viola frontalmente o ponto 34, do Programa de Concurso, pelo ocorre o vício de violação de lei, arguido pelas recorrentes, o que, nos termos 135 e 133, n.º 2, al. i), do Código do Procedimento Administrativo, gera a anulabilidade dos actos de adjudicação e a nulidade do consequente acto de aprovação da minuta do contrato de concessão"[867].

159. Também é possível que as propostas sejam alteradas em consequência dos esclarecimentos solicitados. Foi uma questão deste tipo que foi decidida no Acórdão do STA de 13/05/2003 (P. n.º 581/03): "V – Apesar de serem admissíveis pedidos de esclarecimento pelo júri (art. 92.º, 3 do Dec.-Lei n.º 197/99, de 8/6) dos mesmos não pode resultar uma proposta diferente. VI – É diferente da apresentada inicialmente uma proposta de fornecimento omissa quanto a 8 sensores e quanto aos custos das infra-
-estruturas de construção civil de três das quatro estações meteorológicas em causa no concurso, e que após os esclarecimentos o interessado se compromete a fornecer os sensores omitidos e a construir as quatro estações pelo preço anteriormente oferecido. VII – A aceitação de uma proposta nas condições referidas em VI é assim violadora do disposto no art. 14.º, n.º 2 do referido Dec.-Lei n.º 197/99, de 8/6"[868]. Se dos esclare-

---

[867] *Vide* exactamente com o mesmo sumário o Acórdão do STA de 29/06/2006 (P. n.º 47 307).

[868] Vejamos a argumentação do Tribunal em concreto: "Parece-nos claro que a proposta, após esclarecimentos só continuará a mesma, quando a proposta final se *infira em termos jurídicos* (hermenêuticos) da proposta inicial. Esta inferência deve ser *jurídica* e não meramente lógico – formal, na medida em que, para tanto, é lícito o recurso a todos os elementos da interpretação da declaração negocial. Devemos, desde logo, atender ao disposto no art. 238.º, 1 do C. Civil, e nesta medida não pode a *"declaração valer com um sentido que não tenha um mínimo de correspondência no texto do respectivo documento, ainda que imperfeitamente expresso"*. No caso as razões determinantes da forma exigida (art. 14.º, 2 do Dec.-Lei n.º 197/99, de 8/6) – são, essencialmente, garantir igualdade dos concorrentes, a imparcialidade da Administração, a imutabilidade das propostas não sujei-

cimentos resultar proposta diferente, tal situação é geradora de invalidade se for a proposta adjudicatária.

160. Regressando à questão de cláusulas que violam o caderno de encargos, faz sentido referir o Parecer n.º 32/1988, de 13/10/1988, do Conselho Consultivo da Procuradoria Geral da República, a propósito de um contrato de fornecimento de bens médico-cirúrgicos, ainda no domínio de legislação hoje já revogada. Entendeu-se que integravam o preço, como elemento do conteúdo principal do contrato, as listas de preços unitários. Pode ler-se na 6.ª conclusão do referido parecer: "a falta de apresentação com as propostas das listas de preços unitários... é insanável, mesmo mediante ulterior apresentação em prazo que se fixasse, porquanto: a) não se trata de valores insignificantes, em termos absolutos e relativamente ao valor global das propostas, por isso, exigindo justificações parcelares que permitam análise rigorosa, singular e comparatística, das propostas; b) os equipamentos... são bens eventualmente absolescentes no largo prazo de execução do contrato – cerca de quatro anos – pelo que importa, na previsão de futuras substituições, ter à partida uma base segura de comparação dos valores unitários; c) a admissibilidade de ulterior apresentação das listas inutilizaria ou afectaria o princípio da igualdade dos concorrentes, possibilitando, eventualmente, em dano do segredo que legalmente se impõe na apresentação das propostas...". Foi ponderado o interesse público presente no sentido de entender que a violação da obrigação se reputaria como grave e insanável. O raciocínio consequente foi precisamente o de entender que a admissão ilegal destas propostas só converteria inválido o contrato se a proposta adjudicatária estivesse nestas condições. A verificar-se esta hipótese, o contrato celebrado enfermaria de um vício próprio, quanto ao conteúdo, sem prejuízo da invalidade da própria adjudicação[869].

---

tas a negociação e a transparência de todo o concurso. Assim, não podem admitir-se inferências válidas da proposta inicial, mesmo quando coincidam com a vontade real do proponente – cfr. n.º 2 do mesmo artigo – que não tenham um mínimo de correspondência no texto dessa proposta. No caso em análise, entendemos que a omissão dos dois sensores (em cada estação, portanto dos oito sensores) e dos custos da implantação das infra-estruturas de construção civil de três das quatro estações não estavam previstos na proposta, nem se poderiam inferir da mesma em termos lógico – jurídicos. Ou seja, a proposta inicial não tinha um mínimo de correspondência textual que permita concluir que os esclarecimentos já estavam contidos na sua compreensão".

[869] Neste mesmo Parecer sustenta-se que "na hipótese de vir a ser proferido acto de adjudicação a qualquer dos concorrentes indevidamente admitidos, este acto, enquanto

O vício seria próprio porque sempre se manifestaria nas cláusulas contratuais porque a necessidade de listas unitárias devia ser considerada uma cláusula do conteúdo principal do contrato, verificando-se a ilegalidade mesmo se não tivesse o contrato sido precedido de um procedimento de escolha de co-contratante. O contrato poderia subsistir sem a lista de preços? A resposta a esta questão é fundamental para saber da extensão da invalidade e do tipo da mesma. Se for determinante para o equilíbrio sinalagmático, a invalidade terá de ser nulidade e total.

161. Nos concursos públicos, qualquer proposta que viole frontalmente as directrizes do caderno de encargos é ilegal e não pode ser admitida[870]. Não sendo excluída, e se porventura pertencer ao concorrente adjudicatário, gera-se uma invalidade da adjudicação uma vez que a proposta escolhida é ilegal[871]. Não pertencendo a proposta ilegalmente admitida ao concorrente escolhido, entendemos que a ilegalidade se desvanecerá pois não chega aquela proposta a integrar o contrato. É esta a hipótese tratada no Acórdão do STA de 08/09/2004 (P. n.º 890/04) a propósito de um contrato de empreitada. A questão da desconformidade da proposta com o caderno de encargos: "viola o caderno de encargos, devendo, por isso, ser excluída, a proposta apresentada por um concorrente, na qual se indicam, para consignações correspondentes a várias fases de execução dos trabalhos da empreitada a concurso, meses diferentes dos que, para o efeito, o dono da obra previu e indicou no caderno de encargos. III – É ilegal a decisão que graduou em primeiro lugar o concorrente autor de proposta formulada nos termos referidos". Também no Acórdão do STA de 11/02/2003 (P. n.º 44 433), o Tribunal julgou anulável a adjudicação por a proposta não respeitar o requisito do preço mínimo, nas condi-

---

consequente da sua indevida e anulada admissão, <u>será nulo também</u>. E se o contrato <u>fosse celebrado</u> com qualquer desses concorrentes a anulação (?) da adjudicação <u>importaria a nulidade do contrato</u>". Parece-nos ser a aplicação do regime da alínea i) do n.º 2 do artigo 133.º do CPA e não o do n.º 1 do artigo 185.º

[870] Cfr. o disposto no artigo 70.º do CCP.

[871] *Vide* o Acórdão do TCA do Sul de 1/9/2004 (P. n.º 279/04), em que esta questão foi tratada, tendo o Tribunal decidido exactamente neste sentido. Os fundamentos foram a violação do princípio da transparência e da publicidade: "VI) – Ora, referindo-se o anúncio do concurso que não seriam admitidas propostas, com alterações às cláusulas dos cadernos de encargos, é ilegal, por violação dos princípios da transparência e da publicidade (art. 8.º, do DL 197/99, de 08-06), a admissão de uma proposta que não satisfez um dos requisitos exigidos pelo caderno de encargos".

ções estabelecidas no Caderno de Encargos: "estabelecendo-se na alínea a) do n.º 6 das CEJ do Programa do Concurso, como um dos critérios preferenciais, «o valor proposto para o preço do direito de superfície, num mínimo de 2.000.000$00 por ano, com lanços mínimos de 50.000$00», a proposta da recorrente, porque apenas no valor de 200.000$00 por ano, não podia ser adjudicada por, desde logo, ser incompatível com a referida cláusula. II – Com efeito, aquele limite, constitui um critério preferencial absoluto (negativo), porque excludente, visto que é o valor mínimo permitido".

Questão aproximada foi decidida no Acórdão de 19/02/2003 (P. n.º 1892/02), em que a adjudicação foi condicionada: o adjudicatário deveria cumprir a Directiva relativa à qualidade, directiva essa que constava do caderno de encargos. Entendeu o Tribunal que tal condição, porque referida a elemento imperativo do caderno de encargos, era ilegal. Pode ler-se no sumário do referido Acórdão: "o princípio da igualdade e da concorrência postula a consideração das propostas sempre e apenas pelo seu mérito relativo, em confronto com um padrão ou padrões iniciais imutáveis. III – Desse princípio decorre a exigência ou princípio da imutabilidade ou da intangibilidade das propostas, que proíbe que a proposta apresentada seja objecto de alterações ou correcções. IV – Deste modo, um acto de adjudicação sob a condição da proposta vencedora ser modificada para dar cumprimento a normas de qualidade (CNQ 23/93), deve se anulado por violação dos referidos princípios".

162. Nem sempre porém existirá uma desconformidade da proposta face ao caderno de encargos, ainda que os termos da mesma não coincidam exactamente com as determinantes publicitadas no documento concursal. Foi a situação tratada no Acórdão do STA de 22/01/2004 (P. n.º 03/ /04). Num concurso de empreitada de obras públicas, a proposta adjudicatária não se referia ao prazo de execução em dias, como constava do caderno de encargos, nem apresentava uma lista unitária de preços relativamente a alguns trabalhos. À primeira vista pareceria que a proposta em causa deveria ter sido desde logo excluída porque violava frontalmente as directrizes do caderno de encargos. Contudo, o Supremo Tribunal Administrativo, em sede de recurso, imbuído pela necessidade de aproveitamento útil da actuação administrativa e fazendo uso dos poderes interpretativos que lhe assistem no exercício da função jurisdicional, negou – e bem, na nossa perspectiva – provimento ao recurso. Assim, pode ler-se no corpo do Acórdão a propósito de cada um dos fundamentos invo-

cados para sustentar a ilegalidade da adjudicação: "nos termos do ponto 4 do anúncio e 13.7 do caderno de encargos, o prazo de execução da obra era de 540 dias de calendário" (número 2.° da matéria de facto) e nos termos do ponto 11 do programa do concurso era admissível proposta condicionada, com prazo de execução inferior ao estabelecido" (número 5.°). A proposta vencedora era uma proposta condicionada que previa como prazo de execução da empreitada o de 10 meses. Entende a recorrente que esta indicação do prazo em meses era ilegal pelo facto de o regulamento do concurso (aviso e programa) fixarem o prazo de execução da empreitada em dias. Mas não é assim. Com efeito, tal como se decidiu, nada impunha que na proposta condicionada se tivesse de respeitar a mesma fórmula. Isto é, ao admitir-se a possibilidade de propostas condicionadas, sem restrições, estava a admitir-se a possibilidade de os respectivos prazos de execução observarem qualquer hipótese possível de medição do tempo. A indicação em meses (10) não implicava, portanto, a violação do regulamento do concurso, de nenhum preceito do DL 59/99, nem tão pouco, de qualquer dos princípios jurídicos indicados pela recorrente". E a respeito do segundo dos fundamentos, decidiu o Tribunal: "nos termos do ponto 9 do anúncio a empreitada era por série de preços (número 3.° da matéria de facto) e do programa do concurso consta, no seu ponto 10, que a empreitada era por série de preços, devendo a proposta de preço ser acompanhada pela lista de preços unitários que lhe serviu de base (número 4.°). O preço final da empreitada será, assim, o produto de cada preço unitário indicado por cada espécie de trabalho pela quantidade respectiva de trabalho realizado. Refere a recorrente que a proposta vencedora, para alguns dos trabalhos a realizar, não apresentou o preço unitário, o que seria violador das regras do concurso designadamente a que estipulou que a empreitada seria por série de preços. Mas não é necessariamente assim. Na verdade, a recorrida particular na sua proposta, não indicou os preços para alguns dos itens de trabalhos a realizar (irrelevantes no contexto geral), ou melhor, indicou como preço o de zero escudos. Só que logo precisou que o valor de cada um desses itens fora incluído noutros, que identificou, com eles relacionados, e por ter entendido que esses trabalhos não eram realizáveis autonomamente mas apenas em conjunto com esses outros, o que é perfeitamente compreensível. Indicar-se o preço unitário de um produto complexo mais não é do que afirmar-se que o preço desse produto é o somatório das unidades individualizáveis que o compõem (por exemplo, se no caderno de encargos, para um tecto falso são referidos os preços do tecto propriamente dito e outro para as respectivas amarrações à placa, não se viola a regra da obrigatoriedade da indicação dos preços unitários se na respectiva proposta se disser amarrações zero escudos e tecto falso x referindo-se estar aí incluída a respectiva amarração, pois esta só existe com aquele)"[872]. Ou seja, na avaliação do que seja violador de prescrições do caderno de encargos não pode o critério ater-se a uma mera comparação literal entre a proposta e as referidas prescrições. Tem a Administração Pública o dever de ler a proposta com suficiente diligência e amplitude para a compatibilizar com as suas exigências. Obviamente com limites. Mas uma proposta literalmente diversa de alguma ou algumas prescrições do caderno de encargos não significa à partida uma proposta susceptível de ser excluída. Haverá, repete-se, de se interpretar a proposta, ponderando se a sua formulação comporta razoavelmente um sentido que se harmoniza com as exigências do caderno de encargos. E se assim for, há mesmo o dever, por força do princípio da legalidade, de não a excluir.

De modo diferente decidiu – e também aqui nos parece acertada a decisão – o Tribunal Central Administrativo Central, no seu Acórdão de 17/11/2005 (P. n.º 112/05). A questão que importava resolver era "a de saber se a proposta das Autoras viola o Caderno de Encargos ou o Programa do Concurso, à luz do esclarecimento prestado pelo júri do concurso (referido supra em h) da matéria de facto) por apresentar um preço fixo – não variável em função das quantidades de RSU recolhidas – relativo à prestação do serviço de fornecimento, manutenção, substituição, lavagem e desinfecção de contentores e baldes, sendo, desse modo inaceitável, ou se, pelo contrário, em nada essa proposta contraria os documentos concursais, devendo por isso ter sido aceite e classificada, após

---

[872] No mesmo sentido se havia já pronunciado o STA, em Acórdão de 16/8/2001 (P. n.º 47 982), tendo concluído que "I – À luz do estabelecido no DL n.º 59/99, de 2/3, a falta de indicação, na lista de preços unitários, do preço correspondente a uma das espécies de actividades, se equivaler ao compromisso da realização dessa tarefa sem contrapartida directa, não determina necessariamente a desconsideração da respectiva proposta. II – Só assim não será se os factores, critérios ou parâmetros de avaliação das propostas obrigarem à análise comparativa dos preços parcelares atribuídos àquela espécie ou se for claro que a omissão desse preço é susceptível de se repercutir na boa execução da empreitada". Aliás, este Acórdão entendeu inclusive ser ilegal "não se considerar uma proposta, traduzida num preço global e inteligível, com o fundamento de que ela carecia de um preço parcelar, desde que o preço omitido respeitasse ao fornecimento e colocação de uma porta de um certo tipo e nenhum dos factores intervenientes na avaliação das propostas incidisse sobre o preço em falta ou sobre a respectiva actividade".

comparação com as demais propostas admitidas". Ora, face aos esclarecimentos prestados pelo júri do concurso, "não bastaria indicar os três preços referidos na alínea b) do n.º 2 do art. 8.º do Programa do Concurso. **Era ainda necessário que um desses preços – o preço unitário global** (isto é, o que resulta da soma dos preços unitários propostos para cada um dos serviços integrados no contrato, v.g. o preço unitário da prestação do serviço de recolha e transporte de resíduos sólidos urbanos e o preço unitário da prestação do serviço para fornecimento, manutenção, substituição, lavagem e desinfecção de contentores e baldes) – **fosse susceptível de ser multiplicado pelas quantidades, de resíduos sólidos efectivamente recolhidas**. (...) Deste modo, a **proposta das AA. ao incluir no preço unitário global uma parcela relativa a serviço que não seria cobrável proporcionalmente à quantidade de RSU recolhidas, viola aqueles documentos concursais.**". Sublinhou o Tribunal que "no concurso público, os pressupostos da especificação do preço do serviço a adquirir e respectiva facturação clausulados no Programa de Concurso e Caderno de Encargos são de observâncias obrigatória, sob pena de exclusão da proposta, por constituírem o suporte respeitante ao conteúdo substantivo e formalidades a observar em sede de propostas pelos concorrentes – cfr. arts. 42.º, 88.º n.º 1, 89.º e 106.º n.º 3 do DL 197/99 de 8.6".

163. A desconformidade da proposta pode porém ser em relação a normas hierarquicamente superiores. Foi a hipótese tratada no Acórdão de 29/04/2004 (P. n.º 2063/03). Num concurso para fornecimento de refeições à Obra Social do Ministério das Obras Públicas Transportes e Habitação (OSMOP) e à Escola Náutica Infante D. Henrique, o STA entendeu, em sede de recurso jurisdicional, que "o acto recorrido, que aprovou a adjudicação à recorrida... do fornecimento de refeições para todos os refeitórios postos a concurso, cuja proposta apresentava um preço unitário de refeição do € 2,51, com o custo de € 1 para os géneros incorporados (ou seja, muito menos que a percentagem de 60% legalmente exigida) é ilegal, por violar, nomeadamente, o preceituado no ponto 2.11.1. do Anexo 3 à Portaria 155/96 de 16 de Maio, reproduzido na cláusula 2.1.11. do Caderno de Encargos". Foi também uma questão de desconformidade da proposta adjudicatária com o caderno de encargos que o Acórdão do STA de 19/03/2003 (P. n.º 493/03) resolveu no sentido da ilegalidade: "no caso em apreço, no anúncio do concurso estabelecia-se que não seriam admitidas propostas com alterações às cláusulas do caderno de encargos (ponto

5 do anúncio, cuja cópia consta de fls. 15) e entre estas cláusulas incluiu-se a de que as máquinas deveriam ser equipadas com motores diesel de potência superior a 90 kw (cláusula 1 do ponto 20.1., cuja cópia consta de fls. 13). Assim, não tendo sido anunciada a admissibilidade de propostas em que as máquinas fossem equipadas com motores não superiores àquela potência, é ilegal, por força daquele art. 8.º, n.º 1, a aceitação de propostas em que as máquinas não fossem equipadas com motor que satisfizesse esse requisito. Por isso, a deliberação recorrida é anulável, por vício de violação de lei". Ainda um exemplo de alteração ilegal de proposta consta do Acórdão do STA de 03/04/2002 (P. n.º 277/02). A questão fundamental era a de saber se, num concurso em que se admitiam variantes, a declaração de uma "menos valia" numa cláusula de preço violaria o princípio da intangibilidade da proposta por poder ser considerada uma condição, o que, a verificar-se, tornava a proposta incerta. O tribunal de primeira instância entendeu que a referida declaração era legal face aos dados do concurso. O STA contudo decidiu que a Comissão de Avaliação das propostas entendera tal declaração não como adicional mas como uma correcção da proposta de preço pelo que "é irrecusável que a consideração da referida «menos valia» na apreciação da proposta retirou a esta os requisitos de firmeza e certeza, indispensáveis à necessária comparação com as dos restantes concorrentes, segundo os princípios da transparência e da imparcialidade", pelo que "a proposta das recorridas particulares, tal como foi considerada e apreciada pela Comissão de Avaliação, não era legalmente admissível"[873]. Tendo sido a proposta escolhida, a adjudicação é ilegal quanto ao conteúdo.

No Acórdão do STA de 14/10/2004 (P. n.º 1921/02), o Tribunal anulou a deliberação de adjudicação de concessão de obra pública pelo prazo de 25 anos por a lei prever como prazo máximo o de 20 anos: "II – Por força do disposto nos artigos 40.º e 11.º, respectivamente, do Decreto-Lei n.º 100/84, de 29 de Março, e do Decreto-Lei n.º 390/82, de 17 de Setembro, tal concessão não poderia ser por prazo superior a 20 anos. III – Assim, a referida deliberação é anulável, por violação destes preceitos legais"[874].

---

[873] No mesmo sentido, MÁRIO ESTEVES DE OLIVEIRA/RODRIGO ESTEVES DE OLIVEIRA, *Concursos...*, cit., p. 367, nota 17.

[874] Poderá eventualmente discutir-se se o prazo de concessão não será elemento essencial do objecto ou se a concessão por prazo superior constitui objecto impossível. Contudo, também é possível advogar que o aproveitamento dos actos poderia ter ditado

Ao abrigo do CCP, a questão do prazo das concessões está regulado de forma distinta. O n.º 1 do artigo 410.º deixa a fixação do tempo a cargo das partes na medida em que o acordo integre o pressuposto legal: "período de tempo necessário para amortização e remuneração, em normais condições de rendibilidade". Contudo, o n.º 2 do mesmo normativo estabelece um limite absoluto: o prazo máximo será de 30 anos, incluindo prorrogação, na ausência de estipulação contratual. Portanto, as questões de validade que se colocam prendem-se com a violação do pressuposto previsto no n.º 1. Já as hipóteses de violação do prazo que se colocavam antes são mais difíceis de configurar porquanto a fixação do prazo deixa de estar vinculadamente prevista na lei. Excepto se se entender que o prazo referido no n.º 2 funciona como limite absoluto para a resolução da questão.

164. O CCP não trata estas questões nos mesmos moldes que a legislação anterior. A desconformidade das propostas com as peças do procedimento pode assumir diferentes contornos. Assim, o relatório de análise de propostas que está previsto no artigo 146.º no âmbito do concurso público está subordinado à obrigação de exclusão de propostas que, entre outras razões, violem prescrições do caderno de encargos. Referimo-nos em particular às situações em que são apresentadas variantes, quando tal não é admissível ou quando são apresentadas em número superior ao admitido[875], quando são *"apresentadas como variantes quando, apesar de estas serem admitidas pelo programa do concurso, não seja apresentada a proposta base"*[876], quando são *"apresentadas como variantes quando seja proposta a exclusão da respectiva proposta base"*[877] e aquelas *"cuja análise revele alguma das situações previstas no n.º 2 do artigo 70.º"*, ou seja, as situações que levam à exclusão da proposta[878]. Incluem-se propostas que não apresentem os atributos submetidos à concorrência, quaisquer violações dos parâmetros base fixados no caderno de encargos, impossibilidade de avaliação das propostas devido ao modo de apresentação de certos atributos, preço superior ao preço base do procedimento, preço

---

a situação de redução do prazo para o prazo legal. A objecção aqui é a de que o incumprimento do prazo vem da Administração e não da proposta adjudicada.

[875] Cfr. o disposto na alínea f), do n.º 2 do artigo 146.º
[876] Cfr. o disposto na alínea g) do n.º 2 do artigo 146.º
[877] Cfr. o disposto na alínea h) do n.º 2 do artigo 146.º
[878] Cfr. o disposto na alínea o) do n.º 2 do artigo 146.º

anormalmente baixo que não seja justificado ou não seja considerado, que violem normas hierarquicamente superiores ou que falseiem a concorrência.

A não exclusão das propostas nestas condições só se converterá em causa de invalidade própria do contrato, por causa comum à adjudicação, se vier a ser a proposta adjudicatária. A única solução razoável à luz da *ratio* dos normativos envolvidos será a nulidade do contrato. A invalidade poderá contudo ser parcial, dependendo da análise casuística. Apesar de o artigo 70.º determinar, ao tempo da análise, a exclusão das propostas, poderá, consoante o caso, tratar-se de hipóteses em que a substituição da cláusula pela norma violada seja possível, caso em que deverá ser a atitude preferencial, desde que, em última instância nunca se coloque em causa a concorrência[879].

5.2.3. Das causas ligadas à emanação da adjudicação

165. Neste ponto analisaremos as questões que se prendem com directrizes para a adjudicação especificamente estabelecidas para situações particulares.

Quando, nas hipóteses de propostas com preço anormalmente baixo, os esclarecimentos não são prestados e se dá a exclusão da proposta, existe um vício que pode inquinar todo o procedimento e por consequência a adjudicação. Viola a entidade competente um requisito da apreciação das propostas que inquina o conteúdo da adjudicação. No caso de adjudicação em erro sobre a existência das circunstâncias que justificam o preço anormalmente baixo, a adjudicação será inválida. Quanto a esta específica razão de invalidade da adjudicação, que se relaciona com o conteúdo da mesma, o contrato poderá igualmente ser inválido, não por invalidade derivada da da adjudicação, mas porque residindo o vício invalidante no conteúdo do acto, é o conteúdo do contrato, na medida em que comunga da proposta vencedora, que é inválido. Tratar-se-á de um vício próprio do contrato e comum à adjudicação.

166. Nos concursos por negociação, podem surgir mais vícios quanto ao conteúdo e já não tanto por causa do procedimento que se deve se-

---

[879] Adiante retomaremos detalhadamente a questão na perspectiva do regime de invalidade.

guir[880-881]. A questão do limite constante do objecto foi tratada, por exemplo, no Acórdão do Pleno do STA de 28/01/2004 (P. n.º 48 396), em que o Tribunal se pronunciou sobre a validade da adjudicação de um contrato de fornecimento de helicópteros. Sendo que a questão da validade estava precisamente ligada à questão da amplitude da negociação – sobre o quanto se podia negociar – o Tribunal sublinhou "«os amplos poderes negociais» conferidos à comissão do concurso", nos quais se devia ter por incluída a possibilidade de pedir esclarecimentos a um dos concorrentes porque se tinha dado oportunidade a todos os que se encontravam a negociar de apresentar "a sua derradeira proposta". No mesmo Acórdão, o Tribunal entendeu ser admissível que "quando o concorrente, prevendo a adjudicação parcial, menciona na sua proposta que se tal acontecer o compromisso de contrapartidas deverá ser «ajustado proporcionalmente»". Ou seja, entendeu o Tribunal ser possível a aposição de condições à proposta final.

Uma vez que se deve negociar com todos os concorrentes simultaneamente, as hipóteses de vícios de vontade são mais prováveis. Desde logo, entre os concorrentes é possível o conluio para, por exemplo, forçarem a Administração a alterar uma ou outra cláusula do caderno de encargos, ou inflacionarem todos os preços, em manobras de cartelização, o que prejudicaria seriamente o interesse público. Todas as situações concretas que se possam reconduzir a esta influência indevida só podem redundar numa invalidade total e de tipo nulidade, não pelo conteúdo, mas porque é o próprio procedimento de formação do consenso do contrato que está irremediavelmente inquinado. Excepção feita se o vício se revelar no conteúdo.

---

[880] É certo que a lei estabelece ainda algumas directrizes procedimentais que, quando imperativas e não observadas, darão origem a vícios procedimentais da adjudicação que, no entanto, poderão apenas redundar em irregularidades não invalidantes.

[881] Segundo a legislação revogada, neste tipo de concurso "o dono da obra negoceia directamente as condições do contrato" (cfr. o disposto no n.º 4 do artigo 47.º do RJEOP). sendo que no RJDP, o n.º 4 do artigo 143.º estabelecia o limite absoluto da negociação: a proposta final, depois das negociações, não podia ser globalmente menos favorável para a Administração do que a proposta inicial. Mas também o objecto era limite da negociação: não se podia negociar um objecto diferente do que aquele que foi posto a concurso. O que significa que as directrizes dadas pelo ente público não eram negociáveis ou eram-no apenas na justa medida em que abriam a possibilidade de se apresentarem condições nas propostas.

O conluio é igualmente possível entre a Administração e um (ou mais) concorrente(s). A verificar-se tal hipótese, não temos dúvidas que todo o procedimento de formação do contrato está definitiva e irremediavelmente inquinado e o contrato só poderá ser nulo e por causa própria.

São igualmente pensáveis situações de erro e de dolo, em particular entre os concorrentes, estando portanto em causa a tutela da concorrência[882]. Podem os concorrentes, na fase da negociação, para além do que é juridicamente lícito, dissimularem as propostas uns dos outros, com ou sem conhecimento ou conivência do ente público, com vista a induzir em erro os demais concorrentes e forçá-los até a retirar-se da negociação. É do mesmo passo equacionável a hipótese de os documentos do concurso, elaborados pela Administração, induzirem em erro os concorrentes. Imagine-se que uma previsão de material constante do caderno de encargos conduz a um determinado cálculo de despesa para os concorrentes. Tal previsão constitui a base inicial de negociação das proposta quanto àquele aspecto. Ora se tal previsão estiver errada, tal erro contamina a formação da vontade dos concorrentes e por conseguinte do adjudicatário, contaminando consequentemente a proposta quanto a esse aspecto[883]. Tais vícios, se bem que se manifestem logo na adjudicação, também resultarão em vícios do contrato. Sempre que o erro incida sobre elementos essenciais do contrato, como sejam o preço nas empreitadas ou as características dos bens, num contrato de fornecimento, a invalidade do contrato tem de ser a consequência inevitável. O tipo de invalidade pode ser o mais grave dependendo da lesão do interesse público envolvido. No caso do preço, está em causa o equilíbrio financeiro. Se o erro provier da Administração, a solução há-de passar pela obrigação de readequação com direito a indemnização por danos. E se o erro afectar todos os concorrentes, a revogação da adjudicação impõe-se. Se o erro provém do particular, não haverá lugar a indemnização, mas o interesse público impõe uma reapreciação da situação criada.

---

[882] A questão era disciplinada na alínea b) do n.º 1 do artigo 57.º do RJDP. Na lei actual, a questão é abordada claramente na alínea g) do n.º 2 do artigo 70.º

[883] A hipótese, académica no texto, baseou-se na questão decidida pelo Tribunal Arbitral, a propósito da obra hidráulica Beliche-Eta de Tavira, em que foram árbitros DIOGO FREITAS DO AMARAL, FAUSTO QUADROS e JOSÉ CARLOS VIEIRA DE ANDRADE (*in Aspectos Jurídicos da Empreitada de Obras Públicas*, Almedina, Coimbra, 2002, pp. 195 e ss.). De sublinhar que o diferendo se colocou na fase de execução da obra.

167. Nas hipóteses que a lei admite a alteração de propostas, é possível que surjam não só vícios específicos em particular quanto à regularidade do consenso gerado, mas também se não forem observados os limites das alterações que a lei impõe. Estas hipóteses, como dissemos, inserem-se já no procedimento pré-contratual do contrato pelo que remetemos a análise para aí.

168. Ainda no âmbito estrito da adjudicação, cabe apreciar como a violação das regras de não adjudicação gera invalidades e se elas se comunicam ao contrato ou lhe são comuns, nos termos do que dispõe o artigo 79.º do CCP.

Desde logo, a formulação legal de algumas das circunstâncias impositivas de não adjudicação conferem poderes discricionários à Administração, podendo então a esse propósito surgir vícios relacionados com a prossecução do fim de interesse público e da juridicidade do princípio da imparcialidade. Se a Administração não preencher convenientemente as cláusulas justificativas, poderão colocar-se hipóteses de desvio de poder ou violação do princípio da imparcialidade que invalidarão a adjudicação. A verificar-se a hipótese é a adjudicação que é praticada fora das circunstâncias que a lei permite. Claro que se a circunstância que a Administração entende não estar verificada se relacionar com o conteúdo da proposta, o vício passará a ser também do contrato. Só que aí não por violação dos princípios relacionados com o exercício do poder discricionário mas porque o conteúdo da proposta – conteúdo do contrato – é ilegal[884]. Pensamos ser o caso de existir adjudicação apesar de ser necessário "alterar aspectos fundamentais das peças" por circunstâncias imprevistas.

Naquelas circunstâncias em que a Administração não adjudica, invocando esta circunstância, o Tribunal poderá eventualmente sindicar os limites externos dessa decisão: verificar da proporcionalidade, adequação, necessidade da não adjudicação. Mas quanto à decisão de adjudicar em circunstâncias que ditariam a não adjudicação parece-nos que a intervenção judicial violaria o princípio da separação dos poderes, entrando de forma inadmissível na função administrativa. Excepção feita às situações em que é "público e notório" que a Administração devia não adjudicar[885].

---

[884] Ainda que possa estar envolvido o exercício de poderes discricionários.
[885] Serão situações limite como os casos de imprevisão em que por exemplo um raro fenómeno geotécnico como um "fenómeno geológico da liquefacção dos siltes", questão

169. É ainda possível colocar a hipótese de a adjudicação ser sujeita a condição. Tratando-se, como se trata, de um acto administrativo, à partida nada impede que possa ser sujeita a condição[886]. Colocam-se questões de validade se a condição imposta for ilegal. A este propósito debruçou-se o STA no Acórdão de 18/04/2002 (P. n.° 29 891), colocando hipóteses na perspectiva da lesão dos concorrentes. A primeira delas é a negociação de alterações à proposta, projecto ou variante nos limites legais. "Mais delicada é a situação de imposição pelo dono da obra de alterações ao concorrente preferido, como condição para a celebração do contrato. Ou tais alterações, afrontando o princípio da intangibilidade das propostas, apenas lesam tal concorrente no seu direito de contratar nas condições da sua escolhida proposta, mais vantajosa que a dos restantes concorrentes, e, em tal situação poderá o acto condicional estar inquinado de vício de violação de lei, mas invocável apenas pelo lesado...; ou tal condição tocando em elementos que hajam sido decisivos ou determinantes da escolha, pode subverter a própria essência do concurso, situação de eventual ilegalidade invocável, aqui, pelos restantes concorrentes lesados com a eventual fraude à lei, ou aos parâmetros do concurso". A situação concreta que motivou a decisão judicial prendia-se com a condição de redução do preço, sendo que o critério decisivo da escolha era a "valia técnica do projecto"[887]. Mas trata-se de questão que bole com a invalidade própria do contrato, uma vez que diz respeito ao conteúdo da adjudicação[888].

---

tratada no Acórdão de 19/02/2003 (P. n.° 1031/02), em que os conhecimentos técnicos demonstram impedir o alicerçamento da obra concursada durante algum tempo. A situação tratada no Acórdão pressupunha já a outorga contratual. Mas imagine-se a hipótese a ocorrer antes da adjudicação.

[886] Cfr. o disposto no artigo 121.° do CPA. Neste sentido, ALEXANDRA LEITÃO, *A Protecção...*, cit., p. 217.

[887] ALEXANDRA LEITÃO sustenta a recorribilidade da adjudicação sujeita a condição, mesmo que esta seja suspensiva, porque o efeito principal – a exclusão dos demais concorrentes – se verifica (*in A Protecção...*, cit., p. 217). A A. sustenta a sua posição em jurisprudência: Acórdãos do STA de 31/03/1998 (P. n.° 33 602) e 15/04/1999 (P. n.° 29 891).

[888] O STA, a propósito da invalidade de cláusulas acessórias e seu reflexo no acto administrativo (conteúdo principal), disse quanto ao modo: "a invalidade do modo (contrário à lei) apenas determina a invalidade de todo o acto, quando tal elemento acessório tenha funcionado como motivo determinante da prática ou do conteúdo essencial do acto, ou quando seja possível concluir que a Administração não quereria o acto principal sem a parte inválida", (Acórdão do STA de 3/06/2003, P. n.° 45 851).

5.3. Das causas exclusivas do contrato[889]

5.3.1. *Dos vícios quanto ao sujeito*

5.3.1.1. *Do sujeito público*

170. Nos vícios quanto ao sujeito, para além daqueles que podem surgir por causas comuns à adjudicação, decorrentes de indisponibilidades, por parte do parceiro privado, surgidos quer da criação indevida de critérios atinentes à capacidade e determinantes na escolha do adjudicatário, quer por violação da proibição da valoração da capacidade aquando da apreciação da proposta, é também possível equacionar os vícios do ente público contratante.

Além daqueles que são comuns aos actos pressupostos e que já referimos, em particular quando existe identidade entre quem decide contratar, adjudica e contrata e o vício não é sanado[890], é possível existirem vícios exclusivos do contrato, quanto ao sujeito, exclusivamente gerados em momento pós-adjudicatório.

171. No âmbito do CCP, não há a fase da aprovação da minuta com a configuração que estava prescrita na legislação anterior[891]. O n.º 2 do artigo 64.º RJEOP apontava as razões que justificavam esta aprovação. Tratava-se de uma forma de controlo prévio de legalidade: quer quanto à legalidade financeira do conteúdo do contrato (alínea a)), quer quanto à tutela do interesse público (alínea b)) quer quanto à legalidade do procedimento (alínea c)).

---

[889] Inicia-se o último segmento do procedimento de formação do contrato, agora sem qualquer relação com questões de concorrência. Sublinhando precisamente este aspecto, BARBARA MARCHETTI, *Annullamento dell' Aggiudicazione...*, cit., p. 113.

[890] Que será a situação comum à luz do CCP.

[891] Nos contratos abrangidos pelo RJDP, antes do envio da minuta ao parceiro contratual, era necessário que ela fosse aprovada pela entidade competente para autorizar a despesa (cfr. o disposto no artigo 64.º do RJDP). Mas este acto administrativo só era necessário caso o contrato estivesse obrigatoriamente sujeito à forma escrita. A obrigação retira-se por argumento *a contrario* do artigo 59.º do RJDP.

No Acórdão do STA de 28/1/1997 (P. n.º 39 840), tirado a propósito de um contrato de exploração exclusiva no âmbito autárquico, sustentou o Tribunal: "a deliberação camarária que aprova a minuta de contrato destinada a ser remetida à Assembleia Municipal para efeitos de ser autorizada a contratação, não corporiza uma decisão de contratar, mas mero acto interno".

O acto administrativo de aprovação insere-se na categoria de actos administrativos que desencadeiam a eficácia de outros actos administrativos. A minuta não é um acto administrativo. Assim, a aprovação a que se referia (refere) a lei tem funções particulares e que no fundo se destina a legitimar a continuação do procedimento conducente à celebração do contrato. Depois de cumpridas as funções que a própria lei enunciava. Trata-se por isso de uma designação "imprópria", devendo entender-se a aprovação como a assunção do acto (minuta) e não o desencadear da respectiva eficácia[892].

172. No CCP, o artigo 98.° regula a questão da aprovação da minuta, impondo-a a cargo da entidade que delibera contratar, quando a celebração do contrato implique a redução a escrito. Dependendo da existência ou não de caução, varia o momento em que tem lugar a aprovação. Continua porém a desempenhar uma função de controlo sobre o conteúdo, se está conforme à decisão de contratar e aos demais documentos. Existe uma obrigação genérica de menção das condições excluídas[893]. Trata-se por conseguinte de funções distintas daquela que *supra* enunciamos no domínio da lei anterior. As considerações sobre a influência no contrato parecem manter-se. Até porque as consequências para o conteúdo das funções de controlo da aprovação estão salvaguardadas por outra via. Trata-se de outra dimensão.

Equacionemos então hipóteses associadas a esta questão. O primeiro cenário a colocar será aquele em que não há aprovação da minuta e se segue a outorga contratual. Embora possa parecer uma situação esquizofrénica (recorde-se a regra da identidade entre quem aprova a minuta e outorga o contrato), detenhamo-nos um breve momento a considerar academicamente a hipótese. A não aprovação dita o fim do procedimento de formação do contrato, impedindo a outorga do mesmo, convertendo a minuta não aprovada em contrato outorgado. Não pode tratar-se de uma situação de ineficácia. A questão coloca-se ao nível invalidade. Um outro cenário é aquele em que a aprovação da minuta é, por qualquer razão, inválida. Se for nula, não produz efeitos jurídicos, pelo que, fora a situação de esquizofrenia, a situação é semelhante à da inexistência de aprovação. Se for anulável, a questão passa a analisar-se em moldes de precariedade do acto. Em qualquer das hipóteses, quando se verifica a regra da

---

[892] VIEIRA DE ALMEIDA & ASSOCIADOS, *Código dos Contratos Públicos e Legislação Complementar – Guias de Leitura e Aplicação*, Almedina, Coimbra, 2008, p. 503
[893] Cfr. o disposto no n.° 2 do artigo 98.° do CCP.

identidade de sujeitos actuantes, a continuidade do procedimento de formação do contrato, com a outorga, parece indiciar que o órgão competente, apesar da irregularidade (em sentido amplo), teria aprovado ou teria aprovado validamente, pois prosseguiu com a outorga de um contrato, cujas cláusulas coincidem com a minuta.

5.3.1.2. Do sujeito privado

5.3.1.2.1. Quanto à regularidade jurídico-privada civil[894]

173. Quanto ao co-contratante privado, teremos então que averiguar da sua capacidade jurídico-civil e comercial. Os vícios que se verificarem nesta sede deverão ter a sua apreciação à luz do respectivo regime estatutário.

No que concerne aos requisitos jurídico-privados, há que sublinhar que nos contratos em apreciação, normalmente o co-contratante assume a forma de pessoa colectiva, devendo encontrar-se, nesse prisma, regularmente constituída segundo as regras do Código Civil. O ordenamento jurídico reconhece, além das pessoas físicas, como sujeitos jurídicos, pessoas colectivas, nascidas de um acto de criação autónomo[895]. "As pessoas colectivas são organizações constituídas por uma colectividade de pessoas ou por uma massa de bens, dirigidos à realização de interesses comuns ou colectivos, às quais a ordem jurídica atribui a personalidade jurídica"[896]. As pessoas colectivas regem-se, quanto à capacidade jurídica, pelo princípio da especialidade do fim, que se encontra previsto no artigo 160.º do Código Civil[897]. Na hipótese remota de as pessoas colectivas actuarem contra o fim, o contrato assim outorgado sofreria as consequências que são cometidas aos actos jurídicos praticados sem capacidade jurídica pelas pessoas singulares. Contudo, cabe sublinhar que "uma pessoa colectiva não pode apresentar incapacidades de exercício [coincidindo] a extensão ou âmbito da capacidade de gozo e capacidade de exercício"[898].

---

[894] Esta determinante, bem como a regularidade jurídico-privada comercial, em nada se relacionam com o procedimento de escolha do co-contratante.

[895] E. HÖRSTER, A Parte Geral..., cit., p. 370, n.º 593.

[896] MOTA PINTO, Teoria..., 4.ª Ed., cit., p. 269.

[897] Os artigos 158.º e ss. do Código Civil regem a personalidade e capacidade jurídicas das pessoas colectivas.

[898] E. HÖRSTER, A Parte Geral..., cit., p. 391, n.º 626.

5.3.1.2.2. *Quanto à regularidade jurídico-privada comercial*

174. Normalmente, o co-contratante da Administração é uma pessoa colectiva privada mas comerciante, assumindo a forma de sociedade comercial[899]. Por conseguinte, são convocadas para o estudo as regras relativas à regularidade comercial. Até 2005, a sociedade comercial devia ser constituída por escritura pública, adquirindo personalidade jurídica através do registo comercial. Têm portanto personalidade jurídica a partir do registo e na justa medida da "prossecução do seu fim"[900]. Com o Decreto-Lei n.º 111/2005, de 8/7, foi estabelecido um regime especial de constituição imediata de sociedade comercial e civil sob a forma comercial do tipo de quotas e anónimas. A personalidade jurídica continua a adquirir-se com o registo. Contudo, a escritura pública encontra-se dispensada[901]. De qualquer modo, o CSC, alterado pelo Decreto-Lei n.º 76-A//2006, de 29/3, deixou de prescrever a escritura pública[902]. Basta actualmente a celebração por escrito da sociedade com reconhecimento presencial das assinaturas para a regularidade formal.

É contudo também verdade que normalmente não é apenas uma sociedade comercial que constitui a contraparte da Administração, mas mais do que uma sociedade, muitas vezes com a obrigação de formarem (ao tempo do concurso ou para efeitos do contrato) um consórcio[903]. Segundo a opinião maioritária da doutrina[904], o consórcio não consubstancia uma nova forma de sujeito jurídico mas antes um "mero instru-

---

[899] As sociedades comerciais têm por objecto a prática de actos de comércio (cfr. o disposto no artigo 1.º do Código das Sociedades Comerciais (CSC)).

[900] Cfr. o disposto no artigo 6.º do CSC.

[901] Cfr. o disposto na alínea c) do artigo 8.º do Decreto-Lei n.º 111/2005, de 8/7.

[902] Cfr. o disposto no artigo 7.º do CSC.

[903] O consórcio e o agrupamento complementar de empresas encontram-se disciplinados no Decreto-Lei n.º 231/81, de 28 de Julho.

Sobre a figura na doutrina portuguesa, *vide* JOSÉ A. ENGRÁCIA ANTUNES, *Os Grupos de Sociedades – Estrutura e Organização Jurídica da Empresa Plurissocietária*, 2.ª Ed., Revista e Actualizada, Almedina, Coimbra, 2002, pp. 94-95; PAULO SOUSA VASCONCELOS, *O Contrato de Consórcio no Âmbito dos Contratos de Cooperação entre Empresas*, Studia Iurica, n.º 36, Coimbra, 1999.

[904] Não consideram que o consórcio seja uma pessoa jurídica, mas apenas um instrumento contratual, RAÚL VENTURA, *Primeiras Notas sobre o Contrato de Consórcio*, ROA, 1981, ano 41, pp. 651 e 678; OLIVEIRA ASCENSÃO, *Direito Comercial*, Vol. I, 1999, Lisboa, p. 439; PINTO FURTADO, *Curso...*, cit., pp. 51 e ss.; LUÍS FERREIRA LEITE, *Novos Agrupamentos de Empresas*, Athena, Porto, 1982, p. 43.

mento contratual, um negócio jurídico típico e nominado, pelo qual se instituem formas de exercício individual, mas concertado, de actividades, que nunca chegam a dar lugar à instituição de uma entidade autónoma de direito ou de facto que sirva de base ou substrato a um centro autonomizado de imputação de direitos e obrigações no comércio jurídico"[905]. Segundo a lei, o consórcio é um "contrato pelo qual duas ou mais pessoas, singulares ou colectivas, que exercem uma actividade económica se obrigam entre si a, de forma concertada, realizar certa actividade ou efectuar certa contribuição com o fim de prosseguir qualquer dos objectos referidos" no normativo a seguir[906]. É portanto um "instrumento contratual de cooperação interempresarial", não podendo ser confundido com "o grupo societário", apesar de ser destituído também de personalidade jurídica[907]. O consórcio é uma associação pontual de empresas que "persegue um mero objectivo de cooperação temporária"[908], com "carácter simplificado e flexível"[909]. A principal obrigação que emerge do contrato de consórcio "é a de cada membro do consórcio concertar, articular a sua actividade com a dos restantes membros, para através dessa acção conjugada se atingir a finalidade que o consórcio elegeu como fim comum"[910]. Não há qualquer obrigação de registo, como sucede com a formação de pessoas colectivas dotadas de personalidade jurídica. Portanto, quando um conjunto de sociedades se obriga, se lhe for adjudicado o contrato, a constituir-se em consórcio, nem por isso fica afectada a identidade do co-contratante se a obrigação não for cumprida. O eventual incumprimento inserir-se-á na questão de incumprimento de obrigações assumidas.

No domínio do CCP, o artigo 54.º regula a questão dos agrupamentos. O n.º 1 do referido normativo esclarece que os agrupamentos podem ser candidatos ou concorrentes *"sem que entre as mesmas exista qualquer modalidade jurídica de associação"*. Existe o dever associação na modalidade jurídica prevista para os membros do agrupamento a quem foi adjudicado o contrato[911]. Convém esclarecer que o código, no n.º 1 do artigo 105.º, estabelece como sanção para o incumprimento do dever de associa-

---

[905] Ponto I do sumário do Acórdão do STA de 6/08/2003 (P. n.º 1367/03).
[906] Artigo 1.º do Decreto-Lei n.º 231/81, 28 de Julho.
[907] JOSÉ ENGRÁCIA ANTUNES, *Os Grupos...*, cit., p. 94.
[908] JOSÉ ENGRÁCIA ANTUNES, *Os Grupos...*, cit., pp. 94 e 95.
[909] PAULO DE SOUSA VASCONCELOS, *O Contrato de Consórcio...*, cit., p. 19.
[910] PAULO DE SOUSA VASCONCELOS, *O Contrato de Consórcio...*, cit., p. 20.
[911] Cfr. o que dispõe o n.º 4 do artigo 54.º

ção a caducidade da adjudicação. Portanto, trata-se de uma consequência mais grave do que a mera responsabilidade civil. Mas, sublinhe-se, não se trata de uma consequência de invalidade. O que significa que o contrato não se poderá celebrar e se o for é como se tivesse sido outorgado com desrespeito absoluto de todas as imposições de procedimento, pelo que só poderá ser nulo, por falta do acto de adjudicação que caducou. O artigo 105.º do CCP refere-se à não outorga do contrato, pelo que se ela ocorre em contravenção à lei, o contrato deve ser nulo. Até porque a lei impõe, no n.º 2 do referido normativo, a celebração com o concorrente seriado em segundo lugar.

5.3.1.2.3. Da capacidade jurídico-administrativa[912]

175. Podem contudo ser associados ao particular outros vícios, agora radicados no direito administrativo, decorrentes da sua inserção num contexto de direito administrativo. Assim, o contrato enfermará de um vício quanto ao sujeito privado sempre que este sofrer de alguma das incompatibilidades que a lei estabelece para o efeito. Enquanto concorrente, deveria ter sido excluído. Por exemplo, sempre que o parceiro contratual privado estiver em situação de insolvência, ou tiver comprovadamente dívidas à segurança social. Já na hipótese de se encontrar em situação qualificada como de indisponibilidade pelos documentos do concurso, mas que não resulte do elenco legal, deverá entender-se que tal indisponibilidade não existe[913]. Já se deverá entender que o parceiro da Administração sofre de uma indisponibilidade quando a sua escolha resulta da utilização de critérios de capacidade e de critérios de apreciação de proposta, em contravenção à lei. Por último, uma situação de impedimento dos órgãos do concurso que se reflicta no adjudicatário criará um vício quanto ao conteúdo da adjudicação, mas um vício quanto ao sujeito no que respeita ao contrato.

Quando ocorrer um vício quanto ao sujeito por força destas circunstâncias, o contrato deverá ser totalmente nulo. Até porque se a lei dita a exclusão dos concorrentes ou a caducidade da adjudicação se se verificarem tais indisponibilidades, impõe a razoabilidade e congruência que, ao nível do contrato, este fique privado dos efeitos que atempadamente

---

[912] Optamos por fazer esta referência neste momento se bem que, como sublinhámos a final, as causas aqui consideradas, porque resultantes do procedimento pré-adjudicatório ou, pelo menos, em íntima relação com ele, se aproximam mais de causas comuns.

[913] Trata-se da hipótese de criação indevida de "proibições" de contratar.

a lei disse não se poderem produzir com aquele concorrente ou/e aquela proposta.

Em rigor, estas causas assim enunciadas deverão ser tidas por comuns a actos do procedimento, pois como é fácil de ver radicam em definições já ali feitas.

5.3.2. Dos vícios quanto ao procedimento pós-adjudicatório

5.3.2.1. Da "negociação" pós-adjudicatória

176. No CCP, o artigo 99.º refere-se a *"ajustamentos de conteúdo do contrato a celebrar"*. Também aí se estabelecem limites para tutelar o interesse da sã concorrência. A formulação proposta parece-nos mais límpida do que a que vigorava no RJEOP[914].

Para salvaguarda do princípio da concorrência, nenhuma alteração pode significar *"a violação dos parâmetros base fixados no caderno de encargos nem a dos aspectos da execução do contrato a celebrar por aquele não submetidos à concorrência; b) A inclusão de soluções contidas em proposta apresentada por outro concorrente"*[915]. Introduziu a lei a possibilidade de melhor adequação da proposta condicionada ao interesse público, mas com o recurso à possibilidade de exercício de poderes discricionários por parte da Administração. Pelo menos em duas das hipóteses previstas[916].

177. Quanto às possibilidades de alteração do conteúdo do contrato, sublinhamos que a lei apenas permite que incida sobre aspectos de conteúdo acessório do contrato, para além de ter de respeitar, mesmo aí, os limites que acabamos de enunciar. Portanto, estarão excluídos de qualquer ajustamento todos os aspectos integrantes do conteúdo principal do contrato, sob pena

---

[914] Nas circunstâncias e nos limites estabelecidos no artigo 106.º do RJEOP admitiam-se variantes ou alterações da proposta, com a possibilidade de negociar cláusulas contratuais.

[915] Cfr. o n.º 2 do artigo 99.º do CCP.

[916] Sustentando precisamente esta ideia, SÉRVULO CORREIA: "as cláusulas inovatórias terão pois de se caracterizar pela sua natureza meramente secundária, traduzida num nexo de derivação lógica relativamente aos elementos já enunciados no acto ou actos administrativos prévios. A função destas cláusulas terá de ser meramente a de pormenorização..." (*Legalidade...*, cit., p. 589).

de nulidade[917]. Esta cominação – que constitui uma causa exclusiva de invalidade própria e que adiante abordaremos detalhadamente – reforça, na nossa perspectiva, o entendimento de que constituem manifestações do conteúdo principal e que estão por isso excluídas de qualquer negociação sob pena de violação dos limites cumulativos do artigo 99.º

No domínio da legislação revogada, uma das questões era a negociação violar os limites constantes da lei: o concorrente apropriava-se de soluções de concorrentes preteridos ou a negociação conduzia a violação dos parâmetros. Nestas circunstâncias as cláusulas que daí resultavam eram necessariamente inválidas. Desde logo por violação directa de norma proibitiva[918]. A gravidade da invalidade dependia da gravidade da violação do interesse público subjacente à proibição e devia considerar-se extrema quando se dava a apropriação de soluções de outros concorrentes porque com a proibição pretendia-se salvaguardar um princípio basilar da actividade contratual da Administração que é o da concorrência[919].

---

[917] No caso das empreitadas, o artigo 118.º do RJEOP constituía um auxílio precioso na concretização do que fosse este conteúdo, ao enunciar as "cláusulas contratuais obrigatórias". Assim, entendemos que não podia ser alvo de qualquer tipo de negociação "a especificação da obra que for objecto da empreitada" (cfr. o que se dispunha na alínea d) do n.º 1 do referido normativo), nem o valor da adjudicação, a lista de preços unitários (cfr. o que se dispunha na alínea e) do n.º 1 do artigo 118.º), nem o valor da adjudicação, a lista de preços unitários, nem o prazo de execução, nem as garantias oferecidas, as condições vinculativas do programa de trabalhos, bem como a "forma, os prazos e demais cláusulas sobre o regime de pagamento e revisão de preços.

De todas estas cláusulas, apenas aquela relativa a condições vinculativas do programa de trabalhos não conduzia à nulidade do contrato nos termos do n.º 2 do artigo 118.º Só assim não seria se constassem do caderno de encargos, hipótese que a lei relevava porque o contrato integrava todos os documentos, nos termos do artigo 117.º, pelo que, em rigor, a não menção no título contratual não significava a ausência da cláusula.

[918] Não nos parece ser de aplicar aqui o artigo 294.º do CC, por força do que dispõe o artigo 283.º, mesmo tratando-se de uma empreitada de obra pública, contrato com correspondente no direito privado. Foi uma decisão deste género que foi tomada no Acórdão de 21/09/2004 (P. n.º 47 638), *supra* analisado. Recorde-se que o quadro legislativo aplicável à situação material não era o actual. Contudo, há que ponderar a sanção que o CCP estabelece para as hipóteses, anteriores ao contrato, em que tal sucede. O interesse público aí continua a manifestar-se no contrato, pelo que a sanção deverá ser idêntica.

[919] No Acórdão do STA de 18/04/2002 (P. n.º 29 891), o Tribunal debruçou-se sobre a hipótese de uma adjudicação condicionada. Nessa perspectiva, sustentou que "é lícito o acordo entre o dono da obra e o adjudicatário, após a adjudicação para alterar a proposta, projecto ou variante, desde que daí não resulte apropriação de soluções contidas na proposta, projecto ou variante apresentado por outro concorrente".

É inclusive possível colocar a hipótese de conluio com a Administração, quando esta aceitava uma proposta nestas condições. Se for assim entendido a consequência será a da nulidade. Da cláusula num primeiro momento. Poderá ou não ser do contrato dependendo da importância da cláusula na economia do contrato. Na hipótese da invalidade afectar apenas a cláusula, permitindo a subsistência do contrato no que ao demais diz respeito, julgamos que casuisticamente será de equacionar se a solução passará pela consideração de a ter por não escrita. Depois, será necessário averiguar se bastará a simples eliminação da cláusula ou se o espaço criado deverá ser integrado pela cláusula prevista na lei ou não. Buscando paralelo na decisão judicial que nos pareceu acertada sobre a redução de uma cláusula violadora da lei e no princípio do aproveitamento dos actos e estabilidade da coisa contratada, a solução que melhor tutela o interesse público pode ser efectivamente a redução da cláusula para os limites legais. Que no caso pressuposto pode passar pela sua absoluta desconsideração[920].

Mas também era possível que a negociação não respeitasse os outros limites previstos na lei. As hipóteses tornavam-se mais complexas porque os demais limites entram a área estrita da função administrativa, com o exercício de poderes discricionários. Cabe à Administração saber o que poderia ter influenciado a adjudicação num outro sentido, se bem que o "bloco de legalidade" a que se sujeitou constitua um limite absoluto. Porque estamos num âmbito de negociação, serão elementos que necessariamente teriam a ver com o mérito das propostas, matéria estritamente reservada à Administração Pública. O mesmo sucederia, se bem que com densidade discricionária menor, quanto à violação do que se encontrava prescrito na alínea c) do artigo 106.º Ainda na hipótese de violação dos limites estabelecidos, não eram de excluir as hipóteses de conluio, agora entre o concorrente escolhido e a Administração. Esta parece-nos ser uma situação que, a verificar-se, constitui uma actuação altamente censurável e prejudicial do interesse público tutelado pelas normas limitativas e pelo ordenamento jurídico que rodeia a actuação administrativa[921]. Pelo que a solução deveria ser a da nulidade da adjudicação.

---

[920] Claro que tal solução só será possível se todo o contrato continuar a fazer sentido sem a cláusula. Esta é uma questão pertinente para efeitos do que seja conteúdo principal e conteúdo acessório do contrato.

[921] Pode inclusive ser grave ao ponto de constitui uma forma de corrupção.

178. Já quanto à regulamentação contida no CCP, em rigor, já não se trata de negociação propriamente dita: o artigo 100.º refere-se à notificação dos *"ajustamentos propostos"*[922]. Mas ainda que se entenda assim, o poder conferido não assenta num poder ilimitado que ponha em crise o procedimento e desfigure o contrato celebrado[923]. Por exemplo, negociações conducentes a uma modificação subjectiva não querida pelo adjudicatário – a possibilidade de cessão da posição contratual. Ou a negociação que vise contratos adicionais ao contrato a celebrar, implicando um peso financeiro não ponderado aquando do lançamento do procedimento concursal[924].

Não existirá obrigação de aceitação de ajustamentos da proposta precisamente nas hipóteses em que violem os limites absolutos constantes do n.º 2 do artigo 96.º do CCP. Acresce que *"os ajustamentos propostos que tenham sido recusados não fazem parte integrante do contrato"*[925]. Já se houver aceitação, os ajustamentos devem ser notificados aos concorrentes com propostas não excluídas.

Há duas notas a sublinhar: não há genuína negociação, embora se consubstancie numa alteração contratual por acordo; está instituído um controle por terceiros para efeitos, por exemplo, das legitimidades assentes no facto de serem diferentes as cláusulas do contrato face ao concursado. Haverá espaço, nesta sede, para a ocorrência de vícios de vontade? Haverá eventualmente espaço para a figura do conluio, mas parece-nos uma hipótese muito residual face às prescrições normativas.

179. A outra hipótese que equacionámos *supra* a propósito da alteração de propostas prende-se com a formação da vontade. É um momento em que a formação do contrato administrativo mais se aproxima da formação dos contratos celebrados entre privados como já dissemos. Neste ponto, podem surgir faltas ou vícios da vontade. Sempre enquadrados pelo interesse público que se manifesta na relação jurídica, será de aplicar o regime do CC nesta matéria. Acrescentamos que deverão ser feitas

---

[922] Não existe negociação nos procedimentos concursais, nem no concurso público, nem no concurso limitado por prévia qualificação que, como se sabe, na fase da avaliação das propostas segue as regras do concurso público (cfr. o disposto no artigo 162.º do CCP). Excepção feita às concessões.
[923] PEDRO GONÇALVES, *A Concessão...*, cit., p. 259.
[924] A lei limita, como se sabe, os trabalhos a mais – cfr. o disposto no artigo 370.º do CCP.
[925] Cfr. o disposto no n.º 3 do artigo 102.º do CCP.

as devidas adaptações no caso da formação da vontade do ente público. E mesmo quanto ao parceiro privado da Administração, o interesse público pode moldar o regime jurídico aplicável. ALEXANDRA LEITÃO, no domínio da vigência do CPA, entendia que a remissão do n.º 2 do artigo 185.º do CPA não podia aplicar-se na fase pré-contratual sob pena de esvaziar a prescrição contida no n.º 1 do mesmo normativo que se referia à invalidade derivada[926]. E se é certo que há procedimento de formação do contrato até à celebração do mesmo, como sustenta a A. em nota, a verdade é que faz todo o sentido autonomizar a fase pré-adjudicatória. Para efeitos de aplicação da teoria dos vícios de vontade, parece-nos que ela tem mais aplicação na fase pós-adjudicatória. E a questão não se resume à recorribilidade dos actos pré-contratuais. O facto de se aplicarem as regras do CC não prejudica a recorribilidade dos actos para terceiros. Eis um ponto em que entendemos dever o regime jurídico da invalidade ser adaptado. Se no direito civil, a legitimidade de impugnação é limitada aos titulares do interesse protegido pela norma (a Administração Pública ou o particular, na nossa hipótese), nos contratos administrativos manifestam-se outros interesses, para além destes, que podem ditar a alteração deste regime[927].

Na verdade, a teoria da falta e vícios da vontade não tem o mesmo peso na teoria dos contratos administrativos como tem na teoria dos contratos em direito civil[928]. Para tal facto contribuem vários factores em que avultam a existência de procedimentos formalizados que disciplinam o modo e a manifestação da vontade e a pré-definição, em programas e cadernos tipo, dos contratos. Daí também a "pobreza da jurisprudência administrativa em matéria dos vícios do consentimento"[929].

DOMINIQUE POUYAUD trata as questões do consentimento como "irregularidades externas"[930], distinguindo entre a questão da expressão do

---

[926] *In A Protecção...*, cit., p. 262, nota 774. Da exposição, parece resultar de facto tal conclusão.
[927] Vide MICHEL VIVIANO, *La Théorie...*, cit., p. 224.
[928] Neste sentido, *vide*, por todos, DOMINIQUE POUYAUD, *La Nullité...*, cit., p. 106.
[929] DOMINIQUE POUYAUD, *La Nullité...*, cit., p. 107. No mesmo sentido, ANDRÉ DE LAUBADÈRE ET AL., *Traité des Contrats...*, I, cit., p. 535; LAURENT RICHER, *Droit des Contrats...*, 5.ª Ed., cit., p. 151.
[930] A A. apresenta os vícios do contrato a partir de duas categorias: as causas externas, que se relacionam com os sujeitos, em particular com a presença do ente público, e as causas internas, que dizem respeito ao conteúdo do contrato (*in La Nullité...*, cit., 26). Vide JEAN-CLAUDE DOUENCE, *La Spécialitè des Personnes Publiques en Droit Administratif*, RDP (fr.), n.º 78, 1972, p. 753.

consentimento (incompetência e forma) e a questão da formação do próprio consentimento[931].

De todo o modo, é possível configurar situações em que o contrato está viciado por erro, seja ele da parte do ente público, seja do co-contratante privado. DOMINIQUE POUYAUD apresenta um caso de relevância de erro sobre as qualidades do co-contratante que foi alvo do Acórdão Domergue (1950): "foi concluído um contrato entre a Administração e o requerente; embora quisesse concluí-lo com a sociedade que o Sr. Domergue representava, na verdade, o seu parceiro contratual foi o Sr. Domergue. O Conseil d' Etat constatou, neste caso, a nulidade do contrato"[932]. Já a propósito do erro sobre o objecto do contrato ou sobre qualidades substanciais do mesmo, a A. apresenta decisões jurisdicionais como o Acórdão de V. De Saint-Etienne, do Conseil d' Etat (10/1/1992), em que o "adjudicatário de trabalhos de canalização se enganou sobre a qualidade que o caderno de encargos impunha para os tubos encomendados". Todavia, o Tribunal entendeu que o erro não era relevante[933].

180. Entre nós e face aos dados legislativos, o consenso pode vir a ser viciado deste modo? À partida, o consenso nos contratos administrativos surge viciado pelo incumprimento das regras do estatuto dos seus intervenientes. No caso do ente público, haverá a questão externa de competência e de forma e as questões associadas ao conteúdo e fim do contrato. Quanto ao parceiro contratual, coloca-se com mais acuidade agora o problema dos "erros e omissões" previstos, em sede concursal, no artigo 61.º do CCP. Podem surgir a este propósito e em particular para o que nos interessa questões pertinentes como a questão de saber que erro está aqui pressuposto. A omissão é entendida, pelo legislador, como indução em erro? Buscando o exemplo francês, as hipóteses aí tratadas conduziriam à nulidade do contrato porque incidiam sobre elementos essenciais do

---

[931] As invalidades por vício no consentimento, em direito administrativo, são excepcionais. Estes factores explicam, a par da melhor informação da Administração, que as situações de erro sejam muito mais diminutas, bem como o dolo e a coacção. Neste sentido precisamente vide DOMINIQUE POUYAUD, La Nullité..., cit., pp. 105 e ss.
[932] In La Nullité..., cit., p. 108.
[933] In La Nullité..., cit., p. 111.
Quanto às "irregularidades internas" (DOMINIQUE POUYAUD), elas versarão sobre o objecto – sua existência, possibilidade jurídica e material e determinabilidade – e, no direito francês, sobre a causa.

contrato. Estes erros podem influenciar o conteúdo do contrato. Na estrita perspectiva do erro, relembra-se a obrigação de detecção de erradas representações nos termos do que dispõe o artigo 378.° do CCP[934].

5.3.2.2. A minuta

181. A minuta constitui o esboço do futuro contrato, onde se encontram as propostas contratuais que formaram o consenso. Contudo, a minuta do contrato não é uma fase inultrapassável da formação do contrato. Haverá minuta nos casos em que o contrato deva ser celebrado por escrito nos termos do artigo 98.° Deve sobrevir a aprovação da minuta após a prestação da caução, nos casos em que seja devida. De seguida, cabe ao órgão para a decisão de contratar notificar a minuta. Se não há lugar à caução, a adjudicação será acompanhada da minuta, nos termos do artigo 100.° do CCP. Dispõe o adjudicatário de 5 dias para rejeitar a minuta e reclamar da mesma nos termos no artigo 102.°, apenas com um de dois fundamentos: *"o facto de dela resultarem obrigações que contrariem ou não constem dos documentos que o integram nos termos do disposto nos n.os 2 e 5 do artigo 96.° ou ainda a recusa, pelo adjudicatário, de eventuais ajustamentos propostos"*. Tem portanto o adjudicatário o poder de "veto" quanto aos ajustamentos propostos. Caso sejam aceites, tais ajustamentos devem ser notificados aos demais concorrentes[935]. A aceitação pode ser expressa ou tácita nos termos do artigo 101.° A não aceitação da minuta está regulada no artigo 102.°

5.3.2.3. Caução

182. Com a notificação da adjudicação, o adjudicatário também é notificado para prestar a caução. Esta tem como função, nos termos do que dispõe o artigo 88.°, *"garantir a celebração do contrato, bem como o exacto e pontual cumprimento de todas as obrigações legais e contratuais"*. Deve ser prestada no prazo de 10 dias após a notificação[936]. A cau-

---

[934] Cfr. de todo o modo o disposto na alínea j) do n.° 2 do artigo 146.° do CCP.
[935] Cfr. o disposto no artigo 103.°
[936] Cfr. o disposto no n.° 1 do artigo 90.°
No domínio da legislação revogada, o regime não era muito distinto. No caso das empreitadas de obras públicas, a caução deveria ser prestada após a adjudicação, em prazo

ção, que poderá ser substituída por títulos emitidos ou garantidos pelo Estado ou por garantia bancária ou por seguro-caução, nos termos do n.º 2 do artigo 83.º, deve ser prestada no *"prazo de 10 dias a contar da notificação"* da adjudicação[937].

Constitui portanto um momento muito significativo na formação do contrato. A não prestação da caução tinha como consequência a ineficácia da adjudicação, na legislação agora revogada[938]. Mas ao abrigo do CCP, a consequência é mais devastadora: *"a adjudicação caduca se, por facto que lhe seja imputável, o adjudicatário não prestar em tempo e nos termos estabelecidos... a caução que lhe seja exigida"*[939]. No âmbito da legislação revogada, os concorrentes preteridos só eram notificados da decisão da adjudicação após a prestação da caução[940], o que não sucede no CCP, em que a notificação da adjudicação é feita a todos os concorrentes em simultâneo[941]. Se assim não fosse, corria a Administração o risco de ver deserto o concurso se o adjudicatário não prestasse a caução[942]. Portanto, o incumprimento do dever de prestar caução não conduz a uma situação de invalidade do contrato. Até porque não faz muito sentido que a Administração abdique da prestação da caução e corra o risco inerente a essa falta. A ineficácia não implicava que se passasse a adjudicação para o segundo classificado. Já a caducidade da adjudicação impõe à Administração o dever de proceder à adjudicação ao segundo classificado[943].

5.3.2.4. Outorga contratual

183. No âmbito do CCP, a *"outorga do contrato deve ter lugar dentro do prazo de 30 dias contados da data da aceitação da respectiva minuta ou da decisão sobre eventual reclamação..., mas nunca antes de:*

---

não inferior a seis dias; nos contratos disciplinados no RJDP, a caução deveria ser prestada após a aprovação da minuta.

[937] Cfr. o disposto no n.º 1 do artigo 83.º
[938] Cfr. o que se dispunha no artigo 111.º do RJEOP e alínea b) do n.º 1 do artigo 56.º do RJDP.
[939] Cfr. o disposto no n.º 1 do artigo 91.º
[940] Cfr. o que se dispunha no n.º 3 do artigo 110.º do RJEOP.
[941] Cfr. o disposto no n.º 1 do artigo 70.º
[942] O prazo de validade das propostas é de 66 dias contados da data do termo do prazo fixado para a apresentação das propostas, podendo ser superior (cfr. o disposto nos artigos 65.º e 132.º, n.º 1 m)). Cfr. o que se dispunha no n.º 1 do artigo 104.º do RJEOP.
[943] Cfr. o disposto no n.º 2 do artigo 91.º

a) Decorridos 10 dias a contar da data da notificação da decisão de adjudicação; b) Comprovada a prestação da caução...; c) Apresentados os documentos de habilitação exigidos"[944]. O incumprimento do dever de outorga conduz a caducidade da adjudicação e o dever de adjudicar ao segundo classificado, com perda da caução[945]. Portanto, também aqui não se colocam problemas de validade.

O artigo 106.º trata da questão da representação da entidade pública no momento da outorga, remetendo basicamente para os conceitos de competência no domínio do direito administrativo[946]. Cabe a representação ao órgão competente para a decisão de contratar, em relação ao Estado, autarquias locais, regiões autónomas, "fundações públicas, com excepção das previstas na Lei n.º 62/2007, de 10 de Setembro", associações públicas, *"associações de que façam parte uma ou várias das pessoas colectivas referidas nas alíneas anteriores, desde que sejam maioritariamente financiadas por estas, estejam sujeitas ao seu controlo de gestão ou tenham um órgão de administração, de direcção ou de fiscalização cuja maioria dos titulares seja, directa ou indirectamente, designada pelas mesmas"*[947]. Já se se tratar das entidades previstas nas alíneas d) e e)[948], *"a representação na outorga do contrato cabe ao órgão designado no respectivo diploma orgânico ou nos respectivos estatutos, independentemente do órgão que tenha tomado a decisão de contratar"*[949]. A questão de validade que aqui se pode colocar reconduz-se no fundo à questão da competência na actuação administrativa. Ora se tal for o caso, ela há-de configurar-se como vício exclusivo do contrato e resolver-se nos termos gerais do direito administrativo.

Porventura será mais complexa, para efeitos de saber qual a sua relevância na validade do contrato, a questão da falta de representação ou representação inidónea no co-contratante da Administração. Trata-se de

---

[944] Cfr. o disposto no n.º 1 do artigo 104.º
[945] Cfr. o disposto no artigo 105.º
ALEXANDRA LEITÃO advoga a recorribilidade do acto de celebração do contrato quando este seja desconforme com a minuta aprovada (*in A Protecção...*, cit., pp. 220--221). Contudo, prevê hoje a lei processual a legitimidade necessária para a acção de validade do contrato (cfr. o disposto no artigo 40.º do CPTA).
[946] Aliás como já sucedia nas disciplinas legais revogada. Vide o que se dispunha nos artigos 120.º do RJEOP e 62.º do RJDP, se bem que com soluções diversas da actual.
[947] Cfr. o disposto nas alíneas a) a c), e), f), g) do n.º 1 do artigo 2.º
[948] Esta alínea é referida tanto no n.º 1 como no n.º 2 do artigo 106.º
[949] Cfr. o disposto no n.º 2 do artigo 106.º

matéria a ser apreciada em sede do direito estatutário do co-contratante. Portanto, inicialmente pelo CC, em particular pelo artigo 268.°: *"o negócio que uma pessoa, sem poderes de representação, celebre em nome de outrem é ineficaz em relação a este, se não for por ele ratificado"*. A falta de poderes de representação, como dizem PIRES DE LIMA/ANTUNES VARELA, "pode advir de não haver um título legítimo de representação (não há nenhum instrumento de procuração ou há uma procuração nula) ou de o representante, havendo embora procuração, ter excedido os seus poderes"[950]. A ser esta a prescrição normativa a aplicar, a questão coloca-se em sede de ineficácia e já não em sede de validade. Continua porém a ter de ser respondida uma outra questão: esta solução é adequada à tutela do interesse público? Principalmente, quando na maior parte das situações, o contrato é celebrado em função da pessoa do co-contratante.

5.3.3. *O visto do Tribunal de Contas*

184. A maior parte dos contratos de solicitação de bens e serviços, por força das despesas que implicam, necessitam do designado *visto do Tribunal de Contas*. Trata-se de um acto jurídico, destinado a aferir da validade do contrato, na perspectiva das despesas públicas[951]. Ou nas palavras do Tribunal Constitucional, "é um encargo do contrato (...), exigência acrescida da negociação com entidades públicas"[952].

A sua natureza jurídica é determinante para efeitos de averiguar a sua influência no contrato visado. JOSÉ TAVARES entende ser necessário portanto distinguir a questão da natureza do visto e a questão da sua relação com os actos e contratos sobre que incide[953].

185. Quanto à questão da natureza jurídica do visto, a doutrina não tem demonstrado unanimidade de entendimento. Há uma corrente que advoga a natureza de acto administrativo sustentada no facto de que, ape-

---

[950] *In Código Civil Anotado*, Vol. I, 4.ª Ed., Coimbra Ed., Coimbra, 1987, anotação n.° 5 ao artigo 268.°

[951] JOSÉ TAVARES começa a sua investigação sobre o conceito de visto a partir de uma questão: será acto administrativo ou acto jurisdicional? (in *O Tribunal de Contas Do Visto, em Especial – Conceito, Natureza e Enquadramento na Actividade de Administração*, Almedina, Coimbra, 1998, p. 118).

[952] *In* Acórdão n.° 336/02 (*in TC% Jurisprudência> Acórdãos*).

[953] *In O Tribunal...*, cit., p. 123.

sar de ser um Tribunal, a função jurisdicional só está presente quando o Tribunal julga, o que não é manifestamente o caso do visto e ainda porque este Tribunal não integra a hierarquia dos tribunais administrativos[954]. JOSÉ TAVARES é bastante crítico desta posição, em particular dos argumentos, aduzidos designadamente pela Procuradoria, do momento da intervenção do Tribunal: não se pode concluir pela natureza administrativa de uma actuação apenas porque ela ocorre em momento anterior à realização da despesa. Acresce que actualmente, não existe apenas a fiscalização preventiva[955].

Uma outra orientação doutrinal preconiza a natureza jurisdicional do visto com fundamentos diversos. Desde logo, com a argumentação de que a função jurisdicional integra silogismos que não são integralmente contenciosos. Também SOUSA FRANCO advoga esta orientação porque "embora não se dirima aqui qualquer litígio, estabelece[-se] e define[-se] a adequação de determinados actos à lei, em termos de independência e imparcialidade típicos da jurisdição"[956]. Esta argumentação merece a adesão de JOSÉ TAVARES[957]. Também os constitucionalistas GOMES CANOTILHO/VITAL MOREIRA, anotando o normativo 216.º a que corresponde hoje o artigo 214.º defendem o carácter jurisdicional da função de

---

[954] Neste sentido, MARCELLO CAETANO, *Manual...*, I, cit., pp. 288-289; TEIXEIRA RIBEIRO, *Lições de Finanças Públicas,* 5.ª Ed., Refundida e Actualizada, Reimpr., Coimbra Ed., Coimbra, 1997, pp. 120-122; MARCELO REBELO DE SOUSA, *Direito Administrativo*, III, cit., p. 102; ANTÓNIO BRAZ TEIXEIRA, *Finanças Públicas e Direito Financeiro*, AAFDL, 2.ª Reimp., Lisboa, 1992, pp. 194-196. Também PINHEIRO FARINHA, no domínio de legislação anterior, sustentava a natureza de acto administrativo (*in O Tribunal de Contas na Administração Portuguesa,* Democracia e Liberdade (DL), n.º 11, pp. 30-48).

A Procuradoria Geral da República também alinhou por este entendimento, quanto à fiscalização preventiva, em vigência de legislação anterior à actual, (*vide* Parecer n.º 101//77, de 16 de Junho, BMJ, n.º 277, 1978, pp. 53-61).

[955] Cfr. o disposto nos artigos 44.º e ss. da Lei n.º 98/97, de 26 de Agosto: fiscalização prévia, concomitante e sucessiva.

[956] *In Finanças Públicas e Direito Financeiro*, Vol. I, 4.ª Ed., Almedina, Coimbra, 1999, p. 461.

[957] *In O Tribunal...*, cit., pp. 136, 175 e 182. "(...) o acto de concessão ou de recusa do *visto* praticado por um tribunal (o Tribunal de Contas), traduzindo, em obediência à lei (artigo 203.º da CRP e arts. 7.º e 8.º da Lei n.º 98/97), um juízo sobre a conformidade dos actos e contratos sobre que incide com a Ordem Jurídica (...), o qual, no actual regime, só pode ser impugnado perante o próprio Tribunal de Contas (embora em instância diversa), em *processo próprio* (...), não temos dúvidas em atribuir-lhe *natureza jurisdicional*, com todas as consequências daí resultantes (...)", (*in O Tribunal...*, cit., p. 175).

fiscalização da legalidade das despesas[958]. Por último, o Tribunal Constitucional já foi chamado a pronunciar-se exactamente sobre esta questão e a sua orientação tem sido a de considerar o visto como uma decisão jurisdicional[959].

186. Uma outra questão que se coloca é a de saber qual a função do visto nos requisitos do contrato. Ou seja, saber se se trata de requisito de validade ou requisito de eficácia[960].

MARCELLO CAETANO[961], SOUSA FRANCO[962], GUILHERME D' OLIVEIRA MARTINS[963] propugnam a tese de que se trata de requisito de validade. Já TEIXEIRA RIBEIRO[964], DIOGO FREITAS DO AMARAL[965], SÉRVULO CORREIA[966], JOÃO CAUPERS[967], MÁRIO ESTEVES DE OLIVEIRA[968], pronunciando-se sobre a matéria na vigência de legislação entretanto revogada, sustentaram a

---

[958] *In Constituição...*, cit., p. 818. No mesmo sentido, FERNANDO ALVES CORREIA, *Do Ombudsman ao Provedor de Justiça, in Estudos em Homenagem ao Prof. Doutor J. J. Teixeira Ribeiro*, BFDUC, número especial, Coimbra, 1980, pp. 148-150; GUILHERME D' OLIVEIRA MARTINS, *Lições sobre a Constituição Económica Portuguesa*, Vol. II, AAFDL, Lisboa, 1984/85, pp. 350-357.

[959] *Vide*, entre outros, os Acórdãos do Tribunal Constitucional n.ºs 214/90 (DR, II, n.º 257, 7/11/90), 251/90, de 12/7/90 (Proc. n.º 35/89).

[960] A orientação do Tribunal Constitucional é a de que se trata de requisito de eficácia. *Vide* Acórdãos *supra* citados. No mesmo sentido, é também a jurisprudência do Supremo Tribunal Administrativo. *Vide* por exemplo, o Acórdão de 31/10/2006 (P. n.º 875//05): "I – A recusa do Tribunal de Contas de conceder o seu "visto" a um contrato de empreitada de obras públicas pelo facto de o dono da obra no respectivo concurso público não ter publicitado num dos jornais mais lidos da região, em violação do artigo 58.º, do DL n.º 405/93, de 10-12, tem como consequência que o contrato em causa não produza quaisquer efeitos financeiros e se torne ineficaz – artigo 4.º, n.º 2, do DL n.º 146-C/80, de 22-05".

[961] *In Manual...*, I, cit., pp. 528-529.

[962] *In Finanças Públicas...*, cit., p. 461.

[963] *In Lições...*, cit., p. 357.

[964] *In Lições...*, cit., p. 121.

[965] *In Direito Administrativo*, Vol. III, Lisboa, 1989, p. 279. O A. mantém o entendimento de que o visto é um exemplo de acto secundário integrativo, isto é, visa "completar" o acto sobre que incide (*in Curso...*, Vol. II, cit., pp. 267 e ss.

[966] *In Direito...*, cit., pp. 324-325.

[967] *In Direito...*, cit., pp. 199-200; IDEM, *Introdução ao Direito...*, cit.

[968] *In Direito...*, cit., p. 527; IDEM ET AL., *Código...*, cit., p. 626. Também SANTOS BOTELHO ET AL. apresentam o visto do Tribunal de Contas como requisito de eficácia (*in Código...*, cit., p. 766).

tese do visto como requisito de eficácia[969]. Do mesmo modo, VIEIRA DE ANDRADE, tratando a questão da validade do acto administrativo em geral (e também da eficácia), dá como exemplo de um "elemento estranho ou acessório" o visto, a par de outros actos integrativos de eficácia como a aprovação ou a referenda"[970]. Também JOSÉ TAVARES entende que o "*visto* do Tribunal de Contas vai *integrar-se*, como *acto de controlo externo*, nos actos e contratos a que respeita", pelo que só pode conceber-se como "*condição de eficácia*" dos mesmos[971]. Analisando contudo a legislação vigente[972], o A. entende que o "*visto* passou a constituir um *requisito de eficácia financeira e requisito de manutenção da eficácia (quanto aos efeitos não financeiros)*"[973].

Perante esta breve excursão, quer pela orientação doutrinal, pela jurisprudência, quer pelos dados legislativos inequívocos, entendemos que o visto só pode ser de facto entendido como um requisito de eficácia dos contratos que a lei exige serem visados[974].

A natureza de acto integrativo de eficácia implica que a sua inexistência não bole com a validade do contrato, apenas não permitindo a sua eficácia financeira[975]. Ou seja, nem sequer se tratará de uma ineficácia

---

[969] Também JOSÉ EDUARDO FIGUEIREDO DIAS/FERNANDA PAULA OLIVEIRA entendem o visto do Tribunal de Contas como acto integrativo de eficácia, sublinhando que se trata de um acto da responsabilidade de órgão jurisdicional (*in Noções...*, cit., p. 195, nota 66).

De igual modo, a jurisprudência administrativa preconiza o visto como acto integrativo de eficácia. Neste sentido, *vide*, entre outros, Acórdãos do STA de 17/03/2004 (P. n.º 962/03), 22/10/2002 (P. n.º 171/02) e 23/09/2003 (P. n.º 1527/02).

[970] *In Validade*, cit.

[971] *In O Tribunal...*, cit., p. 177.

[972] Cfr. o disposto no artigo 45.º da Lei 98/97, de 26 de Agosto: "*1. – Os actos, contratos e demais instrumentos sujeitos à fiscalização prévia do Tribunal de Contas podem produzir todos os seus efeitos antes do visto ou da declaração de conformidade, excepto quanto aos pagamentos a que derem causa e sem prejuízo do disposto nos números seguintes. 2. – Nos casos previstos no número anterior, a recusa do visto implica apenas a ineficácia jurídica dos respectivos actos, contratos e demais instrumentos após a data da notificação da respectiva decisão aos serviços ou organismos interessados*".

[973] *In O Tribunal...*, cit., p. 179.

[974] Mesmo quando a lei prevê a aposição do visto na minuta do contrato, não parece ter sido intenção do legislador "fazer intervir o Tribunal de Contas no procedimento de formação dos contratos", tendo antes sido movido por razões de ordem prática (JOSÉ TAVARES, *O Tribunal...*, cit., p. 182).

[975] Neste sentido precisamente, Acórdão do STA de 31/10/2006 *supra* referenciado: " certo que a recusa do "visto" não invalida a produção de todos os efeitos, mas tão só dos

genérica do contrato, mas apenas dos efeitos financeiros. O que significa que todos os direitos e obrigações que surjam por força da perfeição do contrato são eficazes e devidos.

Tratando-se, quanto à natureza jurídica, de uma decisão jurisdicional, não lhe podem ser assacados os vícios de acto administrativo naturalmente. Poderá eventualmente a decisão jurisdicional aplicar erradamente o direito, mas tal circunstância apenas permite a abertura da via de recurso jurisdicional no próprio Tribunal de Contas[976].

5.3.4. Requisito da forma

187. Chegamos agora à outorga contratual, ao contrato propriamente dito.

O contrato, numa perspectiva material, não precisa de estar contido num único documento, podendo ser o resultado do conjunto dos documentos de todo o concurso.

Um dos requisitos próprios do contrato é que em regra tem de ser celebrado por escrito[977]. No direito espanhol, por força do entendimento de que a perfeição do contrato surge com a adjudicação, a formalização do mesmo, se bem que legalmente exigida, tem carácter formal. Isto mesmo foi sustentado jurisprudencialmente várias vezes[978].

No âmbito do CCP, esta questão é tratada de forma um pouco diferente e que por isso cumpre analisar. Com vista a dar cumprimento ao desiderato de simplificação e utilização das ferramentas da sociedade de informação, o artigo 94.º disciplina a questão. A redução a escrito deverá ser na forma electrónica, cabendo os encargos e despesas a isso inerente à entidade adjudicante. Há duas situações a ponderar[979]: a inexigibilidade,

---

financeiros, o que, porém, implica que contrato não pode produzir efeitos quanto aos encargos a assumir pela entidade pública, seja no tocante ao incumprimento ou ao incumprimento defeituoso – cfr. Parecer n.º 138/79, de 20-12-1979, do Conselho Consultivo da PGR, in BMJ 298, pág. 5".

[976] Cfr. o disposto no artigo 96.º da Lei 98/97, de 26 de Agosto.
[977] Cfr. o disposto no artigo 94.º do CCP.
[978] Vide STS de 18/7/1986: "a formalização do contrato em escritura pública é acto formal, mas não constitutivo da relação jurídica, cuja efectividade se inicia com a adjudicação", (apud ÓSCAR MORENO GIL, Contratos Administrativos Legislación y Jurisprudencia, 3.ª Ed., Civitas, Madrid, 2002, p. 614).
[979] Cfr. o disposto no artigo 86.º

"salvo previsão expressa no programa do procedimento", em relação a certos contratos e a dispensa. Este último acto cabe ao órgão competente para a decisão de contratar, devendo ser fundamentada, constando da lei as três únicas razões que podem conduzir a tal acto.

O incumprimento do dever de dar forma quando legalmente previsto conduzirá à nulidade do contrato pois o requisito de forma assume-se como requisito de validade e não apenas um requisito probatório.

5.3.5. Dos vícios quanto ao conteúdo

188. Interessa agora equacionar para além das hipóteses de cláusulas que inquinem a validade do contrato por causa do conteúdo, os problemas específicos que se podem gerar por o contrato não conter as cláusulas obrigatórias.

A divergência pode resultar de um mero lapso material, caso em haverá lugar a rectificação. Mas poderá igualmente resultar de vícios anteriores que, celebrado o contrato, se convertem em vícios próprios do contrato.

No CCP, o n.º 1 do artigo 96.º regula o conteúdo do contrato e comina com a nulidade do mesmo, quando o clausulado não contemple os elementos ali elencados. O elenco não é particularmente distinto daquele que constava da legislação revogada[980].

189. No domínio da legislação revogada, nem todas cláusulas tidas por obrigatórias eram definidoras e caracterizadoras do contrato. Ou seja, o legislador não tinha eleito um critério único na elaboração do elenco que constava do n.º 1 do artigo 118.º e que o n.º 2 sancionava com a nulidade.

---

[980] Os artigos 118.º do RJEOP e 61.º do RJDP continham as menções obrigatórias do título contratual. Nas empreitadas, a lei especificamente comina com a nulidade do contrato quando há falta formal de determinadas cláusulas, desde que também não constem do caderno de encargos. Estão em causa especificações que se relacionam com a identidade concreta daquele contrato: identificação dos parceiros contratuais, do acto de adjudicação, do objecto, do valor, prazo de execução, garantias e forma de pagamento. Contém o n.º 3 a regra para as situações em que falte as menções da proposta e o plano de trabalhos, impondo a lei que se tenha por integradas as condições da proposta quanto a estas questões. O legislador considerou que a ausência das cláusulas tidas por obrigatórias geraria nulidade do contrato.

Existiam cláusulas que eram definidoras do contrato e cláusulas que se destinavam a aferir da validade da formação do mesmo e por conseguinte não tinha subjacente o mesmo interesse público que se manifestava no primeiro grupo de cláusulas. Integravam o conjunto de elementos definidores de um contrato de empreitada: a identificação do dono da obra e a legitimidade do mesmo para ser contratante; a identificação do empreiteiro, como o outro co-contratante; a especificação da obra, o objecto do contrato; o valor da adjudicação, o valor do contrato; o prazo de execução da obra; as garantias de execução e as cláusulas sobre pagamento e revisão de preços.

Mas já as cláusulas relativas à menção do despacho da adjudicação e dispensa de concurso (se houvesse), a classificação orçamental da dotação e demais referências orçamentais integravam na nossa perspectiva um outro grupo de cláusulas que se destinavam a aferir da validade procedimental e financeira do contrato e que por isso não eram exactamente definidoras daquele contrato enquanto tal, antes se referindo à legalidade da actuação administrativa. Era portanto um interesse público distinto que se manifestava nessas cláusulas.

A questão que colocamos era a de saber porque, sendo distinto o interesse subjacente à obrigatoriedade das cláusulas, a consequência da sua falta era idêntica. A ausência da menção do despacho de adjudicação não bulia com a caracterização do contrato. Aliás, a previsão era apenas da ausência formal. Atendendo à importância do cumprimento do princípio da legalidade, directiva fundamental da actuação administrativa, compreendia-se a solução legal. Claro que fica por saber qual seria a consequência jurídica de a menção ser errada por exemplo.

Já quanto à ausência formal das menções caracterizadoras do contrato, seria de questionar se a solução jurídica deveria ser a mesma. Tendo presente que este tipo de contrato é formal, ou seja, a forma é requisito de validade, não desempenhando apenas função probatória, em rigor, se no contrato faltarem os elementos que o caracterizam, será ainda possível sustentar que existe um contrato? Se não se souber quem é o co-contratante da Administração ou qual é o objecto do mesmo, existirá um contrato de empreitada de obras públicas? A Procuradoria Geral da República, através do seu Conselho Consultivo, em Parecer de 25/10/2002[981], a propósito da empreitada de obra pública de construção da CRIL – Olival de Basto –

---

[981] Parecer n.º 40/1999.

Sacavém, sustentou precisamente que o prazo de execução da obra era um dos elementos essenciais do contrato: "a essencialidade deste elemento decorre directa e imediatamente da necessidade de uma oportuna, correcta e integral satisfação do interesse público que determinou a obra". Há portanto o apelo ao interesse público contratualmente definido que se concretiza, entre outros elementos, no prazo de execução da obra. Trata-se por conseguinte de um interesse público de natureza distinto daquele que está presente na obrigação de actuação conforme à legalidade.

Entendemos em consequência que diferentes intensidades de manifestação do interesse público determinam regimes jurídicos de invalidade igualmente distintos. Se um contrato sem consenso não será um contrato, um específico contrato de empreitada de obra pública sem clara e precisa identificação do seu objecto – a obra a construir – será um contrato? Existirá um contrato nestas condições?

É certo que a distinção entre nulidade e inexistência jurídica de um contrato, em termos do respectivo regime jurídico não é muito vincada. Aliás, como já demos conta, em direito administrativo, a doutrina parece não aceitar a figura, pelo menos de um modo geral. Mas é difícil configurar uma situação em que falta um elemento definidor do concreto contrato, do tipo contratual como uma situação de invalidade e não de inexistência. Repare-se que a nossa hipótese não é a da ausência de um dos elementos definidores do que seja um contrato, mas a ausência de um elemento que caracteriza um determinado contrato como sendo de determinado tipo. É certo porém que a doutrina é unânime quanto ao entendimento que a ausência de consenso significa que não se pode considerar a existência de um contrato. Ora, este elemento não é algo abstracto; o consenso há-de formar-se em relação aos elementos definidores daquele tipo contratual. Assim, se num contrato de empreitada não se consegue, com base em todos os documentos existentes, bem como pelo procedimento administrativo, concluir sobre qual é a obra a construir, ou qual o prazo de execução ou como se efectuarão os pagamentos, em rigor não há acordo[982]. Não existindo acordo, como se poderá falar em contrato nulo? A nulidade de um acto jurídico tem aprioristicamente pressuposto que exista um acto. Falhando um dos elementos essenciais de tal acto, ele existe juridica-

---

[982] Excepção feita à hipótese em que a lacuna pode ser integrada pela previsão legal. Por exemplo, os prazos de pagamentos parciais. Mas aí, o consenso inferir-se-á do silêncio sobre elementos documentais. Nesta hipótese, o consenso não é constitutivo, é "apenas" a adesão a norma supletiva.

mente? Até se pode sustentar existir uma aparência de acto, mas a realidade jurídica infirma tal aparência.

190. No âmbito do CCP, algumas das nossas reticências desaparecem se bem que o n.º 1 do artigo 96.º contenha elementos que não são cláusulas do tipo de contratual. É o caso da *"classificação orçamental da despesa"*[983]. Optou agora o legislador por não definir como "parte integrante do contrato, mesmo sem redução a escrito, outros elementos que contribuem para o clausulado essencial do contrato: a proposta, o caderno de encargos, incluindo os esclarecimentos e as rectificações. Prevê porém o legislador que a entidade adjudicante *"sempre... [que] considere conveniente, o clausulado do contrato pode também incluir uma reprodução do caderno de encargos completada por todos os elementos resultantes dos documentos referidos nas alíneas a), b), d) e e) do número anterior"*[984]. Convém por último sublinhar o que prescreve o n.º 4 do artigo 96.º: *"a entidade adjudicante pode excluir expressamente do contrato os termos ou condições constantes da proposta adjudicada que se reportem a aspectos da execução do contrato não regulados pelo caderno de encargos e que não sejam considerados estritamente necessários a essa execução ou sejam considerados desproporcionados"*.

Com maior probabilidade de suceder serão as hipóteses em que os referidos elementos existem no título contratual – directa ou indirectamente a partir dos documentos que o integram – mas não estão conformes à lei.

Nesta hipótese há que distinguir ainda duas hipóteses. A primeira diz respeito às situações em que a cláusula, proposta de forma ilícita, pode ser substituída pela previsão normativa sem custos para a validade do contrato. A segunda hipótese refere-se às matérias na disponibilidade negocial das partes. As cláusulas cujo conteúdo seja ilícito e não possam ser substituídas e integradas pelas previsões normativas colocarão questões de invalidade. O tipo de invalidade gerado deverá ser apreciado segundo o critério da maior ou menor afectação do interesse público que se afirma no contrato. A lei estabelece à partida as situações de maior gravidade.

191. Mas o conteúdo do contrato pode ser inválido por outras razões que já não se prendem com cláusulas essenciais do contrato. Isto é, a inva-

---

[983] Cfr. o disposto na alínea h).
[984] Cfr. o disposto no n.º 3 do artigo 96.º

lidade pode afectar o conteúdo essencial ou principal do contrato mas também pode afectar o conteúdo acessório do mesmo. O tipo e gravidade da invalidade também aqui dependerão da maior ou menor intensidade com que se afirme o interesse público.

Como afirma SÉRVULO CORREIA, nos contratos fortemente disciplinados na lei, o conteúdo essencial dos mesmos é essencialmente tributário do princípio da legalidade, na vertente da precedência da lei[985]. A lei surge como comando imperativo. Se não for observado ou for expressamente contrariado, qual será a consequência jurídica para a respectiva cláusula? A teoria do contrato, em sede de direito civil, por força do que dispõe o artigo 294.° do CC, aponta no sentido de que a contravenção directa a comandos imperativos implica a nulidade da respectiva cláusula. Compreende-se que seja essa a solução do direito civil porque o contrato privado é essencialmente produto do exercício da autonomia privada dos contraentes. Pelo menos, idealmente foi assim concebido. Cada vez mais se assiste no direito civil a uma diminuição da amplitude da referida autonomia, ganhando a lei mais espaço conformativo da vontade das partes. Esta transformação e redução da autonomia privada justifica-se pela crescente afirmação no direito privado de interesses eminentemente públicos e que conduzem à "legalização" do contrato. Pense-se na regulamentação das cláusulas contratuais gerais, no domínio dos contratos de adesão, ditada, entre outras razões, pela necessidade de protecção dos consumidores, ao abrigo do princípio tensor de direito privado da protecção dos mais fracos.

Apesar desta transmutação, a regra da nulidade de cláusulas que contrariem imperativos legais é compreensível pelo facto do espaço do interesse público ser mais circunscrito do que no direito público.

Ora desta argumentação e justificação se conseguem retirar os argumentos da sua não aplicabilidade ao direito público e em particular ao contrato administrativo. A presença indelével do interesse público na actuação administrativa determina que a sanção regra para as situações de desconformidade com a lei não seja a nulidade mas a anulabilidade[986].

---

[985] *In Legalidade...*, cit., p. 626.

[986] Recorde-se a "história" da sanção da nulidade como a excepção e a regra de invalidade como anulabilidade.

É esta também a opção legislativa desde sempre para o regime de invalidade dos actos administrativos – cfr. os artigos 133.° e ss. do CPA. *Vide* ainda o artigo 285.° do CCP.

Na hipótese de uma cláusula contratual violar frontalmente um imperativo legal, saber se tal situação configura ou não uma solução de invalidade implica que o intérprete raciocine no contexto do direito público. Neste contexto, há vinculações inultrapassáveis: o princípio da legalidade, por um lado, e o princípio do aproveitamento das actuações administrativas, por outro. Propendemos para o entendimento que uma solução de nulidade só será de sustentar quando o interesse público presente e protegido na norma imperativa postergada foi irremediavelmente atingido. Ou seja, para nós, a "simples" violação de norma imperativa não significa total desconsideração do interesse público. Desde logo, porque se o conteúdo principal de contratos administrativos típicos como o contrato de empreitada de obras públicas ou de fornecimento de bens e serviços está disciplinado na lei, a não observância da mesma não poderá ditar, sem mais nenhuma consideração, a invalidade mais grave da cláusula onde se manifeste. Entendemos que a maioria das situações se poderá debelar através da desconsideração da cláusula pactuada e pela sua substituição pelos termos constantes da norma infringida. Naquilo que CARVALHO FERNANDES designa como inserção automática de cláusulas. É que não se trata, nos contratos administrativos, de desatender à vontade das partes. Nestes contratos típicos, a vontade das partes, no que concerne à maior parte do conteúdo principal, é a vontade da lei[987]. Se a lei não for respeitada voluntariamente, substitui-se a vontade manifestada pela vontade legal. Assim, entendamos que nas hipóteses em que as cláusulas não respeitem os imperativos legais aplicáveis, deverão ter-se por não escritas e substituídas pela lei[988]. Deveria ter sido a solução dada pelo Supremo Tribunal Administrativo no caso de uma concessão em que o prazo acordado era superior ao prazo da concessão previsto na lei[989]. Foi aliás uma decisão deste tipo

---

[987] Nesta perspectiva, pode-se inclusive sustentar que estamos perante uma situação de adesão.
[988] Na inserção automática de cláusulas não existe lacuna.
[989] Acórdão do STA de 14/10/2004 (P. n.º 1921/02). O Tribunal, recorde-se, anulou a deliberação por violação da lei. Curioso que a ilegalidade grave de um elemento do contrato de concessão levou o Tribunal a considerar apenas uma anulabilidade. O que poderia conduzir, não fosse nunca impugnado o prazo de concessão, à hipótese de um contrato de concessão com prazo violador de norma imperativa. A solução que nos parece mais adequada ao interesse público presente, aos dados normativos e à ambiência de direito público presente era a de considerar que o prazo era o que a lei impunha, salvando-se por conseguinte a actuação administrativa e protegendo-se o interesse público.

que o Supremo Tribunal Administrativo tomou no já referido Acórdão de 20/04/2004 (P. n.º 227/04), tirado a propósito da análise da proposta de prazo de pagamento superior ao que a lei previa. Sustentou o Tribunal dever tirar-se o "excesso" de prazo. Ou seja, nesta situação reduzir a cláusula para os limites legais[990]. São situações que se reconduzem a hipóteses de invalidade parcial que o princípio do aproveitamento da actuação administrativa dita que se resolvam por diversos mecanismos que adiante exporemos detalhadamente.

---

[990] Recorde-se o outro Acórdão *supra* referido a propósito da questão: "I – Em concurso público de empreitada de obras públicas, uma proposta de prazo de pagamento superior ao prazo máximo de 44 dias para o pagamento dos trabalhos executados, previsto no art. 212.º, n.º 1, do DL n.º 55/99, de 2 de Março, deve ser reduzido e considerado na classificação final dos candidatos em conformidade com essa redução até aquele montante previsto na norma citada" (Acórdão do STA de 23/06/2004 (P. n.º 588/04)).

6. SÍNTESE

192. Há vícios na formação do contrato que o atingem porque ele é precedido de um concreto sub-procedimento legalmente devido, gerando por conseguinte invalidades derivadas no contrato. Por outro lado, há determinados vícios que sempre seriam vícios próprios do contrato porque se situam nos elementos definidores de contrato e que não derivam para o contrato por causa da existência de um procedimento específico para determinar uma parte do contrato. Apenas são já aí visíveis porque no procedimento de formação do contrato há elementos do mesmo que se vão definindo. Por fim, há vícios do procedimento que nunca atingem a validade do contrato, uma vez que o procedimento de formação do mesmo comporta momentos com verdadeira autonomia face ao contrato. Com diferentes manifestações do interesse público.

Assim, da análise levada a cabo nos pontos precedentes podem agora sintetizar-se as causas geradoras de situações de invalidade derivada e de invalidade própria, para além das causas que redundam em irregularidades para o contrato.

6.1. Das irregularidades

193. Há um conjunto de situações que, embora consubstanciando invalidade para os actos a que directamente se referem, deverão ser tidas por geradoras de irregularidades para o contrato firmado a final. Ou porque vêm a ser sanadas a propósito do acto ou porque, não o sendo, a ponderação de interesses públicos presentes no contrato assim o determina.

O que de comum existe em relação a todas as situações é que o interesse público que determina a invalidade apenas se manifesta plenamente a propósito do requisito a que se encontra associado, sendo degradada a respectiva protecção no domínio do contrato que tal acto ajuda a formar.

Tratar-se-á dos casos em que há vícios quanto ao sujeito nos actos suporte e que já não se manifestam no sujeito aquando da outorga contratual. Ou então, vícios não sanados em tais actos mas cuja relevância não se manifesta no contrato.

6.2. Das causas de invalidade derivada

194. Qualquer vício que se refira ao procedimento concursal gerará uma invalidade derivada do contrato. Para o efeito deverão ter-se por verificados os seguintes requisitos: um nexo material relevante entre o acto inválido em causa, a adjudicação e o contrato, sem que incida sobre elemento do próprio contrato, e sempre que estejam em causa o princípio fundamental da concorrência e princípios instrumentais como a publicidade e transparência.

195. Poderia pensar-se que se enquadrariam nesta hipótese de invalidade derivada, desde logo, as situações de vícios quanto ao sujeito, de procedimento e forma que se encontrem na decisão de contratar.
No domínio da legislação agora em vigor, existe identidade entre quem decide contratar, quem adjudica e quem contrata. Por conseguinte, os vícios quanto ao sujeito que se manifestem num dos actos que suportam o contrato e que se mantenham ao tempo da outorga do contrato, relevam já em sede de invalidade própria, a título de vício quanto ao sujeito contratante, não acrescendo, por desnecessidade, o vício que se poderia assinalar a título de invalidade derivada.
Recenseemos então as hipóteses.
Vícios relativos às atribuições do sujeito. Trata-se de uma invalidade que se relaciona com a prossecução dos fins do ente público. É por conseguinte uma situação da maior gravidade. Contudo, se sobrevier a aquisição das atribuições de forma legal (ou por via legislativa ou por acto de delegação de atribuições legalmente admissível) a pertinente questão que se coloca é a de saber se, estando o ente habilitado a actuar e podendo, ao abrigo dessas atribuições, não continuar a actuação, se entendeu prosseguir, se se protege o interesse público pugnar-se pela invalidade derivada do contrato quando é razoável prever que, invalidado o contrato, aquele ente público repetiria a actuação, com óbvio prejuízo na eficiência administrativa. O mesmo raciocínio valerá para a incompetência. Do mesmo

passo, a questão da irregularidade de funcionamento do órgão (colegial) quanto à emanação de algum acto suporte mas que já não se coloque ao tempo da outorga. Ainda que o vício gere uma nulidade por, por exemplo, não ter havido o quórum necessário ou ter sido tomada tumultuosamente.

196. Poderá contudo, verificar-se situação relevante de invalidade derivada a nível do procedimento. Quanto aos vícios no procedimento de emanação da decisão de contratar, apenas a falta de acta pode gerar situações de invalidade derivada, quando não se puder conhecer o teor da deliberação. E isto porque a falta da acta (que não consubstancia uma invalidade mas uma situação de ineficácia) redundará na prática na falta de procedimento, na formulação mais gravosa. Na mesma linha, deve ser lida a falta de fundamentação da decisão de contratar. Aquela consta da acta, no âmbito da actuação de órgãos colegiais. No domínio de actuação de órgãos singulares, o incumprimento do dever de fundamentação legalmente devido implica a anulabilidade do acto a que se refere, mas para a validade do contrato a questão acaba por ganhar dimensão diferente e mais gravosa. Não saber que pressupostos legais se dão por verificados e que motivação conduz àquela decisão é equivalente a não encontrar controlo para o procedimento a seguir e violar todos os princípios que enformam este sub-procedimento.

197. No que respeita ao conteúdo da deliberação, a maioria dos vícios que aí ocorra gerará, na nossa perspectiva, um vício por causa própria do contrato, comum à decisão de contratar e à adjudicação.

198. Apenas no procedimento de escolha do parceiro contratual é que é possível encontrar situações geradoras de invalidade derivada. Desde logo, ao nível dos órgãos *ad hoc,* se os seus membros actuarem em situação de impedimento e este não for motivo absolutamente determinante do conteúdo da adjudicação, haverá causa de invalidade derivada.
São igualmente geradores de invalidade derivada, as situações de não publicidade de esclarecimentos quando afectem a preparação das propostas, bem como a criação de factores ou critérios de adjudicação, pelos órgãos *ad hoc* fora das permissões legais[991].

---

[991] Esta hipótese pode converter-se em causa de invalidade própria se o critério criado estiver em relação próxima e inequívoca com o adjudicatário ou a sua proposta.

A exclusão ilegal de um concorrente só será fonte de invalidade derivada, nas hipótese de critérios de adjudicação conducentes ao exercício de poderes discricionários, em que não pode o Tribunal saber com certeza se o acto de exclusão terá alterado a escolha do parceiro e da respectiva proposta contratual.

A falta de audiência do relatório conducente à adjudicação será fonte de invalidade derivada para o contrato se os interesses públicos, acautelados na formalidade, tiverem sido significativamente atingidos.

6.3. Das causas de invalidade própria

199. A invalidade própria deste tipo de contratos pode resultar de causas comuns à decisão de contratar, à adjudicação e de causas exclusivamente relativas ao contrato e que surgem em momento posterior à adjudicação.

6.3.1. *Das causas comuns à decisão de contratar*

200. Enquadram-se nesta categoria os vícios em elementos do contrato que encontram a sua génese ao nível da decisão. São essencialmente aspectos relacionados com o conteúdo do contrato, com o seu objecto ou com os seus elementos.

201. Qualquer vício quanto ao sujeito que pratica a deliberação, no caso de existir identidade entre quem decide contratar, quem adjudica e outorga o contrato, situação que é a regra no CCP, reconduz-se a um vício próprio do contrato mas que em rigor não se pode dizer ser comum. Haverá uma fonte de invalidade no procedimento mas que não releva em sede de invalidade derivada pelo facto de o vício se manifestar novamente aquando da outorga, sendo que tal vício consome qualquer outro que tenha a mesma origem.

202. Obviamente a primeira fonte de invalidade própria do contrato, com causa comum à decisão de contratar consubstancia-se na hipótese em que o objecto do contrato é contra a lei, em que há, por exemplo, uma impossibilidade de objecto, geradora de nulidade e que não pode deixar

de se reputar como própria do contrato, pois afecta o seu elemento essencial do objecto.

203. Uma outra fonte de invalidade própria que radica na decisão de contratar prende-se com, por exemplo, autorizações que não só legitimam a actuação do sujeito mas que definem características do sujeito co-contratante e que portanto influenciam a construção dos documentos do concurso e que não se coadunam com os requisitos legais, admitindo características que a lei não considerou.

204. No domínio do CCP, a autorização de despesa compete a quem decide contratar. Se for indevidamente autorizada a despesa, a ilegalidade deverá ser considerada como causa de invalidade própria, mas o seu regime deverá bastar-se na legalidade financeira do contrato.

205. Por último, quando o caderno de encargos contém cláusulas contrárias à lei ou de outra forma ilícitas[992], é o conteúdo do contrato que acaba por ser afectado também. Ora, tal circunstância só pode qualificar-se como sendo uma causa de invalidade própria, embora comum à decisão de contratar.

6.3.2. *Das causas comuns à adjudicação*

206. São causas comuns à adjudicação aquelas que, embora surgindo no procedimento de formação da vontade do ente público, dizem respeito ao conteúdo do contrato. O procedimento administrativo pré-contratual destina-se não só a escolher o parceiro contratual da Administração mas também a respectiva proposta contratual. Ora o contrato resulta do consenso entre o que a Administração pretende – e define mais ou menos exaustivamente nos documentos do concurso – e o que o concorrente adjudicatário oferece. Existem por conseguinte definições de conteúdo que se manifestam já no procedimento que culmina na adjudicação.

---

[992] Por exemplo, o caderno de encargos admite a possibilidade de apresentação de variantes quando a lei proíbe, ou se alude a marcas fora dos circunstancialismos dirimentes da lei, etc.

207. Uma das situações com relevância no conteúdo do contrato é aquela em que a adjudicação se faz com base em critério ilegal, no sentido de critério criado à margem das faculdades que a lei confere. Em particular, se tal critério está especificamente relacionado com o adjudicatário e a sua proposta. Igual tratamento deverá ter a situação em que o adjudicatário resulta da admissão ilegal de um concorrente, nos procedimentos em que tal fase existe. Porventura idêntica deverá ser a solução para as situações em que, sendo o critério de adjudicação estritamente vinculado, a exclusão do concorrente que preenchia cabalmente tal requisito, permita sustentar ser ele o adjudicatário, não fora a exclusão ilegal.

208. Numa outra perspectiva, a adjudicação a proposta que viole as prescrições do caderno de encargos, como a adjudicação a proposta que contenha prazos de execução dispares face aos prazos do caderno de encargos, ou que alterem especificações de obra quando o caderno de encargos não permitia, ou com prazo de concessão violador da determinação da lei, também serão motivo de invalidade própria.
São causas de invalidade própria do contrato as situações em que a adjudicação exclui a proposta com preço anormalmente baixo, sem pedir os devidos esclarecimentos, sendo que tal proposta até poderia ser a adjudicatária. Ou quando a adjudicação se faz a uma proposta nessas condições, sem se pedir os esclarecimentos que a lei obriga. Ou quando o adjudicatário é portador de uma indisponibilidade.
Também geram invalidade própria do contrato, se bem por causa não exclusiva, a adjudicação em situações de proibição de adjudicação.

209. Ainda numa outra perspectiva, integram a categoria de causa comum os vícios de vontade que se reflictam na proposta adjudicatária, gerados na fase de negociação pré-adjudicatária. Ou, a violação dos limites da lei para a negociação, seja o objecto, sejam os demais limites.

210. Quanto aos actos procedimentais praticados pelos órgãos *ad hoc*, apenas a admissão ilegal de proposta poderá consubstanciar um vício próprio do contrato, se vier a ser a proposta adjudicatária.
Em qualquer das situações, a adjudicação será inválida por vício quanto ao seu conteúdo. No contrato, porém, a situação do concorrente reconduz-se a um vício quanto ao sujeito co-contratante e a hipótese da proposta a vício quanto ao conteúdo do contrato.

Também será um vício quanto ao sujeito no contrato quando, nos outros procedimentos, a entidade pública selecciona um concorrente fora dos circunstancialismos legais e este acaba por ser o adjudicatário.

Quanto a vícios comuns à adjudicação mas que se situam no objecto ou conteúdo do contrato, são também de referir, nos concursos por negociação, as situações de negociação conducentes a alterações da proposta com violação do objecto do concurso viciam a adjudicação e o contrato, se a proposta negociada nestes termos for a adjudicatária. Qualquer vício da vontade que se manifeste nesta fase vicia a adjudicação e o contrato quando os sujeitos contratantes sejam os sujeitos envolvidos na hipótese.

211. Quanto aos vícios próprios da adjudicação, constituirá vício comum e próprio do contrato o vício quanto ao sujeito, quando existe identidade entre a entidade adjudicatária e a entidade outorgante.

Quanto às vinculações legais específicas para a prática da adjudicação, sempre que o autor do acto violar os critérios de adjudicação, tal situação redundará em vício do contrato também. Serão sempre hipóteses de vício quanto ao conteúdo da adjudicação mas que poderão reflectir-se em diferentes elementos do contrato. Quando for violado o critério de adjudicação relativo a alguma qualidade ou situação de capacidade técnico-financeira do co-contratante particular, o vício contratual situar-se-á ao nível do sujeito. Já se porventura a ilegalidade disser respeito a alguma cláusula da proposta contratual, o vício dirá respeito ao objecto/conteúdo do contrato.

212. Qualquer vício que ocorra após a adjudicação será inequivocamente um vício próprio do contrato mas já não comum à adjudicação.

6.3.3. *Das causas exclusivas do contrato*

213. Enquadram-se aqui todos os vícios que ocorram em momento posterior ao da adjudicação. Tratar-se-á do caso das negociações que podem ocorrer após a adjudicação, dos casos em que há a necessidade de aprovação da minuta e o requisito da forma do contrato.

214. No que concerne às negociações após a adjudicação, estabelece a lei que as alterações terão de respeitar os limites aí estabelecidos. Recordemos que ao abrigo da legislação revogada, o artigo 106.º do RJEOP ve-

dava que o concorrente se apropriasse de soluções de concorrentes preteridos, que a negociação conduza a alterações sensíveis e significativas de condições que influenciariam a adjudicação se fossem antes conhecidas por todos os concorrentes ou que se limita a fundamentação da adjudicação.

Já no domínio do CCP, vigora o artigo 99.º com uma formulação distinta. Refere-se a lei a ajustamentos a serem feitos pela entidade adjudicante, sendo que o ónus de cumprimento da legalidade corre por conta desta. O adjudicatário tem a apenas a liberdade de aceitar ou não tais ajustamentos.

215. Por último, a forma é também requisito de validade neste tipo de contratos.

PARTE III
DO REGIME JURÍDICO DA INVALIDADE

1. INTRODUÇÃO

216. Já fomos adiantando aqui e além qual o regime de invalidade associado às diferentes situações de não conformidade com a lei na formação do contrato.

Agora é tempo de sistematizar fundamentadamente as soluções que entendemos que se aplicam à problemática da invalidade dos contratos. É tempo de apontar regras orientadoras do regime, apresentar soluções fundamentadas e aspectos de excepção ou de divergência. É tempo de aquilatar as soluções em vigor com a nossa construção dogmática.

Assim, a justificação dogmática há-de começar pelo regime associado às situações que a nosso ver determinam irregularidades para o contrato. Sempre na perspectiva de que as referidas situações são arguidas com o contrato já outorgado.

Contudo, não é nada irrelevante, até por força da Directiva Recursos, incluindo a Directiva 2007/66/CE, de 11 de Dezembro de 2007, que vem regular a questão, revendo as Directivas anteriores, averiguar se o regime será o mesmo se as referidas situações conduzem a resultados idênticos se arguidas antes da outorga do contrato. Será esta a parte final da nossa investigação.

217. Cumpre ainda salientar um dado comunitário que pode ser o ponto de partida para uma solução. O n.º 6 do artigo 2.º das Directivas sobre contratação pública devolve às ordens jurídicas nacionais resolver a questão dos efeitos da invalidação do acto do procedimento (destacável) na validade do contrato, admitindo a manutenção do contrato e a atribuição de indemnização, se bem que seja preferível a reintegração natural e portanto a invalidação do contrato.

2. DO PRINCÍPIO DO APROVEITAMENTO NA ACTUAÇÃO JURÍDICA

2.1. Do princípio do aproveitamento na actuação administrativa

2.1.1. *Do papel das formas e das formalidades*

218. As irregularidades não invalidantes são a primeira manifestação de um princípio jurídico que se revela muito importante para este ponto do nosso trabalho: o princípio do aproveitamento da actuação jurídica. Trata-se de um princípio que pertence à Teoria do Direito e que se manifesta quer no direito privado, ao nível designadamente do direito contratual, quer no direito administrativo[993].

Assim, parece ser pacífica a vigência deste princípio, aplicando-se em várias dimensões, desde logo na teoria do acto administrativo. Manifesta-se na irrelevância de certo tipo de vícios do acto administrativo, em determinadas circunstâncias, em particular os de natureza formal e procedimental. RUI MACHETE é de opinião que "o ordenamento jurídico português, apesar da amplitude concedida à acção pública, acompanha assim, a orientação moderna de restringir a relevância dos vícios de forma e garantir uma maior eficiência da actividade administrativa"[994].

O princípio do aproveitamento da actuação manifesta-se igualmente em actos de 2.º grau que actuam sobre os outros actos total ou parcialmente inválidos.

Existem assim duas dimensões que têm pleno cabimento na análise que agora fazemos a propósito das vicissitudes do contrato administrativo.

---

[993] Como já fomos dando conta pontualmente em muitas prolações judiciais. *Vide supra* Parte I.

[994] *In A Relevância Processual dos Vícios Procedimentais no Novo Paradigma da Justiça Administrativa Portuguesa*, RDAOT, n.º 13, 2006, p. 38.

219. Apesar de a jurisprudência se referir a ele amiúde, RUI MACHETE sublinha que o princípio do aproveitamento dos actos jurídicos não é um princípio processual, sendo antes a "expressão teleológica da preocupação em evitar que se perca energia jurídica e eficiência quando não há razão para tal", operando substantivamente através da "ratificação, reforma ou conversão"[995]. Como refere VIEIRA DE ANDRADE, "não é, desde logo, um problema exclusivo deste tipo de vícios [os formais], pois que se pode colocar em relação a qualquer defeito do acto administrativo"[996].

Portanto, quanto à *ratio* do princípio do aproveitamento, ela é normalmente referida, no âmbito da teoria dos actos administrativos, à economia de meios, associada ao princípio da eficiência[997], sublinhando VIEIRA DE ANDRADE que não deverá entender-se que existe um dever de não anular mas apenas uma faculdade judicial, porque a violação da regra formal existe[998]. Até porque cada vez mais é necessário ponderar "o bom equilíbrio dos interesses privados que se confrontam nas relações administrativos multipolares"[999]. Ora, no domínio em que se coloca a questão para nós – a da influência da violação dos aspectos formais no contrato, por via da invalidade derivada, principalmente – a *ratio* apresentada deve combinar--se com outros princípios jurídicos que se afirmam na relação contratual.

À vigência deste princípio em sede do direito administrativo italiano se referem, entre outros, A. TROCCOLI[1000], ALESSANDRA SUSCA[1001], ANTONIO

---

[995] In *A Relevância...*, cit., p. 35.

[996] In *O Dever da Fundamentação...*, cit., p. 326 e p. 309. Referindo-se ao facto de que o princípio do aproveitamento, se bem que enunciado a propósito da invalidades com base em vícios formais, pode vir a revelar-se também "num contexto de invalidades substanciais", MARGARIDA CORTEZ, *Aproveitamento de Acto Administrativo Inválido: Custas Pelo Recorrente? – A. do STA de 7.11.2001, P. 38 983*, CJA, n.º 37, 2003, p. 37.

[997] No mesmo sentido se pronuncia CLEMENS LADENBURGER, no seu estudo comparativo acerca das consequências dos vícios procedimentais no direito francês e no direito alemão: "a restrição das consequências jurídicas das irregularidades procedimentais justifica-se antes de mais pela preocupação da eficiência da Administração" (in *Verfahrensfehlerfolgen im französischen und im deutschen Verwaltungsrecht*, Springer, band 139, Berlim, 1999, p. 483).

[998] In *O Dever da Fundamentação...*, cit., p. 333. Sublinhando o princípio da economia e eficiência, RUI MACHETE, *A Relevância...*, cit., p. 37. No direito alemão, *vide* KLAUS OBERMAYER, *Kommentar zum Verwaltungsverfahrensgesetz*, 3.ª Ed., Luchterhand, 1999, §46, nota 2.

[999] CLEMENS LADENBURGER, *Verfahrensfehlerfolgen...*, cit., p. 483.

[1000] In *Nullità ed Impugnativa Parziale degli Atti Amministrativi*, FA, 1959, p. 608.

[1001] In *L' Invalidtà del Provvedimento...*, cit., p. 545.

BARTOLINI[1002], ELIO CASETTA[1003], FRANCESCO CARINGELLA[1004], BERNARDO MATTARELLA[1005], LEOPOLDO MAZZAROLLI[1006], SERGIO CAPOZZI[1007]. Também LUCIA MUSSELLI noticia que desde os anos trinta que a conversão se liga à tradicional teoria da auto-tutela, fundada sobre a noção de imperatividade e na designada presunção de legitimidade da acção administrativa", tendo o seu fundamento primeiro no princípio da conservação dos valores jurídicos[1008]. Já BODDA entendia que, apesar de o princípio não estar formalizado no direito administrativo, ele constituía um "princípio fundamental de qualquer ordenamento jurídico, capaz de produzir efeitos também no campo do direito público", recusando por conseguinte uma aplicação analógica do mesmo[1009].

A doutrina espanhola, como EDUARDO GARCIA ENTERRÍA/TOMÁS RÁMON-FERNÁNDEZ[1010], GARRIDO FALLA[1011], LUIS COSCULLUELA MONTANER[1012], RAÚL BOCANEGRA SIERRA (para quem a convalidação, a conversão e a incomunicação da invalidade são "três efeitos do princípio da conservação dos actos (*favor acti*), que é por sua vez uma manifestação do princípio da economia processual"[1013]), JOSÉ MARIA AYALA MUÑOZ[1014], CATALINA ESCUIN PALOP[1015], ENRIQUE SÁNCHEZ GOYANES/ANTONIO CALONGE VELÁSQUEZ, JUAN MANUEL CHINCHILLA PEINADO, ALEJANDRO HUERGO LORA, JOSÉ I. JUÁREZ CHICOTE, DANIEL SANCHO JARAÍZ que esta-

---

[1002] *In La Nullità dell' Provvedimento nel Rapporto Amministrativo*, G. Giappichelli, Torino, 2002, p. 329.
[1003] *In Manuale...*, 9.ª Ed., cit., pp. 539 e 540.
[1004] *In Corso...*, cit., p. 1537 (ligando o princípio à "regra da prossecução do fim público").
[1005] *In Provvedimento...*, cit., p. 835 (referindo-se à ligação com a interpretação dos actos administrativos e a posição da jurisprudência).
[1006] *In Convalida II) Convalida dell' Atto Amministrativo*, Enciclopedia Giuridica Treccani, p. 1.
[1007] *In Conversione dell' Atto Amministrativo, (Voce)*, Enciclopedia Giuridica Treccani, p. 1.
[1008] *In La Conversione dell' Atto Amministrativo*, Giuffrè, Milão, 2003, pp. 4-5 e 10.
[1009] Apud LUCIA MUSSELLI, *La Conversione...*, cit., p. 19.
[1010] *Curso...*, I, cit., p. 654.
[1011] *In Tratado...*, 14.ª Ed., Vol. I, cit., p. 645.
[1012] *In Manual...*, cit., p. 353.
[1013] *In Lecciones...*, cit., p. 192.
[1014] *In Régimen Jurídico de Las Administraciones Públicas y Procedimiento Administrativo*, 2.ª Ed., Aranzadi, Navarra, 2002, p. 450.
[1015] *In Curso...*, cit., p. 214.

belecem a ligação deste princípio com o da eficiência administrativa[1016], tratam a questão na mesma linha.

220. Para a adequada análise na perspectiva da invalidade gerada, há que situar o papel das formas na actuação administrativa[1017]. RUI MACHETE refere que a natureza instrumental das formalidades, característica normalmente a elas atribuída, tem como objectivo a "garantia de uma correcta actividade administrativa guiada pelos parâmetros legais, e para a tomada de uma decisão final segundo o prescrito pelo direito material"[1018]. E tal concepção ancora-se no sistema de justiça administrativa vigente que almeja a defesa das posições subjectivas dos particulares[1019]. BARBOSA DE MELO, depois de precisar que "o conceito de forma não pode ser entendido como abrangendo tudo aquilo que se contrapõe a um conteúdo", sublinha que o dito conceito de forma "não possui alcance inteiramente coincidente na teoria do negócio jurídico privado e na teoria do acto administrativo"[1020]. Na mesma linha, VIEIRA DE ANDRADE informa que não há uma "comunhão de pontos de vista entre os Autores, já que o conceito de forma é utilizado nesta expressão em acepções diferentes. Para uns, forma é aí entendida num sentido amplo, referida ao conjunto de

---

[1016] In Manual..., cit., p. 252.

[1017] A questão do papel das formas e formalidades tem várias vertentes e manifesta-se designadamente na questão do conhecimento judicial dos vícios, assumindo aí em regra uma posição subordinada. Um Acórdão recente abordou precisamente esta questão. Sustentou o Tribunal que, se em regra, deve "ser dada primazia aos vícios de violação de lei substantiva, por serem aqueles cuja procedência conduzirá, em princípio, a uma mais estável e eficaz tutela dos interesses do recorrente", a verdade é que, por vezes, "se impõe uma apreciação prioritária dos vícios de forma ou procedimentais, designadamente quando estes afectam a manifestação da vontade administrativa (ausência de fundamentação) e a formação dessa mesma vontade (preterição da audiência dos interessados)", Acórdão do STA de 15/11/2006 (P. n.º 1243/05). Na mesma linha, vide Acórdãos do STA de 29/11/2001 (P. n.º 40 973), 05/12/2001 (P. n.º 46 563), 05/06/2002 (P. n.º 48 053), 18/03/2003 (P. n.º 1749/02), 11/05/2004 (P. n.º 41 000).

[1018] In A Relevância..., cit., p. 6.

Sobre a instrumentalidade das formas no direito italiano vide ANTONIO ROMANO-TASSONE, Contributo sul Tema..., cit.; FABRIZIO LUCIANI, Il Vizio Formale nella Teoria dell' Invalidità Amministrativa, G. Giappichelli, Torino, 2003; DIANA GALETTA, Violazione di Norme sul Procedimento Amministrativo e Annulabiltà del Provvedimento, Giuffrè, Milão, 2003.

[1019] RUI MACHETE, A Relevância..., cit., p. 6.

[1020] In O Vício de Forma no Acto Administrativo – Algumas Considerações, texto policopiado, Coimbra, 1986, p. 13.

todas as *formalidades* ligadas à *formação* e à *expressão* da vontade constituinte de um acto administrativo; para outros, a forma tem um significado estrito, é o modo de *exteriorização* do acto"[1021]. Preconiza por isso uma interpretação restritiva do conceito de forma, constante da alínea f) do n.º 2 do artigo 133.º do CPA, no sentido de aí não incluir os trâmites do procedimento[1022]. SÉRVULO CORREIA define formalidade como "acto ou facto, ainda que meramente ritual, inserido no processo administrativo gracioso"[1023]. Tem todavia uma concepção de "formalismo moderado"[1024]. Já MÁRIO ESTEVES DE OLIVEIRA sublinha que "as formalidades não têm, em regra, autonomia funcional ou estrutural dentro do processo gracioso"[1025].

A concepção restrita de formalidade invalidante parece-nos ser um dado relevante a ter em conta na nossa análise. Daí a concepção de formalidades essenciais para o negócio como requisito de validade[1026].

Nesta dimensão dos vícios formais, VIEIRA DE ANDRADE coloca a questão em dois planos: determinar o "valor normativo do preceito de forma (ou de procedimento)", para avaliar, em concreto, quais são as consequências se houver incumprimento e qual a influência de tal incumprimento no conteúdo da decisão, para se aferir depois quais as consequências que a *anulação* do acto terá na ordem jurídica[1027]. Ou seja, qual a função dos preceitos de forma e respectiva relevância e qual o alcance do princípio do aproveitamento.

[1021] In *O Dever da Fundamentação...*, cit., p. 284 (p. 287).

Sustentam uma concepção ampla de forma, entre outros, MARCELLO CAETANO, *Manual...*, I, cit., pp. 469 e ss.; BARBOSA DE MELO, *O Vício...*, cit., pp. 34 e ss.; SÉRVULO CORREIA, *Noções...*, cit., pp. 456 e ss.

Na concepção mais restrita, além de VIEIRA DE ANDRADE, vide ROGÉRIO SOARES, *Direito Administrativo*, cit., pp. 303 e ss.

[1022] In *Validade...*, cit., p. 589.

[1023] In *Noções...*, cit., p. 382.

[1024] In *Noções...*, cit., p. 383.

[1025] In *Direito Administrativo*, cit., p. 459.

[1026] BERNARDO DE AYALA, tratando a questão no domínio dos procedimentos concursais, sublinha: "a *essencialidade* de uma formalidade ou de um ditame de peças concursais tem de ser descortinada em cada caso concreto à luz dos mencionados princípios fundamentais", não estando todas as formalidades no mesmo plano, ainda que impostas por lei, sendo por conseguinte perfeitamente equacionáveis distintas consequências para a sua inobservância (*A Distinção entre Formalidades Essenciais e Não Essenciais no Quadro da Contratação Administrativa – Ac. do STA de 17.1.2001, P. 44 249*, CJA, n.º 56, 2006, pp. 26-27).

[1027] In *O Dever da Fundamentação...*, cit., p. 309.

Atento o modelo de administração vigente – o executivo – os preceitos formais estão pré-ordenados à correcta formação da vontade administrativa[1028]. Com particular relevância no domínio da actividade discricionária da Administração[1029]. Impõe-se portanto estabelecer critérios sobre que situações de violação de normas formais (em sentido amplo) não implicam a anulação do acto. VIEIRA DE ANDRADE apresenta três hipóteses explicativas. A primeira, advogada pelos *antiformalistas*, implica um juízo sobre o conteúdo do acto: o vício será irrelevante se a presunção de ilegalidade subjacente à violação da regra formal for afastada[1030]. O risco desta construção, como sublinha VIEIRA DE ANDRADE, era a de a função instrumental das formas se degradar "numa função meramente ancilar"[1031]. Uma outra hipótese explicativa reconduz-se à tese funcionalista, que reconhece idêntica força jurídica a preceitos materiais e a preceitos formais: "só não deve provocar a anulação do acto pelo juiz se este comprovar que se alcançaram no caso concreto, embora por outra via, os fins específicos que o preceito violado visava atingir"[1032]. Parece ser esta a orientação ju-

---

[1028] VIEIRA DE ANDRADE, *O Dever da Fundamentação...*, cit., p. 313.
Daí também a jurisprudência se referir a esta função, quanto à questão da ordem do conhecimento dos vícios, pelo menos até à entrada em vigor do CPTA.

[1029] Neste sentido, VIEIRA DE ANDRADE, *O Dever da Fundamentação...*, cit., p. 313.

[1030] "Pressupõe-se como regra que o vício de forma constitui uma *presunção de ilegalidade* do acto", (VIEIRA DE ANDRADE, *O Dever da Fundamentação...*, cit., p. 315).

[1031] In *O Dever da Fundamentação...*, cit., p. 317.

[1032] VIEIRA DE ANDRADE, *O Dever da Fundamentação...*, cit., p. 318. Por isso, a concepção restrita acerca de causas de invalidade derivada: violação de normas formais e procedimentais, em que o interesse substantivo subjacente à norma é atingido de forma grave.
No direito espanhol, a questão das formas encontra-se regulada em três normativos da respectiva lei de procedimento: como forma de nulidade (artigo 62.º, n.º 1, alínea e)), como anulabilidade (artigo 63.º, n.º 2) ou como irregularidade não invalidante (artigo 63.º, n.º 2 "*a contrario sensu*"), (*Regimen Jurídico...*, anotação ao artigo 62.º, cit., p. 438). Para o que aqui expressamente interessa, a lei espanhola desconsidera a infracção de norma formal, só a valorizando quando "*o acto careça dos requisitos formais indispensáveis para alcançar o seu fim ou dê lugar a falta de defesa dos interessados*". Ou seja, quando o fim seja alcançado, a formalidade inobservada não tem força invalidante. GARCIA DE ENTERRIA/TOMÁS-RAMÓN FERNÁNDEZ tratam circunstanciadamente a questão da força invalidante do vício de forma/procedimento concluindo a dada a altura que a violação do preceito formal conduz à anulação do acto "naqueles casos em que não é possível averiguar se a decisão de fundo é correcta ou não, porque precisamente, a infracção formal cometida subtraiu elementos de juízo necessários para uma valoração justa da solução adoptada", (*in Curso...*, I, cit., p. 652). Ou seja, quando estiver em causa o exercício de poderes discricionários.

risprudencial, como de seguida veremos. É igualmente a orientação perfilhada por VIEIRA DE ANDRADE[1033] e que nós temos também por adequada, como já fomos demonstrando[1034]. Se bem que esta concepção implique como "único défice de juridicidade" a "força pedagógica do preceito, que não será suficiente para compensar os malefícios da anulação"[1035]. Existe ainda quem sustente uma concepção mais substancialista: os vícios formais concorrem para a anulação do acto se tiveram ou podiam ter tido influência no acto praticado[1036]. Trata-se de uma orientação seguida por parte da doutrina alemã. Convém sublinhar, como SÉRVULO CORREIA[1037], que, na dimensão adjectiva, o sistema alemão está já muito dirigido à protecção de direitos subjectivos dos cidadãos, pelo que os vícios formais terão relevância na justa medida em que sejam atingidas tais posições jurídicas. Esta orientação levanta óbices a propósito de certos vícios formais, como seja o da falta de fundamentação. Mas mesmo a propósito dos vícios procedimentais, concordamos com VIEIRA DE ANDRADE, quando o A. sublinha que "são inúmeras as dificuldades de prova de uma causalidade hipotética referida ao passado (...), a somar às dúvidas sérias que a intervenção do juiz nesta matéria poderá suscitar em função do princípio da separação dos poderes"[1038]. Claro que, como também sustenta o A. e como

---

[1033] *In O Dever da Fundamentação...*, cit., p. 321. Também parece ser esta a concepção perfilhada por MÁRIO ESTEVES DE OLIVEIRA *ET AL.* (*in Código...*, 2.ª Ed., cit., p. 658).

[1034] Parece ser esta também a orientação de SÉRVULO CORREIA: "as formalidades cuja preterição não tenha impedido a verificação do facto ou a realização do objectivo que mediante elas o legislador pretende produzir ou alcançar" não são invalidantes, gerando apenas "uma mera irregularidade", (*in Noções...*, cit., p. 386); no mesmo sentido, MÁRIO ESTEVES DE OLIVEIRA, *Direito Administrativo,* cit., p. 460.

[1035] VIEIRA DE ANDRADE, *O Dever da Fundamentação...*, cit., p. 321.

[1036] O direito alemão parece adoptar esta concepção. Assim, o §46 da VwVfG dispõe: "a anulação de um acto administrativo, que nos termos do §44 não é nulo, não pode ser pedida quando apenas se verifica violação de normas procedimentais, de forma ou de competência territorial, quando seja evidente que a violação não teve influência no conteúdo da decisão".

A doutrina alemã discutiu a constitucionalidade da disposição. Pronunciando-se no sentido da conformidade constitucional (*verfassungskonform*), KLAUS OBERMAYER, *Kommentar zum...*, cit., §46, nota 14 (porque a disposição não abrange o vício formal absoluto), HUBERT MEYER, (*in* KNACK), *Verwaltungsverfahrensgesetz Kommentar*, 8.ª Ed., Carl Heymanns, Colónia, 2004, §46, nota 22.

[1037] *In Direito do Contencioso Administrativo*, I, Lex, Lisboa, 2005, p. 743, nota 463.

[1038] Referindo-se a estas dificuldades no direito alemão, RUI MACHETE, *A Relevância...*, cit., p. 27.

nós também já sublinhamos *supra,* devem introduzir-se matizes de soluções em função do tipo de poderes exercidos, se vinculados, se discricionários[1039]. Ou como sublinha BARBOSA DE MELO, é necessário olhar para os interesses em causa na norma formal para efeitos de resolver o problema da relevância da violação, saber qual é o interesse que prevalece: se o privado, se o público, ou ambos "combinados de certo modo"[1040]. Concordamos por isso com CLEMENS LADENBURGER quando o A. defende que a determinação adequada das consequências jurídicas das irregularidades procedimentais deve inspirar-se "na análise precisa da ou das funções da norma procedimental violada; feito isto, convém distinguir entre as funções ligadas à decisão de fundo, as funções independentes disso, e as funções de mera ordenação"[1041].

221. Na jurisprudência, a questão da "dimensão autónoma da relevância limitada do vício de forma" tem sido tratada a propósito da violação do dever de audiência. O Tribunal Superior tem insistido no âmbito de operância do princípio do aproveitamento: apenas quando a Administração decide no exercício de poderes vinculados, permitindo a repetição do juízo administrativo pelo Tribunal, porque se trata de execução da lei, se poderá falar em força não invalidante do vício formal[1042]. Ou seja, não basta que se trate do exercício de poderes vinculados; é necessário que seja possível afirmar que o conteúdo decisório seria aquele em qualquer circunstância[1043]. É também a conclusão de RUI MACHETE: "a jurisprudência portuguesa, tal como as suas congéneres francesa, alemã e italiana, também se preocupa com a problemática da instrumentalidade das formas e a realização da finalidade de normas que prevêem as formalidades, lançando

---

[1039] *In O Dever da Fundamentação...,* cit., pp. 323-324.
[1040] *In O Vício...,* cit., p. 91.
[1041] *In Verfahrensfehlerfolgen...,* cit., p. 487.
[1042] Neste sentido, VIEIRA DE ANDRADE, *O Dever da Fundamentação...,* cit., p. 329, p. 331 nota 91.
[1043] "Estando em causa uma actividade vinculada da Administração e concluindo-se seguramente que a audiência prévia não tinha possibilidade de influenciar a decisão tomada, que era a única concretamente possível em face do quadro factual e legal em que foi proferida, a consequência anulatória por falta da formalidade prevista no artigo 100.º do CPA deixa de fazer sentido, degradando-se em irregularidade irrelevante, impondo-se a manutenção da decisão impugnada na ordem jurídica, em obediência ao princípio do aproveitamento do acto administrativo", (sumário do Acórdão do STA de 10/05/2006, P. n.º 1035/04). No mesmo sentido, Acórdão do STA de 14/07/2005 (P. n.º 352/05).

mão das mesmas técnicas: distinção entre formalidades essenciais e não essenciais; irrelevância do vício procedimental nos casos de actos vinculados ou de competência «liée», inexistência de qualquer influência entre o não cumprimento da formalidade e a decisão final tomada"[1044].

Para o que nos interessa, a questão não se circunscreve à temática da postergação do dever de audiência. Vai além desta questão, como definiu o Tribunal Superior no Acórdão de 22/11/2006 (rec. n.º 888/06): "III – Se, não obstante a verificação de vício anulatório do acto recorrido – no caso a intervenção no processo de selecção dos membros suplentes do júri – se concluir que tal anulação não traria qualquer vantagem para o recorrente, deixando-o na mesma posição classificativa – ou, porque nada invocou em contrário ou, porque, objectivamente, nada se vê que conduzisse a um posicionamento diferente – a existência de tal vício não deve conduzir à anulação, por aplicação do princípio da inoperância dos vícios ou *utile per inutile non vitiatur*. IV – O princípio do aproveitamento do acto administrativo pressupõe uma avaliação de todas as ilegalidades invocadas no recurso contencioso e só depois consente a eventual emissão de um juízo final tendente ao aproveitamento"[1045]. Ou ainda em outra, a propósito de um procedimento conducente a contrato de fornecimento de bens, disse o Tribunal: "mas são bem mais exigentes os condicionalismos em que este STA vem aceitando que funcione, nestas hipóteses, o aproveitamento do acto. Não basta uma mera probabilidade da repetição do acto no mesmo sentido; impõe-se que o tribunal se certifique que ela se impunha com carácter de *"absoluta inevitabilidade"*, fosse *"a única concreta e legalmente possível"*, que o novo acto *"teria forçosamente conteúdo decisório idêntico ao do anterior"*[1046].

222. No domínio específico dos contratos administrativos e em particular dos procedimentos imperativos que integram o procedimento de

---

[1044] *In A Relevância...*, cit., pp. 34-35. Sobre o conceito de formalidade essencial vide BARBOSA DE MELO, *O Vício...*, cit., pp. 75 e ss.; CLEMENS LADENBURGER, *Verfahrensfehlerfolgen...*, cit., p. 484.

[1045] No mesmo sentido, *vide* Acórdão do STA de 12/11/2003 (P. n.º 41 291): "... nos casos em que se apura, em concreto, com segurança, atentas as específicas circunstâncias do caso, que não ocorreu uma lesão efectiva dos direitos dos interessados, não se justificará a anulação do acto mesmo que se esteja perante qualquer erro de apreciação da lei".

[1046] *Vide* os Acórdãos do STA de 10/05/2006 (P. n.º 1035/04), 13/02/2002 (P. n.º 46 679) e 19/02/2003 (P. n.º 123/03).

formação dos mesmos, as formalidades encontram-se não só no plano legal imperativo, mas também no demais acervo de legalidade criado pela Administração e ao qual ela se vincula. Entendemos no entanto que, como afirma BERNARDO AYALA, as formalidades não são todas iguais e há que ter, no caso concreto, em consideração a extensão e gravidade da sua inobservância face aos princípios (substantivos) que as justificam. Desde logo, para efeitos da validade do acto que tais formalidades servem de imediato. Portanto, há formalidades violadas que não geram invalidades porque, apesar de preteridas, foi alcançado o fim substancial que visavam produzir[1047].

2.1.2. Dos actos sanatórios

223. O princípio da conservação ou aproveitamento, em sede de teoria do acto administrativo, manifesta-se em actos de segundo grau, que permitem a subsistência da actuação, retirando as ilegalidades da mesma. Tradicionalmente, referimo-nos a actos de sanação (em sentido amplo), que retiram ilegalidades do acto administrativo, mas que não banem pura e simplesmente a actuação administrativa[1048]. Para FREITAS DO AMARAL, a sanação "consiste precisamente na transformação de um acto ilegal num acto inatacável perante a ordem jurídica", e funda-se na "necessidade de certeza e segurança na ordem jurídica"[1049]. Também VIEIRA DE ANDRADE entende que a convalidação significa a cura de um acto, pela eliminação da causa do vício[1050]. São por conseguinte actos de 2.º grau ou "actos

---

[1047] Sustentando este raciocínio, BERNARDO AYALA, A Distinção..., cit., p. 30.
[1048] Neste sentido, MÁRIO ESTEVES DE OLIVEIRA ET AL., Código..., 2.ª Ed., cit., p. 663. PAULO OTERO, a propósito das situações de incompetência, equaciona a questão da natureza jurídica da "sanação" do vício, em particular pelo decurso do tempo. Na sua perspectiva, este tipo de "sanação" não se traduz numa convalidação do acto, rejeitando assim a construção de que o acto se torna válido. Claro que o âmbito da sua reflexão é a da passagem do tempo e não propriamente a prática de um acto de segundo grau que actua efectivamente sobre o acto inválido (in O Poder de Substituição..., cit., p. 465).
[1049] In Curso..., II, cit., p. 421.
[1050] In O Dever da Fundamentação..., cit., p. 300. Tratando o vício de forma por falta de fundamentação, o A. claramente distingue "sanação" como "adução posterior de fundamentos" da "possibilidade de a Administração anular o acto não fundamentado e substituí-lo por outro acto de conteúdo idêntico, provido de uma fundamentação" (in O Dever da Fundamentação..., cit., p. 295).

secundários"[1051], uma vez que o seu objecto é um acto administrativo prévio, "supõem uma providência da Administração cujo conteúdo ou alcance vêm afectar"[1052].

A doutrina italiana não é consensual quanto à arrumação destes actos de segundo grau. Actualmente há AA., como LUCIA MUSSELLI que sustentam que o princípio da conservação pode ter quatro modalidades de aplicação: "conservação por via interpretativa, conservação consequente ao comportamento do sujeito que consolidou os efeitos do acto, ou por falta de impugnação nos prazos ou segundo um comportamento destinado a demonstrar a sua adesão à vontade da Administração (aceitação), conversão como acto administrativo de 2.º grau e por fim conservação por prossecução do fim de interesse público ainda que em presença de vícios formais ou procedimentais"[1053]. CESARE GRASSETTI apresenta um segundo conteúdo para este princípio, mais lato e que se relaciona com a eficácia dos actos, permitindo incluir a disciplina da invalidade parcial, a conversão do contrato nulo, a convalidação do contrato anulável, a modificabilidade do contrato rescindível[1054]. No ordenamento jurídico italiano, segundo informa LUCIA MUSSELLI, este princípio tem tido especial aplicação em matéria de procedimentos «ad evidenza publica», em particular quando as cláusulas do programa são ambíguas, permitindo uma interpretação a favor do particular ou que os vícios se restrinjam a um só acto, permitindo a "conservação do procedimento"[1055]. No que respeita aos actos administrativos, MARIANO BREGANZE expressamente refere que, em matéria de sanação, a doutrina a admite teoricamente e diverge depois quanto ao *nomem iuris*[1056]. Assim, há quem se refira a actos de convalescença, que incluiriam a convalidação, a ratificação e a sanação, como PIETRO VIRGA[1057], ROBERTO DAMONTE[1058],

---

[1051] MÁRIO ESTEVES DE OLIVEIRA ET AL., *Código...*, 2.ª Ed., cit., p. 663.
[1052] ROGÉRIO SOARES, *Direito Administrativo*, cit., p. 125. FREITAS DO AMARAL refere-se a "actos sobre actos", (*Curso...*, Vol. II, cit., p. 474).
[1053] LUCIA MUSSELLI, *La Conversione...*, cit., p. 11.
[1054] *In Conservazione (Principio di)*, ED, Vol. IX, p. 176. Aludindo precisamente a este alargamento da noção do princípio, vide GIORGIO STELLA RICHTER, *Il Principio di Conservazione del Negozio Giuridico*, RTDPC, Vol. I, 1967, p. 411.
[1055] *In La Conversione...*, cit., pp. 12-13.
[1056] *In Sanatoria dell' Atto Amministrativo*, Enciclopedia Giuridica Treccani, p. 1.
[1057] *In Diritto Amministrativo*, cit., p. 143.
[1058] *Atti, Accordi, Convenzioni nella Giurisprudenza Amministrativa*, Cedam, Padova, 2002, p. 278.

LUCIA MUSSELLI[1059], LANDI/POTENZA[1060]. Já FILORETO D' AGOSTINO define convalescença como a "particular situação de consolidação dos efeitos que o acto alcança pelo decurso do tempo...", isto é, a convalescença permite a eficácia dos actos, diferindo por isso de sanação (que elimina o vício), de inimpugnabilidade ("reflecte no plano processual, os efeitos substantivos da convalescença") e da aceitação (apenas opera no confronto entre os sujeitos, não gozando de eficácia *erga omnes* como a convalescença)[1061]. Mas FRANCO BASSI inclui na expressão sanação a ratificação, a convalidação e a conversão[1062]. Já no direito espanhol, CASTRO Y BRAVO, na ausência de previsão específica no direito civil da figura da conversão designadamente, define convalescença como "uma forma de um facto, tido como nulo, se tornar válido"[1063]. É portanto uma concepção diferente sobre alguns dos modos que acolhemos e que não se consubstanciam em sanação de vício mas sim em situações de inimpugnabilidade[1064].

224. Ao abrigo do que dispõe o artigo 137.º do CPA, no ordenamento jurídico português os referidos actos de sanação podem surgir como ratificação, reforma ou conversão. RUI MACHETE distingue o conceito de sanação em sentido lato, com o significado de convalescença, de sanação em sentido estrito, que implica a inimpugnabilidade contenciosa do acto inválido[1065].

A ratificação é o acto administrativo de 2.º grau, através do qual a autoridade competente sana o vício de incompetência. MÁRIO ESTEVES DE OLIVEIRA *ET AL.* sustentam que a ratificação não se reduz à sanação do vício da incompetência, sendo extensível aos vícios de forma e procedimen-

---

[1059] *La Conversione...*, cit., p. 48.

[1060] Sustentam a convalidação como acto capaz de eliminar vícios de legitimidade, tomando o nome de ratificação, se o vício for a incompetência, e sanação se for vício de procedimento ou forma (*in Manuale di Diritto Amministrativo*, 10.ª Ed., Giuffrè, Milão, 1997, p. 269).

[1061] *In Manuale di Diritto Amministrativo*, Giuffrè, Milão, 2000, pp. 431-432. Convergindo nesta distinção está MARIO BREGANZE, se bem que inclua na distinção também a conversão e a conservação (*in Sanatoria...*, cit., p. 2).

[1062] *In Lezioni...*, cit., p. 132.

[1063] *In El Negocio Juridico*, Reimp., Civitas, Madrid, 2002, p. 485.

[1064] Neste sentido, a propósito do decurso do tempo, PAULO OTERO, *O Poder de Substituição...*, II, cit., pp. 465 e ss.

[1065] *In Estudos de Direito Público*, Coimbra Ed., Coimbra, 2004, p. 113.

tais[1066]. Na doutrina italiana, o termo ratificação é entendido num duplo sentido: como sanação do vício da incompetência e como acto de confirmação de deliberações de urgência[1067]. Para efeitos de sanação de vícios de forma ou procedimentais, a doutrina italiana fala em convalidação[1068]. "A sanação opera a convalescença de quaisquer actos que sejam inválidos por falta de um pressuposto de legitimidade ou por falta de cumprimento de um acto do procedimento"[1069], com a superveniência do acto ou formalidade em causa[1070]. Distingue-se portanto da convalidação[1071], que, sendo um acto administrativo de 2.° grau, "se chega à eliminação de um vício, dando lugar à consolidação e à conservação do próprio acto"[1072]. ALESSANDRA SUSCA entende que a convalidação em direito administrativo

---

[1066] Esta parece ser também a opinião de FREITAS DO AMARAL (in Curso..., II, cit., p. 475), MARCELLO CAETANO, Manual..., I, cit., p. 557.

Parece ser essa também a orientação da jurisprudência: "II – A ratificação-sanação não é apenas possível nos casos de falta de fundamentação, mas como também nos casos de fundamentação insuficiente" (in Acórdão do STA de 16/05/2002, P. n.° 129/02). Vide a jurisprudência do STA em consonância com esta orientação Acórdãos de 15/04/1998, P. n.° 39 804 e do Pleno da 1.ª Secção de 21/2/2000, P. n.° 29 722.

[1067] Chamando a atenção precisamente para a necessidade de levar a cabo esta distinção, uma vez que a confirmação de deliberações urgentes não se perfila como acto de sanação ou convalescença, vide PIETRO VIRGA, Diritto..., cit., p. 145; BERNARDO MATTARELLA, Provvedimento..., cit., pp. 835-836; ALDO SANDULLI reserva o termo para as situações de urgência (in Manuale..., cit., p. 709); também LEOPOLDO MAZZAROLLI e SERGIO CAPOZZI preferem usar o termo ratificação para as situações de urgência e não de invalidade de actos administrativos por incompetência (in Convalida..., cit., p. 2 e Conversione..., cit., p. 4 e L' Invalidità..., cit., p. 81, nota 4, respectivamente); FILORETO D' AGOSTINO, Manuale..., cit., p. 436. ROBERTO DAMONTE usa a este propósito as designações de ratificação própria e ratificação imprópria (in Atti..., cit., p. 280).

[1068] Neste sentido, vide, sem carácter de exaustão, sobre a convalidação do acto administrativo, no direito italiano, além das demais referências, LEOPOLDO MAZZAROLLI, Convalida, cit.; PIETRO VIRGA, Diritto..., cit., p. 143; ELIO CASETTA, Manuale..., 9.ª Ed., cit., p. 533; SERGIO CAPOZZI, L' Invalidità..., cit., pp. 79 e ss. ("a convalidação é o meio com o qual o titular do poder de anulação repara o defeito do acto anulável").

[1069] PIETRO VIRGA, Diritto..., cit., p. 146; SERGIO CAPOZZI, Conversione..., cit., p. 4.

[1070] Neste sentido, MASSIMO S. GIANNINI, Diritto..., II, cit., p. 568; ALDO SANDULLI, Il Procedimento..., cit., pp. 363-364; LEOPOLDO MAZZAROLLI, Convalida..., cit., p. 1. ALESSANDRA SUSCA sustenta este conceito de sanação em sentido estrito (in L' Invalidità del Provvedimento..., cit., p. 557).

[1071] Sublinhando a diferença, vide ELIO CASETTA, Manuale..., 9.ª Ed., cit., p. 539.

[1072] LEOPOLDO MAZZAROLLI, Convalida..., cit., p. 1. SERGIO CAPOZZI entende que a convalidação não é acto integrativo porque não modifica nem aduz nada, antes comporta uma nova manifestação de vontade (in L' Invalidità..., cit., p. 82).

é o instituto análogo ao previsto no artigo 1444.º do CC, podendo por isso ocorrer a propósito dos vícios de "legitimidade", "com uma manifestação de vontade, dirigida a eliminar o vício que afecta o acto"[1073]. Contudo, há quem ainda se refira à convalidação no sentido amplo de sanação[1074].

225. Já quanto aos vícios de conteúdo, os actos administrativos que estejam assim viciados apenas podem ser objecto de reforma[1075], conversão ou revisão por ilegalidade.

A conversão é um acto administrativo de segundo grau, pelo qual se aproveitam os elementos válidos de um acto ilegal para com eles se compor um outro acto que seja legal. SERGIO CAPOZZI chega inclusivamente a sublinhar que a "conversão encontra no direito público maior justificação do que havia no direito privado (analogamente ao que sucede na invalidade parcial) e consente, no caso em que a Administração emana um acto administrativo ilegítimo, evitar a ineficácia total, mediante a sua conservação e transformação em acto de conteúdo menor"[1076]. Constituem portanto requisitos para que a conversão seja possível: a invalidade do acto administrativo, a existência dos elementos e dos requisitos de outro acto administrativo, a função perseguida pelo acto administrativo convertido ser a mesma ou afim da do acto inválido e um acto expresso de conversão[1077]. Entre nós, os actos administrativos nulos não são passíveis de conversão. Portanto, invalidade, no direito administrativo português é ape-

---

[1073] In L' Invalidità del Provvedimento..., cit., p. 545.
M. FRANZONI afasta a natureza de integração ao acto de convalidação (in Il Contratto..., cit., p. 431).

[1074] É precisamente o caso de LEOPOLDO MAZZAROLLI, Convalida..., cit. p. 1.

[1075] É o acto de sanação dos vícios quanto ao conteúdo, em que se suprime o vício ou se altera o acto administrativo ilegal. SANTOS BOTELHO ET AL. também ligam a reforma ao acto administrativo parcialmente ilegal (in Código..., cit., p. 870).

[1076] L' Invalidità..., cit., p. 138.

[1077] Neste sentido, PIETRO VIRGA, Diritto..., cit., p. 150; JOSE MARIA BOQUERA OLIVER, Derecho..., cit., p. 531; RAÚL BOCANEGRA SIERRA, Lecciones Sobre el Acto Administrativo, Civitas, Madrid, 2002, p. 193 (invocando o princípio da segurança jurídica); JOSÉ MARIA AYALA MUÑOZ, Régimen Jurídico..., cit., p. 451; LAVILLA RUBIRA, Administraciones Públicas y Ciudadanos, Praxis, Barcelona, 1993, p. 518. Em sentido contrário, isto é, de que não é necessário um acto formal, vide, na doutrina espanhola, MARGARITA BELADIEZ ROJO, Validez y Eficácia..., cit., p. 315.

ELIO CASETTA reserva a conversão para os actos nulos, embora refira que quer a doutrina, quer a jurisprudência, admitem a conversão de actos anuláveis (in Manuale..., 9.ª Ed., cit., p. 540).

nas sob a forma de anulabilidade. Já no direito italiano, tal como no direito civil português, os actos nulos podem ser convertidos[1078]. Já quanto aos actos anuláveis, a doutrina italiana divide-se. Por exemplo, BIGLIAZI-GERI, no direito civil, nega tal possibilidade, baseando-se no argumento de que nos actos anuláveis não está em causa o fim prosseguido pelas partes[1079]. A doutrina que admite a conversão de actos anuláveis chama a atenção de que o fim da conversão é a conservação do acto, objectivo a atingir também nos casos de anulabilidade. Na lei alemã, um acto administrativo que esteja sob a égide normativa do §47 da *VwVfG* só poderá converter-se em outro acto administrativo, parecendo a lei afastar claramente a conversão em outro acto jurídico que não o acto administrativo[1080]. Esta orientação não é seguida no direito italiano, o qual admite a conversão de um acto administrativo em acto de direito privado, desde que integre o feixe de poderes da Administração[1081]. Quanto ao tipo de vício, diz SACHS que "é indiferente, se a invalidade se baseia em violações de regras de procedimento ou vícios materiais"[1082]. Os vícios formais não podem contudo ser sanáveis, porque então será de aplicar o §45. Serão por isso convertíveis, quer os actos administrativos nulos, quer os anuláveis[1083].

Quanto ao tipo de efeitos que a conversão tem, duas orientações são possíveis: uma que sublinha a natureza constitutiva dos efeitos produzidos e uma outra que sustenta a natureza declarativa. No direito italiano, SERGIO CAPOZZI sustenta que a conversão tem simultaneamente uma natureza constitutiva e declarativa: a conversão certifica a "existência de elementos válidos no acto anulável, mas ao mesmo tempo produz efeitos constitutivos no sentido que faz cessar os efeitos que o acto produzia para

---

[1078] SERGIO CAPOZZI, *L' Invalidità...*, cit., p. 139.
[1079] *In Conversione...*, cit., pp. 535 e ss.
[1080] SACHS, *Verwaltungsverfahrensgesetz*, cit., §47, notas 25-28, pp. 1631-1632. "Um acto administrativo não poderá converter-se num contrato administrativo, ou num contrato de direito privado, ou num regulamento" (SCHÄFER, *Kommentar zum...*, cit., §47, nota 9, p. 941).
[1081] SERGIO CAPOZZI, *L' Invalidità...*, cit., p. 141.
[1082] Ao contrário do que sucede para as disposições normativas contidas nos §§45 e 47 da *VwVfG*. (*in Verwaltungsverfahrensgesetz*, cit., §47, nota 29, p. 1632). No mesmo sentido, SCHÄFER, *Kommentar zum...*, cit., §47, nota 8, p. 941; KOPP/RAMSAUER, *Verwaltungsverfahrensgesetz*, 8.ª Ed., Beck, Munique, 2003, §47, nota 3, p. 786; CARL HERMANN ULE/HANS-WERNER LAUBINGER, *Verwaltungsverfahrensrecht*, 4.ª Ed., Carl Heymanns Verlag, Munique, 1995, §60, nota 11, p. 595; HERMANN PÜNDA, *Allgemeines...*, 13. Auflag, cit., pp. 447 e ss.
[1083] SACHS, *Verwaltungsverfahrensgesetz*, cit., §47, nota 31, p. 1632.

dar lugar aos efeitos menores do novo acto"[1084]. Mas muitos AA. como, entre outros, ELIO CASETTA[1085], BERNARDO MATTARELLA[1086], ROBERTO DAMONTE[1087], LUCIA MUSSELLI[1088] entendem a conversão como acto interpretativo. Já no direito alemão, SACHS, comentando o §47 da VwVfG que prevê a conversão do acto administrativo viciado, expressamente sublinha que "conversão não é interpretação da declaração originária"[1089]. CARL HERMANN ULE/HANS-WERNER LAUBINGER sublinham igualmente a necessidade de distinguir a conversão da interpretação do acto administrativo e da alteração (erro sobre) dos motivos: a conversão funda-se na vontade hipotética das partes, enquanto a interpretação na vontade efectiva das mesmas[1090]. Não deixam contudo de informar que a "melhor doutrina aceita que a conversão actua através de um acto de poder constitutivo"[1091]. A discussão sobre esta questão levou a que a doutrina alemã encetasse uma outra: a de saber se a conversão constituía ou não um acto administrativo. Para CARL HERMANN ULE/HANS-WERNER LAUBINGER,"é duvidoso se a conversão administrativa pode ser qualificada como acto administrativo"[1092]. SCHÄFER, depois de sublinhar que o normativo deixa em aberto a questão da natureza jurídica da conversão, sustenta: "de facto, não é emanado nenhum acto administrativo novo, mas antes se mantém o acto administrativo anterior, porque o vício do acto é removido, através do reconhecimento de novos efeitos jurídicos que o acto administrativo prévio já continha"[1093]. De forma mais inequívoca, KOPP/RAMSAUER entendem que a conversão não pode ser qualificada como acto administrativo porque se trata de "instrumento para «salvação» de um acto administrativo viciado", constituindo "a modificação da regulamentação de um acto administrativo viciado"[1094]. Em sentido divergente, acolhendo-se na dou-

---

[1084] In Conversione..., cit., p. 3.
[1085] Manuale..., 9.ª Ed., cit., p. 540.
[1086] Provvedimento..., cit., p. 838.
[1087] In Atti..., cit., p. 333.
[1088] In La Conversione..., cit., p. 23: a A. chega mesmo a dizer que "a operatividade do instituto da conversão [se resume] a um procedimento de natureza declarativa".
[1089] In Verwaltungsverfahrensgesetz, cit., §47, nota 8, p. 1627.
[1090] In Verwaltungsverfahrensrecht, cit., §60, notas 5 e 6, p. 594.
[1091] In Verwaltungsverfahrensrecht, cit., §60, nota 20, p. 599.
[1092] In Verwaltungsverfahrensrecht, cit., §60, nota 20, p. 599.
[1093] In Kommentar zum..., cit., §47, nota 5, p. 940.
[1094] In Verwaltungsverfahrensgesetz..., 8.ª Ed., cit., §47, nota 8, p. 788 e nota 6, p. 787. Contudo, põe a hipótese de ser considerado um acto administrativo (cfr. §47, nota 9).

trina maioritária, HUBERT MEYER qualifica a conversão como acto administrativo porque "confere um novo conteúdo ao acto administrativo, contém uma regulamentação"[1095]. A questão não se colocou contudo nesses moldes no direito italiano. A doutrina parece unânime em aceitar a conversão como acto administrativo, divergindo apenas quanto ao tipo de acto administrativo. Parte da doutrina italiana encara a conversão no âmbito dos actos com carácter conservativo e já não de sanação, a par da consolidação (pelo decurso do tempo[1096]), a aceitação e a confirmação[1097]. Mas há outros AA., como RICCARDO VILLATA, que agrupam todos estes actos no conceito de procedimentos de 2.º grau de tipo conservativo[1098]. Idêntica discussão ocorreu na doutrina espanhola. Assim, há AA. como CATALINA ESCUIN PALOP[1099], que reúnem sob a égide de actos tendentes à conservação, a conversão, a convalidação e a conservação[1100]. É de sublinhar que EDUARDO GARCIA ENTERRÍA e TOMÁS RÁMON-FERNÁNDEZ entendem que a conversão não torna o acto convertendo em válido, mas apenas altera o plano da eficácia do mesmo[1101]. Também JOSÉ MARIA AYALA MUÑOZ, comentando o artigo 65.º do Regime Jurídico das Administrações Públicas e Procedimento Administrativo, sublinha que a "conversão é um instituto que não pretende manter o acto viciado mas fazer com que o acto viciado produza determinados efeitos, ainda que não sejam os efeitos normais do acto"[1102]. Ou seja, parece afastar o instituto da conversão dos mecanismos de conservação de actos inválidos. MARGARITA BELADIEZ ROJO informa que "tradicionalmente a conversão tem sido entendida como uma

---

[1095] In Verwaltungsverfahrensgesetz, cit., §47, nota 27, p. 946. No mesmo sentido, CARL HERMANN ULE/HANS-WERNER LAUBINGER, Verwaltungsverfahrensrecht, cit., §60, nota 20; HARTMUT MAURER, Allgemeines Verwaltungsrecht, 11.ª Ed., Beck, Munique, 1997, §10, nota 44.

[1096] A que RUI MACHETE designa por sanação ope legis ("decurso do prazo previsto para o recurso contencioso sem que este seja interposto"), (in Estudos..., cit., p. 113).

[1097] Esta é a construção dogmática de PIETRO VIRGA, Diritto..., cit., p. 147. No mesmo sentido, Istituzioni..., cit., pp. 281-282; BERNARDO MATTARELLA, Provvedimento in Trattato..., cit., p. 832.

[1098] In Diritto Amministrativo, cit., p. 1595.

[1099] In Curso..., cit., p. 214.

[1100] MARGARITA BELADIEZ ROJO, apesar de sublinhar que o fundamento da conversão é o princípio da conservação, alude também à importância do princípio da boa fé, tal qual sucede, como veremos, no âmbito da conversão dos negócios jurídicos, em direito civil (in Validez..., cit., p. 311, nota 6).

[1101] In Curso..., cit., p. 643.

[1102] In Régimen Jurídico..., cit., p. 449.

técnica jurídica que permite salvar um acto da anulação mediante a sua *transformação* em outro distinto"[1103]. A A. entende que esta é a concepção correcta, não concordando com a opinião de que existe apenas uma mudança no plano da eficácia. Assim, "na conversão a ideia de conservação é essencial. (...) aqui a conservação é, em si mesma, um valor jurídico"[1104]. JESÚS GONZÁLEZ PÉREZ associa claramente o princípio da boa fé à efectivação quer da conversão de actos administrativos inválidos, quer às situações de invalidade parcial[1105].

226. A reforma é também um acto de sanação, que opera uma substituição do conteúdo do acto administrativo sobre que incide[1106]; trata-se de sanar um vício de conteúdo[1107]. Para MARCELLO CAETANO, a figura era de difícil delimitação, mas era entendida como conservação da parte não viciada de um acto anterior. Ou seja, era uma noção de redução[1108].

227. Uma outra dimensão a considerar a propósito do princípio do aproveitamento da actuação administrativa prende-se com a invalidade parcial do acto administrativo. Atendendo à pouca relevância da vontade na emanação de actos administrativos, a invalidade parcial encontra fundamento na necessidade de preservar os valores jurídicos ínsitos no acto administrativo praticado[1109]. Assim, é mais importante indagar qual a função do acto e como ela se manterá apesar da parte inválida[1110]. No direito italiano, SERGIO CAPOZZI informa que a invalidade parcial diz respeito sobretudo aos actos administrativos anuláveis, em particular àqueles feridos por violação de lei, "sobretudo no que respeita às cláusulas acessó-

---

[1103] *In Validez...*, cit., p. 310 (destacado nosso).
[1104] *In Validez...*, cit., p. 311.
[1105] *In El Princípio General de la Buena Fe en el Derecho Administrativo*, 3.ª Ed., ampliada, Civitas, Madrid, 1999, pp. 129 e ss.
[1106] ROGÉRIO SOARES, *Direito Administrativo*, cit., p. 126.
[1107] Neste sentido, MÁRIO ESTEVES DE OLIVEIRA ET AL., *Código...*, 2.ª Ed., cit., p. 664.
[1108] *In Manual...*, I, cit. p. 559. Exactamente no mesmo sentido, FREITAS DO AMARAL, *Curso...*, II, cit., p. 475. Também SANTOS BOTELHO ET AL., para ilustrar o conceito de reforma, apresentam uma hipótese de redução (*in Código...*, cit., p. 870, nota 7).
[1109] Neste sentido, SERGIO CAPOZZI, *L' Invalidità...*, cit., p. 24; ALDO SANDULLI, *Il Procedimento...*, cit., pp. 351 e ss.
[1110] SERGIO CAPOZZI, *L' Invalidità Parziale dell' Atto Amministrativo*, Ed. Scientifiche It, Nápoles, 1988, p. 24.

rias"[1111]. Quanto à invalidade parcial na temática de actos coligados, que nos pode interessar particularmente a propósito da invalidade derivada, SERGIO CAPOZZI critica a teoria que sustenta a invalidade comunicada, pois na base do instituto da invalidade parcial está a regra da incomunicabilidade do vício a todo o acto (em coerência com o princípio da conservação). Em direito administrativo, "interessa sobretudo o tipo de influência que, na coligação unilateral, o acto pressuposto tem sobre o consequencial"[1112].

Normalmente, subjaz à noção de invalidade parcial a ideia de acto complexo, passível de divisão, quer em termos subjectivos, quer em termos objectivos[1113]. Para SERGIO CAPOZZI, a análise deverá fazer-se em concreto e não em relação a categorias abstractas de actos[1114]. Fundamental é que o acto possa continuar a desempenhar a sua função, ainda que amputado de uma parte[1115]. Impõe-se normalmente nesta sede a análise das cláusulas acessórias, porque indiciadoras de uma certa divisibilidade de conteúdo. Colocam-se portanto as questões relativas à distinção entre conteúdo essencial e/ou acessório[1116]. ROBERTO LUCIFREDI, que se dedicou a estudar as cláusulas acessórias, coloca, a este propósito, a distinção de actos vinculados, actos discricionários e actos de conteúdo parcialmente vinculado, parcialmente discricionário[1117].

228. A questão da divisibilidade do acto administrativo para efeitos de invalidade parcial não se resume apenas à dimensão de conteúdo. A divisibilidade do acto também se coloca, aliás o que também sucede nos contratos, a propósito da multiplicidade de partes. Em regra, como se diz

---

[1111] *In L' Invalidità...*, cit., p. 31.
Quanto ao vício da incompetência, discute-se se pode ser ou não fonte de invalidade parcial. Vide ALDO SANDULLI, *Manuale...*, cit., p. 1188; SERGIO CAPOZZI, *L' Invalidità...*, cit., p. 31.
[1112] *In L' Invalidità...*, cit., p. 49.
[1113] Vide SERGIO CAPOZZI, *L' Invalidità...*, cit., p. 60; GIOVANNI CRISCUOLLI, *La Nullità Parzial del Negozio Giuridico – Teoria Geral*, Giuffrè, Milão, 1959, p. 140.
[1114] *In L' Invalidità...*, cit., p. 61.
[1115] SERGIO CAPOZZI, *L' Invalidità...*, cit., p. 63.
[1116] DE VALLES trata a questão dos elementos essenciais e elementos acidentais ou acessórios a propósito do conteúdo do acto administrativo, (*in La Validità...*, cit., pp. 260 e ss.)
[1117] *In L' Atto Amministrativo Nei Suoi Elementi Accidentali*, Giuffrè, Milão, 1941, p. 48.

no sumário do Acórdão do STA de 10/05/2007 (rec. n.º 1110/06), "para apurar da divisibilidade de um acto administrativo impõe-se saber, partindo-se de pressupostos, se os concretos efeitos jurídicos produzidos são ou não dissociáveis ou autónomos". Por exemplo, num acto de homologação de lista de concorrentes, a divisibilidade reconhece-se na divisibilidade subjectiva[1118]. Na verdade, "os actos individuais de classificação, dirigidos a cada interessado estão sujeitos ao prazo de recurso (...). O prazo de impugnação... visa a defesa de um valor... que é o da estabilidade e confiança nas relações jurídicas. Este princípio seria postergado em relação aos demais concorrentes preteridos e em especial em relação aos graduados em posição de serem admitidos, quando se admitisse que o concorrente preterido, que não recorreu do acto, viesse após o ganho de causa de outro concorrente em idêntica situação a obter o mesmo efeito"[1119].

229. Há ainda outros actos, que a doutrina italiana refere amiúde a propósito da conservação dos actos administrativos, como sejam a aceitação e a confirmação.

A aceitação não elimina os vícios dos actos administrativos viciados[1120]. Implica porém que já não possam ser judicialmente atacados pelo sujeito legitimado, tendo este demonstrado de forma inequívoca adesão à actuação administrativa[1121]. VIEIRA DE ANDRADE informa que o instituto nasceu como "*instituto de direito processual administrativo* e, conceitualmente, pelo menos à primeira vista como um *pressuposto processual*

[1118] No mesmo sentido, Acórdão do STA de 12/04/2007 (P. n.º 901/06). Em ambas as decisões, o Tribunal afirma mesmo que o aproveitamento do acto em relação às partes não atingidas pelo vício é imposto sob pena de violação do princípio da proporcionalidade, "gravosa em excesso, sendo desnecessária [a invalidade total] para atingir o objectivo visado".

[1119] *In* texto do Acórdão de 13/03/2007, P. n.º 1005/06.

[1120] A aceitação do acto encontra-se disciplinada no artigo 56.º do CPTA como circunstância que obsta à impugnação do acto administrativo. É um pressuposto processual negativo que não se confunde com a renúncia ao recurso. Neste sentido, MÁRIO AROSO DE ALMEIDA/CARLOS CADILHA, *Comentário ao Código de Processo dos Tribunais Administrativos*, 2.ª Ed., Revista, Almedina, Coimbra, 2007, p. 341; VIEIRA DE ANDRADE, *A Aceitação do Acto Administrativo*, Separata do Volume comemorativo do BFDUC, Coimbra, 2002, p. 8.

[1121] Neste sentido, PIETRO VIRGA, *Diritto*..., cit., pp. 148-149. No direito português, MARCELLO CAETANO alude ao conceito a propósito da distinção de ratificação (*in Manual*..., Vol. I, cit., p. 558).

negativo do pedido de anulação"[1122]. COLAÇO ANTUNES sublinha, na mesma linha, que se trata de "uma figura sem qualquer sustento dogmático, apenas aplicável por razões funcionais e de economia processual, assente frequentemente na confusão entre a caducidade da acção e a prescrição do direito"[1123]. A doutrina não tem elaborado sobre a figura, reinando quanto à sua natureza jurídica, "uma indistinção entre a aceitação do acto, o decurso do prazo do recurso e a renúncia a recorrer"[1124]. RUI MACHETE chamou a atenção para a necessidade de distinguir a aceitação daqueloutras figuras: a aceitação é uma declaração negocial que extingue a posição jurídica substantiva[1125]. A doutrina italiana desenvolveu esta questão, podendo dizer-se que existem duas orientações: a processualista – ultrapassada porque o instituto tem dimensão substantiva – e uma outra que encara a aceitação como acto negocial de declaração, podendo matizar-se em reconhecimento de validade ou de legitimidade de efeitos[1126]. No direito português, VIEIRA DE ANDRADE é de opinião que a aceitação não se confunde com a renúncia ao recurso, nem com os efeitos do decurso do tempo. Tratar-se-á de um "acto jurídico", em que há manifestação de vontade do agente, mas cabe à lei determinar a produção de efeitos[1127]. Já RUI MACHETE parece aderir à tese de que a aceitação se consubstancia em "negócio jurídico unilateral de direito substantivo", conferindo-lhe por isso uma dimensão substantiva, na linha da concepção italiana[1128].

A confirmação, no nosso ordenamento jurídico, é configurada como um acto da Administração que não se consubstancia em acto administrativo porque não introduz qualquer inovação na ordem jurídica, ainda que tenha por objecto um acto administrativo anterior[1129]. Mas no direito ita-

---

[1122] *In A Aceitação...*, cit., p. 1 e conclusão 1, p. 26; IDEM, *A Justiça...*, 9.ª Ed., cit., p. 296.

[1123] *In O Artigo 161.° do Código do Processo nos Tribunais Administrativos: Uma Complexa Simplificação*, CJA, n.° 43, 2004, p. 21.

[1124] VIEIRA DE ANDRADE, *A Aceitação...*, cit., p. 4.

[1125] *In Sanação...*, cit., p. 132.

[1126] A "acquiescenza" significa a "aceitação espontânea e voluntária, da parte de quem podia impugná-lo, das consequências do acto e, portanto, da situação assim determinada", mas não tem efeitos *erga omnes* como a convalidação (ELIO CASETTA, *Manuale...*, 9.ª Ed., cit., pp. 541). SANDRO MERZ, *Manuale...*, cit., pp. 1048-1049.

[1127] *In A Aceitação...*, cit., p. 10; IDEM, *A Justiça...*, 9.ª Ed., cit., p. 297.

[1128] *Vide Sanação..., in Estudos...*, cit., p. 130.

[1129] ROGÉRIO SOARES entende que o acto confirmativo é um exemplo de actos que "repetem simplesmente um outro acto, que contém a estatuição", (*in Direito Admi-*

liano, a doutrina distingue a confirmação do acto confirmativo. A primeira é um acto administrativo de segundo grau e apenas o segundo corresponde à nossa confirmação[1130]. Tratar-se-á de um genuíno acto administrativo quando a Administração reabre o procedimento para verificar a inexistência de vícios e confirma o acto anterior (ELIO CASETTA)[1131]; "é um acto administrativo autónomo, que absorve o precedente e se substitui a ele como fonte da disciplina da relação"[1132]. ALESSANDRA SUSCA expressamente sustenta que a confirmação é distinta da convalidação, ratificação, sanação, conversão e reforma porque não se reconduz à eliminação de um vício[1133].

230. Se o poder de autotutela da Administração fundamenta e justifica muitos dos remédios em sede de invalidade dos actos administrativos[1134], mais se justificará em sede de actividade consensual, em que o princípio da boa fé e o interesse público prosseguido mais se afirmam.

Há contudo institutos que não terão aplicabilidade à invalidade dos contratos. Ou porque funcionam no pressuposto da disponibilidade dos interesses (como sucede na hipótese da aceitação) ou porque assentam naqueloutro pressuposto de que a Administração tem o poder de tutela sobre a situação (como sucede no caso da confirmação).

---

nistrativo, cit., p. 78). FREITAS DO AMARAL, se bem que conflua com a noção de ROGÉRIO SOARES, qualifica o acto confirmativo como acto administrativo (in Curso..., Vol. II, cit., p. 268).

[1130] Uma das vozes dissonantes nesta construção é a de PIETRO VIRGA que define a *conferma* como o acto em que "a autoridade administrativa confirma e mantém uma determinação prévia, reproduzindo eventualmente o seu conteúdo", não tendo efeitos inovadores e, por isso, "a emissão de um acto confirmativo não reabre os prazos para a interposição de recurso", (in Diritto..., cit., p. 151).

[1131] In Manuale..., 9.ª Ed., cit., p. 533.

[1132] In Istituzioni..., cit., p. 281. No mesmo sentido, BERNARDO MATTARELLA, Provvedimento..., cit., p. 833; ALESSANDRA SUSCA, L' Invalidità del Provvedimento..., cit., p. 575.

[1133] In L' Invalidità del Provvedimento..., cit., p. 572.

[1134] Sublinhando precisamente a ligação deste tipo de actos ao poder de autotutela, vide ROGÉRIO SOARES, Direito Administrativo, cit., p. 125; RUI MACHETE, Estudos..., cit., p. 115; ELIO CASETTA, Manuale..., 9.ª Ed., cit., p. 534; RICCARDO VILLATA, Diritto Amministrativo, cit., p. 1595; MARINO BREGANZE, Sanatoria..., cit., p. 2; ALESSANDRA SUSCA, L' Invalidità del Provvedimento..., cit., p. 544; JOSÉ MARIA AYALA MUÑOZ, Régimen Jurídico..., cit., p. 454.

2.2. Do princípio do aproveitamento no direito contratual

231. Quanto à "minoração das consequências da invalidade do negócio jurídico"[1135], o regime jurídico-civil é um pouco diferente, embora vigore o princípio da conservação dos negócios jurídicos. Manifesta-se de várias formas como no caso da convalidação do contrato de compra e venda, mas até de forma preventiva com as regras de proibição de invocação da invalidade entre as partes[1136]. CARVALHO FERNANDES usa o termo convalescença para designar o "fenómeno que ocorre por virtude da sanação da invalidade do negócio jurídico"[1137]. Para o A. são três os tipos de convalescença: validação, no sentido da convalidação do direito italiano, confirmação e caducidade[1138]. Mas é sob a égide do princípio do aproveitamento do negócio jurídico que CARVALHO FERNANDES trata os institutos da conversão e redução dos negócios jurídicos, mas já não o da confirmação[1139]. RUI ALARCÃO também vê no fenómeno da sanação ou convalidação dos negócios jurídicos uma "afloração" deste princípio[1140]. Informa o A. que este princípio é utilizado como critério de interpretação, mas deve ter um alcance mais amplo[1141].

[1135] H. E. HÖRSTER, *A Parte Geral...*, cit., p. 594.

[1136] H. E HÖRSTER refere a par destes exemplos a disciplina jurídica contida nos artigos 283.°, 437.° e 252.°, n.° 2 do CC (*in A Parte Geral...*, cit., p. 595). Também OLIVEIRA ASCENSÃO/MENEZES CORDEIRO, em parecer emitido a propósito da cessão de exploração de estabelecimento comercial, aludem às várias concretizações do *favor negotii*: "várias disposições legais, algumas das quais muito significativas, consagram, em zonas variadas, esquemas destinados a evitar a destruição radical de negócios jurídicos, feridos por vícios de tipo diverso". Além das disposições *supra* referidas, os AA. referem, entre outras, a obrigação de convalidação na venda de bens alheios (artigo 897.°) e a redução do negócio nos termos do artigo 902.° do CC, (*in Cessão de Exploração de Estabelecimento Comercial, Arrendamento e Nulidade Formal – Parecer*, ROA, ano 47, 1987, p. 872).

[1137] *In Teoria Geral...*, II, cit., p. 507.

[1138] *In Teoria Geral...*, II, cit., p. 507.

Na doutrina civilista italiana, a convalidação surge tratada a propósito da rectificação, sendo que M. FRANZONI sublinha que ambas as figuras "têm em comum o facto de consentirem a conservação do contrato, mediante uma actividade das partes dirigida a alterar ou confirmar o inicial consenso de interesses gizado no contrato" (*in Il Contratto in Generale*, (a cura di ADOLFO DI MAJO, GIOVANNI B. FERRI, MASSIMO FRANZONI), Tomo VII, G. Giappichelli Ed., Torino, 2002, p. 427).

[1139] *In Teoria Geral...*, II, cit., p. 511.

[1140] *In A Confirmação...*, cit., p. 67, nota 76.

[1141] *In A Confirmação...*, cit., p. 67, nota 76; IDEM, *Interpretação e Integração dos Negócios Jurídicos*, BMJ, n.° 84, 1959, p. 335.

Assim, nem todas as causas de invalidade do contrato determinarão a invalidade total do mesmo, como aliás fomos deixando antever. Entendemos que vigora neste domínio o princípio da conservação dos negócios jurídicos que, como refere CESARE GRASSETTI, "bem vistas as coisas, se trata de aspecto particular do mais lato princípio de conservação do acto jurídico"[1142]. Trata-se de uma exigência de economia e de "presunção de seriedade dos propósitos de quem emite uma declaração de vontade, privada ou estadual"[1143]. No direito italiano, o princípio encontra consagração expressa no artigo 1367.° do CC: deve tentar-se sempre encontrar um sentido útil nas declarações negociais das partes. Ou seja, este princípio tem sobretudo uma valia hermenêutica que GIORGIO STELLA RICHTER sublinha e relaciona com a temática da autonomia privada[1144].

232. Existem soluções especificamente dirigidas à conservação de negócios jurídicos inválidos em relação às partes[1145]: a confirmação, a redução, a conversão[1146]. OLIVEIRA ASCENSÃO entende que se enquadra no conceito de convalidação a confirmação (incluindo a dos actos nulos), a redução, a conversão, a regularização ("outorga posterior do requisito em falta", portanto reconduzível à convalidação de que fala por exemplo PIETRO VIRGA, no direito italiano) e a revalidação[1147].

[1142] *In Conservazione...*, cit., p. 173. No mesmo sentido se pronuncia GIOVANNI BONILINI, *L' Invalidità del Contratto, in La Disciplina Generale dei Contratti* (a cura di MARIO BESSONE), G. Giappichelli, Torino, 2001, p. 750.

[1143] CESARE GRASSETTI, *Conservazione...*, cit., p. 173. No mesmo sentido, GIORGIO STELLA RICHTER, *Il Principio...*, cit., p. 413.

[1144] *In Il Principio di Conservazione...*, cit., p. 411. O A. exclui a aplicação do princípio aos actos nulos porque aí o princípio seria dirigido a criar e não a conservar, uma vez que, na doutrina italiana, a nulidade parece sinónimo de inexistência (*in Il Principio di Conservazione...*, cit., p. 415). Sublinhando a dimensão hermenêutica do princípio, ANTONIO GERARDO DIANA, *La Nullità Parziale del Contratto,* Giuffrè, Milão, 2004, pp. 23 e 27 e ss.

Também no direito português, OLIVEIRA ASCENSÃO funda o princípio do aproveitamento dos negócios jurídicos na autonomia privada (*in Direito Civil...*, II, cit., p. 408). Claro que este não é definitivamente o fundamento do princípio em sede de contratos administrativos. Ou pelo menos, não o será a título principal. Não esqueçamos que ainda há autonomia privada nestes contratos: a do particular. Fortemente restringida por força da prossecução do interesse público, mas não completamente irrelevante.

[1145] Portanto, inaplicáveis às possíveis, mas não equacionáveis, situações de negócios jurídicos inexistentes.

[1146] Previstas respectivamente nos artigos 288.°, 292.° e 293.° do CC.

[1147] *In Direito Civil...*, II, cit., pp. 413-414.

No que diz respeito, quer à redução, quer à conversão, é de sublinhar que se trata de remédios dirigidos a negócios nulos ou anulados[1148]. Solução portanto distinta da que foi adoptada no direito administrativo para o acto administrativo[1149].

233. No caso da redução, ela dirige-se às situações de negócios que padecem parcialmente de uma invalidade[1150]. CARVALHO FERNANDES trata os institutos da redução, conversão legal, conversão formal e outras figuras afins da conversão comum como limites negativos da conversão propriamente dita[1151].

[1148] MANUEL DE ANDRADE admite expressamente a conversão de negócios jurídicos ineficazes (*in Teoria Geral...*, II, cit., p. 432, nota 3). OLIVEIRA ASCENSÃO entende que, em abstracto, os negócios jurídicos ineficazes, por outras razões que não a invalidade, poderiam ser reduzidos ou convertidos. Contudo, entende o A. que a letra da previsão legal não abrange estas hipóteses (*in Direito Civil...*, II, cit., p. 409). Também CARVALHO FERNANDES dá conta da corrente doutrinal maioritária no sentido da convertibilidade de negócios ineficazes (*in A Conversão dos Negócios Jurídicos Civis*, Quid Iuris, Lisboa, 1993, pp. 279 e ss. e *Teoria Geral...*, II, cit., p. 529). No mesmo sentido, por analogia, PIRES DE LIMA/ /ANTUNES VARELA, *Código Civil Anotado*, Vol. I, 4.ª Ed., Coimbra Ed., Coimbra, 1987, p. 269; MOTA PINTO, *Teoria Geral...*, 4.ª Ed., cit., p. 639, nota 882.

[1149] Cumpre porém sublinhar que o n.º 3 do artigo 285.º do CCP recolheu esta solução, para os contratos administrativos.

[1150] Neste sentido, entre muitos outros, JOÃO DE CASTRO MENDES, *Teoria Geral...*, cit., p. 454; MOTA PINTO, *Teoria Geral...*, 4.ª Ed., cit., p. 633; PEDRO PAIS DE VASCONCELOS, *Teoria Geral...*, cit., p. 757.
CASTRO Y BRAVO informa que a "doutrina espanhola se inclina a considerar a questão da possível validade parcial do negócio, excluindo a parte viciada, como um problema de interpretação do negócio e também da lei", (*in El Negocio...*, cit., p. 493).
O artigo 1419.º, n.º 1 do CC italiano contém a previsão da invalidade parcial: esta importa a invalidade total do contrato sempre que se conclua que as partes não teriam concluído aquele contrato sem a parte inválida. Sobre a invalidade parcial no direito italiano, vide GIOVANNI CRISCUOLI, *La Nullità Parziale del Negozio Giuridico*, Giuffrè, Milão, 1959, pp. 59 e ss.; EMILIO BETTI, *Teoria Generale del Negozio Giuridico*, 1.ª Reimp., Ed. Scientifiche It., Milão, 2001, pp. 486 e ss.; ENZO ROPPO, *Nullità Parziale del Contrato e Giudizio di Buona Fede*, RDC, 1971, pp. 686 e ss.; MARIO CASELLA, *Nullità Parziale del Contratto e Inserzione Automatica di Clausole*, Giuffrè, Milão, 1974, pp. 37 e ss.; RAFFAELE TOMMASINI, *Nullità*, cit., pp. 901 e ss.
Concepção distinta é a que resulta do §139 do BGB, no direito alemão: haverá apenas invalidade parcial se for demonstrado que as partes ainda teriam concluído o negócio jurídico sem a parte inválida. Caso contrário, o negócio é totalmente inválido. Daí que no direito germânico, o §139 do BGB tenha a natureza de norma meramente interpretativa.

[1151] *In A Conversão...*, cit., pp. 531 e ss.

Há doutrina portuguesa que distingue claramente a figura da redução do princípio do aproveitamento do negócio. Assim, há quem autonomize a redução daquela situação em que o negócio produz alguns efeitos. A redução implica a retirada da parte inválida, não existindo por conseguinte qualquer aproveitamento[1152]. Para DIAS MARQUES, na redução estaria apenas "em causa um aspecto quantitativo do negócio"[1153]. Como sublinha CARVALHO FERNANDES, "não custa admitir que há casos em que o vício incide sobre cláusulas (acessórias) «autonomizáveis» enquanto noutros interfere com aspectos quantitativos dos efeitos emergentes do contrato"[1154]. Parece que só haverá redução na segunda hipótese. CARVALHO FERNANDES é, no entanto, de opinião que "o que se pode admitir é a conveniência de distinguir duas modalidades de redução: a qualitativa, que se verifica quando a invalidade parcial do negócio envolve a supressão da cláusula (...); a quantitativa, hipótese em que a estipulação negocial se mantém, mas são limitados os seus efeitos na parte em que se têm por excessivos"[1155]. É que a invalidade total seria uma "solução normativa exorbitante, para além de antieconómica" (GIUSEPPE GANDOLFI)[1156]. Deve-se à doutrina alemã do século XIX o desenvolvimento desta ideia que culminou na "aquisição de princípio geral, tendo uma eficácia derrogativa no que respeita à norma da nulidade (total)"[1157]. Ou seja, está em causa a "extensão de eficácia invalidante do vício de que sofre o negócio jurídico"[1158]. CARVALHO FERNANDES entende ser insatisfatória a corrente doutrinal e jurisprudencial de que a redução se liga à nulidade parcial e a conversão à nulidade total. A sua discordância assenta fundamentalmente na constatação de que o "mesmo vício, que, em certas circunstâncias, inquina todo o negócio, noutras não impede que ele subsista, ainda que com uma eficácia limitada"[1159].

[1152] PAULO CUNHA, *Direito Civil*, T. 1, p. 309, nota 1; RAÚL VENTURA, *A Conversão dos Actos Jurídicos no Direito Romano*, Dissertação para concurso para Prof. Extraordinário, Lisboa, 1947, pp. 152 e ss. (*apud* CARVALHO FERNANDES, *A Conversão...*, cit., p. 552, notas 1 e 2).

[1153] *In Teoria Geral*, Vol. II, pp. 249 e ss. (*apud* CARVALHO FERNANDES, *A Conversão...*, cit., p. 552, nota 5).

[1154] *In A Conversão...*, cit., p. 554.

[1155] *In A Conversão...*, cit., p. 556; IDEM, *Teoria Geral...*, II, cit., p. 517.

[1156] *In Nullità Parziale e Dimensione Ontologica del Contratto*, RTDPC, 1991, p. 1049.

[1157] GIUSEPPE GANDOLFI, *Nullità Parziale...*, cit., p. 1052.

[1158] CARVALHO FERNANDES, *A Conversão...*, cit., p. 532.

[1159] *In A Conversão...*, cit., pp. 533-534.

O fundamento desta solução legal encontra-se no princípio de que o conteúdo do negócio jurídico é divisível ou separável, pressupondo a lei que o negócio seja viável sem a parte inválida[1160]. Se bem que, como sublinha ENZO ROPPO, "a nulidade parcial, mutilando o regulamento pactício, altera sempre de qualquer modo o mosaico das vantagens e sacrifícios recíprocos nos quais as partes basearam a realização dos seus planos"[1161]. Contudo, o A. chama a atenção para a necessidade de um "conceito objectivo de divisibilidade" que permita a subsistência autónoma da parte "íntegra", sendo excluída a invalidade parcial se a invalidade incidir sobre um elemento essencial do contrato[1162]. MARIO CASELLA sublinha precisamente que o artigo 1419.º, n.º 2 do CC italiano, tem por objectivo precisamente "cláusulas contratuais secundárias", aquelas em que a "sua ausência não impede a configuração de uma estrutura contratual"[1163]. CARLOS GOMEZ DE LA ESCALERA, ao tratar a questão da divisibilidade do contrato a propósito da invalidade parcial no direito espanhol, sustenta que esta surge quando o conteúdo do contrato "está integrado por mais do que uma regra ou preceito de autonomia privada"[1164]. E como sublinha MOTA PINTO "tal solução corresponde à ideia de proporcionalidade entre vício e a sanção (...). E obedece também ao princípio da conservação dos negócios jurídicos"[1165]. Como veremos adiante, esta ideia de proporcionalidade a que se refere MOTA PINTO tem, no âmbito das nossas reflexões, uma especial aplicabilidade. Para CARVALHO FERNANDES "a redução caracteriza-se como uma das manifestações da invalidade parcial, em que a limitação da eficácia invalidante dos vícios negociais, permite a subsistência do negócio, segundo o quadro de ordenação de interesses estabelecidos pelas partes"[1166].

Quanto ao modo de operar, a redução decorre da lei, ou seja, opera *ope legis* excepto se se provar que o negócio não teria sido concluído

---

[1160] Vide, entre muitos outros, CARVALHO FERNANDES, que sustenta que o artigo 292.º do CC estabelece uma presunção de divisibilidade do negócio jurídico (*A Conversão...*, cit., p. 535).

[1161] In Nullità Parziale..., cit., p. 686.

[1162] In Nullità Parziale..., cit., p. 689.

[1163] In Nullità Parziale..., cit., pp. 17 e 22.

[1164] In La Nulidad Parcial del Contrato, Actualidad Ed., Madrid, 1995, p. 71. Vide ENZO ROPPO, Nullità Parziale..., cit., pp. 690-692.

[1165] In Teoria Geral..., cit., p. 635.

[1166] In A Conversão..., cit., p. 556.

sem a parte viciada, dada a relevância da mesma para pelo menos um dos contraentes[1167].

Para além dos requisitos legais, MENEZES CORDEIRO entende ser também requisito para a redução do negócio jurídico o respeito pelo princípio da boa fé e pelas regras formais[1168]. E MOTA PINTO identifica, a propósito da vigência do princípio da boa fé nesta matéria, um caso de redução mesmo contra a vontade das partes[1169]. CARVALHO FERNANDES entende que a boa fé tem um papel relevante na conversão dos negócios jurídicos mas sublinha que a concreta influência, quer no sentido da convertibilidade apesar da vontade, quer da não convertibilidade, dependem do negócio em concreto"[1170].

Quanto ao papel da vontade hipotética das partes, MOTA PINTO entende ser possível a aplicabilidade do instituto da redução mesmo sem essa vontade, referindo-se a "redução teleológica quando a invalidade parcial resultar da infracção de uma norma destinada a proteger uma parte contra a outra", sendo "determinada pela necessidade de alcançar plenamente as finalidades visadas pela norma imperativa infringida"[1171].

Existem também previsões legais de manutenção de negócios jurídicos fora da hipótese da redução. É o caso do mútuo usurário em que, ao abrigo do disposto no n.º 3 do artigo 1146.º do CC, se tem por aplicada a taxa de juro no máximo permitido, nas situações em que tal máximo foi usurariamente excedido, numa clara aplicação da ideia de redução quantitativa[1172]. CARVALHO FERNANDES aponta este exemplo, a par

---

[1167] Trata-se de solução divergente daquela que foi acolhida no §139 do BGB.

[1168] *In Tratado...*, cit., p. 879. IDEM, *Da Boa Fé no Direito Civil*, Almedina, Coimbra, 1984, p. 1072. No mesmo sentido, E. BETTI, *Teoria Generale...*, cit., p. 497. Também GIORGIO DE NOVA faz assentar a conversão no princípio da boa fé: a parte não se poderá opor à conversão, opondo a nulidade e libertando-se do vínculo, "quando existem os pressupostos para que o contrato produza efeitos, ainda que diversos daqueles do contrato concluído", (*in Conversione del Negozio Nullo (Voce)*, Enc. Treccani, p. 2).

[1169] *In Teoria Geral...*, 4.ª Ed., cit., p. 637.

[1170] *In A Conversão...*, cit., pp. 348-349.

[1171] *In Teoria Geral...*, 4.ª Ed., cit., p. 636.

No direito italiano, GIUSEPPE GANDOLFI expressamente sustenta a propósito da conversão prevista no artigo 1424.º do CC a este propósito: "o tratamento da conversão... não pode efectuar-se senão valorizando em concreto o intento das partes, o que todavia não significa (...) que o tratamento possa fazer-se por referência à vontade real dos sujeitos" (*in La Nullità...*, cit., p. 1066).

[1172] Neste sentido, PEDRO PAIS DE VASCONCELOS, *Teoria Geral...*, cit., p. 757. MOTA PINTO refere-se ainda aos casos de cláusulas nulas de acordo com o diploma de cláusulas

de outros[1173], como uma das hipóteses da "eficácia mediata de normas imperativas", que tem, no direito italiano a sua construção sob a designação de "inserção automática de cláusulas ou em substituição de cláusulas"[1174]: "há sempre uma fixação imperativa de limites máximos à livre estipulação às partes que, a serem excedidos, implicam invalidade da correspondente cláusula. Esta invalidade não envolve porém a sua

---

contratuais gerais, no âmbito dos contratos de adesão e as previsões legais a propósito da protecção do consumidor (*in Teoria Geral...*, 4.ª Ed., cit., pp. 637-638). Para CARVALHO FERNANDES, que é crítico da construção de MOTA PINTO quanto à redução contra a vontade das partes, a hipótese das cláusulas contratuais gerais não se reconduz a uma hipótese de redução, mas de integração de lacuna, mediante a aplicação de regras supletivas (*in Teoria Geral...*, II, cit., pp. 520-521; IDEM, *A Conversão...*, cit., p. 547).

[1173] Serão ainda as situações previstas no n.º 2 do artigo 928.º, n.º 2 do artigo 929.º, n.º 2 do artigo 935.º, no artigo 1025.º, todos do CC (*in A Conversão...*, cit., pp. 540 e ss.). Não se trata de situações de redução porque, "na verdade, em hipótese alguma o negócio subsiste amputado da cláusula nula, ou se verifica sequer, uma lacuna colmatável (ou não) segundo as regras da integração negocial". O vazio criado pela nulidade "é preenchido *ipso iure* por uma norma" (*in A Conversão...*, cit., p. 546).

[1174] O direito civil italiano contém no n.º 2 do artigo 1419.º do CC a previsão expressa da inserção de normas imperativas, quando a cláusula contratual é nula: "a ilicitude da vontade das partes é automaticamente substituída pela (prevalente vontade da) lei", (FABRIZIO DI MARZIO, *La Nullità...*, cit., p. 439). É que o direito civil italiano dispõe de uma norma genérica anterior sobre inserção automática de cláusulas, mesmo quando as cláusulas contratuais não são nulas (cfr. o disposto no artigo 1339.º do CC). Trata-se de norma com "função conservativa" e "sancionatória", (FABRIZIO DI MARZIO, *La Nullità...*, cit. pp. 445). A doutrina e jurisprudência italianas discutiram a questão de saber que tipo de cláusulas podem ser substituídas: se apenas as secundárias ou também as essenciais. A solução normalmente acolhida "é a de que a substituição pode operar também quando a cláusula viciada seja essencial, por exemplo, concernente ao objecto", (FABRIZIO DI MARZIO, *La Nullità...*, cit., p. 451). GIUSEPPE GANDOLFI é de opinião que o normativo em causa origina uma distinção ente cláusulas acessórias e principais (*in Nullità Parziale...*, cit., p. 1059): "tanto no direito alemão e italiano, como no francês, estabelecer se uma cláusula é essencial ou secundária significa valorizar a fattispecie não sob um parâmetro abstracto, mas tendo por base o fim perseguido, ou seja a concreta regulamentação dos interesses, e as reais expectativas dos sujeitos" (*in La Nullità Parziale...*, cit., pp. 1060-1062); MARIO CASELLA, *Nullità Parziale...*, cit., p. 72. Vide ainda sobre a noção distinta de cláusula nos n.ºs 1 e 2 do artigo 1419.º do CC italiano, ENZO ROPPO, *La Nullità Parziale...*, cit., pp. 726-730. ANTONINO CATAUDELLA equaciona esta questão a propósito da invalidade parcial precisamente (*in I Contratti – Parte Generale*, 2.ª Ed., G. Giappichelli, Torino, 2000, p. 279). Também ENZO ROPPO trata a questão do n.º 2 do artigo 1419.º do CC, a propósito da invalidade parcial e para demonstrar como a vontade das partes é aqui irrelevante (*in Nullità Parziale...*, cit., p. 718): este normativo "define a consequência da integração legal" (*in Nullità Parziale...*, cit., p. 727). GIOVANNI CRISCUOLI, *La Nullità...*, cit., pp. 91 e ss.

simples eliminação; passa a valer, em lugar da estipulação nula, a estatuição normativa, segundo o limite máximo permitido"[1175]. Trata-se de um expediente que permite que os valores jurídicos tutelados pelas normas imperativas não sejam desprotegidos: vale a disposição legal em vez da declaração negocial. Também CARLOS GOMEZ DE LA ESCALERA trata a questão a propósito da teoria normativa aplicável à invalidade parcial referindo-se às normas imperativas substitutivas: "cumprem uma função regulamentadora do contrato e como tal dotam-no de uma regulação legal que se sobrepõe à vontade das partes"[1176]. A nulidade parcial desencadeada tem um duplo efeito: "a invalidade e eliminação da parte da regulamentação contratual contrária ou incompatível com a regulação legal e a sua substituição pelo conteúdo imperativamente estabelecida pela norma imperativa-substitutiva infringida"[1177]. GORDILLO CAÑAS refere-se à hipótese como "*integração correctiva* do conteúdo do negócio"[1178].

Na nossa doutrina, como por exemplo para CARVALHO FERNANDES, a invalidade parcial pode ser ultrapassada, não apenas pela redução, mas por este mecanismo. Isto significa reconhecer um papel fundamental às normas imperativas ou injuntivas. RAUL VENTURA, em artigo de 1962, abordando a temática da substituição, chamava à atenção que era necessário averiguar o sentido da norma imperativa para efeitos de saber se era possível a substituição. Sublinhava o A. que se a norma violada pela cláusula contratual "é meramente proibitiva, não há possibilidade de *substituição*". "Quando é possível substituir, porque a norma é preceptiva, substitui-se, mas quando a norma é proibitiva, verifica-se uma nulidade parcial pura e simples, sem substituição"[1179] Se assim é no domínio do direito privado, mais "fundamental" será nos contratos administrativos como veremos. Se a norma imperativa constitui um limite à autonomia privada, "não está excluído que as próprias partes assumam o conteúdo dessas normas, mediante a transposição dos seus comandos para estipulações contidas no negócio. Mas... é indiferente que o façam ou não". Os efeitos continuam a produzir-se por força da lei e portanto não está em

---

[1175] *In Teoria Geral...*, II, cit., pp. 514-515; IDEM, *A Conversão...*, cit., p. 545.
[1176] *In La Nulidad...*, cit., p. 92.
[1177] *La Nulidad...*, cit., p. 99.
[1178] Apud CARLOS GOMEZ DE LA ESCALERA, *La Nulidad...*, cit., p. 100.
[1179] *In Nulidade Total e Nulidade Parcial do Contrato de Trabalho*, OD, ano 94, n.º 4, 1962, p. 268.

causa nenhuma actividade de integração do negócio jurídico[1180]. Este instituto opera quando "o negócio não pode ou não deve manter-se sem a cláusula viciada. Daí que o lugar desta venha a ser ocupado por outro «elemento»"[1181]. A redução implica que o acto jurídico funcione sem a cláusula, o que não se verifica na substituição[1182].

A solução nem é desconhecida no nosso direito: o direito do trabalho e o regime de contrato em funções públicas expressamente reconhecem o funcionamento desta solução[1183].

CARVALHO FERNANDES admite ainda as hipóteses de reduções legais[1184]. Na redução potestativa, o que prevalece é a "economia do negócio, tal como as partes o quiseram", enquanto na redução legal, "prevalece o que, segundo uma valoração objectiva feita pelo legislador, é tido como a solução mais ajustada"[1185]. Para o A., a redução legal aproxima-se da eficácia mediata das normas imperativas[1186].

Cumpre sublinhar que a doutrina civilista sustenta que há situações que se aproximam da interpretação e integração dos negócios jurídicos[1187]. CARVALHO FERNANDES entende que sempre que seja de aplicar as regras da integração do negócio jurídico, não estaremos perante um regime distinto de invalidade parcial[1188]. A integração distingue-se da eficácia mediata de normas porque desde logo, naquela hipótese, estão em causa normas supletivas e não imperativas. Para CARVALHO FERNANDES, a maior diferença é a de que a eficácia mediata "assegura sempre a manutenção do negócio, pois se verifica uma simples substituição no seu conteúdo"[1189]. Não estão em causa "nem a vontade conjectural das partes nem

---

[1180] CARVALHO FERNANDES, A Conversão..., cit., p. 537, nota 1.
[1181] In A Conversão..., cit., p. 557.
[1182] CARVALHO FERNANDES, A Conversão..., cit., p. 559.
[1183] Cfr. o que se dispõe no n.º 2 do artigo 82.º do RJCFP. A actual redacção do Código do Trabalho mantém a mesma solução (cfr. o disposto no n.º 2 do artigo 121.º).
[1184] O A. dá como exemplos as prescrições normativas contidas nos artigos 271.º, n.º 2, 2230.º, 967.º, 2245.º, 2186.º, 2192.º, n.ºs 1 e 2, 2194.º do CC (in Teoria Geral..., II, cit., p. 521).
[1185] CARVALHO FERNANDES, Teoria Geral..., II, cit., p. 522.
[1186] In A Conversão..., cit., p. 556, notas 1 e 2.
[1187] Cfr. o disposto no artigo 239.º do CC. Neste sentido, MENEZES CORDEIRO, Tratado..., I, cit., p. 879; HEINRICH E. HÖRSTER, A Parte Geral..., cit., p. 595. ENZO ROPPO entende que o juiz, face a uma invalidade parcial, leva a cabo uma "integração do contrato" (in Nullità Parziale..., cit., p. 707).
[1188] In A Conversão..., cit., p. 547.
[1189] In A Conversão..., cit., p. 550.

os ditames da boa fé", enquanto na hipótese de integração existe "uma verdadeira lacuna negocial"[1190].

Todos estes fenómenos implicam uma "recomposição do conteúdo do negócio, mediante outros elementos que «tomam o lugar» dos viciados"[1191]. Acompanhamos portanto o entendimento de CARVALHO FERNANDES de que a invalidade parcial não se resume à redução ou não se identifica exclusivamente com ela. Em rigor, quando uma parte do negócio jurídico está viciada é possível a eliminação da cláusula viciada mas com diferentes concretizações: "num dos casos, a subsistência do acto não está totalmente assegurada, pois ele depende da viabilidade do preenchimento da lacuna deixada pela eliminação do elemento atacado pelo vício, mediante o recurso aos critérios da integração negocial. (...). Noutros casos, por se tornar necessário assegurar a ordenação dos interesses envolvidos no negócio (...) o acto deve subsistir com o conteúdo (normativo) em que esses interesses se consubstanciam. (...). Quando a eficácia invalidante do vício se circunscreve à «parte» do negócio, mas em que esta virulência limitada do defeito que o inquina se manifesta pela simples eliminação do que nele é inválido", então temos a redução[1192].

234. Quando o negócio é totalmente inválido e a redução ou outros mecanismos não constituem remédio viável portanto, a lei civil contempla a possibilidade da conversão do negócio jurídico[1193]. No entanto, apesar

---

[1190] *In A Conversão...*, cit., p. 550.
[1191] CARVALHO FERNANDES, *A Conversão...*, cit., p. 551.
[1192] CARVALHO FERNANDES, *A Conversão...*, cit., p. 551.
[1193] Cfr. o disposto no artigo 292.º do CC.
No direito alemão, o instituto encontra-se previsto no §140 do BGB. Vide LARENZ/ /WOLF, *Allgemeiner Teil des Bürgerlichen Rechts*, 9.ª Ed., Beck, Munique, 2004, §44, notas 72 e ss.
No direito italiano, encontra-se prevista no artigo 1424.º do CC. A conversão no direito italiano apenas se aplica aos negócios jurídicos nulos. Quanto aos anuláveis, a doutrina refere-se à figura da convalidação. Sobre a conversão do negócio jurídico no direito italiano, *vide*, sem carácter exaustivo, FABRIZIO DI MARZIO, *La Nullità...*, cit., pp. 485 e ss. Sobre a convalidação dos negócios anuláveis, *vide* GIOVANNI BONILINI, *L' Invalidità...*, cit., pp. 758-759.
O direito espanhol não contém nenhuma norma específica sobre a conversão, o que não significa que a figura não exista (referindo-se à questão nestes termos, JESÚS DELGADO ECHEVERRÍA/M.ª ÁNGELES PARRA LUCÁN, *Las Nulidades...*, cit., pp. 362 e ss.). "Não é uniforme o modo por que a doutrina espanhola faz a construção dogmática do instituto. (...) podemos adiantar que domina a ideia que vê a conversão como uma tarefa de *qualificação*,

de o instituto da conversão estar associado tradicionalmente à problemática da invalidade total, muitos AA., como OLIVEIRA ASCENSÃO, também sustentam a aplicabilidade da conversão a casos de invalidade parcial[1194].

CARVALHO FERNANDES sublinha que uma das questões pertinentes a propósito da conversão é precisamente a sua distinção face à invalidade parcial, em particular à redução[1195].

CARVALHO FERNANDES, na sua monografia sobre o tema, sublinha que a conversão "é um instituto que nasceu para dar remédio à nulidade dos negócios jurídicos, sendo esse o seu domínio de eleição"[1196]. Afasta o A. portanto e liminarmente a hipótese da conversão de negócios inexistentes[1197].

Sempre na lógica do aproveitamento dos negócios jurídicos[1198], pressupõe a lei a possibilidade de existir um outro negócio, diferente

---

ligada ou não à interpretação negocial, que opera por redução do negócio" (CARVALHO FERNANDES, A Conversão..., cit., p. 209). Vide JESÚS DELGADO ECHEVERRÍA/M.ª ÁNGELES PARRA LUCÁN, Las Nulidades..., cit., pp. 362-366; CASTRO Y BRAVO, El Negocio..., cit., pp. 486 e ss. (p. 490).

[1194] In Direito Civil..., II, cit., p. 428 ("conversão de uma cláusula em cláusula diferente").

[1195] In A Conversão..., cit., p. 531; IDEM, Teoria Geral..., cit., p. 535. É distinto o modo de actuação dos dois institutos, o que permite que "ambos actuem simultaneamente quanto ao mesmo negócio «parcial» inválido", (in A Conversão..., cit., p. 579).

Sobre a identificação entre a invalidade parcial e o instituto da redução, vide, MANUEL DE ANDRADE, Teoria Geral..., cit., p. 427; INOCÊNCIO GALVÃO TELLES, Manual..., cit., p. 341; CASTRO MENDES, Teoria Geral..., cit., p. 454; MOTA PINTO, Teoria Geral..., 4.ª Ed., cit., p. 633.

Também a jurisprudência parece aderir ao binómio invalidade total/conversão, invalidade parcial/redução. Vide exemplificativamente o Acórdão do STJ de 30/05/2006, P. n.º 06A1482.

No domínio do Código Civil de Seabra, EDUARDO CORREIA sustentava a aplicação do instituto da conversão aos negócios ineficazes, sendo que os negócios nulos seriam aqueles mais evidentes, mas não afastando a aplicação do instituto "a quaisquer hipóteses em que o negócio jurídico celebrado não produza os seus efeitos". Para o A., o primeiro requisito da conversão é a ineficácia e não a nulidade (in A Conversão dos Negócios Jurídicos Ineficazes, BFDUC, Vol. XXIV, 1948, p. 380).

[1196] In A Conversão..., cit., p. 240.

[1197] In A Conversão...,, cit., p. 246. No mesmo sentido, C. MASSIMO BIANCA, Diritto Civile, cit. p. 633.

[1198] CARVALHO FERNANDES, A Conversão..., cit., p. 574.

Ligando a conversão ao princípio da conservação previsto no artigo 1369.º do CC italiano, vide LINA BIGLIAZZI-GERI, Conversione del Atto Giuridico, ED, Vol. X, p. 530; FABRIZIO DI MARZIO, La Nullità..., cit., pp. 503 e ss.; FRANCESCO GALGANO, El Negocio

daquele que é inválido[1199], desde que os requisitos fundamentais existam[1200]. É esta a concepção tradicional da conversão[1201].

Não se trata de uma alteração automática, porquanto a lei impõe a consideração do que teria sido a vontade das partes se tivessem previsto a invalidade do negócio que celebraram[1202]. Para CARVALHO FERNANDES, além da vontade conjectural a que alude o artigo 293.º do CC, é "no fim prático que determinou as partes à celebração do negócio inválido que se situa o centro de gravidade do instituto"[1203]. O A. propende para uma

---

Jurídico, (trad. FRANCISCO DE P. BLASCO GASCÓ/LORENZO PRATS ALBENTOSA), Tirant, Valência, 1992, p. 324.

Em sentido vincadamente divergente, LANFRANCO FERRONI, defende que a conversão em sentido próprio se funda no princípio da boa fé (*in Le Nullità de Diritto Comune, Speciali e Virtuali*, Giuffrè, Milão, 1998, p. 742). Referindo que o princípio do aproveitamento ou conservação do contrato é "neutro" face à composição de interesses presentes na conversão, preferindo, como LANFRANCO FERRONI, associá-la ao princípio da boa fé, VINCENZO ROPPO, *Il Contratto*, cit., p. 859.

[1199] Quer a invalidade seja a nulidade, quer seja a anulabilidade. Claro que é necessário precisar, à luz do teor do próprio normativo do CC, que só é convertível o negócio jurídico anulável.

No direito italiano, LINA BIGLIAZZI-GERI manifesta-se contrária à convertibilidade de negócios anuláveis (*in Conversione...*, cit., p. 536).

No direito alemão, o §140 do BGB apenas se refere ao negócio jurídico nulo. CARVALHO FERNANDES informa porém que "não escasseiam autores que admitem a conversão de negócios impugnáveis ou ineficazes", (*in A Conversão...*, cit., p. 200). Contudo, os argumentos esgrimidos pela outra parte da doutrina que exclui a conversão dos negócios impugnáveis (que correspondem aos nossos anuláveis), e que merecem a crítica de CARVALHO FERNANDES, baseiam-se na concepção de que "a anulação destrói a declaração de vontade, pelo que a partir daí não se pode falar em conversão ou negócio sucedâneo, por faltar um dos elementos fundamentais para constituir o segundo negócio", (*in A Conversão...*, cit., pp. 248 e 249). LARENZ/WOLF, ao referirem os pressupostos objectivos para a conversão, indicam que o "§140 parte da nulidade de um negócio jurídico e vale em princípio para todos os fundamentos de nulidade, e também para negócios tornados nulos através de impugnação. Uma conversão é igualmente possível com outros fundamentos de ineficácia", (*in Allgemeiner Teil...*, cit., §45, nota 82, p. 816).

[1200] Trata-se de uma hipótese normativa semelhante à prevista no artigo 241.º do CC para os negócios simulados.

[1201] *Vide*, na doutrina italiana, entre outros, LINA BIGLIAZZI-GERI, *Conversione...*, cit., p. 528 e ss.

[1202] A concepção sobre a vontade das partes, gizada no CC português, como vontade conjectural ou hipotética, tem suscitado a atenção da doutrina. Sobre esta questão, *vide* a síntese feita por CARVALHO FERNANDES, *A Conversão...*, cit., pp. 193 e ss.

[1203] *In A Conversão...*, cit., p. 300.

concepção objectivista sobre a vontade conjectural: "a fixação do conteúdo de tal vontade deve ser feita em função do fim prático visado pelas partes ao celebrar o negócio inválido"[1204]. E mais concretamente, entende a vontade como "vontade funcional"[1205]. CARVALHO FERNANDES também se refere à importância do princípio da boa fé, admitindo a conversão "ainda que o conteúdo da vontade conjectural aponte noutro sentido"[1206].

Um outro requisito necessário à conversão parece reconduzir-se ao "desconhecimento da nulidade pelos autores do negócio"[1207]. CARVALHO FERNANDES, depois de analisar detalhadamente as hipóteses de conhecimento e previsão da nulidade, conclui que "a conversão não fica de todo prejudicada quando a invalidade do negócio, no momento da sua celebração ou depois dela, seja conhecida das partes ou por elas prevista", o que deixa em "aberto a questão de saber que sentido atribuir à parte final do artigo 293.º do CC"[1208].

235. Um dos requisitos fundamentais da conversão prende-se com a invalidade do negócio e mais concretamente com o vício gerador da invalidade. CARVALHO FERNANDES tratou detalhadamente a questão na sua monografia, dividindo a análise em vícios quanto ao sujeito, quanto ao objecto, quanto à formação da vontade, quanto à forma, quanto às divergências entre vontade e declaração e quanto ao fim mediato[1209]. À semelhança do que sustentou MOTA PINTO para a redução, parece igualmente inegável que, para efeitos de funcionamento do instituto, é absolutamente determinante o tipo de vício do negócio celebrado: trata-se de "apurar se a natureza do vício que afecta o negócio e as razões que presidem à norma

---

[1204] In A Conversão..., cit., p. 323.
Parece inclinar-se também para a concepção objectivista da vontade MENEZES CORDEIRO quando impõe que o artigo 293.º do CC seja interpretado de acordo com o artigo 239.º do mesmo diploma, por aplicação do princípio da boa fé (in Da Boa Fé..., cit., p. 1072).
[1205] Sobre a caracterização deste requisito em CARVALHO FERNANDES vide A Conversão..., cit., pp. 522 e ss.
[1206] In A Conversão..., cit., p. 346.
Nos trabalhos preparatórios do CC de 1967, foi proposta por RUI ALARCÃO precisamente esta hipótese (in A Invalidade, BMJ, n.º 89, p. 206).
[1207] CARVALHO FERNANDES, A Conversão..., cit., p. 331.
A questão foi analisada por MANUEL DE ANDRADE, Teoria Geral..., II, cit., p. 434.
[1208] In A Conversão..., cit., p. 338.
[1209] In A Conversão..., cit., pp. 254 e ss.

que define a sua invalidade se projectam no seu regime em termos tais que afastem a hipótese de constituir um negócio sucedâneo"[1210].

236. As mais recentes reflexões sobre a concepção da conversão do negócio jurídico apontam para uma tese monista a este propósito[1211]. MENEZES CORDEIRO sublinha que a "conversão exprime, no fundo, uma interpretação melhorada do negócio..., convertem-se sim meras declarações", existindo afinal apenas um negócio jurídico"[1212-1213]. Já CARVALHO FERNANDES afasta decisivamente a conversão, quer da interpretação e integração dos negócios jurídicos, quer da qualificação ou dupla qualificação do negócio jurídico inválido[1214]. E, embora reconhecendo que já sustentou a existência de dois negócios jurídicos na figura da conversão, hoje advoga convictamente que apenas há um negócio jurídico, dando-se apenas uma "re-valoração jurídica do comportamento das partes, em vista a lhes assegurar a produção de efeitos sucedâneos possíveis". É que cada tipo negocial é "em si mesmo infungível, porquanto dominado por uma causa própria", sendo certo porém que esta característica não implica a "exclusividade, no sentido de os mesmos fins não poderem ser prosse-

---

[1210] CARVALHO FERNANDES, A Conversão..., cit., p. 253.

[1211] CARVALHO FERNANDES apresenta detalhadamente a concepção dualista sobre a conversão (in A Conversão..., cit., pp. 413 e ss.).

[1212] In Tratado..., cit., p. 885.

CARVALHO FERNANDES defende que a interpretação e a integração são tarefas prévias da conversão (in A Conversão..., cit., pp. 439 e ss.).

Parece enquadrar-se nesta orientação E. BETTI quando afirma: "a conversão é uma correcção da qualificação jurídica do negócio ou de qualquer dos seus elementos, ou seja, normalmente numa valorização em negócio de tipo diverso daquele que foi celebrado", (in Teoria Generale..., cit., p. 492).

Em sentido divergente, OLIVEIRA ASCENSÃO, Direito Civil..., II, cit., p. 427.

CARVALHO FERNANDES, que noticia a pouca reflexão doutrinal em França acerca do instituto por força do silêncio do direito positivo, refere no entanto que a "doutrina mais antiga ligava a conversão à teoria da interpretação do acto jurídico", designadamente em JAPIOT e PIÈDELIÈVRE. No entanto, um A. posterior, PERRIN, sublinhando o elemento do fim prosseguido pelas partes com o negócio, parece advogar a concepção de que a conversão é uma situação de nulidade parcial do negócio. A "doutrina mais moderna... reduz a conversão a um fenómeno de qualificação (in A Conversão..., cit., pp. 202-205).

[1213] M. FRANZONI, na contraposição que estabelece entre convalidação e conversão, assume claramente a posição de que esta última "consiste na conservação do acto de troca realizado através da actividade do intérprete destinado a qualificar de forma diferente o acto inicial", (in Il Contratto..., cit., p. 449).

[1214] In A Conversão..., cit., p. 324 e Teoria Geral..., II, cit., p. 500.

guidos por recurso a outros meios, ainda que nem sempre ficando assegurado o mesmo êxito, na sua prossecução"[1215]. Já no direito italiano, LINA BIGLIAZZI-GERI, porque entende que a conversão tem de atender ao fim prosseguido pelas partes, defende que a conversão "se opera através da alteração da qualificação jurídica do negócio, independentemente de qualquer vontade"[1216]. E GIORGIO BIANCHI expressamente sustenta que "a conversão é uma modificação legal do contrato que evita a nulidade no respeito substancial do fim das partes", que "produz a transformação de um contrato nulo num contrato diverso, idóneo a realizar o mesmo fim querido pelas partes"[1217]. Já FRANCESCO GALGANO sublinha que a conversão "implica uma mudança da causa do contrato"[1218]. No direito alemão, cujo teor normativo da conversão constante do §140 do BGB é diferente do nosso, claramente a doutrina sublinha a distinção entre interpretação (ainda que integrativa), invalidade parcial (§139 do BGB) e conversão[1219].

237. A generalidade da doutrina portuguesa, como MENEZES CORDEIRO[1220], CARVALHO FERNANDES[1221], OLIVEIRA ASCENSÃO[1222], admite a existência de conversões legais, de que a previsão do n.º 1 do artigo 1306.º do CC é um exemplo[1223].

[1215] In Teoria Geral..., II, cit., p. 526. Para um desenvolvimento aprofundado da sua concepção, vide A Conversão..., cit., pp. 468 e ss.
[1216] In Conversione..., cit., p. 535.
Apresentando detalhadamente esta orientação, vide CARVALHO FERNANDES, A Conversão..., cit., pp. 448 e ss.
[1217] In Nullità..., cit., p. 557. Exactamente no mesmo registo, C. MASSIMO BIANCA (Diritto Civile, cit., p. 632): "a alteração opera por efeito da lei mas não em contraste com o acto de autonomia privada".
[1218] In El Negocio..., cit. p. 324.
[1219] Dando conta desta orientação, vide FRANZ WIEACKER, La Conversione dell' Atto Nullo nel Diritto Tedesco (e l' Indagine di un Comparatista Italiano), RTDPC, 1984, p. 1322.
[1220] In Tratado..., cit., p. 887; OLIVEIRA ASCENSÃO/MENEZES CORDEIRO, a par deste exemplo, apontam outros normativos, Cessão de Exploração..., cit., p. 875.
[1221] In Teoria Geral..., II, cit., p. 533.
[1222] In Direito Civil..., II, cit., p. 429.
[1223] GIORIGIO DE NOVA entende dever distinguir-se entre a conversão formal (que se reconduz a uma conservação) e a verdadeira conversão que comporta uma transformação qualitativa no que respeita ao que foi querido", (in Conversione..., cit., p. 2). A conversão formal é para C. MASSIMO BIANCA a "conversão do contrato, ou em geral do negócio, num outro tipo formal com os mesmos efeitos jurídicos": trata-se de uma "diversa qualificação formal do negócio, o qual tem no entanto os requisitos suficientes para produzir os efeitos

CARVALHO FERNANDES entende que o instituto da conversão se pode aplicar a outros ramos do direito civil sem grandes dificuldades. Quanto ao direito público, em particular ao direito administrativo, o A., valendo-se das disposições do CPA, defende a aplicabilidade do instituto aos contratos administrativos "sem restrições"[1224].

238. A confirmação de negócios jurídicos dirige-se aos negócios jurídicos anuláveis[1225]. Para CARVALHO FERNANDES, trata-se de uma hipótese de convalescença e não de aproveitamento do negócio[1226]. A con-

---

queridos", (in Diritto Civile, cit., p. 634). No mesmo sentido, ANTONINO CATAUDELLA, I Contratti..., cit., p. 278. GIOVANNI BONILINI refere-se à "conversão meramente formal" como aquela em que "um negócio tendo um defeito formal não sanável em relação a instrumento formal escolhido, se converte ex lege num negócio com conteúdo igual ao nulo", (in L' Invalidità..., cit., p. 751). Também LANDFRANCO FERRONI sublinha a necessidade de distinção: enquanto a conversão em sentido próprio "determina uma radical transformação da causa, a segunda [conversão formal] limita-se a conservar, sem alterar o perfil causal, o negócio que, apenas viciado formalmente, produz igualmente, ainda que através de requisitos de forma menos rigorosos, os seus efeitos típicos", (in Le Nullità Negoziali di Diritto Comune, Speciali e Virtuali, (a cura di LANFRANCO FERRONI), Giuffrè, Milão, 1998, p. 742). No direito espanhol, CASTRO Y BRAVO refere-se também a três tipos de conversão: a formal ("a que resulta do facto de o documento em que consta o negócio, que carece de algum requisito necessário para a validade da forma documental exigida, chegará a valer conforme a outra forma de documento"), conversão legal ("imposta expressamente pela lei") e conversão em sentido estrito ("a que supõe uma alteração do tipo do negócio, para salvar a validade do negócio"), (in El Negocio..., cit., p. 487).

Quanto à conversão legal, distinta também da conversão em sentido próprio, ela parecia resultar exclusivamente da vontade da lei. Todavia, C. MASSIMO BIANCA entende que "nem a conversão ordinária se funda sobre a vontade presumida das partes", "o seu pressuposto é deveras que as partes não tenham previsto e regulado a consequência da nulidade do contrato" (in Diritto Civile, cit., pp. 635 e 633, respectivamente). Portanto, "a diferença deve colher-se nisto: a conversão legal prescinde de um concreto juízo de comparação entre o fim originário das partes e o fim realizado mediante o contrato convertido" (IDEM, Diritto Civile, cit., p. 635).

[1224] In A Conversão..., cit., p. 427.

[1225] Cfr. o disposto no artigo 288.º do CC. Como sustenta MENEZES CORDEIRO, "sendo a confirmação um acto de um interessado, ela não poderia atingir a permissão genérica de invalidação que decorre da nulidade" (in Da Confirmação..., cit., p. 121).

Sobre a distinção da confirmação em relação a outros institutos, designadamente o da ratificação, vide RUI ALARCÃO, A Confirmação..., cit., pp. 118 e ss.

[1226] EINRICH E. HÖRSTER integra a confirmação no princípio da conservação dos negócios jurídicos como uma expressão legal em relação às partes (in A Parte Geral..., cit., pp. 596-597).

firmação não se confunde com a renúncia ao direito de anular o negócio (RUI ALARCÃO[1227], MENEZES CORDEIRO[1228]), nem com o decurso do tempo (CARVALHO FERNANDES[1229]), pois é um acto negocial[1230]. Dirige-se apenas a negócios anuláveis, solução que não é seguida por exemplo no direito alemão, em que os §§140 e 141 do BGB prevêem o instituto quer para o negócio nulo, quer para o anulável, se bem que para os negócios nulos se tratará de uma "nova celebração do negócios". Entre nós, OLIVEIRA ASCENSÃO parece admitir a confirmação em relação a qualquer invalidade de negócio jurídico, desde que se verifique o estabelecimento da invalidade em benefício de certos sujeitos[1231]. Contudo, o Código Civil refere-se à confirmação em diversos normativos que estabelecem a nulidade: confirmação das doações nulas (artigo 968.°), nulidade dos actos praticados pelo tutor (n.° 2 do artigo 1939.°). RUI ALARCÃO entende que se trata de situações de "confirmação imprópria", pelo que não se deverá aplicar o instituto previsto no artigo 288.° do CC[1232].

Para a nossa investigação, parece evidente que a confirmação, nesta configuração jurídico-civil, não terá aplicação. Os interesses presentes no contrato, em particular os que estão directamente a cargo da Administração, são indisponíveis. Pelo menos na amplitude que a confirmação jurídico-civil implica.

[1227] *In A Confirmação...*, cit., pp. 88 e 103.
[1228] *In Da Confirmação...*, cit., p. 130.
[1229] *In Teoria Geral...*, II, cit., p. 509 Também RUI ALARCÃO sublinha a diferença existente entre a confirmação e o decurso do tempo, chamando a atenção para o papel da vontade nas duas hipóteses (*in A Confirmação...*, cit., p. 116).
[1230] Sobre a dimensão concludente a este propósito, *vide* PAULO MOTA PINTO, *Declaração Tácita e Comportamento Concludente no negócio Jurídico,* Almedina, Coimbra, 1995, pp. 824 e ss.
[1231] *In Direito Civil...*, II, cit., p. 419.
[1232] *In A Confirmação...*, cit., p. 130. Para o A. trata-se, nos casos dos artigos 968.° e 2309.°, de *"perda, por parte de certa ou certas pessoas, do direito de invocação da nulidade* – de uma como que *renúncia* a tal invocação", (*in A Confirmação...*, cit., p. 132).

3. DAS IRREGULARIDADES

239. Na análise levada a cabo na parte II, identificamos dois grupos de situações relativas a hipóteses de invalidade que redundam em irregularidade para o contrato. Afastamo-nos por isso da concepção restrita de irregularidade no contrato perfilhada por MARCELO REBELO DE SOUSA/ /ANDRÉ SALGADO MATOS[1233].

Uma das hipóteses é a que se reconduz às situações em que existe sanação do vício e que por isso os mecanismos aplicados apagam a invalidade quer para o acto em que directamente se manifesta, quer, por isso mesmo, para o contrato. O outro grupo de situações reconduz-se a situações em que não existe sanação do vício, mas por força do interesse público directamente em causa conjugado com os princípios da proporcionalidade e da necessidade, impõe-se para o contrato que tal vício se considere uma irregularidade não invalidante.

240. Naquele primeiro grupo de situações enquadram-se as hipóteses de vícios quanto ao sujeito que pratica actos suporte com falta de atribuições ou em situação de incompetência (material) ou com falta de legitimação, sendo que, ao tempo da outorga contratual, ocorreu, por via legislativa ou por via administrativa admissível, a sanação do vício[1234]. Portanto, também não existirá vício do sujeito contratante, existindo, como impõe a lei actual, identidade entre quem pratica os actos suporte e quem tem competência para outorgar o contrato.

Na segunda categoria de situações, enquadram-se as hipóteses em que não ocorre sanação, mas em que a consideração dos vícios iria onerar

---

[1233] *In Direito Administrativo...*, Tomo III, cit., pp. 349-350; IDEM, *Contratos Públicos...*, cit., p. 133.

[1234] Tratar-se-á daquelas situações em que ocorre ratificação dos actos. É portanto um conjunto de hipóteses em que o vício desaparece. Integrará por conseguinte o acervo de situações de convalescença.

de forma desrazoável e desproporcionada o acervo de interesses, públicos e privados, gizados no contrato. É o que se passa na hipótese em que ocorrem vícios quanto ao sujeito que pratica algum dos actos suporte e não há identidade entre quem adjudica e quem outorga o contrato, sendo tal cenário possível[1235]. Se o ente público outorgante tiver competência de adjudicação, deverá aquela incompetência ter-se por irrelevante para o contrato. A mesma solução advogamos para a situação em que o adjudicante actua em situação de impedimento e não existe grosseira violação do princípio da imparcialidade. Integram também este grupo de situações a falta ou fundamentação deficiente quanto à escolha do procedimento de escolha do parceiro contratual sempre que o procedimento escolhido seja o legalmente devido ou seja possível concluir que o interesse público que preside à obrigação de escolha do referido procedimento não foi irremediavelmente postergado. A mesma reflexão deverá fazer-se a propósito de vícios de forma e procedimento cuja *ratio iuris* não tenha sido atingido ou tenha sido ainda assim, para efeitos do contrato, alcançado.

241. Como se manifesta no domínio indicado o princípio do aproveitamento da actuação administrativa que justifique considerar as situações enunciadas como irregularidades não invalidantes? Dito ainda de outro modo, como poderemos justificar que certas invalidades que ocorrem no procedimento de formação do contrato redundem em situações não invalidantes?
Algumas das situações apontadas como ilustração das irregularidades não invalidantes radicam em vícios tidos por formais. Pense-se no vício da falta de fundamentação a propósito da escolha de procedimento, se bem que o procedimento escolhido e seguido é o legalmente devido. A falta de fundamentação, quando legalmente devida, gera um vício de forma que inquina a validade do acto em relação ao qual é exigida. Ora, buscando-se a razão de ser da obrigação de fundamentação, ela basta-se e justifica-se a propósito da decisão de contratar, isto é, trata-se de um aspecto do conteúdo do acto administrativo que necessita de fundamentação pois corporiza uma decisão que atingirá a esfera jurídica de um universo de sujeitos jurídicos potenciais. Ora, no domínio do contrato, o que releva já não é tanto esta *ratio* mas sim que tenha sido escolhido efectivamente e de forma idónea o procedimento devido. Assim, aquela formalidade em que se con-

---

[1235] Situação previsível no âmbito de aplicação da legislação agora revogada.

substancia a fundamentação é relevante para a tomada de decisão da decisão de contratar mas já não reveste tal importância para a validade do contrato. É uma formalidade que até tem reflexos profundos no conteúdo. Mas, e buscando o raciocínio de VIEIRA DE ANDRADE, considerando o "valor normativo do preceito", em caso de incumprimento, se bem que possa influenciar o conteúdo da decisão em certa medida, aquele valor dilui-se no acervo de interesses públicos que o contrato outorgado protege e prossegue. É que, na aplicação da perspectiva funcionalista, os interesses públicos subjacentes à norma acabaram por ser prosseguidos: o procedimento devido foi seguido, se bem que o autor da decisão não tenha cumprido o dever de o demonstrar juridicamente. Em rigor, será mesmo de equacionar se existe vício para a própria decisão de contratar[1236].

Justificação um pouco diferente deverá apresentar-se para as situações que não implicam um vício de forma. Pensamos nas hipóteses dos vícios quanto ao sujeito que ou são sanados (por via legal ou administrativa quando tal for admissível) ou que, pela distância do contrato, se devem entender como irregularidade. Já não se trata de aplicar a teoria das formas. Trata-se antes de sublinhar que o interesse público que justifica o vício não está presente tão intensamente no contrato, sendo por conseguinte excessivo e desproporcionado manter a invalidade no contrato (que, a não ser assim, padeceria sempre de uma invalidade derivada). Concretizemos então: a decisão de contratar que foi emanada com falta de quórum. Na teoria dos vícios, tal acto não deixará de ser nulo porquanto a ordem jurídica entende que a formação de vontade dos órgãos colegiais deverá observar tal requisito pois só assim se poderá afirmar a regular formação da vontade daquele órgão pluri-pessoal. Se o vício se mantiver aquando da outorga do contrato, isto é, quando ocorrer a celebração do contrato pelo mesmo órgão (à luz do CCP), e este enferma de tal vício, entendemos que a questão já se coloca em sede de invalidade própria e aí deve ser avaliada. Não deixará de reflectir invalidade do contrato porque o legislador mantém, agora a propósito do contrato, a exigência de regular formação de vontade do órgão colegial. Mas já se o órgão outorgar em regularidade de quórum, que interesse público ditaria a manutenção da invalidade – derivada – do contrato por causa do acto suporte não ter observado aquele requisito? Detalhemos ainda mais o raciocínio: manter e fazer valer a inva-

---

[1236] O CPP impõe a fundamentação da escolha do procedimento sem operar qualquer distinção.

lidade significaria que entendíamos reafirmar como deficiência genética do contrato a ilegal formação da vontade no acto de decisão de contratar que, sublinhe-se novamente, é uma parte (importante sem dúvida) do procedimento complexo de formação do contrato. E a que título? A título da teimosia da manutenção de um raciocínio formalista. O contrato resulta inequivocamente daquele acto, mas não só. Acresce que, à luz do CCP, tratar-se-á do mesmo órgão que delibera e que outorga, pelo que, a continuidade da actuação contratual indicia que o órgão, apesar da deficiência inicial, entende ser aquela a actuação devida. Sendo ainda certo que podia tutelar a ilegalidade, actuando retroactivamente ou impedindo-se de actuar se assim não entendesse. Por fim, mas não menos importante, sublinhe-se a desproporcionalidade da manutenção da invalidade em sede contratual e como sairiam prejudicados, não só os interesses privados presentes no contrato, mas também outros interesses públicos que se manifestam mais intensamente no contrato. Conduziria a dar um peso desmedido e injustificado a um interesse público procedimentalmente situado e ao qual a invalidade do contrato nada iria aproveitar nem reintegrar a legalidade.

Estas considerações valem, *mutatis mutandis*, para as outras hipóteses da invalidade de actos suporte com base em vícios quanto ao sujeito.

242. A questão que de imediato surge é porém fundamental. Que sucede à validade do contrato se, antes da respectiva outorga, um acto suporte é impugnado com base nestes fundamentos?

Se a decisão judicial definitiva ocorrer antes da outorga contratual (ou se o impugnante tiver usados todos os expedientes processuais tendentes a prevenir a utilidade de uma decisão favorável), não se colocará nenhuma questão de deficiência de formação para o contrato. Esta solução não significa uma distorção da construção teórica precedente porque ainda não há contrato celebrado, pelo que a decisão judicial sobre o acto suporte que é reconhecidamente inválido tem o habitual alcance de caso julgado, impedindo por isso a celebração do contrato em contradição com o direito declarado, sob pena de ofensa do caso julgado. Acresce que antes da celebração do contrato, ainda não se encontram sob protecção da lei os interesses contratuais. Estes ainda não se concretizaram nem constituíram. Trata-se por conseguinte de situações materiais distintas e por isso justifica-se e até se impõe tratamento jurídico diferenciado.

Questão mais delicada é aquela em que a decisão definitiva sobre a impugnação dos actos ocorre após a outorga do contrato, sem que a utilidade da decisão impugnatória tenha sido acautelada. Em particular, face aos interesses de terceiros ao contrato entretanto celebrado. Nesta hipótese materialmente distinta da anterior, o juiz da causa tem vários interesses a ponderar, mas parece-nos que não pode o interesse do terceiro ao contrato ter o peso decisivo na resolução da situação material controvertida, em particular com base nos fundamentos aqui em consideração. Este enquadramento não impede que a invalidade do acto seja avaliada e declarada ou reconhecida, consoante o caso. O que merecerá uma apreciação particularizada é o pedido cumulado de apreciação subsequente da validade do contrato entretanto celebrado. Assim, deverá ser avaliado o interesse público postergado e o seu peso e importância no acervo de interesses, públicos e privados, no contrato. Do mesmo passo, deverá limitar-se os efeitos invalidantes do acto suporte em função da apreciação anterior à luz dos princípios da proporcionalidade, necessidade e adequação.

Tratando-se das hipóteses em que a sanação é possível, esta problemática só será de colocar até à efectiva sanação.

243. Como adequar esta construção com os dados legislativos processuais? Estes actos são inválidos mas não conduzem a invalidade do contrato. Daí que se imponha a construção dogmática de um sistema de invalidade destes actos diferente (e adaptado) do que está genericamente previsto para os actos administrativos.

Muitos dos vícios dos actos suporte aqui e a este propósito enunciados geram, para o respectivo acto, a nulidade. O que, como se sabe, é a invalidade mais grave, arguível a todo o tempo e por qualquer interessado. Ora, este regime é incompatível com a solução que preconizamos para o contrato. Não pode ser permitida a impugnação a todo o tempo deste acto, sob pena de se dever considerar como fonte de invalidade derivada para o contrato, colocando em cheque *ad aeternum* a validade do contrato[1237]. Seria juridicamente muito irresponsável manter esta possibilidade e, para salvar o contrato, ficcionar que o interesse público contratual (e não só) ditava a manutenção do contrato, apesar de tudo. Quando o contrato recolhe elementos fundamentais de um acto que a ordem jurídica reputava como inválido e a ordem jurisdicional retirara, com efeitos retroactivos, da ordem jurídica. Entendemos assim que a razoabilidade, a necessidade de protecção de terceiros, a equidade e a protecção do interesse público

---

[1237] Decidida de forma definitiva a invalidade do acto suporte, o contrato ver-se-ia sem causa e sustentação.

ditam inequivocamente que a alteração de regime deva ocorrer a propósito dos actos suporte.

O alcance da alteração não passará tanto pela questão da legitimidade, mas antes pela do prazo e tempo da impugnação. Ou seja, mesmo nas hipóteses de actos nulos, o regime da nulidade deverá ter um limite de tempo de impugnação até à outorga do contrato. O que significa também que o prazo previsto no artigo 101.° do CPTA (para os actos anuláveis) deverá ser interpretado restritivamente, em particular da parte final ("da data do conhecimento")[1238]. Esta construção implicaria a possibilidade de pedido cumulativo de suspensão do procedimento administrativo para acautelar o efeito útil da decisão jurisdicional final definitiva[1239]. Como integrar o disposto no n.° 4 do artigo 102.° CPTA neste cenário? Também o prazo de um mês se deveria aplicar aos actos nulos.

Ultrapassado o prazo aqui sustentado, tal não impede a tutela dos eventuais lesados através da concessão da indemnização, à luz do que prescreve o n.° 5 do artigo 102.° (e de acordo com a abertura que a Directiva Recursos de 2007 prevê).

[1238] O prazo previsto no normativo está ligado à invalidade do acto em particular a anulabilidade. Quanto aos actos nulos, a jurisprudência não tem acompanhado o entendimento doutrinal de que o regime deverá ser o substantivo. Ao invés, a jurisprudência tem sustentado que o prazo de um mês se deve aplicar à impugnação dos actos pré-contratuais sem consideração do respectivo tipo de invalidade, porque tem lido o processo urgente como dado que legitima uma tal leitura.

[1239] A impugnação pré-contratual não tem efeitos suspensivos do procedimento.

4. DA INVALIDADE DERIVADA

4.1. Introdução

244. Uma das questões que o regime jurídico de invalidade derivada coloca é a da sorte do contrato quando um acto que lhe serve de pressuposto é efectivamente anulado ou declarado nulo. Trata-se da magna questão a propósito da invalidade consequencial. O CPA aflorava a questão a nível substantivo no n.º 1 do artigo 185.º ao indicar o mesmo tipo de invalidade para o contrato, regime que se manteve no essencial na actual disciplina jurídica no CCP. O CPA estabelece, na alínea i) do n.º 2 do artigo 133.º, a nulidade os actos sequenciais a acto administrativo anteriormente anulado ou revogado, *"desde que não haja contra-interessados com interesse legítimo na manutenção do acto consequente"*. Portanto, entre nós, há uma categoria de actos conexos que são nulos. Claro que se pode colocar a questão, *de iure constituendo*, se poderão existir actos consequentes apenas anuláveis[1240]. Por exemplo, no direito italiano, os actos consequentes são em regra anuláveis, sendo que tal solução assenta na concepção italiana sobre a nulidade de actos administrativos[1241]. A nossa solução legal é distinta da solução espanhola que, no artigo 64.º da lei de procedimento, estabelece precisamente a regra inversa: *"a nulidade ou anulabilidade de um acto não implicará a dos actos sucessivos no procedimento que sejam independentes do primeiro"*. A excepção, estabelecida no n.º 2 do mesmo normativo, apela à noção de a *"parte viciada seja de tal importância que sem ela o acto administrativo não teria sido emanado"*.

[1240] MÁRIO AROSO DE ALMEIDA, *Anulação de Actos...*, cit., p. 329.
[1241] Em rigor, afasta-se a possibilidade de actos nulos pressupostos poderem dar azo ao surgimento da invalidade derivada: o acto nulo não produz efeitos jurídicos e portanto não pode ser sustentáculo de nenhum acto consequente. Vide ALESSANDRA SUSCA, *L' Invalidità...*, cit., p. 134 ("se o acto pressuposto necessário para a adopção do acto consequente é nulo, é como se não existisse, pelo menos do ponto de vista da produção dos efeitos").

O ponto de partida para a resposta à questão de saber qual é o efeito da invalidade derivada no contrato terá de ser o acervo das actuais disposições contidas no artigo 283.º do CCP.

A questão importante para efeitos da nossa investigação diz respeito à necessidade de se averiguar o motivo da invalidade do acto destacável para se saber que invalidade sofre o contrato. Quando se trate de "vício próprio" do acto, haverá que "apreciar qual é, dentro de cada espécie, o «grau» da relação entre este acto e o contrato"[1242]. Entre nós, o artigo 283.º do CCP estabelece uma equiparação das invalidades, o que desde já afastamos como uma solução adequada às necessidades de tutela dos interesses públicos e privados ínsitos na relação jurídica estabelecida. PEDRO GONÇALVES, pronunciando-se ainda a propósito do que dispunha o então n.º 1 do artigo 185.º do CPA, entende que a lei tinha operado uma *"comunicação automática* da invalidade do acto antecedente para o contrato, pelo que a invalidade deste não será em rigor derivada mas própria (ou convertida em própria)", o que lhe merece crítica, pelo menos ao tempo da vigência da lei processual anterior[1243]. Daí que exija que o acto prévio seja invalidado efectivamente para que exista uma invalidade derivada[1244]. Sublinha o A. que "nem todas as situações de destruição de actos antecedentes originam a invalidade (derivada) dos actos consequentes: essa hipótese não se verifica quando o acto antecedente sofre de um *vício de* forma (já que, nesse caso, o «conteúdo» do acto anulado pode figurar num «acto renovador», que reporá a causa do acto consequente), nem mesmo quando, sofrendo de um *vício de fundo*, exista um *interesse legítimo na manutenção do acto consequente*"[1245]. Esta precisão foi acolhida de algum modo como veremos no n.º 3 do artigo 283.º do CCP. Como tentaremos demonstrar a repercussão da invalidade do acto do procedimento de formação do contrato sobre este dependerá do próprio acto, da razão da sua invalidade, da sua relação com o contrato[1246].

[1242] *In* RENÉ CHAPUS, *Droit du Contentieux...*, cit., p. 638. No mesmo sentido, ANDRÉ DE LAUBADÈRE ET AL., *Traité des Contrats...*, II, cit., p. 1051, n.º 1834; DOMINIQUE POUYAUD, *Les Conséquences...*, cit., p. 1095.

[1243] *In A Concessão...*, cit., pp. 222-223.

[1244] *In O Contrato...*, cit., p. 140. Hoje o artigo 283.º do CCP também impõe a invalidação.

[1245] *In A Concessão...*, cit., p. 219, nota 176.

[1246] Precisamente neste sentido, ALEXANDRA LEITÃO, *A Protecção Judicial...*, cit., p. 281.

ALEXANDRA LEITÃO parece resolver a questão de forma simples, sublinhando que, no que concerne aos actos, a teoria dos vícios do acto administrativo se aplicam. Quanto a este ponto, não divergimos desta opinião. Já não nos parece contudo tão simples a resolução da questão: "quando a invalidade do acto preparatório decorrer de um vício material, tal deve implicar sempre a nulidade do contrato, mesmo que o acto seja meramente anulável"[1247]. A dicotomia entre actos com meras irregularidades que não afectam o contrato e actos inválidos com a consequência da nulidade do contrato parece-nos demasiado rígida. As razões aduzidas por ALEXANDRA LEITÃO não vingam: as regras procedimentais que vinculam a Administração não estão todas, e por igual, imbuídas pelos mesmos interesses públicos que justifiquem que todas se qualifiquem como absolutamente prevalecentes; fazer aplicar a regra de invalidade consequente prevista na alínea i) do n.º 2 do artigo 133.º do CPA é esquecer a heterogeneidade que existe entre acto e contrato[1248]. A prudência que impõe a ponderação na escolha do que seja acto suporte manifesta-se novamente quanto a esta questão. A confluência e convivência de interesses no seio do contrato impõem a ponderação do tipo de invalidade que deve decorrer para o contrato. A verdade é que ALEXANDRA LEITÃO reconhece isso mesmo quando se debruça sobre a problemática da invalidade de "actos preparatórios" em contratos com objecto passível de contrato de direito privado: "a especificidade do regime da invalidade consequente dos contratos face ao disposto no artigo 133.º, n.º 2, alínea i) do CPA não resulta do tipo de contrato, mas sim da sua natureza bilateral, que pode justificar, em certas situações, uma política jurisprudencial de «preservação da coisa contratada», nomeadamente para proteger o co-contratante particular que esteja de boa fé"[1249]. Portanto, acompanhamos PEDRO GONÇALVES quando este entende que apenas o vício de natureza material "que impeça a Administração de praticar um novo acto com o mesmo

---

[1247] In A Protecção Judicial..., cit., p. 296. E a A. vai inclusive mais longe, afirmando que "todos os contratos da Administração Pública devem ser considerados nulos na sequência da invalidade dos actos preparatórios integrados na fase de formação do contrato, independentemente da natureza deste", (in A Protecção Judicial..., cit., p. 300).

[1248] Também MÁRIO ESTEVES DE OLIVEIRA ET AL. sustentam que a razão de ser do normativo é adequada à nossa hipótese (in Código..., cit., p. 650); LUÍS FÁBRICA, Procedimento Administrativo (Contrato Administrativo), DJAP, Vol. VI, 1994, p. 533; JORGE PEREIRA DA SILVA sustenta a aplicação analógica do normativo, enquanto "manifestação da figura da invalidade consequente" (in A Invalidade..., cit., pp. 137-138).

[1249] In A Protecção Judicial..., cit., p. 301.

conteúdo", será adequado a gerar a invalidade derivada[1250]. É isso mesmo que *infra* tentaremos demonstrar.

245. Portanto, o que nos vai agora ocupar é saber qual a sorte do contrato já firmado quando sobrevém a extinção judicial de um acto do procedimento. Será útil a regulação existente a propósito dos actos administrativos? A questão também se coloca a propósito dos contratos de direito privado da Administração, sobre os quais não nos iremos debruçar[1251].

MARIA JOÃO ESTORNINHO debruçou-se, ainda na altura em que vigorava a anterior lei processual, sobre a questão. Daí colocar a questão como a "relação entre o recurso e a acção"[1252]. Tal como a questão se colocou na doutrina italiana, a A. sublinha que a solução dependerá da maior ou menor adesão à destacabilidade dos actos em sede de procedimento pré-contratual. Quem "tenda a autonomizar actos destacáveis anteriores à celebração do contrato e impugnáveis autonomamente em relação a ele, torna-se fundamental determinar qual a repercussão da eventual anulação de um desses actos, sobre a validade do respectivo contrato"[1253]. E portanto a magna questão é afinal a de sempre: a repercussão será imediata e automática, como sucede para muita da jurisprudência italiana e no direito espanhol, se bem que com outra designação, ou a solução será à francesa, isto é, sendo necessária uma pronúncia jurisdicional. Para MARIA JOÃO ESTORNINHO, a previsão então contida do n.º 1 do artigo 185.º do CPA permitia configurar três hipóteses: a nulidade automática do contrato quando o acto administrativo prévio (?) fosse nulo; a anulabilidade declarada do contrato, se o acto administrativo fosse anulável; se o acto prévio tivesse sido anulado, "através de recurso contencioso de anulação. (...) a solução para este problema [teria] de passar necessariamente pelo próprio regime geral do dever de executar as sentenças de anulação..."[1254]. MÁRIO AROSO

[1250] In *O Contrato Administrativo*..., cit., p. 141.

[1251] Sustentando uma solução muito próxima da solução italiana, exposta precisamente a propósito dos contratos com procedimento público, mas de natureza privada, da falta de consenso, MÁRIO AROSO DE ALMEIDA, *Anulação de Actos*..., cit., pp. 349 e ss.; SÉRVULO CORREIA, *Legalidade*..., cit., p. 561; JORGE PEREIRA DA SILVA, *A Invalidade*..., cit., pp. 121, 123 e 141.

[1252] In *Algumas Questões de Contencioso dos Contratos da Administração Pública*, AAFDL, Lisboa, 1996, p. 33.

[1253] In *Algumas Questões*..., cit., p. 34.

[1254] In *Algumas Questões*..., cit., p. 35.

DE ALMEIDA sublinha que a caducidade automática do contrato administrativo em sequência da anulação do acto era sustentável à luz da primeira redacção do artigo 185.º do CPA, mas não face à última, por ter sido consagrada uma tese de anulabilidade do contrato. Desde logo, afasta o A. a aplicação da alínea i) do n.º 2 do artigo 133.º do CPA[1255], no que se afasta – e a nosso ver justamente – da opinião sustentada por MARIA JOÃO ESTORNINHO[1256]. ALEXANDRA LEITÃO entende que as consequências da "anulação ou declaração de nulidade de um acto destacável em sede de recurso contencioso de anulação variam consoante este recurso tenha sido interposto por uma das partes no contrato ou por um terceiro"[1257]. A perspectiva da A., que escreve ao abrigo de legislação agora revogada, acaba por centrar a questão na pessoa do terceiro e na necessidade da sua protecção. A sua perspectiva contudo não pode deixar de ser entendida no sentido da necessidade de interposição de acção para obter a efectiva invalidade do contrato e como tal era impossível à luz das normas adjectivas vigentes ao tempo[1258].

Como veremos, temos para nós que a questão é bem mais complexa do que um raciocínio de mera aplicação silogística do regime das invalidades. Acresce que o novo processo contencioso também vem facilitar a dimensão contenciosa da questão. Isto mesmo é sublinhado MÁRIO AROSO DE ALMEIDA: "a solução mais lógica e adequada é, na verdade, a de admitir que a sentença que anula o acto pré-contratual anule também o contrato entretanto celebrado com base nesse acto. (...) resulta, no entanto, com a reforma do contencioso administrativo, do reconhecimento, no plano processual, da possibilidade de o recorrente estender, *ab initio* ou em momento ulterior, o objecto do processo de anulação movido contra o acto pré-contratual, à própria impugnação do contrato..."[1259].

Associada a esta questão anda a outra face da moeda: a invalidação do contrato entretanto celebrado pode atingir direitos adquiridos e bulir intoleravelmente com o princípio da protecção da confiança e da boa fé[1260].

[1255] *In Anulação de Actos...*, cit., pp. 352-353.
[1256] *In Algumas Questões...*, cit., pp. 35-36.
[1257] *In A Protecção de Terceiros...*, cit., p. 84.
[1258] Daí que a A. preconize o recurso contencioso de anulação dos contratos administrativos.
[1259] *In Anulação de Actos...*, cit., pp. 352-353.
[1260] MÁRIO AROSO DE ALMEIDA, *Anulação de Actos...*, cit., pp. 354 e ss.

O legislador, pelo teor do artigo 283.º do CCP, parece ter aderido à tese da viciação, impondo a intervenção judicial para a efectivação da invalidade do contrato[1261].

4.2. Da extensão

246. As situações geradoras de invalidade derivada conduzirão a uma situação de invalidade total do contrato. Porque se trata de um conjunto de situações que bolem com estruturas definidoras do contrato, os vícios que são suficientemente conexos com o contrato não permitem cindir parte do contrato inválido mantendo válida a restante. Quer isto dizer que lidamos aqui com vícios que afectam o contrato enquanto tal, não tendo aplicabilidade o princípio da divisibilidade do mesmo. Fundamentalmente porque este princípio diz respeito à possibilidade de divisão do conteúdo contratual e as situações geradoras de invalidade derivada em sentido estrito em nada se relacionam com o conteúdo do contrato. Quando existem situações que afectem, no procedimento complexo de formação do contrato, o conteúdo do contrato, seja quanto aos direitos e obrigações assumidas, seja quanto à identidade ou qualidades dos parceiros contratuais, estaremos já em situações de invalidade própria se bem que por causa comum ao acto suporte, tendo, nessa medida, alguma relação com a invalidade derivada. Apenas na medida em que comunguem do momento da geração do vício e não quanto ao tipo de invalidade. Contudo, restringimos o acervo de situações de invalidade derivada (em sentido estrito e rigoroso) a vícios que não se prendem com aqueles elementos.

4.3. Do regime em concreto

247. Como vimos, as situações conducentes à verificação de invalidade derivada conduzem à invalidade total do contrato. Tendo presente

---

[1261] Face a esta opção clara do legislador, a questão que se pode colocar é a de como irá agora proceder o Tribunal de Contas aquando do exercício das suas competências. Poderá o Tribunal de Contas declarar a nulidade do acto de adjudicação para, com base nesse juízo (e decisão) de legalidade, recusar o visto prévio? Poderá a nulidade ser declarada por este Tribunal?

o acervo de situações concretas aqui incluídas, podemos dividi-las em dois grupos de situações consoante o tipo de invalidade que geram para o contrato.

Por um lado, situações em que a invalidade gerada é idêntica àquela de que enferma o acto prévio de onde dimanam; por outro lado, aquelas situações em que entendemos que o paralelismo de invalidade que o n.º 1 do artigo 185.º do CPA prescrevia e os n.ºs 1 e 2 do artigo 283.º do CCP estabelecem não deve ser a solução.

Vejamos em concreto o regime de invalidade que reputamos por conveniente e as razões justificativas do mesmo.

248. Cabem no âmbito da invalidade derivada desde logo todas as hipóteses em que o princípio da concorrência surja gravemente postergado. Enquadram-se nesta categoria, à cabeça, as hipóteses em que o procedimento de escolha de co-contratante não é de todo o que a lei impõe, com grave prejuízo do princípio da concorrência.

Assim, quando, logo na decisão de contratar, se opta, fora da permissão da lei, por um procedimento menos exigente face às exigências da contratação pública, o conteúdo da mesma padece de uma invalidade. Se estivéssemos no âmbito do direito privado, a violação de norma imperativa sobre o conteúdo teria como consequência a nulidade do acto jurídico, por força do artigo 294.º do CC. Mas estamos no âmbito do direito administrativo em que a regra da invalidade dos actos administrativos é a anulabilidade[1262]. Entendemos que não se verifica, quanto a este aspecto, nenhuma das situações previstas no n.º 2 do artigo 133.º do CPA, nem estará em causa nenhum elemento essencial da decisão, até porque a questão é definida no conteúdo. Portanto, em princípio, e por funcionamento das regras de invalidade de actos administrativos, a decisão será anulável se o procedimento escolhido não coincidir com o que a lei impõe, sendo que quanto à decisão, estamos perante um vício quanto ao conteúdo. Esta invalidade tem reflexos no acto seguinte, a adjudicação, também ela acto admi-

---

[1262] Cfr. o disposto no artigo 135.º do CPA.
Sobre esta "regra", vide VIEIRA DE ANDRADE, *O Dever da Fundamentação...*, cit., p. 288. A este propósito concordamos com a orientação do A. que aceita "apenas a existência de uma regra estatística ou de probabilidade... a determinação dos casos de nulidade não deve depender exclusivamente da sua fixação em catálogo... mas sim, resultar da aplicação de critérios substanciais ("teleológicos") baseados na gravidade e evidência da lesão causada à ordem jurídica" (*in O Dever da Fundamentação...*, cit., p. 289). O A. segue assim a linha doutrinal de ROGÉRIO SOARES, *Interesse Público...*, cit., pp. 541 e ss.

nistrativo, só que agora, um vício procedimental, porque o conteúdo viciado da decisão traduz-se para a adjudicação no facto de ser seguido um procedimento para a sua emanação que não coincide com o que a lei prescreve. Portanto, nesta sede, estamos perante um problema da invalidade derivada entre actos administrativos. Para a adjudicação, a decisão consubstancia acto "único e imprescindível", tendo com ela um nexo imediato e directo, mantendo-se o mesmo acervo de interesses públicos que estão presentes na decisão. Assim, parece verificar-se a relação de pressuposição que funda a invalidade derivada. E, na construção tradicional e legal, aplicar-se-á o efeito caducante da adjudicação. Comunica-se a invalidade, o que significa que também a adjudicação é inválida.

Assim, para a prática da adjudicação, que se destina a escolher o parceiro contratual da Administração, em moldes de ampla concorrência, o procedimento prescrito serve a eficiência, a transparência, como é habitual, mas também a concorrência. Ora, este acervo de interesses públicos são fundamentais para o conteúdo da adjudicação mas não o são em absoluto e na totalidade para o contrato que a seguir se firmará. Para a prática da adjudicação, o procedimento concursal é o único e consubstancia um conjunto de formalidades imperativas. Em rigor, em termos comunitários, a imperatividade dos procedimentos está estabelecida para a emanação da adjudicação. Será portanto de equacionar se, à luz dos princípios, a inobservância do procedimento não deverá antes culminar na nulidade e não apenas na anulabilidade da adjudicação. Em particular, nas situações em que de facto a concorrência ou/e a transparência da escolha do adjudicatário não existem de todo. Aliás, a Directiva 2007/66/CE, de 11 de Dezembro, vem estabelecer precisamente a ideia de nenhuma produção de efeitos da adjudicação quando esta seja ilegal por resultar de ajuste directo indevido, devendo igualmente o contrato ser privado de quaisquer efeitos[1263]. No entanto, o considerando 21 da referida directiva estabelece que cabe ao direito interno determinar as consequências da "privação de efeitos", podendo assumir retroactividade ou apenas prospectividade. Já para outro tipo de incumprimento que atinge em menor escala aqueles princípios, a total privação de efeitos poderá revelar-se uma solução desproporcionada, desnecessária e desadequada.

Para efeitos do contrato, estes interesses associados à concorrência juntam-se a outros e não enformam totalmente a actuação administrativa.

[1263] Considerando 13.

Por conseguinte, se a sua violação grave determinará uma sanção igualmente grave do acto que eles enformam totalmente, a mesma consequência não se poderá obviamente retirar para o contrato pois o peso dos mesmos interesses não é igual. Ou seja, os interesses públicos que o legislador estabeleceu para o contrato não são tão gravemente postergados como foram, aquando da preterição do procedimento ou parte dele, para a adjudicação. A invalidade derivada para o contrato deverá por isso ser ponderada a esta luz. O que significa desde logo, como já adiantámos, a necessidade de gradações de invalidade a este propósito, o que implicará em última instância, a ponderação de, se certas zonas de incumprimento, pela menor lesão mesmo para a adjudicação, não constituirão apenas irregularidades para o contrato.

Assim, quando de todo em todo há a violação grave e absoluta dos princípios da concorrência, da transparência e da igualdade, interesses relevantes na formação do contrato administrativo, por exigência do direito comunitário, o contrato deverá ser inválido. E deverá estar ferido da invalidade mais grave, a nulidade? Só e apenas quando a inobservância destes interesses públicos foi absolutamente postergada. Recordemos então que tal situação ocorrerá, a propósito da questão do procedimento administrativo, quando é exigido o concurso público e foi seguido de forma inexplicável o ajuste directo.

Já se a concorrência tiver sido afectada mas não completamente postergada, a solução da nulidade do contrato parece-nos desproporcionada, uma vez que a violação dos interesses públicos não é total e absoluta. Poderia pensar-se que o interesse público apenas admite o seu completo respeito, pelo que qualquer desvio à norma corresponderia a um desrespeito absoluto do mesmo. Não podemos contudo acompanhar este entendimento. É manifestamente distinto seguir um procedimento sem qualquer abertura à concorrência, como sucede no ajuste directo, quando a situação exigia uma plena concorrência, ou seguir um concurso limitado com publicação de anúncio quando era exigido o concurso público. Na primeira hipótese, a concorrência inexiste; no segundo a concorrência encontra-se limitada, mas ainda existe. Que razões poderosas mandariam tratar de forma igual situações danosas com extensão variável de danos, arredando a aplicação do princípio da proporcionalidade? Trata-se, na nossa perspectiva, de situações com invalidade gradativa precisamente em função da gradação de violação dos interesses públicos presentes.

Recorde-se que, na jurisprudência administrativa consultada a este propósito, e para efeitos de saber qual a consequência da preterição do tipo de procedimento na validade da adjudicação, a orientação unânime é a de que será sempre o mesmo tipo de invalidade para a adjudicação – a anulabilidade –, qualquer que seja o desvio face ao padrão. Ora, esta opção terá justificado a solução legislativa em sede de invalidade derivada que constava do CPA e consta agora do CCP. Isto é, sendo a adjudicação anulável – como sustenta a generalidade da jurisprudência administrativa – o contrato sê-lo-ia igualmente. Esta solução não acolhe porém as necessárias acomodações das gradativas violações dos interesses públicos postergados. Mesmo em sede de prática do acto administrativo. Sublinhe-se também que, se é verdade que em sede de adjudicação (ou outro acto suporte), o procedimento em causa não é complexo, o que pode ainda ser um argumento para a solução de uma única consequência para a violação da regra procedimental, esta razão não se verifica no contrato. Como tivemos oportunidade de expor, o procedimento contratual consubstancia-se num procedimento complexo, em que o segmento da escolha do parceiro contratual e respectiva proposta, directamente referível à emanação da adjudicação, um dos actos suporte, é fonte de invalidade derivada. Mas não absorve todo o procedimento de formação do contrato. Ora, também por esta razão, quanto a nós, a invalidade derivada não deve ser tratada segundo o método do paralelismo de formas de invalidade.

249. Um outro conjunto de situações que podem gerar invalidade derivada para o contrato, com consequência invalidante idêntica à do acto suporte prende-se com a criação indevida de critérios de selecção de concorrentes, quando a adjudicação é praticada no exercício de poderes discricionários.

Recorde-se que os critérios devem já constar do conteúdo da decisão de contratar, em particular do programa do concurso (ou de outro procedimento concursal que não o público), encontrando-se por conseguinte esta viciada quanto ao conteúdo. A invalidade mantém-se no procedimento quando a adjudicação acaba por reflectir o vício ao aplicar os critérios indevidos para efeitos de excluir potenciais concorrentes.

A proibição de criar critérios nesta sede, recorde-se, prende-se com questões de legitimidade de poderes: trata-se de matéria reservada à disciplina jurídico-legal dos órgãos legislativos, limite ao qual se associa a imperatividade do direito comunitário nesta matéria, por razões de uniformização de procedimentos na União Europeia.

A questão da invalidade derivada coloca-se porque a exclusão de possíveis adjudicatários em função de critérios ilegalmente criados representa um problema da legitimidade da escolha. A aplicação do critério redunda numa ilegalidade procedimental para a adjudicação e que a torna anulável. Sendo atacada judicialmente por ter aplicado o critério, sendo que a Administração se encontrava a exercer poderes discricionários, apenas cabe ao juiz verificar a ilegalidade e determinar que a adjudicação não pode manter-se, impondo o retrocesso do procedimento ao ponto em que se verificou a actuação ilegal. E isto porque está vedado ao juiz substituir-se ao ente público e refazer o juízo de escolha e seriação dos concorrentes em função da desaplicação do critério ilícito (se tal for possível). Trata-se de um vício grave, que tem subjacente a violação de normas imperativas e os princípios associados à concorrência e transparência do procedimento de escolha do parceiro contratual. Se porventura o contrato tiver sido celebrado, ele terá de ser inválido também porque em rigor a escolha daquele concreto adjudicatário poderá não ser o que resultaria do legítimo exercício dos poderes administrativos. Ou seja, não se sabe se, desaparecido o critério ilegal, o juízo administrativo culminaria naquela escolha. Portanto, o contrato recebe aquela invalidade a título de invalidade derivada. Será contudo um caso de anulabilidade do contrato, excepto se a concorrência for afectada de forma intolerável, caso em que o contrato será nulo.

250. No âmbito já dos actos do procedimento pré-adjudicatório, ganham relevância, em sede de invalidade derivada, todas as situações em que falta em absoluto a publicidade: seja a falta de publicação dos documentos do concurso ou mesmo a falta de publicação de anúncio, a falta de publicidade de esclarecimentos relevantes para a elaboração de propostas.
    Entendemos que só serão fundamento de invalidade derivada quando existir uma violação grosseira e inadmissível dos princípios enformadores do procedimento em curso. Ou seja, quando não tenha existido de todo publicidade de todos ou dos elementos essenciais daquele procedimento. Em primeira linha, a adjudicação que sobrevenha deverá ser nula porque foram intoleravelmente afectados aqueles interesses públicos legalmente estabelecidos. Embora a regra da invalidade em direito administrativo seja a anulabilidade por razões que se prendem com a função administrativa, a verdade é que advogar tal solução para este conjunto de hipóteses significaria, em última instância, consentir que o vício deixasse de ser operante quanto mais não fosse pelo decurso do tempo. O que significava admitir em última instância que os ditos princípios ficassem sem qualquer tipo de tutela. Na verdade, uma situação de falta absoluta de publicidade significa que o valor da concorrência fica, na melhor das hipóteses, dependente do

acaso e da sorte. Ora, não se consubstanciam o acaso e a sorte em critérios relevantes para a tutela da ampla concorrência e transparência da actuação administrativa. Estes interesses têm um alcance maior do que a própria adjudicação. Portanto, também o contrato deverá ser nulo quando se verifique este tipo de vício. É que se trata da ambiência da actuação por contrato, com concorrência e transparência, que se encontra em causa.

251. No âmbito dos actos do procedimento pré-adjudicatório, a criação indevida de critérios de apreciação de propostas, seja por razões substantivas, seja por razões temporais, tem ocupado a jurisprudência como vimos. A questão da invalidade derivada, nos moldes em que ela se coloca, terá um tratamento semelhante àquele que preconizamos para a criação indevida de factores de apreciação de capacidade. Claro que aqui se colocam em crise valores ligeiramente distintos daqueles que se colocam a propósito da criação de factores relativos à capacidade. Quanto à criação de factores de avaliação das propostas, a jurisprudência reiteradamente sublinha que tal situação viola em particular o princípio da estabilidade das propostas.

Quando o critério indevidamente criado tiver sido usado para efeitos de excluir um determinado concorrente e sua proposta, e se tratar do exercício de poderes discricionários, a adjudicação é inválida (anulável) e o contrato deverá sê-lo também.

Uma outra situação intimamente associada à anterior prende-se com o desrespeito da obrigação de separação de avaliação da capacidade pessoal da avaliação da proposta. A questão da invalidade derivada para o contrato só deverá ocorrer em situações muito específicas. A indevida ponderação viciará sempre a adjudicação. Contudo, apenas quando for possível concluir que foi concretamente a indevida ponderação que conduziu a uma decisão de exclusão de proposta, no âmbito do exercício de poderes discricionários, é que ela terá relevância para a validade do contrato[1264]. Porque se determinou a escolha daquela proposta é causa de invalidade própria do contrato.

252. Um outro conjunto de situações de possível invalidade derivada prende-se com a inobservância do dever de audiência. Além das prescri-

---

[1264] Porque se se reflectiu no conteúdo da adjudicação, estaremos já no âmbito da invalidade própria.

ções concretas que resultam da legislação específica, já a doutrina e a jurisprudência advogavam a aplicação do instituto assente no princípio da colaboração e participação dos particulares na actividade administrativa[1265]. Ou seja, a audiência destina-se a concretizar (uma vez mais) a participação dos interessados no procedimento. Em particular, permitir num procedimento com vários interessados directos a pronúncia dos mesmos sobre a previsível decisão de adjudicação. É relevante porquanto é uma fase que permite resolver possíveis futuros litígios, uma vez que os concorrentes desempenham aqui uma típica função de controlo prévio entre si. Trata-se portanto de um típico passo procedimental, especificamente funcionalizado para a prática do acto de adjudicação. Ou seja, os fundamentos próximos do dever de conceder a audiência são exclusivos para a prática da adjudicação. Não se manifestam claramente no contrato. Se este for precedido de uma fase de negociação, aí tutelará a lei específicos interesses de colaboração, desempenhando também aí os possíveis adjudicatários uma particular função de colaboração e controlo[1266]. Mas pós-adjudicação os valores da colaboração e participação cessam, dando lugar antes ao dever de colaboração entre parceiros contratuais e segundo o princípio da boa fé (especialmente relevantes se a adjudicação for seguida de negociação). Portanto, o incumprimento do dever de audiência, quando imperativo, conduz a uma invalidade plenamente justificada da adjudicação, mas que poderá ou não contaminar o contrato. Contaminará a título de invalidade derivada, como já adiantamos, se os interesses subjacentes à obrigação procedimental tiverem sido absolutamente postergados. Porque relembre-se mesmo para a adjudicação, a inobservância do dever de audiência (quando imperativo) poderá redundar numa irregularidade não invalidante: "não obstante ter sido desrespeitado o direito de participação procedimental, o tribunal pode abster-se de anular o acto, com fundamento no princípio do aproveitamento de actos administrativos ou da relevância limitada dos vícios de forma, se a decisão não tem alternativa juridicamente válida, estando assim adquirido que fosse qual fosse a intervenção dos interessados no procedimento administrativo, a decisão final não podia ter outro sentido"[1267]. Recorde-se que o cumprimento

---

[1265] Cfr. o disposto n.° 4 do artigo 267.°

[1266] *Vide supra* Parte III e a jurisprudência aí citada a propósito – Acórdão do STA de 05/06/2002 (P. n.° 41 481).

[1267] Acórdão do STA de 22/06/2004 (P. n.° 534/04). No mesmo sentido, *vide* Acórdão do STA de 11/03/2003 (P. n.° 44 433): "a prolação de novo acto necessariamente

defeituoso do dever de audiência pode ter reflexos substantivos na adjudicação. Mas se assim for, a questão desloca-se para o foro da invalidade própria[1268].

A verificar-se a situação mais grave da falta de audiência, a adjudicação será anulável e o contrato ver-se-á contaminado com idêntica invalidade, mas cuja densidade é muito menor e não relacionada com os valores que ditam, para a emanação da adjudicação, a realização da audiência. Para o contrato, a questão da invalidade assenta em outros interesses públicos que não os da colaboração e participação: a não realização da audiência prévia à adjudicação significa que a escolha do parceiro e proposta contratuais não foram precedidos de uma fase do competente procedimento, o que justifica a invalidade da adjudicação, mas pode não ter o alcance de invalidar o contrato. Excepção feita à hipótese de a falta de audiência tiver tido influência em alguma dimensão do conteúdo da adjudicação, caso em que a invalidade já será própria. Para que exista uma invalidade derivada, por inobservância da garantia ínsita ao dever de ouvir, é necessário que seja possível concluir pela ilegalidade decorrente da violação daquela instrumentalidade formal. Isto é, se ficar alguma dúvida sobre a manutenção ou alteração do conteúdo da adjudicação por causa directa do incumprimento, porque, designadamente é possível ponderar uma nova ordenação dos concorrentes, a invalidade deverá derivar para o contrato. Se for efectivamente possível sustentar que o adjudicatário, com a audiência, seria outro, então existem reflexos substantivos da falta de audiência, pelo que estaremos então ao nível de invalidade própria. Se for possível dizer que era outro o concorrente. Se, ao invés, for apenas possível afirmar que não é certo que fosse aquele o adjudicatário, pois estão envolvidos poderes discricionários na decisão, então a invalidade deverá qualificar-se como derivada.

253. Pode ainda equacionar-se a questão da falta ou insuficiência da fundamentação da adjudicação. Existe a obrigação de fundamentação porquanto a adjudicação, embora se revele um acto de conteúdo favorável para o adjudicatário, consubstancia-se simultaneamente como acto desfavorável para todos os não adjudicatários. Como é sublinhado pela juris-

---

dotado de conteúdo idêntico não só se apresentaria como inócuo para os legítimos interesses do particular já que não lhe proporcionaria ganho algum, como constituiria um obstáculo espúrio à eficiência da actuação administrativa".

[1268] Vide supra a jurisprudência citada a propósito deste assunto.

prudência, a exigência de fundamentação é devida para toda a decisão que, em concreto, for tomada, pois visa salvaguardar o direito ao recurso de todos os interessados e não apenas aquele que tenha sido beneficiário do acto e que, por isso, com ele se conforme[1269].

A fundamentação desempenha uma tríplice função: "o dever de fundamentação expressa dos actos administrativos tem uma tripla justificação racional: habilitar o interessado a optar conscientemente entre conformar-se com o acto ou impugná-lo; assegurar a devida ponderação das decisões administrativas e permitir um eficaz controlo da actuação administrativa pelos tribunais"[1270]. São por conseguinte objectivos que se justificam ao nível da adjudicação. Mas já não no contrato. Portanto, a questão que se coloca é a de saber se, sendo anulável a adjudicação por falta ou insuficiente fundamentação, o contrato deve sê-lo igualmente? Entendemos que tal hipótese só será de acolher quando o vício é de tal modo grave que os interesses públicos atingidos, além daqueles que concretamente subjazem ao dever de fundamentação, são também já interesses públicos associados à ambiência da contratação pública. Ou seja, poderá o contrato ser anulável porque o princípio da transparência acaba também por se revelar atingido: aquela escolha concreta pode não ser objectivamente clara e transparente. Haverá portanto aqui uma gradação a ponderar, no que concerne às influências da invalidade da adjudicação perante o contrato[1271]. Para a adjudicação, será irrelevante o alcance da insuficiência da fundamentação. Isto é, a lei não diferencia se a insuficiência diz respeito aos concorrentes não adjudicatários ou ao adjudicatário. Mas para o contrato, será especialmente relevante a insuficiência da adjudicação quanto à escolha efectiva do co-contratante. Ora será nesta dimensão que entendemos que se verificará uma invalidade derivada que ditará a anulabilidade do contrato.

254. Após a explicação, a síntese. Basicamente há que relembrar que acolhemos uma noção restrita de invalidade derivada e que se funda nas seguintes causas:

a) deficiências genéticas baseadas na existência de um procedimento administrativo enxertado imperativamente no procedimento de formação do contrato e enformado por princípios especialmente

---

[1269] Neste sentido precisamente vide Acórdão do STA de 03/06/2004 (P. n.º 483/04).
[1270] Acórdão do STA de 01/06/2006 (P. n.º 1126/05).
[1271] Sempre que seja possível cindir a fundamentação existente.

dirigidos à actuação contratual e que não se identificam com os tradicionais princípios da actividade administrativa procedimental;
b) gravidade de afectação dos princípios da concorrência, publicidade e transparência.

Só aqui se verificam os requisitos concretizadores e definidores de situações de invalidade derivada. O vício para o contrato é próprio e autónomo do vício do acto suporte, não se identificando com ele. Por exemplo, a escolha indevida do procedimento de ajuste directo consubstancia um vício quanto ao conteúdo da decisão de contratar mas é um vício de procedimento grave para o contrato. O acto suporte (decisão de contratar ou adjudicação) é imprescindível pressuposto do contrato porque contém definições essenciais do mesmo. Sem tais definições, o contrato não poderia existir conforme o desenho legislativo.

A diferente consequência jurídica de regime de invalidade justifica-se por causa de se tratar de actos jurídicos de natureza diferente que, por isso, englobam e protegem interesses públicos comuns e diversos. Daí que preconizemos que a teoria do efeito caducante automático aceite (e reconhecido na lei) genericamente para a sucessão de actos administrativos não seja recolhida para este domínio.

4.4. Do regime contencioso

255. A questão que se pode colocar em sede de contencioso[1272], é a de saber se, face às normas reguladoras da legitimidade processual, aquele acervo de causas de invalidade derivada do contrato impõem uma nova leitura deste particular aspecto do contencioso.

Para o efeito convém relembrar as novas regras de legitimidade processual em acções relativas a contratos, em particular em sede de pedido de invalidade do contrato. O n.º 1 do artigo 40.º do CPTA, além de dar aplicação aos critérios gerais de legitimidade nas duas primeiras alíneas, alargou substancialmente o leque de legitimados. A alínea c) dita a legitimidade processual para quem tenha sido lesado por a Administração não

---

[1272] Não se pretende de todo levar a cabo um estudo sistemático do contencioso dos contratos administrativos. Apenas se pretende verificar e testar se a nossa relação de causas de invalidade dos contratos casa ou não com as regras de legitimidade processual.

ter adoptado o procedimento legalmente devido. Trata-se de uma concretização da protecção da concorrência, princípio caro neste domínio. Assim, a conexão material aqui existente prende-se com esta decisão fundamental: a adopção do procedimento indevido levou efectiva e adequadamente a que aquele potencial concorrente não o fosse de facto? Trata-se, na nossa perspectiva de colocar nos ombros do julgador a dura tarefa de densificar a conexão material em concreto. Não bastará por certo uma qualquer ligação ou intenção que dite a legitimidade processual para arguir uma invalidade do contrato. O que nos leva ao segundo patamar de densificação. Atento o critério de ligação legalmente estabelecido entre legitimado e contrato, parece-nos óbvio que o âmbito do pedido deste concreto legitimado também será restrito. Ou deverá sê-lo. Isto é, verificada a conexão material, ele apenas poderá pedir a invalidade do contrato com esse exacto fundamento. Ou seja, encontrar-se-á arredado de arguir outras causas de invalidade derivada ou própria. E deverá fazê-lo logo que tome conhecimento da impropriedade do procedimento escolhido. E será que não deveria impugnar o acto que decide aquele procedimento? E se sim, a não impugnação precludirá a legitimidade para arguir a invalidade do contrato? A lei processual estabelece que a não impugnação de actos do procedimento não preclude a possibilidade de impugnar o acto final[1273]. Claro que na nossa hipótese, é a decisão de contratar, como acto complexo, que integra a escolha do procedimento. E, como vimos, trata-se de um acto administrativo. Parece, por isso, estar excluída da previsão da norma processual, pelo menos numa acepção mais estrita do que seja "acto do procedimento". Claro que também é verdade que a decisão de contratar, com todas as decisões que integra, é o acto propulsor do procedimento de formação do contrato. Nessa medida, é acto do procedimento globalmente considerado. Mas no que respeita à causa de pedir aqui considerada, o limite de impugnação será a adjudicação[1274].

Quanto às fontes de legitimidade subsequentes, pretende-se "assegurar a tutela judicial de terceiros (concorrentes ou potenciais concorrentes) cujos interesses tenham sido afectados pela violação de regras de direito administrativo que regulam o procedimento pré-contratual"[1275]. Têm po-

---

[1273] Cfr. o disposto no n.º 3 do artigo 51.º do CPTA.
[1274] MÁRIO AROSO DE ALMEIDA/CARLOS CADILHA entendem que pode haver impugnação independentemente de ter havido impugnação do acto (*in Comentário...*, 2.ª Ed., cit., p. 240).
[1275] MÁRIO AROSO DE ALMEIDA/CARLOS CADILHA, *Comentário...*, 2.ª Ed., cit., p. 240.

rém um fundamento ou conexão material diferente com o procedimento. O fundamento previsto na alínea d) consagra a tutela daquele que intervém no procedimento e a propósito precisamente da violação de regras procedimentais. Já as duas alíneas seguintes relacionam-se com questões pertinentes ao conteúdo do contrato.

Assim, para efeitos de sustentar um pedido de invalidação do contrato administrativo firmado, com base em causas geradoras de invalidade derivada, têm legitimidade quem se encontrar na posição descrita na alínea c) e na alínea d), desde que nesta hipótese "tenha impugnado um acto administrativo relativo à formação do contrato", sendo de entender que "acto administrativo" nestas circunstâncias se deve reconduzir ao conceito de acto suporte ou acto com autonomia funcional. No que concerne à legitimidade prevista na alínea e), já não se exige a ligação através de acto impugnado, mas apenas a participação no procedimento. Por último, na legitimidade prevista na alínea f) ainda é mais distante a conexão entre o legitimado e o contrato: trata-se daqueles que não participaram no procedimento porque o possível clausulado justificadamente a tal decisão conduziria e vem a verificar-se que tal clausulado afinal não é o do contrato. Entendemos que deve ser exigida uma prova segura desta conexão, em particular da relação entre os termos do contrato e a não participação justificada no procedimento. Ou seja, nestas duas últimas fontes de legitimidade não há lugar para que o pedido se funde em causas de invalidade derivada, em sentido estrito, porquanto a lei exige a conexão com o clausulado do contrato que diz respeito a questões de invalidade própria (seja por causa comum, seja por causa exclusiva)[1276]. Se é certo que, comum a todas as alíneas até aqui analisadas está "o princípio da estabilidade das regras do concurso, que, associado aos princípios da transparência, publicidade e concorrência, proíbe qualquer modificação subsequente à abertura do concurso"[1277], não se podem olvidar as específicas conexões subjectivas inerentes.

Algumas das fontes de legitimidade previstas no artigo 40.° consubstanciam um conjunto de situações desviantes ao princípio geral de legitimidade processual prevista no artigo 9.° do CPTA: "a legitimidade activa

---

[1276] O clausulado resulta do caderno de encargos e demais documentos bem como da proposta do adjudicatário, dependendo do critério de adjudicação e da maior ou menor extensão de poderes discricionários que a entidade pública está habilitada a exercer a este propósito.

[1277] MÁRIO AROSO DE ALMEIDA/CARLOS CADILHA, Comentário..., 2.ª Ed., cit., p. 241.

é reconhecida, não com base na titularidade da relação jurídica contratual (ou na titularidade de um interesse difuso), mas antes na existência de um interesse (correspondente ao interesse em demandar, previsto no artigo 26.°, n.° 1 do CPC) que é aferido pela necessidade de assegurar a tutela judicial a posições subjectivas afectadas por efeitos jurídicos prévios ou meramente colaterais à relação contratual"[1278]. Nem todas, porém, estão estritamente associadas às invalidades derivadas[1279].

4.5. Da efectivação da invalidade derivada[1280]

256. A questão da invalidade derivada, exposta de forma abstracta, não evidencia a questão da sua efectivação. Desde logo, se a invalidade derivada do contrato necessita ou não de uma decisão judicial; ou seja, se a invalidade depende da efectivação da invalidade do acto inválido que o contamina a esse título[1281].

Como pudemos verificar *supra*, a doutrina portuguesa debruçou-se sobre a questão ao nível dos actos administrativos consequentes, preconizando, na sua maioria, a extinção automática por força da lei. Já a jurisprudência administrativa superior tem oscilado entre a orientação da extinção automática e a extinção por força de declaração.

257. Esta questão recebe, como já vimos, diferentes respostas nos diversos ordenamentos. A invalidade automática é a solução, relembra-se, adoptada no direito espanhol. Já era a solução aí preconizada inicialmente pela doutrina, mas que foi reforçada com a disciplina jurídica. O n.° 1 do

---

[1278] MÁRIO AROSO DE ALMEIDA/CARLOS CADILHA, *Comentário...*, 2.ª Ed., cit., p. 244.

[1279] Neste sentido, VIEIRA DE ANDRADE, *A Justiça...*, 9.ª Ed., cit., p. 191.

[1280] Não tratamos a questão da invalidação do acto antes da outorga contratual. Se esta ocorrer após a invalidação (definitiva, com trânsito em julgado) do acto suporte, o contrato não pode ser celebrado, sob pena de ofensa ao caso julgado que, pelo paralelismo com o regime do acto administrativo, implicará a nulidade do contrato. Neste sentido, PEDRO GONÇALVES, *O Contrato...*, cit., p. 140.

[1281] MÁRIO AROSO DE ALMEIDA, *Anulação de Actos...*, cit., pp. 331 e ss. MARCELO REBELO DE SOUSA/ANDRÉ SALGADO MATOS, como vimos *supra*, entendem que não será necessária a efectivação da invalidação do acto pressuposto para gerar a invalidade derivada (*in Contratos Públicos...*, cit., p. 131).

artigo 35.º da LCSP continua a determinar a liquidação do contrato, num procedimento que ALBERTO PALOMAR OLMEDA, ainda na vigência da LCP, qualificou como "autêntico expediente administrativo"[1282]. Já no direito francês, a doutrina inclina-se no sentido da não automaticidade da anulação do acto destacável sobre a validade do contrato[1283]. Sustenta a doutrina a necessidade de existir uma pronúncia expressa do juiz sobre o contrato, mas também que a nulidade do contrato não é um dado certo após a anulação do acto destacável.

Porque a questão aqui se coloca em termos objectivamente distintos – a sucessão é entre acto e contrato – preconizamos que a solução que melhor protege os interesses públicos e privados envolvidos no instrumento contratual passa pela necessidade de uma apreciação autónoma sobre o contrato[1284]. A invalidação do acto suporte tem por isso, e usando a terminologia italiana, um efeito viciante do contrato. O que também significa que, enquanto não ocorrer a invalidação do acto, o contrato não pode ser tido por inválido, uma vez que o que é próprio da invalidade consequente e portanto derivada, é que ela está suspensa enquanto não ocorrer a invalidação do acto pressuposto. Esta opção permite considerar com cuidado não só os interesses envolvidos no contrato (e que são distintos dos que integram o acto administrativo), mas também o modo como o incumprimento do requisito os afecta. Porque, como muito bem sublinha ANA GOUVEIA MARTINS, se a invalidade consequente serve a protecção de direitos de terceiros, "tem de ser conciliada com outros valores, tais como a protecção da confiança do co-contratante particular de boa fé e a urgência na prossecução do interesse público ínsito à execução do contrato, que podem apontar para a preservação da «coisa contratada»"[1285]. A A. reserva também a invalidade consequente ou derivada para "os actos relativamente aos quais o contrato esteja numa relação de dependência directa", perfilando-se na tese de que os vícios formais dos actos suporte não devem

---

[1282] In Comentario..., cit., p. 611.
[1283] Neste sentido, DOMINIQUE POUYAUD, La Nullité..., cit., pp. 291 e 321; PHILIPPE TERNEYRE, Les Paradoxes..., cit., p. 75; Também RÉMY SCHWARTZ, nas conclusões tiradas no Aresto Lopez, já referido, dá conta da não automaticidade da invalidade do contrato (in DOMINIQUE POUYAUD, Les Conséquences..., cit., p. 1093). LAURENT RICHER, Contrats Administratifs..., cit., p. 169. Em sentido divergente, PROSPER WEIL, Les Conséquences..., cit., p. 205.
[1284] Afastando a automaticidade da invalidade do contrato, PEDRO GONÇALVES, O Contrato..., cit., p. 140.
[1285] In A Tutela Cautelar..., cit., p. 293.

ser considerados para este efeito[1286]. Repare-se como estão preenchidos nesta sede as preocupações que a jurisprudência italiana levantava: nesta problemática, o acto suporte não assume o carácter de "único e imprescindível pressuposto de direito dos sucessivos actos consequenciais, executivos"[1287]. ALEXANDRA LEITÃO, colocando a questão na perspectiva da protecção de terceiros, dá conta da "operação extremamente complexa" envolvida. Sustenta assim que "ao juiz deve ser permitido fazer uma ponderação casuística dos valores em causa, que deve ser balizada pelos seguintes factores: a urgência na prossecução do interesse público; o vício de que padece o acto impugnado; a boa fé ou má fé do contraente particular; e a posição relativa do terceiro"[1288]. Conclui no entanto que "a preservação da coisa contratada é, na maior parte das vezes, inconciliável com a protecção dos terceiros, sobretudo se estiver em causa a invalidade de actos integrados na fase de formação do contrato"[1289].

Cumpre contudo sublinhar que, mercê da actual construção do contencioso administrativo, a questão encontra simples resolução com a possibilidade processual de cumulação de pedidos. Estabelece a alínea d) do n.º 2 do artigo 4.º do CPTA que *"é, designadamente, possível acumular: (...) o pedido de anulação ou declaração de nulidade ou inexistência de um acto administrativo com o pedido de anulação ou declaração de nulidade de contrato cuja validade dependa desse acto"*. Acresce que o artigo 102.º do CPTA (que regula o contencioso pré-contratual) manda aplicar a tramitação da acção administrativa especial. "Se houver cumulação de outros pedidos, apenas haverá, por isso, que ponderar se a cumulação é de molde a justificar uma desaceleração do processo"[1290]. Admite ainda o CPTA a possibilidade de "cumulação sucessiva: se, no momento em que for impugnado o acto pré-contratual, não tiver sido ainda outorgado o contrato, mas este vier a ser celebrado posteriormente, já na pendência do processo impugnatório, o objecto deste processo poderá ser ampliado à impugnação do contrato (cfr. artigo 63.º, n.º 2, e 102.º, n.º 4)"[1291].

[1286] *In A Tutela Cautelar...*, cit., p. 293, nota 549.
[1287] ALESSANDRA SUSCA, *L' Invalidità...*, cit., pp. 148-150.
[1288] *In A Protecção Judicial...*, cit., p. 305.
[1289] *In A Protecção Judicial...*, cit., p. 307. Relembre-se que, ao tempo em que a A. escreve, vigorava ainda a LPTA e demais legislação agora revogada.
[1290] MÁRIO AROSO DE ALMEIDA, *O Novo Regime do Processo nos Tribunais Administrativos*, Reimp. da 4.ª Ed., Almedina, Coimbra, 2007, p. 89.
[1291] MÁRIO AROSO DE ALMEIDA/CARLOS CADILHA, *Comentário ao Código...*, 2.ª Ed., cit., p. 45.

A questão da legitimidade neste aspecto em particular está igualmente resolvida favoravelmente na alínea c) do n.º 1 do artigo 40.º

Claro que esta concepção conduz, em última instância, a que a não impugnabilidade do acto suporte viciado por anulabilidade no prazo máximo legalmente permitido[1292], conduz à inimpugnabilidade do mesmo e, por conseguinte, a do contrato a esse nível.

258. Uma questão mais difícil prende-se com a situação em que o acto suporte não está dependente de prazo porque é nulo. Na construção da teoria do acto administrativo, a nulidade é invocável a todo o tempo, o que significa que a invalidade suspensa do contrato se traduz numa ameaça permanente à vida do contrato. Entendemos que é uma situação que deverá ser acautelada em sede de regime de prazo de pedido de invalidação do contrato[1293]. A jurisprudência, como vimos *supra*, aplica o prazo de um mês para a impugnação do acto pré-contratual, independentemente da invalidade do acto[1294].

259. Assente o dado de que a impugnação da invalidade do contrato depende de efectivo pedido nesse sentido, existem ainda outras questões que se podem colocar.

A primeira delas prende-se com a situação em que a fonte de invalidade se propaga a outro acto no procedimento e depois chega ao contrato. Neste cenário, será necessária a impugnação dos dois actos ou aproveitará, em termos de prazo designadamente, impugnar apenas a adjudicação? A questão ganha acuidade em função do tipo de invalidade da decisão de contratar e do leque de legitimados que pode não ser o mesmo que se perfila a propósito da adjudicação. Tratando-se de hipótese de nulidade da

---

[1292] E consequentemente a não revogação anulatória nos termos da lei.

[1293] Pode ser consagrado um regime atípico de invalidade. O legislador pode, por força da ponderação dos interesses em causa, estabelecer um regime que misture características das invalidades. A atipicidade pode passar por uma relativização dos efeitos da nulidade no plano processual, no requisito do tempo por exemplo. Mas esta questão é do domínio processual pelo que não integra o objecto da nossa investigação, sem prejuízo das evidentes conexões para as quais entendemos que a nossa reflexão se deve bastar pela enunciação das dificuldades e eventuais modos de solução.

[1294] A Directiva 2007/66/CE, de 11 de Dezembro, prevê que "a invocabilidade da privação de efeitos de um contrato é limitada a um período determinado" (considerando 27). Por outro lado, o texto actual de revisão do CPTA em discussão continua a prever o prazo de um mês, sem qualquer referência à razão que sustenta a impugnação.

decisão de contratar, a questão do prazo parece resolvida. Já quanto à legitimidade, entendemos que é importante ter em consideração as regras do n.º 1 do artigo 40.º do CPTA. Há fontes de legitimidade que dependem directamente de determinado acto suporte como sucede com a previsão da alínea c) (escolha ilegal do procedimento, que ocorre na decisão de contratar) e e) ("o clausulado não corresponde aos termos da adjudicação"). Mas outras normas não estão assim delimitadas. É o caso da legitimidade prevista na alínea f) (a desconformidade do clausulado com os termos inicialmente estabelecidos, sejam eles decorrentes dos documentos da decisão de contratar ou das decisões contidas a este propósito na adjudicação). Portanto, a questão que se coloca concretamente é a de saber se, para efeitos da invalidação do contrato, terão de ser impugnados todos os actos que lhe servem de suporte. Valem aqui as considerações que já *supra* tecemos a propósito da escolha indevida do procedimento e o momento (acto) que devia ser impugnado.

Tendo presente que a impugnação dos actos do procedimento tem um prazo de um mês, como conciliar tal regime com a invalidação do contrato? Principalmente nas hipóteses em que entendemos que a causa de invalidade para o contrato é a nulidade[1295]. É que se o acto se consolidar na ordem jurídica por decurso do tempo, passa a falhar um dos pressupostos da invalidade derivada. Como ultrapassar tal hipótese? Pode impugnar-se o acto pré-contratual para além do prazo de 1 mês? A questão não é nova, já se tendo colocado a propósito do Decreto-Lei n.º 134/98. A doutrina dividiu-se pelas duas hipóteses, sendo que face à redacção actual do artigo 101.º do CPTA parece ser de entender que apenas existe este prazo e aplicável aos vários legitimados[1296]. *Quid iuris*? Será que pode atender-se à ilegalidade do acto para efeitos de invalidação do contrato, sem que tal implique a invalidação do acto? Dito de outra forma, não bastará o reconhecimento de efeito viciante do acto agora inimpugnável para constituir ou reconhecer a ilegalidade grave do contrato?

[1295] A doutrina parece entender que o prazo de impugnação não se aplica às situações de inexistência ou nulidade dos actos. Neste sentido, MÁRIO AROSO DE ALMEIDA/ /CARLOS CADILHA, *Comentário*..., 2.ª Ed., cit., p. 604. No mesmo sentido, VIEIRA DE ANDRADE, *A Justiça*..., cit., p. 269, nota 589.

[1296] Neste sentido, MÁRIO AROSO DE ALMEIDA/CARLOS CADILHA, *Comentário*..., cit., pp. 601 e ss.

5. DA INVALIDADE PRÓPRIA

5.1. Do tipo de invalidade

260. O nosso conceito de invalidade própria do contrato é amplo uma vez que integra não só as causas que tradicionalmente estão pensadas a este nível, mas também aquelas que têm a sua génese em actos obrigatoriamente praticados no procedimento que imperativamente precede a celebração do contrato. Existem por conseguinte dois tipos de causas de invalidade própria: causas que são comuns a actos suporte praticados no procedimento de formação do contrato e causas exclusivas do contrato. As causas próprias comuns são aquelas em que há a definição total ou parcial em actos suporte de requisitos do contrato: objecto e parte do conteúdo são logo definidos na decisão de contratar; outros são definidos com a adjudicação, por exemplo, características do sujeito co-contratante. Já as causas próprias exclusivas relacionam-se com todas as circunstâncias que integram requisitos do contrato e se situam no procedimento pós-adjudicatório.

O facto de serem possíveis estes dois tipos de causas de invalidade própria implica desde logo uma diferente consideração das mesmas face ao contrato e face aos actos que comungam dessa causa de invalidade.

Neste ponto, iremos elencar as causas de invalidade própria consoante sejam comuns aos actos suporte ou sejam exclusivas, tentando logo identificar o tipo de invalidade adequado que gerem para o contrato e demonstrando a diferente influência das mesmas.

261. Constituem causas comuns de invalidade própria do contrato todas aquelas situações em que elementos do contrato são definidos em actos suporte anteriores.

Há elementos do contrato como o objecto, as qualidades do parceiro privado da Administração e parte do conteúdo que resultam logo à partida da decisão de contratar e dos documentos aí aprovados e depois recolhidos na adjudicação. Os vícios que ocorram quanto a estas características naqueles actos geram vícios nos mesmos que poderão ter um alcance, quer quanto ao tipo de invalidade, quer quanto elemento que sofre o vício e extensão da invalidade, que são necessariamente diferentes daqueles que resultam para o contrato. Entendemos que uma análise menos pormenorizada poderia apontar para causas de invalidade derivada relativas ao conteúdo (em sentido amplo) e aos sujeitos. Entendemos contudo, como já dissemos, que tal análise falharia o critério do rigor: estas causas não viciam o contrato por causa da existência de um procedimento específico de escolha de co-contratante. Viciam porque dizem respeito a elementos do contrato que, mesmo que este não fosse precedido daquele procedimento, sempre existiriam. Daí também que, numa perspectiva mais geral, sejam causas de invalidade derivada (porque a sua génese se situa no dito procedimento), mas que são suplantadas pelo facto de serem causas de invalidade própria.

Vejamos então esse conjunto de vícios.

262. O objecto do contrato constitui para a generalidade da doutrina civilista um elemento essencial do contrato[1297]. E apesar de o artigo 280.º CC se referir aos requisitos do objecto, a doutrina civilista mais recente entende dever distinguir-se o objecto do conteúdo do contrato[1298]. A doutrina mais antiga falava apenas em objecto, distinguindo depois entre o objecto mediato e o objecto imediato[1299]. O primeiro corresponderia a objecto em sentido estrito, ao "quid" (MENEZES CORDEIRO)[1300] sobre que incide a regulação ou "bens atingidos pela auto-regulação" (OLIVEIRA ASCENSÃO)[1301]. O objecto imediato corresponderia ao conteúdo. A dou-

---

[1297] Neste sentido, MANUEL DE ANDRADE, *Teoria Geral...*, II, cit., pp. 33 e ss.; MOTA PINTO, *Teoria Geral...*, 4.ª Ed., cit., p. 553; MENEZES CORDEIRO, *Tratado...*, I, cit., pp. 677 e ss.; CARVALHO FERNANDES, *Teoria Geral...*, II, cit., p. 157.

PEDRO PAIS DE VASCONCELOS é crítico da construção dos elementos essenciais, apelidando-a de "incorrecta e equívoca", (*in Teoria Geral...*, cit., pp. 601 e ss.).

[1298] PEDRO PAIS DE VASCONCELOS critica a disposição legal precisamente porque entende que o legislador misturou os requisitos do objecto e do conteúdo (*in Teoria Geral...*, cit., p. 582).

[1299] MANUEL DE ANDRADE, *Teoria Geral...*, II, cit., p. 327; MOTA PINTO, *Teoria Geral...*, 4.ª Ed., cit., p. 553.

[1300] *In Tratado...*, cit., p. 674.

[1301] *In Teoria Geral...*, II, cit., pp. (87) e 275.

trina não coincide exactamente sobre o conceito de conteúdo, variando entre "conjunto de fenómenos jurídicos (efeitos) que são objecto da vontade" (CARVALHO FERNANDES)[1302], regulação (MENEZES CORDEIRO)[1303] ou auto-regulação (OLIVEIRA ASCENSÃO)[1304] posta em vigor no contrato, constituída formalmente pela "estipulação das partes e substancialmente pela auto-regulamentação contratada (PEDRO PAIS DE VASCONCELOS)[1305].

No direito administrativo, ainda não há propriamente uma elaboração sobre os conceitos no domínio contratual. Existem apenas alguns afloramentos do conceito quando a doutrina se debruça sobre o poder de modificação unilateral na execução do contrato administrativo, em particular no direito português. O que podemos recolher são os contributos da doutrina administrativa no âmbito da teoria do acto administrativo.

No que concerne ao conceito de objecto, a doutrina administrativa entende-o como o "ente que sofre as transformações jurídicas que qualquer acto administrativo visa produzir" (JOSÉ FIGUEIREDO DIAS/FERNANDA PAULA OLIVEIRA)[1306]. FREITAS DO AMARAL distingue o objecto do conteúdo, afastando a noção de objecto imediato (conteúdo) e objecto mediato (objecto em sentido estrito). Assim, conteúdo inclui a "decisão essencial", as "cláusulas acessórias" e a fundamentação[1307].

Já quanto ao que seja o conteúdo, a doutrina entende-o como conjunto dos efeitos, das transformações jurídicas operadas pelo acto administrativo[1308]. É neste âmbito que surgem as questões mais relevantes a propósito do exercício de poderes vinculados e discricionários[1309]. Como veremos (e como já vimos a propósito da invalidade derivada), em sede de invalidade dos contratos administrativos, a distinção do tipo de poderes

---

[1302] *In Teoria Geral...*, II, cit., p. 383. O A. critica o uso do termo "objecto" para "significar o conjunto de disposições ou cláusulas", como OLIVEIRA ASCENSÃO (*in Direito Civil...*, II, cit., p. 85); estas constituem "elementos do conteúdo" (*in Teoria Geral...*, II, cit., p. 355). Também CASTRO MENDES designa as cláusulas como elementos do conteúdo (*in Teoria Geral...*, II., cit., p. 312).

[1303] *In Tratado...*, I, cit., p. 673.
[1304] *In Direito Civil...*, II, cit., pp. 105, 297 e 310.
[1305] *In Teoria Geral...*, cit., p. 579.
[1306] *In Noções...* cit., p. 219.
[1307] *In Curso...*, II, cit., p. 245.
[1308] Vide ROGÉRIO SOARES, *Direito Administrativo*, cit., pp. 284 e ss.; JOSÉ FIGUEIREDO DIAS/FERNANDA PAULA OLIVEIRA, *Noções...*, cit., p. 221.
[1309] Alertando precisamente para tal, JOSÉ FIGUEIREDO DIAS/FERNANDA PAULA OLIVEIRA, *Noções...*, cit., p. 221.

exercidos é da maior relevância. Tal como a distinção, que a doutrina civilista também faz, a propósito de conteúdo principal e conteúdo acessório, para efeitos da extensão da invalidade. O conteúdo principal do acto administrativo, noção que podemos transpor, com algumas adaptações para o contrato administrativo, "abrange as suas determinações essenciais que tanto podem decorrer da determinação legal (conteúdo típico) como ser introduzidas pela Administração em relação ao momento constitutivo do acto (através das referidas *cláusulas particulares*)"[1310]. Para FREITAS DO AMARAL, o conteúdo principal é "aquele que permite identificar o acto", sendo que o "facultativo consiste nos elementos que a Administração pode, suplementarmente, acrescentar aos elementos que correspondem ao conteúdo principal, como forma de melhor ajustar à satisfação de um concreto interesse público"[1311]. Já o conteúdo acessório, estabelecido pelas cláusulas acessórias, no acto administrativo, ou por cláusulas negociadas pelos parceiros contratuais em matérias fora do conteúdo principal e excluídas da concorrência, implica o exercício de poderes discricionários por parte da Administração e o exercício de poderes de autonomia, quanto ao parceiro privado[1312].

Recolhendo os poucos contributos da doutrina a propósito do poder de modificação unilateral das prestações, cumpre sublinhar que as reflexões se fizeram a propósito do limite para tal modificação: princípio da intangibilidade do objecto. Em rigor, o referido poder relaciona-se com o conteúdo das prestações disciplinadas no contrato[1313]. Segundo a generalidade da doutrina, o objecto do contrato é imodificável[1314]. Para FREITAS

[1310] JOSÉ FIGUEIREDO DIAS/FERNANDA PAULA OLIVEIRA, *Noções...*, cit., p. 222.

[1311] *In Curso...*, II, cit., p. 245.

[1312] Assim, não poderá ser transposta *qual tale* para o regime do contrato a concepção de cláusula acessória do acto administrativo como dizendo "apenas respeito à eficácia do acto administrativo em causa (...) ou a uma alteração da posição relativa entre Administração e o(s) destinatário(s) do acto, sem incidência directa sobre o seu equilíbrio interno", (JOSÉ FIGUEIREDO DIAS/FERNANDA PAULA OLIVEIRA, *Noções...*, cit., p. 222).

[1313] É essa aliás a formulação do próprio poder na lei (cfr. o que se dispunha na alínea a) do artigo 180.º do CPA e o que se dispõe na alínea b) do n.º 2 do artigo 307.º do CCP.

[1314] Neste sentido e exemplificativamente, FREITAS DO AMARAL, *Curso...*, II, cit., p. 621; MÁRIO ESTEVES DE OLIVEIRA *ET AL*. sublinham que a imodificabilidade se reconduz à "própria obrigação contratual ou a coisa a que o contrato respeita", (*Código...*, 2.ª Ed., cit., p. 825); SÉRVULO CORREIA refere-se a objecto como o conjunto de obrigações que

DO AMARAL, objecto "designa os principais tipos de prestações contratuais concretamente acordados entre as partes, ou, noutros termos, as actividades através das quais o particular colabora na satisfação de certa necessidade pública"[1315]. O conteúdo já se reconduziria às especificidades da execução do objecto. E só este é passível de alteração. Parece ser esta a orientação genérica da doutrina[1316].

263. Retornando ao regime do contrato administrativo, o seu objecto é definido na decisão de contratar, o que leva PAULO OTERO a referir a existência de "um verdadeiro princípio de estabilidade decisória procedimental pré-contratual por parte da Administração"[1317]. Quando falamos em objecto, estamo-nos a referir ao conceito em sentido estrito, isto é, ao *quid* sobre que incidirão os direitos e obrigações que nascerão, por via contratual, sobre ele. Exemplificando, trata-se da actividade que pode ser concessionada, num contrato de concessão, ou a ponte a construir ou o hospital, num contrato de empreitada de obra pública, ou os bens a fornecer num contrato de fornecimento de bens. Claro que é necessário precisar se as características do objecto integram, para efeitos de regime de invalidade, o próprio conceito de objecto. Passamos a explicar: as características da actividade concessionada, as características da ponte e do hospital e dos bens a fornecer, integram o conceito de objecto? A resposta a esta pergunta é pertinente em sede de extensão de invalidade gerada que é a questão que trataremos no ponto seguinte.

Ora, como pudemos verificar *supra*, o objecto, neste sentido, é definido na decisão de contratar. Indicamos aí alguns exemplos de situações que, na nossa perspectiva, ilustravam situações de objecto viciado: não só

---

o individualiza (*in Contrato Administrativo*, cit., p. 82); JOSÉ FERREIRA DE ALMEIDA adere à concepção de objecto defendida por SÉRVULO CORREIA (*in Legalidade e Estabilidade Objectiva do Contrato Administrativo*, SI, Tomo XXXVII, 1988, p. 135).

[1315] *In Curso...*, II, cit., p. 621.
[1316] *Vide* MÁRIO ESTEVES DE OLIVEIRA, *Direito Administrativo*, cit., p. 699 (referindo-se aos aspectos da quantidade, modelo, qualidade, condições técnicas e jurídicas); AUGUSTO ATAÍDE, *Para a Teoria do Contrato Administrativo: Limites e Efeitos do Exercício do Poder de Modificação Unilateral pela Administração*, Estudos de Direito Público em Honra do Professor Marcello Caetano, Ática, Lisboa, 1973, pp. 79-80 ("condições em que a actividade do particular se vai desenvolver").
[1317] *In Estabilidade Contratual, Modificação Unilateral e Equilíbrio Financeiro em Contrato de Empreitada de Obras Públicas*, ROA, ano 56, 1996, p. 922.

da decisão, mas também do contrato[1318]. Uma vez que as situações que usamos dizem respeito a objectos que, ao tempo estavam claramente excluídos da possibilidade de serem prosseguidos por privados, entendemos que se trata de situações geradoras da mais grave invalidade, a nulidade. Quer da decisão, quer da adjudicação (à qual se comunica também a invalidade) quer do contrato. A lei, quando veda determinada actividade ou determinado bem a exploração jurídica por privados significa que foi ponderado o peso dos interesses públicos e a necessidade de reservar aos entes públicos, que actuam segundo específicas determinantes, a dita exploração.

Uma outra situação geradora de invalidade própria, por causa comum, do contrato, mas que já não se relaciona com o objecto propriamente dito, diz respeito às situações em que na decisão de contratar se definem características específicas do parceiro contratual, que não as que resultam da lei[1319]. Trata-se de situações em que a actividade posta a concurso implica que o sujeito que a prosseguirá deverá revestir um determinado conjunto de características. Sempre que a decisão de contratar não respeite essas determinantes, está viciada quanto ao conteúdo. Para o contrato porém tal vício, se disser respeito às características do sujeito, irá consubstanciar-se num vício quanto ao sujeito. Tratando-se de características específicas, destinadas a salvaguardar a oportuna e correcta prossecução do interesse público, a sua inobservância só poderá ter como consequência a invalidade do contrato, sob a forma de nulidade também.

Também poderia consubstanciar uma causa de invalidade própria por causa comum à decisão a falta de autorização da despesa. Para a decisão, a falta de autorização consubstancia-se num vício de falta de legitimidade de actuação do sujeito (ROGÉRIO SOARES), gerando, salvo lei em contrário, a sua anulabilidade por falta de legitimação do sujeito. Porém, na perspectiva do contrato, esta autorização é absolutamente relevante: a autorização da despesa significa a viabilidade do contrato, tendo implicações quanto ao procedimento de escolha do parceiro contratual. Poderia

---

[1318] Recordemos o caso do aterro sanitário nas Terras de Santa Maria, relativo à concessão a privados da actividade de saneamento, ao tempo vedada por lei imperativa, o que tornava, como tivemos oportunidade de sublinhar, a actividade como objecto impossível de ser prosseguido por privados. Foi também o caso da estação de tratamento de resíduos sólidos por incineração, lançada a concurso de concessão quando ainda a lei não permitia a sua prossecução por privados.

[1319] Trata-se da hipótese tratada pelo Parecer do Conselho Consultivo da PGR n.º 67/1995, de 29/08/1996.

portanto pensar-se numa causa de invalidade própria. Contudo, como já a seu tempo tivemos oportunidade de sublinhar, a falta de autorização da despesa, por si só, deverá ter apenas consequências quanto à eficácia financeira do contrato. Ou seja, deverá ser recusado o devido visto, mas a validade do contrato, nesta específica dimensão, não deverá sofrer de invalidade[1320]. O CCP não trata especificamente esta dimensão porque o valor não influencia agora a escolha do procedimento, embora a lei refira a autorização da despesa como momento relevante a propósito da competência para a decisão de contratar.

264. Existe um conjunto de situações geradoras de invalidade própria por causa comum à decisão de contratar e que se referem agora ao conteúdo do contrato. Reportamo-nos às hipóteses de cláusulas inseridas no caderno de encargos e que de alguma forma são contrárias à lei. Trata-se de cláusulas que são recolhidas no conteúdo da decisão através da aprovação do caderno de encargos e que se comunicam ao conteúdo da adjudicação e por fim se tornam conteúdo do contrato.

Este acervo de causas implica uma análise mais detalhada porquanto a consequência para o contrato irá depender do peso da cláusula na economia do contrato.

Comecemos então pela recensão das hipóteses ilustrativas que *supra* elencamos:

a) alusão a marcas de forma indevida;
b) falta ou contradição insanável no modo de remuneração da empreitada de obras públicas;
c) incumprimento do dever de pagamento da empreitada segundo determinadas regras vinculativas;
d) indefinição quanto às características da obra e condições de execução;
e) admissão ilegal da apresentação de variantes;
f) permissão de forma de pagamento do preço em contravenção à lei;
g) permissão de incumprimento das obrigações legais ligadas ao direito à segurança e saúde no trabalho;

[1320] A falta de autorização da despesa pode influenciar ao nível da escolha do procedimento de selecção do parceiro contratual. A dimensão de invalidade manifestar-se-á nesse plano.

h) renúncia prévia ao exercício dos poderes de autoridade do ente público;
i) imposição de renúncia ao direito ao reequilíbrio financeiro.

265. Desde logo, há que agrupar os exemplos listados em função da sua ligação ao contrato enquanto forma de actuação, cláusulas ligadas a um tipo de contrato e cláusulas que se referem ao conteúdo do contrato, devendo nesta sede distinguir-se entre o conteúdo essencial e conteúdo acessório, sempre que estes conceitos coincidam com conteúdo imperativo e conteúdo consensual.

O agrupamento justifica-se pela diferente influência que estas cláusulas têm na validade do contrato. Para a decisão de contratar, trata-se sempre de parte do conteúdo da mesma que é inválido. A consequência para este acto pode variar entre a consideração de que a cláusula se deve ter por não escrita, vigorando os imperativos legais, como sucede com as cláusulas relativas à renúncia, à alusão indevida a marcas, as formas de pagamento imperativamente consagradas na lei, a permissão de incumprimento das regras da segurança e saúde no trabalho, a admissão ilegal de variantes. Já quanto à indefinição das características da obra ou a contradição entre formas de pagamento da empreitada, porque se trata de áreas de exercício do poder discricionário da Administração Pública, não há lei imperativa que possa substituir-se. Poderá eventualmente nem se colocar um problema de invalidade mas até de uma impossibilidade de se outorgar uma empreitada de obras públicas por falta de um elemento definidor essencial.

266. No que concerne ao contrato, as soluções serão idênticas se se insistir na manutenção das cláusulas ilegais. Ou seja, manter-se-ão os poderes de autoridade a exercer durante a execução do contrato por parte do ente público, como sejam os poderes de modificação unilateral do conteúdo das prestações, o poder de rescisão como sanção ou por imperativo de interesse público. Do mesmo modo, as cláusulas de renúncia do particular ao reequilíbrio financeiro deverão ter-se por não escritas. A solução só não poderá ser esta quando as cláusulas ilícitas fundem a base negocial. Isto é, quando a adjudicação e a outorga do contrato só tenham ocorrido por causa precisamente do consenso à volta dessas cláusulas[1321].

[1321] No ponto seguinte abordaremos detalhadamente as questões relativas à extensão da invalidade e respectivos remédios.

O mesmo se passará em relação a todas as cláusulas ilícitas relativas à definição de contratos típicos em que o consenso tenha sido determinante. De qualquer modo, estas cláusulas só podem ter-se por nulas, por violação de norma imperativa. Mesmo que em direito administrativo a regra de invalidade seja a anulabilidade, entendemos que no domínio em análise a sanção só poderá ser a da nulidade. O que não importará necessariamente a invalidade total do contrato.

267. Existem ainda causas comuns de invalidade própria do contrato mas agora sedeadas em especificidades da adjudicação[1322]. Cabe agora elencar tais causas e verificar qual a influência das mesmas na validade do contrato. Todas estas causas que vamos agora analisar constituem vícios quanto ao conteúdo da adjudicação mas que poderão gerar vícios distintos no contrato.

Há vícios da adjudicação que se prendem com a adjudicação a concorrente portador de uma indisponibilidade. Como vimos, a lei estabelece específicas exigências para que um determinado sujeito possa ser parceiro contratual da Administração Pública. A situação de adjudicatário com indisponibilidades pode resultar do incumprimento directo da lei por parte da Administração, vertido no programa do concurso ou pode vir a resultar da criação indevida de indisponibilidades. Sendo o adjudicatário portador de uma indisponibilidade relativa, o contrato deverá ser nulo por violação de norma imperativa principalmente pelas razões que subjazem ao respectivo estabelecimento e porque se trata de matéria retirada da disponibilidade da Administração. No CCP, a questão só poderá colocar-se a propósito do próprio adjudicatário se este não demonstrar que está devidamente habilitado[1323]. Isto significa também que deixa de existir, no âmbito do concurso público pelo menos, admissões ilegais de concorrentes e portanto deixa de existir vícios de adjudicação que se convertem em irregularidades para o contrato, sempre que o concorrente ilegalmente admitido não venha a ser o adjudicatário.

268. A adjudicação será igualmente inválida se a proposta adjudicatária violar o caderno de encargos e ainda assim tiver sido a escolhida. Já não se trata, está bem de ver, de ser a própria Administração a estabe-

---

[1322] As causas anteriores também se manifestarão no conteúdo da adjudicação, mas têm a sua origem na decisão de contratar.
[1323] Cfr. o disposto no artigo 94.º do CCP.

lecer cláusulas ilícitas; trata-se de tais cláusulas resultarem da proposta do concorrente que acabou por ser o adjudicatário: ou porque incumpre directamente as determinações dos documentos do concurso ou porque propõe cláusulas que não são acomodáveis no bloco de legalidade que enforma o contrato.

Quanto às possibilidades neste último cenário, elas serão quase ilimitadas. Para efeitos de demonstração dos problemas que se podem colocar, quer em termos de tipo de invalidade e respectivo regime, quer quanto à importância e frequência das mesmas, usaremos as hipóteses que a jurisprudência tem tratado.

Quanto à hipótese de propostas que não cumpram as determinações do bloco de legalidade, haverá que distinguir o tipo de norma violada. Senão vejamos:

a) o adjudicatário propõe um prazo de pagamento ao empreiteiro superior ao que decorre da lei[1324];
b) prazos de consignação diferentes daqueles que o dono de obra impunha;
c) proposta em que não se cumprem determinadas características exigidas para os bens a fornecer[1325];
d) cláusulas negociadas em contravenção com os limites estabelecidos no programa do concurso;
e) violação do princípio da estabilidade das propostas na sequência de esclarecimentos solicitados pelo júri;
f) proposta omissa em característica obrigatória;
g) proposta desrespeitadora do preço mínimo, quando estabelecido;
h) adjudicação condicionada em que a condição não é referida no início do concurso;
i) propostas com alterações contrárias ao caderno de encargos por incumprimento da regra imperativa de prazo alargamento do prazo (de uma concessão) ou de apresentação de variantes;

[1324] Relembramos diferentes soluções judiciais para a mesma questão, ao nível da disciplina jurídica revogada, decididas nos Acórdãos do STA de 20/04/2004 (P. n.º 227/04) e 05/02/2004 (P. n.º 29/04).

[1325] Relembramos novamente a orientação do Tribunal Superior neste âmbito no sentido da necessidade de fazer um esforço de encontrar sentido útil, de compatibilização entre proposta e caderno de encargos.

j) adjudicação a proposta com preço anormalmente baixo em contrariedade com os pressupostos legais;
l) violação dos limites à negociação: por exemplo, desrespeito do objecto;
m) proposta adjudicatária gerada com vício da vontade.

A maior parte destas situações geram a anulabilidade da adjudicação. Contudo, para o contrato estas situações centram-se no conteúdo, entendido este como o acervo de direitos e obrigações assumido pelas partes. A invalidade será a solução, se bem que o princípio do aproveitamento possa ter um papel determinante em algumas das situações. Variará igualmente a extensão da invalidade, mas esse é problema a analisar no ponto seguinte.

A invalidade da cláusula será tanto mais grave quanto mais se possa dizer ter sido afectado o conteúdo principal (e indisponível) do contrato. Será o caso das cláusulas relativas ao preço, designadamente a indicação do mesmo ou listas de preços parciais, prazos de consignação, omissão de características essenciais. Poderá ou não manter-se consoante seja possível dizer se a cláusula em causa decorre de imperativos legais ou foi deixada ao exercício do poder de autonomia do parceiro contratual.

Mas vejamos em detalhe o tipo de invalidade a propósito das cláusulas apontadas exemplificativamente.

Na legislação revogada pelo CCP, a questão do prazo do pagamento do preço originou decisões jurisprudenciais de solução oposta. A questão, recorde-se, prendia-se com a necessidade de saber se o prazo de pagamento do preço nas empreitadas estava ou não na disponibilidade do empreiteiro. Isto é, se existia algum interesse público que impusesse a indisponibilidade e por isso determinasse a invalidade da cláusula (sob a forma de nulidade) que contrariasse a norma legal. Só nesta última hipótese, é que existiria uma questão de invalidade. Se se entender que o prazo é um direito disponível, a negociação do mesmo é possível, devendo entender-se a indicação legal como meramente supletiva[1326]. Mas se tiverem vencimento os argumentos de que a indisponibilidade do prazo de pagamento serve melhor os interesses envolvidos e a aceitação de uma proposta com

---

[1326] Claro que a disponibilidade também não será ilimitada. Deverá considerar-se ilegal o compromisso de pagar "quando for possível" ou em prazo que exceda o prazo do contrato ou subordinado a condições. O pagamento do preço consubstancia uma parte do conteúdo principal dos contratos em consideração neste trabalho.

prazo de pagamento diferente do que estipula a lei revelam uma cláusula ilegal e nula. Neste caso, a solução passará pela desconsideração da proposta quanto a este ponto, considerando a cláusula como não escrita, valendo a lei, nesta hipótese considerada como imperativa. No domínio do CCP, a questão poderá estar resolvida, porque, ao contrário do que sucedia na legislação revogada, a questão do pagamento do preço está regulada numa perspectiva de intervalo de tempo[1327]. Assim, a questão, na nova lei, colocar-se-á a propósito da violação do intervalo de tempo. Esta nova regulação da questão demonstra, na nossa perspectiva, que o prazo de pagamento não deve estar na disponibilidade do empreiteiro ou do prestador de serviço. Seria fácil obter uma excelente pontuação e assim eventualmente ganhar a adjudicação se se propusesse um prazo alongadíssimo de pagamento. Contudo, a dilação do prazo de pagamento pode efectivamente por em causa a sanidade financeira do co-contratante e, a final, a do próprio contrato, colocando em risco a prossecução do interesse público.

Idêntica solução deverá ser dada às demais situações em que a proposta adjudicatária viola as determinações do caderno de encargos. Só se poderá considerar a proposta nula quanto a essas violações, porque, tivesse a Administração actuado com a diligência devida, a proposta haveria de ter sido excluída na avaliação da mesma. O que significaria que aquela proposta nunca seria a adjudicatária, nem aquele concorrente seria o co--contratante da Administração. Porque não é possível cindir o concorrente da respectiva proposta. A extensão da invalidade dependerá de saber se a lei, quanto à questão, é imperativa ou supletiva. Se for imperativa, toda a proposta deverá obedecer, pelo que as propostas obterão a mesma avaliação quanto ao item, não constituindo por conseguinte factor de diferenciação, a invalidade será apenas a da cláusula. Já se o ponto do contrato sobre que incide a cláusula resultar do exercício de poderes discricionários por parte da Administração e portanto constituir factor de diferenciação das propostas, a solução não pode passar pela mera desconsideração da cláusula porque não há lei que possa "substituir-se" à vontade ilegal da parte. Nesta hipótese, é mais evidente a ligação íntima com o sujeito concorrente.

269. Quanto às cláusulas inválidas por não cumprirem os limites de negociação, quando é possível, elas devem ter-se por nulas. Os limites

---

[1327] Cfr. o disposto no artigo 299.º do CCP.

de negociação prendem-se com dois aspectos: o objecto e os limites propriamente ditos. Uma cláusula que não respeite o objecto, significa muito provavelmente que foi além do conteúdo acessório que a lei permite que esteja retirada à concorrência. Se os domínios do conteúdo principal forem invadidos, a cláusula não pode subsistir. Dizendo respeito ao conteúdo principal, se foi aceite a proposta com a condição de ser negociada, nos moldes em que acaba por ser, a única solução será a nulidade total do contrato.

270. Já no que respeita a cláusulas geradas com vícios ou falta de vontade, haverá que aplicar as regras do direito civil ao parceiro contratual, havendo apenas necessidade de ponderar o peso do interesse público na solução que resulta da aplicação do direito estatutário. Pode suceder que as razões que ditam a solução no direito civil sejam de considerar na ambiência do contrato administrativo. Ou não. Tudo irá depender em concreto de duas condições: do vício em causa e da cláusula, no sentido de esta pertencer ao conteúdo principal ou ao conteúdo acessório. Vamos tentar demonstrar. Imagine-se que o preço apresentado pelos concorrentes é fortemente influenciado pelas indicações "erradas" do ente público. Ou seja, o atributo do preço é directamente construído sobre as erradas indicações do ente público. Está a proposta viciada, por erro, quanto a tal aspecto. Que integra o conteúdo principal. Como se trata de um atributo que depende da própria avaliação do concorrente, não pode haver lugar a qualquer substituição, pelo que a invalidade será total. Mas que tipo de invalidade? A anulabilidade da declaração do parceiro privado, como determina o regime jurídico-civil? Serve esta solução a prossecução do interesse público? Servirá apenas se a anulabilidade for efectivada. Se tal não suceder, consolida-se o preço gerado sob erro? Entendemos que esta solução não serve os interesses compostos no contrato administrativo. Pelo menos, não serve a possibilidade de consolidação da parte viciada. Ou ainda que se consolide, então deve ser permitida a mais ampla possibilidade de reparação do erro. Claro que esta solução já não deve ser acolhida se, a proposta adjudicatária está, quanto a este ponto viciada, mas apenas aquele concorrente foi induzido em erro[1328]. Porque permitir que o erro seja apagado pode conduzir a uma alteração da seriação das propostas e portanto, neste cenário entendemos que o contrato deve

---

[1328] Não estamos a equacionar o cenário de conluio.

ser total e efectivamente inválido, sem possibilidade de sanação, muito menos por decurso do tempo. Sob pena de afectar gravemente a concorrência.

As propostas que contenham ilegalidades relativas ao preço, além das já mencionadas, mas também quando o preço é anormalmente baixo sem que existam as justificações legais ou em que é desrespeitado o preço mínimo, estamos perante vícios num dos elementos fundamentais do conteúdo principal do contrato em que não é possível existir uma substituição da vontade manifestada pelo parceiro contratual da Administração pela vontade normativa. É que apesar de ser verdade que estamos perante o conteúdo principal do contrato, este é um dos poucos elementos que de facto é sempre deixado à concorrência. Ou seja, à manifestação de vontade do futuro parceiro contratual da Administração. Por isso, nenhuma solução pode passar pela não consideração deste aspecto, o que inviabiliza designadamente a solução da inserção automática de cláusulas.

271. Quando a proposta adjudicatária é omissa em elementos ou características obrigatórias, no sentido em que cabia ao concorrente preencher tais elementos, a solução só pode passar pela nulidade total. Na verdade, torna-se impossível o cumprimento da prestação do particular, pois não pode ser incerta a característica, nem deixada ao sabor do preenchimento casuístico. Se a legalidade tivesse imperado, a proposta nunca teria sido escolhida, pois teria sido excluída na fase de avaliação[1329]. Solução diferente deverá ser já preconizada quando a proposta adjudicatária não é omissa, mas antes contradiz o que dispõe o caderno de encargos. Se se tratar de uma violação ostensiva de uma determinante das vinculações do caderno de encargos, a proposta deve ser lida sem a referida violação, isto é, o júri deve lê-la como se não tivesse a referida cláusula e, como se em sua vez, vigorasse a previsão do caderno de encargos. Interessa à concorrência e à prossecução do interesse público que haja o maior número de concorrentes. Sendo possível aproveitar a proposta, nos moldes que expusemos, então faz sentido que ela entre no acervo de propostas a considerar. Mas esta solução vale para os aspectos imperativamente fixados no caderno de encargos e se a alteração por introdução da previsão do caderno de encargos não significar alterar o equilíbrio da proposta gizado

---

[1329] Eis mais um exemplo de ligação intrínseca com o concorrente.

pelo concorrente. Porque se isso suceder, já não se pode ler a proposta integrada pela previsão do caderno de encargos. A ser assim, a proposta deveria ser logo excluída e, não o tendo sido e chegado mesmo a ser a proposta adjudicatária, só pode existir uma solução: a nulidade total do contrato.

272. Quando esteja em causa uma adjudicação que acolhe uma proposta que pelas razões que temos vindo a enunciar, deveria ter sido excluída, o modo de impugnação desta com relação com o contrato necessita de esclarecimentos.

Em termos de vício da adjudicação, aliás como já antes explanamos, ele situa-se no conteúdo, gerando uma anulabilidade como forma de invalidade. Em regra, em direito administrativo, a violação de normas conduz à anulabilidade do acto que consuma tal violação. A excepção encontra-se na previsão de nulidade do acto que tenha um objecto juridicamente impossível (anda se incluindo a dimensão de conteúdo). Se as proibições constantes do caderno de encargos forem consideradas regras que postulam a proibição no sentido da previsão do artigo 133.º, então a adjudicação deveria logo ser considerada nula (total ou parcialmente dependerá do peso da determinação na globalidade do conteúdo). Contudo, o caderno de encargos, se bem que de forma não unânime, não é qualificado como tendo conteúdo normativo. O caderno de encargos contém as cláusulas a inserir no contrato. Assim, sendo, para a adjudicação não existirá uma proibição de conteúdo enquadrável na previsão do artigo 133.º do CPA. Apesar desta construção substantiva, o CCP determina a exclusão da proposta. Ora, não tendo ocorrido e convertendo-se em proposta adjudicatária não poderá vingar juridicamente no contrato. Tal circunstância determinará por isso a nulidade da parte que enferma do vício, não sendo possível operar a substituição de vontade do particular por qualquer outra vontade. Para efeitos da construção da invalidade do contrato, esta situação insere-se nas hipóteses de causa (comum) de invalidade própria, o que permite diferenciar os modos e tempos de impugnação quer da adjudicação, quer do contrato. Se a adjudicação for impugnada (ou não), tal facto não impede que o contrato seja inválido a título de invalidade própria.

273. Impõe-se verificar como se repercutirá no contrato a violação do dever de não adjudicação. Relembre-se a hipótese que bole com o conteúdo do contrato, à luz do que dispõe o artigo 79.º do CCP: no

ajuste directo, a proposta apresentada tem um preço desproporcionado (alínea e))[1330].

O preço é elemento essencial do contrato de empreitada e está numa especial relação com o princípio do equilíbrio financeiro[1331]. Cabe recordar que o CCP disciplina a questão do preço anormalmente baixo no artigo 71.° A nova disciplina legal não permite, à partida, a exclusão das propostas com preço "anormalmente baixo" sem que antes "ter sido solicitado ao respectivo concorrente, por escrito, que, em prazo adequado, preste esclarecimentos justificativos"[1332].

Na nossa hipótese, é patológica a situação de adjudicação a proposta com preço "manifestamente desproporcionado" ou muito alto ou muito baixo. Entendemos que quando o preço é anormalmente alto ou demasiado baixo, o contrato deverá ser todo ele nulo. Nulo porque os valores envolvidos nas hipóteses de preço anormal são dos mais importantes para a prossecução do interesse público. Invalidade total, porque o preço, embora elemento essencial do contrato, está fortemente dependente do exercício dos poderes administrativos por parte da Administração e dos poderes autónomos do parceiro contratual.

Quanto às hipóteses de propostas condicionadas/com variantes que não convenham à Administração e, que mesmo assim, venham a ser escolhidas como adjudicatárias, a questão é mais complexa. Trata-se inequivocamente do exercício de típicos poderes administrativos. O que afasta o juízo jurisdicional sob pena de violação do princípio da separação dos poderes. Ou seja, o Tribunal apenas poderá sindicar os limites externos do exercício do poder, estando-lhe vedado dizer ou indagar em concreto se a proposta é ou não conveniente. Se a proposta for de todo inconveniente, o contrato deverá ter-se por nulo e sem efeito. Claro que a prudência impõe que a solução passe por uma análise casuística e pela determinação de

---

[1330] No domínio da legislação anterior vigorava o artigo 107.° do RJEOP: todas as propostas, ou a mais conveniente ofereçam um preço consideravelmente superior ao preço base do concurso (alínea b) do n.° 1 do artigo 107.°) ou preço anormalmente baixo (alínea f) do n.° 1 do artigo 107.°).

[1331] Recorde-se que o CCP comina com a nulidade o contrato de empreitada que não contenha formalmente a indicação do preço ainda que não de forma directa (cfr. o disposto na alínea d) do n.° 1 do artigo 96.°). No domínio do RJEOP, vigorava o que se dispunha na alínea e) do n.° 1 e no n.° 2 do artigo 118.°

[1332] De facto, só se justifica que os esclarecimentos se peçam sobre o preço baixo, pois este é que constitui um aliciante "perigoso" para a Administração e para a prossecução do interesse público.

que tipo de conteúdo fica afectado: se o principal, se o acessório. Se disser respeito ao conteúdo principal, parece-nos inequívoco que a solução passa pela nulidade total do contrato, sem possibilidade de sanação de qualquer tipo. Já se o que está em causa é uma parte do conteúdo acessório, a análise casuística é que permitirá ditar a sorte do contrato. Que passará sempre e necessariamente pela não consideração da cláusula que seja inconveniente.

274. Quanto aos vícios de vontade que se possam gerar ante-adjudicação, eles deverão ser tratados à luz do direito estatutário do sujeito em que eles se manifestem.

Além das situações que podem ser paralelas com as que surgem no direito civil, importa aqui mencionar e tratar as que especificamente a lei refere.

No domínio da legislação anterior, estabelecia a alínea e) do n.º 1 do artigo 107.º do RJEOP que a Administração não podia "adjudicar a empreitada e) quando haja indícios de conluio entre os concorrentes". Tratava-se de proteger a sã concorrência e os interesses públicos prosseguidos pela própria Administração. O artigo 57.º do RJDP era mais assertivo quanto à intenção da referência da lei ao conluio: "não há lugar à adjudicação... b) quando houver forte presunção de conluio entre os concorrentes, nos termos do disposto no artigo 53.º'". Este último normativo regulava a questão das práticas restritivas da concorrência, determinando, entre outras consequências, a exclusão das "propostas que resultem de práticas restritivas". Ou seja, o artigo 57.º só podia ter o alcance de que o conluio, que implicasse "prática restritiva de concorrência" determinava a não adjudicação.

O conluio pode dirigir-se a muitas vertentes da formação do contrato, mas normalmente os agentes em conluio pretendem pressionar a Administração para obter vantagens indevidas ao nível de preço ou de contrapartidas. Ora, o conluio deve ter-se por inadmissível, não se confundindo com a natural e legítima pressão negocial[1333]. Por conluio, entende-se a reunião de esforços concertada para enganar o parceiro (aqui, a Administração), de molde a levá-la a assumir o consenso relativamente a todo ou

---

[1333] Sobre a distinção, no direito civil, entre *dolus malus* e *dolus bonus*, vide HEINRICH HÖRSTER, *A Parte Geral...*, cit., p. 583; MOTA PINTO, *Teoria Geral...*, 4.ª Ed., cit., p. 524.

parte, (que será sempre relevante, senão não se perceberia a necessidade e importância do engano) do conteúdo do contrato. Ou seja, para existir conluio, é necessário o dolo, isto é, o intuito de induzir ou manter em erro a Administração, ou dissimular o erro em que esta incorre. E tal comportamento conseguir-se-á através de sugestões ou artifícios, os quais, neste âmbito, hão-de ser sofisticados[1334]. Existirá portanto um vício na formação da vontade da Administração. Verificando-se tal situação, a solução só poderá passar pela nulidade do contrato que se forme em ligação com este tipo de actuação. Mesmo que nesta hipótese só um dos concorrentes seja o parceiro contratual. A lei tutela a situação não exigindo sequer o efectivo conluio, bastando-lhe os "indícios" para ditar a não adjudicação. Ou seja, o legislador entendeu que não pode haver contrato naquelas circunstâncias. Se porventura o contrato chegou a ser outorgado, a solução constante do Código Civil – anulabilidade da declaração do parceiro induzido ou mantido em erro[1335] – não pode ser aqui aplicada. Atendendo à *ratio* de protecção da norma – tutela da transparência e da sã concorrência – a solução parece-nos óbvia: o contrato deverá ter-se por nulo[1336]. Neste contexto, as determinações públicas relevam ao ponto de alterar o regime dos vícios de vontade constante do Código Civil, designadamente quanto ao tipo de invalidade. Se bem que o ardil parta dos concorrentes privados, a verdade é que estamos perante uma obrigação de prossecução do interesse público que se eleva acima dos interesses ponderados na solução do código civil: "preservar e defender a «pureza» e liberdade da formação da vontade negocial" e "contribuir para uma autêntica autodeterminação no âmbito do negócio jurídico"[1337].

A questão que se pode eventualmente discutir, uma vez que os valores que em primeira linha surgem se prendem com a concorrência, que

---

[1334] Sobre o regime e requisitos do dolo e suas consequências no direito civil, *vide*, sem carácter exaustivo, MOTA PINTO, *Teoria Geral...*, 4.ª Ed., cit., pp. 521 e ss.; HEINRICH HÖRSTER, *A Parte Geral...*, cit., pp. 582 e ss.

[1335] Cfr. o disposto no n.º 1 do artigo 254.º do CC.

[1336] Sem prejuízo de outro tipo de consequências, designadamente em termos de responsabilidade civil, tal como sucede no direito civil. MOTA PINTO sublinha que "a obrigação de indemnizar é um efeito do dolo, autónomo relativamente à anulabilidade, surgindo mesmo quando não se verifiquem todos os requisitos do exercício do direito de anular ou este já tenha caducado. O fundamento legal da obrigação de indemnização radica, além do artigo 227.º, n.º 1, no artigo 253.º, n.º 2, do qual resulta *a contrario* ser o dolo um acto ilícito", (*in Teoria Geral...*, 4.ª Ed., cit., p. 525, nota 722).

[1337] HEINRICH HÖRSTER, *A Parte Geral...*, cit., p. 584.

existe na fase de formação do contrato, é a de saber se esta hipótese configura um caso de invalidade própria ou derivada. É que nestes casos a adjudicação é ilegal, nula. O contrato sê-lo-á também por causa própria ou porque comunga da nulidade da adjudicação. Atentos os valores públicos sob protecção, pareceria que seria uma causa de invalidade derivada. Contudo, atendendo a que o que a lei refere é o conluio é o erro induzido e que portanto é a vontade da Administração que está a ser mal formada, esta situação também contribui para a solução legal. Por isso, entendemos dever tratar esta hipótese no domínio da invalidade própria.

275. Os vícios da vontade gerados na fase ante-adjudicatória serão relevantes apenas se tiverem reflexos na proposta adjudicatária. Tratando-se de vícios de vontade que não tenham qualquer influência no contrato a seguir outorgado, o vício deverá ser tratado como uma irregularidade. A excepção deverá existir quando, por causa de tal vício, a seriação das propostas foi alterada, sendo que a ausência do vício conduziria à adjudicação a outra proposta, seja ela a que resultou viciada ou não.

Existem assim duas situações que podem conduzir a invalidade. A primeira é aquela em que a proposta adjudicatária foi determinada pelo vício; a segunda é aquela em que a proposta adjudicatária beneficiou da viciação de uma outra proposta.

No primeiro caso, a questão circunscreve-se às partes contratuais. A segunda, coloca em crise toda a formação do contrato a partir da génese do vício. Assim, se a proposta adjudicatária foi determinada por erro induzido pela Administração, a solução deve passar pela análise acerca do elemento sobre o qual recaiu o erro. Relembremos o raciocínio expendido a propósito do erro na elaboração da proposta. Tudo dependerá do elemento sobre que recaiu o erro e se tal elemento está pré-definido supletivamente no bloco de legalidade. Não deverá pertencer ao conteúdo principal pois este deve estar subtraído à negociação pré-adjudicatória. Se todos os concorrentes admitidos à negociação foram induzidos em erro e todas as propostas a final apresentadas estão nessa medida viciadas, é necessário analisar se o desfazer do erro na proposta adjudicatária altera o equilíbrio de concorrência. Porque sempre que tal suceda, ainda que o erro seja sobre um elemento menor do contrato, é a concorrência que é posto em causa e que portanto não permite que o contrato subsista. Será necessário regressar à fase da negociação antes do comportamento gerador do erro e dar cumprimento à determinante da concorrência. Porque a seriação das propostas pode ser alterada.

276. Por fim, cumpre evidenciar as causas exclusivas de invalidade própria.

Quanto aos vícios do sujeito público contratante, poderão verificar-se os tradicionais vícios que a teoria do acto administrativo elaborou. Quem contrata há-de pertencer a pessoa colectiva dotada das necessárias atribuições condicentes com o contrato outorgado. O órgão outorgante há-de ser portador das devidas competências, em sede material e hierárquica. Acresce que o órgão deverá ainda estar devidamente legitimado para agir, não incorrer em nenhuma situação de impedimento. Estas são os requisitos "tradicionais" da regularidade da actuação dos entes públicos. Tratar--se-á de situações de vícios próprios e exclusivos do contrato, quanto ao sujeito, quando tais requisitos não se encontrem preenchidos. Quanto aos vícios do sujeito privado, haverá que cindir a análise nos requisitos de direito privado, ligados ao direito estatutário aplicável, e os requisitos de regularidade subjectiva ligados a causas de direito administrativo. Quanto aos requisitos estatutários, o seu incumprimento deverá receber o tratamento estipulado no direito estatutário[1338]. Já quanto ao incumprimento dos requisitos de direito administrativo, as consequências hão-de buscar--se no equilíbrio do regime de direito administrativo. Prendem-se essencialmente com as especiais qualidades e qualificações que a lei exige para que se possa ser co-contratante da Administração.

277. Cabe agora concretizar e sublinhar as especificidades no procedimento pós-adjudicação. É necessário que o ente público outorgante seja aquele a quem foi atribuída tal função e o órgão competente. Em alguns contratos é necessário o acto de aprovação da minuta, que desempenha funções de controlo da actividade até então decorrida. Contudo, aliás como sucede na generalidade dos vícios quanto ao sujeito público, o parceiro contratual não controla a regularidade da actuação do ente público. Não é nova a consideração deste aspecto no âmbito do direito administrativo[1339]. Há obviamente desconhecimentos indesculpáveis, em particular no que tange por exemplo à falta de atribuições. É difícil pensar em hipóteses, em particular em contratos de grande dimensão, em que o particular não sabe que a ponte ou o hospital de Lisboa não pode ser celebrado pela Ordem dos Advogados ou pelo Governo regional de uma Região Autó-

---

[1338] Neste sentido, PEDRO GONÇALVES, *O Contrato...*, cit., p. 137.

[1339] *Vide* as regras sobre a apresentação de requerimento a entidade/órgão incompetente.

noma. Mas tal não significa que não se deva reflectir sobre se deverá ser idêntica a consequência para o contrato e para o acto administrativo em virtude deste tipo de vício. Trata-se, repete-se, de actos jurídicos de natureza diferente e em que co-existem, no contrato ao contrário do que sucede em regra no acto administrativo, interesses públicos e privados.

Quanto à falta de atribuições, entendemos que a consequência para o contrato deverá ser a nulidade: aquele ente público não tem a seu cargo a prossecução daquele interesse público, o que significa também que não disporá por isso nem dos meios financeiros, nem dos demais recursos administrativos para o efeito. Pretender um tipo de invalidade menor seria votar de imediato o contrato ao insucesso e à incompleta e definitiva inexequibilidade do mesmo. Já quanto à incompetência material, aquela que bole mais com a invalidade intrínseca do contrato, a invalidade já não será a nulidade. Desde logo, existe o precedente, se assim se pode dizer, de que no direito administrativo a regra de invalidade é a da anulabilidade, além da construção a este propósito da invalidade do acto administrativo. Neste vício, já não se manifestam as dificuldades que vimos a propósito da falta de atribuições. Designadamente, as questões financeiras. As possibilidades de sanação do vício devem ser amplamente admitidas. Mas a sua completa ausência só poderá ditar a anulabilidade do contrato, com limitações de efectivação: se o parceiro contratual da Administração não podia desconhecer o vício, entendemos inclusive que poderá perder a legitimidade processual para efectivar a invalidade, sob pena se postergar o princípio da boa fé. Quanto aos outros possíveis legitimados, remetemos para adiante a análise da vertente contenciosa. No que concerne à aprovação da minuta, atendendo ao teor do que prescreve o CCP, designadamente quanto à função primacial de controlo, entendemos dever ponderar qual a influência no contrato. Se faltar a aprovação ou ela for inválida por razões que não se relacionam com o conteúdo e função que deve desempenhar, se o procedimento de emanação foi regular e o conteúdo do contrato está dirigido à prossecução do interesse público, o contrato não deverá ser afectado quanto à sua legalidade. Consubstanciará uma irregularidade sem efeitos invalidantes. Já se o procedimento ou o conteúdo sofreram irregularidades – podendo até existir a aprovação em contrariedade com a realidade dos factos – a verdade é que tais situações são já tuteladas em outras instâncias. Portanto, atendendo a todas estas determinantes, e porque o contrato conjuga diferentes interesses que implicam uma composição dos mesmos, entendemos que esta questão da legitimidade da actuação não deve interferir com a validade do contrato, sem prejuízo de outras consequências.

278. Quanto ao particular, há que analisar as duas dimensões: a estatutária e a de direito administrativo. A capacidade jurídico-civil deve ser analisada e tratada segundo as regras do direito civil.

A maior parte dos contratos administrativos pressupostos neste trabalho implicam que o parceiro contratual da Administração seja uma pessoa colectiva privada[1340].

Portanto, as questões estatutárias que aqui se podem colocar prendem-se com a regularidade de actuação das pessoas colectivas privadas e, em particular das sociedades comerciais. Isto é, o que sucede à validade do contrato se a sociedade comercial ainda não dispõe da necessária capacidade jurídico-comercial? No domínio do direito comercial, quando a sociedade ainda não pode praticar validamente actos jurídicos, em que se insere a outorga de contratos, sejam eles privados ou públicos, o artigo 19.° do CSC prescreve a assunção pela sociedade dos negócios realizados antes do registo[1341]. A principal questão prende-se contudo com a questão de saber qual a validade de um contrato celebrado por uma sociedade comercial que ainda não dispõe de capacidade jurídica ou que foi invalidamente constituída. Aplicar-se-ão as regras do direito estatutário, sem prejuízo de adaptações pelo contexto administrativo.

279. Interessa-nos em particular a dimensão de direito administrativo. Será que dependendo da incompatibilidade/indisponibilidade, deverá variar a consequência para o contrato? Encontramos indisponibilidades associadas à saúde financeira do parceiro, como não se encontrar em situa-

---

[1340] Vide supra.

[1341] Artigo 19.° *"1 – Com o registo definitivo do contrato, a sociedade assume de pleno direito: (...)*

c) Os direitos e obrigações emergentes de negócios jurídicos concluídos antes do acto de constituição e que neste sejam especificados e expressamente ratificados; d) Os direitos e obrigações decorrentes de negócios jurídicos celebrados pelos gerentes ou administradores ao abrigo de autorização dada por todos os sócios no acto de constituição. 2 – Os direitos e obrigações decorrentes de outros negócios jurídicos realizados em nome da sociedade, antes de registado o contrato, podem ser por ela assumidos mediante decisão da administração, que deve ser comunicada à contraparte nos 90 dias posteriores ao registo. 3 – A assunção pela sociedade dos negócios indicados nos n.ᵒˢ 1 e 2 retrotrai os seus efeitos à data da respectiva celebração e libera as pessoas indicadas no artigo 40.° da responsabilidade aí prevista, a não ser que por lei estas continuem responsáveis. 4 – A sociedade não pode assumir obrigações derivadas de negócios jurídicos não mencionados no contrato social que versem sobre vantagens especiais, despesas de constituição, entradas em espécie ou aquisições de bens".

ção de insolvência, ou em liquidação, por exemplo; situações concernentes à honorabilidade profissional e de cumprimento das regras de direito do trabalho e de cumprimento de obrigações fiscais e contributivas. São portanto diferentes interesses públicos envolvidos.

Assim, em relação ao contrato, a questão da saúde financeira é da maior relevância. Não deverão existir soluções facilitadoras neste domínio. Será uma situação em que o parceiro contratual não tem condições (nem se vislumbra que venha a ter) para cumprir pontualmente o contrato. Não há por conseguinte margem para a eficácia da ideia de aproveitamento da situação. Se consultarmos a solução civil para os contratos outorgados por sujeitos em situação de insolvência, no domínio cível, tais negócios são ineficazes, numa situação de indisponibilidade relativa, numa inibição de disponibilização de bens. Mas como afirma HEINRICH HÖRSTER "esta inibição conduz a uma indisponibilidade relativa, apenas limitada ao nível da eficácia do negócio, sem atingir a sua validade como acontece nos casos das ilegitimidades e indisponibilidades relativas"[1342]. A solução civil tem como intenção a protecção de bens que se destinam a satisfazer os credores. Ora, em direito administrativo esta intenção é secundária. O que pretende o legislador é assegurar a capacidade financeira para o pontual cumprimento do contrato, objectivo que seria gravemente prejudicado se o parceiro estivesse numa situação de insolvência[1343]. Atento o facto de que no contrato administrativo não é só a normal diligência de actuação jurídica que se impõe, mas antes e sobretudo a protecção do interesse de todos, a cargo da Administração, a solução de que o contrato outorgado em situação de insolvência seria apenas ineficaz face à massa de bens conduziria à concretização efectiva do risco de falta de pontual execução contratual e portanto dano efectivo que a norma pretende evitar. Acresce que este tipo de norma de direito administrativo deve ser considerada especial e portanto ter uma consequência distinta. Se a norma prevê o afastamento do concorrente em fase de concurso, a solução razoável, se outorgado o contrato, só pode ser o da nulidade do mesmo, sem prejuízo de demais e diferentes consequências. Porque se trata de invalidade originária. Se se tratasse de circunstância superveniente, a solução passaria pela resolução do contrato. Relembramos que a hipótese do texto (falsidade dos documentos) conduz à caducidade da adjudicação

---

[1342] *In A Parte Geral...*, cit., p. 499.
[1343] Até pela seriação dos credores e pela possibilidade de rateio de cumprimento de dívidas.

nos termos do disposto no artigo 87.º do CCP. Sublinhamos contudo que a solução legal assenta no objectivo de tutelar a falsidade dos documentos e não propriamente a materialidade dos factos subjacentes a tais documentos.

Quanto à honorabilidade profissional, incluindo a dimensão fiscal[1344], a questão prende-se com o interesse público genérico, comum a qualquer contrato, de que a Administração não esteja associada a incumpridores de deveres legais. Trata-se portanto de indisponibilidades genéricas e não relativas àquele específico contrato. Ora, se a solução actual é a de excluir do procedimento os concorrentes nestas situações, o bom senso e o princípio da adequação determina claramente que aquele concorrente não possa ser o parceiro da Administração. No âmbito de um contrato, tal solução só se alcança se a circunstância determinar a nulidade total do contrato[1345]. Assim, para além da violação da regra imperativa – que até pela regra de invalidade de direito administrativo poderá apontar para a mera anulabilidade[1346] – existem interesses específicos a proteger que não o seriam perante uma invalidade que, até pelo decurso do tempo, poderia ser ultrapassável.

280. Quanto ao requisito do procedimento, a análise partiu da concepção complexa do mesmo, cindido essencialmente em dois sub-procedimentos com relativa autonomia: o procedimento pré-adjudicatório, onde co-existem causas de invalidade derivada para o contrato e causas de invalidade própria comuns a actos suporte; e o procedimento pós-adjudicatório, em que apenas surgem causas de invalidade própria. Neste último, o incumprimento das regras meramente procedimentais já não tem a importância que assume no procedimento de escolha do co-contratante. Apenas a forma mais grave de ser excluído um passo procedimental obrigatório, como por exemplo a audiência, assumirá a forma de vício procedimental com autonomia. As demais vicissitudes revelar-se-ão no conteúdo contratual, à semelhança da construção privatística.

Neste âmbito relevam em particular as questões associadas à negociação quando esta é possível. Enquadram-se aqui as situações em que a negociação viola a concorrência por apropriação indevida de soluções de

---

[1344] Se bem que esteja aqui também contemplada uma certa dimensão financeira.

[1345] No caso de contratos plurilaterais, a invalidade poderá ser parcial, relativa ao concreto ente que incorra na indisponibilidade, se o contrato não perder racionalidade em relação aos demais sujeitos. Vide o que se dispunha no artigo 57.º do RJEOP.

[1346] Vide o que dispõe nesta sede o CCP.

concorrentes não escolhidos. Não temos dúvidas, à luz do que dispunha o artigo 58.º RJEOP, que as cláusulas assim obtidas só podiam ter-se por nulas. A extensão da invalidade dependia da relação da cláusula com o conteúdo. Sendo apenas admitida a negociação em relação a elementos de "pormenorização" (SÉRVULO CORREIA)[1347], as cláusulas seriam relativas ao conteúdo acessório do contrato. O que significa à partida que estava aberta a porta à redução – em sentido estrito – ou seja, elas eram tidas por nulas e como não escritas em consequência. O problema que se pode colocava é o de saber como fica regulada aquela dimensão de pormenor, pois tratava-se de matéria em que vigora a discricionariedade administrativa, em estrita ligação ao exercício da função administrativa. Colocava-se por conseguinte o problema de resolver a questão, uma vez que não existia nesta hipótese a possibilidade de inserção automática de cláusulas. Se a falta de pormenores impedisse a execução do contrato, haveria que equacionar a questão ao nível da negociação de tais pormenores ao tempo. A solução da nulidade consubstanciaria uma resolução desadequada, porque desproporcionada, da questão. Se se tratava de pormenores, como podia impedir a execução do contrato? Poderia reflectir-se em especial em relação a determinadas prestações apenas. E como lidar com o facto – que pode ser de índole objectiva – em que certo pormenor de proposta devidamente afastada se configurava como mais adequado ao interesse público? Ou seja, o que significa na verdade, "apropriar-se"? Portanto, para o efeito a interpretação do imperativo legal deveria poder acomodar-se soluções que, parecendo tratar-se de apropriações, não o eram genuinamente até porque pertenciam ao acervo comum das artes em questão. O imperativo legal deveria valer para soluções em que estivesse em causa uma inovação, resultando em protecção em sede de direitos industriais ou comerciais. Porque, se em sede de concurso em fase anterior a esta, surgissem soluções de pormenor semelhantes – o que não é impossível – tal não determinaria qualquer exclusão das propostas nestas condições. A *ratio* subjacente à norma de protecção da concorrência que determinava a proibição de apropriação de soluções de propostas não adjudicatárias só podia ter aquele alcance.

Outra questão conexa com esta e mais relevante é aquela em que a negociação viola o objecto. Ou seja, a negociação vai a domínios do conteúdo principal. As cláusulas que resultem de tal negociação só poderão ser nulas, na nossa opinião. Não propriamente por violação de norma im-

---

[1347] *In Legalidade...*, cit., p. 589.

perativa mas porque tal resultado viola frontalmente os princípios da concorrência e transparência que dominam uma parte substantiva da formação do contrato administrativo. A manutenção do contrato dependerá da relação da cláusula assim negociada com o conteúdo do contrato. Se se tratar de domínios pré-definidos nos documentos do concurso, directamente decorrentes de normas imperativas, a cláusula negociada ter-se-á por não escrita (por ser nula), valendo em sua substituição o imperativo normativo. O problema maior será aquele em que parte do conteúdo principal foi deixada legitimamente à proposta. Ou seja, domínios em que os normativos não podem ser convocados. Tratando-se de conteúdo principal e sendo nula a cláusula, a invalidade deverá ser total pois não há vontade normativa capaz de integrar o espaço criado pela nulidade.

No âmbito do CCP, como já tivemos oportunidade de sublinhar, não está consagrada propriamente a mesma solução. Contudo, é possível a inserção de "ajustamentos"[1348]. Permanece todavia a proibição de "inclusão de soluções contidas em proposta apresentada por outro concorrente". Claro que continua a manter-se o âmbito "acessório" destes ajustamentos. Só que agora, a proibição está sob domínio exclusivo da Administração Pública. O parceiro contratual apenas poderá não os aceitar. Portanto, já não existe negociação a este nível. Apesar desta diferente regulação, entendemos que as considerações feitas sobre o alcance da "antiga negociação" têm aqui aplicação.

281. Por último, quando a minuta não é fiel ao que resulta do procedimento, não poderá seguir-se a outorga do contrato porque existe uma infidelidade fundamental. A nulidade será total. Sendo possível, deverá integrar-se a minuta com as determinações que resultem do processo de formação do contrato.

282. Quanto ao requisito da forma, há apenas de sublinhar duas notas: a forma é requisito de validade, mas há-de ser compreendida num sentido amplo. Não se tratará de incumprimento do requisito da forma se não existir um documento único com o texto contratual, mas for possível concluir pelos direitos e obrigações das partes outorgantes com recurso a outros documentos que, a própria lei insiste ser parte do contrato.

Uma última nota de relevo prende-se com a obrigação de menção obrigatória de cláusulas no contrato. Quanto a nós, trata-se necessaria-

---

[1348] Cfr. o disposto no artigo 95.º

mente de obrigações de cariz formal e indicações importantes sobre o que possa ser o conteúdo principal do contrato.

Com a entrada em vigor do CCP, o requisito da forma está sujeito a regras ligeiramente diferentes.

5.2. Da extensão

283. Para efeitos do regime de invalidade parcial, parece-nos relevante estabelecer quais as causas que se relacionam com o conteúdo principal do contrato e quais se relacionam com o conteúdo acessório. Buscando paralelo na teoria do acto administrativo, o conteúdo principal do contrato é aquele que permite identificar o contrato, as cláusulas que a lei impõe que estejam presentes sob pena de não ser aquele contrato típico. Já conteúdo acessório será aquele que é deixado à "negociação" entre o ente público e os concorrentes, no espaço de poderes discricionários e de autonomia respectivamente e cujo objectivo é "adequar" o contrato às nuances do interesse público.

284. A questão da extensão da invalidade coloca-se a propósito dos vícios próprios do contrato, seja por causas exclusivas ou comuns. Há causas invalidantes que inequivocamente geram uma invalidade total e que se prendem com os elementos definidores do contrato em causa. Assim, vícios quanto aos sujeitos, quanto ao objecto (em sentido estrito), quanto à forma imperativamente prescrita, quanto ao consenso e quanto ao conteúdo principal do contrato, quando este resulta do exercício de poderes discricionários.

A análise tem de ser cuidada e rigorosa a propósito do conteúdo do contrato. Há dimensões do conteúdo, mesmo do conteúdo principal, que podem originar invalidades parciais. Dependerá do tipo de poderes envolvidos na definição desse conteúdo.

285. Para que opere a invalidade parcial, a cláusula inválida não pode ser essencial ao pacto contratual nem estar numa relação de interdependência funcional com o resto do pacto[1349].

[1349] Neste sentido, a jurisprudência italiana referida por ANTONIO GERARDO DIANA (*in La Nullità...*, cit., pp. 146-147).

Poderíamos ser levados a pensar que todas as invalidades relativas ao conteúdo principal gerariam uma invalidade total e irreversível. Nem uma coisa nem outra. As soluções de invalidade parcial do contrato podem passar pela desconsideração da(s) cláusula(s), pela sua desconsideração e inserção das cláusulas que imperativamente decorrem da lei ou pela desconsideração da cláusula e recomposição do equilíbrio contratual[1350]. Tudo dependerá do tipo de violação e da cláusula em que se verifica a dita violação. Portanto, há institutos do direito civil, a que aludimos *supra*, que poderão ter alguma aplicação. Por exemplo, o instituto da redução, no sentido estrito a que se refere CARVALHO FERNANDES, poderá ser utilizado nas cláusulas em que se verificam excessos quantitativos, como seja por exemplo as cláusulas relativas a prazos, quando este é um dado imperativamente fixado. Do mesmo passo, a inserção automática de cláusulas deverá ser a solução aplicada quando estamos em cenários de contradição de cláusulas com parâmetros normativos imperativos ou quando se afectam poderes contratuais genéricos ou quando se afectam determinações tipológicas contratuais. Por fim, em algumas situações, a invalidade parcial resolve-se pela pura desconsideração da cláusula[1351].

286. Vejamos algumas demonstrações ilustrativas.

É certo que cláusulas relativas ao preço e formas de pagamento imperativamente estabelecidas na lei pertencem ao conteúdo principal do contrato. O que, perante a existência de cláusulas violadoras dessas determinações, levaria a considerar a invalidade total do contrato. Mas na verdade, ainda que o preço seja elemento essencial, o critério a ter em consideração é o tipo de poderes exercidos. O elemento está imperativamente definido na lei, pelo que os poderes são executivos da lei. Assim, está perfeitamente aberta a hipótese de invalidade parcial do contrato e a subsequente possibilidade de aproveitamento. Contudo, o preço (e normalmente condições do pagamento do mesmo, formas de cálculo, etc.), é o elemento que está sempre subordinado à concorrência. Portanto, apenas quando a ilegalidade se refira a aspectos do preço não sujeito à concorrência é que a invalidade total está excluída, podendo aproveitar-se a proposta pois a dimensão ile-

---

[1350] Não vamos encetar a discussão a propósito do conceito de cláusula.

[1351] Já não parece haver lugar a aplicação dos institutos da conversão e confirmação do direito civil e do direito administrativo. Quanto às hipóteses de reforma, ela poderá entender-se como categoria genérica que engloba todos os actos de convalescença e de aproveitamento da actuação.

gal será tida por não escrita e em sua substituição estará a previsão constante do bloco de legalidade da formação do contrato.

Há cláusulas inválidas que se ligam a poderes e deveres dos parceiros contratuais comuns a qualquer contrato. Referimo-nos a cláusulas relativas à renúncia ao exercício de poderes administrativos como o poder de modificação unilateral do conteúdo das prestações, por exemplo, ou a renúncia ao reequilibro financeiro do contrato, a declaração de não conformação a regras imperativas relativas à segurança no trabalho, ou trabalho infantil, saúde e etc. Este tipo de cláusulas só se podem ter por nulas. Quanto às renúncias, porque afectam gravemente o interesse público que lhes subjaz. No caso da renúncia do ente público, porque coloca em risco a adequada prossecução do interesse público e a sua protecção, vinculação fundamental da actividade administrativa. Quanto à renúncia do particular, fica em causa a mesma prossecução do interesse público: o não reequilíbrio financeiro pode implicar a impossibilidade de cumprimento integral e pontual do contrato. No que concerne às cláusulas relativas ao incumprimento de deveres associados à protecção da saúde e segurança no trabalho, dos menores e mesmo ambientais, comuns à contratação pública, a questão implica com outro tipo de interesses públicos de índole social, associados à concreta execução do contrato. Não estão portanto na disponibilidade das partes – nem na discricionariedade do ente público nem na autonomia privada do particular – pelo que se trata de poderes (e portanto traduzíveis em cláusulas) que se sobrepõem à vontade das partes. Tais cláusulas não vigoram, o que não significa que o contrato fique afectado. Há claramente a aplicação do instituto da redução como desconsideração absoluta de tais cláusulas.

Outras cláusulas, agora directamente referíveis ao tipo contratual, também serão inválidas mas não pondo em crise todo o contrato. Tratar-se-á do caso das cláusulas relativas à alusão indevida a marcas, ao incumprimento do prazo máximo de pagamento ao empreiteiro (quando estabelecido imperativamente pela Administração, devendo ponderar-se se pode existir adesão válida a tal hipótese), o prazo excessivo de consignação, características de bens a fornecer que não coincidem totalmente com as determinações resultantes dos documentos do concurso.

287. Existem contudo um conjunto de cláusulas, apesar dessa natureza, determinam a invalidade total do contrato. Desde logo, todas as cláusulas negociadas com violação dos limites de negociação em âmbitos deixados ao exercício do poder discricionário da Administração ou em que

esta legitimamente deixou à proposta do particular, sem se ter demitido de guardiã dos limites imperativos. O mesmo se passa quando a proposta escolhida é omissa em aspectos que deveriam ter sido apresentados e não o foram, na justa medida em que tal omissão inviabilize uma pontual execução do contrato. De igual modo, uma proposta com preço mínimo desrespeitador das determinações do concurso só poderá gerar a invalidade total do mesmo. Até porque o preço depende de facto da proposta do particular em função do reequilíbrio financeiro que ele gizou na proposta como um todo. Entender que vigora o preço mínimo do programa do concurso (se o houver) é solução contrária à filosofia do contrato administrativo, designadamente quanto à concorrência no factor preço.

De um modo geral, entendemos que todas as situações em que a concorrência é colocada gravemente em causa, o contrato, qualquer que seja casuisticamente a causa de invalidade, deverá ser tido por totalmente nulo.

288. A invalidade total também vigora quando o objecto contratual é contrário à lei ou ao bloco de legalidade do contrato. Mas sendo possível à Administração pedir a "melhor solução", a questão deverá ser reequacionada à luz do princípio da legalidade.

5.3. Do regime em concreto

289. Queremos aqui estabelecer o alcance do princípio do aproveitamento do contrato e como se concretiza.

Nas situações de invalidade total, o contrato pode eventualmente não estar condenado. Há manifestações do princípio do aproveitamento que se poderão em tese aplicar, como a conversão. Resta é saber se este instituto é passível de ser aplicado às nossas hipóteses. Recorde-se que o regime administrativo da conversão dos actos administrativos limita a sua aplicabilidade aos actos anuláveis. Aplicando o regime administrativo, a conversão seria automaticamente excluída. Em primeiro ligar, porque a maior parte dos vícios – todos – determinam a nulidade do contrato. À semelhança do que dispõe o CCP[1352] e como já fomos referindo, o regime do

---

[1352] O n.º 3 do artigo 285.º do CCP manda aplicar o instituto *nos termos do disposto nos artigos 292.º e 293.º do Código Civil* e *independentemente do respectivo desvalor jurídico*.

acto administrativo, nesta matéria e para o tipo de contrato, não será o mais adequado, devendo aproximar-se antes do regime do contrato civil. Portanto, as dificuldades colocar-se-ão a propósito da própria admissibilidade e possibilidade de conversão e não a propósito da invalidade que conduz à consideração do instituto. A conversão significa que o contrato se torna num contrato cujos requisitos já se encontram preenchidos. A dificuldade salda-se em converter um contrato de empreitada de obra pública outorgado por ente público sem atribuições em contrato de prestação de serviços inominado. Se o ente público não pode outorgar um contrato de empreitada, já poderá outorgar um contrato de prestação de serviços com exactamente o mesmo tipo de prestações? O interesse público inexistente em relação àquele ente público, que dita a nulidade do contrato, como é que já poderá estar presente no contrato de prestação de serviços? O mesmo raciocínio vale para as hipóteses relativas à impossibilidade do conteúdo principal e em particular do objecto. E as hipóteses de anulabilidade comportam a possibilidade de conversão? Recordemos a possibilidade de contrato outorgado por órgão incompetente. A invalidade contratual será precária, mas entendemos que a conversão será todavia inaplicável. O órgão outorgante deveria ser outro, pelo que a sanação só ocorrerá com a intervenção do órgão competente.

A verdade é que a conversão só poderá ser equacionada em contratos em que não esteja em causa questões de competência ou de atribuições. Ou seja, como sucede no direito italiano, haverá que distinguir os actos de sanação em função do vício verificado. Acresce que, mercê da vinculação à prossecução do interesse público por parte da Administração Pública, o instituto da conversão há-de ser lido e aplicado à luz desta vinculação fundamental.

290. E fora das hipóteses de invalidade total, qual o regime jurídico concreto, em função dos vícios anteriormente elencados, a propósito da invalidade parcial?

No que concerne às cláusulas que se relacionam com o exercício de poderes do ente público em sede de execução do contrato e com os direitos do parceiro contratual directamente ligados a esses poderes, a solução há-de passar necessariamente por entender que qualquer renúncia se deverá ter por nula, por razões distintas como vimos. Do lado da Administração Pública, porque tal consubstanciaria, em contrariedade à lei, abdicar dos instrumentos para prosseguir o interesse público, subordinado a um acordo com os privados. Quanto ao particular, de uma forma indirecta é igualmente colocar em risco a prossecução do interesse público, o qual, de forma directa, se propôs prosseguir. Trata-se por conseguinte de um domínio em que a lei imperativa não deixa margem nem ao exercício de poderes discricionários à Administração Pública, nem à negociação dos privados. Portanto, este tipo de cláusulas relativo a direitos e deveres das partes, que a lei tenha disciplinado com a intenção de protecção directa e imediata do interesse público não admite qualquer margem de alteração. Assim, e apesar de se referirem à execução dos contratos administrativos e portanto em relação a todo o contrato, a nulidade de tais cláusulas não determinam a morte do contrato. Tais cláusulas devem ter-se por não escritas, inexigíveis entre as partes e perante terceiros, por força da nulidade das mesmas. Esta solução nem sequer desequilibra o contrato. O que sucede é que o espaço deixado necessariamente vago por esta solução será preenchido pela previsão normativa, numa manifestação da "inserção automática" dos poderes e deveres legais. Não se tratará de uma lacuna, como vimos.

Idêntica solução deverá ser aplicada a todas as cláusulas que impliquem, por vontade das partes, a não observância de deveres legais, ainda que não expressamente relacionados com os poderes ligados à execução dos contratos administrativos. Pensamos nos deveres que impendem sobre as partes a propósito das normas de direito de saúde e segurança no trabalho, de protecção de menores, de protecção ambiental.

A solução de que deve vigorar a norma legal, no contexto acima descrito, deverá contudo ser afastada quando a renúncia ao exercício de poderes ou o compromisso de incumprimento de normas injuntivas relativas ao direito laboral e ambiental constituiu a base negocial. Isto é, se o consenso gerador da obrigação contratual se fundou essencialmente em compromissos deste género, a questão da invalidade é mais ampla. Confirmando-se tal cenário, é o consenso gerador do contrato que está definitivamente viciado. E viciado por nulidade, pois o consenso legalmente admitido não contempla o afastamento de normas injuntivas. Assim, verificando-se e provando-se o âmago do acordo sediado naquelas cláusulas, isto é, que o contrato, não fora aquele específico acordo, não teria sido celebrado, então ele só poderá ser considerado nulo. Outra solução, como a anulabilidade, implicaria a possibilidade de o contrato poder vir a vigorar mesmo com tais cláusulas, o que seria inadmissível. Claro que se poderia pensar que a solução seria a de que o contrato vigoraria mas sem as ditas cláusulas. Mas isso seria desconsiderar o acordo, pedra de toque de qualquer contrato, mesmo o contrato administrativo. Portanto, a solução mais razoável, que melhor tutela o conjunto de interesses ali envolvidos, é a nulidade total e sem espaço de aproveitamento.

291. Há um conjunto de cláusulas, relativo ao conteúdo principal do contrato, em que há margem de aproveitamento do contrato com redução das cláusulas. Por exemplo, nas concessões em que o prazo acordado é excessivo face ao que dispõe a lei, e apesar de se referir ao conteúdo principal, o excesso deve considerar-se por não escrito, valendo o prazo legal. Ou seja, valerá o normativo em vez do acordo. Claro que nesta sede em particular, haverá lugar ao reequilíbrio financeiro do contrato uma vez que a proposta financeira do particular está directamente dependente do prazo da concessão. No limite, isto é, nas situações claramente demonstráveis, pode a hipótese não passar pelo aproveitamento do contrato, mas a sua efectiva resolução. Ou seja, se for demonstrado que o reequilíbrio não é possível, tratando-se de um elemento essencial do contrato de concessão, este deverá resolver-se à luz da distribuição das responsabilidades de cada parte quanto à determinação do prazo ilegal.

292. Há por fim, cláusulas ilegais, agora referíveis a certos tipos contratuais, que não conduzem à invalidade total do contrato. Desde logo porque não se referem ao conteúdo principal do mesmo. Pense-se nas hipóteses em que existe incumprimento de regras relativas à alusão a marcas, características de bens a fornecer que não coincidem totalmente com as determinações dos documentos do concurso, prazos de pagamentos em moldes diferentes dos que resultam da lei. Sempre que estejamos em domínios como estes ou semelhantes, relativos a dimensões do conteúdo acessório ou mesmo principal mas com margem de acordo, e sempre que as cláusulas inválidas não tenham constituído elemento essencial e determinante para a formação do acordo, tais cláusulas são efectivamente inválidas (e deverão ter-se por nulas para acautelar a possibilidade de, no extremo poderem vir a vigorar) mas há margem para a eficácia do princípio do aproveitamento.

293. A invalidade total do contrato, sob a forma mais grave, deverá ser a solução preconizada em todas aquelas situações em que elementos essenciais do contrato, como o objecto em sentido estrito ou preço, ou em situações de violação de limites imperativos de negociação que resultem em violação grave e intolerável do princípio da concorrência, ou quando a proposta é omissa em relação a elementos essenciais dos bens a forne-

cer ou a construir, sendo que sobre ela impendia tal dever, e que inviabiliza o cumprimento integral do contrato. Deverão ter-se por afastadas as hipóteses de redução ou conversão do mesmo, bem como as soluções parciais de aproveitamento. Não fazem sentido. Converter o contrato sem definições de características dos bens a fornecer em que tipo de contrato? Ou converter um contrato com objecto legalmente impossível em que tipo de contrato? Reduzir as cláusulas? Mas tal só faz sentido quando há excesso. Ora, só quando a negociação vai além dos limites é que há excesso. Mas mesmo aí, como estamos em domínio de negociação, que implica o exercício de poderes discricionários e de autonomia, como operar o instituto? Quando a negociação se traduz na apropriação de soluções de outros concorrentes, em manifesta violação de uma proibição legal, poderia pensar-se em ter-se aquela cláusula como nula e não escrita. A solução só não é exequível quando o domínio disciplinado por tal cláusula precisa de alguma definição. A simples desconsideração da cláusula negociada, não implica a vigência de uma qualquer outra disciplina porque esta não existe definida na lei, dependendo em absoluto da definição das partes.

6. DOS CASOS ESPECIAIS

294. Existe uma situação particular que merece uma referência específica. A falta de acta relativa a uma deliberação administrativa redunda na sua ineficácia, uma vez que constitui acto integrativo de eficácia. Contudo, aplicado à decisão de contratar no âmbito do procedimento de formação do contrato administrativo, a falta de acta significa que o procedimento se deverá suster. Não sucedendo tal coisa e vindo a celebrar-se um contrato, a verdade é que são desconhecidos todos os requisitos. Nestas circunstâncias, o contrato assim celebrado tem na sua génese a mais ampla violação dos princípios da transparência e da publicidade e concomitantemente da concorrência, não podendo por conseguinte deixar de ser nulo[1353]. Não existem igualmente quaisquer possibilidades de aproveitamento, uma vez que todo o contexto de concorrência, publicidade e transparência foram absolutamente postergados. Ora, dada a importância dos interesses públicos violados, deve permitir-se uma ampla legitimidade[1354] de arguição do vício do contrato que, em rigor, não se consubstancia em invalidade derivada pois não assenta numa invalidade da decisão[1355].

Claro que também é possível que, apesar da falta de eficácia da decisão de contratar, ainda assim existiram todos os actos procedimentais. Ora, se tal suceder, já não será arguível a violação dos princípios da concorrência, transparência e publicidade, não se manifestando então obstáculos à actuação do princípio do aproveitamento da actuação administrativa. A falta de ineficácia inicial acaba por não atingir os valores essenciais da contratação pública nesta sede. Recorde-se que o CCP prevê expressa-

---

[1353] Recorde-se que MÁRIO ESTEVES DE OLIVEIRA ET AL. sustentem que "resulta ser ilegal (ou ilícita) qualquer execução jurídica ou material que não tenha nela suporte jurídico (*in Código...*, 2.ª Ed., cit., p. 188).

[1354] Com excepção das situações em que a legitimidade está funcionalizada ao preenchimento de outros critérios, atento o concreto fundamento.

[1355] A invalidade derivada sustenta-se em causa de invalidade.

mente a possibilidade de a decisão de contratar (portanto, o acto administrativo) estar implícito na autorização da despesa[1356]. Se assim é, a nossa hipótese de apenas faltar a acta da decisão de contratar, isto é, de faltar a dimensão expressa desse acto administrativo deverá ser lida, em homenagem ao princípio do aproveitamento da actuação administrativa, como uma irregularidade não invalidante.

[1356] Cfr. o disposto no n.º 1 do artigo 36.º

7. DA RELEVÂNCIA DAS SITUAÇÕES DE DESCONFORMIDADE ANTES DA OUTORGA CONTRATUAL

295. A impugnação de qualquer acto do procedimento, com fundamento em invalidade, seja ela a nulidade ou a anulabilidade, que culmine numa sentença judicial que a declare ou reconheça implica o desaparecimento do respectivo acto da ordem jurídica e o nascimento do dever para a Administração de retirar todas as consequências para a relação jurídica em que se inseria tal acto. Quando a sentença judicial sobrevém antes da outorga contratual, passa a existir um dado jurídico da maior relevância: a definição jurídica contida em tal acto não existe e qualquer definição subsequente que nela se suporte deverá ser revista. Assim, se o acto de exclusão da proposta foi anulado, não pode a adjudicação ser praticada e o contrato outorgado, sob pena de violação do caso julgado. Cabe à Administração recuar o procedimento ao tempo da avaliação das proposta e repetir tal juízo, sem incorrer no vício ou vícios que foram acolhidos na sentença judicial. Ou se for declarado inválido um documento do concurso que sustenta a elaboração das propostas, obviamente que o procedimento não pode prosseguir e conduzir à celebração do contrato, sob pena de aquele estar profundamente ferido de invalidade, por falta de um dos pressupostos fundamentais do mesmo.

Nestes termos, cabe retirar a seguinte conclusão: se for outorgado um contrato apesar de previamente ter sido anulado ou declarado nulo um acto anterior que continha uma definição de um dos pressupostos do mesmo, aquele será inválido, sendo que esta invalidade será a mais grave e a título de invalidade própria. Cumpre igualmente sublinhar que, nesta hipótese específica, é irrelevante o fundamento da invalidação ou declaração de nulidade do acto. Trata-se sempre de desobediência ao caso julgado.

296. Uma questão próxima que se coloca é a de saber se a invalidação ou declaração de nulidade proferida por entidade administrativa com poderes de supervisão sobre o órgão responsável pelo procedimento deverá ter o mesmo tratamento. Obviamente, no pressuposto de que tal hipótese é possível à luz das relações intra-orgânicas. Se sim, a consequência há-de ser a mesma para o contrato, se bem que agora estejamos antes no domínio do caso julgado administrativo.

297. Por fim, há uma questão ainda a abordar: como se deverá tratar a questão quando, ainda antes da outorga do contrato, se dá a novação do acto viciado mas agora sem vício. Em rigor, estamos perante a situação de sanação – quando legalmente admissível – da invalidade. Contudo, nesta hipótese cumpre sublinhar que a lei não admite nem a ratificação, nem a reforma nem a conversão de actos nulos[1357]. O que significa, por exemplo, que a propósito de um acto viciado por falta de quórum, a única hipótese de regularizar a actuação passará pela declaração (administrativa) de nulidade e a repetição da reunião, agora com o número de membros legalmente imposto. Claro que entendemos, como já dissemos antes, que se deverá entender sanado o vício do acto suporte quando a outorga contratual ocorreu regularmente. Repetindo a justificação, que interesse público pode ser convocado para sustentar a manutenção da invalidade do acto suporte se, o ente público, podendo alterar expressamente a actuação anterior, designadamente sustendo o procedimento e não outorgando o contrato, actuou precisamente no sentido de entender como boa a actuação anterior? Não será razoável entender que a continuação da actuação administrativa tem implícita a decisão de renovar validamente a actuação ao nível do acto suporte? Ora, se a sanação – assuma ela a forma em sentido estrito, ou não – ocorre antes da outorga contratual, então o contrato outorgado em momento sucessivo não sai minimamente afectado na sua validade[1358].

[1357] Cfr. o disposto no n.º 1 do artigo 137.º do CPA. O direito espanhol expressamente admite a conversão dos actos administrativos inválidos, sejam eles nulos ou anuláveis (cfr. o disposto no artigo 65.º). Em anotação a este normativo, AYALA MUÑOZ sublinha: "a conversão não convalida o acto nem faz desaparecer a causa de nulidade, apenas supões uma modificação das consequências da nulidade", informando ainda que o instituto não é muito usado pela jurisprudência (*in Régimen Jurídico...*, cit., p. 450). Na mesma linha, GARCIA DE ENTERRIA/TOMÁS-RAMON FERNÁNDEZ, *Curso...*, I, cit., pp. 655.

[1358] Cfr. o disposto no n.º 3 do artigo 283.º do CCP.

8. SÍNTESE CONCLUSIVA

298. É tempo de sistematizar as conclusões que fomos tirando nesta parte.
É assim possível concluir:
a) as causas de invalidade derivada consubstanciam sempre para o contrato uma invalidade total porque subjacente a tais causas estão alguns dos interesses públicos mais relevantes na contratação pública: a tutela da sã concorrência, publicidade e transparência, estabilidade. Trata-se de alguns interesses públicos da contratação pública associados a uma das suas dimensões imperativas: parte do procedimento de formação do mesmo;
b) as causas de invalidade derivada do contrato reconduzem-se à violação de regras formais, se bem que imbuídas de interesses públicos substanciais;
c) daí que por causa da gravidade da violação dos interesses públicos atingidos, a regra quanto ao tipo de invalidade será a nulidade do contrato, não se verificando um paralelismo de invalidade entre a invalidade do acto suporte e a do contrato, até porque é diferente o peso da violação do interesse público no acto e no contrato;
d) quando a violação daqueles interesses não consubstanciar uma violação grave, as situações fácticas converter-se-ão em irregularidades no contrato, porque aqueles interesses não terão sido totalmente postergados e porque não são os únicos determinantes do contrato;
e) trata-se, nesta última conclusão, de um dos domínios de operacionalidade do princípio do aproveitamento da actuação administrativa, na vertente em que as formas podem não ser todas essenciais;
f) as causas de invalidade própria podem ser comuns a causas de invalidade de actos suporte, caso em que também podem ser fonte de invalidade derivada, ou serem causas exclusivas do contrato;

g) na maior parte das situações de invalidade própria por causa comum podem concorrer hipóteses de invalidade derivada que cedem a sua relevância à dimensão da invalidade própria porque aquelas assumem a vertente mais formal e não tanto substancial;
h) quanto à extensão, as causas de invalidade própria podem gerar invalidade total do contrato quando se referem aos sujeitos, à forma, ao consenso (quando incide sobre o conteúdo principal), conteúdo principal e objecto, ou seja, quando os vícios atingem os requisitos definidores do contrato;
i) as causas de invalidade própria serão fonte de invalidade parcial sempre que respeitem ao conteúdo acessório do contrato ou quando disser respeito a aspectos disciplinados por lei imperativa, o que permite a substituição da vontade ilegal das partes, pela vontade da lei;
j) as hipóteses de sanação da invalidade ocorrem essencialmente nos domínios de invalidade parcial, podendo contudo equacionar-se a sanação em hipóteses de invalidade total;
l) cabe sublinhar que no domínio do CCP, algumas das situações tratadas na legislação actualmente em vigor como sendo de ineficácia, são enquadradas na figura da caducidade: a não apresentação de documentos de habilitação, a não apresentação da caução, a falta de comparência para a outorga contratual determinam a caducidade da adjudicação e o dever de adjudicar ao segundo concorrente seriado.

PARTE IV
APRECIAÇÃO CRÍTICA DO REGIME JURÍDICO-POSITIVO DA INVALIDADE

1. DO REGIME SUBSTANTIVO DO CPA

1.1. Evolução legislativa do regime de invalidade

1.1.1. *A disciplina jurídica na versão inicial do CPA*

299. Uma investigação sobre a validade dos contratos administrativos, no sentido delimitado na Parte I, não pode passar ao lado dos dados normativos existentes. Por isso, impõe-se uma apresentação crítica do regime jurídico vigente, precedido obviamente pela apresentação da evolução do mesmo.

300. O primeiro diploma que, de uma forma sistemática, disciplinou a matéria do regime substantivo do contrato administrativo foi o CPA.
Para além de se ter de atender ao conceito de contrato administrativo vertido no artigo 178.º, não se podia perder de vista a opção fundamental de livre utilização do contrato consagrada no artigo 179.º, bem como o específico requisito de forma que o artigo 184.º encerrava.
O âmbito de aplicação do normativo buscava-se na definição de contrato contida no n.º 1 do artigo 178.º: *"acordo de vontades pelo qual é constituída, modificada ou extinta uma relação jurídica administrativa"*. Importa sublinhar que o regime a analisar estava sujeito à regra de aplicação do código. Ou seja, não excluía a aplicação de regimes de invalidade específicos[1359].

301. Na versão inicial do código, o regime de invalidade dos contratos estabelecido no artigo 185.º continha apenas dois números com o seguinte teor:

[1359] Cfr. o disposto no n.º 7 do artigo 2.º

*"1. São aplicáveis à falta e vícios da vontade, bem como à nulidade e anulabilidade dos contratos administrativos, as correspondentes disposições do Código Civil para os negócios jurídicos, salvo o disposto no número seguinte.
2. O contrato administrativo é, também, nulo ou anulável quando o fosse o acto administrativo com o mesmo objecto e idêntica regulamentação da situação concreta".*

Assim, existiam apenas duas directivas de regime: a remissão para o regime jurídico-civil dos negócios jurídicos quanto à falta e vícios da vontade e respectivo regime jurídico e, se se tratasse de contrato substitutivo de acto administrativo, aplicação do regime de invalidade dos actos administrativos. O teor literal da redacção inicial n.º 1 do artigo 185.º salvaguardava a aplicação preferencial do n.º 2[1360]. No entanto, era difícil a interpretação a conferir ao vocábulo "também" que constava do n.º 2, uma vez que o seu sentido etimológico aponta para uma ideia de acrescento de algo e não uma ideia de alternativa prioritária[1361].

A técnica legislativa utilizada foi portanto a da remissão quer para o direito civil, quer para o direito administrativo. Tal opção colocava a questão fundamental de saber designadamente no que diz respeito à remissão para o regime do Código Civil, que normas se deveriam ter por abrangidas. A questão coloca-se hoje ainda no direito germânico, que dispõe de uma norma semelhante (se bem que a propósito de um outro paradigma contratual), embora aí o legislador tenha sido muito mais genérico ao fazer o reenvio para o Código Civil. O legislador português circunscrevia, ao

---

[1360] Normalmente a utilização da expressão "salvo o disposto no número seguinte" indica a aplicação de um regime excepcional ou especial em relação àquele onde a expressão se insere. Todavia, neste caso, parece ser consensual que a aplicação do direito administrativo, indicado no "suposto regime excepcional" contido no n.º 2 é afinal o regime específico e normal, não sendo admissível que o direito civil seja o regime normal em contratos administrativos. Sobre esta questão no direito português, vide JORGE PEREIRA DA SILVA, *A Invalidade...*, cit., pp. 13 e ss. MÁRIO ESTEVES DE OLIVEIRA *ET AL.*, em anotação ao referido artigo na sua versão originária sublinham precisamente o carácter "perigoso" da disposição por "parecer situar a questão da (in)validade do contrato administrativo sob um regime primeiramente tirado do direito privado, quando, em si mesmo, ele precisamente a assunção do princípio contrário: as questões de validade do contrato administrativo são reguladas prioritariamente no direito administrativo", (in *Código do Procedimento Administrativo Comentado*, 1.ª Ed., Vol. II, Almedina, Coimbra, 1995, p. 373).
[1361] Referindo-se a esta dificuldade, ANA PATRÍCIA RENDEIRO PINA, *A Invalidade dos Contratos Celebrados pela Administração Pública*, Tese de Mestrado, Lisboa, 2003.

tempo, a remissão "às falta e vícios da vontade, bem como à nulidade e anulabilidade"[1362].

A doutrina, pouca, que ao tempo se debruçou sobre a questão de saber que âmbito normativo estaria envolvido na remissão, inclinava-se para entender ser a remissão feita para os artigos 240.º a 257.º e 285.º a 294.º[1363]. MÁRIO ESTEVES DE OLIVEIRA ET AL. entendiam que a remissão se devia entender estar feita de forma inequívoca para os vícios e falta da vontade. Quanto à referência à nulidade e anulabilidade, os mesmos AA. entendiam que a remissão "mais do que aos casos de invalidade e à qualificação de cada um deles como caso de anulabilidade ou nulidade – esta remissão para o Código Civil respeitaria, portanto, aos requisitos e regime (da invocação ou arguição) da invalidade"[1364]. Claro que a remissão, como técnica legislativa, tem um óbice acrescido quando inclui normas remissivas como é o caso do artigo 285.º do Código Civil. A norma remissiva é uma opção legislativa em que o legislador decide apresentar o regime jurídico de uma determinada matéria de forma indirecta. Só pelo exame de outra ou outras regras se obtém o sentido completo da norma. No caso em análise, o então n.º 1 do artigo 185.º consubstanciava-se naquilo que os AA. também designam como regra de devolução[1365]. Este tipo de normas remete a matéria a regular para outra norma que já contém o regime jurídico. Normalmente, como refere BAPTISTA MACHADO, "a remissão vai dirigida à estatuição da norma"[1366].

Apesar da redacção do n.º 1 do artigo 185.º, que tem correspondência no n.º 2 do artigo revisto, embora com teor diferente, já então os AA.

[1362] Adiante, a propósito do regime jurídico contido no artigo 185.º, trataremos mais circunstanciadamente esta questão.

[1363] Neste sentido *vide* DIOGO FREITAS DO AMARAL/JOÃO CAUPERS/JOÃO MARTINS CLARO/JOÃO RAPOSO/PEDRO SIZA VIEIRA/VASCO PEREIRA DA SILVA (FREITAS DO AMARAL ET AL.), *Código do Procedimento Administrativo*, Anotado, 3.ª Ed., Almedina, Coimbra, 1997, p. 271; JORGE PEREIRA DA SILVA, *A Invalidade...*, cit., p. 151. Hoje, FREITAS DO AMARAL ET AL. circunscrevem a remissão aos vícios de vontade (*in Código...*, 7.ª Ed., p. 313).

[1364] *In Código...*, 1.ª Ed., II, cit., p. 375.

[1365] As regras remissivas podem assumir a forma de regras de devolução, ficções e presunções absolutas. Neste sentido, OLIVEIRA ASCENSÃO, *O Direito Introdução e Teoria Geral, Uma Perspectiva Luso-Brasileira*, 6.ª Ed., Revista, Almedina, Coimbra, 1991, pp. 524; INOCÊNCIO GALVÃO TELLES, *Introdução ao Estudo do Direito*, vol. 2, Lisboa, 1989, p. 439.

[1366] *In Introdução ao Direito...*, cit., p. 105.

convergiam no entendimento de que "o papel a desempenhar pelo Código Civil nesta matéria é bastante mais reduzido do que aquilo que indicam as aparências"[1367].

302. Quanto à aplicação do disposto no então n.º 2 do normativo, a dúvida era a de saber que contratos seriam de considerar aí envolvidos. Ao tempo, já MÁRIO ESTEVES DE OLIVEIRA ET AL. entendiam deverem ser os contratos de substituição. Só a propósito destes contratos se alcançaria completamente a alternatividade de formas de actuação e se justificava a aplicação do regime jurídico de invalidade do acto administrativo[1368].

1.1.2. A disciplina legal da invalidade até ao CCP

303. Em 1996, o CPA foi alvo de uma alteração legislativa significativa, incluindo em particular uma extensa alteração do teor do artigo 185.º, o qual passou a dispor:

"1 – Os contratos administrativos são nulos ou anuláveis, nos termos do presente Código, quando forem nulos ou anuláveis os actos administrativos de que haja dependido a sua celebração.
2 – São aplicáveis a todos os contratos administrativos as disposições do Código Civil relativas à falta e vícios da vontade.
3 – Sem prejuízo do disposto no n.º 1, à invalidade dos contratos administrativos aplicam-se os regimes seguintes:
a) Quanto aos contratos administrativos com objecto passível de acto administrativo, o regime de invalidade do acto administrativo estabelecido no presente Código;
b) Quanto aos contratos administrativos com objecto passível de contrato de direito privado, o regime de invalidade do negócio jurídico previsto no Código Civil".

Impõe-se por conseguinte uma análise circunstanciada das respectivas normas para efeitos de alcançar as deficiências que as mesmas acabavam por incorporar.

[1367] JORGE PEREIRA DA SILVA, A Invalidade..., cit., p. 153.
[1368] In Código..., 1.ª Ed., II, cit., p. 375.

1.1.2.1. A invalidade derivada – n.º 1 do artigo 185.º

304. A primeira opção legislativa quanto à questão da invalidade dos contratos administrativos reconduzia-se ao "princípio da invalidade derivada ou consequencial": os contratos eram inválidos na medida em que os actos que os precedessem o fossem também[1369]. Ou seja, a invalidade decorria da "invalidade verificada no procedimento de formação do contrato"[1370].

Os artigos 181.º e ss. do CPA regulavam genericamente tal procedimento, estabelecendo a regra básica da realização do concurso público para efeitos de escolha do co-contratante da Administração. Todavia, como estabelecia o n.º 1 do artigo 182.º, o modo concursal de escolha do co-contratante estava previsto para os "contratos que vis[assem]em associar um particular ao desempenho regular de atribuições administrativas". Para MÁRIO ESTEVES DE OLIVEIRA ET AL., tratava-se dos contratos de colaboração (subordinada), compreendendo-se a opção legislativa na medida em que era nesse tipo contratual que mais se manifestavam os interesses que justificavam a procedimentalização da actuação administrativa[1371].

Ora, é neste procedimento que podem surgir actos com autonomia funcional e que tradicionalmente a doutrina, inspirada nos modelos franceses, apelidava de "actos destacáveis". São actos verdadeiramente administrativos que, de forma unilateral e autoritária, definem situações jurídicas com eficácia externa[1372]. É também essa a orientação da jurisprudência[1373]. Consequentemente, podem ser atacados contenciosamente

---

[1369] MÁRIO ESTEVES DE OLIVEIRA ET AL., Código..., 2.ª Ed., cit., p. 845.

[1370] JORGE PEREIRA DA SILVA, A Invalidade..., cit., p. 112.

[1371] In Código..., 2.ª Ed., cit., p. 835. No mesmo sentido, DIOGO FREITAS DO AMARAL, Curso..., Vol. II, cit., p. 591, PEDRO GONÇALVES, O Contrato Administrativo..., cit., p. 89; SÉRVULO CORREIA, Legalidade..., cit., p. 690; PAULO CASTRO RANGEL, Concertação, Programação e Direito do Ambiente, Coimbra, Argumentum n.º 7, 1994, pp. 89 e 90.

[1372] Seguimos uma noção restrita de acto administrativo, na esteira do que defende ROGÉRIO SOARES, e que publicamente já defendemos. Vide nosso O Direito à Informação..., pp. 137 e ss. Sobre o conceito intermédio de acto administrativo, com argumentos a ponderar, vide MÁRIO AROSO DE ALMEIDA, Considerações em Torno..., cit.

[1373] Recorde-se a disposição contida no artigo 186.º que qualificava de opinativos os actos que a Administração pratique em relação à interpretação e validade do contrato. Mais controvertida é a qualificação como acto administrativo os actos de execução no âmbito do contrato administrativo. Por exemplo, no Acórdão do STA de 16/10/2003 (P. n.º 47 543), sustentou o Tribunal: "a determinação da natureza jurídica dos actos prae de forma autónoma face, não só ao contrato, mas também face ao acto final do procedimento de escolha do co-contratante. A invalidade sequencial, em regra, assenta na ideia de que tais actos, sendo inválidos, afectarão, em maior ou menor grau, o contrato que a final irá ser outorgado. Este entendimento parece ter como consequência necessária e evidente a exclusão do procedimento de escolha do co-contratante do âmbito dos "elementos integrantes do próprio contrato"[1374].

Porque a formação da vontade da Administração é gradual[1375], as questões relativas à falta e vícios da vontade podem colocar-se nesta sede mas surgirão com mais acuidade no procedimento pós-adjudicatório[1376]. A verdade é que não existe propriamente uma teoria administrativa da vontade dos entes públicos sistematizada e estudada, "porque o acto administrativo sempre foi tido como produto de uma vontade normativa"[1377]. Nas palavras de MÁRIO ESTEVES DE OLIVEIRA ET AL., a formação da vontade da Administração Pública está sujeita a um procedimento administrativo distinto quer do processo de formação da vontade no âmbito do direito privado, quer do próprio procedimento conducente à emanação de um acto administrativo[1378].

Todavia, uma vez que o legislador se referiu expressamente à questão da formação da vontade quanto a vícios e faltas, de forma autónoma no n.º 2 do artigo 185.º, levantava-se a questão de saber qual o alcance do n.º 1 do mesmo normativo. Para nós, o n.º 1 só se aplicava às questões estritamente procedimentais, o que portanto restringia a sua aplicação aos contratos sujeitos a procedimentos de escolha do co-contratante.

---

ticados pela Administração no âmbito da execução de contratos administrativos por si celebrados exige uma apreciação casuística para se poder discernir, ..., se a pronúncia administrativa traduz uma declaração de vontade negocial, ..., ou se, pelo contrário, traduz uma estatuição autoritária...", (ponto I do sumário). ALEXANDRA LEITÃO afasta a teoria da incorporação nesta matéria (in A Protecção..., cit., pp. 271 e ss.).

[1374] JORGE PEREIRA DA SILVA, A Invalidade..., cit., p. 114.
[1375] SÉRVULO CORREIA, Legalidade..., cit., p. 587.
[1376] O procedimento pré-adjudicatório é essencialmente vinculado, fortemente disciplinado pela lei, o que reduz a possibilidade de vícios da vontade. Já no procedimento pós-adjudicatório, quando a lei abre espaços de discricionariedade à Administração, está também aberta a possibilidade de a vontade se determinar para além das vinculações legais.
[1377] MÁRIO ESTEVES DE OLIVEIRA ET AL., Código..., 1.ª Ed., II, cit., 373.
[1378] In Código..., 2.ª Ed., cit., p. 806.

305. A propósito desta solução legislativa colocavam-se (e colocam--se) algumas questões[1379]. A primeira das quais prendia-se com saber que actos integrariam o conceito de *"actos administrativos de que haja dependido a sua celebração"*. A doutrina portuguesa, ainda no âmbito do conceito francês de acto destacável, elencou vários actos, devido essencialmente à natureza do contencioso administrativo que vigorou até ao actual acervo de leis de processo[1380].

Outra das questões, era precisamente a de saber se a invalidade do contrato, se entretanto celebrado, resultava ou não *ope legis*, uma vez anulado ou declarado nulo o acto suporte[1381].

Por último, não será de olvidar a questão que ANA PATRÍCIA RENDEIRO PINA coloca a propósito da razão de ser desta equiparação.

1.1.2.2. *Remissão para o Código Civil – n.° 2 do artigo 185.°*

306. O n.° 2 do artigo 185.° remetia a solução das questões da falta e vícios da vontade para o regime do Código Civil. O que se dispunha no n.° 2 do artigo 185.° do CPA era ligeira mas significativamente distinto do que resulta designadamente do §59 da *VwVfG*: *"são aplicáveis a todos os contratos administrativos as disposições do Código Civil relativas à*

[1379] ANA PATRÍCIA RENDEIRO PINA enuncia mais questões para além destas duas: "que regime de invalidade derivada está previsto no artigo 185.°, n.° 1, do Código do Procedimento Administrativo; (...) qual o fundamento do princípio da equiparação ou da identidade do desvalor jurídico entre o contrato e os actos administrativos de que haja dependido a sua celebração". Não compreendemos porém a enunciação da questão a propósito do regime de invalidade que se aplicará aos contratos porque essa resposta consta da solução da lei (*A Invalidade...*, cit., pp. 348-349).

[1380] Vide FREITAS DO AMARAL, *Curso...*, II, cit., pp. 604 e ss.; IDEM, *Apreciação da Dissertação...*, cit., p. 177; MÁRIO ESTEVES DE OLIVEIRA, *Direito Administrativo*, cit., pp. 678-679; MARCELO REBELO DE SOUSA, *O Concurso Público...*, cit., p. 81; ALEXANDRA LEITÃO, *A Protecção Judicial...*, cit., p. 199.

[1381] O Acórdão do STA de 27/05/2004 (P. n.° 43 423) trata a questão da invalidade consequente mas a propósito do acto administrativo, se bem que no âmbito de um concurso de qualificação, sustentando a nulidade *ope legis* do acto consequente (como sendo a solução prevista na alínea i) do n.° 2 do artigo 133.° do CPA). No mesmo sentido, *vide* MARCELLO CAETANO, *Manual...*, II, cit., p. 1217; FREITAS DO AMARAL, *A Execução...*, cit., pp. 89-90. A orientação alternativa é a de que o acto consequente só será anulado ou declarado nulo *ope iudicis*, ou seja, quando um tribunal for chamado a pronunciar-se.

falta e vícios da vontade". Há uma circunscrição significativa do regime aplicável: apenas as regras do Código Civil. Todavia, não seriam todas as regras de validade sobre negócios jurídicos, mas apenas a que disciplinassem as situações de falta e vícios da vontade. Isto é, apenas um dos pressupostos dos negócios jurídicos: as declarações negociais conducentes ao acordo[1382]. Apenas as situações de anomalia é que seriam disciplinadas pelas regras do Código Civil. Era esta a disciplina genérica para os contratos administrativos. Para aqueles cujo objecto fosse passível de contrato de direito privado, aplicava-se o regime de invalidade do negócio jurídico privado, agora sem restrição de objecto[1383], sendo que tal regime contém uma cláusula geral de nulidade, semelhante às prescrições do BGB a este propósito[1384].

A norma, após a alteração legislativa do artigo 185.°, regulada no n.° 2, eliminou a remissão para o regime da nulidade e anulabilidade e não tomou a posição expressa de ser ou não regime prioritário aplicável. Acresce que o CPA não dispunha de uma norma idêntica, no regime jurídico dos contratos administrativos, ao §62 da *VwVfG*, que permitisse colmatar eventuais lacunas de regulamentação.

Continuava portanto a colocar-se a questão de conhecer o âmbito de remissão operado pelo n.° 2 do artigo 185.°, tal como se colocava antes da alteração legislativa de 1996. Com a dúvida suplementar de saber se o legislador, com a alteração, teve a inequívoca intenção de excluir o regime da

---

[1382] Ficam expressamente excluídas por exemplo as regras relativas à forma.

[1383] Quanto aos contratos substitutivos, apenas se aplicava o regime de invalidade dos actos administrativos "estabelecido no presente Código". Será que se exclui a invalidade de actos administrativos que resultem de outros diplomas? A saída para esta estreiteza directa de regime encontra-se nas válvulas de segurança constantes dos artigos 133.° e 135.° que referem a lei (genericamente). De sublinhar que a lei de procedimento alemã não circunscreve o regime de invalidade dos contratos com objecto passível de acto administrativo ao regime instituído no próprio diploma.

[1384] Neste sentido, KOPP/RAMSAUER, *Verwaltugsverfahrensgesetz*, cit., p. 1264; BONK, *Verwaltungsverfahrensgesetz*, cit., §59, p. 2020. O Abs. 1 do §59 da lei de procedimento alemã contém uma prescrição semelhante, se bem que se possa antes apelidar de cláusula geral de nulidade, por referência às prescrições do BGB.

Há aqui uma diferença fundamental entre o regime instituído na lei de procedimento alemã e o regime que resultava do nosso CPA. O §59 remete expressamente para o BGB (e apenas para este diploma), sem indicar a temática do mesmo: há uma remissão genérica para as normas do direito civil sobre a validade do negócio jurídico, resulte ela de que pressuposto resultar. Talvez por isso a doutrina se tenha debruçado e debatido tanto sobre a norma genérica de nulidade do negócio jurídico por violação de norma imperativa.

nulidade e da anulabilidade. O teor literal do normativo parecia permitir esta leitura. Todavia, DIOGO FREITAS DO AMARAL entendia que a remissão incluía não só "o regime das formas de invalidade (os vícios propriamente ditos) mas também o próprio regime da invalidade". Ou seja, aplicar-se-iam os artigos 240.º a 257.º e 285.º e 294.º do CC[1385]. No entanto, o que parecia reunir consenso era a aplicação dos artigos 240.º a 257.º do CC. Por se tratarem dos normativos que regulavam as faltas e vícios da vontade. Assim, o regime de invalidade dos contratos administrativos também contemplava as situações de simulação (artigos 240.º a 243.º), reserva mental (artigo 244.º), declarações não sérias (artigo 245.º), falta de consciência da declaração (artigo 246.º), erro na declaração (artigos 247.º e 248.º), erro de cálculo (artigo 249.º), erro na transmissão (artigo 250.º), erro sobre a pessoa e ou objecto (artigo 251.º), erro sobre os motivos (artigo 252.º), dolo (artigos 253.º e 254.º), coacção moral (artigos 2455.º e 256.º) e incapacidade acidental (artigo 257.º)[1386].

307. O direito administrativo não trata de forma específica a temática da formação e expressão da vontade negocial. A disciplina jurídica relativa à falta ou vícios da vontade de *todos os contratos administrativos* é a que resulta do Código Civil. O teor literal do normativo é inequívoco, tal como sucede no direito germânico, a remeter apenas para o regime do CC e não para outras normas de direito privado[1387]. Por outro lado, a remissão era genérica, não contendo qualquer referência no sentido da distinção de partes em função da sua natureza. Parecia portanto que quanto às causas de invalidade dos contratos por razões associadas à deficiente formação ou/e transmissão da vontade devia reger o Código Civil.

[1385] *In Curso...*, Vol. II, cit., pp. 605-606.

[1386] Trata-se de um acervo normativo menor do que aquele que os AA. alemães genericamente entendem ser de aplicar respectivamente por força do Abs. 1 do §59. Uma das diferenças entre os dois regimes a este propósito refere-se ao requisito da forma, pois não se enquadra, entre nós, na falta e vícios da vontade.

MARCELO REBELO DE SOUSA/ANDRÉ SALGADO DE MATOS sublinhavam então que era necessário adaptar o regime dos artigos 240.º-257.º do CC (âmbito normativo que entendiam abrangido no n.º 2 do artigo 185.º do CC), precisamente porque o CPA não continha norma de remissão para o direito civil estabelecendo a subsidiariedade do CC. Deveria fazer-se uma aplicação analógica do regime dos actos administrativos (*in Direito Administrativo...*, Tomo III, cit., p. 347).

[1387] Cfr. o disposto no Abs. 1 do §59 da VwVfG.

É certo que a possibilidade de se encontrarem os vícios e deficiências da vontade na declaração da entidade pública se encontra dificultada pela natureza específica do sujeito jurídico, começando pelo facto de se tratar de uma pessoa colectiva e terminando no tipo de fins que lhe estão adstritos. Fins esses que, como se sabe, se reconduzem, nada mais, nada menos às atribuições da pessoa colectiva. De todo o modo, também se devem equacionar as questões relacionadas com as competências dos órgãos dessa pessoa colectiva, matéria que o direito civil não tem desenvolvido especialmente, mas que o direito administrativo tem sublinhado amiúde. Não tratando aqui a questão do conteúdo destes conceitos – tratada aquando dos requisitos quanto ao sujeito – importa antes analisar em que medida pode ocorrer erro, dolo, coacção ou erro na declaração da vontade negocial do ente público.

Claro que não é despicienda a questão da natureza jurídica da declaração de vontade do ente público. Para ser mais facilmente aplicável este regime de faltas e vícios da vontade, a declaração de vontade há-de ter a natureza jurídica de declaração negocial. A questão da natureza jurídica colocou-se principalmente a propósito da decisão de contratar. A doutrina alemã, perfeitamente consensual quanto à natureza intrinsecamente contratual do contrato de direito público, sustenta a natureza de declaração negocial de tal decisão. O fundamento deste entendimento é o de que tal decisão carece de conteúdo regulador para ser tido como acto administrativo, conforme exige o §35 da *VwVfG*[1388]. Claro que é compreensível esta posição da doutrina alemã porquanto, como já vimos, o contrato administrativo aí pressuposto é o contrato de substituição de acto administrativo. A Administração é chamada a decidir se quer emanar um acto administrativo ou outorgar um contrato. E se opta por validamente outorgar um contrato, então emite uma declaração negocial[1389].

A questão é porém muito pertinente. Se se tratar de declaração negocial, estará sujeita às regras da aceitação e revogação das declarações nego-

---

[1388] Neste sentido, ULE/HANS-WERNER LAUBINGER, *Verwaltungsverfahrenssecht*, cit., §59, nota 4; KLAUS OBERMAYER, *Kommentar*..., cit., §54, p. 1042; KOPP/RAMSAUER, *Verwaltungsverfahrensgesetz*, cit., §54, notas 12-17; STELKENS/BONK/SACHS, *Verwaltungsverfahrensgesetz*, 6.ª Ed., Carl Heymanns Beck, Munique, 2001, §54, nota 36; KNACK (org.), *Verwaltungsverfahrensgesetz*, cit., §54, nota 9.

[1389] Nos contratos em análise, os de solicitação de bens e serviços, a legislação em vigor é inequívoca em atribuir à decisão de contratar a natureza de acto administrativo. *Vide supra* parte II, ponto 4.1.1.1.

ciais. Obviamente que tais regras hão-de ser temperadas com as vinculações de direito público que estão presentes nos contratos administrativos. E, adiantamos, não poderão ser idênticas para todos os contratos administrativos. Haverá que diferenciar regimes consoante o tipo de contrato.

Convém ter presente o modo de formação da vontade dos entes públicos e, designadamente se o órgão actuante é singular ou colegial. Tratando-se de órgão singular, revela-se mais fácil o aparecimento de fenómenos de erro e dolo, bem como os demais vícios e vicissitudes da exteriorização da vontade. Senão, vejamos as seguintes hipóteses. É mais simples, desde logo, a um órgão unipessoal ocultar uma situação de impedimento e com isso induzir a (s) contraparte (s) no erro de se tratar de sujeito habilitado legalmente a actuar. É igualmente mais fácil ocultar factos relativos à qualidade ou situação jurídica do objecto de negociação. Resumindo, o uso de artefactos ou artimanhas para originar na contraparte uma representação errada que pode incidir sobre o sujeito contratante, sobre o objecto, sobre o procedimento ou mesmo sobre a possibilidade de uso do instrumento contratual. Ponto é que a deficiente representação seja causada voluntariamente e com o desígnio de enganar a outra parte. E repare-se que tal indução pode suceder em relação ao próprio objecto do contrato, designadamente nas situações de ampla discricionariedade ou então, após a fase de escolha do co-contratante, nos domínios, mais restritos, de negociação do próprio contrato. É a situação de dolo.

Se se tratar de órgão colegial, é porventura mais difícil equacionar situações de indução em erro, mas não deixa de ser possível o conluio dos titulares do órgão no sentido de enganar o co-contratante. Também quanto à forma da declaração é possível imaginar situações em que se induz em erro. Não se pode esquecer a multiplicidade e dificuldade das regras jurídicas a que está sujeita a Administração Pública. Pode ser relativamente simples não mencionar a necessidade do acto de aprovação da tutela, ou do órgão deliberativo.

É igualmente possível o erro não voluntário. O próprio órgão pode desconhecer certas vinculações legais. Por certo, tal situação poderá ocorrer com mais facilidade nos órgãos singulares do que nos colegiais[1390].

MÁRIO ESTEVES DE OLIVEIRA ET AL. equacionam precisamente a problemática do erro no âmbito da validade do acto administrativo, distinguindo entre o erro-vício – erro na formação da vontade – e erro na

---

[1390] Situação que dará origem eventualmente a responsabilidade disciplinar.

declaração. No primeiro caso, entendem que se estará perante uma representação errada dos "requisitos de legalidade do acto", o que configura um *erro impróprio*. Desta qualificação retiram os AA. o respectivo regime jurídico que se caracteriza pela não autonomia do erro enquanto vício de vontade, redundando antes no vício que existe por falta do cumprimento do requisito em causa[1391]. Chegam mesmo a afirmar que não haverá muito espaço para os designados erros próprios. No que diz respeito ao erro na declaração, os AA. distinguem a sua relevância em função da vinculatividade ou discricionariedade do acto administrativo em causa[1392]. Portanto, a questão é tratada a propósito do acto administrativo.

308. Todas estas questões de falta e vícios da vontade serão mais difíceis de equacionar em relação àqueles contratos que sejam precedidos de um procedimento formalizado de formação. É este um dos pontos que aponta inequivocamente para a necessidade de diferenciação de regimes jurídicos de invalidade. Como tão bem já apontavam MÁRIO ESTEVES DE OLIVEIRA ET AL. na versão originária do CPA, "nos contratos precedidos de procedimento concursal – não tanto já nos casos de ajuste directo e da negociação directa – o erro (não provocado) na formação ou na declaração da vontade, o erro-vício e o erro-obstáculo, estarão praticamente afastados"[1393].

No caso do regime jurídico português, sendo a remissão feita para as situações de vícios e falta de vontade, parece que a questão de saber se o artigo 294.º do CC se aplica fica prejudicada. Na economia do código, o artigo em causa não se enquadra na categoria de vícios e falta da vontade.

1.1.2.3. *Regimes específicos*

1.1.2.3.1. *Alínea a) do n.º 3 do artigo 185.º*

309. Na alínea a) do n.º 3 do artigo 185.º do CPA, estava prevista a primeira regra específica de invalidade: no caso de contratos com objecto

---

[1391] *In Código...*, 2.ª Ed., cit., p. 656.
[1392] *In Código...*, 2.ª Ed., cit., p. 657.
[1393] *In Código...*, 1.ª Ed., II, cit., p. 374.

passível de acto administrativo, o contrato seria inválido, para além das situações previstas no n.º 1 do mesmo normativo[1394], se em vez do contrato se tivesse praticado um acto administrativo, este fosse inválido segundo as regras de invalidade dos actos administrativos. Éramos assim remetidos para o regime de invalidade dos actos administrativos, constante dos artigos 133.º e ss. do CPA[1395]. Os vícios invalidantes do acto administrativo estão pensados em função da estrutura do acto: sujeito, objecto, conteúdo, procedimento, fim e forma.

No que concerne ao regime jurídico da invalidade, a regra da invalidade do direito administrativo é a da anulabilidade[1396].

O regime concreto da nulidade está contido no artigo 134.º do CPA. Em regra, o regime é semelhante à teoria geral do direito:

a) um acto nulo desde o início é ineficaz, não pode ser objecto de nenhum acto de segundo grau – impossibilidade de revogação, confirmação, etc.;
b) os funcionários públicos não têm o dever de obediência em relação a ordens directamente contidas em actos nulos; também os particulares têm direito de resistência contra actos nulos;
c) os actos nulos não têm de ser impugnados nos tribunais administrativos, não existindo prazo de impugnação.

O regime da anulabilidade está contido no artigo 136.º do CPA:

a) os actos anuláveis produzem efeitos até ao momento em que venham a ser anulados – efeitos jurídicos precários;
b) a Administração Pública pode rever o acto anulável, praticando um acto de 2.º grau – convalidação – sanando o acto anulável (cfr. o disposto no artigo 137.º do CPA);

[1394] Esta é a excepção expressamente referida na lei. Contudo, convém não esquecer a disposição contida no n.º 2 da mesma norma que também se aplicará.

[1395] É a previsão de contratos substitutivos de acto administrativo, contratos visados também na lei de procedimento administrativo alemã.

Está previsto um elenco exemplificativo das situações de nulidade, contendo o n.º 1 do artigo 133.º do CPA uma cláusula geral de nulidade: são nulos os actos administrativos a que falte qualquer dos elementos essenciais. Claro que se coloca a questão de saber o que são "elementos essenciais". Adiante trataremos da questão.

[1396] Cfr. o disposto no artigo 135.º do CPA.

c) o acto anulável é para todos válido se e enquanto não for anulado;
d) o acto anulável só pode ser impugnado junto dos tribunais administrativos, competentes nos termos da lei e dentro do prazo estabelecido – 3 meses – findo o qual se torna inimpugnável;
e) a sentença de anulação do procedimento ou do acto de 2.º grau destrói os efeitos produzidos desde o início – cfr. artigo 136.º do CPA.

1.1.2.3.2. Alínea b) do n.º 3 do artigo 185.º

310. Previa por fim o CPA como regime de invalidade dos contratos administrativos com objecto passível de contrato de direito privado o regime previsto para o efeito no Código Civil.

Novamente, optou o legislador por uma remissão genérica e não circunstanciada para o regime jurídico-privado e limitado ao Código Civil. Já não se trata apenas da remissão para as faltas e vícios da vontade, mas para todo o regime da invalidade do CC. Parece-nos que o n.º 2 do artigo 185.º cobrirá já a hipótese de falta e vícios da vontade. Se o normativo vale para os típicos contratos administrativos[1397], por maioria de razão idêntica disciplina jurídica se aplicará aos contratos com objecto passível de contrato de direito privado. Portanto, o sentido útil deste normativo, quanto a esta questão, será o de alargar o âmbito normativo do CC aplicável. Ou seja, mandar aplicar o regime da nulidade e da anulabilidade.

Colocava-se assim e aqui no nosso direito a questão de saber se a norma genérica de invalidade dos contratos do Código Civil, o artigo 294.º, tinha aplicação. Recorde-se que já no domínio da versão originária do artigo 185.º havia quem sustentasse que a remissão operada para o CC não incluía o artigo 294.º desse diploma[1398].

[1397] Os contratos de substituição ainda que atípicos também.

[1398] A questão é pertinente e coloca-se também no direito alemão, tendo aí sido profusamente tratada a propósito da norma correspondente, o §134 do BGB. Tal como o nosso normativo, o §134 contém a previsão de nulidade dos contratos que violem uma proibição legal..

1.1.2.4. Requisito de forma

311. Um outro vício do contrato pode ser o de violação de imperativo de forma. A forma do contrato constitui um requisito de validade específico. O artigo 184.º estabelecia que *"os contratos administrativos são sempre celebrados por escrito, salvo se a lei estabelecer outra forma"*[1399]. Trata-se por isso de requisito de validade, assumindo-se por isso como forma *ad substantiam*.

[1399] No direito alemão, o requisito da forma é também analisado a propósito da questão do âmbito remissivo do §59 Abs. 1. Os AA. alemães entendem que a remissão aí operada inclui o §125 do BGB que regula a forma dos negócios jurídicos, prescrevendo a nulidade para as situações de incumprimento. A lei de procedimento administrativo alemã impõe a forma no §57. Parece ser consensual a remissão para o disposto no §126 do BGB, que diz o que se deve entender por forma, mas porque a *VwVfG* não contém nenhuma disposição sobre o assunto – a própria lei alemã reconhece o carácter subsidiário do BGB para as lacunas de regulamentação no §62. Neste sentido, *vide* KLAUS OBERMAYER, *Kommentar zum...*, cit., p. 1086; KOPP, *Verwaltungsverfahrensgesetz*, cit., §57, nota 2; ULE/HANS--WERNER LAUBINGER, *Verwaltungsverfahrensrecht*, cit., §69, IV, nota 1; STELKENS/BONK//SACHS, *Verwaltungsverfahrensgesetz*, cit., §57, nota 7. KNACK (org.) em *Verwaltungsverfahrensgesetz*, na nota 6 ao §57 sustenta uma posição divergente.

Mas o §59 não resolve o problema da violação do requisito formal de modo directo. É neste ponto que os AA. entendem que se a forma não for respeitada, o contrato é nulo por força das disposições conjugadas do §59 Abs. 1 da *VwVfG* e §125 do BGB. Neste sentido, KNACK (org.), *Verwaltungsverfahrensgesetz*, cit., §57, nota 11.

2. DO REGIME NO CCP

2.1. A disciplina legal

312. A legislação comunitária sobre a contratação pública não se reduz à existência de Directivas. As primeiras directrizes fundamentais desta legislação encontram-se já no Tratado Único da União Europeia, do qual derivam os dois princípios jurídicos fundamentais enformadores de todo o acervo normativo: o princípio do reconhecimento mútuo e princípio da igualdade de tratamento. CLÁUDIA VIANA entende mesmo que será o princípio mais determinante na contratação pública, desde logo afirmado no Acórdão Telaustria[1400].

Como sublinha FREITAS DO AMARAL, "não obstante a «enorme importância» ou «transcendência» do sector da contratação pública para a plena realização do mercado interno na Comunidade, não existe aí [no Tratado] qualquer preceito que verse especificamente sobre contratação pública"[1401]. CLÁUDIA VIANA sublinha que, na sua opinião, mais estranho do que o Tratado inicialmente não se ter debruçado sobre esta questão, "importa é realçar o silêncio posterior e o seu significado"[1402]. Existem

---

[1400] Sobre o alcance deste entendimento *vide* CLÁUDIA VIANA, *Os Princípios Comunitários na Contratação Pública*, Coimbra Ed., Coimbra, 2007, pp. 110 e ss.

[1401] *In Curso...*, II, cit., p. 567. No mesmo sentido, JOSÉ ANTONIO MORENO MOLINA, *Reciente Evolucion del Derecho Comunitário de la Contratación Publica. El Asunto C-124//2000, Comision contra España*, in *Contratación de las Administraciones Publicas. Analisis Prática de la Nueva Normativa sobre Contratación Publica*, GIMENO FELIÚ (Coord.), Atleier, 2004, p. 17; JOSÉ MARIA GIMENO FELIÚ, *La Nueva Directiva...*, cit., p. 29. O mesmo A. sublinha que no Tratado de Roma não existia "nenhuma disposição expressa sobre os contratos públicos", se bem que reconheça a aplicabilidade dos referidos princípios aos mesmos (*in La Nueva Contratación Pública...*, cit., p. 23).

[1402] *In Os Princípios...*, cit., p. 99. Na opinião da A., a razão explicativa do silêncio prende-se com o tradicional proteccionismo dos Estados que acabou por impedir que o Tra-

contudo disposições reguladoras da concorrência que têm aplicação no domínio contratual: o princípio da não discriminação em função da nacionalidade (artigo 18.°), a livre circulação de mercadorias (artigos 28.° e ss.), as disposições relativas à supressão de restrições à liberdade de estabelecimento e livre prestação de serviços. MÁRIO ESTEVES DE OLIVEIRA/ /RODRIGO ESTEVES DE OLIVEIRA sublinham a este propósito a aplicabilidade directa e paramétrica das normas sobre o direito de estabelecimento, circulação de trabalhadores, prestação de serviços e concorrência[1403]. O Tribunal de Justiça, no caso Telaustria, sublinhou a aplicação dos princípios do Tratado mesmo aos contratos não abrangidos pelas Directivas[1404]. Em particular, a obrigação de transparência, a qual, sublinhou o Tribunal, "consiste em garantir, a favor de todos os potenciais concorrentes, um grau de publicidade adequado para garantir a abertura do mercado dos contratos de serviços à concorrência, bem como o controlo da imparcialidade dos processos de adjudicação"[1405]. E no §20 do Processo *Bent Mousten Vestergaad,* o Tribunal realçou que, mesmo nos contratos não abrangidos pelas Directivas, "as entidades adjudicantes que os celebrem estão, no entanto, obrigadas a respeitar as regras fundamentais do Tratado".

É óbvio que os princípios derivados no Tratado apenas se aplicam às adjudicações dos contratos que tenham uma relação suficientemente

---

tado reflectisse directamente alguma disciplina jurídica específica sobre a matéria, cabendo, como veremos de seguida, um papel fundador ao Tribunal de Justiça. Referindo-se a este silêncio como uma dificuldade em assumir o princípio da concorrência *law in action*, RUI MEDEIROS, *Âmbito do Novo Regime da Contratação Pública à Luz do Princípio da Concorrência*, CJA, n.° 69, 2008, p. 3.

[1403] *In Concursos...*, cit., p. 17. No mesmo sentido, MARIA JOÃO ESTORNINHO, *Direito Europeu...*, cit., p. 357.

[1404] *In* Proc. C-324/98, de 7/12/2000. O Tribunal sublinhou que, embora às concessões não se aplicasse a Directiva dos sectores excluídos, deviam porém respeitar os princípios do Tratado, em particular o princípio da não discriminação. Sobre este Acórdão, *vide* anotação de BERNARDO DINIZ DE AYALA, *O Método de Escolha do Co-contratante da Administração nas Concessões de Serviços Públicos – Ac. do Tribunal de Justiça da Comunidade Europeia de 7.12.2000*, P. C-324/98, CJA, n.° 26, 2001, pp. 3-25. Esta orientação tem vindo sucessivamente a ser reafirmada (*vide* MARIA JOÃO ESTORNINHO, *Direito Europeu...*, cit., pp. 95 e ss.). O próprio Tribunal de Justiça tem vindo a reiterar esta orientação quanto ao princípio da igualdade. *Vide exemplificativamente* Acórdão Coname (Proc. C-231/03, de 21/7/2005), Acórdão Parking Brixen (Proc. C-458/03, 13/10/2005), Acórdão ANAV (Proc. C-410/04, 6/4/2006).

[1405] *In* Processo *Telaustria,* §62 e Processo *Parking Brixen* §49.

estreita com o funcionamento do mercado interno[1406]. Aliás, a interpretação das Directivas, cujas normas se destinam a concretizar os princípios fundamentais do Tratado, deve fazer-se em conformidade com o espírito e finalidade do mesmo[1407]. Destes princípios tem retirado o Tribunal de Justiça[1408] as mais amplas consequências sempre com o objectivo de assegurar a livre circulação de pessoas, bens, serviços e capitais. Daí que todas as elaborações jurídicas sobre a não discriminação, transparência e proporcionalidade não sejam mais do que "modos distintos de enunciar o mesmo princípio da igualdade; a transparência é uma consequência do princípio da igualdade; e a proporcionalidade e, na realidade, um princípio geral da actuação administrativa"[1409]. De sublinhar que estes princípios se aplicam a quaisquer contratos públicos e não apenas àqueles que estão disciplinados nas Directivas[1410]. A Comissão veio, através da sua Comunicação interpretativa 2006/C 179/02, de 1 de Agosto de 2006, reforçar e reafirmar esta orientação. Reconheceu que as directivas relativas aos contratos públicos não se aplicam a todos os contratos e que portanto há um vasto leque de contratos que não são abrangidos ou apenas o estão parcialmente. A Comissão sublinha no entanto que tais contratos não deixam de ser "oportunidades de negócios significativas para as empresas no mercado interno". Assim, chamando a atenção que "a comunicação não cria novas normas legislativas", a Comissão reafirma a orientação da jurisprudência do Tribunal de Justiça e a aplicação de princípios mesmo aos contratos excluídos. São assim referidos como princípios fundamentais para a celebração dos contratos com relevância para o mercado interno: o princípio da publicidade, quer na obrigação de publicitação, quer nos meios usados para o efeito, abrangendo o conteúdo do anúncio. O princípio da transparência na adjudicação passa pela não descriminação do objecto do contrato, na igualdade de acesso para os operadores económicos, no reco-

---

[1406] Vide Comunicação da Comissão e o §20 do Processo *Conamo*.

[1407] DAVID ORDÓÑEZ SOLÍS, *La Contratación*..., cit., p. 59. Isto mesmo é reafirmado no considerando n.º 2 da Directiva 2004/18/CE, que alterou a legislação comunitária sobre contratação pública.

[1408] O Tribunal de Justiça tem tido um papel fundamental na tutela das Directivas, quer controlando directamente as legislações nacionais, quer actuando por via das decisões de questões prejudiciais.

[1409] DAVID ORDÓÑEZ SOLÍS, *La Contratación*..., cit., p. 39.

[1410] Sublinhando precisamente este dado, DAVID ORDÓÑEZ SOLÍS, *La Contratación*..., cit., p. 40. Referindo-se à incompletude estrutural das Directivas, RUI MEDEIROS, *Âmbito*..., cit., pp. 4-5.

nhecimento mútuo de diplomas e qualificações, prazos e avaliação. A protecção judicial não é descurada. E o princípio da igualdade tem aplicação ao longo de todo o procedimento de formação dos contratos públicos, manifestando-se concretamente de formas diferentes. A importância destes princípios sai reforçada pelo entendimento constantemente expresso pelo Tribunal de Justiça de que as excepções verificáveis se devem interpretar sempre de modo restritivo[1411]. Uma das concretas dimensões da igualdade sustenta-se no princípio da transparência, o qual se concretiza designadamente nas obrigações de publicidade: publicação do anúncio nos diversos jornais oficiais, a publicitação dos critérios de adjudicação e a proibição de alteração dos mesmos, o carácter principal do concurso público como procedimento preferencial de adjudicação, etc.[1412]

313. O direito comunitário derivado tem um papel ainda mais evidente na questão da contratação pública[1413]. Numa perspectiva cronológica, as Directivas sobre contratação pública evoluíram faseadamente: as primeiras directivas liberalizaram a contratação pública; as seguintes destinaram-se a consolidar a actuação dos Estados membros e por fim estas mais recentes destinam-se, por codificação, a harmonizar as disciplinas legais.

Nos termos das disposições do Tratado, "a directiva vincula o Estado membro destinatário quanto ao resultado a alcançar, deixando, no entanto, às instâncias nacionais a competência quanto à forma e aos meios"[1414]. As Directivas surgem assim, como "formas de produção legislativa tendencialmente incompletas, pois limitam-se a organizar uma cooperação entre as Organizações Comunitárias e os Estados"[1415]. Contudo, a jurisprudência comunitária tem vindo a sublinhar o efeito directo[1416] das

---

[1411] Neste sentido, reiteradamente e com indicação de jurisprudência, vide DAVID ORDÓÑEZ SOLÍS, La Contratación..., cit.

[1412] Referindo-se precisamente a este aspecto, DAVID ORDÓÑEZ SOLÍS, La Contratación..., cit., pp. 46 e ss., dando conta não só da jurisprudência do Tribunal de Justiça, mas também de doutrina.

[1413] Sobre a evolução das Directivas nesta matéria em particular, vide MARIA JOÃO ESTORNINHO, Direito Europeu..., cit., pp. 37 e ss.

[1414] Cfr. o disposto no artigo 288.º do Tratado (versão actual).

[1415] RUI MOURA RAMOS, Das Comunidades à União Europeia, Estudos de Direito Comunitário, 2.ª Ed., Coimbra Ed., 1999, p. 84.

[1416] Foi no Acórdão Van Gend & Loos que o princípio foi elevado a princípio da ordem jurídica comunitária, se bem que relacionado com as disposições do Tratado (CRUZ VILAÇA, A Propósito dos Efeitos das Directivas na Ordem Jurídica dos Estados Membro,

Directivas, o carácter obrigatório, no sentido de reforço dos direitos dos particulares[1417]. Para o efeito, as normas hão-de ser precisas, claras e preceptivas, não carecendo de medidas de execução[1418]: "em todos os casos em que certas disposições de uma Directiva resultam, do ponto de vista do seu conteúdo, incondicionais e suficientemente precisas, os particulares podem invocá-las face ao Estado, seja quando ele se abstenha de adaptar ao direito interno a Directiva dentro do prazo, seja quando faça uma adaptação incorrecta"[1419]. Para MÁRIO ESTEVES DE OLIVEIRA/RODRIGO ESTEVES DE OLIVEIRA, a clareza e precisão resulta da clareza dos seus termos, da ausência de ambiguidade e polissemia, sendo suficiente quando "é juridicamente completa e perfeita". Será incondicional "quando não esteja sujeita a qualquer prazo ou reserva"[1420]. Mesmo a doutrina nacional não tem dúvidas sobre a aplicação das Directivas em caso de deficiente transposição ou total omissão da mesma[1421]. Cumpre porém referir que o Acórdão *Marleasing* veio estabelecer que as directivas, mesmo quando não transpostas, "vinculam a interpretação do direito nacional *pertinente*"[1422]. Foi, além disso, criado um novo princípio na jurisprudência comunitária: a obrigação de interpretação das disposições nacionais de acordo com as

---

CJA, n.º 30, 2001, p. 7). Referindo-se ao efeito directo como "garantia mínima" dos direitos dos particulares, FAUSTO DE QUADROS, *Direito...*, cit., p. 427.

[1417] O efeito vertical das Directivas foi afirmado pela primeira vez no caso *Franz Grad* (6/10/1970 – Proc. n.º 9/70), depois seguido pelo caso *Van Duyn*, de 1974. Vide JOÃO MOTA DE CAMPOS/JOÃO LUIZ MOTA DE CAMPOS, *Manual de Direito Comunitário*, 5.ª Ed., Coimbra Ed., Coimbra, 2007, pp. 329 e 362 e ss. Sobre o caso *Franz Grad* e subsequente evolução, *vide* SOFIA PAIS, *O Acórdão Marleasing – Rumo à Consagração Implícita do Efeito Horizontal das Directivas*, BFDUC n.º 68, 1992, pp. 286 e ss. CRUZ VILAÇA trata a questão começando por enunciar a dúvida se "se justifica ou não que se distinga entre efeito directo e aplicabilidade directa" (*in A Propósito...*, cit., p. 3).

[1418] Sublinhando os "requisitos do efeito directo", conceito distinto da aplicabilidade directa, FAUSTO DE QUADROS, *Direito...*, cit., pp. 429 e ss.

[1419] *In* Ap. 34 da Sentença HI *apud* DAVID ORDÓÑEZ SOLÍS, *La Contratación...*, cit., p. 227.

O Estado português, tal qual o espanhol, tem um sistema de transposição indirecta: o processo legislativo tem de operar a transposição (JOSÉ MARIA GIMENO FELIÚ, *La Nueva Contratación Pública...*, cit., p. 63).

[1420] *In Concursos...*, cit., pp. 25-26.

[1422] FREITAS DO AMARAL, *Curso...*, II, cit., p. 574.

[1422] MÁRIO ESTEVES DE OLIVEIRA/RODRIGO ESTEVES DE OLIVEIRA, *Concursos...*, cit., p. 30. CRUZ VILAÇA dá conta da orientação da jurisprudência comunitária no sentido de ligar às directivas a produção de efeitos na ordem jurídica interna mesmo antes de expirar o prazo.

Directivas, ainda que sejam disposições anteriores e ainda que não tenha expirado o prazo de transposição[1423]. Neste último ponto, até há jurisprudência a sustentar que se pode atender à Directiva mesmo que não tenha entrado em vigor.

Da normatividade substantiva comunitária decorre a possibilidade de controlo do cumprimento das Directivas. Num primeiro momento, da transposição (correcta) das mesmas; num momento posterior, do cumprimento das prescrições substantivas, à luz da orientação do Tratado. É assim possível a intervenção da Comissão, como "guardiã dos Tratados", através do que a Directiva 92/13 designa como "mecanismo corrector"[1424].

Deste entendimento resulta também a amplitude de entidades que são abrangidas pelas directivas disciplinadoras da matéria, não só no próprio teor das Directivas, mas na própria jurisprudência do Tribunal de Justiça[1425]. Isto é, decorre do âmbito subjectivo de aplicação das Directivas o conceito amplo de poder adjudicador. O papel do Tribunal de Justiça tem sido importante no sentido de ampliar o conceito de poderes adjudicadores[1426].

314. À semelhança do que se passa em Espanha e em Itália, decidiu o legislador português – e bem – codificar esta matéria, disciplinando não só o regime de escolha de co-contratante, por imperativos comunitários, mas inserindo também o regime substantivo, onde se inclui o regime de validade[1427].

[1423] CRUZ VILAÇA, *A Propósito...*, cit., p. 14.

[1424] Cfr. o disposto no artigo 3.2 da Directiva 89/665 e 8.2 da Directiva 92/13.

[1425] Cabem no âmbito normativo de aplicação subjectiva das Directivas "não só as entidades tradicionalmente qualificadas como pessoas de Direito Público, mas também as entidades públicas ou privadas que persigam um objectivo de interesse geral que não seja industrial ou mercantil" (Philippe Léger, Mannesmann Anlagebau, Rec. I 1998-1, p. 89 *apud* JOSÉ MARIA BAÑO LEÓN, *La Figura del Contrato en el Derecho Publico: Nuevas Perspectivas Y Limites, in La Contratación...*, cit., p. 15). A sentença de 17/12/1998 (Comissão contra Irlanda, As C-356/96, Rec. I 1998-12) claramente assumiu o princípio da indiferença da forma jurídica.

[1426] Sobre a evolução, de uma forma detalhada, *vide* MARIA JOÃO ESTORNINHO, *Direito Europeu...*, cit., pp. 73 e ss.; CLÁUDIA VIANA, *Contratação Pública e Empresas Públicas: Direito Nacional e Direito Comunitário*, CJA, n.º 52, 2005, pp. 8 e ss.; DAVID ORDÓÑEZ SOLÍS, *La Contratación...*, cit., pp. 88 e ss.

No CCP, uma das notas importantes prende-se precisamente com o alcance do que seja "entidade adjudicante" (cfr. o disposto no artigo 2.º).

[1427] Parte III, capítulo II – invalidade do contrato (artigos 283.º e ss.), do CPP.

As disposições gerais sobre o regime substantivo começam por relacionar o contrato administrativo com o exercício da função administrativa, proclamando a liberdade de pacto, apenas se instituindo como limitações negativas, à semelhança do que prescreve o §54 da VwVfG, a previsão legal em contrário ou a natureza das relações a instituir. Prescreve então o artigo 278.º do CCP: *"na prossecução das suas atribuições ou dos seus fins, os contraentes públicos podem celebrar quaisquer contratos administrativos, salvo se outra coisa resultar da lei ou da natureza das relações a estabelecer"*[1428].

Ao contrário do que sucedia anteriormente, e que por nós era sublinhado como sendo uma deficiência legislativa, o n.º 3 do artigo 280.º do CCP disciplina a questão do direito aplicável aos contratos administrativos: *"em tudo quanto não estiver regulado no presente Código ou em lei especial e não for suficientemente disciplinado por aplicação dos princípios gerais de direito administrativo, são subsidiariamente aplicáveis às relações contratuais jurídicas administrativas, com as necessárias adaptações, as restantes normas de direito administrativo e, na falta destas, o direito civil"*[1429]. É de saudar o teor deste normativo, desde logo porque não repetiu o legislador o erro de apenas remeter para o Código Civil, mas antes para o direito civil, ficando abrangido todo o regime jurídico-civil aplicável aos contratos, independentemente do texto normativo onde se encontre. É também de sublinhar o cuidado que o legislador em salvaguardar a referida aplicação "com as devidas adaptações". Acresce que está estabelecida a sucessão de regras aplicáveis com precedência das normas de direito administrativo sobre as do direito civil.

315. O capítulo II da parte III do CPP regula a invalidade do contrato[1430]. Optou o legislador por regular em normativos distintos a invalidade consequente e a invalidade própria.

O artigo 283.º regula a invalidade "consequente de actos procedimentais inválidos": *"1 – Os contratos são nulos se a nulidade do acto*

[1428] Numa das versões finais do texto, o normativo que regulava a questão aludia claramente "ao exercício da função administrativa", expressão retirada agora na versão final aprovada e publicada.

[1429] A VwVfG contém uma disposição semelhante embora inserida no regime de invalidade dos contratos de direito público.

[1430] Cfr. o disposto nos artigos 283.º-285.º do CCP.

procedimental em tenha assentado a sua celebração tenha sido judicialmente declarada ou possa ainda sê-lo.

2 – Os contratos são anuláveis se tiverem sido anulados ou se forem anuláveis os actos procedimentais em que tenha assentado a sua celebração.

3 – O disposto no número anterior não é aplicável quando o acto procedimental anulável em que tenha assentado a celebração do contrato se consolide na ordem jurídica, se convalide ou seja renovado, sem reincidência nas mesmas causas de invalidade.

4 – O efeito anulatório previsto no n.º 2 pode ser afastado por decisão judicial ou arbitral, quando, ponderados os interesses públicos e privados em presença e a gravidade da ofensa geradora do vício do acto procedimental em causa, a anulação do contrato se revele desproporcionada ou contrária à boa fé ou quando se demonstre inequivocamente que o vício não implicaria uma modificação subjectiva no contrato celebrado nem uma alteração do seu conteúdo essencial".

O artigo 283.º tem como âmbito de aplicação os contratos que, por força do princípio da legalidade, impliquem a existência de um acto procedimental que sustente ou justifique a celebração do contrato. Esta circunstância verifica-se precisamente no tipo de contratos que estão pressupostos na nossa análise. Estamos a reflectir sobre as invalidades contratuais de contratos administrativos sujeitos a um procedimento complexo de formação, composto por um específico procedimento de escolha do parceiro contratual e que culmina precisamente no acto de adjudicação, o qual funda em grande linha o contrato[1431]. Cabe de seguida sublinhar o cuidado do legislador em substantivar melhor as soluções legais que, na sua pureza, são bastante semelhantes às que resultavam da aplicação do n.º 1 do artigo 185.º do CPA[1432]. O legislador continua a usar a expressão de "actos procedimentais em que tenha assentado" a celebração do contrato, consagrando o paralelismo de invalidade entre o referido acto procedimental e o contrato.

[1431] *Vide supra* que actos entendemos que estão na base da invalidade derivada.

[1432] Como sustenta VIEIRA DE ANDRADE, a solução "exprime a adopção de uma dogmática contratual sensata, que visa corrigir as graves deficiências do regime do CPA" (*in A Propósito do Regime do Contrato Administrativo no «Código dos Contratos Públicos»*, in Estudos Comemorativos dos 10 Anos da Faculdade de Direito da Universidade Nova de Lisboa, Vol. I, Almedina, Coimbra, 2008, p. 351). Também JOÃO PACHECO AMORIM se refere a esta questão (*in A Invalidade e a (In)eficácia do Contrato Administrativo no Código dos Contratos Públicos*, in Estudos de Contratação Pública – I, Coimbra Ed., Coimbra, 2008, p. 641).

Contudo, o regime em concreto é de facto diferente do que agora foi revogado. Desde logo, está claro um aspecto da invalidade consequente que não estava no CPA e que é fundamental para a estabilidade das relações contratuais. A invalidade consequente só existe de facto, no caso da nulidade, se a *nulidade do acto procedimental tenha sido judicialmente declarada ou possa ainda sê-lo*. A formulação legal abre claramente a porta à possibilidade de existência de regimes de nulidade atípica, quer relativamente a prazos (por exemplo, no domínio do urbanismo existe um prazo de 10 anos para impugnar certas operações urbanísticas)[1433], quer seja relativa ao leque de legitimados ou aos efeitos temporais da invalidade.

Quanto à anulabilidade do contrato decorrente da anulabilidade do acto em que tenha assentado a sua celebração também está dependente de o referido acto ter sido anulado ou seja anulável. A incerteza da relação jurídica nesta última hipótese é de duração menos longa precisamente por causa do tipo de invalidade[1434]. A invalidade derivada não opera de forma automática, o que nos parece ser a solução que melhor acolhe a necessidade de ponderação de interesses, ditada pela diferente sucessão de actuações jurídicas. Como sustenta VIEIRA DE ANDRADE, a solução legal "aceita a ideia fundamental de autonomia do contrato"[1435].

Dignas de nota são ainda as prescrições dos n.ºs 3 e 4 deste normativo. Estão salvaguardadas as situações de "consolidação jurídica", a convalidação ou a renovação, do acto procedimental anulável, desde que,

---

[1433] No domínio do contencioso pré-contratual, há jurisprudência que entende que o prazo de um mês aí estabelecido deve aplicar-se a todas as situações de actos pré-contratuais inválidos e não apenas aos actos anuláveis. Vide, exemplificativamente, os Acórdãos do STA de 13/10/2006, P. n.º 598/06, 12/12/2006, P. n.º 528/06 e os Acórdãos do TCA do Sul de 21/04/2005, P. n.º 645/05, 12/05/2005, P. n.º 756/05, 12/01/2006, P. n.º 1213/05.

[1434] MARCELO REBELO DE SOUSA/ANDRÉ SALGADO MATOS entendem que a referência à "declaração *judicial* de nulidade do acto pré-contratual" não implica que o acto tenha efectivamente sido objecto de uma declaração judicial de nulidade, bastando a mera possibilidade (*in Contratos Públicos...*, cit., p. 130). Ora, tendo em conta que a invalidade derivada depende da efectiva invalidade do acto pressuposto, esta opinião conduziria à desconstrução da efectivação da invalidade derivada, teoria partilhada pela generalidade da doutrina. (*Vide* exemplificativamente e em escrito anterior ao CCP, PEDRO GONÇALVES, *O Contrato...*, cit., p. 140). Acresce que para o contexto em análise e dada a autonomia do contrato face ao acto administrativo (incluindo os que lhe servem de pressuposto), a solução preconizada por aqueles AA. introduziria uma nota dissonante difícil de integrar num regime complexo que se pretende o mais homogéneo possível.

[1435] *In A Propósito...*, cit., p. 351.

nesta última hipótese, não haja reincidência nas causas de invalidade. Este normativo deve ser enquadrado com o que se prescreve no n.º 2. Se o acto procedimental já não puder ser anulado, o contrato já não será anulável por força do n.º 2 do mesmo normativo. Será a hipótese em que não foi desencadeado contencioso com vista à anulação do acto e este se tornou inimpugnável. Ou a Administração Pública tenha reapreciado o acto e expurgado a invalidade, por exemplo através da anulação em tempo devido. Ou então, nas hipóteses de convalidação do acto por força de acto normativo hierarquicamente superior. Obviamente que, no caso de renovação do acto (que terá de ser precedido por uma revogação do acto anteriormente praticado), se o acto enfermar de outros vícios que afectem o contrato, não se encontra precludida a hipótese de invalidade derivada, pelo menos na construção da lei.

Mas foi instituída ainda uma última válvula de escape do sistema no n.º 4 do artigo 283.º: sempre que haja interesses públicos e privados relevantes, sempre que a solução de invalidade viole o princípio da proporcionalidade ou/e o princípio da boa fé, não haja modificação subjectiva nem alteração do conteúdo essencial do contrato, o efeito invalidante do acto procedimental pode ser afastado. Trata-se do reconhecimento da diferente ambiência que rodeia um contrato administrativo e que impõe um regime de invalidade consequente distinto do que está prescrito para os actos administrativos. A situação que implica a não invalidade consequente está dependente da relação entre o vício do acto (cuja natureza não foi tida por relevante para o legislador) e duas circunstâncias aparentemente determinadas. O vício do acto não pode implicar uma modificação subjectiva nem pode afectar o conteúdo essencial do contrato. Esta construção vai impor a densificação da cláusula "conteúdo essencial" do contrato[1436].

Cumpre ainda porém sublinhar a evolução ocorrida face a versões anteriores do CCP na medida em que a possibilidade de afastamento da invalidade prevista no n.º 4 do normativo fica condicionada a uma decisão judicial ou arbitral. Trata-se da reafirmação de que as questões relativas à validade dos contratos estão subtraídas ao poder unilateral da Administração Pública[1437]. Contudo, convém sublinhar que tem também o alcance de

---

[1436] O direito constitucional tem, desde 1976, idêntica tarefa a propósito dos Direitos, Liberdades e Garantias. *Vide infra*.

[1437] O n.º 1 do artigo 307.º do CCP estabelece, à semelhança do regime agora revogado, o seguinte: *"com excepção dos casos previstos no número seguinte, as declarações*

excluir a possibilidade de acordo das partes sobre a questão. Trata-se de matéria reservada à função judicial, ainda que aí incluída a arbitral.

Continua no entanto o legislador a entender que um acto procedimental nulo gera a nulidade do contrato, sem instituir aí nenhum mecanismo de adaptação, pelo menos neste normativo[1438]. Por exemplo, se a adjudicação for nula porque tomada por órgão colegial sem quórum, o contrato subsequentemente celebrado é nulo, "sem apelo nem agravo", desde que o acto tenha sido declarado nulo. Será a solução mais avisada, atenta a ambiência jurídica do contrato administrativo?

316. No artigo 284.º encontra-se disciplinada a invalidade própria do contrato: *"1 – Os contratos celebrados com ofensa de princípios ou normas injuntivas são anuláveis.*

2 – Os contratos são, todavia, nulos quando se verifique algum dos fundamentos previstos no n.º 2 do artigo 133.º do Código do Procedimento Administrativo ou quando o respectivo vício determine a nulidade por aplicação dos princípios gerais de direito administrativo.

3 – São aplicáveis aos contratos administrativos as disposições do Código Civil relativas à falta e vícios da vontade".

Este normativo tem já um alcance objectivo mais amplo. A primeira prescrição contém a reafirmação da invalidade regra no direito administrativo: o contrato que viole normas (em sentido amplo) imperativas é anulável. Regra portanto distinta da que se prescreve no direito civil para os contratos[1439]. Entendeu o legislador que continuavam a ter valia as razões que, na teoria do acto administrativo, prescrevem a anulabilidade como regra quando existe violação das normas reguladoras. Contudo, entendeu o legislador salvaguardar, também no contrato, as situações substantivamente graves que determinam, na teoria do acto administrativo, a nulidade como tipo de invalidade. Deve sublinhar-se o cuidado de se fazer a remissão para os fundamentos da invalidade e não se ter operado uma remissão descuidada para as hipóteses previstas no referido normativo do CPA,

---

do contraente público sobre interpretação e validade do contrato ou sobre a sua execução são meras declarações negociais, pelo que, na falta de acordo do co-contratante, o contraente público apenas pode obter os efeitos pretendidos através do recurso à acção administrativa comum".

[1438] Sustentando a discutibilidade da solução do paralelismo do desvalor jurídico quanto à nulidade, VIEIRA DE ANDRADE, *A Propósito...*, cit., p. 353.

[1439] Cfr. o disposto no artigo 294.º do CC.

como também se encontrar prevista a possibilidade de a nulidade resultar da violação de princípios gerais de direito administrativo. A técnica legislativa permite que a invalidade seja uma consequência adaptada à forma de actuação.

Porque se trata de contrato, cuja validade depende de declarações negociais validamente formadas e proferidas, o n.º 2 do referido normativo, manda aplicar a "todos os contratos administrativos" as disposições do CC relativas à falta e vícios da vontade. Prescrição em tudo semelhante àquela que revogou no CPA[1440].

317. Por fim, contém o artigo 285.º o regime de invalidade para tipos contratuais específicos: *"1 – Aos contratos com objecto passível de acto administrativo e outros contratos sobre o exercício de poderes públicos é aplicável o regime de invalidade previsto para o acto com o mesmo objecto e idêntica regulamentação da situação concreta.*

2 – Aos demais contratos administrativos é aplicável o regime de invalidade consagrado no direito civil.

3 – Todos os contratos administrativos são susceptíveis de redução e conversão, nos termos do disposto nos artigos 292.º e 293.º do Código Civil, independentemente do respectivo desvalor jurídico".

Este normativo corresponde parcialmente às alíneas do n.º 3 do artigo 185.º do CPA, mas constitui contudo um avanço normativo e dogmático.

As disposições anteriores têm portanto uma função dogmática de qualificação das invalidades do contrato, uma vez que é este normativo que efectivamente diz que regime se aplica a esta tipologia contratual. Mantém-se a relação da invalidade dos contratos de substituição de actos administrativos com a invalidade dos actos substituídos e aos "demais contratos administrativos" é de aplicar o regime de invalidade consagrado no direito civil.

[1440] MARCELO REBELO DE SOUSA/ANDRÉ SALGADO MATOS, referindo-se aos "desvalores do contrato administrativo", referem como vícios próprios os que resultam da falta e vícios da vontade, por força do que dispõe o n.º 3 do artigo 284.º do CCP. Após elencarem os normativos do CC que entendem ser de aplicar reconhecem que "os arts. 240.º--257.º CC carecem por vezes de adaptações aquando da sua aplicação aos contratos administrativos", dando como exemplo a disparidades de regimes civil e administrativo quanto à coação moral, preconizando a aplicação preferencial do regime administrativo. Como já sublinhamos a propósito do regime do CPA (*in Contratos Públicos...*, cit., p. 130).

É particularmente importante a prescrição contida no n.º 3 da norma, e que se traduz na aplicação dos institutos da redução e da conversão, independentemente do tipo de invalidade, a todos os contratos administrativos sem distinção de tipo contratual. Constitui uma novidade importante e que se afasta um pouco do regime dos actos administrativos, que seria aplicável, em que a conversão estava reservada para os actos anuláveis apenas[1441]. Mais, o legislador expressamente remete para os normativos do CC que regulam as duas figuras.

Claro que uma das primeiras e óbvias conclusões genéricas é a de que não existe uma uniformidade de regimes de invalidade a propósito dos contratos administrativos. Veja-se a regra da invalidade contida no n.º 1 do artigo 284.º, que estabelece a regra da anulabilidade como invalidade própria, mas o n.º 2 do artigo 285.º manda aplicar aos "demais contratos administrativos" o regime de invalidade no direito civil, o qual inclui, entre outras normas, a do artigo 294.º do CC que determina a nulidade quando ocorre a violação de norma imperativa.

Para MARCELO REBELO DE SOUSA/ANDRÉ SALGADO MATOS, o n.º 2 do artigo 285.º aplica-se "à generalidade dos contratos administrativos", operando uma distinção entre os contratos "sobre o exercício da autoridade", aos quais se aplicaria o n.º 1 do artigo 285.º, e os demais contratos administrativos(!) aos quais se aplicaria o regime da invalidade do negócio jurídico previsto no CC[1442]. Deste entendimento, resulta uma ampla aplicação do regime jurídico-civil aos contratos administrativos pressupostos nesta investigação, incluindo, por exemplo, a possibilidade de confirmação. Como adiante demonstraremos a propósito da confirmação, esta remissão parece-nos desadequada face ao tipo de contrato e aos interesses aí envolvidos, que não se compadecerão com a lógica jurídico--civil de tutela própria dos interesses. Acresce que os AA. ao fazerem aplicar regras de conversão ou das regras jurídico-civis da invalidade como a retroactividade desconsideram, não só a específica previsão da questão da conversão no próprio CCP, mas e novamente o ambiente de interesse público que pode ditar modelações do regime de invalidade, em particular a questão da retroactividade limitada[1443]. Os AA. apenas entendem "blo-

---

[1441] Cfr. o disposto no n.º 1 do artigo 137.º
[1442] In Contratos Públicos..., cit., pp. 131-132.
[1443] Já para não falar da questão da legitimidade processual prevista no CPTA. O alcance da legitimidade impõe uma leitura específica da questão do regime da invalidade a propósito de quem pode arguir a invalidade. Existindo regras específicas no direito admi-

queada" a remissão para o regime do CC quanto ao prazo para a dedução de pedidos de anulação por força do que dispõe o n.º 2 do artigo 41.º do CPTA[1444]

2.2. Apreciação do regime substantivo: da evolução ao regime em vigor

318. Neste ponto pretendemos sublinhar as dificuldades do regime positivado. Muitas delas já têm existência desde o regime do CPA.

O regime jurídico de invalidade previsto no CPA estava pensado essencialmente para os contratos em que o parceiro da Administração Pública é um sujeito privado. O que explicava parcialmente a referência ao regime da falta e vícios da vontade que encontrávamos no n.º 2 do artigo 185.º

Esta pressuposição explicava igualmente o regime da invalidade derivada contida no n.º 1 do referido normativo, se bem que nada obstasse a que tal situação se pudesse verificar em contratos outorgados por duas entidades públicas, ainda que o legislador não parecesse ter considerado tal hipótese para efeitos de regime de invalidade.

Quanto aos regimes específicos de invalidade (então regulados nas alíneas do n.º 3 do artigo 185.º), algumas questões colocavam-se, as quais, por força das semelhanças do regime actual, entendemos que se mantêm.

Por exemplo, quanto aos contratos de substituição de actos administrativos, será que o regime instituído pelo n.º 1 do artigo 285.º é taxativo, no sentido de excluir causas de invalidades desses contratos relacionadas, não com o acto administrativo substituído, mas com o facto de estarmos perante uma actuação contratual? A letra do normativo parece taxativa. Entendemos que o regime instituído não esgotará as possibilidades de invalidade do contrato.

Por exemplo, não regula o CCP a questão da validade de escolha de actuação, questão prévia à celebração do contrato. Pense-se nas hipóteses em que, apesar de abstractamente ser possível a alternatividade de actuação, a lei impõe a celebração de um contrato, como no caso de fornecimento contínuo de serviços. O seu objecto não é passível de acto admi-

---

nistrativo, a ser necessário o recurso a um regime pré-existente, a busca deve fazer-se em primeira sede no direito administrativo.

[1444] *In Contratos Públicos...*, cit., pp. 132-133.

nistrativo? Encontrar-se-á ainda um sentido útil à norma para enquadrar estas hipóteses?

319. No que concerne ao regime jurídico aplicável aos "demais contratos", mandava o legislador do CPA aplicar o regime de invalidade de direito privado. Contudo, trata-se inequivocamente de um contrato administrativo, com indelével presença do interesse público. Não pode o legislador ter querido arredar a relevância do desvalor jurídico associado ao interesse público.

Como já tivemos ocasião de dizer, a evolução do direito da contratação pública fez-se no sentido da abertura ao princípio da não tipicidade. Da negação quase completa da figura, passando pela sua admissão de forma restrita e típica, a situação actual é a da admissibilidade genérica e não tipificada. Ou seja, o contrato é um instrumento de actuação administrativa para o exercício quer actividades de gestão pública, quer de gestão privada. Isto é, o contrato pode ser administrativo ou privado. Para além disto, quer o contrato administrativo, quer o privado podem ser típicos, atípicos, mistos puros ou atípicos.

O actual normativo do CCP não padece da dificuldade que se podia apontar ao artigo 185.º do CPA, na medida em que este último normativo partia de uma perspectiva simplista e dualista. Hoje, o CCP regula o regime de invalidade dos contratos administrativos sem caracterizar rigidamente o tipo de contrato.

Contudo, continua o CCP a não dar resposta a um conjunto de hipóteses. Por exemplo, qual será o regime jurídico aplicável quando o contrato outorgado pela Administração Pública resulta da composição de dois contratos típicos: um administrativo e outro privado. A questão colocava-se no CPA e mantém-se. Recorde-se que o critério subjacente à disciplina normativa constante do artigo 185.º do CPA parecia apontar para a aplicação do regime jurídico-público à parte do contrato que fosse tipicamente administrativa e o regime jurídico-privado à restante. Pelo menos, o teor normativo parecia consentir esta dedução. Isto é, se fossem bem identificáveis os contributos de cada tipo contratual e sempre na esperança da adequação de regimes jurídicos distintos e fundados com intuitos igualmente diversos. Esta última situação ainda poderá ser praticável, especialmente se o contrato revestir mais o carácter de junção de tipos contratuais do que propriamente de combinação de tipos contratuais, originando um *tertius genus*. A hipótese será bastante mais complexa se o contrato misto o for realmente e não se limitar a conjugar contratos típicos, ainda que pro-

venientes de ramos de direito diferentes. Nesta situação, não tanto obtusa quanto possa parecer, qual é o regime jurídico aplicável ou que modificações se devem fazer a cada um dos regimes para ser aplicável?
Estas dificuldades servem para ilustrar a pouca adequação da solução legal. No fundo, os exemplos enunciados servem para demonstrar que a final tem de ser o intérprete a construir o regime jurídico da invalidade. Que a solução legal apenas deu início ao possível regime jurídico da questão, mas ficou aquém, a meio caminho. Na nossa perspectiva, existe uma lacuna quanto mais não seja quanto a estas situações.

320. A opção legislativa pela cisão de regimes jurídicos aplicáveis aos contratos administrativos, já assumida no regime do CPA e agora recolhida, em função dos elementos a analisar, é fonte de muitos problemas. Por exemplo, um contrato administrativo com objecto passível de acto administrativo, por razões alheias à prossecução do interesse público, pode ser nulo se, na formação da vontade do co-contratante privado tiver existido conluio. Mas um contrato administrativo entre entes públicos, existindo o mesmo conluio, o contrato será igualmente nulo por aplicação de regime jurídico que não é estatutário mas cuja aplicabilidade resulta do n.º 3 do artigo 284.º do CCP. Já quanto aos regimes jurídicos propriamente ditos, um contrato administrativo anulável não estará sujeito às mesmas regras processuais em virtude do objecto contratual: se for passível de contrato privado, o prazo de arguição só se conta a partir do momento da cessação do vício que lhe serve de fundamento (artigo 287.º do CC); se o objecto for passível de acto administrativo, o prazo conta-se da notificação (inaplicável aos contratos) ou do conhecimento do vício. Quanto ao tratamento da invalidade em função da extensão, há que sublinhar um avanço no CCP em relação ao que prescrevia o CPA. Existe hoje a possibilidade de conversão e de redução de negócios nulos, faculdades que o direito administrativo só admite para os actos anuláveis[1445]. Já quanto aos vícios de vontade, existe uma divergência fundamental entre os dois regimes no que toca às situações de coacção: o direito administrativo comina a nulidade, sem operar a distinção dentro da coacção; o direito civil só comina

---

[1445] Daí se entender que o regime instituído peio n.º 3 do artigo 285.º constitui um desvio ao regime regra aplicável aos contratos com objecto de acto administrativo, regulado no n.º 1. Neste sentido, VIEIRA DE ANDRADE, *A Propósito...*, cit., p. 355. Em sentido divergente, PACHECO DE AMORIM, *ob. cit.*, p. 658.

a coacção física com a nulidade, reservando a anulabilidade para as situações de coacção moral[1446]. Por um lado, os contratos administrativos com objecto passível de contrato privado (agora incluídos na expressão "demais contratos") ficam sujeitos à aplicação das regras jus-civilistas relativas à formação da vontade e ao regime jurídico *stricto sensu* da anulabilidade e da nulidade; por outro lado, os contratos administrativos com objecto passível de acto administrativo ficam sujeito ao regime estatutário da Administração e às regras jus-civilistas relativas à formação da vontade. São contudo sempre contratos administrativos. Fica a questão de saber que razões que justificam a diferença de tratamento no âmbito dos contratos administrativos. Ou seja, a inadequação do regime instituído resulta brevemente ilustrada com estas meras hipóteses.

321. Entrando na análise do regime em vigor, podem adiantar-se as seguintes apreciações.

O sistema da invalidade derivada, se ainda não é o ideal (?), conterá já mecanismos de adaptação, num reconhecimento de que a sucessão de actos jurídicos distintos, há-de ter significado no regime concreto do tipo de invalidade. Contudo, o legislador estabeleceu um conjunto de critérios que necessitam de integração por parte do intérprete.

Pode contudo ser ainda negativa uma certa rigidez quanto aos modelos de invalidade própria e derivada. Eventualmente a actividade hermenêutica poderá ainda encontrar outros sentidos úteis. Contudo, o regime de invalidade derivada, pelo menos a regra, é ainda um pouco tributária do regime dos actos administrativos.

É igualmente positivo que a remissão para o direito civil quanto ao regime de invalidade não limite o tipo de contratos administrativos. Portanto, este acervo normativo permitirá, pensamos, acolher outros contratos administrativos que não os tradicionalmente contemplados, incluindo os contratos mistos, os celebrados entre entes públicos, etc. É igualmente positivo que a remissão para outros regimes, em particular de direito privado, se faça para o direito civil, não apenas para o Código Civil.

[1446] Subjacente a esta opção legislativa encontra-se a tipologia dos vícios de vontade. A coacção física anula por completo a vontade, pelo que em rigor não há genuinamente uma manifestação de vontade. Na coacção moral, a vontade está viciada mas subsiste a possibilidade de não emitir a declaração. Existe, portanto, ainda vontade.

No que respeita à remissão para o regime civilista dos vícios da vontade, o legislador deveria ter tido em conta o estatuto dos parceiros contratuais[1447].

Continua portanto a poder concluir-se, como Mário de Almeida/ /Carlos Cadilha concluíam no domínio do regime revogado do CPA que "temos, por conseguinte, dois regimes de invalidade de contratos administrativos: um regime de direito público, aplicável aos contratos administrativos com objecto passível de acto administrativo e aos casos de invalidade derivada; e um regime de direito privado, aplicável aos contratos administrativos com objecto passível de contrato de direito privado e aos casos de invalidade resultante de falta ou vício da vontade"[1448].

A remissão para dois regimes distintos continua a ter, tal como antes tínhamos sublinhado a propósito do regime instituído pelo CPA, reflexos estranhos. Isto porque podem coexistir a propósito de contratos administrativos regimes de invalidade diferentes consoante se aplique o regime do direito privado ou o regime de direito público[1449]. Por isso, no domínio da vigência do CPA, houve jurisprudência em que se sustentou que a remissão contida no n.º 2 do artigo 185.º do CPA devia "ser interpretado como definidor do regime substantivo da invalidade dos contratos administrativos, excluindo-se da remissão... as normas de carácter processual e, portanto, a contida no artigo 286.º do Código Civil"[1450].

322. Analisando agora em detalhe as soluções legais, comecemos com a disciplina jurídica da invalidade derivada contida no artigo 283.º do CPP. A regra da invalidade derivada para o contrato é idêntica à que se encontrava prevista no CPA. Teve contudo o legislador o cuidado de explicitar tal regra de paralelismo de formas de invalidade, se bem que, como tentaremos demonstrar, este regime não se adequa completamente à nossa

---

[1447] Quando o regime substantivo da invalidade é de aplicar aos contratos interadministrativos, os parceiros contratuais são ambos entidades públicas que vêem ser-lhes aplicado direito não estatutário. Chamando precisamente a atenção para este aspecto, Vieira de Andrade, *A Propósito...*, cit., p. 356.

[1448] *In Comentário ao Código do Processo dos Tribunais Administrativos*, 2.ª Ed., Revista, Almedina, Coimbra, 2007, p. 254.

[1449] Referindo-se precisamente a esta questão Mário de Almeida/Carlos Cadilha, *Comentário...*, 2.ª Ed., Revista, cit., p. 254.

[1450] Acórdão do STA de 12/10/1995 (P. n.º 37 297).

Mário de Almeida/Carlos Cadilha criticaram esta construção porquanto parece não ser de aceitar que o artigo 286.º do CC consubstancie uma norma processual, mas antes uma norma de regime substantivo (*in Comentário...*, cit., 2.ª Ed., Revista, p. 255, nota 213).

concepção de causas e regimes de invalidade. Ou seja, subsiste a crítica principal que apontamos ao regime que constava do CPA: o paralelismo de formas de invalidade, assente naquela que consta para a sucessão de actos administrativos, não permite acomodar convenientemente os diferentes interesses públicos presentes. Se o interesse público subjacente à nulidade de um acto administrativo é compreensível à luz da ponderação feita pelo legislador, tendo em consideração o tipo de actuação administrativo e tipos de poderes envolvidos, já o interesse público (ou interesse privado e público) presente na actuação contratual pode nem sequer estar próximo daquele. Como justificar então a solução legal? Com o facto de o acto em que se verifica o vício assim invalidante ser um acto que contribui para a actuação contratual? Mesmo quando existe uma proximidade, uma conexão directa? E então que tutela dá o legislador aos demais interesses, para além desses, que estão presentes na relação contratual? A verdade é que a construção dogmática do contrato administrativo não é a construção espanhola, aventada recentemente por VICTOR BACA ONETO, de ser uma execução do acto de adjudicação e sem autonomia dogmática. E de facto não pode ser assim porquanto o legislador reconhece este tipo de contratos como genuína e alternativa forma de actuação[1451].

Apesar da regra contida no n.º 4 do artigo 283.º constituir uma válvula de escape para o sistema que deve ser sublinhada, ela não deixa contudo de se traduzir numa dificuldade acrescida do sistema, pelo que implica de densificação conceitual.

Assim, a regra do paralelismo de invalidade não se aplicará em três situações. Ou quando tal solução viole o princípio da proporcionalidade, ou ponha em causa o princípio da boa fé contratual, ou quando tal solução conduza a uma modificação subjectiva ou alteração do conteúdo essencial do contrato.

Estas circunstâncias não são de aplicação cumulativa. Podem contudo permitir acomodar algumas das soluções que preconizamos.

Todavia, porque se faz apelo a concretizações de princípios de acção administrativa – o princípio da proporcionalidade e o princípio da boa fé – é óbvio que o segundo critério coloca, como já demos conta, problemas quanto ao que seja conteúdo essencial.

323. Reportando-nos à nossa reflexão, que aplicabilidade teria o artigo 283.º do CCP?

[1451] Cfr. o disposto no artigo 278.º do CCP.

Comecemos pelo conjunto de situações em que os n.ᵒˢ 1 e 2 do artigo 283.º do CCP podem ter aplicação.

Analisemos em primeiro lugar, a postergação do procedimento concursal público. Grande parte da jurisprudência administrativa, com excepções contadas, decide que, nestes casos, a adjudicação emanada é anulável, pelo que então o contrato também o devia ser. Contudo, conforme sustentámos *supra*, só quando a concorrência, tutelada pelo procedimento estabelecido na lei, for completamente postergada, para o contrato a invalidade deverá ser a mais grave: a nulidade. Assim, não teremos norma a prever tal hipótese: a adjudicação é anulável, mas gera uma invalidade mais grave no contrato[1452]. Contudo, sublinhamos que a solução há-de ponderar-se *in casu* porque podem existir diferentes densidades da violação da concorrência. A previsão do n.º 3 do mesmo normativo e respectivos critérios circunscreve-se apenas aos actos anuláveis. Portanto, se o acto suporte for anulável e se consolidar, isto é se se tornar inimpugnável. Mas já seria de aplicar, designadamente pela consideração do princípio da proporcionalidade aos casos intermédios. Sendo assim, o contrato poderá nem sequer ser afectado, excepto se a não consideração da violação da regra do procedimento implique que haja modificação subjectiva. Ora tal sucederá quando seja certo que a concorrência foi afectada. Isto é, quando a violação da regra do procedimento signifique que o universo de potenciais concorrentes foi reduzido, o que significa que, não o tivesse sido, o parceiro contratual da Administração poderia ser outro.

A hipótese de uma criação indevida de critérios na escolha dos concorrentes, no domínio do CCP não terá a mesma relevância no concurso público, pois deixa de existir uma fase de qualificação dos concorrentes. Existe contudo em outros procedimentos, pelo que importa a sua consideração. A criação indevida de critérios que culmina na escolha daquele concorrente, que beneficia do critério indevidamente criado, invalida a adjudicação de forma grave. Nas demais situações, que não constituam irregularidades para o contrato, então sim poderão aplicar-se os n.ᵒˢ 3 e 4 do artigo 283.º do CCP.

Aplica-se por fim o n.º 1 do artigo 283.º nas situações de falta absoluta de publicidade. Os actos suporte, em particular, a adjudicação deve

---

[1452] Parece ser a solução da teoria do acto administrativo. Cfr. o disposto no n.º 2 do artigo 133.º do CPA.

Claro que, quer a doutrina, quer a jurisprudência, deverá ponderar se a adjudicação não deverá antes ser nula.

ser nula, devendo ponderar-se se tal consequência deverá ser igualmente a do contrato.

Quanto à falta de fundamentação que torne a adjudicação anulável, o contrato também o será se a falta respeitar à efectiva percepção da escolha (do concorrente e respectiva proposta).

Já quanto aos actos em que se verifica paralelismo de formas de invalidade, a lei nova também se mostra insuficiente. Por exemplo, no que respeita aos vícios quanto ao sujeito que pratica a adjudicação, se bem que absolutamente relevantes para o acto, eles não serão vícios do contrato. Até porque no CCP, a possibilidade de serem diferentes entidades que praticam a adjudicação e outorgam o contrato não parece existir. E sendo a mesma entidade, a questão colocar-se-á a título de invalidade própria.

Por último, cumpre avaliar a previsão normativa contida no n.º 4 do artigo 283.º Trata-se de uma disposição que tem como alcance de aplicação as situações em que o contrato se possa reputar como anulável, no contexto da invalidade derivada.

Trata-se, como já adiantámos, de uma previsão que pode comportar mais dificuldades do que à partida parece. Previu o legislador um poder a ser exercido em sede judicial ou arbitral e sujeito ao preenchimento de alguns critérios. Em primeiro lugar, deverão ser "ponderados os interesses públicos e privados em presença" em relação com a "gravidade da lesão" provocada pelo vício que determinou apenas a anulabilidade, sublinhe-se, do acto suporte e consequentemente a do contrato. Dessa ponderação terá de resultar um juízo de desproporcionalidade da aplicação da regra da invalidade ou uma violação do princípio da boa-fé que dite idêntica conclusão. Ora, parece-nos ter descrito precisamente aquelas situações que *supra* identificamos como devendo reconduzir-se a irregularidades para o contrato porque precisamente os interesses públicos e privados envolvidos no contrato são distintos daqueles envolvidos no acto suporte e porque precisamente o vício invalidante deste último não reveste a mesma importância para o contrato, pelo que seria manifestamente desnecessário e desadequado ferir a validade do contrato. Por conseguinte, entendemos que a faculdade judicial criada nesta primeira parte do n.º 4 do artigo 283.º irá ser profusamente aplicada naquelas situações. Aliás, bem ponderadas todas as situações de vício para o contrato a este título – que na nossa perspectiva serão muito residuais – esta construção será acolhida em muitas situações. Até em situações em que o vício no procedimento gera a nulidade do acto e não apenas a anulabilidade. Parece-nos por isso que a previsão acaba por ser demasiado restritiva.

Contudo, o afastamento da regra do n.º 2 do artigo 283.º também será de aplicar na decisão judicial ou arbitral quando *"se demonstre inequivocamente que o vício não implicaria uma modificação subjectiva no contrato celebrado nem uma alteração do seu conteúdo essencial"*. Ora, há agora que densificar o que seja uma "modificação subjectiva" e o que seja o "conteúdo essencial" do contrato.

Quanto ao primeiro conceito, parece que o legislador se há-de ter referido às situações em que anulado ou não o acto, as partes no contrato não sofreriam com isso uma alteração. Decididamente, estamos novamente naquelas hipóteses que reputamos de irregularidades, pois aquelas que aparentemente se podiam equacionar como conduzindo a uma "modificação subjectiva", integramo-las no elenco de causas comuns de invalidade própria e não causas de invalidade derivada.

O segundo dos conceitos utilizados pelo legislador – conteúdo essencial – implica mais investigação. Não se trata de um conceito inovador no direito administrativo, se bem que tenha tido o seu campo de eleição no direito constitucional. Na verdade, o CPA, na alínea d) do n.º 2 do artigo 133.º, a propósito das causas de nulidade do acto administrativo, acolheu o conceito a propósito do "direito fundamental". Em rigor, o conceito de conteúdo essencial, na dogmática constitucional, deve ser referido a uma categoria de direitos fundamentais: os direitos, liberdades e garantias. Isto porque a protecção do conteúdo essencial é imperativo constitucional a propósito das intervenções restritivas nesse domínio[1453]. Ora, a categoria dos direitos fundamentais integra a categoria dos Direitos, Sociais e Culturais, em relação à qual, quer o texto constitucional, quer a quase unanimidade da doutrina, entende que não é objecto dos requisitos do artigo 18.º da CRP. Assim, sempre tivemos uma interpretação restritiva na referida alínea do normativo do CPA, por entendermos que o requisito só se poderia verificar a propósito dos direitos, liberdades e garantias[1454]. Continua contudo a colocar-se a questão difícil da densificação do conceito, agora pelo juiz administrativo. A questão não é desde logo pacífica

---

[1453] Cfr. o disposto no n.º 3 do artigo 18.º da CRP.

[1454] No mesmo sentido dubitativo se pronunciam MÁRIO ESTEVES DE OLIVEIRA ET AL., *Código...*, 2.ª Ed., cit., anotação XI ao artigo 133.º, p. 646; FREITAS DO AMARAL, sublinhando a dificuldade de interpretação, sustenta no entanto que "só abrange... os direitos, liberdades e garantias e direitos de natureza análoga", (*in Curso...*, II, cit., p. 412). No mesmo sentido, MARCELO REBELO DE SOUSA, *Regime Jurídico...*, cit., p. 179; FILIPA CALVÃO, *Os Actos Precários...*, cit., p. 267.

no direito constitucional, discutindo a doutrina qual o melhor entendimento para este requisito a propósito da lei restritiva. O legislador constituinte português bebeu na Constituição alemã o conceito, documento constitucional a muitos títulos inspirador da nossa Constituição. A doutrina, a propósito do alcance da expressão, aponta duas hipóteses: a teoria absoluta e a teoria relativa. Segundo a teoria absoluta, o conteúdo essencial seria o "núcleo fundamental, determinável em abstracto, próprio de cada direito e que seria, por isso, intocável"[1455], o que significa que se for tocado, o direito desaparece. O Tribunal federal alemão entende que o conteúdo essencial é certa medida de "valor social" global, existindo quem sustente que é a "projecção da dignidade humana" ou os "elementos típicos que conferem carácter ao direito" (LEISNER)[1456]. A teoria relativa reconduz-se, na opinião da maior parte da doutrina, aos princípios da exigibilidade e da proporcionalidade[1457] ou da proibição do excesso[1458]. Atenta a consagração no mesmo normativo do princípio da proporcionalidade, cumpre recordar que a mesma doutrina converge na aceitação de que o conceito se há-de reconduzir às construções absolutas, entendendo que conteúdo essencial é uma "proibição absoluta, um limite fixo, um mínimo de valor inatacável" (VIEIRA DE ANDRADE)[1459], "grandeza estática e intemporal" (JORGE NOVAIS)[1460], "é um *mais* em relação ao princípio da proporcionalidade" (GOMES CANOTILHO/VITAL MOREIRA)[1461], "autónoma relativamente à necessidade e à proporcionalidade" (MANUEL VAZ)[1462], "barreira última e efectiva contra o abuso de poder" (JORGE MIRANDA)[1463].

[1455] VIEIRA DE ANDRADE, *Os Direitos Fundamentais na Constituição Portuguesa de 1976*, 4.ª Ed., Almedina, Coimbra, 2009, pp. 284-285.

[1456] *Apud* J. C. VIEIRA DE ANDRADE, *Os Direitos Fundamentais...*, 4.ª Ed., cit., p. 285.

[1457] *Vide,* por todos, J. C. VIEIRA DE ANDRADE, *Os Direitos Fundamentais...*, 4.ª Ed., cit., p. 285.

[1458] Referindo-se expressamente nestes termos, JORGE REIS NOVAIS, *As Restrições aos Direitos Fundamentais Não Expressamente Autorizadas pela Constituição*, Coimbra Ed., Coimbra, 2003, p. 781.

[1459] *In Os Direitos Fundamentais...*, 4.ª Ed., cit., p. 286.

[1460] *In As Restrições...*, cit., p. 782.

[1461] *In Constituição da República Portuguesa Anotada*, Vol. I, 4.ª Ed., Revista, Coimbra, 2007, anotação XV ao artigo 18.º, p. 395. Em rigor, os AA. preferem uma construção mista (*idem*).

[1462] *In A Lei e Reserva da Lei – A Causa da Lei na Constituição Portuguesa*, UCP, Porto, 1992, p. 333.

[1463] *In Direitos Fundamentais – Introdução geral*, Lisboa, 1999, p. 164; IDEM, *Manual de Direito Constitucional*, Vol. IV, Coimbra Ed., 2000, p. 341.

A questão que agora se coloca é a de saber se as reflexões feitas pela doutrina constitucional têm valia para a interpretação da parte final do n.º 4 do artigo 283.º Pode desde logo sublinhar-se que também aqui se podiam degladiar as duas perspectivas: a relativa e a absoluta. Contudo, também neste domínio nos parece que o conceito de conteúdo essencial se há-de densificar de modo mais estável, e portanto numa perspectiva mais absoluta. Desde logo porque o mesmo normativo, na primeira parte prescreve a aplicação do princípio da proporcionalidade, pelo que, sob pena de redundância inexplicável, a referência ao conteúdo essencial há--de dizer respeito a um "mais" para além daquele princípio. Claro que estamos agora em outro ramo do direito e já não temos o referencial pessoal. O que será então o conteúdo essencial do contrato? Tem algum sentido aqui convocar as teses subjectivas e objectivas que também se perfilam no direito constitucional, com as devidas adaptações? No direito constitucional discute-se se o conteúdo essencial se relacionará com a dimensão subjectiva do Direito ou com a instituição do mesmo. Por força do teor literal do normativo, a doutrina converge no sentido de que a expressão terá uma intencionalidade objectiva pois o n.º 3 do artigo 18.º da CRP alude aos "preceitos constitucionais"[1464]. Ora, para o domínio que nos interessa, o conceito de conteúdo essencial do contrato, na ausência de uma definição no próprio CCP, deverá fazer-se em relação a cada tipo contratual e deverá constituir por isso um conceito absoluto. Não pode obviamente ser o conjunto de elementos que definem um contrato. Deverá atender-se ao contrato específico sob análise. Nos contratos *intuito personae*, a definição da dimensão subjectiva do contrato e prestações infungíveis integrarão o conteúdo essencial do contrato. Poderá por isso e para o efeito ser importante verificar as menções obrigatórias que o CCP estabelece como devendo estar presentes no título contratual. Importa também convocar as reflexões, agora do direito administrativo e da teoria do acto administrativo, a propósito do conteúdo principal (essencial?) e conteúdo acessório. Como refere ROGÉRIO SOARES, a questão do conteúdo acessório, ou mais propriamente, das cláusulas acessórias foi tratada em direito administrativo aproveitando a "sugestão da construção clássica do direito privado que distinguia entre *essentialia, naturalia e*

[1464] Neste sentido, J. C. VIEIRA DE ANDRADE, *Os Direitos Fundamentais...*, 4.ª Ed., cit., p. 286; GOMES CANOTILHO/VITAL MOREIRA, *Constituição...*, 4.ª Ed., p. 395; MANUEL VAZ, *Lei e Reserva...*, cit., pp. 333 e ss.

accidentalia negotti"[1465]. A dificuldade passa, como refere o A., por saber "se é possível, e como, separar esse núcleo do acto que corresponde à ideia de qualquer coisa que é essencial ou natural duma outra afirmação do conteúdo que surge como anexa, acidental ou acessória"[1466]. Dada a dificuldade, o A. abandona a expressão conteúdo essencial e prefere a de conteúdo principal: a ideia de tipicidade associada à prática do acto administrativo não se reconduz à ideia de essencialidade, abrange "as determinações que decorrem da tipicidade do acto e ainda todas as outras introduzidas por lei ou pela Administração, desde que se projectem em momentos constitutivos do acto"[1467]. Assim, na teoria do acto, o conteúdo acessório reconduz-se aos domínios da eficácia do mesmo, à introdução de encargos ligados à subsistência do conteúdo principal e à possibilidade de futuramente revogar o acto ou introduzir encargos[1468]. Para MÁRIO ESTEVES DE OLIVEIRA ET AL., o conceito operativo é de conteúdo necessário que define o "acto de uma certa espécie ou classe, correspondendo a uma determinada *fattispecie* normativa"[1469] ou como aquele que "identifica o próprio acto"[1470].

Atendendo à ligação com a construção do conceito no direito privado a que se refere ROGÉRIO SOARES, ao facto de estarmos numa tarefa de interpretação de um conceito associado a um contrato (se bem que administrativo) é muito relevante verificar o que se pode recolher dessa doutrina para a interpretação do normativo.

No domínio dos negócios jurídicos privados, alguma doutrina prefere que o conceito de conteúdo seja entendido como "objecto jurídico ou substância do negócio"[1471], sendo que entende "menos correcto" aplicar o con-

---

[1465] *In Direito Administrativo*, cit., p. 285. Referindo-se a esta construção no direito privado, MOTA PINTO, *Teoria Geral...*, 4.ª Ed., cit., p. 383; INOCÊNCIO GALVÃO TELLES, *Manual...*, cit., pp. 211 e ss.; HEINRICH HÖRSTER, *A Parte Geral...*, cit., p. 421; PEDRO PAIS DE VASCONCELOS, *Teoria Geral...*, cit., p. 601. JOÃO DE CASTRO MENDES é bastante crítico da construção (*in Teoria Geral...*, II, cit., p. 311). Também OLIVEIRA ASCENSÃO repudia a classificação preferindo referir-se a pressupostos (*in Direito Civil...*, II, cit., pp. 102 e ss.).
[1466] *In Direito Administrativo*, cit., p. 285.
[1467] *In Direito Administrativo*, cit., p. 286.
[1468] Todos os manuais sobre o acto administrativo portugueses tratam a questão das cláusulas acessórias, sendo que o artigo 121.º do CPA disciplina legislativamente a questão, sem porém aludir à reserva.
[1469] *In Código...*, 2.ª Ed., anotação I ao artigo 121.º, p. 568.
[1470] MÁRIO ESTEVES DE OLIVEIRA, *Direito Administrativo*, cit., p. 449.
[1471] CARVALHO FERNANDES, *Teoria Geral...*, cit., p. 355.

ceito ao conjunto das cláusulas estipuladas no negócio, reservando para tal hipótese o conceito de "elementos do contrato"[1472]. Já MANUEL DE ANDRADE referiu-se claramente a estes elementos na linha da construção doutrinal a que se referiu ROGÉRIO SOARES, se bem que aponte a ausência de um critério uniforme na classificação[1473]. Numa análise mais pormenorizada – e que nos pode ser útil – o A. distingue, no âmbito dos elementos essenciais, aqueles relativos aos negócios jurídicos em geral e aqueles relativos a "cada tipo legal"[1474]. Como tão bem explica, na primeira acepção, "os elementos essenciais dos negócios jurídicos são as condições ou requisitos gerais para a validade de qualquer desses negócios"; já quanto à segunda, "os elementos essenciais... são as cláusulas ou estipulações negociais (contidas na respectiva declaração ou declarações de vontade) que o caracterizam ou contradistinguem, que o estremam em face dos restantes"[1475]. Também MOTA PINTO se refere às duas categorizações associadas aos elementos essenciais na mesma linha de MANUEL DE ANDRADE[1476]. Sublinha MANUEL DE ANDRADE que ainda é possível a distinção em função da vontade das partes, critério relevante para "a teoria da redução dos negócios jurídicos"[1477]. Ou seja, há dois tipos de elementos essenciais: os que se relacionam com a existência e validade do negócio jurídico e os que se relacionam com o tipo de contrato[1478]. Os elementos acidentais correspondem ao conceito de cláusulas acessórias em direito administrativo[1479].

Finda esta brevíssima incursão na classificação (e densificação dos conceitos operativos relevantes), importa verificar se há dados a retirar e aproveitar para o nosso problema de interpretação. Ou seja, quando o legislador estabeleceu o conteúdo essencial como limite à não operatividade da invalidade derivada do contrato, refere-se, na construção privatística, aos elementos essenciais definidores do contrato ou do tipo contratual? A filosofia subjacente às disposições normativas parece apontar para este

---

[1472] CARVALHO FERNANDES, *Teoria Geral...*, cit., p. 355.
[1473] *In Teoria Geral...*, II, cit., pp. 33 e ss.
[1474] *In Teoria Geral...*, II, cit., p. 33.
[1475] *In Teoria Geral...*, II, cit., p. 34.
[1476] *In Teoria Geral...*, 4.ª Ed., cit., p. 384.
[1477] *In Teoria Geral...*, II, cit., p. 35.
[1478] Referindo-se a esta conclusão, PEDRO PAIS DE VASCONCELOS, *Teoria Geral...*, cit., p. 601.
[1479] MANUEL DE ANDRADE, *Teoria Geral...*, II, cit., p. 36; MOTA PINTO, *Teoria Geral...*, 4.ª Ed., cit., p. 384; PEDRO PAIS DE VASCONCELOS, *Teoria Geral...*, cit., p. 602.

último termo da hipótese. Se a invalidade do acto pressuposto afectar o tipo de contrato, então deverá operar a invalidade derivada. A questão dos elementos essenciais naquela dimensão de definição do contrato enquanto contrato aponta para a hipótese de inexistência de contrato, e por conseguinte questão prévia à da invalidade.

Entendemos por isso que o limite inscrito na parte final do n.º 4 do artigo 283.º do CCP deverá ser lido no sentido de que a invalidade do acto pressuposto afecte algum dos elementos de conteúdo que permitem distinguir aquele contrato dos demais contratos. Tratar-se-á portanto de um conceito estável, referível aos requisitos definidores do contrato em causa.

324. Assente que esteja a via de interpretação do preceito normativo, cabe agora avaliá-lo no âmbito da nossa construção e face aos dados legislativos neste ponto. Ora, como já tivemos oportunidade de demonstrar – se bem que num modelo assente em critério distinto – os elementos integradores do tipo contratual, ainda que definidos em actos suporte dirão respeito a aspectos de conteúdo e por isso de validade própria do contrato. Acresce que a norma legal circunscreve o âmbito da sua aplicação às situações de anulabilidade. Ora, muitas das hipóteses que poderão aqui caber, pela sua importância, merecerão uma tutela mais densa, designadamente ao nível da nulidade. Ou seja, o normativo parece-nos ser insuficiente.

Acresce que entendemos que para efeitos do que seja o conteúdo essencial do contrato, haverá que atender ao que prescreve o artigo 96.º sob a epígrafe de "conteúdo do contrato". É certo que a respectiva disciplina legal se atem à hipótese em que o contrato deve ser reduzido a escrito, o que implica considerar a regra contida no artigo 94.º que impõe em regra a forma escrita.

Portanto, sendo obrigatória a redução a escrito, as alíneas do n.º 1 do artigo 96.º contêm indicações imperativas a incluir no documento. Cumpre desde já sublinhar que aí o legislador cominou a omissão com a nulidade e não prevendo apenas a anulabilidade. É de presumir que um normativo desta natureza e com a intencionalidade normalmente associada à forma escrita terá incluído elementos do conteúdo essencial do contrato. Será esse o mínimo exigível, podendo o legislador ter ido mais além do que o conteúdo essencial do contrato. E foi. Analisemos as alíneas nesta perspectiva. É imperativa a identificação das partes (alínea a)), a descrição do objecto (alínea c)), o preço contratual (alínea d)), o prazo de execução das principais prestações objecto do contrato (alínea e)). Trata-se claramente de aspectos de conteúdo essencial do contrato e identificação subjectiva das partes. Contudo, o n.º 2 do mesmo normativo estabelece que "fazem parte integrante do contrato, independentemente da sua redução a escrito" diversos elementos que contêm necessariamente elementos relativos ao conteúdo essencial do tipo contratual, designadamente as que constarem do caderno de encargos e da proposta adjudicatária. Ora, estes elementos essenciais, muitas vezes – normalmente será sempre – definidos em actos suporte do contrato, se viciados implicam invalidade para o contrato. Mas, na nossa perspectiva, são fonte de uma invalidade com início no procedimento mas que ultrapassa essa definição e é acolhida como própria do contrato, se bem que não a título exclusivo.

Em que medida estas considerações relevam para o efeito da interpretação do normativo? Bem, servem desde logo para demonstrar que o próprio legislador sublinhou como essenciais estes elementos para o contrato. Consequentemente e bem, cominou, é certo em sede mais formal mas da qual não se pode deixar de retirar consequências em sede material, com a nulidade a ausência da referência a estes elementos. Como se pode então aplicar a parte final do n.º 4 do artigo 283.º do CCP? Ou, qual será o seu efectivo alcance, atentos todos estes dados estabelecidos pelo mesmo legislador? Repare-se que em termos materiais, as definições de conteúdo essencial, no duplo sentido de conteúdo revelador da existência do contrato e revelador do tipo contratual, são as mais das vezes definidos em acto suporte. Do que se pode concluir que a invalidade verificada não pode ser definida como derivada mas própria se bem que comum a invalidade de acto suporte.

O desvalor jurídico associado a elementos essenciais do contrato, na dupla vertente, não pode ser do tipo de anulabilidade. O conteúdo essencial do contrato deverá ser protegido, em caso de viciação, pela cominação da nulidade. Portanto, desde logo, pela importância dos elementos contidos no "conteúdo essencial" do contrato, a norma acabará por ficar vazia. Pois a dificuldade estará em identificar elementos do referido conceito que, definidos nos actos suporte, apenas conduzam a uma anulabilidade. Claro que, tomando como boa a regra do paralelismo da invalidade, a norma terá aplicação. Mas a verdade é que a efectiva aplicação da teoria conduziria a que violações graves dos interesses públicos ínsitos no contrato, mas definidos em acto suporte cuja deficiência apenas determina a anulabilidade, seriam tuteladas pela anulabilidade, se bem que matizada pela prescrição do n.º 4 do artigo 283.º Inversamente, aspectos gravíssimos dos actos suporte mas sem correspondência (em termos de interesse público a tutelar) que determinam a nulidade do acto suporte conduzirá à nulidade do contrato, sem justificação na nossa perspectiva e sem possibilidade de aplicação do efeito mitigado previsto no n.º 4 do artigo 283.º, porque se trata de hipótese de nulidade e por conseguinte fora do respectivo âmbito de aplicação.

Para concluir, parece-nos inclusive que a previsão do n.º 4 do artigo 283.º é no fundo um reconhecimento não assumido, empírico talvez, de que a solução do paralelismo de invalidade em sede de invalidade derivada é insuficiente e desadequada. Repare-se que a desconsideração da invalidade derivada (por anulabilidade) é afastada se estiver em causa a alteração subjectiva do contrato ou seja atingido o conteúdo essencial do contrato. Portanto, é assumir que em sede procedimental são feitas essas determinações e que há aspectos em que não devem ser consideradas invalidades derivadas. Só o pode ser porque há diferentes interesses a tutelar. Só não será assim, quando os interesses públicos presentes no contrato já se manifestam em actos suporte. E bem! Só está desacertada a construção como invalidade derivada em sentido próprio. Esses serão os casos de invalidade própria mas com causa comum a actos suporte. Deverá ser assim pois a deficiência normativa manifesta-se muitas vezes, como atempadamente sublinhámos, em vícios distintos no acto suporte e no contrato.

325. Quanto à invalidade própria, temos a divergência fundamental logo no n.º 1 do artigo 284.º do CCP. A anulabilidade, como é norma no direito administrativo, é sublinhada como forma regra da invalidade também nos contratos. Ora, esta opção merece-nos crítica, pelas razões que fomos expondo a propósito das causas de invalidade e do seu regime. É verdade que a anulabilidade é a regra de invalidade na teoria do acto administrativo e aí faz todo o sentido. Mas as razões que justificam essa opção no acto administrativo não se verificam exactamente no contrato administrativo. Em particular, quando nos referimos ao conteúdo principal do contrato. Assim, aliás como já cremos ter demonstrado, a violação de regras imperativas ou injuntivas na formação do contrato quando referíveis a aspectos do sujeito ou conteúdo do contrato, ou mesmo de regras disciplinadoras do mesmo, devem ser sancionadas, à semelhança do que sucede no direito civil, com a nulidade. Em primeiro lugar, porque se trata a maior parte das vezes de violações que são oriundas da parte privada do contrato e não em relação a aspectos tutelados pela Administração Pública. Acresce que existem razões tipicamente administrativas, em particular as associadas à concorrência, que têm influência na determinação do conteúdo, que devem ser protegidas com a nulidade e não com a anulabi-

lidade. De qualquer modo, a regulamentação contida no n.º 2 do mesmo normativo parece vir esvaziar o sentido e alcance do n.º 1. As ditas razões de concorrência ditam a nulidade, se bem que não se trate este princípio porque não é equacionável, no acto ou no regulamento como princípio genérico.

326. Por último, o artigo 285.º vem inovar a orientação administrativa ao fazer aplicar aos contratos administrativos a regra da conversão e da redução dos contratos de direito privado, afastando-se da regra do direito administrativo. Esta norma não restringe, como se verificava em projectos anteriores, o seu âmbito de aplicação aos contratos de substituição de actos administrativos e aos contratos sobre o exercício de poderes públicos. A norma manda aplicar a "todos os contratos administrativos" as figuras da redução e conversão, no regime de direito civil. Louva-se este avanço normativo, porquanto significa inequivocamente o reconhecimento de que a teoria do acto administrativo não se mostra adequada a todas as determinantes contratuais administrativas. Aproxima-se assim o regime, neste aspecto e bem, às previsões da teoria geral do negócio jurídico do direito civil, pois o contrato administrativo é, antes de qualquer outro qualificativo, um contrato, espécie de negócio jurídico.

Os contratos administrativos que tenham por objecto actos administrativos ou o exercício de poderes públicos, na linha do que prescrevia a alínea a) do n.º 3 do artigo 185.º do CPA, têm como regime de invalidade aquele que está previsto "para o acto com o mesmo objecto e idêntica regulamentação da situação concreta"[1480], sendo de considerar o regime da conversão, ratificação do acto administrativo afastado por força do que dispõe o n.º 3 do artigo 285.º do CCP.

327. Vamos então testar este regime aos nossos contratos e às suas causas de invalidade.

Como vimos, quanto ao objecto a nossa orientação é a de que sempre que o contrato prossegue um objecto legalmente impossível – portanto tutelado em normas injuntivas – deve ser nulo e não apenas anulável como prescreve o n.º 1 do artigo 283.º, havendo lugar à aplicação do n.º 2 do mesmo normativo – o objecto impossível conduz à nulidade do acto administrativo nos termos do que dispõe a alínea c) do n.º 2 do artigo 133.º

[1480] Cfr. o disposto no n.º 1 do artigo 285.º

do CPA. Mesmo em relação ao conteúdo propriamente dito, a propósito de cláusulas que já constam da decisão de contratar, poderia pensar-se que gerariam apenas anulabilidade para o contrato. Contudo, esta solução implicaria por exemplo que no caso da indevida alusão a marcas, a cláusula poderia continuar no contrato se não fosse impugnada, ou por acordo das partes, ela não vigorasse. Esta última hipótese, altamente improvável pois já constava da proposta[1481], significaria deixar à *alea* a tutela do interesse público subjacente a tal proibição. De qualquer modo, segundo o entendimento dominante sobre o alcance da alínea c) do n.º 2 do artigo 133.º do CPA, aqui recolhido por remissão, pelo n.º 2 do artigo 284.º, as questões relativas ao conteúdo devem entender-se abrangidas. Pelo menos, quanto a determinações de conteúdo principal do contrato[1482]. Em anotação ao artigo 133.º do CPA, MÁRIO ESTEVES DE OLIVEIRA ET AL. acompanham MARCELO REBELO DE SOUSA[1483] no entendimento de que a alínea c) do n.º 2 do artigo 133.º do CPA, ao referir-se a objecto deverá incluir-se "todas aquelas noções possíveis de objecto de acto administrativo, quer se trate da situação concreta a que o acto se reporta (...) quer se trate do seu objecto imediato (do seu conteúdo ou medida...), quer se trate ainda do seu objecto mediato"[1484].

328. Será que as causas comuns de invalidade própria ficam fora da previsão concreta do artigo 283.º?

No âmbito das causas de invalidade própria do contrato, no domínio dos sujeitos, haverá que distinguir o sujeito público, cuja regularidade é de facto fonte de invalidade própria e exclusiva, do sujeito privado. Este tem determinações que radicam em actos suporte e outras que apenas surgirão

---

[1481] Relembre-se que a Administração não pode unilateralmente e com força vinculativa decidir da invalidade do contrato ou de alguma das suas cláusulas.

[1482] O conteúdo principal do contrato tem um alcance maior do que conteúdo essencial. Já não se tratará dos aspectos definidores da existência de um contrato, mas dos aspectos caracterizadores do tipo contratual ou de alguma específica determinação da administratividade do contrato. No exemplo apontado no texto, a proibição de alusão a marcas está indissoluvelmente ligada à tutela da concorrência, aspecto importante no domínio dos contratos administrativos que estudamos.

[1483] *In* RJD, Vol. VI, 1992, p. 45.

[1484] *In Código...*, 2.ª Ed., cit., p. 645.

No mesmo sentido, SANTOS BOTELHO ET AL., *Código...*, cit., p. 796. Já MARCELLO CAETANO entendia que objecto e conteúdo seriam expressões com o mesmo significado (*in Manual...*, I, cit., p. 481).

após a adjudicação e portanto serão fonte de invalidade própria e exclusiva. Como resolver a cisão normativa que parece ter sido estabelecida com a solução legal? É ou não verdade que as determinações subjectivas do parceiro contratual não são apenas e exclusivamente definidas em actos suporte nem no momento pós-adjudicatório? Será razoável e praticável tratar diferenciadamente a questão, consoante se conclua que a origem da invalidade associada ao sujeito radica no acto suporte ou em momento pós-adjudicatório? Repare-se nas possibilidades, em particular nos procedimentos em que a avaliação de capacidade se faz em momento anterior à adjudicação. A generalidade das invalidades nos actos suporte que digam respeito ao conteúdo determinam a anulabilidade do acto e, na previsão legal, a anulabilidade do contrato em sede de invalidade derivada. Claro que se poderia pensar em aplicar a regra do n.º do 4 do artigo 283.º, afastando a invalidade. Obviamente apenas e só se o vício não determinasse a alteração subjectiva do contrato. Ora, pode existir um vício que não tenha esse alcance. Pode, por exemplo, tratar-se de uma situação em que a característica inválida possa ser tratada como característica não considerável, sem que tal implique uma alteração subjectiva. Mas será coerente tratar a questão em sede de invalidade derivada? Não é certo que as características do sujeito contratante revelam requisito definidor do contrato? Não se trata de um requisito de validade própria do contrato? Porquê fazer o raciocínio rebuscado de aplicar a invalidade derivada e depois aplicar a regra da inaplicabilidade porque não faria sentido tornar anulável o contrato só porque é essa a invalidade do acto suporte? Porque no fundo é esse reconhecimento que está na norma constante do n.º 4 do artigo 283.º

Quanto à formação do consenso, deverá aplicar-se o Código Civil, desde logo ao sujeito privado, como prescreve o n.º 3 do artigo 284.º Mas já não faz muito sentido aplicar ao sujeito público, pelo menos tal qual, pois não se trata do regime estatutário.

No âmbito da negociação pós-adjudicatória, há limites imperativos que no nosso entendimento, se forem violados, só podem comportar a nulidade do contrato (ou total ou da cláusula), pelo que consideramos inadequada a regulamentação contida no n.º 1 do artigo 284.º Contudo, como já tivemos oportunidade de sublinhar, a regra do n.º 1 será amiúde ultrapassada pela própria especialidade prevista logo no n.º 2.

Por último, quanto à forma, a questão parece cair na previsão do n.º 1 do artigo 284.º O CCP prevê a este propósito a possibilidade de nulidade do clausulado no artigo 96.º

3. IMPLICAÇÕES DA DIRECTIVA 2007/66/CE

329. Como começamos por enunciar, o CCP e a Directiva 2007/66/CE do Parlamento e do Conselho, de 11 de Dezembro de 2007, são dois documentos normativos que surgiram já com a investigação em adiantada fase. Após a análise das soluções do CCP, importa averiguar as implicações substantivas da Directiva.

A Directiva 2007/66/CE do Parlamento Europeu e do Conselho, de 11 de Dezembro de 2007, vem alterar as Directivas 89/665/CEE e 92/13 do Conselho "no que diz respeito à melhoria da eficácia do recurso em matéria de adjudicação do contratos públicos".

A intenção é a de que os Estados-Membros disponibilizem "meios de recurso eficazes e céleres de decisões tomadas pelas entidades adjudicantes", no sentido de reintegração dos valores comunitários da transparência e da concorrência[1485]. A Directiva surge porque foram detectadas insuficiências, em particular "a inexistência de um prazo razoável que permita interpor um recurso eficaz entre o momento da decisão de adjudicação e o da celebração do contrato do contrato"[1486], frustrando por conseguinte a tutela dos referidos interesses comunitários. Daí que a Directiva contenha a indicação de que deve existir um prazo de "suspensão mínimo, durante o qual a celebração do contrato em questão fique suspensa"[1487]. Tal prazo destina-se a viabilizar a possibilidade de tutela judicial efectiva em sede pré-contratual.

Ainda para assegurar os valores comunitários, a Directiva sublinha a extrema gravidade da adjudicação ilegal por ajuste directo, cominando para o efeito a "privação de efeitos" para o contrato, por considerar ser

---

[1485] Considerandos n.os 2 e 3. Cfr. o disposto no n.º 1 do artigo 1.º da redacção proposta para alteração da Directiva 89/665/CEE.

[1486] Considerando n.º 4.

[1487] Considerando n.º 4. Cfr. o disposto no n.º 3 do artigo 2.º da redacção proposta para alteração da Directiva 89/665/CEE.

esse o "meio mais eficaz de restabelecer a concorrência"[1488] e de "fazer com que os direitos e as obrigações das partes definidos no contrato deixem de ser exercidos e executados"[1489]. Alberga igualmente a Directiva um conceito amplo de legitimidade para recorrer: "deverá ter acesso ao recurso pelo menos qualquer pessoa que tenha ou tenha tido interesse em obter um contrato em particular e que tenha sido ou corra o risco de ser prejudicada por uma alegada violação"[1490]. Para efeitos de garantia das regras de prazo suspensivo, a Directiva aponta a total falta de produção de efeitos de um contrato celebrado em violação desse prazo.

Contudo, a Directiva deixa espaços de complementação normativa aos Estados-Membros em determinados aspectos. Por exemplo, a propósito das causas geradoras de invalidade, a Directiva estabelece que as violações de "outras exigências formais" poderão não determinar a privação de efeitos, podendo estabelecer-se "sanções alternativas", por opção dos Estados-Membros[1491]. Mas mesmo a propósito da privação dos efeitos do contrato, a Directiva permite o estabelecimento de regimes com efeitos retroactivos ou apenas prospectivos, estando igualmente previsto que, "para assegurar a proporcionalidade das sanções aplicadas, os Estados-Membros podem permitir que a instância responsável pela decisão do recurso não ponha em causa o contrato ou lhe reconheça determinados efeitos, ou todos eles, caso as circunstâncias excepcionais do caso em apreço exijam o respeito de certas razões imperiosos de interesse geral"[1492].

Apesar deste reforço, a Directiva reconhece que se impõe a consagração de um prazo para efeitos de evocação "de privação de efeitos de um contrato"[1493].

[1488] Considerandos n.os 13 e 14.
[1489] Considerando n.º 21.
[1490] Considerando n.º 17. Cfr. o disposto no n.º 3 do artigo 1.º da redacção proposta para alteração da Directiva 89/665/CEE.
[1491] Considerando n.º 19. Nos termos do que dispõe o n.º 2 do artigo 2.º-F, tais sanções serão a aplicação de sanções pecuniárias à entidade adjudicante ou a redução da duração do contrato.
[1492] Considerando n.º 22. A noção de interesse económico encontra-se densificada no considerando n.º 24. Cfr. o disposto no n.º 5 do artigo 2.º da redacção proposta para alteração da Directiva 89/665/CEE; artigo 2.º-D a inserir a Directiva sob revisão.
[1493] Considerando n.º 27.
Todas as soluções são idênticas, quer para a Directiva 89/665/CEE, quer para a Directiva 92/12/CEE.

Será que tais determinações implicam uma reforma profunda do actual regime de impugnação dos actos pré-contratuais? Julgamos que não. Pelo menos, quanto à amplitude de legitimidade para impugnar, à celeridade do meio processual. A suspensão do procedimento pós-adjudicatório está já prevista na alínea a) do n.º 1 do artigo 104.º do CCP. É uma questão substantiva que deve ser equacionada em outra sede que não a processual. Poderá a revisão do CPTA contemplar um regime de impugnação dos actos do procedimento específico designadamente em termos de prazo. Deverá a lei, como sublinha PEDRO GONÇALVES, "numa posição legal clara, que, aberta e expressamente, esclareça que mesmo os actos pré--contratuais nulos só são impugnáveis no prazo de um mês"[1494].

Em termos substantivos, a Directiva abre a possibilidade de as impugnações graciosas comportarem a "suspensão imediata da possibilidade de celebração do contrato" durante dez dias consecutivos. Destina-se tal prazo a salvaguardar a utilidade da impugnação do acto pré-contratual, evitando o efeito de inutilidade da decisão favorável. Contudo, a própria Directiva prevê a possibilidade de tal prazo não ser aplicável nas situações que o valor da concorrência não esteja em causa. De qualquer modo, o contrato celebrado nestas circunstâncias poderá não produzir efeitos no caso dos acordos-quadro quando houver violação das regras de procedimento concursal ou quando o valor envolvido na contratação impusesse precisamente a realização de concurso público.

É deixado ao direito interno o estabelecimento do regime da ineficácia (artigo 2.º-C), incluindo a possibilidade de não retroactividade da invalidade. Todavia, nesta hipótese, haverá que estar previsto um conjunto de sanções pecuniárias ou a redução da duração do contrato (artigo 2.º-E, n.º 2).

Estas determinações comunitárias têm relevância para as hipóteses de invalidade derivada e vêm a encontro das nossas reflexões. Preconizamos uma concepção restrita de causas de invalidade derivada, associadas à violação dos valores da concorrência e cujo desvalor jurídico deveria

---

[1494] *In Avaliação...*, cit., p. 8. O A. parece inclinar-se para uma posição que afasta esta solução ao alertar para "perigos que existem" nesta solução. Devemos a este tempo sublinhar que a nossa construção das causas de invalidade do contrato, em particular as causas comuns a causas de actos pré-contratuais irá reduzir, se não mesmo, eliminar, os perigos a que alude o A. por não colocar a "salvo" a validade do contrato quando o acto pré-contratual se torna inimpugnável, sendo ainda de convocar para esta solução a amplitude da legitimidade processual para impugnar a validade do contrato.

ser, nas hipóteses mais grosseiras, o da nulidade. A Directiva vem reforçar esta construção dogmática ao prever o prazo *stand still* para efeitos de acautelar utilidade da impugnação pré-contratual, ao prever a ineficácia automática do contrato mas simultaneamente prever vias alternativas de solução, quando a questão principal não esteja relacionada com a concorrência. Contudo, se for indevidamente invocada a ausência de concorrência, o regime substantivo deverá contemplar a consequência da ineficácia, podendo internamente matizar-se o regime da nulidade, atenta a necessidade de ponderação de interesses envolvidos.

CONCLUSÃO

O contrato administrativo é um conceito operativo no direito administrativo que mereceu acolhimento pelo legislador, confirmando a sua autonomia estrutural. Trata-se de uma das possíveis formalizações da actividade consensual da administração, via de actuação particularmente presente nas tarefas actuais cometidas à prossecução pela Administração Pública.

Apesar de a noção de contrato administrativo ser tributária da noção de contrato oriunda da Teoria Geral do Direito, o conceito de autonomia das partes, normalmente associado à outorga de contrato no direito privado, tem de ser lido de modo distinto no direito administrativo. Trata-se aqui da prevalência do princípio da legalidade, temperado pelo princípio de vinculação ao fim, numa clara dimensão de direcção da actividade administrativa, sem prejuízo da manutenção da dimensão garantística. Que não impede a formação de consenso, elemento fundamental da noção de contrato, mas que impõe que se fale em discricionariedade, em vez de autonomia. Este dado contribui para a aproximação do regime de invalidade dos contratos administrativos ao regime de direito administrativo, sem contudo se dever preconizar uma importação *quale tale* do mesmo. Há que ponderar na construção do regime de invalidade o facto decisivo de que a actuação é consensual.

A invalidade dos contratos administrativos não se reconduz a um único instituto, pois não há um único tipo de contrato administrativo. Há vários tipos de contratos, o que implica que as reflexões sobre a invalidade sejam dirigidas ao tipo contratual. Por serem o tipo de contratos administrativos mais significativos na prática e no ordenamento jurídico português, a nossa reflexão detém-se nos contratos administrativos de solicitação de bens e serviços, de que a empreitada de obras públicas e a prestação de serviços são exemplo. Por conseguinte, as reflexões tecidas e as conclusões alcançadas têm este alcance relativamente limitado.

Este tipo contratual é fortemente moldado pelo princípio da legalidade num segmento fundamental do procedimento de formação. Esta dimensão legalmente conformada determina que o regime de invalidade contemple a figura da invalidade derivada a par da invalidade própria.

O procedimento de formação do contrato revela-se um procedimento complexo, comunitariamente determinado, com a autonomia evidente do segmento relativo à escolha do co-contratante. Esta concepção é uma ideia central na nossa construção dogmática.

Daí que o contrato administrativo possa ser inválido por causas associadas especificamente ao procedimento de escolha de co-contratante, por causas de invalidade cuja definição se inicia no referido procedimento, mas que aí não se esgotam, e por causas de invalidade surgidas nos segmentos subsequentes ao referido procedimento de escolha de co-contratante. Por isso, há causas de invalidade derivada e causas de invalidade própria do contrato. Contudo, no seio desta última categoria e por força da unidade substantiva do procedimento de formação do contrato, há causas de invalidade própria do contrato e comuns a actos do procedimento e causas de invalidade própria exclusiva, as quais nada têm que ver com os actos procedimentais praticados até à adjudicação.

A concepção teórica do procedimento de formação do contrato permite considerar o instituto da irregularidade do contrato, ainda que existam situações de invalidade nos actos de suporte praticados no domínio do procedimento de escolha do co-contratante. Portanto, as irregularidades do contrato situam-se ao tempo do procedimento, em que se podem equacionar também as hipóteses de invalidade derivada.

As situações enquadráveis nesta figura prendem-se com a existência de vícios externos, designadamente vícios quanto ao sujeito, nos actos de suporte que apenas determinam a repetição (renovação) de tais actos, sem que haja necessidade ou se justifique a reponderação dos interesses públicos em presença. Manifestam-se a este propósito os princípios da economia e da eficiência, que implicam que, mesmo sem a referida renovação, o contrato a final outorgado padeça apenas de irregularidade não invalidante. Até porque a eventual convalidação, seja pela mão do legislador, seja pela via administrativa, determina em rigor a sanação do vício do acto. Por isso, na análise da figura da irregularidade, devem distinguir-se duas situações: a que resulta da eliminação do vício na origem e a situação em que, apesar da manutenção do vício no acto suporte, tal viciação se degrada em irregularidade para o contrato.

Eis um exemplo demonstrativo. Existindo identidade nos sujeitos autores das várias modalidades de actuação, como resulta do CCP, não faz sentido valorizar a eventual invalidade do acto suporte por vício quanto ao sujeito (que se reputaria de derivada) na validade do contrato. Por um lado, se o vício se mantiver ao tempo da outorga do contrato, então faz sentido valorá-lo como vício próprio. Por outro, não se mantendo o vício e sendo a mesma entidade e órgão a actuar, ao manter, não só a actuação, mas os termos em que o faz, não há justificação jurídica para sustentar que, a título derivado, só porque um acto suporte padecia de um vício daquela natureza, o contrato venha a ter a validade posta em causa por essa razão. Preconizamos um entendimento generoso quanto à sanação de vícios dos actos suporte, precisamente porque a sucessão de formas de actuação é distinta da que resulta do regime do acto administrativo, sendo importante ponderar, por exemplo, se a proibição de ratificação de actos nulos, neste contexto, não deva ser afastada.

Esta pequena demonstração permite enunciar o critério que subjaz à sustentação da invalidade derivada: esta deverá existir quando haja razões substantivas (e não meramente formais ou eminentemente externas) que justifiquem serem consideradas na apreciação da validade do contrato. Dito ainda de outro modo, o contrato administrativo, porque obrigatoriamente precedido de um específico modo de determinação do parceiro contratual, pode, por esse facto e pelas razões substantivas que o justificam, padecer de invalidade derivada. Assim, causas de invalidade derivada são poucas e restritas. Não existem razões de fundo que justifiquem um alargamento do elenco de causas, sendo que há outras razões de fundo que impõem que certos vícios não fiquem dependentes da impugnação (limitada) dos actos suporte. Por outro lado, a amplitude de legitimidade processual consagrada entre nós constitui um auxiliar precioso na correcta (e ágil) ordenação de causas de invalidade derivada.

Na linha da construção francesa de invalidades contratuais levadas a cabo por DOMINIQUE POUYAUD, a invalidade derivada está reservada para os vícios dos actos suporte associados às ilegalidade externas (aquelas que resultam da presença do ente público – competência, forma, modo de manifestação da vontade, ou seja, procedimento) e não tanto às ilegalidades internas que, como vimos, conduzem a causas de invalidade própria por causa comum.

A noção de invalidade derivada implicou determinar que actos deviam ser considerados como acto suporte, caracterizar e reflectir sobre a questão de a sucessão que pode justificar as hipóteses de invalidade derivada se definir como sucessão entre acto e contrato e como este dado altera (ou não) os tipos de vícios e respectivo regime.

O acto suporte é apenas aquele que tem uma relação, uma conexão íntima com a celebração do contrato. Ou seja, a decisão de contratar e a adjudicação. O facto de a invalidade derivada se poder verificar numa sucessão de acto e contrato implica que seja devidamente ponderada a presença do interesse público na actuação viciada e o seu peso relativo no contrato. Esta ponderação há-de considerar desde logo que as soluções a encontrar têm de enquadrar o facto de a actuação subsequente ser uma actuação consensual.

Este contexto é igualmente relevante para a ponderação do próprio regime de impugnação do acto pré-contratual, designadamente a questão do prazo de impugnação aplicável às situações de nulidade.

As causas de invalidade derivada para o contrato surgem, então, quando são violados (de forma grosseira) os princípios enformadores do procedimento de escolha do co-contratante, designadamente quando é seguido um procedimento com ausência de concorrência, ou de publicidade, ou são incumpridas normas imperativas do procedimento como a criação ilegal de critérios de apreciação de propostas, ou admissão ilegal de propostas, na justa medida em que o incumprimento das regras se traduzam, até porque implicam o exercício de poderes discricionários, na postergação daqueles princípios fundamentais.

Este entendimento tem também reflexos quanto à extensão da invalidade do contrato. Porque estamos perante causas de invalidade associadas às razões substantivas que fundam e enformam o procedimento de escolha do co-contratante, geram a invalidade total do contrato, uma vez que não se verificam as condições para sustentar a divisibilidade do mesmo e por via disso a invalidade parcial. Quando se trata da violação mais grave dos princípios substantivos que justificam a existência do procedimento, o contrato deverá reputar-se como nulo. Nas demais situações de violação dos referidos interesses substantivos, mas em que o prejuízo da concorrência não é absoluto, a sanção da nulidade revela-se desproporcionada.

Quanto à efectivação da invalidade derivada, porque estamos – repete-se – perante a sucessão entre acto e contrato e porque existe efectivamente uma autonomia que nos parece evidente entre as duas actuações (apesar da forte conexão jurídica), entendemos que a invalidação do contrato acontecerá por decisão judicial e não mero efeito caducante associado à invalidação do acto suporte. Só assim poderão ser efectivamente ponderados os interesses públicos presentes e evidentes na actuação por contrato. O efeito caducante na sucessão entre actos administrativos até se pode justificar porquanto a actuação em causa é desde logo do mesmo tipo, o que implica a mesma natureza de interesses públicos envolvidos. Ora, no contexto de sucessão entre acto e contrato aquele cenário jurídico não se verifica. Há que ponderar outros interesses, porventura até diferentes interesses públicos. Acresce que o acervo de direitos e obrigações administrativas nasce em virtude do consenso e não por acto autoritário. Daí que os interesses particulares, auxiliares do interesse público, devam ser igualmente tidos em conta na avaliação da validade da actuação contratual. O que sairia impossibilitado por uma decisão legal apriorística. No domínio contratual, aliás como reconhece expressamente o CCP, os princípios da proporcionalidade e da imparcialidade (na vertente de ponderação de interesses) têm campo privilegiado de actuação, à semelhança do que sucede nos domínios de exercício de poderes discricionários. Afinal, também aqui presentes de modo significativo.

As causas de invalidade própria do contrato dividem-se em causas comuns a vícios de actos suporte e causas exclusivas.

Não escamoteamos que o contrato vai sendo definido também no procedimento de escolha do parceiro contratual. O objecto do contrato, incluindo uma maior ou menor definição de características ou atributos, é definido na decisão de contratar, podendo a adjudicação vir a completar a par da proposta do parceiro da Administração mais aspectos do conteúdo do contrato. A adjudicação define ainda um dos elementos essenciais do contrato: o outro sujeito contratual. A questão que surge de imediato é: então, um vício nestes actos gera invalidade derivada porque é vício de acto que sustenta o contrato. O raciocínio irrepreensível só peca pelo excessivo formalismo. É certo que se trata de vício de acto suporte. Mas não deixa de ser um vício sobre elementos do contrato: ou objecto, ou conteúdo, ou sujeitos contratantes. O que caracteriza as causas de invalidade derivada é o facto de ocorrerem apenas e só porque existe um específico procedimento, pelo que aquelas causas de invalidade não existiriam se o procedimento não fosse etapa imperativa. Ora, as causas que elencamos como causas de invalidade própria comum a acto suporte são causas de invalidade que apenas temporalmente se definem no procedimento. O que significa que, na formação do contrato, ocorreriam mesmo que não existisse procedimento. Um exemplo ilustrativo: se a Administração decidir contratar num domínio da função administrativa que lhe está vedado, o contrato firmado neste contexto padece de uma invalidade que nada se relaciona com um concreto modo de formar o dito contrato. Ora, os termos do conteúdo dos actos suporte contêm definições de conteúdo, objecto e sujeito contratante do contrato a firmar a final. Portanto, a única relação com a ideia de invalidade derivada é temporal. Acresce que uma grande parte do conteúdo do contrato é definida na proposta do adjudicatário, que é recolhido na adjudicação, não sendo imputáveis as definições aí contidas à vontade normativa do poder adjudicador. Esta vontade normativa tem apenas um papel delimitador da elaboração da proposta.

A existência de causas de invalidade própria por causas comuns a actos suporte permite situar a questão da validade do contrato no contrato e não tornar dependente a validade deste da impugnação da validade do acto suporte. Porque no limite esta opção levaria a soluções fortemente censuráveis em sede contratual. Basta relembrar que a invalidade derivada depende da invalidação do acto suporte, sendo que até esse momento, a invalidade do contrato se encontra suspensa. Ora, não há justificação para o facto de o objecto do contrato ser ilegal e, na ausência de impugnação da decisão de contratar, se vir, no limite, a admitir a vigência (ou pelo menos a inimpugnabilidade) do contrato por não se ter atempadamente invalidado a decisão de contratar.

Acresce que esta construção permite limitar o tempo de impugnação de actos pré-contratuais, independentemente do tipo de vício, confinando a instabilidade da actuação administrativa ao nível da concorrência, respeitando as orientações comunitárias e sem prejuízo para a validade da actuação contratual, pois estes vícios não ficam dependentes da prévia impugnação de actos suporte. Nem se limita a tutela judicial efectiva do universo de possíveis concorrentes/candidatos, pois a construção substantiva não invalida a decisão adjectiva sobre a legitimidade processual para impugnar o contrato.

A existência de causas exclusivas de invalidade própria aproxima o contrato administrativo, sempre no âmbito desenhado pelo princípio da legalidade, do conceito de contrato oriundo da Teoria Geral do Direito. Trata-se de um conjunto, relativamente menor, de hipóteses de invalidade que já nada têm que ver com concorrência.

Esta construção tripartida de causas de invalidade desvenda que há poucos vícios próprios do contrato na fase pós-adjudicatória. Esta conclusão percebe-se pela forte modelação legal do procedimento de formação do contrato administrativo em análise e que justifica também e por isso que sejam muito residuais as hipóteses de vício no consenso, na perspectiva de formação da vontade. A existência de documentos concursais impede precisamente a ocorrência desta tipologia de vícios e é uma manifestação importante do princípio da legalidade neste âmbito de actuação, sem que com isso se possa sustentar que nos afastemos, nesta tipologia contratual, da ideia de contrato. O consenso é o facto gerador da produção de efeitos jurídicos, mas em que o factor "autonomia privada" só se manifesta da parte do parceiro contratual em extensão variável na proposta que apresenta. O âmbito de formulação da proposta é definido pelo ente público, não numa manifestação de autonomia, mas no exercício de poderes discricionários.

Esta construção parece acolher e conciliar as tensões jurídicas que no contrato administrativo se manifestam. Por um lado, trata-se de um contrato, o que significa que os efeitos jurídicos se produzem por força do consenso. O que implica valorar este dado, pelo que tem de ser afastada a tradicional preponderância da vontade administrativa. Esta vale agora na justa medida em que aceitou conjugar-se com outra vontade. Mas, por outro lado, o contrato administrativo não deixa de estar pré-ordenado à prossecução do interesse público cometido à prossecução pela Administração. É esta a tensão fundamental dos contratos administrativos: conjugar o consenso com a autoridade.

Esta tensão reflecte-se obviamente na vida contratual, onde se inclui a questão da validade. O regime jurídico da invalidade deste tipo de contratos administrativos se por um lado deve ser dirigido à protecção do interesse público, por outro lado, não pode descurar a relação contratual criada e de forma determinante aproveitá-la ao máximo. Daí, um entendimento generoso das hipóteses de aproveitamento da actuação consensual, sem descurar os imperativos de tutela judicial da concorrência e do interesse público que justifica a actuação administrativa.

As causas de invalidade própria poderão conduzir a situações de invalidade total ou parcial. O contrato será totalmente inválido quando o vício diga respeito ao objecto em sentido estrito, aos sujeitos contratantes, à forma e à base do consenso. Ou seja, quando o vício se situe nos elementos do contrato insusceptíveis de divisibilidade e que definem o contrato outorgado enquanto tal.

A possibilidade de invalidade parcial implica a divisibilidade do conteúdo. Isto é, há-de ser possível que o contrato possa sobreviver enquanto instrumento regulador da relação jurídica apesar da parte viciada. Ora, tal só sucede quando for possível "expurgar" o vício, fazendo funcionar o pacto ou sem a parte ou cláusula viciada, ou quando a ordem jurídica imponha a substituição automática da mesma pela previsão legal, seja esta imperativa ou supletiva. O limite absoluto para o aproveitamento da actuação contratual por via da redução quantitativa ou/e pela inserção automática de cláusulas deverá ser o papel do consenso a propósito da parte ou cláusula inválida. Ainda que em tese o aproveitamento seja possível através daqueles remédios, deverá afastar-se tal solução se a parte inválida foi motivo determinante para o consenso obtido. Trata-se do sinal mais evidente de que estamos perante um contrato e que portanto o consenso tem um papel fundador da regulação jurídica obtida.

A redução quantitativa operará, segundo a melhor construção doutrinal, nas hipóteses em que a vontade manifestada contraria norma imperativa, por excesso. Já a inserção automática de cláusulas, instituto expressamente acolhido em domínios contratuais também pautados por necessidades específicas de intervenção do Direito (como no domínio do direito do trabalho e muito recentemente no domínio do regime jurídico do contrato em funções públicas), permite que a actuação contratual seja aproveitada quando há violação de norma imperativa, quer em domínios deixados à construção jurídica das partes, quer nos domínios imperativos que enformam os poderes públicos do ente público no seio do contrato.

Apesar de a lei se referir apenas no n.º 3 do artigo 285.º do CCP, à aplicação dos institutos da conversão e redução, independentemente do desvalor jurídico do contrato (o que é de aplaudir), neste tipo de contratos administrativos não vemos campo de aplicação do instituto da conversão, já que estamos face a tipos legalmente definidos de contratos. Também parece não existir cenário para aplicação do instituto da confirmação, por força da ambiência de direito público administrativo presente no contrato. Pelo que respeita à Administração Pública, a confirmação-sanação está excluída pois o interesse público, que orienta a actuação administrativa, não está na sua disponibilidade. Quanto ao parceiro privado, haverá sempre de ponderar se as razões que o seu estatuto recolheu para permitir a confirmação no direito privado não contendem com a presença do interesse público por ele também assumido ao outorgar o contrato.

A última questão a que tentamos responder foi a de saber a nossa construção se adequa aos actuais dados legislativos? A questão é pertinente mas não decisiva para a investigação. A actual disciplina jurídica da invalidade dos contratos administrativos é em muitos aspectos semelhante à que constava do CPA e que demonstramos ser demasiado rígida face aos interesses presentes na actuação contratual. Contudo, a evolução legislativa contém virtualidades que permitem acomodar algumas das soluções que preconizamos. Todavia, o regime jurídico vigente padece ainda de alguma rigidez nas soluções estabelecidas, fruto de uma pré-compreensão historicamente situada sobre o contrato. Não foi ainda reconhecida legislativamente a necessidade de ponderação dos interesses envolvidos no contrato celebrado para análise da questão de invalidade deste tipo de contratos administrativos.

BIBLIOGRAFIA

ABESSOLO, JEAN, *Les Effets de la Nullitè des Contrats Administratifs: Probléme de Effectivitè*, inédito, Pau, 1994;
ACQUAFRESCA, GIUSEPPE, *Invalidità Caducante ed Effettività della Tutela Giurisdizionale*, DPA (it), Anno VIII, 1990;
ALARCÃO, RUI, *A Confirmação dos Negócios Anuláveis*, Vol. I, Atlântica Ed., Coimbra, 1971;
—— *Interpretação e Integração dos Negócios Jurídicos*, BMJ, n.º 84, 1959;
—— *Sobre a Invalidade do Negócio Jurídico*, Estudos de Homenagem ao Prof. J. J. Teixeira Ribeiro, BFDUC, Vol. III, Coimbra, 1983;
ALEXANDRINO, JOSÉ DE MELO, *O Procedimento Pré-contratual nos Contratos de Empreitadas de Obras Públicas*, AAFDL, Lisboa, 1997;
ALMEIDA, CARLOS FERREIRA DE, *Contratos – Conceito, Fontes, Forma*, Vol. I, 3.ª Ed., Almedina, Coimbra, 2005;
ALMEIDA, JOSÉ FERREIRA, *Legalidade e Estabilidade Objectiva do Contrato Administrativo*, SI, Tomo XXXVII, 1988;
ALMEIDA, MÁRIO AROSO DE, *Anulação de Actos Administrativos e Relações Jurídicas Emergentes*, Almedina, Coimbra, 2001;
—— *Considerações em Torno do Conceito de Acto Administrativo Impugnável*, Separata de estudos em Homenagem ao Prof. Doutor Marcello Caetano, FDUL, Lisboa, 2006;
—— *Contratos Administrativos e Poderes de Conformação do Contraente Público no Novo Código dos Contratos Públicos*, CJA, n.º 66, 2007;
—— *Implicações de Direito Substantivo da Reforma do Contencioso Administrativo*, CJA, n.º 34, 2002;
—— *Regime Jurídico dos Actos Consequentes de Actos Administrativos Anulados*, CJA, n.º 28, 2001;
—— *O Novo Regime do Processo nos Tribunais Administrativos*, Reimp. da 4.ª Ed., Almedina, Coimbra, 2007;
ALMEIDA, MÁRIO AROSO/CADILHA, CARLOS ALBERTO FERNANDES, *Comentário ao Código de Processo nos Tribunais Administrativos*, 2.ª Ed., Revista, Almedina, Coimbra, 2007;
ALMEIDA & ASSOCIADOS, VIEIRA DE, *Código dos Contratos Públicos e Legislação Complementar – Guias de Leitura e Aplicação*, Almedina, Coimbra, 2008;
AMARAL, DIOGO FREITAS DO, *A Execução das Sentenças dos Tribunais Administrativos*, 2.ª Ed., Almedina, Coimbra, 1997;
—— *Apreciação da Dissertação de Doutoramento do Lic. J. M. Sérvulo Correia*, RFDUL, Vol. XXIX, 1988;

— *Curso de Direito Administrativo*, Vol. II, Almedina, Coimbra, 2001;
— *Curso de Direito Administrativo*, Vol. I, 3.ª Ed., 2.ª Reimp., Almedina, Coimbra, 2008;
— *Direito Administrativo*, Vol. III, Lisboa, 1989;
— *O Novo Código do Procedimento Administrativo*, INA, 1992;
AMARAL, DIOGO FREITAS DO/ALMEIDA, MÁRIO AROSO DE, *Grandes Linhas da Reforma do Contencioso Administrativo*, 3.ª Ed., Coimbra, 2004;
AMARAL, DIOGO FREITAS DO/ANDRADE, JOSÉ CARLOS VIEIRA DE/QUADROS, FAUSTO, *Aspectos Jurídicos da Empreitada de Obras Públicas*, Almedina, Coimbra, 2002;
AMARAL, DIOGO FREITAS DO/CAUPERS, JOÃO/CLARO, JOÃO MARTINS/RAPOSO, JOÃO/VIEIRA, PEDRO SIZA/SILVA, VASCO PEREIRA, *Código do Procedimento Administrativo – Anotado*, 3.ª Ed., Almedina, Coimbra, 1997;
— *Código do Procedimento Administrativo – Anotado*, 5.ª Ed., Almedina, Coimbra, 2007;
ANDRADE, JOSÉ CARLOS VIEIRA DE, *A Aceitação do Acto Administrativo*, BFDUC (separata), Coimbra, 2002;
— *A Imparcialidade da Administração Como Princípio Constitucional*, BFDUC, Vol. L, 1974;
— *Actos Consequentes e Execução de Sentença Anulatória*, Revista Jurídica da Universidade Moderna, n.º 1, 1998;
— *Nulidade e Anulabilidade do Acto Administrativo – Ac. do STA de 30.5.2001, P. 22 251*, CJA, n.º 43, 2004;
— *O Dever da Fundamentação Expressa de Actos Administrativos*, Almedina, Coimbra, 1991;
— *Os Direitos Fundamentais na Constituição Portuguesa de 1976*, 4.ª Ed., Almedina, Coimbra, 2009;
— *Validade (do Acto Administrativo)*, DJAP, Vol. VII, 1996;
ANDRADE, MANUEL DE, *Teoria Geral da Relação Jurídica*, Vol. II, 9.ª Reimp. (s/d original), Coimbra, 2003;
ANTUNES, JOSÉ ENGRÁCIA, *Os Grupos de Sociedades – Estrutura e Organização Jurídica de Empresa Plurissocietária*, 2.ª Ed., Revista e Actualizada, Almedina, Coimbra, 2002;
ANTUNES, LUÍS FILIPE COLAÇO, *O Artigo 161.º do Código do Processo nos Tribunais Administrativos: Uma Complexa Simplificação*, CJA, n.º 43, 2004;
ASCENSÃO, JOSÉ DE OLIVEIRA/CORDEIRO, ANTÓNIO MENEZES, *Cessão de exploração de Estabelecimento Comercial, Arrendamento e Nulidade Formal – Parecer*, ROA, ano 47, 1987;
ASCENSÃO, JOSÉ OLIVEIRA, *Direito Civil, Teoria Geral*, Vol. II, Coimbra Editora, Coimbra, 1999;
— *Direito Comercial*, Vol. I, Lisboa, 1999;
— *O Direito Introdução e Teoria Geral, Uma Perspectiva Luso-Brasileira*, 6.ª Ed., Revista, Almedina, Coimbra, 1991;
ATAÍDE, AUGUSTO, *Para a Teoria do Contrato Administrativo: Limites e efeitos do Exercício do Poder de Modificação Unilateral pela Administração*, Estudos de Direito Público em Honra do Professor Marcello Caetano, Ática, Lisboa, 1973;

AYALA, BERNARDO DINIS, *A Distinção entre Formalidades Essenciais e Não Essenciais no Quadro da Contratação Administrativa* – Ac. do STA de 17.1.2001, P. 44 249, CJA, n.º 56;
—— *Liberdade e Vinculação da Administração na Avaliação de Propostas no Âmbito da Contratação Pública* – Ac. do STA de 22.04.2004, P. 300/04, CJA, n.º 49, 2005;
—— *O Método de Escolha do Co-contratante da Administração nas Concessões de Serviços Públicos* – Ac. do Tribunal de Justiça da Comunidade Europeia de 7.12.2000, P. C-324/98, CJA, n.º 26, 2001;
BACA ONETO, VÍCTOR, *La Invalidez de los Contratos Públicos*, Civitas, Navarra, 2006;
BAPTISTA, DANIELA FARTO, *O Direito de Exoneração dos Accionistas – Das suas Causas*, Coimbra Ed., Coimbra, 2005;
BAQUERA OLIVER, *Grados de Ilegalidad del Acto Administrativo*, RAP, n.º 100, 1983;
BARBERO, MATTEO, *Annullamento dell' Aggiudicazione e Vizio del Contratto* – Anotação a sentença judicial, in *www.diritto.it*, 2004;
BARDUSCO, ALDO, *La Struttura dei Contratti delle Pubbliche Amministrazioni – Atti Amministrativi e Negozio di Diritto Privato*, Milão, 1974;
BARTOLINI, ANTONIO, *La Nullità dell Provvedimento nell Rapporto Amministrativo*, G. Giappichelli, Torino, 2002;
BASSI, FRANCO, *Lezioni di Diritto Amministrativo*, 4.ª Ed., Giuffrè, Milão, 1995;
BECCATI, NADIA, *Le Offerte Anormalmente Bassi negli Appalti Pubblici di Bene e Servizi: Orientamenti Giurisprudenziali, www.diritto.it*, 2004;
BELADIEZ ROJO, MARGARITA, *Validez y Eficacia de los Actos Administrativos*, Marcial Pons, Madrid, 1994;
BENEDETTI, AURETTA, *I Contratti della Pubblica Amministrazione tra Specialità e Diritto Comune*, Giappichelli, Torino, 1999;
BETTI, EMILIO, *Teoria Generale del Negozio Giuridico*, 1.ª Reimp., Ed. Scientifiche It., Milão, 2001;
BIANCA, C. MASSIMO, *Diritto Civile*, Vol. III, 2.ª Ed., Giuffrè, Milão, 2000;
BIGLIAZZI-GERI, LINA, *Conversione dell' Atto Giuridico*, ED, Vol. X;
BOCANEGRA SIERRA, RAÚL, *Lecciones sobre el Acto Administrativo*, Civitas, Madrid, 2002;
BOQUERA OLIVER, JOSE MARIA, *Derecho Administrativo*, 10.ª Ed., Civitas, Madrid, 1996;
BOTELHO, JOSÉ MANUEL SANTOS/PIRES, AMÉRICO/PINHO, JOSÉ CÂNDIDO DE (SANTOS BOTELHO ET AL.), *Código do Procedimento Administrativo Anotado e Comentado*, 5.ª Ed., Almedina, 2002;
BREGANZE, MARIANO, *Sanatoria dell' Atto Amministrativo*, Enciclopedia Giuridica Treccani;
BURGI, MARIN/EHLERS, DIRK/GRZESZICK, BERND/GURLIT, ELKE/JESTAEDT, MATTHIAS/MÖSTL, MARKUS/PAPIER, HANS-JÜRGEN/PÜNDER, HERMANN/REMMERT, BARBARA/RUFFERT, MATTHIAS, *Allgemeines Verwaltungsrecht, (Herausgegeben von HANS-UWE ERICHSEN UND DIRK EHLERS)*, 13. Auflage, de Gruyter, Berlim, 2005;
BUSCEMA, S./BUSCEMA, A., *Trattato di Diritto Amministrativo – I Contratti della Pubblica Amministrazione*, Vol. VII, 3.ª Ed., Cedam, Padova, 2008;
CABRAL, MARGARIDA OLAZABAL, *O Concurso Público nos Contratos Administrativos*, Almedina, 1997;

CAETANO, MARCELLO, *Manual de Direito Administrativo*, Vol. I, 10.ª Ed. (6.ª Reimp.), Almedina, 1997;
CALVÃO, FILIPA URBANO, *Os Actos Precários e os Actos Provisórios no Direito Administrativo*, PUC, Porto, 1998;
CAMILO, FILIPPO DI, *Una Riflessione sulle Offerte Anomale nella Procedure di Aggiudicazione dei Pubblici Appalti*, www.diritto.it;
CAMMERATA, G. ROEHERSSEN, *I Contratti della Pubblica Amministrazione*, Vol. I, Zanichelli, Bolonha, 1959;
CAMPOS, JOÃO DE MOTA/CAMPOS, JOÃO LUIS DE MOTA, *Manual de Direito Comunitário*, 5.ª Ed., Coimbra Ed., Coimbra, 2007;
CANGELLI, FRANCESCA, *I Procedimenti Amministrativi Consensuali*, Pensa, 2001;
CANO CAMPOS, TOMÁS, *La Invalidad Sobrevenida de los Actos Administrativos*, Civitas, Navarra, 2004;
CANOTILHO, J. J. GOMES, *Direito Constitucional e Teoria da Constituição*, 7.ª Ed., Almedina, Coimbra, 2003;
CANOTILHO, J. J. GOMES/MOREIRA, VITAL, *Constituição da República Portuguesa, Anotada*, Vol. I, 4.ª Ed., Revista, Almedina, Coimbra, 2007;
CAPOZZI, SERGIO, *Conversione dell' Atto Amministrativo*, (voce), Enc. Giuridica Treccani;
—— *L' Invalidità Parziale dell' Atto Amministrativo*, Ed. Scientifiche It, Nápoles, 1988;
CARBONARA, DOMENICO, *I Contratti della P.A.: la Fase dell' Evidenza Pubblica nella Giurisprudenza*, Caccuci Ed., Bari, 2005;
CARINGELLA, FRANCESCO, *Corso di Diritto Amministrativo*, Vols. I e II, Giuffrè, Milão, 2001;
CARRATERO PEREZ, ADOLFO, *La Teoria de los Actos Separables*, RAP, n.° 61, 1970, p. 99;
CARVALHO, RAQUEL, *O Direito à Informação Administrativa Procedimental*, PUC, Porto, 1999;
CASELLA, MARIO, *Nullità Parziale del Contratto e Inserzione Automatica di Clausole*, Giuffrè, Milão, 1974;
CASETTA, ELIO, *Compendio di Diritto Amministrativo*, Giuffrè, Milão, 2002;
—— *Manuale di Diritto Amministrativo*, 9.ª Ed., Revista, Actualizada e Corrigida, Giuffrè, Milão, 2007;
CASSAGNE, JUAN CARLOS, *El Contrato Administrativo*, Abeledo-Perrot, Buenos Aires, 1999;
CASSESE, SABINO, *Le Basi del Diritto Amministrativo*, 6.ª Ed., Garzanti, Milão, 2000;
CASTRO Y BRAVO, FREDERICO, *El Negocio Juridico*, Reimp., Civitas, Madrid, 2002;
CASTRO, CARLOS OSÓRIO DE, *Os Efeitos da Nulidade da Patente sobre o Contrato de Licença da Invenção Patenteada*, UCP, Porto, 1994;
CATAUDELLA, ANTONINO, *I Contratti – Parte Generale*, 2.ª Ed., G. Giappichelli, Torino, 2000;
CAUPERS, JOÃO, *Introdução ao Direito Administrativo*, 9.ª Ed., Âncora Ed., Lisboa, 2007;
CHAPUS, RENÉ, *Droit Administratif Genéral*, Tomo I, Montchrestien, Paris, 2001;
—— *Droit du Contentieux Administratif*, 8.ª Ed., Montchrestien, Paris, 1999;
CIVITARESE, STEFANO, *Contributo allo Studio del princípio Contrattuale nell' Attività Amministrativa*, Giappichelli, Torino, 1997;
CLARO, JOÃO MARTINS, *O Contrato Administrativo*, Seminário do INA, 1992;

COELHO, FRANCISCO PEREIRA/OLIVEIRA, GUILHERME DE, *Curso de Direito da Família*, Vol. I, 4.ª Ed., Coimbra Editora, Coimbra, 2008;
CORDEIRO, ANTÓNIO MENEZES, *Da Boa Fé no Direito Civil*, Almedina, Coimbra, 1984;
—— *Da Confirmação no Direito Civil*, Almedina, Coimbra, 2008;
—— *Manual de Direito das Sociedades*, Vol. II, Almedina, Coimbra, 2007;
—— *Tratado de Direito Civil Português*, Vol. I, 3.ª Ed., Almedina, Coimbra, 2005;
CORREIA, EDUARDO, *A Conversão dos Negócios Jurídicos Ineficazes*, BFDUC, Vol. XXIV, 1948;
CORREIA, FERNANDO ALVES, *Do Ombusdsman ao Provedor de Justiça*, Estudos de Homenagem ao Prof. Doutor J. J. Teixeira Ribeiro, BFDUC, Vol. II, 1980;
CORREIA, J. M. SÉRVULO, *Direito do Contencioso Administrativo*, I, Lex, Lisboa, 2005;
—— *Legalidade e Autonomia Contratual nos Contratos Administrativos*, Almedina, Coimbra, 1987;
—— *Noções de Direito Administrativo*, Lisboa, 1988;
—— *O Direito à Informação e os Direitos de Participação dos Particulares no Procedimento*, Legislação – Cadernos de Ciência e Legislação, 9/10, 1994;
CORSO, ANNA MARIA, *Atto Amministrativo Presupposto e Ricorso Giurisdizionale*, Cedam, Padova, 1990;
CORTEZ, MARGARIDA, *Aproveitamento de Acto Administrativo Inválido: Custas pelo Recorrente? – A. do STA de 7.11.2001, P. 38 983*, CJA, n.º 37;
—— *O Crepúsculo da Invalidade Formal? – Anotação aos Acórdãos do STA de 8.7.1997, P. 38 632 e 23.9.1997, P. 38 991*, CJA, n.º 7, 1998;
COSCUELLA MONTANER, LUIS, *Manual de Derecho Administrativo*, 12.ª Ed., Civitas, Madrid, 2001;
CRISCUOLI, GIOVANNI, *La Nullità Parziale del Negozio Giuridico*, Giuffrè, Milão, 1959;
CUNHA, PAULO FERREIRA, *O Procedimento Administrativo*, Almedina, Coimbra, 1987;
D'AGOSTINO, FILORETO, *Manuale di Diritto Amministrativo*, Giuffrè, Milão, 2000;
DAMIANI, ERNESTO STICCHI, *Attività Amministrativa Consensuale e Accordi di Programma*, Giuffrè Ed., Milão, 1992;
—— *La Caducazione degli Atti Amminstrativi per Nesso di Pressuposizione*, DPA (it), n.º 3, 2003;
DE NOVA, GIORGIO, *Conversione del Negozio Nullo*, (voce), Enciclopedia Giuridica Treccani;
DE VALLES, ARNALDO, *La Validità Degli Atti Amministrativi*, Reimp., Roma, 1986;
DEBBASCH, CHARLES, *Droit Administratif*, 6.ª Ed., Economica, Paris, 2002;
DEBBASCH, CHARLES/RICCI, JEAN-CLAUDE, *Contentieux Administratif*, 7.ª Ed., Dalloz, Paris, 1999;
DELGADO ECHEVERRÍA, JESÚS/PARRA LUCÁN, M.ª ÁNGELES, *Las Nulidades de los Contratos – En la Teoria y in la Práctica*, Dykinson, Madrid, 2005;
DELVOLVÉ, PIERRE, *Recours pour Exces de Pouvoir et Contrat Administratif*, RFDA, 1997;
DI MARZIO, FABRIZIO, *La Nullità del Contratto*, Cedam, Padova, 1999;
DIANA, ANTONIO GERARDO, *La Nullità Parziale del Contratto*, Giuffrè, Milão, 2004;
—— *La Responsabilità Precontrattuale della Pubblica Amministrazione*, Cedam, Padova, 2000;

DIAS, JOSÉ EDUARDO FIGUEIREDO/OLIVEIRA, FERNANDA PAULA, *Noções Fundamentais de Direito Administrativo*, Almedina, Coimbra, 2005;
DOUENCE, JEAN-CLAUDE, *La Spécialitè des Personnes Publiques en Droit Administratif*, RDP (fr.), n.º 78, 1972;
DUARTE, DAVID, *Procedimentalização, Participação e Fundamentação: Para uma Concretização do Princípio da Imparcialidade Administrativa como Parâmetro Decisório*, Almedina, Coimbra, 1996;
ERICHSEN, HANS-UWE/BANDURA, PETER/BURGUI, MARTIN/EHLERS, DIRK/OSSENBÜHL, FRITZ/ /PAPIER, HANS-JÜRGEN/RÜFNER, WOLFGANG, (ERICHSEN, HANS-UWE ET AL.) *Allgemeines Verwaltungsrecht*, 12. Auflag, de Gruyter, Berlim, 2002;
ESCUIN PALOP, CATALINA, *Curso de Derecho Administrativo*, 2.ª Ed., Tirant, Madrid, 2004;
ESTORNINHO, MARIA JOÃO, *A Fuga para o Direito Privado – Contributo para o Estudo de Direito*, Almedina, Coimbra, 1996;
—— A Reforma de 2002 e o Âmbito da Jurisdição Administrativa, CJA, n.º 35, 2002;
—— *Algumas Questões de Contencioso dos Contratos da Administração Pública*, AAFDL, Lisboa, 1996;
—— *Direito Europeu dos Contratos – Um Olhar Português*, Almedina, Coimbra, 2006;
—— *Requiem pelo Contrato Administrativo*, Almedina, Coimbra, 1990;
—— Um Contrato Ilegal... é Legal?, CJA, n.º 1, 1997;
FABIO, UDO, *Sistema de las Formas de Actuación Y la Teoria de las Consequencias de las Irregularidades*, DA, n.ºs 235-236, 1993;
FÁBRICA, LUÍS DE SOUSA, *Procedimento Administrativo (Contrato Administrativo)*, DJAP, Vol. VI, 1994;
FARINHA, PINHEIRO, *O Tribunal de Contas na Administração Portuguesa*, DL, n.º 11;
FERNANDES, LUÍS CARVALHO, *A Conversão dos Negócios Jurídicos Civis*, Quid Iuris, Lisboa, 1993;
—— *Teoria Geral do Direito Civil*, Vol. II, 4.ª Ed., Revista e Actualizada, PUC, Lisboa, 2007;
FERNÁNDEZ ASTUDILLO, JOSÉ MARIA, *Contratación Administrativa*, 2.ª Ed., Bosch, Barcelona, 2002;
FERRARI, SIGFRIDO, *Inesistenzia e Nullità del Negozio Giuridico*, RTDPC, 1958;
FERRO, RAFAELLE, *Nuove Forme di Nullità*, Celt, Piza, 2002;
FERRONI, LANFRANCO, *La Nullità de Diritto Comune, Speciali e Virtuali*, Giuffrè, Milão, 1998;
FILANTI, GIANCARLO, *Inesistenza e Nullità del Negozio Giuridico*, Jovene, Nápoles, 1983;
FOLLIOT, LAURENT, *Pouvoir des Juges Administratifs et Distinction des Contentieux en Matière Contractuelle*, Paris II, 1992;
FRANCO, ANTÓNIO DE SOUSA, *Finanças Públicas e Direito Financeiro*, Vol. I, 4.ª Ed., Almedina, Coimbra, 1999;
FRANCO, ITALO, *Il Nuovo Procedimento Amministrativo Comentato*, Cedam, Padova, 2001;
FRANZONI, MASSIMO, *Dell' Annulabilità del Contratto – Artt. 1425-1426*, Giuffrè, Milão, 1997;
FRENI, FEDERICO, *L' Annullamento dell' Aggiudicazione ed I Suoi Effetti sul Negozio*, DA, n.º 4, 2004;

FRIER, PIERRE-LAURENT, *Précis de Droit Administratif*, 2.ª Ed., Montchrestien, Paris, 2003;
FURTADO, JORGE HENRIQUE PINTO, *Curso de Direito das Sociedades*, 5.ª Ed., Revista e Actualizada, Almedina, Coimbra, 2004;
GALGANO, FRANCESCO, *El Negocio Jurídico,* (trad. francisco de P. BLASCO GASCÓ/LORENZO PRATS ALBENTOSA), Tirant, València, 1992;
GALLETA, DIANA, *Violazione di Norme sul Procedimento Amministrativo e Annulabiltà del Provvedimento*, Giuffrè, Milão, 2003;
GALLI R./GALLI D., *Corso di Diritto Amministrativo*, Vol. II, 3.ª Ed., Cedam, Padova, 2001;
GANDOLFI, GIUSEPPE, *Nullità Parziale e Dimensione Ontologica del Contratto*, RTDPC, 1991;
GARCIA DE ENTERRIA, EDUARDO/RÁMON FERNANDEZ, TOMÁS-, *Curso de Derecho Administrativo*, Vol. I, 13.ª Ed., Civitas, Madrid, 2006;
GAROFALO, LUIGI, *Impugnazione dell' Atto Presupposto e Onere de Impugnazione*, DPA, n.º 2, 2000;
GARRIDO FALLA, FERNANDO, *Tratado de Derecho Administrativo*, Vol. I, 14.ª Ed., Tecnos, Madrid, 2005;
GASPARRI, PIETRO, *Appunti in Tema di Validità e Invalidità Giuridiche*, RDP (it), I, 1948;
—— *L' Invalidità Succesiva degli Atti Amministrativi*, Pisa, 1939;
GATTAMELATA, STEFANO, *Annullamento Atto Impugnato*, DPA, 1991;
—— *Effetti dell' Annullamento sugli Atti Conseguenziali*, Anotação a decisão judicial, DPA, Anno IX, 1991;
GIACCHETTI, SALVATORE, *Gli Accordi dell' Artigo 11, L. n. 241/1990 fra Realtà Virtuale e Realtà Reale*, DPA, 1997;
GIANNINI, MASSIMO SEVERO, *Atto Amministrativo (Voce)*, ED, Vol. IV;
—— *Diritto Amministrativo*, Vol. II, 3.ª Ed., Giuffrè, Milão, 1993;
GIAVAZZI, MASSIMO, *L' Effetto Invalidante del Vizio del Procedimento di Evidenza Pubblica sul' Attività di Diritto Privato della Pubblica Amministrazione*, Anotação a decisão judicial, DPA, n.º 4, 2005;
GIMENO FELIÚ, JOSÉ MARIA, *La Nueva Contratación Pública Europea Y su Incidencia en la Legislación Española*, Civitas, Navarra, 2006;
GIOFFRÈ, NICOLA, *L' Evidenza Pubblica nell' Attività di Diritto Privato della P.A.*, Jovene, Nápoles, 1995;
GOISIS, F., *In Tema di Conseguenze sul Contratto dell' Annullamento del Provvedimento di Aggiudicazione Conclusivo di Procedimento ad Evidenza Pubblica e di Giudice Competente a Conoscere*, DPA, n.º 1, 2004;
GOMES DE MERCADO, FRANCESCO, *Contratos Administrativos y Privados tras la Ley de Contratos de las Administraciones Públicas*, REDA, n.º 95, 1997;
GOMES, JÚLIO/CARVALHO, CATARINA, *Sobre o Regime da Invalidade do Contrato de Trabalho*, in II Congresso Nacional de Direito do Trabalho, Memórias, Almedina, Coimbra, 1999;
GOMES, JÚLIO, *Direito do Trabalho*, Coimbra Ed., Coimbra, 2007;
GOMEZ DE LA ESCALERA, CARLOS, *La Nulidad Parcial del Contrato*, Actualidad Ed., Madrid, 1995;

GONÇALVES, PEDRO, *A Concessão dos Serviços Públicos,* Almedina, Coimbra, 1999;
—— *Apontamento sobre a Função e a Natureza dos Pareceres Vinculantes,* CJA, n.º 0, 1996;
—— *Entidades Privadas com Poderes Públicos,* Almedina, Coimbra, 2005;
—— *O Contrato Administrativo – Uma Instituição do Direito Administrativo do Nosso Tempo,* Almedina, Coimbra, 2003;
GONSÁBEZ PEQUEÑO, HUMBERTO, *El Contratista de la Administración Pública,* Marcial Pons, Barcelona, 2000;
GONZÁLEZ PÉREZ, JESÚS, *El Principio de la Buena Fe en el Derecho Administrativo,* 3.ª Ed. Ampliada, Civitas, Madrid, 1999;
GONZÁLEZ-VARAS IBAÑEZ, SANTIAGO, *El Contrato Administrativo,* Civitas, Madrid, 2003;
—— *El Derecho Administrativo Europeu,* 3.ª Ed., JAAP, Sevilha, 2005;
—— El Derecho Administrativo Privado, Montecorvo, Madrid, 1996;
GRASSETTI, CESARE, *Conservazione (Principio di),* Enciclopedia del Diritto, Vol. IX;
GRECO, GUIDO, *Accordi Amministrativi tra Provvedimento e Contratto,* G. Giappichelli, Torino, 2003;
—— *Argomenti di Diritto Amministrativo,* 2.ª Ed., Giuffrè, Milão, 2000;
—— *Contratti e Accordi della Pubblica Amministrazione con Funzione Transattiva (Apunti per un Nuovo Studio),* DA, n.º 2, 2005;
—— *I Contratti dell' Amministrazione tra Diritto Pubblico e Privato,* Giuffrè Ed., Milão, 1986;
GUETTIER, CHRISTOPHE, *Droit des Contrats Administratifs,* Paris, 2004;
HÖRSTER, HEINRICH E., *A Parte Geral do Código Civil Português – Teoria Geral do Direito Civil,* Almedina, Coimbra, 2000;
IEVA, LORENZO, *Annullamento degli Atti del' Evidenza Pubblica e Nullità del Contratto di Appalto,* FA (CSt), Vol. 3, 2003;
IRELLI, VINCENZO CERULLI, *Corso di Diritto Amministrativo,* G. Giapichelli, Torino, 2001;
KNACK (org.), *Verwaltungsverfahrensgesetz Kommentar,* 8.ª Ed., Carl Heymanns, Colónia, 2004;
KOPP, *Allgemeines Verwaltungsrecht* (Herausgegeben von HANS-UWE ERICHSEN), 11.ª Ed., 1998;
KOPP/RAMSAUER, *Verwaltungsverfahrensgesetz,* 8.ª Ed., Beck, Munique, 2003;
L. BORREL, FRANCESC/L. CANELLES, ANNABEL, *Manual de los Contratos Públicos (comentarios a la Ley 13/1995 modificada por la Lei 53/1999),* 2.ª Ed., Bayer, Barcelona, 2000;
LADENBURGER, CLEMENS, *Verfahrensfehlerfolgen im französischen und im deutschen Verwaltungsrecht,* Springer, band 139, Berlim, 1999;
LANDI, GUIDO/POTENZA, GIUSEPPE, *Manuale di Diritto Amministrativo,* 10.ª Ed., Giuffrè, Milão, 1997;
LARENZ/WOLF, *Allgemeiner Teil des Bürgerlichen Rechts,* 9.ª Ed., Beck, Munique, 2004;
LAUBADÈRE, ANDRÉ DE, *Pages de Doctrine,* LGDJ, Paris, 1980;
—— *Traité Théorique et Pratique des Contrats Administratifs,* LGDJ, Paris, 1956;
LAUBADÈRE, ANDRÉ DE/MODERNE, FRANCK/DELVOLVÉ, PIERRE, *Traitè des Contrats Administratifs,* LGDJ, Paris, 1983;

LAUBADÈRE, ANDRÉ DE/VENEZIA/GAUDEMET, YVES, *Traitè de Droit Administratif,* Tomo I, 15.ª Ed., LGDJ, Paris, 1998;
LEDDA, FRANCO, *Scritti Giuridici,* Cedam, Padova, 2002;
LEITÃO, ALEXANDRA, *A Protecção de Terceiros no Contencioso dos Contratos da Administração,* Almedina, Coimbra, 1998;
—— *A Protecção Judicial dos Terceiros nos Contratos da Administração,* Almedina, Coimbra, 2002;
LEITE, LUÍS FERREIRA, *Novos Agrupamentos de Empresas,* Athena, Porto;
LIMA, PIRES/VARELA, ANTUNES, *Código Civil Anotado,* Vol. I, 4.ª Ed., Coimbra Ed., Coimbra, 1987;
LOPILATO, VICENZO, *Vizi della Procedura di Evidenza Pubblica e Patologia Contrattuale,* FA (T.A.R.), Vol. V, 2006;
LOUREIRO, JOÃO CARLOS GONÇALVES, *O Procedimento Administrativo entre a Eficiência e a Garantia dos Particulares,* Coimbra Ed., Coimbra, 1995;
LUCIANI, FABRIZIO, *Il Vizio Formale nella Teoria dell' Invalidità Amministrativa,* G. Giappichelli, Torino, 2003;
LUCIFREDI, ROBERTO, *L' Atto Amministrativo Nei Suoi Elementi Accidentali,* Giuffrè, Milão, 1941;
MACERA, BERNARD-FRANK, *La Teoria Francesa de los Actos Separables y Su Importación por el Derecho Público Español,* Cedecs, Barcelona, 2001;
—— *Les Actes Détachables dans le Droit Public Français,* Pulim, Limoges, 2002;
MACHADO, JOÃO BAPTISTA, *Introdução ao Direito e ao Discurso Legitimador,* 13.ª Reimp., Almedina, Coimbra, 2002;
MACHETE, PEDRO, A *Audiência dos Interessados no Procedimento Administrativo,* Lisboa, 1995;
—— *A Audiência dos Interessados nos Procedimentos de Concurso Público,* CJA, n.º 3, 1997;
—— *Conceito de Instrução Procedimental e Relevância Invalidante da Preterição da Audiência dos Interessado – Ac. do STA de 17.12.1997, P. 36 001,* CJA, n.º 12;
—— *Um Procedimento Indevido é Igual a um Procedimento Inexistente?,* CJA, n.º 66, 2007;
MACHETE, RUI C., *A Relevância Processual dos Vícios Procedimentais no Novo Paradigma da Justiça Administrativa Portuguesa,* RDAOT, n.º 13, 2006;
—— *Estudos de Direito Público,* Coimbra Ed., Coimbra, 2004;
MARCHETTI, BARBARA, *Annullamento dell' Aggiudicazione e Sorte del Contratto: Esperienze Europee a Confronto,* DPA (it), n.º 1, 2008;
MARTÍN MATEO, RAMÓN, *Manual de Derecho Administrativo,* 26.ª Ed., Aranzadi, Navarra, 2007;
MARTINEZ, PEDRO ROMANO/MONTEIRO, LUIS MIGUEL/VASCONCELOS, JOANA/VILALONGA, JOSÉ MANUEL/BRITO, PEDRO MADEIRA DE/DRAY, GUILHERME/DA SILVA, LUÍS GONÇALVES, *Código do Trabalho,* Anotado, 6.ª Ed., Almedina, Coimbra, 2008;
MARTINEZ, PEDRO ROMANO, *Direito do Trabalho,* 4.ª Ed., Almedina, Coimbra, 2007;
MARTINS, AFONSO D' OLIVEIRA, *Para um Conceito de Contrato Público,* Separata dos Estudos em – Homenagem ao Professor Doutor Inocêncio Galvão Telles, Vol. V, Almedina, Coimbra, 2003;

MARTINS, ANA GOUVEIA, *A Tutela Cautelar no Contencioso Administrativo (em Especial, nos Procedimentos de Formação dos Contratos)*, Coimbra Ed., Coimbra, 2005;
—— *Apreciação de Propostas e Respectiva Ponderação no Regime das Empreitadas de Obras Públicas – Anotação ao Acórdão do Sta de 02/08/2000*, P. n.º 46 110, CJA, n.º 46, 2004;
MARTINS, GUILHERME D' OLIVEIRA, *Lições sobre a Constituição Económica Portuguesa*, Vol. II, AAFDL, Lisboa, 1984/1985;
MARZUOLI, CARLO, *Principio di Legalità e Attività di Diritto Privato della Pubblica Amministrazione*, Giuffrè Ed., Milão, 1982;
MAURER, HARTMUNT, *Allgemeines Verwaltungsrecht*, 11.ª Ed., Beck, Munique, 1997;
—— *Droit Administratif Allemand*, Trad. MICHEL FROMONT, LGDJ, 1994;
MAZZAROLLI, C./PERICU, G./ROMANO, A./ROVERSI, MONACO/SCOCA, S., *Diritto Amministrativo*, Vol. II, 3.ª Ed., Monduzzi, Bolonha, 2001;
MAZZAROLLI, LEOPOLDO, *Convalida II) Convalida dell' Atto Amministrativo*, (Voce), Enciclopedia Giuridica Treccani;
—— *Sulla Disciplina della Nullità dei Provvedimenti Amministrativi (Artigo 21 septies della L. N. 241 del 1990, Introdotto con la L. N. 15 del 2005*, DPA, n.º 3, 2006;
MAZZONI, COSIMO M., *Invalidità (dir. Priv.)*. Enc. Giur. Treccani;
—— *Invalidità degli Atti Giuridici*, RDC, ano 35, 1989;
MEDEIROS, RUI, *A Decisão de Inconstitucionalidade – os Autores, o Conteúdo e os Efeitos da Decisão de Inconstitucionalidade da Lei*, Universidade Católica Portuguesa, Lisboa, 1999;
—— *Âmbito do Novo Regime da Contratação Pública à Luz do Princípio da Concorrência*, CJA, n.º 69, 2008;
MELE, EUGENIO, *I Contratti delle Pubbliche Amministrazioni*, 2.ª Ed., Giuffrè, Milão, 1998;
MELO, ANTÓNIO BARBOSA DE, *O Vício de Forma no Acto Administrativo – Algumas Considerações*, Texto policopiado, Coimbra, 1986;
MENDES, JOÃO DE CASTRO, *Teoria Geral do Direito Civil*, Vol. II, AAFDL, Lisboa, 1995;
MERZ, SANDRO, *Manuale Pratico delle Invalidità*, Cedam, Milão, 2002;
MIRANDA, JORGE, *Direitos Fundamentais – Introdução Geral*, Lisboa, 1999;
—— *Manual de Direito Constitucional*, Vol. IV, Coimbra Ed., Coimbra, 2000;
MIRANDA, JORGE/MEDEIROS, RUI, *Constituição Portuguesa Anotada*, Tomo II, Coimbra Ed., Coimbra, 2006;
MORAND-DEVILLER, JACQUELINE, *Cours de Droit Administratif*, 9.ª Ed., Montchrestien, Paris, 2005;
MORENO GIL, ÓSCAR, *Contratos Administrativos – Legislación y Jurisprudencia*, 3.ª Ed., Civitas, Madrid, 2002;
MORENO MOLINA, JOSÉ ANTONIO/PLEITE GUADAMILLAS, FRANCISCO, *La Nueva Ley de Contratos del Sector Público*, La Ley, 1.ª Ed., 2.ª Reimpr., Madrid, 2008;
MOSCARINI, LUCIO VALERIO, *Profili Civilistici del Contratto di Diritto Pubblico*, Giuffrè, Milão, 1988;
—— *Vizi del Procedimento e Invalidità ou Inneficacia del Contratto*, DAP, n.º 3, 2004;
MUSSELLI, LUCIA, *La Conversione dell' Atto Amministrativo*, Giuffrè, Milão, 2003;
NOVAIS, JORGE REIS, *As Restrições aos Direitos Fundamentais Não Expressamente Autorizadas pela Constituição*, Coimbra Ed., Coimbra, 2003;

OBERMAYER, KLAUS, *Kommentar zum Verwaltungsverfahrensgesetz*, 3.ª Ed., Luchterhand, 1999;
OLIVEIRA, MÁRIO ESTEVES DE/OLIVEIRA, RODRIGO ESTEVES DE, *Código de Processo nos Tribunais Administrativos*, Vol. I, Almedina, Coimbra, 2004;
OLIVEIRA, MÁRIO ESTEVES DE, *Direito Administrativo*, Lisboa, 1980;
OLIVEIRA, MÁRIO ESTEVES/GONÇALVES, PEDRO/AMORIM, PACHECO DE (MÁRIO ESTEVES DE OLIVEIRA ET AL.), *Código do Procedimento Administrativo*, 2.ª Ed., Actualizada, Revista e Aumentada, Almedina, Coimbra, 1997;
—— *Código do Procedimento Administrativo Comentado*, 1.ª Ed., Vol. II, Almedina, Coimbra, 1995;
OLIVEIRA, MÁRIO ESTEVES/OLIVEIRA, RODRIGO ESTEVES, *Concursos e Outros Procedimentos de Adjudicação Administrativa*, Almedina, Coimbra, 1998;
OLIVEIRA, RODRIGO ESTEVES, *Autoridade e Consenso no Contrato Administrativo*, Coimbra, 2001, inédito (polic.);
ORDÓÑEZ SOLÍS, DAVID, *La Contratación Pública en la Unión Europea*, Aranzadi Ed., Navarra, 2002;
OTERO, PAULO, *Direito Administrativo – Relatório*, Lisboa, 1998;
—— *Estabilidade Contratual, Modificação Unilateral e Equilíbrio Financeiro em Contrato de Empreitada de Obras Públicas*, ROA, ano 56, 1996;
—— *Intangibilidade das Propostas em Concurso Público e Erro de Facto na Formação da Vontade: A Omissão de Elementos Não Variáveis na Formulação de Uma Proposta*, O Direito, 131.º, II, 1999;
—— *Legalidade e Administração Pública – O Sentido da Vinculação Administrativa à Juridicidade*, Almedina, Coimbra, 2003;
—— *O Poder de Substituição em Direito Administrativo*, Vol. II, Lex, Lisboa, 1995;
PACTEAU, BERNARD, *Contentieux Administratif*, 6.ª Ed., completamente reformulada, Puf, 2002;
PAGLIARI, GIORGIO, *Contributo allo Studio dela C.D. Invalidità Successiva dei Provvedimenti Amministrativi*, Cedam, Padova, 1991;
PAGNI, ILARIA, *Le Azioni di Impugnativa Negoziale – Contributo allo Studio della Tutela Costitutiva*, Giuffrè, Milão, 1998;
PAIS, SOFIA, *O Acórdão Marleasing – Rumo à Consagração Implícita do efeito Horizontal das Directivas*, BFDUC, n.º 68, 1992;
PARADA, RAMÓN, *Derecho administrativo*, 12.ª Ed., Vol. I, Marcial Pons, 2000;
—— *Derecho Administrativo*, Vol. I, 16.ª Ed., Marcial Pons, Madrid, 2007;
PASQUAU LIAÑO, MIGUEL, *Nulidad y Anulabilidad del Contrato*, Civitas, Madrid, 1997;
PINA, ANA PATRÍCIA RENDEIRO, *A Invalidade dos Contratos Celebrados pela Administração Pública*, Tese de Mestrado, Lisboa, 2003;
PINTO, CARLOS DA MOTA, *Teoria Geral do Direito Civil*, 4.ª Ed., 3.ª Reimp., Coimbra Editora, Coimbra, 2005;
PINTO, PAULO MOTA, *Declaração Tácita e Comportamento Concludente no negócio Jurídico*, Almedina, Coimbra, 1995;
POUYAUD, DOMINIQUE, *La Nullité des Contrats Administratifs*, LGDJ, Paris, 1991;
—— *La Recevabilité du Recours pour Éxcess de Pouvoir Contre les Contrats Administratifs*, anotação ao Acórdão Ville de Lisieux, RFDA, 15, 1999,

—— *Le Sort des Contrats aprés Annulation d' un Acte Détachable*, RFDA, n.º 13, 1997;
—— *Les Conséquences de l' Annulation de L'Acte Détachable*, RFDA, n.º 10, 1994;
PUGLIESE, FRANCESCO PAOLO, *Contratto V) Contratti della Pubblica Amministrazione (Voce)*, Enc. Giur. Treccani, 1988;
—— *Il Procedimento Amministrativo tra Autorità e "Contrattazione"*, RDP, anno XXI, 1971;
QUADROS, FAUSTO DE, *Direito da União Europeia*, 2.ª Reimp., Almedina, Coimbra, 2008;
—— *A Nova Dimensão do Direito Administrativo – o Direito Administrativo Português na Perspectiva Comunitária*, Coimbra, 1999;
—— *O Concurso Público na Formação do Contrato Administrativo*, ROA, ano 47, 1987;
QUINTAS, PAULA/QUINTAS, HELDER, *Código do Trabalho Anotado e Comentado*, 5.ª Ed., Almedina, Coimbra, 2007;
RAMALHO, MARIA DO ROSÁRIO, *Direito do Trabalho, Soluções Laborais Individuais*, Almedina, Coimbra, 2006;
RAMOS, RUI MOURA, *Das Comunidades à União Europeia. Estudos de Direito Comunitário*, Coimbra Ed., Coimbra, 1994;
RANGEL, PAULO CASTRO, *Concertação, Programação e Direito do Ambiente*, Argumentum n.º 7, Coimbra, 1994;
RIBEIRO, TEIXEIRA, *Lições de Finanças Públicas*, 5.ª Ed., Refundida e Actualizada, Reimpr., Coimbra Ed., Coimbra, 1997;
RICCIO, ANGELO, *Nullità Sopravvenuta del Contratto*, Contratto e Impresa, n.º 2, 2000;
RICHER, LAURENT, *Contrats Administratifs – Acte Détachable – Anulation – Conséquences sur le Contrat*, AJDA, 1998;
—— *Droit des Contrats*, 5.ª Ed., LGDJ, Paris, 2006;
RICHTER, GIORGIO STELLA, *Il Principio di Conservazione del Negozio Giuridico*, RTDPC, Vol. I, 1967;
RIVERO, JEAN/WALINE, JEAN, *Droit Administratif*, 21.ª Ed., Dalloz, 2006;
ROMANO-TASSONE, ANTONIO, *Contributo sul Tema dell' Irregolarità degli Atti Amministrativi*, G. Giappichelli, Torino, 1993;
ROPPO, ENZO, *Nullità Parziale del Contratto e Giudizio di Buona Fede*, RDC, 1971;
SANDULLI, ALDO, *Il Procedimento Amministrativo*, Giuffrè, Milão, 1964;
—— *Manuale di Diritto Amministrativo*, Vol. I, 15.ª Ed., Nápoles, 1987;
SANINO, MARIO, *Procedimento Amministrativo e Attività Contrattuale della Pubblica Amministrazione*, G. Giapichelli, Torino, 2003;
SANTAMARIA PASTOR, JUAN ALFONSO, *La Nulidad de Pleno Derecho de los Actos Administrativos*, Instituto de Estudios, Madrid;
—— *Princípios de Derecho Administrativo*, Centro de estudios Ramon, Madrid, 1990;
SANTORO, EVARISTO/SANTORO PELINO, *Trattato Breve di Diritto dei Contratti Pubblici – Commento al Codice dei Contratti Pubblici e ai Contratti Fuori Codice*, Maggioli Ed., San Marino, 2007;
SANTORO, PELINO, *I Controlli sull' Attivitá Contrattuale della Pubblica Amministrazione*, Giuffrè, Milão, 1992;
—— *L' Invalidità del Contratto Derivata da Vizi del Procedimento di Evidenza Pubblica*, www.diritto.it, 2004;
—— *Manuale dei Contratti Pubblici*, 4.ª Ed., Maggioli Ed., San Marino, 2002;

SATTA, FILIPPO/CARDARELLI, FRANCESCO, *Il Contratto Amministrativo*, DA, n.° 2, 2007;
SATTA, FILIPPO, *L'Annullamento dell' Aggiudicazione ed sui Effetti sul Contratto*, DA, n.° 4, 2003;
SCOCA, FRANCO GAETANO, *Autoritá e Consenso*, DA, n.° 3, 2002;
—— *La Teoria del Provvedimento dalla sulla Formulazione alla Legge sul Procedimento*, DA, 1995;
SCOGNAMIGLIO, RENATO, *Sulla Invaliditá Succesiva dei Negozi Giuridici*, Annuario di Diritto Comparato e di Studi Legislativi, Vol. XXVII, 1951;
SEPE, ONORATO, *Contratti della Pubblica Amministrazione (Voce)*, Enciclopedia del Diritto, Vol. IX;
SILVA, JORGE ANDRADE DA, *Regime Jurídico das Empreitadas de Obras Públicas*, 6.ª Ed., Almedina, Coimbra, 2000;
SILVA, JORGE PEREIRA, *A Invalidade dos Contratos Administrativos*, DJ, Volume X, Tomo 2, UC Ed., Lisboa, 1996;
SILVA, VASCO PEREIRA DA, *Em Busca do Acto Administrativo Perdido*, Almedina, Coimbra, 1996;
SOARES, ROGÉRIO E., *A Propósito de um Projecto Legislativo: o Chamado Código do Processo Administrativo Gracioso*, RLJ, anos 115.° a 117.°;
—— *Direito Administrativo – Lições ao Curso de Direito da Universidade Católica*, Porto, Polic., 1978;
—— *Interesse Público, Legalidade e Mérito*, Coimbra, 1960;
—— *Princípio da Legalidade e Administração Constitutiva*, BFDUC, Vol. LVII, 1981;
SOUSA, MARCELO REBELO DE, *Inexistência Jurídica*, DJAP, Vol. V;
—— *O Concurso Público na Formação do Contrato Administrativo*, Lex, Lisboa, 1994;
—— *O Valor Jurídico do Acto Inconstitucional*, Lisboa, Coimbra Ed., Lisboa, 1988;
SOUSA, MARCELO REBELO DE/MATOS, ANDRÉ SALGADO, *Contratos Públicos – Direito Administrativo Geral*, Tomo III, Dom Quixote, Lisboa, 2008;
—— *Direito Administrativo Geral*, Tomo III, 1.ª Ed., Dom Quixote, 2007;
STELKENS/BONK/SACHS, *Verwaltungsverfahrensgesetz*, 6.ª Ed., C. H. Beck, Munique, 2001;
SUSCA, ALESSANDRA, *L' Invalidità del Provvedimento Amministrativo dopo le Leggi n. 15/ /2005 e n. 80/2005*, Giuffrè, Milão, 2005;
TAVARES, JOSÉ, *O Tribunal de Contas – Do Visto, em Especial – Conceito, Natureza e Enquadramento na Actividade da Administração*, Almedina, Coimbra, 1998;
TEIXEIRA, ANTÓNIO BRAZ, *Finanças Públicas e Direito Financeiro*, AAFDL, 2.ª Reimp., Lisboa, 1992;
TELLES, INOCÊNCIO GALVÃO, *Introdução ao Estudo do Direito*, Vol. I, Lisboa, 1988;
—— *Manual dos Contratos em Geral*, 3.ª Ed., Reimp., Lex, 1965;
TERNEYRE, PHILIPPE, *Les Paradoxes du Contentieux de L' Annulation des Contrats Administratifs*, Conseil d' Etat, Études et Documents, 1988;
TOMMASI, ROBERTO, *Il Nuovo Diritto Privato della Pubblica Amministrazione*, Utet, Torino, 2004;
TOMMASINI, RAFFAELE, *Invalidità (Dir. Priv.)*, Enciclopedia del Diritto, Vol. XXII;
TROCCOLLI, A., *Nullità ed Impugnativa Parziale degli Atti Amministrativi*, FA, 1959;

ULE, CARL HERMANN/LAUBINGER, HANS-WERNER, *Verwaltungsverfahrensrecht*, 4.ª Ed., Carl Heymanns Verlag, Munique, 1995;

VACIRCA, GIOVANNI, *Atti Amminstrativi di Scleta del Procedimento di Contrattazione e Tutela Giurisdizionale*, FA, Vol. 60, 1984;

VALAGUZZA, SARA, *Illegitimità della Procedura Pubblicistica e Sue Interferenze Sulla Validità del Contratto*, DPA, n.º 1, 2004;

VARELA, ANTUNES *Direito da Família*, Lisboa, 1987;

VARRONE, CLAUDIO, *L'Invalidità del Provvedimento Amministrativo e Suoi Riflessi nelle Procedure ad Evidenza Pubblica, sul Contratto Concluso dalla P.A. con L'Aggiudicatario*, DA, n.º 2, 2006;

VASCONCELOS, PAULO SOUSA, *O Contrato de Consórcio no âmbito dos Contratos de Cooperação entre Empresas*, Studia Iuridica, n.º 36, Coimbra, 1999;

VASCONCELOS, PEDRO PAIS DE, *Teoria Geral do Direito Civil*, 4.ª Ed., Almedina, Coimbra, 2007;

VAZ, MANUEL AFONSO, *Lei e Reserva de Lei. A Causa da Lei na Constituição Portuguesa de 1976*, Porto, 1992;

VEDEL, GEORGES/DELVOLVÉ, PIERRE, *Droit Administratif*, 12.ª Ed., Tome 1 e 2, 1992;

VENOSTA, FRANCESCO, *Le Nullità Contrattuali nell' Evoluzione del Sistema*, Vol. I, Giuffrè, Milão, 2004;

VENTURA, RAUL, *Nulidade Total e Nulidade Parcial do Contrato de Trabalho*, OD, ano 94, n.º 4, 1962;

—— *Primeiras Notas sobre o Contrato de Consórcio*, ROA, ano 41, 1981;

VIANA, CLÁUDIA, *Contratação Pública e Empresas Públicas: Direito Nacional e Direito Comunitário*, CJA, n.º 52, 2005;

—— *Os Princípios Comunitários na Contratação Pública*, Coimbra Ed., Coimbra, 2007;

—— *Recentíssimas Alterações do Contencioso Relativo à Formação dos Contratos Públicos*, CJA, n.º 37, 2003;

VILAÇA, CRUZ, *A Propósito dos Efeitos das Directivas na Ordem Jurídica dos Estados Membro*, CJA, n.º 30, 2001;

VIRGA, PIETRO, *Diritto Amministrativo*, I e II, 6.ª Ed., Giuffrè, Milão, 2001;

VIVIANO, MICHEL, *La Théorie de la Distinction des Recours et le Contencieux Administrative Contractuel*, inédito, Lille, 1995;

WEIL, PROSPER, *Les Conséquences de L' Anulation d' Un Acte Administratif pour Excès de Pouvoir*, Paris, 1952;

WIEACKER, FRANZ, *La Conversione dell' Atto Nullo nel Diritto Tedesco*, RTDPC, 1984;

XAVIER, VASCO DA GAMA LOBO, *Anulação de Deliberação Social e Deliberações Conexas*, Atlântica Ed., Coimbra, 1976;

OBRAS COLECTIVAS

Administraciones Públicas y Ciudadanos, Praxis, Barcelona, 1993;
Autorità e Consenso nell' Attività Amministrativa, Atti del XLVII Convegno di Studi di Scienza dell' Amministrazione, Giuffrè, Milão, 2002;
Comentario a la Ley de Contratos de las Administraciones Publicas (RAFAEL GÓMEZ--FERRER MORANT (dir.)), Civitas, Madrid, 1996;
Comentários a la Legislacion de Contratos de las Administraciones Públicas, Aranzadi, Navarra, 2002, (Coord. EMÍLIO JIMENEZ APARICIO);
Comentarios a la Ley de Contratos de la Administracion Pública, 2.ª Ed., Revista e Actualizada, Cedecs, Barcelona, 1996;
Comentarios a la Ley de Contratos de las Administraciones Públicas, RICARDO GARCÍA MACHO (dir.), Tirant, Valencia, 2003;
Comentarios a la Ley de Contratos de las Administraciones Públicas (ARIÑO Y ASOCIADOS), Tomo II – La Gestación del Contrato, Comares, Granada, 2003;
Contratación de las Administraciones Publicas. Analisis Prática de la Nueva Normativa sobre Contratación Publica, GIMENO FELIÚ (Coord.), Atleier, 2004;
Contratos de las Administraciones Públicas – Comentarios al Texto Refundido de la Ley, 3.ª Ed., El Consultor, Madrid, 2000;
El Derecho Administrativo en el Umbral del Siglo XXI, Homenaje al profesor Dr. D. Ramón Martín Mateo, Tomo II, Tirant, Valencia, 2000;
Estudos de Contratação Pública – I, Coimbra Editora, Coimbra, 2008;
Estudos de Direito das Sociedades, 9.ª Ed., Almedina, Coimbra, 2008;
Estudos em Homenagem ao Prof. Doutor J. J. Teixeira Ribeiro, BFDUC, número especial, Coimbra, 1980;
Études Offerts à Jacques Ghestin, LGDJ, Paris, 2001;
Gli Accordi fra Privati e Pubblica Amministrazione e la Disciplina Generale del Contratto, (a cura di GIUSEPPE BARBAGALLO, ENRICO FOLLIERI, GIUSEPPE VETTORI), ed. Scientifiche Italiane, 1995;
Istituzioni di Diritto Amministrativo, Giuffrè, Milão, 2004;
L' Attività Contratuale della Pubblica Amministrazione (a cura di GIUSEPPE CASSANO), Vol. I, Cedam, Padova, 2005;
L' Azione Amministrativa – Commento alla L. 7 Agosto 1990, N. 241 Modificata dalla L. 11 Febraio 2005, N. 15 e dal D.L. 14 Marzo 2005, N. 35, Giuffrè, Milão, 2005;
La Contratación en el Horizonte de la Integración Europea, V Congreso Luso-Hispano de Profesores de Derecho Administrativo, INAP, Madrid, 2004;

La Disciplina Generale dei Contratti (a cura di MARIO BESSONE), 8.ª Ed., Giappichelli, Torino, 2001;

Mélanges en Hommage à ROLAND DRAGO, Economica, Paris, 1996;

O Novo Código do Procedimento Administrativo, INA, 1992;

Os Caminhos da Privatização da Administração Pública, IV Colóquio Luso-espanhol de Direito Administrativo, Coimbra Ed., Coimbra, 2001;

Procedimento Amministrativo e Diritto di Acceso ai Documenti (coord. VITTORIO ITALIA, MARIO BASSANI), 2.ª Ed., Giuffrè, Milão, 1995;

Regimen Juridico de las Administraciones Públicas Y Procedimiento Administrativo, 2.ª Ed., Aranzadi, Navarra, 2002;

Scritti in Onore di S. M. Giannini, Vol. II, Giuffrè, Milão, 1988;

Scritti Minori, Vol. II, 2.ª Reimp., Giuffrè, Milão, 1990;

Trattato di Diritto Amministrativo (dir. GIUSEPPE SANTANIELLO), Vol. VII, 2.ª ed., Cedam, Padova, 1994;

Trattato di Diritto Amministrativo Generale, 1.ª Ed., 2 Vol., Giuffrè, Milão, 2000;

Trattato di Diritto Privato – Il Contratto in Generale, (diretto da MARIO BESSONE), Vol. XIII, Tomo VII, G. Giappichelli, Torino, 2002;

Vizi Formali, Procedimento e Processo Amministrativo, (a cura di VERA PARISIO), Giuffrè Ed., Milão, 2004.

JURISPRUDÊNCIA

Jurisprudência do STA

Acórdão de 08/02/1989, P. n.º 25 712;
Acórdão de 17/01/1993, P. n.º
Acórdão de 12/10/1995, P. n.º 37 297;
Acórdão de 30/01/1996, P. n.º 35 752;
Acórdão de 15/01/1997, P. n.º 27 496;
Acórdão de 28/01/1997, P. n.º 39 840;
Acórdão de 20/01/1998, P. n.º 36 164 (Pleno);
Acórdão de 31/03/1998, P. n.º 33 602;
Acórdão de 15/04/1998, P. n.º 39 804;
Acórdão de 14/01/1999, P. n.º 33 942 (Pleno);
Acórdão de 15/04/1999, P. n.º 29 891;
Acórdão de 22/06/1999, P. n.º 44 140;
Acórdão de 21/02/2000, P. n.º 297 222 (Pleno);
Acórdão de 14/03/2000, P. n.º 48 188;
Acórdão de 23/03/2000, P. n.º 44 374;
Acórdão de 11/04/2000, P. n.º 45 845;
Acórdão de 21/06/2000, P. n.º 38 663;
Acórdão de 31/10/2000, P. n.º 44 374;
Acórdão de 17/01/2001, P. n.º 44 249;
Acórdão de 14/03/2001, P. n.º 38 674;
Acórdão de 27/03/2001, P. n.º 44 140;
Acórdão de 24/05/2001, P. n.º 47 565;
Acórdão de 05/06/2001, P. n.º 47 332;
Acórdão de 25/07/2001, P. n.º 47 111;
Acórdão de 16/08/2001, P. n.º 47 982;
Acórdão de 16/09/2001, P. n.º 43 832;
Acórdão de 29/11/2001, P. n.º 40 973;
Acórdão de 05/12/2001, P. n.º 46 563;
Acórdão de 11/12/2001, P. n.º 47 215;
Acórdão de 15/01/2002, P. n.º 48 343;
Acórdão de 16/01/2002, P. n.º 48 358;
Acórdão de 13/02/2002, P. n.º 48 403;

Acórdão de 13/02/2002, P. n.º 46 679;
Acórdão de 21/02/2002, P. n.º 46 808;
Acórdão de 28/02/2002, P. n.º 48 353;
Acórdão de 06/03/2002, P. n.º 46 143;
Acórdão de 14/03/2002, P. n.º 276/02;
Acórdão de 14/03/2002, P. n.º 48 188;
Acórdão de 21/03/2002, P. n.º 221/02;
Acórdão de 03/04/2002, P. n.º 48 441;
Acórdão de 03/04/2002, P. n.º 277/02;
Acórdão de 18/04/2002, P. n.º 29 891;
Acórdão de 09/05/2002, P. n.º 47 720;
Acórdão de 14/05/2002, P. n.º 47 825;
Acórdão de 16/05/2002, P. n.º 48 104;
Acórdão de 29/05/2002, P. n.º 44 744;
Acórdão de 05/06/2002, P. n.º 48 053;
Acórdão de 25/06/2002, P. n.º 800/02;
Acórdão de 02/07/2002, P. n.º 41 358;
Acórdão de 03/07/2002, P. n.º 28 775;
Acórdão de 10/07/2002, P. n.º 550/02;
Acórdão de 28/08/2002, P. n.º 1309/02;
Acórdão de 10/10/2002, P. n.º 42 500;
Acórdão de 17/10/2002, P. n.º 40 143;
Acórdão de 22/10/2002, P. n.º 171/02;
Acórdão de 30/10/2002, P. n.º 38 242;
Acórdão de 20/11/2002, P. n.º 187/02;
Acórdão de 26/11/2002, P. n.º 37 811 (Pleno);
Acórdão de 03/12/2002, P. n.º 1603/02;
Acórdão de 04/12/2002, P. n.º 1726/02;
Acórdão de 12/12/2002, P. n.º 909/02;
Acórdão de 14/01/2003, P. n.º 01828/02;
Acórdão de 23/01/2003, P. n.º 512/02;
Acórdão de 11/02/2003, P. n.º 44 433;
Acórdão de 19/02/2003, P. n.º 70/03;
Acórdão de 19/02/2003, P. n.º 123/03;
Acórdão de 19/02/2003, P. n.º 1892/02;
Acórdão de 19/02/2003, P. n.º 1031/02;
Acórdão de 19/02/2003, P. n.º 48 104;
Acórdão de 12/03/2003, P. n.º 349/03;
Acórdão de 18/03/2003, P. n.º 1749/02;
Acórdão de 20/03/2003, P. n.º 48 079;
Acórdão de 25/03/2003, P. n.º 46 580;
Acórdão de 01/04/2003, P. n.º 483/03;
Acórdão de 02/04/2003, P. n.º 113/03;
Acórdão de 23/04/2003, P. n.º 651/03;
Acórdão de 30/04/2003, P. n.º 1072/02-A;

Acórdão de 13/05/2003, P. n.º 581/03;
Acórdão de 14/05/2003, P. n.º 711/03;
Acórdão de 15/05/2003, P. n.º 650/03;
Acórdão de 21/05/2003, P. n.º 735/03;
Acórdão de 22/05/2003, P. n.º 808/03;
Acórdão de 03/06/2003, P. n.º 45 851;
Acórdão de 17/06/2003, P. n.º 666/02;
Acórdão de 18/06/2003, P. n.º 77/02;
Acórdão de 18/06/2003, P. n.º 862/03;
Acórdão de 01/07/2003, P. n.º 34 368;
Acórdão de 16/07/2003, P. n.º 1188;
Acórdão de 30/07/2003, P. n.º 1275/03;
Acórdão de 06/08/2003, P. n.º 1367/03;
Acórdão de 23/09/2003, P. n.º 1527/02;
Acórdão de 01/10/2003, P. n.º 48 035;
Acórdão de 15/10/2003, P. n.º 46 577;
Acórdão de 16/10/2003, P. n.º 47 543;
Acórdão de 05/11/2003, P. n.º 1493/03;
Acórdão de 11/11/2003, P. n.º 1084/03;
Acórdão de 12/11/2003, P. n.º 41291;
Acórdão de 19/11/2003, P. n.º 1431/03;
Acórdão de 19/11/2003, P. n.º 41 794;
Acórdão de 11/12/2003, P. n.º 1795/03
Acórdão de 14/01/2004, P. n.º 1383/03;
Acórdão de 14/01/2004, P. n.º 535/02;
Acórdão de 22/01/2004, P. n.º 03/04;
Acórdão de 27/01/2004, P. n.º 1956/03;
Acórdão de 28/01/2004, P. n.º 48 396;
Acórdão de 04/02/2004, P. n.º 1495/03;
Acórdão de 04/02/2004, P. n.º 2/04;
Acórdão de 05/02/2004, P. n.º 29/04;
Acórdão de 14/02/2004, P. n.º 98/04;
Acórdão de 17/02/2004, P. n.º 1572/02;
Acórdão de 02/03/2004, P. n.º 58/04;
Acórdão de 03/03/2004, P. n.º 1938/03;
Acórdão de 09/03/2004, P. n.º 1726/02;
Acórdão de 17/03/2004, P. n.º 962/03;
Acórdão de 18/03/2004, P. n.º 57/04;
Acórdão de 14/04/2004, P. n.º 2069/03;
Acórdão de 20/04/2004, P. n.º 227/04;
Acórdão de 22/04/2004, P. n.º 46 764;
Acórdão de 29/04/2004, P. n.º 231/04;
Acórdão de 29/04/2004, P. n.º 309/04;
Acórdão de 29/04/2004, P. n.º 2063/03;
Acórdão de 11/05/2004, P. n.º 41 000;

Acórdão de 19/05/2004, P. n.º 416/04;
Acórdão de 27/05/2004, P. n.º 43 423;
Acórdão de 03/06/2004, P. n.º 381/04;
Acórdão de 03/06/2004, P. n.º 483/04;
Acórdão de 15/06/2004, P. n.º 533/04;
Acórdão de 22/06/2004, P. n.º 534/04;
Acórdão de 23/06/2004, P. n.º 588/04;
Acórdão de 21/07/2004, P. n.º 695/04;
Acórdão de 28/07/2004, P. n.º 742/04;
Acórdão de 01/09/2004, P. n.º 888/04;
Acórdão de 08/09/2004, P. n.º 890/04;
Acórdão de 21/09/2004, P. n.º 47 638;
Acórdão de 28/09/2004, P. n.º 902/04;
Acórdão de 14/10/2004, P. n.º 01921/02;
Acórdão de 13/10/2004, P. n.º 48 079;
Acórdão de 16/11/2004, P. n.º 1049/04;
Acórdão de 02/12/2004, P. n.º 48 079;
Acórdão de 13/01/2005, P. n.º 1318/04;
Acórdão de 13/01/2005, P. n.º 730/04;
Acórdão de 25/01/2005, P. n.º 47 307;
Acórdão de 15/02/2005, P. n.º 1311/04;
Acórdão de 03/03/2005, P. n.º 41 794A;
Acórdão de 10/03/2005, P. n.º 2063/03;
Acórdão de 14/04/2005, P. n.º 429/03;
Acórdão de 14/06/2005, P. n.º 617/02;
Acórdão de 05/07/2005, P. n.º 1383/03;
Acórdão de 07/07/2005, P. n.º 352/04;
Acórdão de 12/07/2005, P. n.º 510/05;
Acórdão de 14/07/2005, P. n.º 352/05;
Acórdão de 11/10/2005, P. n.º 46 552B;
Acórdão de 17/11/2005, P. n.º 112/05;
Acórdão de 16/02/2006, P. n.º 168/04;
Acórdão de 22/02/2006, P. n.º 1388/03;
Acórdão de 02/03/2006, P. n.º 597/05;
Acórdão de 02/03/2006, P. n.º 330/02;
Acórdão de 14/03/2006, P. n.º 1245/05;
Acórdão de 10/05/2006, P. n.º 1035/04;
Acórdão de 23/05/2006, P. n.º 1328/03;
Acórdão de 01/06/2006, P. n.º 1126/05;
Acórdão de 07/06/2006, P. n.º 429/05;
Acórdão de 20/06/2006, P. n.º 405/06;
Acórdão de 29/06/2006, P. n.º 47 307;
Acórdão de 11/10/2006, P. n.º 766/05;
Acórdão de 13/10/2006, P. n.º 598/06;
Acórdão de 15/11/2006, P. n.º 1243/05;

Acórdão de 22/11/2006, P. n.º 888/06;
Acórdão de 12/12/2006, P. n.º 685/06;
Acórdão de 17/01/2007, P. n.º 1013/06;
Acórdão de 23/01/2007, P. n.º 1541/03;
Acórdão de 30/01/2007, P. n.º 40 201A;
Acórdão de 13/03/2007, P. n.º 1005/06;
Acórdão de 29/03/2007, P. n.º 681/04;
Acórdão de 12/04/2007, P. n.º 901/06;
Acórdão de 10/05/2007, P. n.º 1110/06;
Acórdão de 29/05/2007, P. n.º 456/07;
Acórdão de 18/07/2007, P. n.º 456/07;
Acórdão de 04/10/2007, P. n.º 523/07;
Acórdão de 19/12/2007, P. n.º 385/07;
Acórdão de 20/02/2008, P. n.º 549/02;
Acórdão de 02/04/2009, P. n.º 83/08.

Jurisprudência dos Tribunais Centrais

Acórdão de 01/09/2004, P. n.º 279/04 (Sul);
Acórdão de 24/02/2005, P. n.º 5430 (Sul);
Acórdão de 21/04/2005, P. n.º 645/05 (Sul);
Acórdão de 07/05/2005, P. n.º 4272/00 (Sul);
Acórdão de 12/05/2005, P. n.º 756/05 (Sul);
Acórdão de 12/01/2006, P. n.º 1213/05 (Sul);
Acórdão de 27/03/2008, P. n.º 3378/08 (Sul).

Tribunal de Conflitos

Acórdão de 29/08/1996, P. n.º 65/1995;
Acórdão de 04/04/2006, P. n.º 08/03;
Acórdão de 20/02/2008, P. n.º 19/07.

Jurisprudência do STJ

Acórdão de 17/06/2002, P. n.º 03A298;
Acórdão de 30/05/2006, P. n.º 06A1482;
Acórdão de 18/10/2007, P. n.º 07B2775.

Jurisprudência do Tribunal de Contas

Acórdão n.º 166/05 – Outubro, 11 – 1.ª S/SS (Processo n.º 1510/05);
Acórdão n.º 44/2005 – 8 de Março – 1.ª S/SS;

Acórdão n.º 116/05 – 21 de Junho – 1.ª S/SS (Processo n.º 489/05 e 917/05);
Acórdão n.º 115/2005 – 15 de Junho – 1.ª S/SS (Processo n.º 1006/2005);
Acórdão n.º 105/05 – 31 de Maio – 1.ª S/SS (Processo n.º 819/05);
Acórdão n.º 132/05 – 12 de Julho – 1.ª S/SS (Processo n.º 693/05);
Acórdão n.º 192/05 – 24 de Novembro – 1.ª S/SS (Processo n.º 1969/05);
Acórdão n.º 189/2005 – 21 de Novembro – 1.ª S/SS (Processo n.º 2200/05);
Acórdão n.º 191/2005 – 21 de Novembro – 1.ª S/SS (Processo n.º 2242/05);
Acórdão n.º 169/05 – 5 de Outubro – 1.ª S/SS (Processo n.º 1798/05);
Acórdão n.º 175/05 – 3 de Novembro – 1.ª S/SS (Processo n.º 1271/05);
Acórdão n.º 109/05 – 7 de Junho – 1.ª S/SS (Processo n.º 1101/05);
Acórdão n.º 18/05, de 5 de Julho (1.ª S/PL – Recurso n.º 9/2005);
Acórdão n.º 121/05 28 de Junho – 1.ª S/SS (Processo n.º 1154/05);
Acórdão n.º 25/2005 – 25 de Outubro – 1.ª S/PL (Recurso n.º 17/04);
Acórdão n.º 24/05 – 18 de Outubro – 1.ª S/PL (Recurso n.º 13/2005);
Acórdão n.º 31/05 – 21 de Novembro – 1.ª S/PL (Processo n.º 1591/05);
Acórdão n.º 29/05 – 15 de Novembro – 1.ª S/PL (Recurso n.º 18/2005);
Acórdão n.º 26/2005 – 25 de Outubro – 1.ª S/PL (Recurso n.º 7/05);
Acórdão n.º 30/05 – 15 de Novembro – 1.ª S/PL (Processo n.º 2352/05);
Acórdão n.º 101/03 – 14 de Outubro – 1.ª S/SS (Processo n.º 2274/03);
Acórdão n.º 65/05 – 5 de Abril – 1.ª S/SS (Processo n.º 432/05);
Acórdão n.º 1/04 – 3 de Fevereiro – 1.ª S/PL (Recurso n.º 1/2004);
Acórdão n.º 5/05 – 1 de Março – 1.ª S/PL (Recurso n.º 1/2005);
Acórdão n.º 11/05 – 25 de Janeiro – 1.ª S/SS (Processo n.º 2594/04);
Acórdão n.º 4/2005 – 22 de Fevereiro – 1.ª S/PL (Recurso n.º 20/04);
Acórdão n.º 9/2005 – 15 de Março – 1.ª S/PL (Recurso n.º 29/04);
Acórdão n.º 135/05 – 12 de Julho – 1.ª S/SS (Processos n.os 1125 e 1126/05);
Acórdão n.º 186/2005 – 21 de Novembro – 1.ª S/SS (Processo n.º 2321/05);
Acórdão n.º 3/04 – 9 de Março – 1.ª S/PL (Recurso n.º 4/2004);
Acórdão n.º 23/2005 – 9 de Fevereiro – 1.ª S/SS (Processo n.º 2205/04);
Acórdão n.º 18/05 – 1 de Fevereiro – 1.ª S/SS (Processo n.º 2665/04);
Acórdão n.º 95/2003 – 23 de Setembro – 1.ª S/SS (Processo n.º 1687/03);
Acórdão n.º 15/05 – 31 de Maio – 1.ª S/PL (Recurso n.º 6/2005);
Acórdão n.º 43/2005 – 1 de Março – 1.ª S/SS (Processo n.º 2947/2004);
Acórdão n.º 55/2005 – 29 de Março – 1.ª S/SS (Processo n.º 202/05);
Acórdão n.º 96/2003 – 23 de Setembro – 1.ª S/SS (Processo n.º 1794/03);
Acórdão n.º 20/05 – 20 de Setembro – 1.ª S/PL (Recurso n.º 15/2005)
Acórdão n.º 66/2005 – 5 de Abril – 1.ª S/SS (Processo n.º 3041/04);
Acórdão n.º 27/2005 – 25 de Outubro – 1.ª S/PL (Recurso n.º 19/2005);
Acórdão n.º 59/2005 – 29 de Março – 1.ª S/SS (Processo n.º 318/05);
Acórdão n.º 4/2004 – 27 de Abril – 1.ª S/PL (Recurso n.º 36/03);
Acórdão n.º 28/05 – 3 de Novembro – 1.ª S/PL (Processo n.º 1931/05);
Acórdão n.º 19/2005 – 1 de Fevereiro – 1.ª S/SS (Processo n.º 2587/04);
Acórdão n.º 10/04 – 15 de Junho – 1.ª S/PL (Recurso n.º 11/2004).

Jurisprudência da Relação do Porto

Acórdão de 17/11/1992, *in* CJ, V, 1992.

Pareceres da Procuradoria Geral da República

Parecer n.º 101/77, de 16 de Junho, BMJ, n.º 277, 1978;
Parecer de 22/01/1987, DR, II.ª Série, 30/07/1987;
Parecer n.º 12/1987, de 31/10/1989;
Parecer n.º 32/1998, 13/10/1998;
Parecer n.º 88/89;
Parecer n.º 80/90, 11/07/1990;
Parecer n.º 167/1995, 29/08/1996;
Parecer n.º 40/1999, 25/10/2000;
Parecer n.º 142/2001, de 14/2/2002, publicado na II.ª Série do DR, 10/8/2002;
Parecer n.º 152/2002, 14/02/2003;
Parecer n.º 11/2004, D.R. de 20/09/2004;
Parecer n.º 35/2005, 27/07/2005.

ÍNDICE

AGRADECIMENTOS 11
NOTA PRÉVIA 13
ABREVIATURAS UTILIZADAS 15
INTRODUÇÃO 17

PARTE I
O ESTADO DA QUESTÃO NA JURISPRUDÊNCIA

1. **Introdução** 27
2. **Na jurisprudência administrativa** 29
   - 2.1. Da invalidade dos actos do procedimento 30
      - 2.1.1. Da introdução e alteração dos factores de avaliação das propostas 30
      - 2.1.2. Violação de princípios jurídicos concursais 41
      - 2.1.3. Outras violações das regras procedimentais 46
   - 2.2. Da invalidade própria do contrato administrativo 48
   - 2.3. Apreciação da orientação da jurisprudência 50
3. **Na jurisprudência do Tribunal de Contas** 53
   - 3.1. O procedimento como elemento essencial da adjudicação 54
   - 3.2. Ilegalidade da adjudicação por violação de outras regras 57
   - 3.3. Apreciação da jurisprudência do Tribunal de Contas 60

PARTE II
A INVALIDADE: DO CONCEITO E DAS CAUSAS

1. **Da necessidade dos conceitos** 65
2. **Da invalidade** 67
   - 2.1. Distinção das figuras afins 67
      - 2.1.1. Da irregularidade 68

2.1.2. Da inexistência jurídica	71
2.1.3. Da ineficácia	77
2.2. Do tipo de invalidade	80
2.2.1. As formas de invalidade	80
2.2.1.1. Invalidade originária e invalidade superveniente/sucessiva	81
2.2.1.2. Da invalidade originária: própria e derivada	86
2.2.2. Do regime de invalidade	92
3. Da invalidade própria e derivada	**99**
3.1. Do procedimento como fonte de invalidade derivada	99
3.2. Da invalidade derivada no direito administrativo contratual	103
3.2.1. Do conceito de acto pressuposto	104
3.2.2. Do desvalor jurídico e sua efectivação	120
3.2.3. Efeito sobre o contrato	127
4. Das causas de invalidade derivada	**145**
4.1. Do procedimento pré-contratual pré-adjudicatório	148
4.1.1. Da decisão de contratar	149
4.1.1.1. Da natureza jurídica e função	149
4.1.1.2. Das causas de invalidade derivada	169
4.1.1.2.1. Quanto ao sujeito e procedimento	169
4.1.1.2.2. Do objecto/conteúdo em particular – da escolha do procedimento	180
4.1.1.2.3. Do objecto/conteúdo em particular – do programa do concurso	199
4.1.1.2.4. Conclusões parciais	207
4.1.1.3. Das causas de invalidade própria – remissão	209
4.1.2. Do procedimento pré-adjudicatório	210
4.1.2.1. Dos actos	211
4.1.2.2. Conclusão	241
4.2. Da adjudicação	247
4.2.1. Natureza jurídica	247
4.2.2. Das causas procedimentais – recensão	250
4.2.3. Das causas específicas	251
4.2.4. Síntese	262
5. Das causas de invalidade própria	**263**
5.1. Das causas comuns à decisão de contratar	263
5.1.1. Do objecto	263
5.1.2. Da falta de autorização da despesa	266
5.1.3. Do conteúdo dos documentos do concurso	268
5.1.4. Conclusão	280
5.2. Das causas comuns à adjudicação	281
5.2.1. Das indisponibilidades do particular co-contratante	281
5.2.2. Da violação do caderno de encargos	283
5.2.3. Das causas ligadas à emanação da adjudicação	299

5.3. Das causas exclusivas do contrato 304
    5.3.1. Dos vícios quanto ao sujeito 304
        5.3.1.1. Do sujeito público 304
        5.3.1.2. Do sujeito privado 306
            5.3.1.2.1. Quanto à regularidade jurídico-privada civil 306
            5.3.1.2.2. Quanto à regularidade jurídico-privada comercial 307
            5.3.1.2.3. Da capacidade jurídico-administrativa 309
    5.3.2. Dos vícios quanto ao procedimento pós-adjudicatório 310
        5.3.2.1. Da "negociação" pós-adjudicatória 310
        5.3.2.2. A minuta 316
        5.3.2.3. Caução 316
        5.3.2.4. Outorga contratual 317
    5.3.3. O visto do Tribunal de Contas 319
    5.3.4. Requisito da forma 323
    5.3.5. Dos vícios quanto ao conteúdo 324

6. **Síntese** 331
    6.1. Das irregularidades 331
    6.2. Das causas de invalidade derivada 332
    6.3. Das causas de invalidade própria 334
        6.3.1. Das causas comuns à decisão de contratar 334
        6.3.2. Das causas comuns à adjudicação 335
        6.3.3. Das causas exclusivas do contrato 337

PARTE III
DO REGIME JURÍDICO DA INVALIDADE

1. **Introdução** 341
2. **Do princípio do aproveitamento na actuação jurídica** 343
    2.1. Do princípio do aproveitamento na actuação administrativa 343
        2.1.1. Do papel das formas e das formalidades 343
        2.1.2. Dos actos sanatórios 352
    2.2. Do princípio do aproveitamento no direito contratual 365
3. **Das irregularidades** 383
4. **Da invalidade derivada** 389
    4.1. Introdução 389
    4.2. Da extensão 394
    4.3. Do regime em concreto 394
    4.4. Do regime contencioso 404
    4.5. Da efectivação da invalidade derivada 407
5. **Da invalidade própria** 413
    5.1. Do tipo de invalidade 413

544　　As Invalidades Contratuais nos Contratos Administrativos

5.2. Da extensão	439
5.3. Do regime em concreto	442
6. Dos casos especiais	447
7. Da relevância das situações de desconformidade antes da outorga contratual	449
8. Síntese conclusiva	451

PARTE IV
APRECIAÇÃO CRÍTICA DO REGIME JURÍDICO-POSITIVO DA INVALIDADE

1. Do regime substantivo do CPA	455
1.1. Evolução legislativa do regime de invalidade	455
1.1.1. A disciplina jurídica na versão inicial do CPA	455
1.1.2. A disciplina legal da invalidade até ao CCP	458
1.1.2.1. A invalidade derivada – n.º 1 do artigo 185.º	459
1.1.2.2. Remissão para o Código Civil – n.º 2 do artigo 185.º	461
1.1.2.3. Regimes específicos	466
1.1.2.3.1. Alínea a) do n.º 3 do artigo 185.º	466
1.1.2.3.2. Alínea b) do n.º 3 do artigo 185.º	468
1.1.2.4. Requisito de forma	469
2. Do regime no CCP	471
2.1. A disciplina legal	471
2.2. Apreciação do regime substantivo: da evolução ao regime em vigor	484
3. Implicações da Directiva 2007/66/CE	503
CONCLUSÃO	507
BIBLIOGRAFIA	517
OBRAS COLECTIVAS	531
JURISPRUDÊNCIA	533
Jurisprudência do STA	533
Jurisprudência dos Tribunais Centrais	537
Tribunal de Conflitos	537
Jurisprudência do STJ	537
Jurisprudência do Tribunal de Contas	537
Jurisprudência da Relação do Porto	539
Pareceres da Procuradoria Geral da República	539